해양수산부
청원경찰

한권으로 끝내기

SD에듀
(주)시대고시기획

Always **with you**

사람의 인연은 길에서 우연하게 만나거나 함께 살아가는 것만을 의미하지는 않습니다.
책을 펴내는 출판사와 그 책을 읽는 독자의 만남도 소중한 인연입니다.
SD에듀는 항상 독자의 마음을 헤아리기 위해 노력하고 있습니다.
늘 독자와 함께하겠습니다.

PREFACE

머리말

해양수산부는 2023년도 해양수산부 청원경찰 공개경쟁 채용시험을 실시할 예정이다. 공개 경쟁채용 인원은 7개 지방해양수산청과 국립수산과학원의 항만출입초소, 항만종합상황실 등에서 근무할 청원경찰 24명이며, 선발절차는 「원서접수 ➜ 서류전형 ➜ 체력시험 ➜ 필기시험 ➜ 면접시험 ➜ 최종 합격발표」 순서로 이루어진다. 필기시험 과목은 청원경찰법과 경찰 관직무집행법(제1과목), 국제항해선박 및 항만시설의 보안에 관한 법률(제2과목)이며, 고득점 자순으로 합격자가 결정되는 만큼 다양한 유형에 대한 연습과 문제해결력을 높이는 등 철저한 준비가 필요하다.

이에 출간 이후 18년 동안 경비지도사 시험 교재 부문에서 베스트셀러의 자리를 굳건히 지키고 있는 SD에듀에서는 그간의 노하우를 집약시켜 해양수산부 청원경찰을 꿈꾸는 모든 수험생들에게 합격의 지름길을 제시하고자 하는 염원으로 본서를 출간하게 되었다.

"2023 해양수산부(해수부) 청원경찰 한권으로 끝내기"의 특징은 다음과 같다.

도서의 특징

❶ 필기시험에 완벽히 대비할 수 있도록 전과목(청원경찰법 + 경찰관직무집행법 + 국제선박항만보 안법)을 모두 수록하였다.

❷ 학습효과를 높이기 위하여 OX문제 + 핵심이론 + 출제 POINT 빈칸문제 + 적중예상문제 + 부록 (관계법령) 등으로 구성하였다.

❸ 각종 법령 등을 최신개정에 맞춰 완벽하게 반영하여 수록하였으며, 시험에 자주 출제되는 중요 포인트를 선별하여 꼭 학습해야 할 핵심내용을 중심으로 교재를 구성하였다.

끝으로 본서가 모든 수험생들에게 합격의 지름길을 제시하는 안내서가 될 것을 확신하면서, 본서로 공부하는 모든 수험생 여러분이 합격의 기쁨을 누리기를 진심으로 기원한다.

청원경찰교육연구회 씀

채용시험 안내

기관별 채용예정 인원(2023년도 해양수산부 보도자료 기준)

(단위 : 명)

구분	지방해양수산청							수과원	합계
	부산 (제주)	인천	울산	군산	목포	포항	평택		
합계	2	1	2	3	3	7	4	2	24
일반전형	1	1	2	3	2	6	4	2	21
장애인전형	1	0	0	0	1	1	0	0	3

시험일정

채용공고	원서접수	서류전형 합격발표	체력시험 인증서 제출	체력시험 합격발표
5.1(월)~5.19(금)	5.15(월)~5.19(금)	5.22(월)~5.31(수)	6.1(목)~6.13(화)	6.15(목)

필기시험	필기시험 합격발표	면접시험	최종 합격발표 (신원조회 실시)	임용 (신원조회 후)
6.24(토)	6.28(수)	6.29(목)~7.7(금)	7.10(월)~7.28(금)	8.1(화) 이후

※ 세부시험 일정은 기간별 상황에 따라 조정이 가능하며, 필기시험은 전 기관 동시에 실시한다.

시험절차

서류전형   체력시험   필기시험   면접시험

※ 선행되는 시험에 합격해야 다음 단계의 시험에 응시할 수 있다.

서류전형

응시자가 자격요건(응시연령, 응시자격, 결격사유 유무 등)에 적합한지의 여부를 서면으로 심사하며, 적격자는 모두 합격한다.

※ 각 소속기관별로 응시자격(지역제한 등)이 상이하므로 반드시 확인해야 한다.

⬡ 체력시험

대 상	요 건	비 고
서류전형 합격자	「국민체육진흥법」 제16조의2에 따라 생활체육 활동 및 체력 인증기관에서 발급한 국민체력 인증서 제출	평가기준은 소속기관별 공고문 참조

⬡ 필기시험

각 과목 만점의 40% 이상, 전 과목 총점의 60% 이상 득점한 사람 중에서 고득점자순으로 선발예정인원의 130%의 범위에서 합격자를 결정한다.

	시험과목	시험시간	시험유형
제1과목	• 청원경찰법, 경찰관직무집행법(30문항)	50분	객관식 (4지 선다형)
제2과목	• 국제항해선박 및 항만시설의 보안에 관한 법률(20문항) ❖ 제2장 국제항해선박(제7조~제22조) : 출제 제외		

※ 문항당 점수는 5점이며, 제1과목의 경우 100점으로 환산하여 평균점수를 산정하고, 과목별 40% 미만 득점자는 과락 처리된다.
※ 필기시험에 동점자가 있을 경우 동점자 모두 합격 처리한다.

⬡ 면접시험

청원경찰로서의 정신자세, 전문지식 등을 검정하며, 각 평정요소마다 상·중·하로 평정하여 불합격 기준에 해당하지 않는 자 중에서 평정 성적이 우수한 자 순으로 합격자를 결정한다.

구 분	내 용
면접시험 평가항목	❶ 청원경찰로서의 정신자세 ❷ 전문지식과 그 응용능력 ❸ 의사발표의 정확성과 논리성, ❹ 용모·예의·품행 및 성실성 ❺ 의지력 및 기타 발전가능성

※ 면접시험 동점자는 ❶ 필기시험, ❷ 체력시험 고득점자, ❸ 생년월일이 빠른 순서로 합격자를 결정한다.

⬡ 최종 합격자 발표

❶ 각 소속기관별 홈페이지에 최종합격자 발표 및 향후 일정 등을 안내한다.
❷ 최종합격자의 임용포기, 결격사유 발생 등으로 추가합격자를 선발하는 경우 합격자 발표일로부터 6개월 이내에 예비합격자 중 고득점자순으로 추가합격자를 결정할 수 있다.

❖ 각 소속기관별로 일정 및 내용이 상이할 수 있으며, 변경사항이 공고될 수 있으므로 시험일 전까지 수시로 기관별 홈페이지를 반드시 확인해야 한다.

이 책의 구성과 특징

각 PART별 핵심정리, OX 핵심지문 총정리

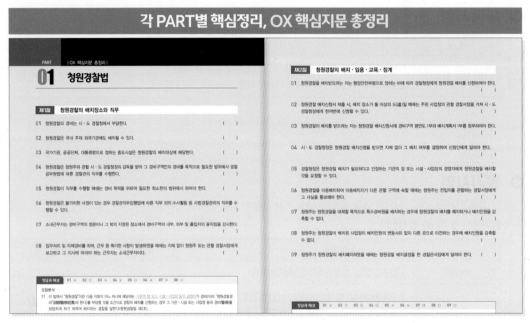

사전 테스트 및 총정리가 가능하도록 필기시험 각 과목별 핵심지문을 선별하여 OX문제로 수록하였다.

꼼꼼하게 정리된 최신 개정법령, 핵심이론

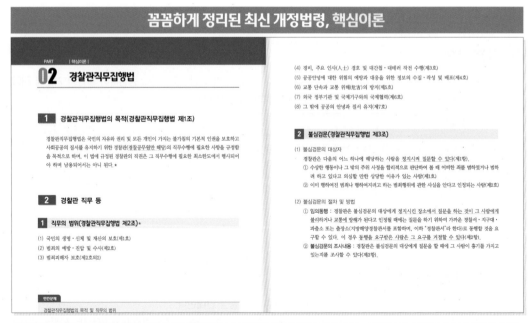

최신 출제경향 및 개정법령을 반영하여 체계적으로 정리한 핵심이론을 학습하고, 하단부의 출제 POINT 빈칸문제를 풀면서 필수개념을 확실하게 정리할 수 있다.

각 출제 POINT별로 핵심만 엄선, 적중예상문제

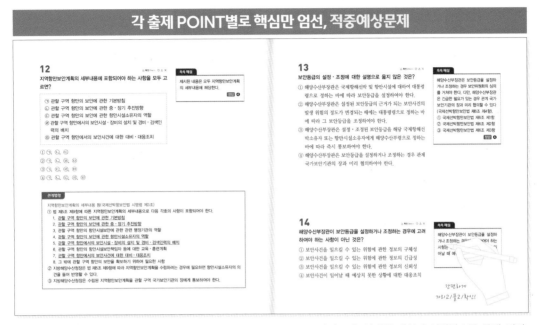

최근 청원경찰 채용시험의 출제경향을 반영한 실전동형문제를 수록하였으며, 상세한 해설과 심화박스를 통해 깊이 있는 학습이 가능하도록 구성하였다.

법령 학습의 기본, 관계법령

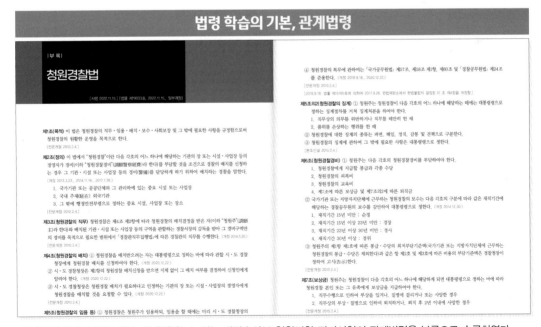

문제풀이 및 핵심이론 학습 시 활용할 수 있는 해양수산부 청원경찰 필기시험의 관계법령을 부록으로 수록하였다.

이 책의 차례

CONTENTS

PART 1

청원경찰법

OX 핵심지문 총정리   2

01 청원경찰의 배치장소와 직무   14

02 청원경찰의 배치 · 임용 · 교육 · 징계   17

03 청원경찰의 경비와 보상금 및 퇴직금   26

04 청원경찰의 제복착용과 무기휴대 · 비치부책   31

05 보 칙   39

06 벌칙과 과태료   44

적중예상문제   47

PART 2

경찰관직무집행법

OX 핵심지문 총정리   102

01 경찰관직무집행법의 목적   110

02 경찰관 직무 등   110

03 경찰장비 및 경찰장구 등의 사용   118

04 손실보상 및 범인검거 등 공로자 보상   122

05 벌 칙   131

적중예상문제   132

PART 3

국제항해선박 및 항만시설의 보안에 관한 법률

OX 핵심지문 총정리   158

01 총 칙   174

02 국제항해선박의 보안확보를 위한 조치 `출제제외`   186

03 항만시설의 보안확보를 위한 조치   186

04 보 칙   220

05 벌 칙   246

적중예상문제   255

부 록

관계법령

01 청원경찰법   306

02 청원경찰법 시행령   311

03 청원경찰법 시행규칙   316

04 경찰관직무집행법   323

05 경찰관직무집행법 시행령   331

06 위해성 경찰장비의 사용기준 등에 관한 규정   338

07 국제항해선박 및 항만시설의 보안에 관한 법률   343

08 국제항해선박 및 항만시설의 보안에 관한 법률 시행령   364

09 국제항해선박 및 항만시설의 보안에 관한 법률 시행규칙   371

PART 01

청원경찰법

01 청원경찰법

제1절 청원경찰의 배치장소와 직무

01 청원경찰의 경비는 시·도 경찰청에서 부담한다. ( )

02 청원경찰은 국내 주재 외국기관에도 배치될 수 있다. ( )

03 국가기관, 공공단체, 대통령령으로 정하는 중요시설은 청원경찰의 배치대상에 해당한다. ( )

04 청원경찰은 청원주와 관할 시·도 경찰청장의 감독을 받아 그 경비구역만의 경비를 목적으로 필요한 범위에서 경찰공무원법에 따른 경찰관의 직무를 수행한다. ( )

05 청원경찰이 직무를 수행할 때에는 경비 목적을 위하여 필요한 최소한의 범위에서 하여야 한다. ( )

06 청원경찰은 불가피한 사정이 있는 경우 경찰관직무집행법에 따른 직무 외의 수사활동 등 사법경찰관리의 직무를 수행할 수 있다. ( )

07 소내근무자는 경비구역의 정문이나 그 밖의 지정된 장소에서 경비구역의 내부, 외부 및 출입자의 움직임을 감시한다. ( )

08 업무처리 및 자체경비를 하며, 근무 중 특이한 사항이 발생하였을 때에는 지체 없이 청원주 또는 관할 경찰서장에게 보고하고 그 지시에 따라야 하는 근무자는 소내근무자이다. ( )

정답과 해설 **01** ✕ **02** ○ **03** ✕ **04** ✕ **05** ○ **06** ✕ **07** ✕ **08** ○

오답분석

01 이 법에서 "청원경찰"이란 다음 각호의 어느 하나에 해당하는 <u>기관의 장 또는 시설·사업장 등의 경영자</u>가 경비(이하 "청원경찰경비"(請願警察經費)라 한다)를 부담할 것을 조건으로 경찰의 배치를 신청하는 경우 그 기관·시설 또는 사업장 등의 경비(警備)를 담당하게 하기 위하여 배치하는 경찰을 말한다(청원경찰법 제2조).

03 <u>행정안전부령으로 정하는</u> 중요시설, 사업장 또는 장소가 청원경찰의 배치대상에 해당한다(청원경찰법 제2조 제3호).

04 청원경찰은 제4조 제2항에 따라 청원경찰의 배치결정을 받은 자{이하 "청원주"(請願主)라 한다}와 배치된 기관·시설 또는 사업장 등의 구역을 <u>관할하는 경찰서장의 감독을 받아</u> 그 경비구역만의 경비를 목적으로 필요한 범위에서 「경찰관직무집행법」에 따른 경찰관의 직무를 수행한다(청원경찰법 제3조).

06 <u>청원경찰은</u> 「경찰관직무집행법」에 따른 직무 외의 수사활동 등 사법경찰관리의 직무를 <u>수행해서는 아니 된다</u>(청원경찰법 시행규칙 제21조 제2항).

07 자체경비를 하는 <u>입초근무자는</u> 경비구역의 정문이나 그 밖의 지정된 장소에서 경비구역의 내부, 외부 및 출입자의 움직임을 감시한다(청원경찰법 시행규칙 제14조 제1항).

01 청원경찰을 배치받으려는 자는 행정안전부령으로 정하는 바에 따라 경찰청장에게 청원경찰 배치를 신청하여야 한다.　　　　　　　　　　　　　　　　　　　　　　　　　　　　　(　　)

02 청원경찰 배치신청서 제출 시, 배치 장소가 둘 이상의 도(道)일 때에는 주된 사업장의 관할 경찰서장을 거쳐 시·도 경찰청장에게 한꺼번에 신청할 수 있다.　　　　　　　　　　　　　　　　　　　　　　(　　)

03 청원경찰의 배치를 받으려는 자는 청원경찰 배치신청서에 경비구역 평면도 1부와 배치계획서 1부를 첨부하여야 한다.　　　　　　　　　　　　　　　　　　　　　　　　　　　　　　　　　　(　　)

04 시·도 경찰청장은 청원경찰 배치신청을 받으면 지체 없이 그 배치 여부를 결정하여 신청인에게 알려야 한다.　　　　　　　　　　　　　　　　　　　　　　　　　　　　　　　　　　　　(　　)

05 경찰청장은 청원경찰 배치가 필요하다고 인정하는 기관의 장 또는 시설·사업장의 경영자에게 청원경찰을 배치할 것을 요청할 수 있다.　　　　　　　　　　　　　　　　　　　　　　　　　　　　(　　)

06 청원경찰을 이동배치하여 이동배치지가 다른 관할 구역에 속할 때에는 청원주는 전입지를 관할하는 경찰서장에게 그 사실을 통보해야 한다.　　　　　　　　　　　　　　　　　　　　　　　　　　(　　)

07 청원주는 청원경찰을 대체할 목적으로 특수경비원을 배치하는 경우에 청원경찰의 배치를 폐지하거나 배치인원을 감축할 수 없다.　　　　　　　　　　　　　　　　　　　　　　　　　　　　　(　　)

08 청원주는 청원경찰이 배치된 사업장이 배치인원의 변동사유 없이 다른 곳으로 이전하는 경우에 배치인원을 감축할 수 없다.　　　　　　　　　　　　　　　　　　　　　　　　　　　　　　　　(　　)

09 청원주가 청원경찰의 배치폐지하였을 때에는 청원경찰 배치결정을 한 경찰관서장에게 알려야 한다.　(　　)

정답과 해설　　**01** ✕　**02** ○　**03** ○　**04** ○　**05** ✕　**06** ✕　**07** ○　**08** ○　**09** ○

오답분석

01 청원경찰을 배치받으려는 자는 대통령령으로 정하는 바에 따라 관할 시·도 경찰청장에게 청원경찰 배치를 신청하여야 한다(청원경찰법 제4조 제1항).

05 시·도 경찰청장은 청원경찰 배치가 필요하다고 인정하는 기관의 장 또는 시설·사업장의 경영자에게 청원경찰을 배치할 것을 요청할 수 있다(청원경찰법 제4조 제3항).

06 청원주는 청원경찰을 신규로 배치하거나 이동배치하였을 때에는 배치지(이동배치의 경우에는 종전의 배치지)를 관할하는 경찰서장에게 그 사실을 통보하여야 한다. 통보를 받은 경찰서장은 이동배치지가 다른 관할구역에 속할 때에는 전입지를 관할하는 경찰서장에게 이동배치한 사실을 통보하여야 한다(청원경찰법 시행령 제6조 제1항·제2항)

10 청원주가 청원경찰의 배치폐지를 하는 경우에는 배치폐지로 과원(過員)이 되는 청원경찰 인원을 그 사업장 내의 유사 업무에 종사하게 하는 등 청원경찰의 고용을 보장하여야 한다. ( )

11 경비업법에 따른 경비업자가 중요 시설의 경비를 도급받았을 때에는 시·도 경찰청장은 그 사업장에 배치된 청원경찰의 근무 배치 및 감독에 관한 권한을 해당 경비업자에게 위임할 수 있다. ( )

12 청원경찰은 청원주가 임용하되, 임용을 할 때에는 「경찰공무원법」이 정하는 특별한 경우를 제외하고는 미리 경찰청장의 승인을 받아야 한다. ( )

13 금고 이상의 형을 선고받고 그 집행유예 기간이 끝난 날부터 2년이 지나지 아니한 자는 청원경찰로 임용될 수 없다. ( )

14 군복무가 면제된 만 25세인 남자는 청원경찰로 임용될 수 있다. ( )

15 청원경찰의 배치결정을 받은 자는 그 배치결정의 통지를 받은 날부터 30일 이내에 임용예정자에 대한 임용승인을 관할 경찰서장에게 신청하여야 한다. ( )

16 청원주는 청원경찰이 퇴직하였을 때에는 그 퇴직한 날부터 14일 이내에 시·도 경찰청장에게 보고해야 한다. ( )

17 가족관계등록부 중 가족관계증명서 1부는 청원주가 시·도 경찰청장에게 청원경찰 임용승인을 신청할 때 청원경찰 임용승인신청서에 첨부해야 하는 서류이다. ( )

18 청원주는 청원경찰로 임용된 사람으로 하여금 경비구역에 배치하기 전에 경찰교육기관에서 직무수행에 필요한 교육을 받게 하여야 한다. 다만, 경찰교육기관의 교육계획상 부득이하다고 인정할 때에는 우선 배치하고 임용 후 1년 이내에 교육을 받게 할 수 있다. ( )

정답과 해설 　**10** ×　**11** ×　**12** ×　**13** ○　**14** ○　**15** ×　**16** ×　**17** ×　**18** ○

오답분석

10 청원경찰의 배치를 폐지하거나 배치인원을 감축하는 경우 해당 청원주는 배치폐지나 배치인원 감축으로 과원(過員)이 되는 청원경찰 인원을 그 기관·시설 또는 사업장 내의 유사 업무에 종사하게 하거나 다른 시설·사업장 등에 재배치하는 등 청원경찰의 고용이 보장될 수 있도록 노력하여야 한다(청원경찰법 제10조의5 제3항).

11 「경비업법」에 따른 경비업자(이하 이 조에서 "경비업자"라 한다)가 중요 시설의 경비를 도급받았을 때에는 청원주는 그 사업장에 배치된 청원경찰의 근무 배치 및 감독에 관한 권한을 해당 경비업자에게 위임할 수 있다(청원경찰법 시행령 제19조 제1항).

12 청원경찰은 청원주가 임용하되, 임용을 할 때에는 미리 시·도 경찰청장의 승인을 받아야 한다(청원경찰법 제5조 제1항).

15 청원경찰의 배치결정을 받은 자(이하 "청원주"라 한다)는 그 배치결정의 통지를 받은 날부터 30일 이내에 배치결정된 인원수의 임용예정자에 대하여 청원경찰 임용승인을 시·도 경찰청장에게 신청하여야 한다(청원경찰법 시행령 제4조 제1항).

16 청원주가 법 제5조 제1항에 따라 청원경찰을 임용하였을 때에는 임용한 날부터 10일 이내에 그 임용사항을 관할 경찰서장을 거쳐 시·도 경찰청장에게 보고하여야 한다. 청원경찰이 퇴직하였을 때에도 또한 같다(청원경찰법 시행령 제4조 제2항).

17 가족관계등록부 중 기본증명서 1부가 첨부해야 하는 서류에 해당한다(청원경찰법 시행규칙 제5조 제1항 제5호).

19 경비지도사자격증을 취득한 사람이 청원경찰로 임용되었을 때에는 경찰교육기관에서 직무수행에 필요한 교육을 면제할 수 있다. ( )

20 청원경찰의 교육기간은 2주이며, 수업시간은 76시간이다. ( )

21 술과는 체포술 및 호신술 과목 6시간이고, 기타로 입교·수료 및 평가 3시간을 이수하여야 한다. ( )

22 청원주는 소속 청원경찰에게 그 직무집행에 필요한 교육을 매년 4시간 이상 하여야 한다. ( )

23 청원경찰의 복무에 관하여는 「경찰관직무집행법」을 준용한다. ( )

24 청원주는 청원경찰이 직무상의 의무를 위반하거나 직무를 태만히 한 때, 품위를 손상하는 행위를 한 때에는 대통령령으로 정하는 징계절차를 거쳐 징계처분을 하여야 한다. ( )

25 청원경찰법상 징계의 종류는 파면, 해임, 강등, 정직, 감봉 및 견책으로 구분한다. ( )

26 정직은 1개월 이상 3개월 이하로 하고, 그 기간에 청원경찰의 신분은 보유하나 직무에 종사하지 못하며, 보수의 3분의 1을 줄인다. ( )

27 청원주는 청원경찰 배치결정의 통지를 받았을 때에는 통지를 받은 날부터 10일 이내에 청원경찰에 대한 징계규정을 제정하여야 한다. ( )

28 시·도 경찰청장은 징계규정의 보완이 필요하다고 인정할 때에는 청원주에게 그 보완을 요구할 수 있다. ( )

29 시·도 경찰청장, 관할 경찰서장 또는 청원주는 성실히 직무를 수행하여 근무성적이 탁월하거나 헌신적인 봉사로 특별한 공적을 세운 청원경찰에게 공적상을 수여할 수 있다. ( )

정답과 해설 19 × 20 ○ 21 ○ 22 × 23 × 24 ○ 25 × 26 × 27 × 28 ○ 29 ○

오답분석

19 경찰공무원(의무경찰을 포함한다) 또는 청원경찰에서 퇴직한 사람이 퇴직한 날부터 3년 이내에 청원경찰로 임용되었을 때에는 제1항에 따른 교육을 면제할 수 있다(청원경찰법 시행령 제5조 제2항).

22 청원주는 소속 청원경찰에게 그 직무집행에 필요한 교육을 매월 4시간 이상 하여야 한다(청원경찰법 시행규칙 제13조 제1항).

23 청원경찰의 복무에 관하여는 「국가공무원법」 제57조, 제58조 제1항, 제60조 및 「경찰공무원법」 제24조를 준용한다(청원경찰법 제5조 제4항).

25 청원경찰에 대한 징계의 종류는 파면, 해임, 정직, 감봉 및 견책으로 구분한다(청원경찰법 제5조의2 제2항).

26 정직(停職)은 1개월 이상 3개월 이하로 하고, 그 기간에 청원경찰의 신분은 보유하나 직무에 종사하지 못하며, 보수의 3분의 2를 줄인다(청원경찰법 시행령 제8조 제2항).

27 청원주는 청원경찰 배치결정의 통지를 받았을 때에는 통지를 받은 날부터 15일 이내에 청원경찰에 대한 징계규정을 제정하여 관할 시·도 경찰청장에게 신고하여야 한다. 징계규정을 변경할 때에도 또한 같다(청원경찰법 시행령 제8조 제5항).

01 청원주는 청원경찰의 피복비, 청원경찰의 경조사비, 청원경찰의 교육비 등 청원경찰경비를 부담하여야 한다.

(   )

02 청원주가 부담하는 청원경찰경비에는 청원경찰에게 지급할 봉급과 각종 수당, 청원경찰의 피복비 및 교육비, 청원경찰법의 규정에 따른 보상금 및 퇴직금이 있다.

(   )

03 국가기관에 근무하는 청원경찰의 보수는 재직기간이 16년, 20년인 경우 경장, 25년인 경우 경사, 32년인 경우 경위에 해당하는 경찰공무원의 보수를 감안하여 대통령령으로 정한다.

(   )

04 지방자치단체에 근무하는 청원경찰의 각종 수당은 공무원수당 등에 관한 규정에 따른 수당 중 가계보전수당, 실비변상 등으로 하며, 그 세부 항목은 대통령령으로 정하여 고시한다.

(   )

05 국가기관에 근무하는 청원경찰의 보수산정을 위한 재직기간은 청원경찰로서 근무한 기간으로 한다.

(   )

06 군복무한 경력·의무경찰에 복무한 경력은 봉급 산정의 기준이 되는 경력에 산입하여야 한다.

(   )

07 국가기관 또는 지방자치단체에 근무하는 청원경찰 보수의 호봉 간 승급기간은 경찰공무원의 승급기간에 관한 규정을 준용한다.

(   )

08 국가기관 또는 지방자치단체에 근무하는 청원경찰 외의 청원경찰 보수의 호봉 간 승급기간 및 승급액은 순경의 승급에 관한 규정을 사업장의 취업규칙보다 우선 준용한다.

(   )

09 청원경찰의 피복비의 지급 방법은 행정안전부령으로 정한다.

(   )

정답과 해설 **01** ✕ **02** ○ **03** ○ **04** ✕ **05** ○ **06** ○ **07** ○ **08** ✕ **09** ○

오답분석

01 경조사비는 청원경찰법령상 청원주가 부담하여야 할 경비에 해당하지 않는다(청원경찰법 제6조 제1항).

04 국가기관 또는 지방자치단체에 근무하는 청원경찰의 각종 수당은 「공무원수당 등에 관한 규정」에 따른 수당 중 가계보전수당, 실비변상 등으로 하며, 그 세부 항목은 경찰청장이 정하여 고시한다(청원경찰법 시행령 제9조 제2항).

08 국가기관 또는 지방자치단체에 근무하는 청원경찰 외의 청원경찰 보수의 호봉 간 승급기간 및 승급액은 그 배치된 사업장의 취업규칙에 따르며, 이에 관한 취업규칙이 없을 때에는 순경의 승급에 관한 규정을 준용한다(청원경찰법 시행령 제11조 제3항).

10 청원경찰에게 지급할 봉급과 각종 수당의 최저부담기준액은 순경의 것을 고려하여 다음 연도분을 매년 12월에 고시하여야 하며, 어떠한 경우에도 수시로 고시하는 것은 허용될 수 없다. ( )

11 봉급과 각종 수당은 청원주가 그 청원경찰이 배치된 기관·시설·사업장 또는 장소의 직원에 대한 보수 지급일에 청원경찰에게 직접 지급한다. ( )

12 청원경찰의 교육비는 청원주가 해당 청원경찰의 입교 후 3일 이내에 해당 경찰교육기관에 낸다. ( )

13 청원경찰이 직무수행으로 인하여 부상을 입은 경우 또는 사망한 경우에는 청원주는 대통령령이 정하는 바에 따라 청원경찰 본인 또는 그 유족에게 보상금을 지급하여야 한다. ( )

14 청원주는 직무상의 부상·질병으로 인하여 퇴직하거나, 퇴직 후 3년 이내에 사망한 경우 보상금을 지급하여야 한다. ( )

15 청원주는 청원경찰이 퇴직할 때에는 행정안전부령이 정하는 바에 따라 근로자퇴직급여보장법에 따른 퇴직금을 지급하여야 한다. ( )

16 청원주의 청원경찰에 대한 봉급·수당의 최저부담기준액(국가기관 또는 지방자치단체에 근무하는 청원경찰의 봉급·수당은 제외한다)은 경찰청장이 정하여 고시한다. ( )

정답과 해설　**10** ×　**11** ○　**12** ×　**13** ○　**14** ×　**15** ×　**16** ○

오답분석

10 법 제6조 제3항에 따른 청원경찰경비의 최저부담기준액 및 부담기준액은 경찰공무원 중 순경의 것을 고려하여 다음 연도분을 매년 12월에 고시하여야 한다. 다만, 부득이한 사유가 있을 때에는 수시로 고시할 수 있다(청원경찰법 시행령 제12조 제2항).

12 교육비는 청원주가 해당 청원경찰의 입교(入校) 3일 전에 해당 경찰교육기관에 낸다(청원경찰법 시행규칙 제8조 제3호).

14 청원주는 청원경찰이 직무상의 부상·질병으로 인하여 퇴직하거나, 퇴직 후 2년 이내에 사망한 경우에는 대통령령으로 정하는 바에 따라 청원경찰 본인 또는 그 유족에게 보상금을 지급하여야 한다(청원경찰법 제7조 제2호).

15 청원주는 청원경찰이 퇴직할 때에는 「근로자퇴직급여보장법」에 따른 퇴직금을 지급하여야 한다. 다만, 국가기관이나 지방자치단체에 근무하는 청원경찰의 퇴직금에 관하여는 따로 대통령령으로 정한다(청원경찰법 제7조의2).

01 청원경찰은 근무 중에는 행정안전부령이 정하는 제복을 착용하여야 한다. （ 　 ）

02 청원주는 청원경찰이 직무를 수행하기 위하여 필요하다고 인정하면 관할 경찰서장으로 하여금 청원경찰에게 무기를 대여하여 지니게 할 수 있다. （ 　 ）

03 청원경찰의 복제는 제복 · 장구(裝具) 및 부속물로 구분하며 필요한 사항은 대통령령으로 정한다. （ 　 ）

04 청원주는 청원경찰이 특수복장을 착용할 필요가 있을 때에는 관할 경찰서장에게 보고하고 특수복장을 착용하게 할 수 있다. （ 　 ）

05 장구의 종류에는 허리띠, 경찰봉, 권총이 있다. （ 　 ）

06 청원경찰의 복제는 제복 · 장구 및 부속물로 구분하며, 이 가운데 모자표장, 계급장, 장갑 등은 부속물에 해당한다. （ 　 ）

07 청원경찰의 제복의 형태 · 규격 및 재질은 시 · 도 경찰청장이 결정하되, 사업장별로 통일해야 한다. （ 　 ）

08 청원경찰은 평상근무 중에 총기를 휴대하지 아니할 때에는 분사기를 휴대하여야 한다. （ 　 ）

09 청원경찰의 신분증명서는 청원주가 발행하며, 그 형식은 시 · 도 경찰청장이 결정한다. （ 　 ）

정답과 해설 **01** ○ **02** × **03** × **04** × **05** × **06** ○ **07** × **08** ○ **09** ×

오답분석

02 시 · 도 경찰청장은 청원경찰이 직무를 수행하기 위하여 필요하다고 인정하면 청원주의 신청을 받아 관할 경찰서장으로 하여금 청원경찰에게 무기를 대여하여 지니게 할 수 있다(청원경찰법 제8조 제2항).

03 청원경찰의 제복 · 장구 및 부속물에 관하여 필요한 사항은 행정안전부령으로 정한다(청원경찰법 시행령 제14조 제2항).

04 청원경찰이 그 배치지의 특수성 등으로 특수복장을 착용할 필요가 있을 때에는 청원주는 시 · 도 경찰청장의 승인을 받아 특수복장을 착용하게 할 수 있다(청원경찰법 시행령 제14조 제3항).

05 장구 : 허리띠, 경찰봉, 호루라기 및 포승(捕繩)(청원경찰법 시행규칙 제9조 제1항 제2호)

07 제복의 형태 · 규격 및 재질은 청원주가 결정하되, 경찰공무원 또는 군인 제복의 색상과 명확하게 구별될 수 있어야 하며, 사업장별로 통일해야 한다. 다만, 기동모와 기동복의 색상은 진한 청색으로 하고, 기동복의 형태 · 규격은 별도 1과 같이 한다(청원경찰법 시행규칙 제9조 제2항 제1호).

09 청원경찰의 신분증명서는 청원주가 발행하며, 그 형식은 청원주가 결정하되 사업장별로 통일해야 한다(청원경찰법 시행규칙 제11조 제1항).

10 청원경찰이 퇴직할 때에는 급여품 및 대여품을 청원주에게 반납해야 한다. ( )

11 청원경찰이 퇴직할 때 청원주에게 반납하여야 할 대여품은 허리띠, 경찰봉, 가슴표장, 분사기, 포승이다. ( )

12 청원주는 「위험물안전관리법」에 따른 분사기의 소지허가를 받아 청원경찰로 하여금 그 분사기를 휴대하여 직무를 수행하게 할 수 있다. ( )

13 청원주가 청원경찰이 휴대할 무기를 대여받으려는 경우에는 관할 경찰서장을 거쳐 시·도 경찰청장에게 무기대여를 신청하여야 한다. ( )

14 관할 경찰서장은 청원경찰이 직무를 수행하기 위하여 필요하다고 인정하면 직권으로 청원경찰에게 무기를 대여하여 지니게 할 수 있다. ( )

15 관할 경찰서장은 대여한 청원경찰의 무기관리상황을 월 1회 이상 점검하여야 한다. ( )

16 청원주 및 청원경찰은 행정안전부령으로 정하는 무기관리수칙을 준수하여야 한다. ( )

17 청원주가 무기와 탄약을 대여받았을 때에는 시·도 경찰청장이 정하는 무기·탄약 출납부 등을 갖춰 두고 기록하여야 한다. ( )

18 탄약고는 무기고와 떨어진 곳에 설치하고, 그 위치는 사무실이나 그 밖에 여러 사람을 수용하거나 여러 사람이 오고 가는 시설로부터 인접해 있어야 한다. ( )

정답과 해설 10 × 11 ○ 12 × 13 ○ 14 × 15 × 16 ○ 17 × 18 ×

오답분석

10 청원경찰이 퇴직할 때에는 대여품을 청원주에게 반납하여야 한다(청원경찰법 시행규칙 제12조 제2항).

12 청원주는 「총포·도검·화약류 등의 안전관리에 관한 법률」에 따른 분사기의 소지허가를 받아 청원경찰로 하여금 그 분사기를 휴대하여 직무를 수행하게 할 수 있다(청원경찰법 시행령 제15조).

14 무기대여 신청을 받은 시·도 경찰청장이 무기를 대여하여 휴대하게 하려는 경우에는 청원주로부터 국가에 기부채납된 무기에 한정하여 관할 경찰서장으로 하여금 무기를 대여하여 휴대하게 할 수 있다(청원경찰법 시행령 제16조 제2항).

15 관할 경찰서장은 무기를 대여하였을 때에는 청원경찰의 무기관리상황을 수시로 점검하여야 한다(청원경찰법 시행령 제16조 제3항).

17 청원주가 무기와 탄약을 대여받았을 때에는 경찰청장이 정하는 무기·탄약 출납부 및 무기장비 운영카드를 갖춰 두고 기록하여야 한다(청원경찰법 시행규칙 제16조 제1항 제1호).

18 탄약고는 무기고와 떨어진 곳에 설치하고, 그 위치는 사무실이나 그 밖에 여러 사람을 수용하거나 여러 사람이 오고 가는 시설로부터 격리되어야 한다(청원경찰법 시행규칙 제16조 제1항 제4호).

19 청원주는 대여받은 무기와 탄약이 분실되거나 도난당하거나 빼앗기거나 훼손되는 등의 사고가 발생했을 때에는 지체 없이 그 사유를 관할 경찰서장에게 통보해야 한다. ( )

20 청원주는 청원경찰에게 지급한 무기와 탄약을 매월 1회 이상 손질하게 하여야 한다. ( )

21 청원주는 수리가 필요한 무기가 있을 때에는 그 목록과 무기장비 운영카드를 첨부하여 관할 시·도 경찰청장에게 수리를 요청할 수 있다. ( )

22 청원경찰은 무기를 지급받거나 반납할 때 또는 인계인수할 때에는 반드시 "검사 총" 자세 이후 "앞에 총"을 하여야 한다. ( )

23 청원경찰은 지급받은 무기를 다른 사람에게 보관하거나 휴대시킬 수 없으며, 손질을 의뢰할 수 없다. ( )

24 청원경찰은 무기를 손질 또는 조작할 때에는 반드시 총구를 바닥으로 향하여야 한다. ( )

25 청원주는 변태적 성벽이 있는 청원경찰에게 무기와 탄약을 지급해서는 아니 되며, 지급한 무기와 탄약은 회수하여야 한다. ( )

26 청원경찰법령상 교육훈련 실시부는 관할 경찰서장과 청원주가 공통으로 비치해야 할 문서와 장부에 해당한다. ( )

27 청원경찰법령상 시·도 경찰청장과 관할 경찰서장이 모두 비치해야 할 장부는 전출입 관계철이다. ( )

28 청원경찰법령상 경비구역 배치도, 교육훈련 실시부는 청원주가 비치해야 할 문서와 장부에 해당한다. ( )

정답과 해설   19 ○   20 ×   21 ×   22 ×   23 ○   24 ×   25 ×   26 ○   27 ○   28 ○

오답분석

20 청원주는 청원경찰에게 지급한 무기와 탄약을 <u>매주 1회 이상</u> 손질하게 하여야 한다(청원경찰법 시행규칙 제16조 제2항 제3호).

21 청원주는 수리가 필요한 무기가 있을 때에는 그 목록과 무기장비 운영카드를 첨부하여 <u>관할 경찰서장에게</u> 수리를 요청할 수 있다(청원경찰법 시행규칙 제16조 제2항 제4호).

22 청원경찰은 무기를 지급받거나 반납할 때 또는 인계인수할 때에는 <u>반드시 "앞에 총" 자세에서 "검사 총"을</u> 하여야 한다(청원경찰법 시행규칙 제16조 제3항 제1호).

24 청원경찰은 무기를 손질하거나 조작할 때에는 <u>반드시 총구를 공중으로 향하게 하여야</u> 한다(청원경찰법 시행규칙 제16조 제3항 제4호).

25 2022.11.10. 개정된 청원경찰법 시행규칙으로 인해 '변태적 성벽(性癖)이 있는 사람'은 더 이상 무기와 탄약의 지급 금지대상이 <u>아니며, 이에 따라 지급한 무기와 탄약도 즉시 회수해야 하는 것이 아니다.</u>

01 관할 경찰서장은 매달 1회 이상 청원경찰을 배치한 경비구역에 대하여 복무규율과 근무상황, 무기의 관리 및 취급사항을 감독하여야 한다. ( )

02 3명 이상의 청원경찰을 배치한 사업장의 청원주는 청원경찰의 지휘·감독을 위하여 청원경찰 중에서 유능한 사람을 선정하여 감독자로 지정하여야 한다. ( )

03 사업장의 청원주는 배치한 청원경찰의 근무인원이 100명일 경우에 대장 1명, 반장 4명, 조장 12명을 지정해야 한다. ( )

04 청원경찰이 직무를 수행할 때에 경찰관직무집행법령에 따라 하여야 할 모든 보고는 관할 시·도 경찰청장에게 서면으로 해야 한다. ( )

05 청원경찰은 파업, 태업 또는 그 밖에 업무의 정상적인 운영을 방해하는 일체의 쟁의행위를 하여서는 아니 된다. ( )

06 청원경찰이 직무를 수행할 때 직권을 남용하여 국민에게 해를 끼친 경우에는 6개월 이하의 징역이나 금고에 처한다. ( )

07 청원경찰 업무에 종사하는 사람은 「형법」이나 그 밖의 법령에 따른 벌칙을 적용할 때에는 공무원으로 본다. ( )

08 국가기관에 근무하는 청원경찰의 직무상 불법행위로 인한 배상책임에 관해서는 민법의 규정에 의한다. ( )

정답과 해설 　01 ○　02 ×　03 ○　04 ×　05 ○　06 ○　07 ○　08 ×

오답분석

02 2명 이상의 청원경찰을 배치한 사업장의 청원주는 청원경찰의 지휘·감독을 위하여 청원경찰 중에서 유능한 사람을 선정하여 감독자로 지정하여야 한다(청원경찰법 시행규칙 제19조 제1항).

04 청원경찰이 법 제3조에 따라 직무를 수행할 때에 「경찰관직무집행법」 및 같은 법 시행령에 따라 하여야 할 모든 보고는 관할 경찰서장에게 서면으로 보고하기 전에 지체 없이 구두로 보고하고 그 지시에 따라야 한다(청원경찰법 시행규칙 제22조).

08 청원경찰(국가기관이나 지방자치단체에 근무하는 청원경찰은 제외한다)의 직무상 불법행위에 대한 배상책임에 관하여는 「민법」의 규정을 따른다(청원경찰법 제10조의2). 본 규정의 반대해석, 국가배상법 제2조 및 대판 92다47564에 의하면 국가기관이나 지방자치단체에 근무하는 청원경찰의 직무상 불법행위에 대한 배상책임은 「국가배상법」의 규정을 따른다.

09 청원경찰법에 따른 시·도 경찰청장의 권한은 그 일부를 대통령령으로 정하는 바에 따라 관할 경찰서장에게 위임할 수 있다. ( )

10 시·도 경찰청장은 청원경찰 배치의 결정 및 요청에 관한 권한, 청원경찰의 임용승인에 관한 권한, 청원주에 대한 지도 및 감독상 필요한 명령에 관한 권한을 대통령령으로 정하는 바에 따라 관할 경찰서장에게 위임할 수 있다. ( )

11 청원경찰은 형의 선고, 징계처분 또는 신체상·정신상의 이상으로 직무를 감당하지 못할 때를 제외하고는 그 의사에 반하여 면직되지 아니한다. ( )

12 청원주가 청원경찰을 면직시켰을 때에는 그 사실을 관할 경찰서장에게 보고하여야 한다. ( )

13 청원경찰은 나이가 58세가 되었을 때 당연 퇴직된다. ( )

14 청원경찰의 배치폐지는 당연 퇴직사유에 해당하지 않는다. ( )

15 국가기관이나 지방자치단체에 근무하는 청원경찰의 명예퇴직에 관하여는 국가공무원법을 준용한다. ( )

16 청원경찰법령상 국가기관이나 지방자치단체에 근무하는 청원경찰이 신체·정신상의 장애로 장기요양이 필요할 때, 병역법에 따른 병역 복무를 마치기 위하여 징집된 때, 천재지변 등의 사유로 생사가 불명확하게 된 때에는 청원경찰 본인의 의사에도 불구하고 휴직을 명하여야 한다. ( )

정답과 해설 | 09 ○ 10 ○ 11 ○ 12 × 13 × 14 × 15 ○ 16 ○

오답분석

12 청원주가 청원경찰을 면직시켰을 때에는 그 사실을 <u>관할 경찰서장을 거쳐 시·도 경찰청장에게 보고하여야</u> 한다(청원경찰법 제10조의4 제2항).

13 청원경찰은 나이가 <u>60세</u>가 되었을 때 당연 퇴직된다. 다만, 그 날이 1월부터 6월 사이에 있으면 6월 30일에, 7월부터 12월 사이에 있으면 12월 31일에 각각 당연 퇴직된다(청원경찰법 제10조의6 제3호).

14 청원경찰의 배치폐지는 당연 퇴직사유에 해당한다(청원경찰법 제10조의6 제2호).

01 청원경찰로서 청원경찰법 제9조의4를 위반하여 파업, 태업 또는 그 밖에 업무의 정상적인 운영을 방해하는 쟁의행위를 한 자는 1년 이하의 징역 또는 1,000만원 이하의 벌금에 처한다. ( )

02 정당한 사유 없이 경찰청장이 고시한 최저부담기준액 이상의 보수를 지급하지 아니한 자는 500만원 이하의 과태료 처분을 받게 된다. ( )

03 임용결격사유에 해당하지 않는 청원경찰을 시·도 경찰청장의 승인을 받지 않고 임용한 경우에는 500만원의 과태료가 부과된다. ( )

04 시·도 경찰청장의 승인을 받지 않고 임용결격사유에 해당하는 청원경찰을 임용한 경우 500만원의 과태료가 부과된다. ( )

05 시·도 경찰청장의 배치결정을 받지 않고 국가정보원장이 지정하는 국가보안목표시설에 청원경찰을 배치한 경우 500만원의 과태료가 부과된다. ( )

06 총기·실탄 및 분사기에 관한 시·도 경찰청장의 감독상 필요한 명령을 정당한 사유 없이 이행하지 않은 경우 300만원의 과태료가 부과된다. ( )

07 과태료는 대통령령으로 정하는 바에 따라 시·도 경찰청장이 부과·징수한다. ( )

08 경찰서장은 과태료처분을 하였을 때에는 과태료 부과 및 징수 사항을 과태료 수납부에 기록하고 정리하여야 한다. ( )

09 경찰서장은 위반행위의 동기, 내용 및 위반의 정도 등을 고려하여 과태료 금액의 3분의 1의 범위에서 그 금액을 줄이거나 늘릴 수 있다. ( )

정답과 해설 **01** ○ **02** ○ **03** × **04** ○ **05** ○ **06** × **07** ○ **08** ○ **09** ×

오답분석

03 법 제5조 제1항에 따른 시·도 경찰청장의 승인을 받지 않고 법 제5조 제2항에 따른 임용결격사유에 해당하지 않는 청원경찰을 임용한 경우에는 300만원의 과태료가 부과된다(청원경찰법 시행령 [별표 2] 제2호 나목).

06 법 제9조의3 제2항에 따른 시·도 경찰청장의 감독상 필요한 총기·실탄 및 분사기에 관한 명령을 정당한 사유 없이 이행하지 않은 경우에는 500만원의 과태료가 부과된다(청원경찰법 시행령 [별표 2] 제4호 가목).

09 시·도 경찰청장은 위반행위의 동기, 내용 및 위반의 정도 등을 고려하여 별표 2에 따른 과태료 금액의 100분의 50의 범위에서 그 금액을 줄이거나 늘릴 수 있다(청원경찰법 시행령 제21조 제2항 본문).

01 청원경찰법

1 청원경찰의 배치장소와 직무

1 청원경찰의 개념 및 배치장소

(1) 청원경찰의 정의(청원경찰법 제2조)

"청원경찰"이란 다음에 해당하는 기관의 장 또는 시설·사업장 등의 경영자가 경비를 부담할 것을 조건으로 경찰의 배치를 신청하는 경우 그 기관·시설 또는 사업장 등의 경비를 담당하게 하기 위하여 배치하는 경찰을 말한다.

① 국가기관 또는 공공단체와 그 관리하에 있는 중요 시설 또는 사업장(제1호)

② 국내 주재 외국기관(제2호)★

③ 그 밖에 행정안전부령으로 정하는 중요시설·사업장 또는 장소(제3호)

> **청원경찰법의 목적(법 제1조)**
> 청원경찰법은 청원경찰의 직무·임용·배치·보수·사회보장 및 그 밖에 필요한 사항을 규정함으로써 청원경찰의 원활한 운영을 목적으로 한다.

빈칸문제

청원경찰의 정의

⋯ "청원경찰"이란 다음에 해당하는 기관의 장 또는 시설·사업장 등의 경영자가 (❶)를 부담할 것을 조건으로 경찰의 배치를 신청하는 경우 그 기관·시설 또는 사업장 등의 경비를 담당하게 하기 위하여 배치하는 경찰을 말한다.

⋯ 국가기관 또는 공공단체와 그 관리하에 있는 중요 시설 또는 사업장

⋯ (❷) 외국기관

⋯ 그 밖에 (❸)으로 정하는 중요시설·사업장 또는 장소

❶ 경비 ❷ 국내 주재 ❸ 행정안전부령 **정답**

(2) 그 밖에 행정안전부령으로 정하는 중요시설 · 사업장 또는 장소(청원경찰법 시행규칙 제2조)

① 선박 · 항공기 등 수송시설(제1호)

② 금융 또는 보험을 업으로 하는 시설 또는 사업장(제2호)★

③ 언론 · 통신 · 방송 또는 인쇄를 업으로 하는 시설 또는 사업장(제3호)★★

④ 학교 등 육영시설(제4호)★

⑤ 의료법에 따른 의료기관(제5호)★

⑥ 그 밖에 공공의 안녕질서 유지와 국민경제를 위하여 고도의 경비가 필요한 중요시설, 사업체 또는 장소(제6호)

2 청원경찰의 직무

(1) 직무범위(청원경찰법 제3조)

청원경찰은 청원경찰의 배치결정을 받은 자(청원주)와 배치된 기관 · 시설 또는 사업장 등의 구역을 관할하는 경찰서장의 감독을 받아 그 경비구역만의 경비를 목적으로 필요한 범위에서 「경찰관직무집행법」에 따른 경찰관의 직무를 수행한다.★★

(2) 직무상 주의사항(청원경찰법 시행규칙 제21조)

① 청원경찰이 직무를 수행할 때에는 경비 목적을 위하여 필요한 최소한의 범위에서 하여야 한다(제1항).★

② 청원경찰은 「경찰관직무집행법」에 따른 직무 외의 수사활동 등 사법경찰관리의 직무를 수행해서는 아니 된다(제2항).★★

(3) 근무요령(청원경찰법 시행규칙 제14조)

① 자체경비를 하는 <u>입초</u>근무자는 경비구역의 정문이나 그 밖의 지정된 장소에서 경비구역의 내부, 외부 및 출입자의 움직임을 감시한다(제1항).★ (🔒 : 자·입)

② 업무처리 및 자체경비를 하는 <u>소내</u>근무자는 근무 중 특이한 사항이 발생하였을 때에는 지체 없이 청원주 또는 관할 경찰서장에게 보고하고 그 지시에 따라야 한다(제2항).★★ (🔒 : 업·자·소)

③ 순찰근무자는 청원주가 지정한 일정한 구역을 순회하면서 경비 임무를 수행한다. 이 경우 순찰은 단독 또는 복수로 <u>정선순찰</u>(정해진 노선을 규칙적으로 순찰하는 것을 말한다)을 하되, 청원주가 필요하다고 인정할 때에는 <u>요점순찰</u>(순찰구역 내 지정된 중요지점을 순찰하는 것을 말한다) 또는 <u>난선순찰</u>(임의로 순찰지역이나 노선을 선정하여 불규칙적으로 순찰하는 것을 말한다)을 할 수 있다(제3항). 〈개정 2021.12.31.〉 (🔒 : 정·요·난)

④ 대기근무자는 소내근무에 협조하거나 <u>휴</u>식하면서 불의의 사고에 대비한다(제4항).★ (🔒 : 대·소·협·휴)

빈칸문제

청원경찰의 직무 및 근무요령
⋯ 청원경찰은 청원경찰의 배치결정을 받은 자(❶)와 배치된 기관·시설 또는 사업장 등의 구역을 관할하는 (❷)의 감독을 받아 그 경비구역만의 경비를 목적으로 필요한 범위에서 (❸)에 따른 경찰관의 직무를 수행한다.
⋯ 자체경비를 하는 (❹)근무자는 경비구역의 정문이나 그 밖의 지정된 장소에서 경비구역의 내부, 외부 및 출입자의 움직임을 감시한다.
⋯ 업무처리 및 자체경비를 하는 (❺)근무자는 근무 중 특이한 사항이 발생하였을 때에는 지체 없이 (❶) 또는 (❻)에게 보고하고 그 지시에 따라야 한다.

❶ 청원주 ❷ 경찰서장 ❸ 경찰관직무집행법 ❹ 입초 ❺ 소내 ❻ 관할 경찰서장 **정답**

2 청원경찰의 배치 · 임용 · 교육 · 징계

1 청원경찰의 배치

(1) 청원경찰의 배치신청(청원경찰법 제4조 제1항)

청원경찰을 배치받으려는 자는 대통령령으로 정하는 바에 따라 관할 시·도 경찰청장에게 청원경찰 배치를 신청하여야 한다. ★★

① 청원경찰의 배치신청 등(청원경찰법 시행령 제2조)

청원경찰의 배치를 받으려는 자는 청원경찰 배치신청서에 다음의 서류(㉠ 및 ㉡)를 첨부하여 국가기관 또는 공공단체와 그 관리하에 있는 중요 시설 또는 사업장, 국내 주재 외국기관, 그 밖에 행정안전부령으로 정하는 중요 시설, 사업장 또는 장소의 소재지를 관할하는 경찰서장을 거쳐 시·도 경찰청장에게 제출하여야 한다. 이 경우 배치장소가 둘 이상의 도(특별시, 광역시, 특별자치시 및 특별자치도를 포함)일 때에는 주된 사업장의 관할 경찰서장을 거쳐 시·도 경찰청장에게 일괄 신청할 수 있다. ★★

㉠ 경비구역 평면도 1부

㉡ 배치계획서 1부

② 청원경찰 배치신청서 등(청원경찰법 시행규칙 제3조)

㉠ 청원경찰 배치신청서는 별지 제1호 서식에 따른다.

㉡ 청원경찰 배치결정통지 또는 청원경찰 배치불허통지는 별지 제2호 서식에 따른다.

빈칸문제

청원경찰의 배치신청

⋯ 청원경찰을 배치받으려는 자는 (❶)으로 정하는 바에 따라 관할 (❷)에게 청원경찰 배치를 신청하여야 한다.

⋯ 청원경찰의 배치를 받으려는 자는 청원경찰 배치신청서에 다음의 서류(㉠ 및 ㉡)를 첨부하여 국가기관 또는 공공단체와 그 관리하에 있는 중요 시설 또는 사업장, 국내 주재 외국기관, 그 밖에 (❸)으로 정하는 중요 시설, 사업장 또는 장소의 소재지를 관할하는 (❹)을 거쳐 (❷)에게 제출하여야 한다. 이 경우 배치장소가 둘 이상의 도(특별시, 광역시, 특별자치시 및 특별자치도를 포함)일 때에는 (❺)의 관할 (❹)을 거쳐 (❷)에게 일괄 신청할 수 있다. : ㉠ 경비구역 평면도 1부, ㉡ 배치계획서 1부

정답 ❶ 대통령령 ❷ 시·도 경찰청장 ❸ 행정안전부령 ❹ 경찰서장 ❺ 주된 사업장

(2) 배치결정 및 요청(청원경찰법 제4조 제2항·제3항)

① 시·도 경찰청장은 청원경찰 배치신청을 받으면 지체 없이 그 배치 여부를 결정하여 신청인에게 알려야 한다(제2항).★

② 시·도 경찰청장은 청원경찰의 배치가 필요하다고 인정하는 기관의 장 또는 시설·사업장의 경영자에게 청원경찰을 배치할 것을 요청할 수 있다(제3항).★

(3) 배치 및 이동(청원경찰법 시행령 제6조)

① 청원주는 청원경찰을 신규로 배치하거나 이동배치하였을 때에는 배치지(이동배치의 경우에는 종전의 배치지)를 관할하는 경찰서장에게 그 사실을 통보하여야 한다(제1항).★★

② ①의 통보를 받은 경찰서장은 이동배치지가 다른 관할구역에 속할 때에는 전입지를 관할하는 경찰서장에게 이동배치한 사실을 통보하여야 한다(제2항).★

(4) 배치의 폐지 등(청원경찰법 제10조의5)

① 청원주는 청원경찰이 배치된 시설이 폐쇄되거나 축소되어 청원경찰의 배치를 폐지하거나 배치 인원을 감축할 필요가 있다고 인정하면 청원경찰의 배치를 폐지하거나 배치인원을 감축할 수 있다. 다만, 청원주는 다음 ㉠과 ㉡의 어느 하나에 해당하는 경우에는 청원경찰의 배치를 폐지하거나 배치인원을 감축할 수 없다(제1항).★

㉠ 청원경찰을 대체할 목적으로 경비업법에 따른 특수경비원을 배치하는 경우(제1호)

㉡ 청원경찰이 배치된 기관·시설 또는 사업장 등이 배치인원의 변동사유 없이 다른 곳으로 이전하는 경우(제2호)

② 청원주가 청원경찰을 폐지하거나 감축하였을 때에는 청원경찰 배치결정을 한 경찰관서의 장에게 알려야 한다(제2항 전단).★★

③ ②의 사업장이 법 제4조 제3항(시·도 경찰청장은 청원경찰 배치가 필요하다고 인정하는 기관의 장 또는 시설·사업장의 경영자에게 청원경찰을 배치할 것을 요청할 수 있다)에 따라 시·도 경찰청장이 청원경찰의 배치를 요청한 사업장일 때에는 그 폐지 또는 감축 사유를 구체적으로 밝혀야 한다(제2항 후단).★

④ 청원경찰의 배치를 폐지하거나 배치인원을 감축하는 경우 해당 청원주는 배치폐지나 배치인원 감축으로 과원(過員)이 되는 청원경찰 인원을 그 기관·시설 또는 사업장 내의 유사 업무에 종사하게 하거나 다른 시설·사업장 등에 재배치하는 등 청원경찰의 고용이 보장될 수 있도록 노력하여야 한다(제3항).★

(5) 근무배치 등의 위임(청원경찰법 시행령 제19조)

① 경비업법에 따른 경비업자가 중요 시설의 경비를 도급받았을 때에는 청원주는 그 사업장에 배치된 청원경찰의 근무배치 및 감독에 관한 권한을 당해 경비업자에게 위임할 수 있다(제1항).★

② 청원주는 경비업자에게 청원경찰의 근무배치 및 감독에 관한 권한을 위임한 경우에 이를 이유로 청원경찰의 보수나 신분상의 불이익을 주어서는 아니 된다(제2항).★

빈칸문제

배치의 폐지 등

┈➡ (❶)는 청원경찰이 배치된 시설이 폐쇄되거나 축소되어 청원경찰의 배치를 폐지하거나 배치인원을 감축할 필요가 있다고 인정하면 청원경찰의 배치를 폐지하거나 배치인원을 감축할 수 있다. 다만, (❶)는 다음 ㉠과 ㉡의 어느 하나에 해당하는 경우에는 청원경찰의 배치를 폐지하거나 배치인원을 감축할 수 없다.
㉠ 청원경찰을 (❷)할 목적으로 경비업법에 따른 (❸)을 배치하는 경우
㉡ 청원경찰이 배치된 기관·시설 또는 사업장 등이 (❹)의 (❺) 없이 다른 곳으로 이전하는 경우

정답 ❶ 청원주 ❷ 대체 ❸ 특수경비원 ❹ 배치인원 ❺ 변동사유

2 청원경찰의 임용

(1) 시·도 경찰청장의 승인

① 청원경찰은 청원주가 임용하되, 임용을 할 때에는 미리 시·도 경찰청장의 승인을 받아야 한다 (청원경찰법 제5조 제1항).★★

② 청원경찰 임용결격사유(청원경찰법 제5조 제2항)★★

국가공무원법 제33조의 어느 하나의 결격사유에 해당하는 사람은 청원경찰로 임용될 수 없다. 〈개정 2022.12.27.〉

㉠ 피성년후견인(제1호)

㉡ 파산선고를 받고 복권되지 아니한 자(제2호)

㉢ 금고 이상의 실형을 선고받고 그 집행이 종료되거나 집행을 받지 아니하기로 확정된 후 5년 이 지나지 아니한 자(제3호)

㉣ 금고 이상의 형을 선고받고 그 집행유예 기간이 끝난 날부터 2년이 지나지 아니한 자(제4호)

㉤ 금고 이상의 형의 선고유예를 받은 경우에 그 선고유예 기간 중에 있는 자(제5호)

㉥ 법원의 판결 또는 다른 법률에 따라 자격이 상실되거나 정지된 자(제6호)

㉦ 공무원으로 재직기간 중 직무와 관련하여 「형법」 제355(횡령, 배임죄)조 및 제356조(업무상 횡령, 배임죄)에 규정된 죄를 범한 자로서 300만원 이상의 벌금형을 선고받고 그 형이 확정 된 후 2년이 지나지 아니한 자(제6호의2)

㉧ 다음의 어느 하나에 해당하는 죄를 범한 사람으로서 100만원 이상의 벌금형을 선고받고 그 형이 확정된 후 3년이 지나지 아니한 사람(제6호의3)

- 「성폭력범죄의 처벌 등에 관한 특례법」 제2조에 따른 성폭력범죄(가목)
- 「정보통신망 이용촉진 및 정보보호 등에 관한 법률」 제74조 제1항 제2호 및 제3호에 규정 된 죄(나목)
- 「스토킹범죄의 처벌 등에 관한 법률」 제2조 제2호에 따른 스토킹범죄(다목)

㉨ 미성년자에 대한 다음의 어느 하나에 해당하는 죄를 저질러 파면·해임되거나 형 또는 치료 감호를 선고받아 그 형 또는 치료감호가 확정된 사람(집행유예를 선고받은 후 그 집행유예 기간이 경과한 사람을 포함한다)(제6호의4)

- 「성폭력범죄의 처벌 등에 관한 특례법」 제2조에 따른 성폭력범죄(가목)
- 「아동·청소년의 성보호에 관한 법률」 제2조 제2호에 따른 아동·청소년대상 성범죄(나목)

㉩ 징계로 파면처분을 받은 때부터 5년이 지나지 아니한 자(제7호)

㉪ 징계로 해임처분을 받은 때부터 3년이 지나지 아니한 자(제8호)

[헌법불합치, 2020헌마1181, 2022.11.24., 국가공무원법(2018.10.16. 법률 제15857호로 개정된 것) 제33조 제6호의4 나목 중 아동복지법(2017.10.24. 법률 제14925호로 개정된 것) 제17조 제2호 가운데 '아동에게 성적 수치심을 주는 성희롱 등의 성적 학대행위로 형을 선고받아 그 형이 확정된 사람은 국가공무원법 제2조 제2항 제1호의 일반직공무원으로 임용될 수 없도록 한 것'에 관한 부분은 헌법에 합치되지 아니한다. 위 법률조항들은 2024.5.31.을 시한으로 입법자가 개정할 때까지 계속 적용된다.]
- 성폭력범죄의 처벌 등에 관한 특례법 제2조에 따른 성폭력범죄(가목)
- 아동·청소년의 성보호에 관한 법률 제2조 제2호에 따른 아동·청소년대상 성범죄(나목)
③ 청원경찰의 임용자격·임용방법·교육 및 보수에 관하여는 대통령령으로 정한다(청원경찰법 제5조 제3항).★★

(2) 청원경찰의 임용자격 등

① 임용자격(청원경찰법 시행령 제3조)
  ㉠ 18세 이상인 사람(제1호) 〈개정 2021.8.24.〉★
  ㉡ 행정안전부령(청원경찰법 시행규칙 제4조)으로 정하는 신체조건에 해당하는 사람(제2호)★
    - 신체가 건강하고 팔다리가 완전할 것(제1호)
    - 시력(교정시력을 포함)은 양쪽 눈이 각각 0.8 이상일 것(제2호)
② 임용방법 등(청원경찰법 시행령 제4조)★★
  ㉠ 청원경찰의 배치결정을 받은 자(청원주)는 그 배치결정의 통지를 받은 날부터 30일 이내에 배치결정된 인원수의 임용예정자에 대하여 청원경찰 임용승인을 시·도 경찰청장에게 신청하여야 한다(제1항).★
  ㉡ 청원주가 청원경찰을 임용하였을 때에는 임용한 날부터 10일 이내에 그 임용사항을 관할 경찰서장을 거쳐 시·도 경찰청장에게 보고하여야 한다. 청원경찰이 퇴직하였을 때에도 또한 같다(제2항).★

임용승인신청서 등(청원경찰법 시행규칙 제5조)

① 법 제4조 제2항에 따라 청원경찰의 배치결정을 받은 자[이하 "청원주"(請願主)라 한다]가 영 제4조 제1항에 따라 시·도 경찰청장에게 청원경찰 임용승인을 신청할 때에는 별지 제3호 서식의 청원경찰 임용승인신청서에 그 해당자에 관한 다음 각호의 서류를 첨부해야 한다. 〈개정 2021.3.30.〉
  1. 이력서 1부
  2. 주민등록증 사본 1부
  3. 민간인 신원진술서(「보안업무규정」 제36조에 따른 신원조사가 필요한 경우만 해당한다) 1부
  4. 최근 3개월 이내에 발행한 채용신체검사서 또는 취업용 건강진단서 1부
  5. 가족관계등록부 중 기본증명서 1부
② 제1항에 따른 신청서를 제출받은 시·도 경찰청장은 「전자정부법」 제36조 제1항에 따라 행정정보의 공동이용을 통하여 해당자의 병적증명서를 확인하여야 한다. 다만, 그 해당자가 확인에 동의하지 아니할 때에는 해당 서류를 첨부하도록 하여야 한다.

3 청원경찰의 교육

(1) 청원경찰의 신임교육(청원경찰법 시행령 제5조)

① 청원주는 청원경찰로 임용된 사람으로 하여금 경비구역에 배치하기 전에 경찰교육기관에서 직무수행에 필요한 교육을 받게 하여야 한다. 다만, 경찰교육기관의 교육계획상 부득이하다고 인정할 때에는 우선 배치하고 임용 후 1년 이내에 교육을 받게 할 수 있다(제1항). ★
② 경찰공무원(의무경찰을 포함) 또는 청원경찰에서 퇴직한 사람이 퇴직한 날부터 3년 이내에 청원경찰로 임용된 때에는 ①에 따른 교육을 면제할 수 있다(제2항).
③ 교육기간·교육과목·수업시간 및 그 밖에 교육의 시행에 필요한 사항은 행정안전부령(청원경찰법 시행규칙 제6조)으로 정한다(제3항). ★

빈칸문제

청원경찰의 신임교육
··· (❶)는 청원경찰로 임용된 사람으로 하여금 경비구역에 (❷)하기 전에 (❸)에서 직무수행에 필요한 교육을 받게 하여야 한다. 다만, (❸)의 교육계획상 부득이하다고 인정할 때에는 우선 배치하고 임용 후 (❹) 이내에 교육을 받게 할 수 있다.
··· 경찰공무원(의무경찰을 포함) 또는 청원경찰에서 퇴직한 사람이 퇴직한 날부터 (❺) 이내에 청원경찰로 임용된 때에는 교육을 면제할 수 있다.
··· 신임교육기간은 (❻)로 하고, 교육시간 합계는 (❼)이다.

❶ 청원주 ❷ 배치 ❸ 경찰교육기관 ❹ 1년 ❺ 3년 ❻ 2주 ❼ 76시간 정답

(2) 청원경찰의 신임교육기간 등(청원경찰법 시행규칙 제6조)

신임교육기간은 <u>2주</u>로 하고, 교육과목 및 수업시간은 다음과 같다.★

청원경찰 신임교육과목 및 수업시간표(청원경찰법 시행규칙 [별표 1])

학과별	과 목		시 간
정신교육	• 정신교육		8
학술교육	• 형사법		10
	• 청원경찰법		5
실무교육	경 무	• 경찰관직무집행법	5
	방 범	• 방범업무	3
		• 경범죄처벌법	2
	경 비	• 시설경비	6
		• 소 방	4
	정 보	• 대공이론	2
		• 불심검문	2
	민방위	• 민방공	3
		• 화생방	2
	기본훈련		5
	총기조작		2
	총검술		2
	사 격		6
술 과	• 체포술 및 호신술		6
기 타	• 입교·수료 및 평가		3
교육시간 합계	–		76

빈칸문제

청원경찰 신임교육과목
  ⇢ 정신교육 : 정신교육
  ⇢ 학술교육 : (❶), 청원경찰법
  ⇢ 실무교육 : 경무(경찰관직무집행법), 방범(방범업무, (❷)), 경비(시설경비, 소방), 정보((❸), 불심검문), 민방위(민방공, 화생방), 기본훈련, 총기조작, 총검술, (❹)
  ⇢ 술과 : 체포술 및 호신술
  ⇢ 기타 : 입교·수료 및 평가

정답 ❶ 형사법 ❷ 경범죄처벌법 ❸ 대공이론 ❹ 사격

(3) **청원경찰의 직무교육(청원경찰법 시행규칙 제13조)**

① 청원주는 소속 청원경찰에게 그 직무집행에 관하여 필요한 교육을 <u>매월 4시간 이상</u> 하여야 한다(제1항).★

② 청원경찰이 배치된 사업장의 소재지를 관할하는 경찰서장은 필요하다고 인정하는 경우에는 그 사업장에 소속 공무원을 파견하여 직무집행에 필요한 교육을 할 수 있다(제2항).★

---

4 청원경찰의 복무 및 징계 등

(1) **복무(청원경찰법 제5조 제4항, 동법 시행령 제7조) (두 : 복 · 직 · 비 · 거)**

① <u>청원경찰의 복무</u>에 관하여는 「국가공무원법」 제57조(복종의 의무), 제58조 제1항(직장이탈금지), 제60조(비밀엄수의 의무) 및 「경찰공무원법」 제24조(거짓보고 등의 금지)의 규정을 <u>준용</u>한다(청원경찰법 제5조 제4항).★★

② 상기 규정 외에 청원경찰의 복무에 관하여는 해당 사업장의 <u>취업규칙</u>에 따른다(청원경찰법 시행령 제7조).★

(2) **청원경찰의 징계(청원경찰법 제5조의2)**

① <u>청원주</u>는 청원경찰이 다음에 해당하는 때에는 <u>대통령령</u>(청원경찰법 시행령 제8조)으로 정하는 징계절차를 거쳐 징계처분을 하여야 한다(제1항).★★

㉠ 직무상의 <u>의무</u>를 <u>위반</u>하거나 직무를 <u>태만</u>히 한 때(제1호)

㉡ 품위를 손상하는 행위를 한 때(제2호)

② 청원경찰에 대한 <u>징계의 종류</u>는 <u>파면, 해임, 정직, 감봉 및 견책</u>으로 구분한다(제2항).★★

③ 청원경찰의 징계에 관하여 그 밖에 필요한 사항은 <u>대통령령</u>(청원경찰법 시행령 제8조)으로 정한다(제3항).

빈칸문제

청원경찰의 직무교육 및 복무
- ⋯ (❶)는 소속 청원경찰에게 그 직무집행에 관하여 필요한 교육을 매월 (❷) 이상 하여야 한다.
- ⋯ 청원경찰이 배치된 사업장의 소재지를 관할하는 (❸)은 필요하다고 인정하는 경우에는 그 사업장에 소속 공무원을 파견하여 직무집행에 필요한 교육을 할 수 있다.
- ⋯ 청원경찰의 복무에 관하여는 (❹) 제57조(복종의 의무), 제58조 제1항(직장이탈금지), 제60조(비밀엄수의 의무) 및 (❺) 제24조(거짓보고 등의 금지)의 규정을 준용한다.
- ⋯ 상기 규정 외에 청원경찰의 복무에 관하여는 해당 사업장의 (❻)에 따른다.

❶ 청원주 ❷ 4시간 ❸ 경찰서장 ❹ 국가공무원법 ❺ 경찰공무원법 ❻ 취업규칙 정답

(3) 청원경찰의 징계절차(청원경찰법 시행령 제8조)

① 관할 경찰서장은 청원경찰이 징계사유의 어느 하나에 해당한다고 인정되면 청원주에게 해당 청원경찰에 대하여 징계처분을 하도록 요청할 수 있다(제1항).★

② 정직(停職)은 1개월 이상 3개월 이하로 하고, 그 기간에 청원경찰의 신분은 보유하나 직무에 종사하지 못하며, 보수의 3분의 2를 줄인다(제2항).★

③ 감봉은 1개월 이상 3개월 이하로 하고, 그 기간에 보수의 3분의 1을 줄인다(제3항).★

④ 견책(譴責)은 전과(前過)에 대하여 훈계하고 회개하게 한다(제4항).★

⑤ 청원주는 청원경찰 배치결정의 통지를 받았을 때에는 통지를 받은 날부터 15일 이내에 청원경찰에 대한 징계규정을 제정하여 관할 시·도 경찰청장에게 신고하여야 한다. 징계규정을 변경할 때에도 또한 같다(제5항).★★

⑥ 시·도 경찰청장은 징계규정의 보완이 필요하다고 인정할 때에는 청원주에게 그 보완을 요구할 수 있다(제6항).★★

(4) 청원경찰의 표창(청원경찰법 시행규칙 제18조)

시·도 경찰청장, 관할 경찰서장 또는 청원주는 청원경찰에게 다음의 구분에 따라 표창을 수여할 수 있다.★

① **공적상** : 성실히 직무를 수행하여 근무성적이 탁월하거나 헌신적인 봉사로 특별한 공적을 세운 경우(제1호)

② **우등상** : 교육훈련에서 교육성적이 우수한 경우(제2호)

빈칸문제

청원경찰의 징계
- ⟶ 청원경찰에 대한 징계의 종류는 파면, 해임, 정직, 감봉 및 (❶)으로 구분한다.
- ⟶ 정직은 1개월 이상 (❷) 이하로 하고, 그 기간에 청원경찰의 신분은 보유하나 (❸)에 종사하지 못하며, 보수의 (❹)를 줄인다. 감봉은 1개월 이상 (❷) 이하로 하고, 그 기간에 보수의 (❺)을 줄인다.
- ⟶ 청원주는 청원경찰 배치결정의 통지를 받았을 때에는 통지를 받은 날부터 (❻) 이내에 청원경찰에 대한 (❼)을 제정하여 관할 (❽)에게 신고하여야 한다. (❼)을 변경할 때에도 또한 같다.
- ⟶ (❽)은 징계규정의 보완이 필요하다고 인정할 때에는 청원주에게 그 보완을 요구할 수 있다.

정답 ❶ 견책 ❷ 3개월 ❸ 직무 ❹ 3분의 2 ❺ 3분의 1 ❻ 15일 ❼ 징계규정 ❽ 시·도 경찰청장

3 청원경찰의 경비와 보상금 및 퇴직금

1 청원경찰경비(청원경찰법 제6조)

(1) 청원주의 부담경비

청원주는 다음의 청원경찰경비를 부담하여야 한다(청원경찰법 제6조 제1항).
① 청원경찰에게 지급할 봉급과 각종 수당(제1호)
② 청원경찰의 피복비(제2호)★
③ 청원경찰의 교육비(교육비는 청원주가 해당 청원경찰의 입교 3일 전에 해당 경찰교육기관에 납부함)(제3호)★
④ 보상금 및 퇴직금(제4호)

(2) 청원경찰의 보수

① 국가기관 또는 지방자치단체에 근무하는 청원경찰의 보수는 다음에 따라 같은 재직기간에 해당하는 경찰공무원의 보수를 감안하여 대통령령(청원경찰법 시행령 제9조)으로 정한다(청원경찰법 제6조 제2항).★
   ㉠ 재직기간 15년 미만 : 순경(제1호)
   ㉡ 재직기간 15년 이상 23년 미만 : 경장(제2호)
   ㉢ 재직기간 23년 이상 30년 미만 : 경사(제3호)
   ㉣ 재직기간 30년 이상 : 경위(제4호)
② 청원주의 봉급·수당의 최저부담기준액(국가기관 또는 지방자치단체에 근무하는 청원경찰의 봉급·수당은 제외)과 피복비와 교육비 비용의 부담기준액은 경찰청장이 정하여 고시한다(청원경찰법 제6조 제3항).★★

빈칸문제

청원주의 부담경비
⋯→ (❶)는 다음의 청원경찰경비를 부담하여야 한다.
   ㉠ 청원경찰에게 지급할 봉급과 각종 수당
   ㉡ 청원경찰의 (❷)
   ㉢ 청원경찰의 (❸)((❸)는 청원주가 해당 청원경찰의 입교 (❹) 전에 해당 (❺)에 납부함)
   ㉣ 보상금 및 퇴직금

❶ 청원주 ❷ 피복비 ❸ 교육비 ❹ 3일 ❺ 경찰교육기관 정답

③ 국가기관 또는 지방자치단체에 근무하는 청원경찰의 보수(청원경찰법 시행령 제9조)
  ㉠ 국가기관 또는 지방자치단체에 근무하는 청원경찰의 봉급은 별표 1과 같다(제1항).
  ㉡ 국가기관 또는 지방자치단체에 근무하는 청원경찰의 각종 수당은 공무원수당 등에 관한 규정에 따른 수당 중 가계보전수당, 실비변상 등으로 하며, 그 세부 항목은 경찰청장이 정하여 고시한다(제2항).★★
  ㉢ ①의 재직기간은 청원경찰로서 근무한 기간으로 한다(제3항).
④ 국가기관 또는 지방자치단체에 근무하는 청원경찰 외의 청원경찰의 보수(청원경찰법 시행령 제10조)
  ㉠ 국가기관 또는 지방자치단체에 근무하는 청원경찰 외의 청원경찰의 봉급과 각종 수당은 경찰청장이 고시한 최저부담기준액 이상으로 지급하여야 한다(본문).★★
  ㉡ 다만, 고시된 최저부담기준액이 배치된 사업장에서 같은 종류의 직무나 유사 직무에 종사하는 근로자에게 지급하는 임금보다 적을 때에는 그 사업장에서 같은 종류의 직무나 유사 직무에 종사하는 근로자에게 지급하는 임금에 상당하는 금액을 지급하여야 한다(단서).★

(3) 보수 산정 시의 경력 인정 등(청원경찰법 시행령 제11조)
① 청원경찰의 보수 산정에 관하여 그 배치된 사업장의 취업규칙에 특별한 규정이 없는 경우에는 다음의 경력을 봉급 산정의 기준이 되는 경력에 산입(算入)하여야 한다(제1항).
  ㉠ 청원경찰로 근무한 경력(제1호)
  ㉡ 군 또는 의무경찰에 복무한 경력(제2호)
  ㉢ 수위·경비원·감시원 또는 그 밖에 청원경찰과 비슷한 직무에 종사하던 사람이 해당 사업장의 청원주에 의하여 청원경찰로 임용된 경우에는 그 직무에 종사한 경력(제3호)
  ㉣ 국가기관 또는 지방자치단체에서 근무하는 청원경찰에 대해서는 국가기관 또는 지방자치단체에서 상근으로 근무한 경력(제4호)

빈칸문제

청원경찰의 보수
⋯ 국가기관 또는 지방자치단체에 (❶)하는 청원경찰의 보수는 다음에 따라 같은 재직기간에 해당하는 경찰공무원의 보수를 감안하여 (❷)으로 정한다.
  ㉠ 재직기간 (❸) 미만 : 순경
  ㉡ 재직기간 15년 이상 (❹) 미만 : 경장
  ㉢ 재직기간 23년 이상 (❺) 미만 : 경사
  ㉣ 재직기간 (❺) 이상 : 경위

정답 ❶ 근무 ❷ 대통령령 ❸ 15년 ❹ 23년 ❺ 30년

② 국가기관 또는 지방자치단체에 근무하는 청원경찰 보수의 호봉 간 승급기간은 경찰공무원의 승급기간에 관한 규정을 준용한다(제2항).

③ 국가기관 또는 지방자치단체에 근무하는 청원경찰 외의 청원경찰 보수의 호봉 간 승급기간 및 승급액은 그 배치된 사업장의 취업규칙에 따르며, 이에 관한 취업규칙이 없을 때에는 순경의 승급에 관한 규정을 준용한다(제3항). ★

(4) 청원경찰경비의 고시 등(청원경찰법 시행령 제12조)

① 청원경찰경비의 지급방법 또는 납부방법은 행정안전부령(청원경찰법 시행규칙 제8조)으로 정한다(제1항). ★

② 청원경찰법 제6조 제3항에 따른 청원경찰경비의 최저부담기준액 및 부담기준액은 경찰공무원 중 순경의 것을 고려하여 다음 연도분을 매년 12월에 고시하여야 한다. 다만, 부득이한 사유가 있을 때에는 수시로 고시할 수 있다(제2항). ★

(5) 청원경찰경비의 지급방법 등(청원경찰법 시행규칙 제8조)

청원경찰경비의 지급방법 및 납부방법은 다음과 같다.

① 봉급과 각종 수당은 청원주가 그 청원경찰이 배치된 기관·시설·사업장 또는 장소(이하 "사업장")의 직원에 대한 보수 지급일에 청원경찰에게 직접 지급한다(제1호). ★

② 피복은 청원주가 제작하거나 구입하여 다음 별표 2에 따른 정기지급일 또는 신규 배치 시에 청원경찰에게 현품으로 지급한다(제2호). ★

③ 교육비는 청원주가 해당 청원경찰의 입교 3일 전에 해당 경찰교육기관에 낸다(제3호). ★★

빈칸문제

청원경찰경비의 고시 및 지급방법 등
⋯ 청원경찰경비의 지급방법 또는 납부방법은 (❶)으로 정한다.
⋯ 청원경찰경비의 최저부담기준액 및 부담기준액은 경찰공무원 중 순경의 것을 고려하여 (❷)을 (❸)에 고시하여야 한다. 다만, 부득이한 사유가 있을 때에는 수시로 고시할 수 있다.
⋯ 봉급과 각종 수당은 (❹)가 그 청원경찰이 배치된 기관·시설·사업장 또는 장소의 직원에 대한 (❺)에 청원경찰에게 (❻) 지급한다.
⋯ (❼)은 청원주가 제작하거나 구입하여 정기지급일 또는 신규 배치 시에 청원경찰에게 (❽)으로 지급한다.

❶ 행정안전부령 ❷ 다음 연도분 ❸ 매년 12월 ❹ 청원주 ❺ 보수 지급일 ❻ 직접 ❼ 피복 ❽ 현품 **정답**

청원경찰 급여품표(청원경찰법 시행규칙 [별표 2]) <개정 2021.12.31.>

품 명	수 량	사용기간	정기지급일
근무복(하복)	1	1년	5월 5일
근무복(동복)	1	1년	9월 25일
한여름 옷	1	1년	6월 5일
외투·방한복 또는 점퍼	1	2~3년	9월 25일
기동화 또는 단화	1	단화 1년, 기동화 2년	9월 25일
비 옷	1	3년	5월 5일
정 모	1	3년	9월 25일
기동모	1	3년	필요할 때
기동복	1	2년	필요할 때
방한화	1	2년	9월 25일
장 갑	1	2년	9월 25일
호루라기	1	2년	9월 25일

빈칸문제

청원경찰의 급여품
⋯▸ 사용기간 1년 : 근무복(하복), 근무복(동복), 한여름 옷, (❶)
⋯▸ 사용기간 2년 : 기동화, 기동복, 방한화, 장갑, (❷)
⋯▸ 사용기간 2~3년 : 외투·(❸) 또는 점퍼
⋯▸ 사용기간 3년 : 비옷, (❹), 기동모

정답 ❶ 단화 ❷ 호루라기 ❸ 방한복 ❹ 정모

2 보상금 및 퇴직금

(1) 보상금(청원경찰법 제7조)

① 청원주는 청원경찰이 다음에 해당하게 되면 대통령령(청원경찰법 시행령 제13조)으로 정하는 바에 따라 청원경찰 본인 또는 그 유족에게 보상금을 지급하여야 한다.★★

㉠ 직무수행으로 인하여 부상을 입거나, 질병에 걸리거나 또는 사망한 경우(제1호)

㉡ 직무상의 부상·질병으로 인하여 퇴직하거나, 퇴직 후 2년 이내에 사망한 경우(제2호)

② 청원주는 보상금의 지급을 이행하기 위하여 산업재해보상보험법에 따른 산업재해보상보험에 가입하거나, 근로기준법에 따라 보상금을 지급하기 위한 재원(財源)을 따로 마련하여야 한다(청원경찰법 시행령 제13조).★

(2) 퇴직금(청원경찰법 제7조의2)

① 청원주는 청원경찰이 퇴직할 때에는 「근로자퇴직급여보장법」에 따른 퇴직금을 지급하여야 한다(본문).★

② 다만, 국가기관이나 지방자치단체에 근무하는 청원경찰의 퇴직금에 관하여는 따로 대통령령으로 정한다(단서).★★

빈칸문제

보상금 및 퇴직금

⟶ 청원주는 청원경찰이 다음에 해당하게 되면 (❶)으로 정하는 바에 따라 청원경찰 본인 또는 그 유족에게 보상금을 지급하여야 한다 : ㉠ 직무수행으로 인하여 부상을 입거나, 질병에 걸리거나 또는 사망한 경우, ㉡ 직무상의 부상·질병으로 인하여 퇴직하거나, 퇴직 후 (❷) 이내에 사망한 경우

⟶ 청원주는 보상금의 지급을 이행하기 위하여 (❸)에 가입하거나, (❹)에 따라 보상금을 지급하기 위한 재원(財源)을 따로 마련하여야 한다.

⟶ 청원주는 청원경찰이 퇴직할 때에는 「근로자퇴직급여보장법」에 따른 (❺)을 지급하여야 한다.

❶ 대통령령 ❷ 2년 ❸ 산업재해보상보험 ❹ 근로기준법 ❺ 퇴직금 정답

4 청원경찰의 제복착용과 무기휴대 · 비치부책

1 제복착용과 무기휴대(청원경찰법 제8조)

① 청원경찰은 근무 중 제복을 착용하여야 한다(제1항).
② 시 · 도 경찰청장은 청원경찰이 직무를 수행하기 위하여 필요하다고 인정하면 청원주의 신청을 받아 관할 경찰서장으로 하여금 청원경찰에게 무기를 대여하여 지니게 할 수 있다(제2항).★★
③ 청원경찰의 복제(服制)와 무기휴대에 필요한 사항은 대통령령(청원경찰법 시행령 제14조 · 제16조)으로 정한다(제3항).★★

2 청원경찰의 복제(服制)

(1) 복제(청원경찰법 시행령 제14조)
① 청원경찰의 복제는 제복 · 장구 및 부속물로 구분한다(제1항).★★
② 청원경찰의 제복 · 장구 및 부속물에 관하여 필요한 사항은 행정안전부령(청원경찰법 시행규칙 제9조)으로 정한다(제2항).★★
③ 청원경찰이 그 배치지의 특수성 등으로 특수복장을 착용할 필요가 있을 때에는 청원주는 시 · 도 경찰청장의 승인을 받아 특수복장을 착용하게 할 수 있다(제3항).★★★

빈칸문제

청원경찰의 무기휴대 및 복제 등
···→ (❶)은 청원경찰이 직무를 수행하기 위하여 필요하다고 인정하면 (❷)의 신청을 받아 (❸)으로 하여금 (❹)에게 무기를 대여하여 지니게 할 수 있다.
···→ 청원경찰의 (❺)는 제복 · 장구 및 부속물로 구분한다.
···→ 청원경찰의 제복 · 장구 및 부속물에 관하여 필요한 사항은 (❻)으로 정한다.
···→ 청원경찰이 그 배치지의 특수성 등으로 특수복장을 착용할 필요가 있을 때에는 청원주는 (❶)의 승인을 받아 특수복장을 착용하게 할 수 있다.

정답 ❶ 시 · 도 경찰청장 ❷ 청원주 ❸ 관할 경찰서장 ❹ 청원경찰 ❺ 복제 ❻ 행정안전부령

(2) 행정안전부령으로 정하는 복제(청원경찰법 시행규칙 제9조)

① 청원경찰의 제복·장구 및 부속물의 종류(제1항)

  ㉠ 제복 : 정모, 기동모(활동에 편한 모자를 말한다), 근무복(하복, 동복), 한여름 옷, 기동복, 점퍼, 비옷, 방한복, 외투, 단화, 기동화 및 방한화(제1호) 〈개정 2021.12.31.〉

  ㉡ 장구 : 허리띠, 경찰봉, 호루라기 및 포승(제2호)★★

  ㉢ 부속물 : 모자표장, 가슴표장, 휘장, 계급장, 넥타이핀, 단추 및 장갑(제3호)★★

② 청원경찰의 제복·장구 및 부속물의 형태·규격 및 재질(제2항) 〈개정 2021.12.31.〉

  ㉠ 제복의 형태·규격 및 재질은 청원주가 결정하되, 경찰공무원 또는 군인 제복의 색상과 명확하게 구별될 수 있어야 하며, 사업장별로 통일해야 한다(제1호 본문).★

  ㉡ 다만, 기동모와 기동복의 색상은 진한 청색으로 하고, 기동복의 형태·규격은 별도 1과 같이 한다(제1호 단서).★★

  ㉢ 장구의 형태·규격 및 재질은 경찰 장구와 같이 한다(제2호).★★

  ㉣ 부속물의 형태·규격 및 재질은 다음과 같이 한다(제3호).

    • 모자표장의 형태·규격 및 재질은 별도 2와 같이 하되, 기동모의 표장은 정모 표장의 2분의 1 크기로 할 것(가목)

    • 가슴표장, 휘장, 계급장, 넥타이핀 및 단추의 형태·규격 및 재질은 별도 3부터 별도 7까지와 같이 할 것(나목)

③ 청원경찰은 평상근무 중에는 정모, 근무복, 단화, 호루라기, 경찰봉 및 포승을 착용하거나 휴대하여야 하고, 총기를 휴대하지 아니할 때에는 분사기를 휴대하여야 하며, 교육훈련이나 그 밖의 특수근무 중에는 기동모, 기동복, 기동화 및 휘장을 착용하거나 부착하되, 허리띠와 경찰봉은 착용하거나 휴대하지 아니할 수 있다(제3항).★★

④ 가슴표장, 휘장 및 계급장을 달거나 부착할 위치는 별도 8과 같다(제4항).

⑤ 동·하복의 착용시기는 사업장별로 청원주가 결정하되, 착용시기를 통일해야 한다(청원경찰법 시행규칙 제10조).★

빈칸문제

청원경찰의 복제
⋯ (❶) : 정모, 기동모, 근무복(하복, 동복), 한여름 옷, 기동복, 점퍼, 비옷, 방한복, 외투, 단화, 기동화 및 방한화
⋯ 장구 : 허리띠, 경찰봉, (❷) 및 (❸)
⋯ 부속물 : 모자표장, 가슴표장, 휘장, 계급장, 넥타이핀, 단추 및 (❹)
⋯ 제복의 형태·규격 및 재질은 (❺)가 결정하되, 경찰공무원 또는 군인 제복의 색상과 명확하게 (❻)될 수 있어야 하며, 사업장별로 통일해야 한다.
⋯ 기동모와 기동복의 색상은 진한 청색으로 하고, (❼)의 형태·규격 및 재질은 경찰 (❼)와 같이 한다.

❶ 제복 ❷ 호루라기 ❸ 포승 ❹ 장갑 ❺ 청원주 ❻ 구별 ❼ 장구 정답

(3) 급여품 및 대여품(청원경찰법 시행규칙 제12조)

① 청원경찰에게 지급하는 급여품은 별표 2와 같고, 품명은 근무복(하복), 근무복(동복), 한여름 옷, 외투·방한복 또는 점퍼, 기동화 또는 단화, 비옷, 정모, 기동모, 기동복, 방한화, 장갑, 호루라기이다(제1항 전단, [별표 2]).

② 청원경찰에게 지급하는 대여품은 별표 3과 같으며, 품명은 허리띠, 경찰봉, 가슴표장, 분사기, 포승이다(제1항 후단, [별표 3]).★★

청원경찰 대여품표(청원경찰법 시행규칙 [별표 3])

품 명	수 량
허리띠	1
경찰봉	1
가슴표장★	1
분사기	1
포 승	1

③ 청원경찰이 퇴직할 때에는 대여품을 청원주에게 반납하여야 한다(제2항).★

④ 급여품은 반납하지 아니한다.★

빈칸문제

급여품 및 대여품

⋯ 청원경찰에게 지급하는 (❶)은 근무복(하복), 근무복(동복), 한여름 옷, 외투·방한복 또는 점퍼, 기동화 또는 단화, 비옷, 정모, 기동모, 기동복, 방한화, 장갑, 호루라기이다.

⋯ 청원경찰에게 지급하는 (❷)은 허리띠, 경찰봉, (❸), 분사기, 포승이다.

⋯ 청원경찰이 퇴직할 때에는 (❷)을 청원주에게 반납하여야 한다.

⋯ (❶)은 반납하지 아니한다.

정답 ❶ 급여품 ❷ 대여품 ❸ 가슴표장

3 무기휴대와 무기관리수칙

(1) 분사기 휴대(청원경찰법 시행령 제15조)

청원주는 「총포·도검·화약류 등의 안전관리에 관한 법률」에 따른 분사기의 소지허가를 받아 청원경찰로 하여금 그 분사기를 휴대하여 직무를 수행하게 할 수 있다.★

(2) 무기휴대(청원경찰법 시행령 제16조)

① 청원주가 청원경찰이 휴대할 무기를 대여받으려는 경우에는 관할 경찰서장을 거쳐 시·도 경찰청장에게 무기대여를 신청하여야 한다(제1항).★★
② 무기대여 신청을 받은 시·도 경찰청장이 무기를 대여하여 휴대하게 하려는 경우에는 청원주로부터 국가에 기부채납된 무기에 한정하여 관할 경찰서장으로 하여금 무기를 대여하여 휴대하게 할 수 있다(제2항).★
③ 무기를 대여하였을 때에는 관할 경찰서장은 청원경찰의 무기관리상황을 수시로 점검하여야 한다(제3항).★★★
④ 청원주 및 청원경찰은 행정안전부령(청원경찰법 시행규칙 제16조)으로 정하는 무기관리수칙을 준수하여야 한다(제4항).★★★

(3) 무기관리수칙(청원경찰법 시행규칙 제16조)

① 무기와 탄약을 대여받은 청원주는 다음에 따라 무기와 탄약을 관리해야 한다(제1항). 〈개정 2021.12.31.〉

    ㉠ 청원주가 무기와 탄약을 대여받았을 때에는 경찰청장이 정하는 무기·탄약 출납부 및 무기 장비 운영카드를 갖춰 두고 기록하여야 한다(제1호).

    ㉡ 청원주는 무기와 탄약의 관리를 위하여 관리책임자를 지정하고 관할 경찰서장에게 그 사실을 통보하여야 한다(제2호). ★★

    ㉢ 무기고 및 탄약고는 단층에 설치하고 환기·방습·방화 및 총받침대 등의 시설을 갖추어야 한다(제3호).

    ㉣ 탄약고는 무기고와 떨어진 곳에 설치하고, 그 위치는 사무실이나 그 밖에 여러 사람을 수용하거나 여러 사람이 오고 가는 시설로부터 격리되어야 한다(제4호).

    ㉤ 무기고와 탄약고에는 이중 잠금장치를 하고, 열쇠는 관리책임자가 보관하되, 근무시간 이후에는 숙직책임자에게 인계하여 보관시켜야 한다(제5호). ★★

    ㉥ 청원주는 경찰청장이 정하는 바에 따라 매월 무기와 탄약의 관리실태를 파악하여 다음 달 3일까지 관할 경찰서장에게 통보하여야 한다(제6호). ★★

    ㉦ 청원주는 대여받은 무기와 탄약이 분실되거나 도난당하거나 빼앗기거나 훼손되는 등의 사고가 발생했을 때에는 지체 없이 그 사유를 관할 경찰서장에게 통보해야 한다(제7호).

    ㉧ 청원주는 무기와 탄약이 분실되거나 도난당하거나 빼앗기거나 훼손되었을 때에는 경찰청장이 정하는 바에 따라 그 전액을 배상해야 한다. 다만, 전시·사변·천재지변이나 그 밖의 불가항력적인 사유가 있다고 시·도 경찰청장이 인정하였을 때에는 그렇지 않다(제8호).

빈칸문제

무기관리수칙

  ⋯ 청원주는 무기와 탄약의 관리를 위하여 (❶)를 지정하고 (❷)에게 그 사실을 (❸)하여야 한다.

  ⋯ 무기고와 탄약고에는 이중 잠금장치를 하고, 열쇠는 (❶)가 보관하되, 근무시간 이후에는 (❹)에게 인계하여 보관시켜야 한다.

  ⋯ 청원주는 (❺)이 정하는 바에 따라 (❻) 무기와 탄약의 관리실태를 파악하여 다음 달 (❼)까지 (❷)에게 통보하여야 한다. 청원주는 대여받은 무기와 탄약이 분실되거나 도난당하거나 빼앗기거나 훼손되는 등의 사고가 발생했을 때에는 지체 없이 그 사유를 (❷)에게 (❸)해야 한다.

정답 ❶ 관리책임자 ❷ 관할 경찰서장 ❸ 통보 ❹ 숙직책임자 ❺ 경찰청장 ❻ 매월 ❼ 3일

② 무기ㆍ탄약 출납 시 주의사항

무기와 탄약을 대여받은 청원주가 청원경찰에게 무기와 탄약을 출납하려는 경우에는 다음에 따라야 한다. 다만, 관할 경찰서장의 지시에 따라 탄약의 수를 늘리거나 줄일 수 있고, 무기와 탄약의 출납을 중지할 수 있으며, 무기와 탄약을 회수하여 집중관리할 수 있다(제2항). ★

㉠ 무기와 탄약을 출납하였을 때에는 무기ㆍ탄약 출납부에 그 출납사항을 기록하여야 한다(제1호).

㉡ 소총의 탄약은 1정당 15발 이내, 권총의 탄약은 1정당 7발 이내로 출납하여야 한다(제2호 전문). ★

㉢ ㉡의 경우 생산된 후 오래된 탄약을 우선하여 출납하여야 한다(제2호 후문). ★

㉣ 청원경찰에게 지급한 무기와 탄약은 매주 1회 이상 손질하게 하여야 한다(제3호). ★★

㉤ 수리가 필요한 무기가 있을 때에는 그 목록과 무기장비 운영카드를 첨부하여 관할 경찰서장에게 수리를 요청할 수 있다(제4호). ★★

③ 청원경찰의 준수사항

청원주로부터 무기 및 탄약을 지급받은 청원경찰은 다음 사항을 준수하여야 한다(제3항).

㉠ 무기를 지급받거나 반납할 때 또는 인계인수할 때에는 반드시 "앞에 총" 자세에서 "검사 총"을 하여야 한다(제1호). ★

㉡ 무기와 탄약을 지급받았을 때에는 별도의 지시가 없으면 무기와 탄약을 분리하여 휴대하여야 하며, 소총은 "우로 어깨 걸어 총"의 자세를 유지하고, 권총은 "권총집에 넣어 총"의 자세를 유지하여야 한다(제2호). ★

㉢ 지급받은 무기는 다른 사람에게 보관 또는 휴대하게 할 수 없으며 손질을 의뢰할 수 없다(제3호). ★★

㉣ 무기를 손질하거나 조작할 때에는 반드시 총구를 공중으로 향하게 하여야 한다(제4호). ★★

빈칸문제

무기관리수칙
- ⋯ 소총의 탄약은 1정당 (❶) 이내, 권총의 탄약은 1정당 (❷) 이내로 출납하여야 한다.
- ⋯ 청원경찰에게 지급한 무기와 탄약은 (❸) 이상 손질하게 하여야 한다.
- ⋯ 수리가 필요한 무기가 있을 때에는 그 목록과 무기장비 운영카드를 첨부하여 (❹)에게 수리를 요청할 수 있다.
- ⋯ 청원경찰은 지급받은 무기를 다른 사람에게 보관 또는 휴대하게 할 수 없으며 손질을 의뢰할 수 (❺).
- ⋯ 청원경찰은 근무시간 이후에는 무기와 탄약을 (❻)에게 반납하거나 (❼)에게 인계하여야 한다.

❶ 15발 ❷ 7발 ❸ 매주 1회 ❹ 관할 경찰서장 ❺ 없다 ❻ 청원주 ❼ 교대근무자 정답

ⓜ 무기와 탄약을 반납할 때에는 손질을 철저히 하여야 한다(제5호).

ⓗ 근무시간 이후에는 무기와 탄약을 청원주에게 반납하거나 <u>교대근무자에게 인계하여야 한다</u>(제6호).★

④ 무기 및 탄약의 지급 제한

청원주는 다음 각호의 어느 하나에 해당하는 청원경찰에게 무기와 탄약을 지급해서는 안 되며, 지급한 무기와 탄약은 즉시 회수해야 한다(제4항). 〈개정 2021.12.31., 2022.11.10.〉

㉠ 직무상 비위(非違)로 징계대상이 된 사람(제1호)

㉡ 형사사건으로 조사대상이 된 사람(제2호)

㉢ 사직 의사를 밝힌 사람(제3호)

㉣ 치매, 조현병, 조현정동장애, 양극성 정동장애(조울병), 재발성 우울장애 등의 <u>정신질환으로</u> 인하여 무기와 탄약의 휴대가 적합하지 않다고 해당 분야 전문의가 인정하는 사람(제4호)

㉤ 제1호부터 제4호까지의 규정 중 어느 하나에 준하는 사유로 <u>청원주가 무기와 탄약을 지급하기에 적절하지 않다고 인정하는 사람</u>(제5호)

㉥ 변태적 성벽(性癖)이 있는 사람(제6호) - 삭제 〈2022.11.10.〉

⑤ 무기 및 탄약의 지급 제한 또는 회수 결정 통지서

청원주는 제4항에 따라 무기와 탄약을 지급하지 않거나 회수할 때에는 별지 제5호의2 서식의 결정 통지서를 작성하여 지체 없이 해당 청원경찰에게 통지해야 한다. 다만, 지급한 무기와 탄약의 신속한 회수가 필요하다고 인정되는 경우에는 무기와 탄약을 먼저 회수한 후 통지서를 내줄 수 있다(제5항). 〈신설 2022.11.10.〉

⑥ 무기 및 탄약의 지급 제한 또는 회수 결정 통보서

청원주는 제4항에 따라 청원경찰에게 무기와 탄약을 지급하지 않거나 회수한 경우 7일 이내에 관할 경찰서장에게 별지 제5호의3 서식의 결정 통보서를 작성하여 통보해야 한다(제6항). 〈신설 2022.11.10.〉

빈칸문제

무기 및 탄약의 지급 제한

청원주는 다음의 어느 하나에 해당하는 청원경찰에게 무기와 탄약을 지급해서는 안 되며, 지급한 무기와 탄약은 즉시 회수해야 한다.

⇢ 직무상 비위(非違)로 (❶)이 된 사람(제1호)

⇢ 형사사건으로 (❷)이 된 사람(제2호)

⇢ (❸)를 밝힌 사람(제3호)

⇢ 치매, 조현병, 조현정동장애, 양극성 정동장애(조울병), 재발성 우울장애 등의 정신질환으로 인하여 무기와 탄약의 휴대가 적합하지 않다고 해당 분야 (❹)가 인정하는 사람(제4호)

⇢ 제1호부터 제4호까지의 규정 중 어느 하나에 준하는 사유로 (❺)가 무기와 탄약을 지급하기에 적절하지 않다고 인정하는 사람

정답 ❶ 징계대상 ❷ 조사대상 ❸ 사직 의사 ❹ 전문의 ❺ 청원주

⑦ 무기 및 탄약의 지급 제한 또는 회수의 적정성 판단을 위한 조치

제6항에 따라 통보를 받은 관할 경찰서장은 통보받은 날부터 14일 이내에 무기와 탄약의 지급 제한 또는 회수의 적정성을 판단하기 위해 현장을 방문하여 해당 청원경찰의 의견을 청취하고 필요한 조치를 할 수 있다(제7항). 〈신설 2022.11.10.〉

⑧ 무기 및 탄약의 지급 제한 사유 소멸 후 지급

청원주는 제4항 각호의 사유가 소멸하게 된 경우에는 청원경찰에게 무기와 탄약을 지급할 수 있다(제8항). 〈신설 2022.11.10.〉

4 비치부책(청원경찰법 시행규칙 제17조)

청원주·관할 경찰서장·시·도 경찰청장은 다음의 문서와 장부를 갖춰 두어야 한다.

[청원주·관할 경찰서장·시·도 경찰청장이 비치하여야 할 문서와 장부]

청원주(제1항)		관할 경찰서장(제2항)	시·도 경찰청장(제3항)
① 청원경찰 명부	⑧ 봉급지급 조서철	① 청원경찰 명부★	① 배치결정 관계철★
② 근무일지	⑨ 신분증명서 발급대장	② 감독 순시부★	② 청원경찰 임용승인 관계철★
③ 근무 상황카드	⑩ 징계 관계철★	③ 전출입 관계철	③ 전출입 관계철★
④ 경비구역 배치도	⑪ 교육훈련 실시부★	④ 교육훈련 실시부★★	④ 그 밖에 청원경찰의 운영에 필요한 문서와 장부
⑤ 순찰표철★	⑫ 청원경찰 직무교육계획서	⑤ 무기·탄약 대여대장★★	
⑥ 무기·탄약 출납부★	⑬ 급여품 및 대여품 대장	⑥ 징계 요구서철★	
⑦ 무기장비 운영카드	⑭ 그 밖에 청원경찰의 운영에 필요한 문서와 장부	⑦ 그 밖에 청원경찰의 운영에 필요한 문서와 장부	

※ 서식의 준용 : 문서와 장부의 서식은 경찰관서에서 사용하는 서식을 준용한다(제4항).

5 보 칙

1 감독 등

(1) 감독 및 교육(청원경찰법 제9조의3)

① 청원주는 항상 소속 청원경찰의 근무 상황을 감독하고 근무 수행에 필요한 교육을 하여야 한다 (제1항).

② 시·도 경찰청장은 청원경찰의 효율적인 운영을 위하여 청원주를 지도하며 감독상 필요한 명령 을 할 수 있다(제2항).★

(2) 감독대상(청원경찰법 시행령 제17조)

관할 경찰서장은 매월 1회 이상 청원경찰을 배치한 경비구역에 대하여 다음의 사항을 감독하여야 한다.

① 복무규율과 근무상황(제1호)★

② 무기의 관리 및 취급사항(제2호)★★

(3) 감독자의 지정(청원경찰법 시행규칙 제19조)

① 2명 이상의 청원경찰을 배치한 사업장의 청원주는 청원경찰의 지휘·감독을 위하여 청원경찰 중에서 유능한 사람을 선정하여 감독자로 지정하여야 한다(제1항).★

② 감독자는 조장, 반장 또는 대장으로 하며, 그 지정기준은 별표 4와 같다(제2항).

빈칸문제

감독 등

⋯ (❶)은 청원경찰의 효율적인 운영을 위하여 청원주를 지도하며 감독상 필요한 명령을 할 수 있다.
⋯ (❷)은 (❸) 이상 청원경찰을 배치한 경비구역에 대하여 다음의 사항을 감독하여야 한다.
  ㉠ 복무규율과 근무상황
  ㉡ 무기의 관리 및 취급사항
⋯ (❹) 이상의 청원경찰을 배치한 사업장의 (❺)는 청원경찰의 지휘·감독을 위하여 (❻) 중에서 유능한 사람을 선정하여 (❼)로 지정하여야 한다.

정답 ❶ 시·도 경찰청장 ❷ 관할 경찰서장 ❸ 매월 1회 ❹ 2명 ❺ 청원주 ❻ 청원경찰 ❼ 감독자

감독자 지정기준(청원경찰법 시행규칙 [별표 4]) ★★

근무인원	직급별 지정기준		
	대 장	반 장	조 장
9명까지			1명
10명 이상 29명 이하		1명	2~3명
30명 이상 40명 이하		1명	3~4명
41명 이상 60명 이하	1명	2명	6명
61명 이상 120명 이하	1명	4명	12명

(4) 청원경찰의 보고(청원경찰법 시행규칙 제22조)

청원경찰이 직무를 수행할 때에 경찰관직무집행법 및 같은 법 시행령에 따라 하여야 할 모든 보고는 관할 경찰서장에게 서면으로 보고하기 전에 지체 없이 구두로 보고하고 그 지시에 따라야 한다. ★

경비전화의 가설(청원경찰법 시행규칙 제20조)

① 관할 경찰서장은 청원주의 신청에 따라 경비를 위하여 필요하다고 인정할 때에는 청원경찰이 배치된 사업장에 경비전화를 가설할 수 있다.

② 제1항에 따라 경비전화를 가설할 때 드는 비용은 청원주가 부담한다.

감독자의 지정

⋯ 조장 1명 : 근무인원 (❶)까지

⋯ 조장 2~3명, 반장 1명 : 근무인원 10명 이상 (❷) 이하

⋯ 조장 3~4명, 반장 (❸) : 근무인원 30명 이상 (❹) 이하

⋯ 조장 6명, 반장 2명, 대장 (❸) : 근무인원 41명 이상 (❺) 이하

⋯ 조장 12명, 반장 4명, 대장 (❸) : 근무인원 61명 이상 (❻) 이하

❶ 9명 ❷ 29명 ❸ 1명 ❹ 40명 ❺ 60명 ❻ 120명 [정답]

2 쟁의행위의 금지, 직권남용금지 및 배상책임 등

(1) 쟁의행위의 금지(청원경찰법 제9조의4)

청원경찰은 파업, 태업 또는 그 밖에 업무의 정상적인 운영을 방해하는 일체의 쟁의행위를 하여서는 아니 된다.

(2) 직권남용금지 등(청원경찰법 제10조)

① 청원경찰이 직무를 수행할 때 직권을 남용하여 국민에게 해를 끼친 경우에는 6개월 이하의 징역이나 금고에 처한다. ★★

② 청원경찰 업무에 종사하는 사람은 「형법」이나 그 밖의 법령에 따른 벌칙을 적용할 때에는 공무원으로 본다.

(3) 청원경찰의 불법행위에 대한 배상책임(청원경찰법 제10조의2)

청원경찰(국가기관이나 지방자치단체에 근무하는 청원경찰은 제외한다)의 직무상 불법행위에 대한 배상책임에 관하여는 「민법」의 규정을 따른다.

＊ 국가기관이나 지방자치단체에 근무하는 청원경찰의 직무상 불법행위에 대한 배상책임은 「국가배상법」의 규정을 따른다.

빈칸문제

직권남용금지 및 배상책임 등

→ 청원경찰이 직무를 수행할 때 (❶)을 남용하여 국민에게 해를 끼친 경우에는 (❷) 이하의 징역이나 금고에 처한다.

→ 청원경찰업무에 종사하는 사람은 「형법」이나 그 밖의 법령에 따른 벌칙을 적용할 때에는 공무원으로 (❸).

→ 청원경찰((❹)이나 (❺)에 근무하는 청원경찰은 제외)의 직무상 불법행위에 대한 배상책임에 관하여는 (❻)의 규정을 따른다.

정답 ❶ 직권 ❷ 6개월 ❸ 본다 ❹ 국가기관 ❺ 지방자치단체 ❻ 민법

3 권한의 위임

(1) 관할 경찰서장에게 위임(청원경찰법 제10조의3)

청원경찰법에 따른 시·도 경찰청장의 권한은 그 일부를 대통령령으로 정하는 바에 따라 관할 경찰서장에게 위임할 수 있다.

(2) 권한위임의 내용(청원경찰법 시행령 제20조)★★★

시·도 경찰청장은 다음의 권한을 관할 경찰서장에게 위임한다. 다만, 청원경찰을 배치하고 있는 사업장이 하나의 경찰서 관할구역 안에 있는 경우에 한한다.

① 청원경찰 배치의 결정 및 요청에 관한 권한(제1호)

② 청원경찰의 임용승인에 관한 권한(제2호)

③ 청원주에 대한 지도 및 감독상 필요한 명령에 관한 권한(제3호)

④ 과태료 부과·징수에 관한 권한(제4호)★★

4 면직 및 퇴직

(1) 의사에 반한 면직금지(청원경찰법 제10조의4)

① 청원경찰은 형의 선고, 징계처분 또는 신체상·정신상의 이상으로 직무를 감당하지 못할 때를 제외하고는 그 의사에 반하여 면직되지 아니한다(제1항).★★

② 청원주가 청원경찰을 면직시켰을 때에는 그 사실을 관할 경찰서장을 거쳐 시·도 경찰청장에게 보고하여야 한다(제2항).★★

빈칸문제

권한위임의 내용 및 의사에 반한 면직금지
> 시·도 경찰청장은 다음의 권한을 관할 경찰서장에게 위임한다. 다만, 청원경찰을 배치하고 있는 사업장이 하나의 경찰서 관할구역 안에 있는 경우에 한한다 : ㉠ 청원경찰 (❶)의 결정 및 요청에 관한 권한, ㉡ 청원경찰의 (❷)에 관한 권한, ㉢ 청원주에 대한 (❸) 및 감독상 필요한 (❹)에 관한 권한, ㉣ (❺) 부과·징수에 관한 권한
> 청원경찰은 형의 선고, 징계처분 또는 (❻)상·(❼)상의 이상으로 직무를 감당하지 못할 때를 제외하고는 그 의사에 반하여 면직되지 아니한다.

❶ 배치 ❷ 임용승인 ❸ 지도 ❹ 명령 ❺ 과태료 ❻ 신체 ❼ 정신 정답

(2) 당연 퇴직(청원경찰법 제10조의6)

청원경찰이 다음의 어느 하나에 해당할 때에는 당연 퇴직된다. 〈개정 2022.11.15.〉

① 제5조 제2항에 따른 임용결격사유에 해당될 때. 다만, 「국가공무원법」 제33조 제2호는 파산선고를 받은 사람으로서 「채무자 회생 및 파산에 관한 법률」에 따라 신청기한 내에 면책신청을 하지 아니하였거나 면책불허가 결정 또는 면책 취소가 확정된 경우만 해당하고, 「국가공무원법」 제33조 제5호는 「형법」 제129조부터 제132조까지, 「성폭력범죄의 처벌 등에 관한 특례법」 제2조, 「아동·청소년의 성보호에 관한 법률」 제2조 제2호 및 직무와 관련하여 「형법」 제355조 또는 제356조에 규정된 죄를 범한 사람으로서 금고 이상의 형의 선고유예를 받은 경우만 해당한다(제1호).

> **청원경찰의 임용 등(청원경찰법 제5조)**
> ② 「국가공무원법」 제33조 각호의 어느 하나의 결격사유에 해당하는 사람은 청원경찰로 임용될 수 없다.
> [단순위헌, 2017헌가26, 2018.1.25., 청원경찰법(2010.2.4. 법률 제10013호로 개정된 것) 제10조의6 제1호 중 제5조 제2항에 의한 국가공무원법 제33조 제5호(금고 이상의 형의 선고유예를 받은 경우에 그 선고유예 기간 중에 있는 자)에 관한 부분은 헌법에 위반된다.]

② 제10조의5에 따라 청원경찰의 배치가 폐지되었을 때(제2호)

③ 나이가 60세가 되었을 때. 다만, 그 날이 1월부터 6월 사이에 있으면 6월 30일에, 7월부터 12월 사이에 있으면 12월 31일에 각각 당연 퇴직된다(제3호).

(3) 휴직 및 명예퇴직(청원경찰법 제10조의7)

국가기관이나 지방자치단체에 근무하는 청원경찰의 휴직 및 명예퇴직에 관하여는 「국가공무원법」 제71조부터 제73조까지 및 제74조의2를 준용한다. ★

(4) 민감정보 및 고유식별정보의 처리(청원경찰법 시행령 제20조의2) ★★

시·도 경찰청장 또는 경찰서장은 다음의 사무를 수행하기 위하여 불가피한 경우 「개인정보보호법」 제23조에 따른 건강에 관한 정보와 같은 법 시행령 제18조 제2호에 따른 범죄경력자료에 해당하는 정보, 같은 영 제19조 제1호 또는 제4호에 따른 주민등록번호 또는 외국인등록번호가 포함된 자료를 처리할 수 있다.

① 법 및 이 영에 따른 청원경찰의 임용, 배치 등 인사관리에 관한 사무(제1호)

② 법 제8조에 따른 청원경찰의 제복 착용 및 무기 휴대에 관한 사무(제2호)

③ 법 제9조의3에 따른 청원주에 대한 지도·감독에 관한 사무(제3호)

④ 제1호부터 제3호까지의 규정에 따른 사무를 수행하기 위하여 필요한 사무(제4호)

6 벌칙과 과태료

1 벌칙(청원경찰법 제11조)

제9조의4(쟁의행위의 금지)를 위반하여 파업, 태업 또는 그 밖에 업무의 정상적인 운영을 방해하는 쟁의행위를 한 사람은 1년 이하의 징역 또는 1천만원 이하의 벌금에 처한다.

2 과태료

(1) 500만원 이하의 과태료(청원경찰법 제12조)★★

① 다음에 해당하는 자는 500만원 이하의 과태료를 부과한다(제1항).★

㉠ 시·도 경찰청장의 배치결정을 받지 아니하고 청원경찰을 배치하거나 시·도 경찰청장의 승인을 받지 아니하고 청원경찰을 임용한 자(제1호)

㉡ 정당한 사유 없이 경찰청장이 고시한 최저부담기준액 이상의 보수를 지급하지 아니한 자(제2호)

㉢ 감독상 필요한 명령을 정당한 사유 없이 이행하지 아니한 자(제3호)

② 과태료는 대통령령(청원경찰법 시행령 제21조)으로 정하는 바에 의하여 시·도 경찰청장이 부과·징수한다(제2항).★★

빈칸문제

벌칙 및 과태료

⋯ 제9조의4를 위반하여 파업, 태업 또는 그 밖에 업무의 정상적인 운영을 방해하는 (❶)를 한 사람은 (❷) 이하의 징역 또는 (❸) 이하의 벌금에 처한다.

⋯ 다음에 해당하는 자는 (❹) 이하의 과태료를 부과한다 : ㉠ (❺)의 배치결정을 받지 아니하고 청원경찰을 배치하거나 (❺)의 승인을 받지 아니하고 청원경찰을 임용한 자, ㉡ 정당한 사유 없이 (❻)이 고시한 최저부담기준액 이상의 보수를 지급하지 아니한 자, ㉢ (❼)상 필요한 명령을 정당한 사유 없이 이행하지 아니한 자

⋯ 과태료는 대통령령으로 정하는 바에 의하여 (❺)이 부과·징수한다.

❶ 쟁의행위 ❷ 1년 ❸ 1천만원 ❹ 500만원 ❺ 시·도 경찰청장 ❻ 경찰청장 ❼ 감독 　정답

(2) 과태료의 부과기준 등(청원경찰법 시행령 제21조)

① 과태료의 부과기준은 다음 별표 2와 같다(제1항).

위반행위	해당 법조문	과태료 금액
1. 법 제4조 제2항에 따른 <u>시·도 경찰청장의 배치결정</u>을 받지 않고 다음의 시설에 <u>청원경찰을 배치</u>한 경우 (**두** : 배·5·4)	법 제12조 제1항 제1호	
가. <u>국가중요시설</u>(국가정보원장이 지정하는 국가보안목표시설을 말한다)인 경우		500만원
나. <u>가목에 따른 국가중요시설 외의 시설</u>인 경우		400만원
2. 법 제5조 제1항에 따른 <u>시·도 경찰청장의 승인을 받지 않고</u> 다음의 청원경찰을 <u>임용</u>한 경우 (**두** : 승·5·3)	법 제12조 제1항 제1호	
가. 법 제5조 제2항에 따른 <u>임용결격사유</u>에 <u>해당</u>하는 청원경찰		500만원
나. 법 제5조 제2항에 따른 임용결격사유에 <u>해당하지 않는</u> 청원경찰		300만원
3. <u>정당한 사유 없이</u> 법 제6조 제3항에 따라 <u>경찰청장이 고시한 최저부담기준액 이상의 보수를 지급하지 않은 경우</u>	법 제12조 제1항 제2호	500만원
4. 법 제9조의3 제2항에 따른 <u>시·도 경찰청장의 감독상 필요한 다음의 명령을 정당한 사유 없이 이행하지 않은 경우</u>	법 제12조 제1항 제3호	
가. <u>총기·실탄 및 분사기에 관한 명령</u>		500만원
나. <u>가목에 따른 명령 외의 명령</u>		300만원

② 시·도 경찰청장은 위반행위의 동기, 내용 및 위반의 정도 등을 고려하여 과태료 부과기준에 따른 과태료 금액의 100분의 50의 범위에서 그 금액을 줄이거나 늘릴 수 있다. 다만, 늘리는 경우에는 과태료 금액의 상한인 500만원 이상을 초과할 수 없다(제2항). ★

③ 과태료 부과 고지서(청원경찰법 시행규칙 제24조)

　㉠ 과태료 부과의 사전 통지는 과태료 부과 사전 통지서에 따른다(제1항).

　㉡ 과태료의 부과는 과태료 부과 고지서에 따른다(제2항).

　㉢ 경찰서장은 과태료처분을 하였을 때에는 <u>과태료 부과 및 징수 사항을 과태료 수납부에 기록하고 정리</u>하여야 한다(제3항). ★

빈칸문제

과태료 부과기준

⋯ 법 제4조 제2항에 따른 (❶)의 (❷)을 받지 않고 다음의 시설에 청원경찰을 배치한 경우

　㉠ (❸)(국가정보원장이 지정하는 국가보안목표시설을 말한다)인 경우 : 500만원

　㉡ 가목에 따른 (❸) 외의 시설인 경우 : 400만원

⋯ 법 제5조 제1항에 따른 (❶)의 (❹)을 받지 않고 다음의 청원경찰을 임용한 경우

　㉠ 법 제5조 제2항에 따른 (❺)에 해당하는 청원경찰 : (❻)만원

　㉡ 법 제5조 제2항에 따른 (❺)에 해당하지 않는 청원경찰 : (❼)만원

정답 ❶ 시·도 경찰청장 ❷ 배치결정 ❸ 국가중요시설 ❹ 승인 ❺ 임용결격사유 ❻ 500 ❼ 300

질서위반행위규제법

1. 이의제기(질서위반행위규제법 제20조)★
   ① 행정청의 과태료 부과에 불복하는 당사자는 과태료 부과 통지를 받은 날부터 60일 이내에 해당 행정청에 서면으로 이의제기를 할 수 있다.
   ② 이의제기가 있는 경우에는 행정청의 과태료 부과처분은 그 효력을 상실한다.
   ③ 당사자는 행정청으로부터 통지를 받기 전까지는 행정청에 대하여 서면으로 이의제기를 철회할 수 있다.

2. 가산금 징수 및 체납처분 등(질서위반행위규제법 제24조)★
   ① 행정청은 당사자가 납부기한까지 과태료를 납부하지 아니한 때에는 납부기한을 경과한 날부터 체납된 과태료에 대하여 100분의 3에 상당하는 가산금을 징수한다. 〈개정 2016.12.2.〉
   ② 체납된 과태료를 납부하지 아니한 때에는 납부기한이 경과한 날부터 매 1개월이 경과할 때마다 체납된 과태료의 1천분의 12에 상당하는 가산금(중가산금)을 제1항에 따른 가산금에 가산하여 징수한다. 이 경우 중가산금을 가산하여 징수하는 기간은 60개월을 초과하지 못한다.
   ③ 행정청은 당사자가 기한 이내에 이의를 제기하지 아니하고 가산금을 납부하지 아니한 때에는 국세 또는 지방세 체납처분의 예에 따라 징수한다.
   ④ 삭제 〈2018.12.18.〉

빈칸문제

과태료 부과기준

→ (❶) 없이 법 제6조 제3항에 따라 (❷)이 고시한 (❸)부담기준액 이상의 보수를 지급하지 않은 경우
→ 법 제9조의3 제2항에 따른 (❹)의 (❺)상 필요한 다음의 (❻)을 (❶) 없이 이행하지 않은 경우
  ㉠ (❼)에 관한 명령 : 500만원
  ㉡ ㉠에 따른 명령 외의 명령 : 300만원

❶ 정당한 사유 ❷ 경찰청장 ❸ 최저 ❹ 시·도 경찰청장 ❺ 감독 ❻ 명령 ❼ 총기·실탄 및 분사기 [정답]

01 청원경찰법

01

☑ 확인 Check! ○ △ ✕

청원경찰법 제1조의 내용이다. (   ) 안에 들어갈 용어로 옳은 것은?

> 청원경찰법은 청원경찰의 직무·임용·배치·보수·(   ) 및 그 밖에 필요한 사항을 규정함으로써 청원경찰의 원활한 운영을 목적으로 한다.

① 무기휴대
② 신분보장
③ 사회보장
④ 징 계

쏙쏙 해설

이 법은 청원경찰의 직무·임용·배치·보수·사회보장 및 그 밖에 필요한 사항을 규정함으로써 청원경찰의 원활한 운영을 목적으로 한다(청원경찰법 제1조).

정답 ③

02

☑ 확인 Check! ○ △ ✕

청원경찰법령상 명시된 청원경찰의 배치대상이 아닌 것은?

① 선박, 항공기 등 수송시설
② 보험을 업으로 하는 시설
③ 「의료법」에 따른 의료기관
④ 「사회복지사업법」에 따른 사회복지시설

쏙쏙 해설

「사회복지사업법」에 따른 사회복지시설은 청원경찰법령상 명시된 청원경찰의 배치대상이 아니다(청원경찰법 제2조, 동법 시행규칙 제2조). ★

정답 ④

정의(청원경찰법 제2조)

이 법에서 "청원경찰"이란 다음 각호의 어느 하나에 해당하는 기관의 장 또는 시설·사업장 등의 경영자가 청원경찰경비를 부담할 것을 조건으로 경찰의 배치를 신청하는 경우 그 기관·시설 또는 사업장 등의 경비(警備)를 담당하게 하기 위하여 배치하는 경찰을 말한다.

1. 국가기관 또는 공공단체와 그 관리하에 있는 중요시설 또는 사업장
2. 국내 주재(駐在) 외국기관★
3. 그 밖에 행정안전부령으로 정하는 중요시설, 사업장 또는 장소

> 청원경찰 배치대상(청원경찰법 시행규칙 제2조)★
> 청원경찰법 제2조 제3호에서 "그 밖에 행정안전부령으로 정하는 중요시설, 사업장 또는 장소"란 다음 각호의 시설, 사업장 또는 장소를 말한다.
> 1. 선박, 항공기 등 수송시설
> 2. 금융 또는 보험을 업(業)으로 하는 시설 또는 사업장
> 3. 언론, 통신, 방송 또는 인쇄를 업으로 하는 시설 또는 사업장
> 4. 학교 등 육영시설
> 5. 의료법에 따른 의료기관(의원급 의료기관, 조산원, 병원급 의료기관)
> 6. 그 밖에 공공의 안녕질서 유지와 국민경제를 위하여 고도의 경비(警備)가 필요한 중요시설, 사업체 또는 장소

03

☑ 확인 Check! ○ △ ✕

청원경찰법령상 청원경찰 배치대상 기관·시설·사업장에 해당하는 것을 모두 고른 것은?

ㄱ. 국외 주재(駐在) 국내기관
ㄴ. 선박, 항공기 등 수송시설
ㄷ. 언론, 통신, 방송을 업으로 하는 시설
ㄹ. 공공의 안녕질서 유지와 국민경제를 위하여 고도의 경비가 필요한 장소

① ㄱ, ㄴ
② ㄱ, ㄷ, ㄹ
③ ㄴ, ㄷ, ㄹ
④ ㄱ, ㄴ, ㄷ, ㄹ

쏙쏙 해설

제시된 내용 중 옳은 것은 ㄴ, ㄷ, ㄹ이다. 국내 주재 외국 기관을 국외주재 국내기관으로 바꿔 오답으로 자주 출제하니 확실하게 알아두어야 한다(청원경찰법 제2조, 동법 시행규칙 제2조).

정답 ❸

04

청원경찰법령상 청원경찰에 관한 설명으로 옳지 않은 것은?

① 청원주 등이 경비(經費)를 부담할 것을 조건으로 사업장 등의 경비(警備)를 담당하게 하기 위하여 배치하는 경찰이다.

② 청원주와 배치된 사업장 등의 구역을 관할하는 시·도지사 및 시·도 경찰청장의 감독을 받는다.

③ 선박, 항공기 등 수송시설에도 배치될 수 있다.

④ 배치된 경비구역만의 경비를 목적으로 필요한 범위에서 「경찰관직무집행법」에 따른 경찰관의 직무를 수행한다.

05

☑ 확인Check! ○ △ ✕

청원경찰법령상 청원경찰에 관한 설명으로 옳지 않은 것은?

① 청원경찰은 「경찰관직무집행법」에 따른 직무 외의 수사활동 등 사법경찰관리의 직무를 수행해서는 아니 된다.

② 청원경찰은 「형법」이나 그 밖의 법령에 따른 벌칙을 적용하는 경우를 제외하고는 공무원으로 본다.

③ 청원경찰이 직무를 수행할 때에는 경비 목적을 위하여 필요한 최소한의 범위에서 하여야 한다.

④ 청원경찰이 직무를 수행할 때에 「경찰관직무집행법」 및 같은 법 시행령에 따라 하여야 할 모든 보고는 관할 경찰서장에게 서면으로 보고하기 전에 지체 없이 구두로 보고하고 그 지시에 따라야 한다.

핵심만 콕

① 청원경찰은 「경찰관직무집행법」에 따른 직무 외의 수사활동 등 사법경찰관리의 직무를 수행해서는 아니 된다(청원경찰법 시행규칙 제21조 제2항).

③ 청원경찰이 직무를 수행할 때에는 경비 목적을 위하여 필요한 최소한의 범위에서 하여야 한다(청원경찰법 시행규칙 제21조 제1항).

④ 청원경찰이 직무를 수행할 때에 「경찰관직무집행법」 및 같은 법 시행령에 따라 하여야 할 모든 보고는 관할 경찰서장에게 서면으로 보고하기 전에 지체 없이 구두로 보고하고 그 지시에 따라야 한다(청원경찰법 시행규칙 제22조).

06

다음 중 청원경찰의 직무범위와 관련이 없는 내용은?

① 청원경찰은 배치구역 내의 사고발생 시 범인의 체포 및 수사를 할 수 있다.

② 순찰근무자는 청원주가 지정한 일정한 구역을 순회하면서 경비임무를 수행한다.

③ 자체근무를 하는 입초근무자는 경비구역의 정문이나 그 밖의 지정된 장소에서 경비구역의 내부, 외부 및 출입자의 움직임을 감시한다.

④ 청원경찰이 직무를 수행할 때에 「경찰관직무집행법」 및 같은 법 시행령에 따라 하여야 할 모든 보고는 관할 경찰서장에게 서면으로 보고하기 전에 지체 없이 구두로 보고하고 그 지시에 따라야 한다.

07

청원경찰법상 청원경찰의 복무에 관해 준용하는 규정이 아닌 것은?

① 집단행위금지
② 비밀엄수의 의무
③ 직장이탈금지
④ 복종의무

핵심만 콕

청원경찰의 복무에 관한 준용 규정(청원경찰법 제5조 제4항)과 비준용 규정

준용 규정	비준용 규정
• **국가공무원법** 제57조(복종의무) • **국가공무원법** 제58조 제1항(직장이탈금지) • **국가공무원법** 제60조(비밀엄수의무) • **경찰공무원법** 제24조(거짓보고 등의 금지)	• 국가공무원법 제56조(성실의무) • 국가공무원법 제59조(친절·공정의 의무) • 국가공무원법 제59조의2(종교중립의무) • 국가공무원법 제61조(청렴의무) • 국가공무원법 제62조(외국정부의 영예 등을 받을 경우 허가의무) • 국가공무원법 제63조(품위유지의무) • 국가공무원법 제64조(영리업무 및 겸직금지) • 국가공무원법 제65조(정치운동금지) • 국가공무원법 제66조 제1항(집단행위금지)★

08

☑ 확인 Check! ○ △ ✕

청원경찰법령상 청원경찰의 직무에 관한 설명으로 옳은 것은?

① 청원경찰은 청원주와 관할 경찰서장의 감독을 받아 그 경비구역만의 경비를 목적으로 필요한 범위에서 경찰관직무집행법에 따른 경찰관의 직무를 수행한다.

② 청원경찰은 자신이 배치된 기관의 경비뿐만 아니라 그 구역을 관할하는 경찰서장의 명에 따라 관할 경찰서의 경비업무를 보조하여야 한다.

③ 복무에 관하여 청원경찰은 해당 사업장의 취업규칙에 따르지 않는다.

④ 청원경찰은 청원주의 신청에 따라 배치되며, 청원주의 감독을 받는 것이 아니라 배치된 기관·시설 또는 사업장 등의 구역을 관할하는 경찰서장의 감독을 받는다.

쏙쏙 해설

청원경찰은 청원경찰의 배치결정을 받은 자(청원주)와 배치된 기관·시설 또는 사업장 등의 구역을 관할하는 경찰서장의 감독을 받아 그 경비구역만의 경비를 목적으로 필요한 범위에서 경찰관직무집행법에 따른 경찰관의 직무를 수행한다(청원경찰법 제3조).

정답 ❶

핵심만 콕

② 청원경찰은 자신이 배치된 기관의 경비 목적을 위하여 필요한 최소한의 범위에서 직무를 수행하여야 하므로, 관할 경찰서의 경비업무를 보조하는 업무를 수행해서는 안 된다(청원경찰법 제3조 참고).

③ 법 제5조 제4항에서 규정한 사항 외에 청원경찰의 복무에 관하여는 해당 사업장의 취업규칙에 따른다(청원경찰법 시행령 제7조).

④ 청원경찰은 청원주와 배치된 기관·시설 또는 사업장 등의 구역을 관할하는 경찰서장의 감독을 받는다(청원경찰법 제3조 참고).

09

☑ 확인 Check! ○ △ ✕

다음 중 청원경찰이 행사할 수 있는 권한이라고 보기 어려운 것은?

① 경비구역 내에서의 불심검문

② 경비구역 내에서의 무기사용

③ 경비구역 내에서의 현행범인 체포

④ 경비구역 내에서의 수사활동

쏙쏙 해설

청원경찰은 경찰관직무집행법에 따른 직무 외의 수사활동 등 사법경찰관리의 직무를 수행해서는 아니 되는데(청원경찰법 시행규칙 제21조 제2항), 경찰관직무집행법에 따른 직무에는 불심검문, 무기사용, 현행범인 체포, 보호조치 등이 있다.

정답 ❹

10

☑ 확인 Check! ○ △ ✕

청원경찰법령상 청원경찰의 직무에 관한 설명으로 옳지 않은 것은?

① 경비구역 내에서의 입초근무, 소내근무, 순찰근무, 대기근무를 수행한다.
② 청원경찰의 배치결정을 받은 자의 지시와 감독에 의해서만 직무를 수행해야 한다.
③ 직무를 수행할 때에는 경비 목적을 위하여 필요한 최소한의 범위에서 해야 한다.
④ 경찰관직무집행법에 따른 직무 외의 수사활동 등의 직무를 수행해서는 아니 된다.

11

☑ 확인 Check! ○ △ ✕

청원경찰법령상 근무요령 중 '업무처리 및 자체경비를 하며, 근무 중 특이한 사항이 발생하였을 때에는 지체 없이 청원주 또는 관할 경찰서장에게 보고하고 그 지시에 따라야 하는' 근무자는 누구인가?

① 입초근무자
② 순찰근무자
③ 소내근무자
④ 대기근무자

관계법령

근무요령(청원경찰법 시행규칙 제14조)
① 자체경비를 하는 입초근무자는 경비구역의 정문이나 그 밖의 지정된 장소에서 경비구역의 내부, 외부 및 출입자의 움직임을 감시한다.
② 업무처리 및 자체경비를 하는 소내근무자는 근무 중 특이한 사항이 발생하였을 때에는 지체 없이 청원주 또는 관할 경찰서장에게 보고하고 그 지시에 따라야 한다.
③ 순찰근무자는 청원주가 지정한 일정한 구역을 순회하면서 경비 임무를 수행한다. 이 경우 순찰은 단독 또는 복수로 정선순찰(정해진 노선을 규칙적으로 순찰하는 것을 말한다)을 하되, 청원주가 필요하다고 인정할 때에는 요점순찰(순찰구역 내 지정된 중요지점을 순찰하는 것을 말한다) 또는 난선순찰(임의로 순찰지역이나 노선을 선정하여 불규칙적으로 순찰하는 것을 말한다)을 할 수 있다.
④ 대기근무자는 소내근무에 협조하거나 휴식하면서 불의의 사고에 대비한다.

12

청원경찰법령상 청원경찰의 근무 등에 관한 설명으로 옳지 않은 것은?

① 청원경찰은 형법에 따른 벌칙을 적용할 때에는 공무원으로 간주하지 않는다.

② 청원경찰은 근무 중에는 행정안전부령이 정하는 제복을 착용하여야 한다.

③ 청원경찰이 직무수행 시에 직권을 남용하여 국민에게 해를 끼친 경우에는 6개월 이하의 징역이나 금고에 처한다.

④ 시·도 경찰청장은 직무수행에 필요하면 청원주의 신청을 받아 관할 경찰서장으로 하여금 청원경찰에게 무기를 대여하여 지니게 할 수 있다.

> **쏙쏙 해설**
>
> 청원경찰 업무에 종사하는 사람은 「형법」이나 그 밖의 법령에 따른 벌칙을 적용할 때에는 공무원으로 본다(청원경찰법 제10조 제2항).
> ② 청원경찰법 제8조 제1항, 동법 시행규칙 제9조
> ③ 청원경찰법 제10조 제1항
> ④ 청원경찰법 제8조 제2항
>
> **정답 ❶**

13

다음 청원경찰의 근무요령 중 옳지 않은 것은?

① 대기근무자는 소내근무에 협조하기보다는 집에서 휴식을 취하면서 불의의 사고에 대비한다.

② 입초근무자는 경비구역의 정문이나 그 밖의 지정된 장소에서 경비구역의 내부, 외부 및 출입자의 움직임을 감시한다.

③ 소내근무자는 근무 중 특이한 사항이 발생하였을 때에는 지체 없이 청원주 또는 관할 경찰서장에게 보고하고 그 지시에 따라야 한다.

④ 순찰근무자는 청원주가 지정한 일정한 구역을 순회하면서 경비임무를 수행하는데, 순찰은 원칙적으로 단독 또는 복수로 정선순찰을 한다.

> **쏙쏙 해설**
>
> 대기근무자는 소내근무에 협조하거나 휴식하면서 불의의 사고에 대비한다(청원경찰법 시행규칙 제14조 제4항).
> ② 청원경찰법 시행규칙 제14조 제1항
> ③ 청원경찰법 시행규칙 제14조 제2항
> ④ 청원경찰법 시행규칙 제14조 제3항
>
> **정답 ❶**

14

☑ 확인Check! ○ △ ✕

청원경찰법령상 청원경찰의 배치에 관한 설명으로 옳은 것은?

① 시·도 경찰청장은 청원경찰 배치신청을 받으면 15일 이내에 그 배치 여부를 결정하여 신청인에게 알려야 한다.

② 청원경찰 배치신청서 제출 시, 배치 장소가 둘 이상의 도(道)일 때에는 주된 사업장의 관할 경찰서장을 거쳐 시·도 경찰청장에게 한꺼번에 신청할 수 있다.

③ 청원경찰의 배치를 받으려는 자는 청원경찰 배치신청서에 경비구역 배치도 1부를 첨부하여 사업장의 소재지를 관할하는 시·도 경찰청장에게 제출하여야 한다.

④ 관할 경찰서장은 청원경찰이 배치된 시설이 축소될 경우 배치 인원을 감축할 수 있다.

핵심만 콕

① 시·도 경찰청장은 청원경찰 배치신청을 받으면 <u>지체 없이</u> 그 배치 여부를 결정하여 신청인에게 알려야 한다(청원경찰법 제4조 제2항).

③ 청원경찰의 배치를 받으려는 자는 청원경찰 배치신청서에 <u>경비구역 평면도 1부, 배치계획서 1부</u>를 첨부하여 사업장의 소재지를 관할하는 <u>경찰서장을 거쳐 시·도 경찰청장에게 제출하여야</u> 한다(청원경찰법 시행령 제2조 전문).★

④ <u>청원주</u>는 청원경찰이 배치된 시설이 폐쇄되거나 축소되어 청원경찰의 배치를 폐지하거나 배치인원을 감축할 필요가 있다고 인정하면 청원경찰의 배치를 폐지하거나 배치인원을 감축할 수 있다(청원경찰법 제10조의5 제1항 본문).

15

☑ 확인Check! ○ △ ✕

청원경찰법령상 청원경찰의 배치 등에 관한 설명으로 옳은 것은?

① 청원경찰을 배치받으려는 자는 법령이 정하는 청원경찰 배치 신청서를 경찰청장에게 직접 제출하여야 한다.

② 청원경찰 배치신청서에는 경비구역 평면도와 배치계획서 및 청원경찰경비에 관한 사항이 첨부되어야 한다.

③ 시·도 경찰청장은 청원경찰 배치신청을 받으면 1개월 이내에 그 배치여부를 결정하여 신청인에게 알려야 한다.

④ 시·도 경찰청장은 청원경찰의 배치가 필요하다고 인정되는 기관의 장에게 청원경찰을 배치할 것을 요청할 수 있다.

16

☑ 확인 Check! ○ △ ✕

청원경찰법령상의 내용에 관한 설명으로 옳지 않은 것은?

① 법령에 의한 청원경찰 임용의 신체조건 중 시력(교정시력을 포함)은 양쪽 눈이 각각 0.8 이상이어야 한다.
② 청원경찰의 배치를 받으려는 자는 대통령령으로 정하는 바에 따라 관할 시・도 경찰청장에게 청원경찰 배치신청을 하여야 한다.
③ 청원주가 청원경찰을 신규로 배치한 때에는 배치지를 관할하는 시・도 경찰청장에게 그 사실을 통보하여야 한다.
④ 청원경찰이 직무수행으로 인하여 사망한 경우 청원주는 사망한 청원경찰의 유족에게 보상금을 지급하여야 한다.

쏙쏙 해설

청원주는 청원경찰을 신규로 배치하거나 이동배치하였을 때에는 배치지(이동배치의 경우에는 종전의 배치지)를 관할하는 경찰서장에게 그 사실을 통보하여야 한다(청원경찰법 시행령 제6조 제1항). ★
① 청원경찰법 시행규칙 제4조 제2호
② 청원경찰법 제4조 제1항★
④ 청원경찰법 제7조 제1호

정답 ❸

17

☑ 확인 Check! ○ △ ✕

청원경찰법령상 청원경찰의 배치에 관한 설명으로 틀린 것은?

① KBS와 같은 언론사는 청원경찰의 배치대상이 되는 시설에 해당한다.
② 청원경찰의 배치를 받으려는 자는 청원경찰 배치신청서를 사업장의 소재지를 관할하는 경찰서장을 거쳐 시・도 경찰청장에게 제출하여야 한다.
③ 청원경찰의 배치를 받으려는 배치장소가 둘 이상의 도(道)일 때에는 주된 사업장의 관할 경찰서장을 거쳐 시・도 경찰청장에게 한꺼번에 신청할 수 있다.
④ 청원경찰의 배치를 받으려는 자는 청원경찰 배치신청서에 경비구역 평면도 1부 또는 배치계획서 1부를 첨부하여야 한다.

쏙쏙 해설

경비구역 평면도 1부 또는 배치계획서 1부를 첨부하는 것이 아니라 두 가지 모두를 첨부하여야 한다(청원경찰법 시행령 제2조).
① 청원경찰법 시행규칙 제2조 제3호
② 청원경찰법 시행령 제2조 전문
③ 청원경찰법 시행령 제2조 후문

정답 ❹

PART 01

18

청원경찰법령상 청원경찰의 배치에 관한 설명으로 옳은 것은?

① 청원경찰법령상 청원경찰이 배치될 수 있는 곳은 국가기관 또는 공공단체와 그 관리하에 있는 중요시설 또는 사업장, 국내 주재 외국기관으로 한정된다.

② 시·도 경찰청장은 청원경찰 배치가 필요하다고 인정하는 기관의 장 또는 시설·사업장의 경영자에게 청원경찰을 배치할 것을 요청할 수 있다.

③ 시·도 경찰청장은 배치신청을 받으면 20일 이내에 그 배치여부를 결정하여 신청인에게 알려야 한다.

④ 청원경찰의 배치를 받으려는 배치장소가 둘 이상의 도(특별시, 광역시, 특별자치시 및 특별자치도를 포함)일 때에는 각 사업장의 관할 경찰서장 간의 협의를 통해 배치신청을 할 시·도 경찰청장을 결정한다.

쏙쏙 해설

시·도 경찰청장은 청원경찰 배치가 필요하다고 인정하는 기관의 장 또는 시설·사업장의 경영자에게 청원경찰을 배치할 것을 요청할 수 있다(청원경찰법 제4조 제3항).

정답 ②

핵심만 콕

① 청원경찰법령상 청원경찰이 배치될 수 있는 곳은 국가기관 또는 공공단체와 그 관리하에 있는 중요시설 또는 사업장, 국내 주재 외국기관뿐만 아니라 그 밖에 <u>행정안전부령으로 정하는</u> 중요시설, 사업장 또는 장소도 포함된다(청원경찰법 제2조).

③ 시·도 경찰청장은 청원경찰 배치신청을 받으면 <u>지체 없이</u> 그 배치 여부를 결정하여 신청인에게 알려야 한다(청원경찰법 제4조 제2항).

④ 청원경찰의 배치를 받으려는 <u>배치장소가 둘 이상의 도</u>(특별시, 광역시, 특별자치시 및 특별자치도를 포함한다)일 때에는 <u>주된 사업장의 관할 경찰서장을 거쳐 시·도 경찰청장에게 한꺼번에 신청할 수 있다</u>(청원경찰법 시행령 제2조 후문).★

19

청원경찰법상 청원경찰 등에 관한 설명으로 옳지 않은 것은?

① 청원경찰법은 청원경찰의 원활한 운영을 목적으로 제정되었다.

② 청원경찰은 국내 주재 외국기관에도 배치될 수 있다.

③ 청원경찰은 청원주 등이 경비(經費)를 부담할 것을 조건으로 사업장 등의 경비(警備)를 담당하게 하기 위하여 배치하는 경찰을 말한다.

④ 청원경찰은 청원주와 관할 시·도 경찰청장의 감독을 받아 그 경비구역만의 경비를 목적으로 필요한 범위에서 경찰공무원법에 따른 경찰관의 직무를 수행한다.

쏙쏙 해설

청원경찰은 청원주와 배치된 기관·시설 또는 사업장 등의 구역을 관할하는 경찰서장의 감독을 받아 그 경비구역만의 경비를 목적으로 필요한 범위에서 「경찰관직무집행법」에 따른 경찰관의 직무를 수행한다(청원경찰법 제3조).

① 청원경찰법 제1조

② 청원경찰법 제2조 제2호

③ 청원경찰법 제2조

정답 ④

20

청원경찰법령상 임용방법 등에 관한 내용이다. (　) 안에 들어갈 내용을 순서대로 옳게 나열한 것은?

> • 청원주는 청원경찰의 배치결정의 통지를 받은 날부터 (　)일 이내에 배치결정된 인원수의 임용예정자에 대하여 청원경찰 임용승인을 시·도 경찰청장에게 신청하여야 한다.
> • 청원주가 청원경찰을 임용하였을 때에는 임용한 날부터 (　)일 이내에 그 임용사항을 관할 경찰서장을 거쳐 시·도 경찰청장에게 보고하여야 한다.

① 10, 30
② 15, 30
③ 30, 10
④ 30, 15

관계법령

임용방법 등(청원경찰법 시행령 제4조)
① 청원주는 그 배치결정의 통지를 받은 날부터 30일 이내에 배치결정된 인원수의 임용예정자에 대하여 청원경찰 임용승인을 시·도 경찰청장에게 신청하여야 한다.
② 청원주가 법 제5조 제1항에 따라 청원경찰을 임용하였을 때에는 임용한 날부터 10일 이내에 그 임용사항을 관할 경찰서장을 거쳐 시·도 경찰청장에게 보고하여야 한다. 청원경찰이 퇴직하였을 때에도 또한 같다.

21

청원경찰법령상 청원경찰의 임용과 승인에 관한 내용이다. (　) 안에 들어갈 말로 옳게 짝지어진 것은?

> 청원경찰은 (ㄱ)가(이) 임용하되, 임용을 할 때에는 미리 (ㄴ)의 승인을 받아야 한다.

① ㄱ : 시·도 경찰청장,　　ㄴ : 청원주
② ㄱ : 경찰청장,　　　　　ㄴ : 청원주
③ ㄱ : 청원주,　　　　　　ㄴ : 시·도 경찰청장
④ ㄱ : 청원주,　　　　　　ㄴ : 경찰청장

22

☑ 확인 Check! ○ △ ✕

청원경찰법령상 청원경찰에 관한 설명으로 옳은 것은?

① 청원경찰은 청원주 사업장 소재지의 관할 경찰서장이 임용하며 그 임용을 할 때에는 시·도 경찰청장의 승인을 얻어야 한다.

② 징계에 의하여 파면처분을 받고 3년이 지난 자는 청원경찰로 임용될 수 있다.

③ 청원주는 청원경찰을 대체할 목적으로 경비업법에 따른 특수경비원을 배치하는 경우 청원경찰의 배치를 폐지하거나 배치인원을 감축할 수 없다.

④ 청원주는 청원경찰의 자녀교육비를 부담하여야 한다.

쏙쏙 해설

청원경찰법 제10조의5 제1항 단서 제1호

정답 ❸

핵심만 콕

① 청원경찰은 청원주가 임용하되, 임용을 할 때에는 미리 시·도 경찰청장의 승인을 받아야 한다(청원경찰법 제5조 제1항).

② 징계로 파면처분을 받은 때부터 5년이 지나지 아니한 자는 청원경찰로 임용될 수 없다(청원경찰법 제5조 제2항, 국가공무원법 제33조 제7호).

④ 청원주가 청원경찰의 교육비를 부담해야 하는 것이지 청원경찰의 자녀교육비까지 부담하는 것은 아니다(청원경찰법 제6조 제1항 제3호).

23

☑ 확인 Check! ○ △ ✕

청원경찰법령상 청원주가 시·도 경찰청장에게 청원경찰 임용승인을 신청할 때 청원경찰 임용승인신청서에 첨부해야 하는 서류가 아닌 것은?

① 주민등록증 사본 1부

② 이력서 1부

③ 민간인 신원진술서(「보안업무규정」 제36조에 따른 신원조사가 필요한 경우만 해당) 1부

④ 가족관계등록부 중 가족관계증명서 1부

쏙쏙 해설

가족관계등록부 중 가족관계증명서가 아니라 기본증명서를 첨부하여 임용승인을 신청해야 한다(청원경찰법 시행규칙 제5조 제1항 제5호).

정답 ❹

관계법령

임용승인신청서 등(청원경찰법 시행규칙 제5조)

① 법 제4조 제2항에 따라 청원경찰의 배치결정을 받은 자[이하 "청원주"(請願主)라 한다]가 영 제4조 제1항에 따라 시·도 경찰청장에게 청원경찰 임용승인을 신청할 때에는 별지 제3호 서식의 청원경찰 임용승인신청서에 그 해당자에 관한 다음 각호의 서류를 첨부해야 한다. 〈개정 2021.3.30.〉

1. 이력서 1부
2. 주민등록증 사본 1부
3. 민간인 신원진술서(「보안업무규정」 제36조에 따른 신원조사가 필요한 경우만 해당한다) 1부
4. 최근 3개월 이내에 발행한 채용신체검사서 또는 취업용 건강진단서 1부
5. 가족관계등록부 중 기본증명서 1부

② 제1항에 따른 신청서를 제출받은 시·도 경찰청장은 「전자정부법」 제36조 제1항에 따라 행정정보의 공동이용을 통하여 해당자의 병적증명서를 확인하여야 한다. 다만, 그 해당자가 확인에 동의하지 아니할 때에는 해당 서류를 첨부하도록 하여야 한다.

24

☑ 확인Check! ○ △ ✕

청원경찰법령상 청원경찰의 임용 등에 관한 설명으로 옳은 것은?

① 청원경찰은 나이가 58세가 되었을 때 당연 퇴직된다.

② 청원경찰의 복무에 관하여는 「경찰관직무집행법」을 준용한다.

③ 청원경찰은 청원주가 임용하되, 임용을 할 때에는 「경찰공무원법」이 정하는 특별한 경우를 제외하고는 미리 경찰청장의 승인을 받아야 한다.

④ 청원주가 청원경찰을 임용하였을 때에는 임용한 날부터 10일 이내에 그 임용사항을 관할 경찰서장을 거쳐 시·도 경찰청장에게 보고하여야 한다.

쏙쏙 해설

청원주가 청원경찰을 임용하였을 때에는 임용한 날부터 10일 이내에 그 임용사항을 관할 경찰서장을 거쳐 시·도 경찰청장에게 보고하여야 한다(청원경찰법 시행령 제4조 제2항 전문).

정답 ❹

핵심만 콕

① 청원경찰은 나이가 60세가 되었을 때 당연 퇴직된다. 다만, 그 날이 1월부터 6월 사이에 있으면 6월 30일에, 7월부터 12월 사이에 있으면 12월 31일에 각각 당연 퇴직된다(청원경찰법 제10조의6 제3호).

② 청원경찰의 복무에 관하여는 「국가공무원법」 제57조, 제58조 제1항, 제60조 및 「경찰공무원법」 제24조를 준용한다(청원경찰법 제5조 제4항).

청원경찰의 복무에 관한 준용 규정(청원경찰법 제5조 제4항)과 비준용 규정★

준용 규정	비준용 규정
• 국가공무원법 제57조(복종의무) • 국가공무원법 제58조 제1항(직장이탈금지) • 국가공무원법 제60조(비밀엄수의무) • 경찰공무원법 제24조(거짓보고 등의 금지)	• 국가공무원법 제56조(성실의무) • 국가공무원법 제59조(친절·공정의 의무) • 국가공무원법 제59조의2(종교중립의무) • 국가공무원법 제61조(청렴의무) • 국가공무원법 제62조(외국정부의 영예 등을 받을 경우 허가의무) • 국가공무원법 제63조(품위유지의무) • 국가공무원법 제64조(영리업무 및 겸직금지) • 국가공무원법 제65조(정치운동금지) • 국가공무원법 제66조 제1항(집단행위금지)

③ 청원경찰은 청원주가 임용하되, 임용을 할 때에는 미리 시·도 경찰청장의 승인을 받아야 한다(청원경찰법 제5조 제1항).

25

☑ 확인Check! ○ △ ✕

청원경찰의 임용에 관한 설명으로 맞는 것은?

① 청원경찰의 배치를 받으려는 자는 청원경찰 배치신청서에 경비구역 평면도 1부와 배치계획서 1부를 첨부하여 관할 경찰서장을 거쳐 시·도 경찰청장에게 제출하여야 한다.

② 청원경찰의 임용권자는 청원경찰의 배치결정을 한 시·도 경찰청장이 된다.

③ 청원주는 배치결정의 통지를 받은 날부터 30일 이내에 청원경찰을 임용하여야 한다.

④ 청원경찰로 임용된 사람은 경찰청으로부터 승인된 특수경비원 교육기관에서 30시간 이상의 교육을 이수하여야 한다.

쏙쏙 해설

청원경찰법 시행령 제2조 전문

정답 ❶

핵심만 콕

② 청원경찰은 청원주가 임용하되, 임용을 할 때에는 미리 시·도 경찰청장의 승인을 받아야 한다(청원경찰법 제5조 제1항).

③ 청원경찰의 배치결정을 받은 자(청원주)는 그 배치결정의 통지를 받은 날부터 30일 이내에 배치결정된 인원수의 임용예정자에 대하여 청원경찰 임용승인을 시·도 경찰청장에게 신청하여야 한다(청원경찰법 시행령 제4조 제1항). 30일 이내에 임용을 하는 것이 아니라 임용승인을 신청하여야 한다.★

④ 청원주는 청원경찰로 임용된 사람으로 하여금 경비구역에 배치하기 전에 경찰교육기관에서 직무수행에 필요한 교육을 받게 하여야 한다. 다만, 경찰교육기관의 교육계획상 부득이하다고 인정할 때에는 우선 배치하고 임용 후 1년 이내에 교육을 받게 할 수 있다(청원경찰법 시행령 제5조 제1항). 제1항의 교육기간·교육과목·수업시간 및 그 밖에 교육의 시행에 필요한 사항은 행정안전부령으로 정한다(청원경찰법 시행령 제5조 제3항). 영 제5조 제3항에 따른 교육기간은 2주로 하고, 교육과목 및 수업시간은 별표 1과 같다(청원경찰법 시행규칙 제6조). 별표 1에는 총 교육시간이 76시간으로 규정되어 있다. 따라서 옳은 문장으로 바꾸면, "청원경찰로 임용된 사람은 경찰교육기관에서 76시간 이상의 교육을 이수하여야 한다."이다.

26

☑ 확인Check! ○ △ ✕

청원경찰법령상의 내용으로 옳은 것은?

① 청원경찰의 경비는 시·도 경찰청에서 부담한다.

② 청원경찰은 시·도 경찰청장이 임용하며 미리 시설·사업장의 경영자의 승인을 받아야 한다.

③ 법원의 판결 또는 다른 법률에 따라 자격이 정지된 자는 청원경찰로 임용될 수 없다.

④ 경찰청장은 청원경찰 배치가 필요하다고 인정하는 기관의 장 또는 시설·사업장의 경영자에게 청원경찰을 배치할 것을 요청할 수 있다.

쏙쏙 해설

청원경찰법 제5조 제2항, 국가공무원법 제33조 제6호

정답 ❸

① 청원경찰경비는 국가기관 또는 공공단체와 그 관리하에 있는 중요시설 또는 사업장, 국내 주재 외국기관, 그 밖에 행정안전부령으로 정하는 중요시설, 사업장 또는 장소의 장 또는 시설·사업장 등의 경영자가 부담한다(청원경찰법 제2조).
② 청원경찰은 청원주가 임용하되, 임용을 할 때에는 미리 시·도 경찰청장의 승인을 받아야 한다(청원경찰법 제5조 제1항).
④ 시·도 경찰청장은 청원경찰 배치가 필요하다고 인정하는 기관의 장 또는 시설·사업장의 경영자에게 청원경찰을 배치할 것을 요청할 수 있다(청원경찰법 제4조 제3항).

27

☑ 확인 Check! ○ △ ✕

다음 중 청원경찰의 임용승인권자는 누구인가?(권한위임은 없는 것으로 한다)

① 관할 경찰서장
② 관할 경찰관서장
③ 청원주
④ 시·도 경찰청장

쏙쏙 해설

청원경찰은 청원주가 임용하되, 임용을 할 때에는 미리 시·도 경찰청장의 승인을 받아야 한다(청원경찰법 제5조 제1항).

정답 ❹

28

☑ 확인 Check! ○ △ ✕

청원경찰법령상 국가기관에 근무하는 청원경찰의 보수는 재직기간에 해당하는 경찰공무원 보수를 감안하여 정한다. 이에 관한 예시로 옳은 것은?

① 16년 : 경장, 20년 : 경장, 25년 : 경사, 32년 : 경사
② 16년 : 순경, 20년 : 경장, 25년 : 경사, 32년 : 경사
③ 16년 : 경장, 20년 : 경장, 25년 : 경사, 32년 : 경위
④ 16년 : 순경, 20년 : 경장, 25년 : 경사, 32년 : 경위

쏙쏙 해설

청원경찰법 제6조 제2항에 의하면 16년, 20년 재직한 청원경찰의 보수는 경장, 25년 재직한 경우에는 경사, 32년 재직한 경우에는 경위에 해당하는 경찰공무원의 보수를 감안하여 대통령령으로 정한다.

정답 ❸

관계법령

청원경찰경비(청원경찰법 제6조)★
② 국가기관 또는 지방자치단체에 근무하는 청원경찰의 보수는 다음 각호의 구분에 따라 같은 재직기간에 해당하는 경찰공무원의 보수를 감안하여 대통령령으로 정한다.
  1. 재직기간 15년 미만 : 순경
  2. 재직기간 15년 이상 23년 미만 : 경장
  3. 재직기간 23년 이상 30년 미만 : 경사
  4. 재직기간 30년 이상 : 경위

29

청원경찰법령상 청원경찰의 보수에 관한 설명으로 옳지 않은 것은?

① 국가기관 또는 지방자치단체에 근무하는 청원경찰 보수의 호봉 간 승급기간은 경찰공무원의 승급기간에 관한 규정을 준용한다.

② 국가기관에 근무하는 청원경찰의 보수는 그 재직기간이 25년인 경우, 경찰공무원 경사의 보수를 감안하여 대통령령으로 정한다.

③ 국가기관 또는 지방자치단체에 근무하는 청원경찰의 봉급·수당에 관한 청원주의 최저부담기준액은 경찰청장이 정하여 고시한다.

④ 국가기관 또는 지방자치단체에 근무하는 청원경찰의 각종 수당은 「공무원수당 등에 관한 규정」에 따른 수당 중 가계보전수당, 실비변상 등으로 하며, 그 세부 항목은 경찰청장이 정하여 고시한다.

쏙쏙 해설

국가기관 또는 지방자치단체에 근무하는 청원경찰외의 봉급·수당에 관한 청원주의 최저부담기준액(국가기관 또는 지방자치단체에 근무하는 청원경찰의 봉급·수당은 제외한다)은 경찰청장이 정하여 고시한다(청원경찰법 제6조 제3항).

정답 ❸

핵심만 콕

① 국가기관 또는 지방자치단체에 근무하는 청원경찰 보수의 호봉 간 승급기간은 경찰공무원의 승급기간에 관한 규정을 준용한다(청원경찰법 시행령 제11조 제2항).

② 국가기관에 근무하는 청원경찰의 보수는 그 재직기간이 25년인 경우, 경찰공무원 경사의 보수를 감안하여 대통령령으로 정한다(청원경찰법 제6조 제2항 제3호).

④ 국가기관 또는 지방자치단체에 근무하는 청원경찰의 각종 수당은 「공무원수당 등에 관한 규정」에 따른 수당 중 가계보전수당, 실비변상 등으로 하며, 그 세부 항목은 경찰청장이 정하여 고시한다(청원경찰법 시행령 제9조 제2항).

30

☑ 확인 Check! ○ △ ✕

다음 중 청원경찰의 복무에 관하여 준용되는 국가공무원법상의 규정은?

① 국가공무원법 제60조(비밀엄수의무)
② 국가공무원법 제61조(청렴의무)
③ 국가공무원법 제63조(품위유지의무)
④ 국가공무원법 제66조 제1항(집단행위금지)

쏙쏙 해설

청원경찰의 복무에 관하여는 국가공무원법 제57조(복종의무), 제58조 제1항(직장이탈금지), 제60조(비밀엄수의무) 및 경찰공무원법 제24조(거짓보고 등 금지)를 준용한다(청원경찰법 제5조 제4항).

정답 ❶

핵심만 콕

청원경찰의 복무에 관한 준용 규정(청원경찰법 제5조 제4항)과 비준용 규정

준용 규정	비준용 규정
• 국가공무원법 제57조(복종의무) • 국가공무원법 제58조 제1항(직장이탈금지) • 국가공무원법 제60조(비밀엄수의무) • 경찰공무원법 제24조(거짓보고 등의 금지)	• 국가공무원법 제56조(성실의무) • 국가공무원법 제59조(친절·공정의 의무) • 국가공무원법 제59조의2(종교중립의무) • 국가공무원법 제61조(청렴의무) • 국가공무원법 제62조(외국정부의 영예 등을 받을 경우 허가의무) • 국가공무원법 제63조(품위유지의무) • 국가공무원법 제64조(영리업무 및 겸직금지) • 국가공무원법 제65조(정치운동금지) • 국가공무원법 제66조 제1항(집단행위금지)

31

☑ 확인 Check! ○ △ ✕

청원경찰법령상 청원경찰로 임용이 된 경우에 이수하여야 할 교육과목과 수업시간으로 옳지 않은 것은?(단, 교육면제자는 고려하지 않는다.)

① 형사법 – 5시간
② 청원경찰법 – 5시간
③ 경찰관직무집행법 – 5시간
④ 시설경비 – 6시간

쏙쏙 해설

청원경찰로 임용이 된 경우에는 형사법 10시간을 이수하여야 한다(청원경찰법 시행규칙 [별표 1]).

정답 ❶

청원경찰 신임교육과목 및 수업시간표(청원경찰법 시행규칙 [별표 1])★

학과별		과 목	시 간
정신교육		• 정신교육	8
학술교육		• 형사법	10
		• 청원경찰법	5
실무교육	경 무	• 경찰관직무집행법	5
	방 범	• 방범업무	3
		• 경범죄처벌법	2
	경 비	• 시설경비	6
		• 소 방	4
	정 보	• 대공이론	2
		• 불심검문	2
	민방위	• 민방공	3
		• 화생방	2
	기본훈련		5
	총기조작		2
	총검술		2
	사 격		6
술 과		• 체포술 및 호신술	6
기 타		• 입교 · 수료 및 평가	3
교육시간 합계		−	76

32

☑ 확인 Check! ○ △ ✕

청원경찰법령상 청원경찰의 교육에 대한 설명으로 틀린 것은?

① 청원주는 소속 청원경찰에게 그 직무집행에 필요한 교육을 매월 6시간 이상 하여야 한다.

② 청원경찰에서 퇴직한 사람이 퇴직한 날부터 3년 이내에 청원경찰로 임용되었을 때에는 교육을 면제할 수 있다.

③ 청원경찰의 교육비는 청원주가 부담한다.

④ 청원주는 청원경찰로 임용된 사람으로 하여금 경비구역에 배치하기 전에 경찰교육기관에서 직무수행에 필요한 교육을 받게 하여야 한다.

쏙쏙 해설

청원주는 소속 청원경찰에게 그 직무집행에 필요한 교육을 매월 4시간 이상하여야 한다(청원경찰법 시행규칙 제13조 제1항).
② 청원경찰법 시행령 제5조 제2항
③ 청원경찰법 제6조 제1항 제3호
④ 청원경찰법 시행령 제5조 제1항

정답 ❶

33

☑ 확인 Check! ○ △ ✕

( ) 안에 들어갈 내용이 올바르게 나열된 것은?

> 청원주는 청원경찰로 임용된 사람으로 하여금 경비구역에 배치하기 전에 경찰교육기관에서 직무수행에 필요한 교육( )을 받게 하여야 한다. 다만, 경찰교육기관의 교육계획상 부득이하다고 인정할 때에는 우선 배치하고 임용 후 ( ) 이내에 교육을 받게 할 수 있다.

① 1주 40시간 - 6개월
② 1주 40시간 - 1년
③ 2주 76시간 - 6개월
④ 2주 76시간 - 1년

쏙쏙 해설

청원주는 청원경찰로 임용된 사람으로 하여금 경비구역에 배치하기 전에 경찰 교육기관에서 직무수행에 필요한 교육(2주 6시간)을 받게 하여야 한다. 다만, 경찰교육기관의 교육계획상 부득이하다고 인정할 때에는 우선 배치하고 임용 후 1년 이내에 교육을 받게 할 수 있다(청원경찰법 시행령 제5조 제1항). 세부 교육시간은 청원경찰법 시행규칙 제6조, 동법 시행규칙 별표 1을 참고한다.

정답 ❹

PART 01

34

☑ 확인 Check! ○ △ ✕

청원경찰법령상 청원경찰이 퇴직할 때 청원주에게 반납해야 하는 것은?

① 장 갑
② 허리띠
③ 방한화
④ 호루라기

쏙쏙 해설

청원경찰이 퇴직할 때에는 대여품(허리띠, 경찰봉, 가슴표장, 분사기, 포승)을 청원주에게 반납하여야 한다(청원경찰법 시행규칙 제12조 제2항, 동규칙 [별표 3]).

정답 ❷

핵심만 콕

급여품 및 대여품(청원경찰법 시행규칙 제12조)
• 청원경찰에게 지급하는 급여품은 [별표 2](근무복(하복), 근무복(동복), 한여름 옷, 외투·방한복 또는 점퍼, 기동화 또는 단화, 비옷, 정모, 기동모, 기동복, 방한화, 장갑, 호루라기 등)와 같고, 대여품은 [별표 3](허리띠, 경찰봉, 가슴표장, 분사기, 포승 등)과 같다.
• 청원경찰이 퇴직할 때에는 대여품을 청원주에게 반납하여야 한다(급여품은 반납하지 아니한다).

35

청원경찰법령상 청원경찰의 교육에 관한 내용으로 옳은 것을 모두 고른 것은?

> ㄱ. 청원경찰에서 퇴직한 자가 퇴직한 날부터 3년 이내에 청원경찰로 임용되었을 때에는 경비구역에 배치하기 전에 경찰교육기관에서 시행하는 직무수행에 필요한 교육을 면제할 수 있다.
> ㄴ. 청원경찰로 임용된 자가 받는 교육과목 중 학술교육과목으로 형사법, 청원경찰법이 있다.
> ㄷ. 청원경찰로 임용된 자가 경찰교육기관에서 받는 직무수행에 필요한 교육의 기간은 4주로 한다.
> ㄹ. 청원주는 소속 청원경찰에게 그 직무집행에 필요한 교육을 매년 4시간 이상 하여야 한다.

① ㄱ, ㄴ
② ㄱ, ㄷ
③ ㄴ, ㄷ
④ ㄷ, ㄹ

쏙쏙 해설

ㄱ. (○) 청원경찰법 시행령 제5조 제2항
ㄴ. (○) 청원경찰법 시행규칙 [별표 1]
ㄷ. (✕) 교육기간은 2주로 한다(청원경찰법 시행규칙 제6조).
ㄹ. (✕) 청원주는 소속 청원경찰에게 그 직무집행에 필요한 교육을 매월 4시간 이상 하여야 한다(청원경찰법 시행규칙 제13조 제1항).

정답 ❶

36

청원경찰법령상 청원경찰의 교육에 관한 설명으로 옳지 않은 것은?

① 청원경찰의 교육과목에는 대공이론, 국가보안법, 통합방위법이 포함된다.
② 청원주는 소속 청원경찰에게 그 직무집행에 필요한 교육을 매월 4시간 이상 하여야 한다.
③ 의무경찰을 포함한 경찰공무원 또는 청원경찰에서 퇴직한 사람이 퇴직한 날부터 3년 이내에 청원경찰로 임용되었을 때에는 신임 교육을 면제할 수 있다.
④ 청원경찰의 신임 교육기간은 2주로 한다.

쏙쏙 해설

청원경찰의 교육과목에 대공이론은 포함되지만, 국가보안법, 통합방위법은 포함되지 않는다(청원경찰법 시행규칙 [별표 1]).
② 청원경찰법 시행규칙 제13조 제1항
③ 청원경찰법 시행령 제5조 제2항
④ 청원경찰법 시행규칙 제6조 전단

정답 ❶

37

☑ 확인Check! ○ △ ×

청원경찰법령에 관한 설명으로 옳지 않은 것은?

① 청원경찰의 신분증명서는 청원주가 발행하며, 그 형식은 시·도 경찰청장이 결정한다.
② 청원주는 소속 청원경찰에게 그 직무집행에 필요한 교육을 매월 4시간 이상 하여야 한다.
③ 청원경찰이 퇴직할 때에는 대여품을 청원주에게 반납하여야 한다.
④ 청원경찰은 국내 주재 외국기관에도 배치될 수 있다.

38

☑ 확인Check! ○ △ ×

청원경찰법령상 청원경찰의 징계에 관한 설명으로 옳은 것은?

① 징계의 종류는 파면, 해임, 강등, 정직, 감봉 및 견책으로 구분한다.
② 시·도 경찰청장은 징계규정의 보완이 필요하다고 인정할 때에는 청원주에게 그 보완을 요구할 수 있다.
③ 정직은 1개월 이상 3개월 이하로 하고, 보수의 3분의 1을 줄인다.
④ 청원주는 청원경찰 배치결정의 통지를 받았을 때에는 통지를 받은 날부터 10일 이내에 청원경찰에 대한 징계규정을 제정하여야 한다.

핵심만 콕

① 징계의 종류는 파면, 해임, 정직, 감봉 및 견책으로 구분한다(청원경찰법 제5조의2 제2항).
③ 정직(停職)은 1개월 이상 3개월 이하로 하고, 그 기간에 청원경찰의 신분은 보유하나 직무에 종사하지 못하며, 보수의 3분의 2를 줄인다(청원경찰법 시행령 제8조 제2항).
④ 청원주는 청원경찰 배치결정의 통지를 받았을 때에는 통지를 받은 날부터 15일 이내에 청원경찰에 대한 징계규정을 제정하여 관할 시·도 경찰청장에게 신고하여야 한다. 징계규정을 변경할 때에도 또한 같다(청원경찰법 시행령 제8조 제5항).

39

☑ 확인 Check! ○ △ ✕

청원경찰법상 청원경찰에 대한 징계의 종류가 아닌 것은?

① 직위해제

② 해 임

③ 정 직

④ 감 봉

40

☑ 확인 Check! ○ △ ✕

청원경찰법령상 청원경찰의 징계에 관한 설명으로 옳은 것은?

① 청원경찰에 대한 징계의 종류는 파면, 해임, 강등, 정직, 감봉 및 견책으로 구분한다.

② 정직은 1개월 이상 6개월 이하로 하고, 그 기간에 직무에 종사하지 못하며, 보수의 2분의 1을 줄인다.

③ 감봉은 1개월 이상 3개월 이하로 하고, 그 기간에 보수의 3분의 1을 줄인다.

④ 청원주는 청원경찰 배치결정의 통지를 받았을 때에는 통지를 받은 날부터 30일 이내에 청원경찰에 대한 징계규정을 제정하여 관할 시·도 경찰청장에게 신고해야 한다.

핵심만 콕

① 청원경찰에 대한 징계의 종류는 파면, 해임, 정직, 감봉 및 견책으로 구분한다(청원경찰법 제5조의2 제2항).

② 정직은 1개월 이상 3개월 이하로 하고, 그 기간에 청원경찰의 신분은 보유하나 직무에 종사하지 못하며, 보수의 3분의 2를 줄인다(청원경찰법 시행령 제8조 제2항).

④ 청원주는 청원경찰 배치결정의 통지를 받았을 때에는 통지를 받은 날부터 15일 이내에 청원경찰에 대한 징계규정을 제정하여 관할 시·도 경찰청장에게 신고해야 한다(청원경찰법 시행령 제8조 제5항).

41

☑ 확인Check! ○ △ ✕

청원경찰법령상 청원경찰의 징계 및 불법행위 책임에 관한 설명으로 옳지 않은 것은?

① 청원경찰이 직무를 수행할 때 직권을 남용하여 국민에게 해를 끼친 경우에는 6개월 이하의 징역이나 금고에 처한다.

② 국가기관이나 지방자치단체에 근무하는 청원경찰의 직무상 불법행위에 대한 배상책임에 관하여는 「민법」의 규정을 따른다.

③ 청원주는 청원경찰이 직무상의 의무를 위반하거나 직무를 태만히 한 때, 품위를 손상하는 행위를 한 때에는 대통령령으로 정하는 징계절차를 거쳐 징계처분을 하여야 한다.

④ 청원경찰에 대한 징계처분 중 정직(停職)은 1개월 이상 3개월 이하로 하고, 그 기간에 청원경찰의 신분은 보유하나 직무에 종사하지 못하며, 보수의 3분의 2를 줄인다.

42

☑ 확인Check! ○ △ ✕

청원경찰법령상 청원경찰의 징계에 관한 내용으로 옳지 않은 것은?

① 청원경찰이 품위를 손상하는 행위를 하는 경우 청원주는 징계절차에 따라 징계처분을 하여야 한다.

② 관할 경찰서장은 청원경찰이 직무상 의무 위반에 해당한다고 인정되면 청원주에게 해당 청원경찰에 대하여 징계처분을 하도록 요청할 수 있다.

③ 정직은 1개월 이상 3개월 이하로 하고, 그 기간에 청원경찰의 신분은 보유하나 직무에 종사하지 못하며, 보수의 3분의 1을 줄인다.

④ 감봉은 1개월 이상 3개월 이하로 하고, 그 기간에 보수의 3분의 1을 줄인다.

43

☑ 확인Check! ○ △ X

청원주는 청원경찰 배치결정의 통지를 받았을 때에는 통지를 받은 날부터 며칠 이내에 청원경찰에 대한 징계규정을 제정하여 관할 시·도 경찰청장에게 신고하여야 하는가?

① 20일 이내
② 15일 이내
③ 10일 이내
④ 5일 이내

44

☑ 확인Check! ○ △ X

청원경찰법령상 청원경찰의 경비(經費)에 관한 설명으로 옳은 것은?

① 청원주는 대통령령이 정하는 바에 따라 청원경찰에게 봉급과 각종 수당 등을 지급하여야 한다.
② 청원주는 대통령령이 정하는 바에 따라 청원경찰이 직무수행 중 부상을 당한 경우에 본인에게 보상금을 지급하여야 한다.
③ 청원주는 청원경찰이 퇴직할 때에는 행정안전부령이 정하는 바에 따라 근로자퇴직급여보장법에 따른 퇴직금을 지급하여야 한다.
④ 지방자치단체에 근무하는 청원경찰의 각종 수당은 공무원수당 등에 관한 규정에 따른 수당 중 가계보전수당, 실비변상 등으로 하며, 그 세부 항목은 대통령령으로 정하여 고시한다.

핵심만 콕

① 청원주는 청원경찰에게 봉급과 각종 수당을 지급하여야 하며, 그 최저부담기준액(국가기관 또는 지방자치단체에 근무하는 청원경찰의 봉급·수당은 제외한다)은 경찰청장이 정하여 고시(告示)한다(청원경찰법 제6조 제1항 및 제3항). 국가기관 또는 지방자치단체에 근무하는 청원경찰의 보수는 재직기간에 따른 구분에 따라 같은 재직기간에 해당하는 경찰공무원의 보수를 감안하여 대통령령으로 정한다(청원경찰법 제6조 제2항).★
③ 청원주는 청원경찰이 퇴직할 때에는 「근로자퇴직급여보장법」에 따른 퇴직금을 지급하여야 한다. 다만, 국가기관이나 지방자치단체에 근무하는 청원경찰의 퇴직금에 관하여는 따로 대통령령으로 정한다(청원경찰법 제7조의2).
④ 국가기관 또는 지방자치단체에 근무하는 청원경찰의 각종 수당은 「공무원수당 등에 관한 규정」에 따른 수당 중 가계보전수당, 실비변상 등으로 하며, 그 세부항목은 경찰청장이 정하여 고시한다(청원경찰법 시행령 제9조 제2항).

45

☑ 확인 Check! ○ △ ✕

청원경찰법령상 청원경찰의 보수산정에 관하여 그 배치된 사업장의 취업규칙에 특별한 규정이 없는 경우에 봉급 산정의 기준이 되는 경력에 불산입되는 것으로 옳은 것은?

① 군복무한 경력
② 의무경찰에 복무한 경력
③ 청원경찰로 임용되어 근무한 경력
④ 지방자치단체에서 근무하는 청원경찰에 대해서는 지방자치단체에 비상근으로 근무한 경력

쏙쏙 해설

청원경찰법 시행령 제11조의 기준에 따를 때, 지방자치단체에서 비상근으로 근무한 경력은 불산입한다.

정답 ❹

관계법령

보수 산정 시의 경력 인정 등(청원경찰법 시행령 제11조)★

① 청원경찰의 보수 산정에 관하여 그 배치된 사업장의 취업규칙에 특별한 규정이 없는 경우에는 다음 각호의 경력을 봉급 산정의 기준이 되는 경력에 산입(算入)하여야 한다.
   1. 청원경찰로 근무한 경력
   2. 군 또는 의무경찰에 복무한 경력
   3. 수위·경비원·감시원 또는 그 밖에 청원경찰과 비슷한 직무에 종사하던 사람이 해당 사업장의 청원주에 의하여 청원경찰로 임용된 경우에는 그 직무에 종사한 경력
   4. 국가기관 또는 지방자치단체에서 근무하는 청원경찰에 대해서는 국가기관 또는 지방자치단체에서 상근(常勤)으로 근무한 경력
② 국가기관 또는 지방자치단체에 근무하는 청원경찰 보수의 호봉 간 승급기간은 경찰공무원의 승급기간에 관한 규정을 준용한다.
③ 국가기관 또는 지방자치단체에 근무하는 청원경찰 외의 청원경찰 보수의 호봉 간 승급기간 및 승급액은 그 배치된 사업장의 취업규칙에 따르며, 이에 관한 취업규칙이 없을 때에는 순경의 승급에 관한 규정을 준용한다.

46

☑ 확인Check! ○ △ ✕

청원경찰법령상 청원주가 부담해야 하는 청원경찰경비를 모두 고른 것은?

> ㄱ. 청원경찰의 교통비
> ㄴ. 청원경찰의 피복비
> ㄷ. 청원경찰의 교육비
> ㄹ. 청원경찰 본인 또는 유족 보상금

① ㄱ, ㄴ, ㄷ
② ㄱ, ㄴ, ㄹ
③ ㄱ, ㄷ, ㄹ
④ ㄴ, ㄷ, ㄹ

관계법령

청원경찰경비(청원경찰법 제6조)★
① 청원주는 다음 각호의 청원경찰경비를 부담하여야 한다.
  1. 청원경찰에게 지급할 봉급과 각종 수당
  2. 청원경찰의 피복비
  3. 청원경찰의 교육비
  4. 제7조에 따른 보상금 및 제7조의2에 따른 퇴직금

47

☑ 확인Check! ○ △ ✕

청원경찰법상 청원주가 청원경찰 본인 또는 그 유족에게 보상금을 지급해야 하는 경우가 아닌 것은?

① 청원경찰이 직무상의 부상·질병으로 인하여 퇴직한 경우
② 청원경찰이 직무수행으로 인하여 부상을 입은 경우
③ 청원경찰이 고의·과실에 의한 위법행위로 타인에게 손해를 가한 경우
④ 청원경찰이 직무수행으로 인하여 사망한 경우

관계법령

보상금(청원경찰법 제7조)★
청원주는 청원경찰이 다음 각호의 어느 하나에 해당하게 되면 대통령령으로 정하는 바에 따라 청원경찰 본인 또는 그 유족에게 보상금을 지급하여야 한다.
  1. 직무수행으로 인하여 부상을 입거나, 질병에 걸리거나 또는 사망한 경우
  2. 직무상의 부상·질병으로 인하여 퇴직하거나, 퇴직 후 2년 이내에 사망한 경우

48

☑ 확인Check! ○ △ ✕

청원경찰법령상 청원경찰경비 등에 관한 설명으로 옳지 않은 것은?

① 피복은 청원주가 제작하거나 구입하여 정기지급일 또는 신규 배치 시에 청원경찰에게 현품으로 지급한다.

② 청원주는 보상금의 지급을 이행하기 위하여 「산업재해보상보험법」에 따른 산업재해보상보험에 가입하거나, 「근로기준법」에 따라 보상금을 지급하기 위한 재원을 따로 마련하여야 한다.

③ 청원경찰의 교육비는 청원주가 해당 청원경찰의 입교 후 3일 이내에 해당 경찰교육기관에 낸다.

④ 청원주는 청원경찰이 직무상의 부상·질병으로 인하여 퇴직하거나, 퇴직 후 2년 이내에 사망한 경우 청원경찰 본인 또는 그 유족에게 보상금을 지급하여야 한다.

쏙쏙 해설

교육비는 청원주가 해당 청원경찰의 입교 3일 전에 해당 경찰교육기관에 낸다(청원경찰법 시행규칙 제8조 제3호).
① 청원경찰법 시행규칙 제8조 제2호
② 청원경찰법 시행령 제13조
④ 청원경찰법 제7조 제2호

정답 ❸

49

☑ 확인Check! ○ △ ✕

청원경찰법령상 청원경찰경비(經費)에 관한 설명으로 옳지 않은 것은?

① 청원경찰경비는 봉급과 각종 수당, 피복비, 교육비, 보상금 및 퇴직금을 말한다.

② 봉급·수당의 최저부담기준액(국가기관 또는 지방자치단체에 근무하는 청원경찰의 봉급·수당은 제외)은 경찰청장이 정하여 고시한다.

③ 국가기관 또는 지방자치단체에 근무하는 청원경찰의 각종 수당은 「공무원수당 등에 관한 규정」에 따른 수당 중 가계보전수당, 실비변상 등으로 하며, 그 세부 항목은 대통령령으로 정한다.

④ 교육비는 청원주가 해당 청원경찰의 입교 3일 전에 해당 경찰교육기관에 낸다.

쏙쏙 해설

국가기관 또는 지방자치단체에 근무하는 청원경찰의 각종 수당은 「공무원수당 등에 관한 규정」에 따른 수당 중 가계보전수당, 실비변상 등으로 하며, 그 세부항목은 경찰청장이 정하여 고시한다(청원경찰법 시행령 제9조 제2항).★
① 청원경찰법 제6조 제1항
② 청원경찰법 제6조 제3항.
④ 청원경찰법 시행규칙 제8조 제3호

정답 ❸

50

☑ 확인 Check! ○ △ ✕

청원경찰법령상 청원경찰경비 등에 관한 설명으로 옳지 않은 것은 몇 개인가?

ㄱ. 청원주는 청원경찰이 퇴직할 때에는 국민연금법에 따른 퇴직금을 지급하여야 한다.

ㄴ. 법령에 따라 청원주는 청원경찰의 피복비를 부담하여야 한다.

ㄷ. 국가기관 또는 지방자치단체에 근무하는 청원경찰의 보수산정 시의 기준이 되는 재직기간은 청원경찰로서 근무한 기간으로 한다.

ㄹ. 국가기관 또는 지방자치단체에 근무하는 청원경찰 외의 청원경찰의 봉급과 각종 수당은 시·도 경찰청장이 고시한 최저부담기준액 이상으로 지급하여야 한다.

---

① 1개
② 2개
③ 3개
④ 4개

쏙쏙 해설

제시된 내용 중 옳지 않은 것은 ㄱ과 ㄹ이다.

ㄴ. (○) 청원경찰법 제6조 제1항 제2호

ㄷ. (○) 청원경찰법 시행령 제9조 제3항

정답 ❷

핵심만 콕

ㄱ. (✕) 청원주는 청원경찰이 퇴직할 때에는 근로자퇴직급여보장법에 따른 퇴직금을 지급하여야 한다. 다만, 국가기관이나 지방자치단체에 근무하는 청원경찰의 퇴직금에 관하여는 따로 대통령령으로 정한다(청원경찰법 제7조의2). 국가기관이나 지방자치단체에 근무하는 청원경찰인 경우에는 공무원연금법령에 따른 퇴직금(퇴직급여)을 지급한다(∵ 공무원, 군인, 사립교사 등은 국민연금법의 적용대상이 아니라 각각 공무원연금법, 군인연금법, 사립학교교직원연금법의 적용대상이다).

ㄹ. (✕) 국가기관 또는 지방자치단체에 근무하는 청원경찰 외의 청원경찰의 봉급과 각종 수당은 경찰청장이 고시한 최저부담기준액 이상으로 지급하여야 한다(청원경찰법 시행령 제10조). 최저부담기준액은 시·도 경찰청장이 고시하는 것이 아니라 경찰청장이 고시한다.★

51

☑ 확인Check! ○ △ ✕

청원경찰법령상 청원경찰의 경비와 보상 등에 관한 설명으로 옳은 것은?

① 지방자치단체에 근무하는 청원경찰의 봉급·수당의 최저부담기준액은 경찰청장이 정하여 고시한다.

② 지방자치단체에 근무하는 청원경찰의 퇴직금에 관하여는 따로 행정안전부령으로 정한다.

③ 청원경찰이 퇴직할 때에는 급여품 및 대여품을 청원주에게 반납해야 한다.

④ 국가기관에 근무하는 청원경찰의 보수는 재직기간 15년 이상 23년 미만인 경우, 경장에 해당하는 경찰공무원의 보수를 감안하여 대통령령으로 정한다.

쏙쏙 해설

청원경찰법 제6조 제2항 제2호

정답 ④

핵심만 콕

① 국가기관 또는 지방자치단체에 근무하는 청원경찰의 보수(봉급·수당)는 <u>대통령령으로</u> 정한다(청원경찰법 제6조 제2항).★

② 지방자치단체에 근무하는 청원경찰의 퇴직금에 관하여는 따로 <u>대통령령으로</u> 정한다(청원경찰법 제7조의2 단서).

③ 청원경찰이 퇴직할 때에는 <u>대여품을</u> 청원주에게 반납해야 한다(청원경찰법 시행규칙 제12조 제2항).

52

☑ 확인Check! ○ △ ✕

청원경찰법령상 국가 또는 지방자치단체의 기관이 아닌 사업장의 청원주가 산업재해보상보험법에 따른 산업재해보상보험에 가입한 경우에 청원경찰이 직무수행 중의 부상으로 인하여 퇴직하였다면 다음 중 옳은 설명은?

① 근로복지공단이 고용노동부장관의 위탁을 받아 산업재해보상보험법에 따른 보상금을 지급하여야 하고, 청원주가 근로자퇴직급여보장법에 따라 퇴직금을 지급하여야 한다.

② 청원주는 근로기준법에 따른 보상금과 국가공무원법에 따른 퇴직금을 지급하여야 한다.

③ 청원주는 근로자퇴직급여보장법에 따른 퇴직금만 지급하면 된다.

④ 청원주는 근로기준법에 따른 보상금과 퇴직금을 모두 지급하여야 한다.

쏙쏙 해설

• 현행 산업재해보상보험법에 따르면 근로복지공단이 고용노동부장관의 위탁을 받아 보험급여의 결정과 지급을 수행한다(산업재해보상보험법 제10조·제11조 제1항 제3호).

• 청원주는 청원경찰이 퇴직할 때에는 근로자퇴직급여보장법에 따른 퇴직금을 지급하여야 한다. 다만 국가기관이나 지방자치단체에서 근무하는 청원경찰의 퇴직금에 관하여는 따로 대통령령으로 정한다(청원경찰법 제7조의2).

정답 ①

PART 01

청원주는 보상금의 지급을 이행하기 위하여 산업재해보상보험법에 따른 산업재해보상보험에 가입하거나, 근로기준법에 따라 보상금을 지급하기 위한 재원을 따로 마련하여야 한다(청원경찰법 시행령 제13조). 개정 전 산업재해보상보험법에서는 청원주가 산업재해보상보험법에 따른 산업재해보상보험에 가입한 경우에 보상금은 고용노동부장관이 산업재해보상보험법에 따라 지급하게 된다고 하였으나, 현행 산업재해보상보험법에 따르면 근로복지공단이 고용노동부장관의 위탁을 받아 보험급여의 결정과 지급을 수행한다(산업재해보상보험법 제10조 · 제11조 제1항 제3호)고 규정하고 있다. 또한 청원주는 청원경찰이 퇴직할 때에는 근로자퇴직급여보장법에 따른 퇴직금을 지급하여야 한다. 다만, 국가기관이나 지방자치단체에서 근무하는 청원경찰의 퇴직금에 관하여는 따로 대통령령으로 정한다(청원경찰법 제7조의2). 즉, 퇴직금의 경우, 국가 또는 지방자치단체의 기관이 아닌 사업장의 청원주는 근로자퇴직급여보장법의 규정에 의한 퇴직금을 지급하고, 국가기관이나 지방자치단체에 근무하는 청원경찰의 퇴직금은 공무원연금법령에 따라 지급해야 한다.

53

☑ 확인Check! ○ △ ✕

청원경찰법상 청원경찰경비 등에 관한 설명으로 옳지 않은 것은?

① 지방자치단체에 근무하는 청원경찰의 각종 수당에는 「공무원 수당 등에 관한 규정」에 따른 수당 중 가계보전수당은 포함되지 않는다.

② 지방자치단체에 근무하는 재직기간이 22년인 청원경찰의 보수는 같은 재직기간에 해당하는 경찰공무원 중 경장의 보수를 감안하여 대통령령으로 정한다.

③ 국가기관 또는 지방자치단체에 근무하는 청원경찰 보수의 호봉 간 승급기간은 경찰공무원의 승급기간에 관한 규정을 준용한다.

④ 청원경찰경비의 최저부담기준액 및 부담기준액은 경찰공무원 중 순경의 것을 고려하여 다음 연도분을 매년 12월에 고시하여야 한다. 다만, 부득이한 사유가 있을 때에는 수시로 고시할 수 있다.

쏙쏙 해설

국가기관 또는 지방자치단체에 근무하는 청원경찰의 각종 수당은 「공무원수당 등에 관한 규정」에 따른 수당 중 가계보전수당, 실비변상 등으로 하며, 그 세부 항목은 경찰청장이 정하여 고시한다(청원경찰법 시행령 제9조 제2항).
② 청원경찰법 제6조 제2항 2호
③ 청원경찰법 시행령 제11조 제2항
④ 청원경찰법 시행령 제12조 제2항

정답 ❶

54

확인 Check! ○ △ ✕

청원경찰법령상 청원경찰에 관한 내용으로 옳지 않은 것은?

① 국가기관이나 지방자치단체에 근무하는 청원경찰의 명예퇴직에 관하여는 국가공무원법을 준용한다.

② 청원경찰은 형의 선고, 징계처분 또는 신체상·정신상의 이상으로 직무를 감당하지 못할 때를 제외하고는 그 의사에 반하여 면직되지 아니한다.

③ 청원주가 청원경찰을 면직시켰을 때에는 그 사실을 관할 경찰서장을 거쳐 시·도 경찰청장에게 보고하여야 한다.

④ 청원주는 청원경찰이 퇴직할 때에는 고용보험법에 따른 퇴직금을 지급하여야 한다.

쏙쏙 해설

청원주는 청원경찰이 퇴직할 때에는 「근로자퇴직급여보장법」에 따른 퇴직금을 지급하여야 한다(청원경찰법 제7조의2).

정답 ❹

PART 01

핵심만 콕

① 국가기관이나 지방자치단체에 근무하는 청원경찰의 휴직 및 명예퇴직에 관하여는 국가공무원법 제71조부터 제73조까지 및 제74조의2를 준용한다(청원경찰법 제10조의7).

② 청원경찰은 형의 선고, 징계처분 또는 신체상·정신상의 이상으로 직무를 감당하지 못할 때를 제외하고는 그 의사에 반하여 면직되지 아니한다(청원경찰법 제10조의4 제1항).

③ 청원주가 청원경찰을 면직시켰을 때에는 그 사실을 관할 경찰서장을 거쳐 시·도 경찰청장에게 보고하여야 한다(청원경찰법 제10조의4 제2항).

55

☑ 확인 Check! ○ △ ✕

매달 1회 이상 청원경찰을 배치한 경비구역에 대하여 복무규율과 근무상황, 무기관리 및 취급사항을 감독하여야 하는 사람은?

① 청원주
② 경비업자
③ 시·도 경찰청장
④ 관할 경찰서장

56

☑ 확인 Check! ○ △ ✕

청원경찰법령상의 내용으로 옳은 것은?

① 지방자치단체에 근무하는 청원경찰의 직무상 불법행위에 대한 배상책임에 관하여는 민법의 규정을 따른다.
② 청원경찰업무에 종사하는 사람은 형법이나 그 밖의 법령에 따른 벌칙을 적용할 때에는 공무원으로 본다.
③ 청원경찰은 불가피한 사정이 있는 경우 경찰관직무집행법에 따른 직무 외의 수사활동 등 사법경찰관리의 직무를 수행할 수 있다.
④ 청원경찰이 직무를 수행할 때 직권을 남용하여 국민에게 해를 끼친 경우에는 1년 이하의 징역이나 금고에 처한다.

핵심만 콕

① 청원경찰법 제10조의2에 대한 반대해석, 국가배상법 제2조 및 대법원 판례(대판 92다47564)에 따를 때 국가기관이나 지방자치단체에 근무하는 청원경찰의 직무상 불법행위에 대한 배상책임에 관하여는 국가배상법의 규정을 따른다.
③ 청원경찰은 그 경비구역만의 경비를 목적으로 필요한 범위에서 경찰관직무집행법에 따른 경찰관의 직무를 수행한다(청원경찰법 제3조). 수사활동 등 사법경찰관리의 직무를 수행해서는 아니 된다(청원경찰법 시행규칙 제21조 제2항).
④ 청원경찰이 직무를 수행할 때 직권을 남용하여 국민에게 해를 끼친 경우에는 6개월 이하의 징역이나 금고에 처한다(청원경찰법 제10조 제1항).

57

☑ 확인 Check! ○ △ ✕

청원경찰법령상 청원경찰의 신분 및 직무수행에 관한 설명으로 옳지 않은 것은?

① 청원경찰은 파업, 태업 또는 그 밖에 업무의 정상적인 운영을 방해하는 일체의 쟁의행위를 하여서는 아니 된다.

② 국가기관에 근무하는 청원경찰의 직무상 불법행위에 대한 배상책임은 「민법」의 규정을 따른다.

③ 청원경찰은 형의 선고, 징계처분 또는 신체상·정신상의 이상으로 직무를 감당하지 못할 때를 제외하고는 그 의사에 반하여 면직되지 아니한다.

④ 청원경찰의 근무구역 순찰은 단독 또는 복수로 정선순찰을 하되, 청원주가 필요하다고 인정할 때에는 요점순찰 또는 난선순찰을 할 수 있다.

청원경찰(국가기관이나 지방자치단체에 근무하는 청원경찰은 제외한다)의 직무상 불법행위에 대한 배상책임에 관하여는 「민법」의 규정을 따른다(청원경찰법 제10조의2). 본 규정의 반대해석, 국가배상법 제2조 및 대법원 판례(대판 92다47564)에 의하면, 국가기관이나 지방자치단체에 근무하는 청원경찰의 직무상 불법행위에 대한 배상책임에 관하여는 「국가배상법」의 규정을 따른다.★

① 청원경찰법 제9조의4

③ 청원경찰법 제10조의4 제1항

④ 청원경찰법 시행규칙 제14조 제3항 후문

정답 ❷

58

☑ 확인 Check! ○ △ ✕

청원경찰법령상 청원경찰의 직무 등에 관한 설명으로 옳지 않은 것은?

① 「경찰관직무집행법」에 따른 직무 외의 수사활동 등 사법경찰관리의 직무를 수행해서는 아니 된다.

② 청원경찰 업무에 종사하는 사람은 「형법」이나 그 밖의 법령에 따른 벌칙을 적용할 때에는 공무원으로 본다.

③ 청원경찰이 직무를 수행할 때 직권을 남용하여 국민에게 해를 끼친 경우에는 6개월 이하의 징역이나 금고에 처한다.

④ 관할 경찰서장은 매달 2회 이상 청원경찰의 복무규율과 근무상황을 감독하여야 한다.

관할 경찰서장은 매달 1회 이상 청원경찰을 배치한 경비구역에 대하여 복무규율과 근무상황을 감독하여야 한다(청원경찰법 시행령 제17조 제1호).

① 청원경찰법 시행규칙 제21조 제2항

② 청원경찰법 제10조 제2항

③ 청원경찰법 제10조 제1항

정답 ❹

PART 01 | 청원경찰법 **79**

59

☑ 확인 Check! ○ △ ✕

청원경찰법령상 청원경찰의 직무 등에 관한 설명으로 틀린 것은?

① 청원경찰이 직무를 수행할 때 직권을 남용하여 국민에게 해를 끼친 경우에는 6개월 이하의 징역이나 금고에 처한다.

② 청원경찰 업무에 종사하는 사람은 형법이나 그 밖의 법령에 따른 벌칙을 적용할 때에는 공무원으로 본다.

③ 청원경찰의 나이가 58세가 되었을 때에는 당연 퇴직이 된다.

④ 시·도 경찰청장은 청원경찰의 효율적인 운영을 위하여 청원주를 지도하며 감독상 필요한 명령을 할 수 있다.

쏙쏙 해설

청원경찰은 나이가 60세가 되었을 때, 당연 퇴직된다. 다만, 그 날이 1월부터 6월 사이에 있으면 6월 30일에, 7월부터 12월 사이에 있으면 12월 31일에 각각 당연 퇴직된다(청원경찰법 제10조의6 제3호).
① 청원경찰법 제10조 제1항
② 청원경찰법 제10조 제2항
④ 청원경찰법 제9조의3 제2항

정답 ❸

60

☑ 확인 Check! ○ △ ✕

청원경찰의 신분 및 근무 등에 관한 설명 중 옳은 것은?

① 청원경찰 업무에 종사하는 사람은 형법이나 그 밖의 법령에 따른 벌칙을 적용할 때, 그리고 직무상 불법행위에 대한 배상책임을 따질 때에는 공무원으로 본다.

② 청원경찰이 직무를 수행할 때 직권을 남용하여 국민에게 해를 끼친 경우에는 6개월 이하의 징역이나 1천만원 이하의 벌금에 처한다.

③ 청원경찰은 근무 중 제복을 착용하여야 하고, 청원주는 직권으로 청원경찰에게 무기를 휴대하게 할 수 있다.

④ 청원경찰은 형의 선고, 징계처분 또는 신체상·정신상의 이상으로 직무를 감당하지 못할 때를 제외하고는 그 의사(意思)에 반하여 면직(免職)되지 아니한다.

쏙쏙 해설

청원경찰법 제10조의4 제1항

정답 ❹

핵심만 콕

① 청원경찰은 형법이나 그 밖의 법령에 따른 벌칙을 적용하는 경우와 법 및 이 영에서 특별히 규정한 경우를 제외하고는 공무원으로 보지 아니한다(청원경찰법 시행령 제18조). 청원경찰(국가기관이나 지방자치단체에 근무하는 청원경찰은 제외한다)의 직무상 불법행위에 대한 배상책임에 관하여는 민법의 규정을 따르므로(청원경찰법 제10조의2), 청원경찰의 직무상 불법행위에 대한 배상책임에 관하여는 공무원이 아닌 일반 사인으로 본다. ★

② 청원경찰이 직무를 수행할 때 직권을 남용하여 국민에게 해를 끼친 경우에는 6개월 이하의 징역이나 금고에 처한다(청원경찰법 제10조 제1항).

③ 청원경찰은 근무 중 제복을 착용하여야 한다(청원경찰법 제8조 제1항). 시·도 경찰청장은 청원경찰이 직무를 수행하기 위하여 필요하다고 인정하면 청원주의 신청을 받아 관할 경찰서장으로 하여금 청원경찰에게 무기를 대여하여 지니게 할 수 있다(청원경찰법 제8조 제2항).

61

☑ 확인 Check! ○ △ ✕

청원경찰이 직무를 수행할 때 직권을 남용하여 국민에게 해를 끼친 경우의 처벌은?

① 6개월 이하의 징역이나 금고
② 2년 이하의 징역이나 금고
③ 1년 이하의 징역이나 금고
④ 3년 이하의 징역이나 금고

쏙쏙 해설

청원경찰이 직무를 수행할 때 직권을 남용하여 국민에게 해를 끼친 경우에는 6개월 이하의 징역이나 금고에 처한다(청원경찰법 제10조 제1항).

정답 ❶

62

☑ 확인 Check! ○ △ ✕

청원경찰법령상 청원경찰의 신분 및 근무 등에 관한 설명으로 옳지 않은 것은?

① 청원경찰은 형법이나 그 밖의 법령에 따른 벌칙을 적용할 때에는 공무원으로 본다.
② 국가기관에 근무하는 청원경찰의 직무상 불법행위에 대한 배상책임에 관하여는 민법의 규정을 적용해야 한다.
③ 청원경찰이 직무를 수행할 때 직권을 남용하여 국민에게 해를 끼친 경우에는 6개월 이하의 징역이나 금고에 처한다.
④ 청원경찰은 형의 선고, 징계처분 또는 신체상·정신상의 이상으로 직무를 감당하지 못할 때를 제외하고는 그 의사에 반하여 면직되지 아니한다.

쏙쏙 해설

국가기관 또는 지방자치단체에 근무하는 청원경찰의 직무상 불법행위에 대한 배상책임에 관하여는 국가배상법의 규정을 적용해야 한다[청원경찰법 제10조의2 반대해석, 국가배상법 제2조 및 대법원 판례(대판 92다47564) 참고].
① 청원경찰법 제10조 제2항
③ 청원경찰법 제10조 제1항
④ 청원경찰법 제10조의4 제1항

정답 ❷

63

☑ 확인 Check! ○ △ ✕

청원경찰법령상 배상책임과 권한의 위임에 관한 설명으로 옳은 것은?

① 시·도 경찰청장은 청원경찰의 임용승인에 관한 권한을 대통령령으로 관할 경찰서장에게 위임할 수 있다.
② 경비업자가 중요 시설의 경비를 도급받았을 때에는 청원주는 그 사업장에 배치된 청원경찰의 근무 배치 및 감독에 관한 권한을 해당 경비업자에게 위임할 수 없다.
③ 공기업에 근무하는 청원경찰의 직무상 불법행위로 인한 배상책임은 국가배상법에 의한다.
④ 국가기관에 근무하는 청원경찰의 직무상 불법행위로 인한 배상책임에 관해서는 민법의 규정에 의한다.

쏙쏙 해설

청원경찰법 제10조의3, 동법 시행령 제20조 제2호

정답 ❶

64

☑ 확인Check! ○ △ ✕

청원경찰법령상 청원경찰을 배치하고 있는 사업장이 하나의 경찰서의 관할구역에 있는 경우 시 · 도 경찰청장이 관할 경찰서장에게 위임할 수 있는 권한이 아닌 것은?

① 청원경찰 배치의 결정 및 요청에 관한 권한
② 청원경찰의 임용승인에 관한 권한
③ 청원경찰의 특수복장 착용에 대한 승인 권한
④ 과태료 부과 · 징수에 관한 권한

쏙쏙 해설

청원경찰이 그 배치지의 특수성 등으로 특수복장을 착용할 필요가 있을 때에는 청원주는 시 · 도 경찰청장의 승인을 받아 특수복장을 착용하게 할 수 있다(청원경찰법 시행령 제14조 제3항). 시 · 도 경찰청장의 특수복장 착용에 대한 승인권한은 권한의 위임과는 관련이 없다.★
① · ② · ④ 청원경찰법 시행령 제20조

정답 ❸

관계법령

권한의 위임(청원경찰법 시행령 제20조)
시 · 도 경찰청장은 법 제10조의3에 따라 다음 각호의 권한을 관할 경찰서장에게 위임한다. 다만, 청원경찰을 배치하고 있는 사업장이 하나의 경찰서의 관할구역에 있는 경우로 한정한다.
  1. 법 제4조 제2항 및 제3항에 따른 청원경찰 배치의 결정 및 요청에 관한 권한
  2. 법 제5조 제1항에 따른 청원경찰의 임용승인에 관한 권한
  3. 법 제9조의3 제2항에 따른 청원주에 대한 지도 및 감독상 필요한 명령에 관한 권한
  4. 법 제12조에 따른 과태료 부과 · 징수에 관한 권한

65

청원경찰의 신분보장에 관한 설명으로 틀린 것은?

① 청원주가 청원경찰을 면직(免職)시켰을 때에는 그 사실을 관할 경찰서장을 거쳐 시·도 경찰청장에게 보고하여야 한다.

② 청원경찰은 형의 선고, 징계처분으로 직무를 감당하지 못할 때에는 그 의사(意思)에 반하여 면직(免職)될 수 있다.

③ 청원경찰은 신체상의 이상이 있는 경우에는 그 의사(意思)에 반하여 면직(免職)될 수는 없다.

④ 청원경찰은 정신상의 이상으로 직무를 감당하지 못할 때에는 그 의사(意思)에 반하여 면직(免職)될 수 있다.

☑ 확인 Check! ○ △ ✕

쏙쏙 해설

청원경찰은 형의 선고, 징계처분 또는 신체상·정신상의 이상으로 직무를 감당하지 못할 때를 제외하고는 그 의사(意思)에 반하여 면직(免職)되지 아니한다(청원경찰법 제10조의4 제1항). 즉, 신체상의 이상이 있는 경우에도 그 의사에 반하여 면직될 수 있다.
① 청원경찰법 제10조의4 제2항
②·③·④ 청원경찰법 제10조의4 제1항 반대해석

정답 ❸

66

청원경찰법상 청원경찰의 신분보장에 관한 설명으로 옳은 것은?

① 국가기관이나 지방자치단체에 근무하는 청원경찰의 휴직 및 명예퇴직에 관하여는 국가공무원법의 관련규정을 준용한다.

② 청원경찰이 배치된 시설이 폐쇄되거나 축소된 경우에도 청원주는 청원경찰의 배치를 폐지하거나 배치인원을 감축할 수 없다.

③ 시·도 경찰청장이 배치를 요청한 사업장에 배치된 청원경찰은 그 배치를 폐지하거나 감축할 수 없다.

④ 청원경찰의 배치를 폐지하거나 배치인원을 감축하는 경우 해당 청원주는 배치폐지나 배치인원 감축으로 과원(過員)이 되는 청원경찰 인원을 그 기관·시설 또는 사업장 내의 유사 업무에 종사하게 하거나 다른 시설·사업장 등에 재배치하는 등 청원경찰의 고용을 보장하여야 한다.

☑ 확인 Check! ○ △ ✕

쏙쏙 해설

국가기관이나 지방자치단체에 근무하는 청원경찰의 휴직 및 명예퇴직에 관하여는 「국가공무원법」 제71조부터 제73조(휴직, 휴직 기간, 휴직의 효력)까지 및 제74조의2(명예퇴직 등)를 준용한다(청원경찰법 제10조의7).

정답 ❶

② 청원주는 청원경찰이 배치된 시설이 폐쇄되거나 축소되어 청원경찰의 배치를 폐지하거나 배치인원을 감축할 필요가 있다고 인정하면 청원경찰의 배치를 폐지하거나 배치인원을 감축할 수 있다. 다만, 청원주는 청원경찰을 대체할 목적으로 경비업법에 따른 특수경비원을 배치하는 경우와 청원경찰이 배치된 기관·시설 또는 사업장 등이 배치인원의 변동사유 없이 다른 곳으로 이전하는 경우에는 청원경찰의 배치를 폐지하거나 배치인원을 감축할 수 없다(청원경찰법 제10조의5 제1항).

③ 청원주가 청원경찰을 폐지하거나 감축하였을 때에는 청원경찰 배치결정을 한 경찰관서의 장에게 알려야 하며, 그 사업장이 시·도 경찰청장이 청원경찰의 배치를 요청한 사업장일 때에는 그 폐지 또는 감축 사유를 구체적으로 밝혀야 한다(청원경찰법 제10조의5 제2항).

④ 청원경찰의 배치를 폐지하거나 배치인원을 감축하는 경우 해당 청원주는 배치폐지나 배치인원 감축으로 과원(過員)이 되는 청원경찰 인원을 그 기관·시설 또는 사업장 내의 유사 업무에 종사하게 하거나 다른 시설·사업장 등에 재배치하는 등 청원경찰의 고용이 보장될 수 있도록 노력하여야 한다(청원경찰법 제10조의5 제3항).★

67

☑ 확인 Check! ○ △ ✕

청원경찰법상 청원경찰의 면직 및 퇴직에 관한 설명으로 옳지 않은 것은?

① 청원경찰이 품위를 손상하는 행위를 한 때에는 당연히 퇴직된다.

② 청원경찰이 나이가 60세가 되는 날이 8월인 경우 12월 31일에 당연 퇴직된다.

③ 청원주가 청원경찰을 면직시켰을 때에는 그 사실을 관할 경찰서장을 거쳐 시·도 경찰청장에게 보고하여야 한다.

④ 청원경찰은 신체상·정신상의 이상으로 직무를 감당하지 못하는 경우에는 그 의사(意思)에 반하여 면직(免職)될 수 있다.

쏙쏙 해설

청원주는 청원경찰이 품위를 손상하는 행위를 한 때에는 대통령령으로 정하는 징계절차를 거쳐 징계처분을 하여야 한다(청원경찰법 제5조의2 제1항 제2호). 참고로 청원경찰의 징계의 종류는 파면, 해임, 정직, 감봉 및 견책으로 구분한다(청원경찰법 제5조의2 제2항).
② 청원경찰법 제10조의6 제3호
③ 청원경찰법 제10조의4 제2항
④ 청원경찰법 제10조의4 제1항 반대해석

정답 ❶

68

청원경찰법령상 청원경찰의 당연 퇴직사유에 해당하는 것은?

① 금고 이상의 형을 선고 받고 그 집행유예 기간이 끝난 날부터 3년이 지난 자
② 직무상의 의무를 위반하거나 직무를 태만히 한 경우
③ 청원경찰의 배치가 폐지된 경우
④ 청원경찰 임용의 신체조건에 미달되는 사유가 발생한 경우

쏙쏙 해설

청원경찰법 제10조의6 제2호

정답 ❸

핵심만 콕

① 금고 이상의 형을 선고받고 그 집행유예 기간이 끝난 날부터 2년이 지나지 아니한 자가 결격사유이다(국가공무원법 제33조 제4호).★
② 직무상의 의무를 위반하거나 직무를 태만히 한 경우는 징계사유이다(청원경찰법 제5조의2 제1항 제1호).
④ 청원경찰 임용의 신체조건(청원경찰법 시행규칙 제4조)은 청원경찰의 임용자격일 뿐이므로 신체조건에 미달하는 경우 청원경찰의 당연 퇴직사유에는 해당하지 않는다.

> 당연 퇴직(청원경찰법 제10조의6)
> 청원경찰이 다음 각호의 어느 하나에 해당할 때에는 당연 퇴직된다. 〈개정 2022.11.15.〉
> 1. 제5조 제2항에 따른 임용결격사유에 해당될 때. 다만, 「국가공무원법」 제33조 제2호는 파산선고를 받은 사람으로서 「채무자 회생 및 파산에 관한 법률」에 따라 신청기한 내에 면책신청을 하지 아니하였거나 면책불허가 결정 또는 면책 취소가 확정된 경우만 해당하고, 「국가공무원법」 제33조 제5호는 「형법」 제129조부터 제132조까지, 「성폭력범죄의 처벌 등에 관한 특례법」 제2조, 「아동·청소년의 성보호에 관한 법률」 제2조 제2호 및 직무와 관련하여 「형법」 제355조 또는 제356조에 규정된 죄를 범한 사람으로서 금고 이상의 형의 선고유예를 받은 경우만 해당한다.
> 2. 제10조의5에 따라 청원경찰의 배치가 폐지되었을 때
> 3. 나이가 60세가 되었을 때. 다만, 그 날이 1월부터 6월 사이에 있으면 6월 30일에, 7월부터 12월 사이에 있으면 12월 31일에 각각 당연 퇴직된다.
> [단순위헌, 2017헌가26, 2018.1.25., 청원경찰법(2010.2.4. 법률 제10013호로 개정된 것) 제10조의6 제1호 중 제5조 제2항에 의한 국가공무원법 제33조 제5호에 관한 부분은 헌법에 위반된다.]

69

청원경찰법령상 청원경찰의 복제(服制)에 관한 설명으로 옳은 것은?

① 청원경찰의 복제는 제복·장구 및 부속물로 구분하며, 이 가운데 모자표장, 계급장, 장갑 등은 부속물에 해당한다.

② 청원주는 청원경찰이 특수복장을 착용할 필요가 있을 때에는 관할 경찰서장에게 보고하고 특수복장을 착용하게 할 수 있다.

③ 청원경찰의 제복의 형태·규격 및 재질은 시·도 경찰청장이 결정하되, 사업장별로 통일해야 한다.

④ 청원경찰은 특수근무 중에는 정모, 근무복, 단화, 호루라기, 경찰봉 및 포승을 착용하거나 휴대하여야 한다.

쏙쏙 해설

청원경찰의 복제(服制)는 제복·장구(裝具) 및 부속물로 구분한다(청원경찰법 시행령 제14조 제1항). 모자표장, 가슴표장, 휘장, 계급장, 넥타이핀, 단추 및 장갑은 부속물에 해당한다(청원경찰법 시행규칙 제9조 제1항 제3호).★

정답 ❶

핵심만 콕

② 청원경찰이 그 배치지의 특수성 등으로 특수복장을 착용할 필요가 있을 때에는 청원주는 <u>시·도 경찰청장의 승인을 받아</u> 특수복장을 착용하게 할 수 있다(청원경찰법 시행령 제14조 제3항).★

③ 청원경찰의 제복의 형태·규격 및 재질은 <u>청원주가 결정하되</u>, 사업장별로 통일해야 한다(청원경찰법 시행규칙 제9조 제2항 제1호 본문).

④ 청원경찰은 <u>평상근무 중에는</u> 정모, 근무복, 단화, 호루라기, 경찰봉 및 포승을 착용하거나 휴대하여야 한다(청원경찰법 시행규칙 제9조 제3항).★

70

청원경찰법령상 청원경찰의 복제에 관한 설명으로 옳지 않은 것은?

① 부속물에는 모자표장, 가슴표장, 휘장, 계급장, 넥타이핀, 단추 및 장갑이 있다.

② 제복의 형태·규격 및 재질은 청원주가 결정하되, 경찰공무원 또는 군인 제복의 색상과 명확하게 구별될 수 있어야 하며, 사업장별로 통일해야 한다.

③ 청원경찰이 그 배치지의 특수성 등으로 특수복장을 착용할 필요가 있을 때에는 청원주는 시·도 경찰청장의 승인을 받아 특수복장을 착용하게 할 수 있다.

④ 장구의 종류에는 허리띠, 경찰봉, 권총이 있다.

쏙쏙 해설

장구의 종류에는 허리띠, 경찰봉, 호루라기 및 포승이 있다(청원경찰법 시행규칙 제9조 제1항 제2호).

① 청원경찰법 시행규칙 제9조 제1항 제3호

② 청원경찰법 시행규칙 제9조 제2항 제1호 본문

③ 청원경찰법 시행령 제14조 제3항

정답 ❹

71

☑ 확인 Check! ○ △ ✕

청원경찰법령상 청원경찰의 복제(服制) 등에 관한 설명으로 옳지 않은 것은?

① 청원경찰의 복제는 제복·장구(裝具) 및 부속물로 구분하며 필요한 사항은 대통령령으로 정한다.

② 청원주 및 청원경찰은 행정안전부령으로 정하는 무기관리수칙을 준수하여야 한다.

③ 청원경찰이 특수복장을 착용할 필요가 있을 때 청원주는 시·도 경찰청장의 승인을 받아 착용하게 할 수 있다.

④ 시·도 경찰청장이 무기를 대여하여 휴대하게 하려는 경우에는 청원주로부터 국가에 기부채납된 무기에 한정하여 관할 경찰서장으로 하여금 청원경찰에게 무기를 대여하여 휴대하게 할 수 있다.

쏙쏙 해설

청원경찰의 복제(服制)는 제복·장구(裝具) 및 부속물로 구분을 하며, 필요한 사항은 행정안전부령으로 정한다(청원경찰법 시행령 제14조 제1항 및 제2항).
② 청원경찰법 시행령 제16조 제4항
③ 청원경찰법 시행령 제14조 제3항
④ 청원경찰법 시행령 제16조 제2항

정답 ❶

72

☑ 확인 Check! ○ △ ✕

청원경찰의 복제에 대한 설명 중 틀린 것은?

① 장구는 허리띠, 경찰봉, 호루라기 및 포승으로 구분한다.

② 기동모와 기동복의 색상은 검정색으로 한다.

③ 제복의 형태·규격은 청원주가 결정하되, 경찰공무원 또는 군인 제복의 색상과 명확하게 구별될 수 있어야 한다.

④ 장구의 형태·규격 및 재질은 경찰 장구와 같이 한다.

쏙쏙 해설

기동모와 기동복의 색상은 진한 청색으로 한다(청원경찰법 시행규칙 제9조 제2항 제1호 단서).
① 청원경찰법 시행규칙 제9조 제1항 제2호
③ 청원경찰법 시행규칙 제9조 제2항 제1호 본문
④ 청원경찰법 시행규칙 제9조 제2항 제2호

정답 ❷

관계법령

복제(청원경찰법 시행규칙 제9조)
① 영 제14조에 따른 청원경찰의 제복·장구(裝具) 및 부속물의 종류는 다음 각호와 같다. 〈개정 2021.12.31.〉
  1. 제복: 정모(正帽), 기동모(활동에 편한 모자를 말한다. 이하 같다), 근무복(하복, 동복), 한여름 옷, 기동복, 점퍼, 비옷, 방한복, 외투, 단화, 기동화 및 방한화
  2. 장구: 허리띠, 경찰봉, 호루라기 및 포승(捕繩)
  3. 부속물: 모자표장, 가슴표장, 휘장, 계급장, 넥타이핀, 단추 및 장갑
② 영 제14조에 따른 청원경찰의 제복·장구(裝具) 및 부속물의 형태·규격 및 재질은 다음 각호와 같다. 〈개정 2021.12.31.〉

1. 제복의 형태·규격 및 재질은 청원주가 결정하되, 경찰공무원 또는 군인 제복의 색상과 명확하게 구별될 수 있어야 하며, 사업장별로 통일해야 한다. 다만, 기동모와 기동복의 색상은 진한 청색으로 하고, 기동복의 형태·규격은 별도 1과 같이 한다.
2. 장구의 형태·규격 및 재질은 경찰 장구와 같이 한다.
3. 부속물의 형태·규격 및 재질은 다음 각 목과 같이 한다.
　　가. 모자표장의 형태·규격 및 재질은 별도 2와 같이 하되, 기동모의 표장은 정모 표장의 2분의 1 크기로 할 것.
　　나. 가슴표장, 휘장, 계급장, 넥타이핀 및 단추의 형태·규격 및 재질은 별도 3부터 별도 7까지와 같이 할 것.
③ 청원경찰은 평상근무 중에는 정모, 근무복, 단화, 호루라기, 경찰봉 및 포승을 착용하거나 휴대하여야 하고, 총기를 휴대하지 아니할 때에는 분사기를 휴대하여야 하며, 교육훈련이나 그 밖의 특수근무 중에는 기동모, 기동복, 기동화 및 휘장을 착용하거나 부착하되, 허리띠와 경찰봉은 착용하거나 휴대하지 아니할 수 있다.
④ 가슴표장, 휘장 및 계급장을 달거나 부착할 위치는 별도 8과 같다.

73

☑ 확인 Check! ○ △ ✕

청원경찰법령상 청원경찰이 퇴직할 때 청원주에게 반납하여야 하는 것을 모두 고른 것은?

ㄱ. 허리띠	ㄴ. 근무복
ㄷ. 방한화	ㄹ. 호루라기
ㅁ. 가슴표장	ㅂ. 분사기
ㅅ. 포 승	ㅇ. 기동복

① ㄱ, ㄷ, ㅁ, ㅇ
② ㄱ, ㅁ, ㅂ, ㅅ
③ ㄴ, ㄷ, ㄹ, ㅇ
④ ㄴ, ㄹ, ㅂ, ㅅ

핵심만 콕

청원경찰 대여품표(청원경찰법 시행규칙 [별표 3])

품 명	허리띠	경찰봉	가슴표장★	분사기	포 승
수 량	1	1	1	1	1

74

청원경찰법령상 무기와 관련된 내용으로 옳지 않은 것은?

① 관할 경찰서장은 무기를 대여하였을 경우 월 1회 정기적으로 무기관리상황을 점검하여야 한다.

② 청원주가 청원경찰이 휴대할 무기를 대여받으려는 경우에는 관할 경찰서장을 거쳐 시·도 경찰청장에게 무기대여를 신청하여야 한다.

③ 시·도 경찰청장은 청원경찰이 직무를 수행하기 위하여 필요하다고 인정하면 청원주의 신청을 받아 관할 경찰서장으로 하여금 청원경찰에게 무기를 대여하여 지니게 할 수 있다.

④ 청원주로부터 무기를 지급받은 청원경찰이 무기를 손질하거나 조작할 때에는 반드시 총구를 공중으로 향하게 하여야 한다.

> **쏙쏙 해설**
>
> 무기를 대여하였을 때에는 관할 경찰서장은 청원경찰의 무기관리상황을 수시로 점검하여야 한다(청원경찰법 시행령 제16조 제3항).★
> ② 청원경찰법 시행령 제16조 제1항
> ③ 청원경찰법 제8조 제2항
> ④ 청원경찰법 시행규칙 제16조 제3항 제4호
>
> **정답 ❶**

75

청원경찰법령상 청원주의 무기관리수칙 등에 관한 설명으로 옳은 것은?

① 탄약고는 무기고와 떨어진 곳에 설치하고, 그 위치는 사무실이나 그 밖에 여러 사람을 수용하거나 여러 사람이 오고 가는 시설로부터 인접해 있어야 한다.

② 무기와 탄약을 대여받았을 때에는 시·도 경찰청장이 정하는 무기·탄약 출납부 등을 갖춰 두고 기록하여야 한다.

③ 대여받은 무기와 탄약이 분실되거나 도난당하거나 빼앗기거나 훼손되는 등의 사고가 발생했을 때에는 지체 없이 그 사유를 관할 경찰서장에게 통보해야 한다.

④ 청원경찰에게 지급한 무기와 탄약은 매월 1회 이상 손질하게 하여야 한다.

> **쏙쏙 해설**
>
> 청원주는 대여받은 무기와 탄약이 분실되거나 도난당하거나 빼앗기거나 훼손되는 등의 사고가 발생했을 때에는 지체 없이 그 사유를 관할 경찰서장에게 통보해야 한다(청원경찰법 시행규칙 제16조 제1항 제7호).
>
> **정답 ❸**

> **핵심만 콕**
>
> ① 탄약고는 무기고와 떨어진 곳에 설치하고, 그 위치는 사무실이나 그 밖에 여러 사람을 수용하거나 여러 사람이 오고 가는 시설로부터 격리되어야 한다(청원경찰법 시행규칙 제16조 제1항 제4호).
> ② 청원주가 무기와 탄약을 대여받았을 때에는 경찰청장이 정하는 무기·탄약 출납부 및 무기장비 운영카드를 갖춰 두고 기록하여야 한다(청원경찰법 시행규칙 제16조 제1항 제1호).★
> ④ 청원경찰에게 지급한 무기와 탄약은 매주 1회 이상 손질하게 하여야 한다(청원경찰법 시행규칙 제16조 제2항 제3호).

76

☑ 확인 Check! ○ △ ✕

청원경찰법령상 무기관리수칙 등에 관한 설명으로 옳지 않은 것은?

① 청원주는 경찰청장이 정하는 바에 따라 매월 무기와 탄약의 관리 실태를 파악하여 다음 달 3일까지 관할 경찰서장에게 통보하여야 한다.

② 청원주가 청원경찰이 휴대할 무기를 대여받으려는 경우에는 관할 경찰서장을 거쳐 시·도 경찰청장에게 무기대여를 신청하여야 한다.

③ 대여받은 무기와 탄약을 청원주가 청원경찰에게 출납하려는 경우에는 원칙적으로 소총의 탄약은 1정당 15발 이내, 권총의 탄약은 1정당 7발 이내로 출납하여야 한다.

④ 청원주는 무기와 탄약의 관리를 위하여 관리책임자를 지정하고 관할 경찰서장을 거쳐 관할 시·도 경찰청장에게 그 사실을 통보하여야 한다.

쏙쏙 해설

청원주는 무기와 탄약의 관리를 위하여 관리책임자를 지정하고 관할 경찰서장에게 그 사실을 통보하여야 한다(청원경찰법 시행규칙 제16조 제1항 제2호). ★

① 청원경찰법 시행규칙 제16조 제1항 제6호
② 청원경찰법 시행령 제16조 제1항
③ 청원경찰법 시행규칙 제16조 제2항 제2호

정답 ④

77

☑ 확인 Check! ○ △ ✕

청원경찰법령상 무기관리수칙에 관한 설명으로 옳지 않은 것은?

① 청원주는 청원경찰에게 지급한 무기와 탄약을 매주 1회 이상 손질하게 하여야 한다.

② 청원주는 사직 의사를 밝힌 청원경찰에게 무기와 탄약을 지급해서는 안 된다.

③ 무기고 및 탄약고는 단층에 설치하고 환기·방습·방화 및 총받침대 등의 시설을 갖추어야 한다.

④ 청원주는 수리가 필요한 무기가 있을 때에는 그 목록과 무기장비 운영카드를 첨부하여 관할 시·도 경찰청장에게 수리를 요청할 수 있다.

쏙쏙 해설

청원주는 수리가 필요한 무기가 있을 때에는 그 목록과 무기장비 운영카드를 첨부하여 관할 경찰서장에게 수리를 요청할 수 있다(청원경찰법 시행규칙 제16조 제2항 제4호). ★

① 청원경찰법 시행규칙 제16조 제2항 제3호
② 청원경찰법 시행규칙 제16조 제4항 제3호
③ 청원경찰법 시행규칙 제16조 제1항 제3호

정답 ④

78

☑ 확인Check! ○ △ ✕

청원경찰법령상 청원경찰의 분사기 및 무기휴대에 관한 설명으로 옳은 것은?

① 관할 경찰서장은 대여한 청원경찰의 무기관리상황을 월 1회 이상 점검하여야 한다.

② 청원경찰은 평상근무 중에 총기를 휴대하지 아니할 때에는 분사기를 휴대하여야 한다.

③ 청원주는 「위험물안전관리법」에 따른 분사기의 소지허가를 받아 청원경찰로 하여금 그 분사기를 휴대하여 직무를 수행하게 할 수 있다.

④ 관할 경찰서장은 청원경찰이 직무를 수행하기 위하여 필요하다고 인정하면 직권으로 청원경찰에게 무기를 대여하여 지니게 할 수 있다.

쏙쏙 해설

청원경찰은 평상근무 중에는 정모, 근무복, 단화, 호루라기, 경찰봉 및 포승을 착용하거나 휴대하여야 하고, 총기를 휴대하지 아니할 때에는 분사기를 휴대하여야 하며, 교육훈련이나 그 밖의 특수근무 중에는 기동모, 기동복, 기동화 및 휘장을 착용하거나 부착하되, 허리띠와 경찰봉은 착용하거나 휴대하지 아니할 수 있다(청원경찰법 시행규칙 제9조 제3항).★

정답 ❷

PART 01

핵심만 콕

① 관할 경찰서장은 <u>대여한 청원경찰의 무기관리상황을 수시로 점검하여야</u> 한다(청원경찰법 시행령 제16조 제3항).★★

③ 청원주는 「<u>총포·도검·화약류 등의 안전관리에 관한 법률</u>」에 따른 <u>분사기의 소지허가를</u> 받아 청원경찰로 하여금 그 분사기를 휴대하여 직무를 수행하게 할 수 있다(청원경찰법 시행령 제15조).★

④ 무기대여 신청을 받은 시·도 경찰청장은 (청원주에게) 무기를 대여하여 (청원경찰에게) 휴대하게 하려는 경우에는 청원주로부터 국가에 기부채납된 무기에 한정하여 관할 경찰서장으로 하여금 무기를 대여하여 휴대하게 할 수 있다(청원경찰법 시행령 제16조 제2항).★ 따라서 관할 경찰서장이 직권으로 청원경찰에게 무기를 대여하여 지니게 할 수는 없다.

79

청원경찰법령상 청원경찰의 무기휴대 등에 관한 설명으로 옳은 것은?

① 청원주는 청원경찰이 직무를 수행하기 위하여 필요하다고 인정하면 관할 경찰서장으로 하여금 청원경찰에게 무기를 대여하여 지니게 할 수 있다.

② 청원주는 청원경찰에게 지급한 무기와 탄약을 매월 1회 이상 손질하게 해야 한다.

③ 시·도 경찰청장이 무기를 대여하여 휴대하게 하려는 경우에는 청원주로부터 국가에 기부채납된 무기에 한정하여 관할 경찰서장으로 하여금 무기를 대여하여 휴대하게 할 수 있다.

④ 청원경찰에게 무기를 대여하였을 때에는 시·도 경찰청장은 청원경찰의 무기관리상황을 수시로 점검해야 한다.

쏙쏙 해설

청원경찰법 시행령 제16조 제2항

정답 ❸

핵심만 콕

① 시·도 경찰청장은 청원경찰이 직무를 수행하기 위하여 필요하다고 인정하면 청원주의 신청을 받아 관할 경찰서장으로 하여금 청원경찰에게 무기를 대여하여 지니게 할 수 있다(청원경찰법 제8조 제2항).

② 청원주는 청원경찰에게 지급한 무기와 탄약을 매주 1회 이상 손질하게 해야 한다(청원경찰법 시행규칙 제16조 제2항 제3호).

④ 무기를 대여하였을 때에는 관할 경찰서장은 청원경찰의 무기관리상황을 수시로 점검해야 한다(청원경찰법 시행령 제16조 제3항).

80

청원경찰법령상 사업장의 청원주가 감독자 지정기준에 의할 때 근무인원이 100명일 경우에 대장, 반장, 조장의 인원을 순서대로 나열한 것은?

① 0명, 1명, 4명
② 1명, 2명, 6명
③ 1명, 4명, 10명
④ 1명, 4명, 12명

쏙쏙 해설

청원경찰법 시행규칙 별표 4의 내용을 정확히 숙지하고 있어야만 맞힐 수 있는 문제이다. 근무인원이 100명일 경우에는 대장 1명, 반장 4명, 조장 12명을 지정해야 한다(청원경찰법 시행규칙 [별표 4]).

정답 ❹

감독자 지정기준(청원경찰법 시행규칙 [별표 4])

근무인원	직급별 지정기준		
	대 장	반 장	조 장
9명까지			1명
10명 이상 29명 이하		1명	2~3명
30명 이상 40명 이하		1명	3~4명
41명 이상 60명 이하	1명	2명	6명
61명 이상 120명 이하	1명	4명	12명

81

☑ 확인Check! ○ △ ✕

청원경찰법령상 청원주로부터 무기 및 탄약을 지급받은 청원경찰의 무기관리수칙에 관한 내용으로 옳은 것을 모두 고른 것은?

ㄱ. 지급받은 무기는 다른 사람에게 보관하거나 휴대시킬 수 없으며 손질을 의뢰할 수 없다.

ㄴ. 무기와 탄약을 지급받았을 때에는 별도의 지시가 없으면 무기와 탄약을 분리하여 휴대하여야 하며, 소총은 "우로 어깨 걸어 총"의 자세를 유지하고, 권총은 "권총집에 넣어 총"의 자세를 유지하여야 한다.

ㄷ. 무기를 손질 또는 조작할 때에는 반드시 총구를 바닥으로 향하여야 한다.

ㄹ. 무기를 지급받거나 반납할 때 또는 인계인수할 때에는 반드시 "검사 총" 자세 이후 "앞에 총"을 하여야 한다.

① ㄱ, ㄴ
② ㄴ, ㄷ
③ ㄷ, ㄹ
④ ㄱ, ㄷ, ㄹ

ㄱ. (○) 청원경찰법 시행규칙 제16조 제3항 제3호

ㄴ. (○) 청원경찰법 시행규칙 제16조 제3항 제2호

정답 ❶

ㄷ. (✕) 무기를 손질하거나 조작할 때에는 반드시 총구를 공중으로 향하게 하여야 한다(청원경찰법 시행규칙 제16조 제3항 제4호).

ㄹ. (✕) 무기를 지급받거나 반납할 때 또는 인계인수할 때에는 반드시 "앞에 총" 자세에서 "검사 총"을 하여야 한다(청원경찰법 시행규칙 제16조 제3항 제1호).

82

☑ 확인 Check! ○ △ ✕

청원경찰법령상 청원주가 무기와 탄약을 지급할 수 있는 청원경찰은?

① 직무상 비위(非違)로 징계대상이 된 사람

② 사직 의사를 밝힌 사람

③ 형사사건으로 조사대상이 된 사람

④ 근무 중 휴대전화를 자주 사용하는 사람

쏙쏙 해설

단순히 근무 중 휴대전화를 자주 사용하는 사람은 청원경찰법 시행규칙 제16조 제4항의 무기·탄약 지급 금지대상자에 해당하지 않는다.

정답 ❹

관계법령

무기관리수칙(청원경찰법 시행규칙 제16조)

④ 청원주는 다음 각호의 어느 하나에 해당하는 청원경찰에게 무기와 탄약을 지급해서는 안 되며, 지급한 무기와 탄약은 즉시 회수해야 한다. 〈개정 2021.12.31., 2022.11.10.〉

1. 직무상 비위(非違)로 징계대상이 된 사람
2. 형사사건으로 조사대상이 된 사람
3. 사직 의사를 밝힌 사람
4. 치매, 조현병, 조현정동장애, 양극성 정동장애(조울병), 재발성 우울장애 등의 정신질환으로 인하여 무기와 탄약의 휴대가 적합하지 않다고 해당 분야 전문의가 인정하는 사람
5. 제1호부터 제4호까지의 규정 중 어느 하나에 준하는 사유로 청원주가 무기와 탄약을 지급하기에 적절하지 않다고 인정하는 사람
6. 삭제 〈2022.11.10.〉

83

☑ 확인 Check! ○ △ ✕

청원경찰법령상 관할 경찰서장과 청원주가 공통으로 비치해야 할 문서와 장부에 해당하는 것은?

① 전출입 관계철

② 교육훈련 실시부

③ 신분증명서 발급대장

④ 경비구역 배치도

쏙쏙 해설

관할 경찰서장과 청원주가 공통으로 비치해야 할 문서와 장부는 청원경찰 명부와 교육훈련 실시부이다.

정답 ❷

문서와 장부의 비치(청원경찰법 시행규칙 제17조)★★

청원주(제1항)	관할 경찰서장(제2항)	시·도 경찰청장(제3항)
• 청원경찰 명부 • 근무일지 • 근무 상황카드 • 경비구역 배치도 • 순찰표철 • 무기·탄약 출납부 • 무기장비 운영카드 • 봉급지급 조서철 • 신분증명서 발급대장 • 징계 관계철 • 교육훈련 실시부 • 청원경찰 직무교육계획서 • 급여품 및 대여품 대장 • 그 밖에 청원경찰의 운영에 필요한 문서와 장부	• 청원경찰 명부 • 감독 순시부 • <u>전출입 관계철</u> • 교육훈련 실시부 • 무기·탄약 대여대장 • 징계요구서철 • 그 밖에 청원경찰의 운영에 필요한 문서와 장부	• 배치결정 관계철 • 청원경찰 임용승인 관계철 • <u>전출입 관계철</u> • 그 밖에 청원경찰의 운영에 필요한 문서와 장부

84

☑ 확인 Check! ○ △ ✕

청원경찰법령상 시·도 경찰청장과 관할 경찰서장이 모두 비치해야 할 장부 등으로 옳은 것은?

① 전출입 관계철
② 교육훈련 실시부
③ 청원경찰 명부
④ 배치결정 관계철

쏙쏙 해설

전출입 관계철은 시·도 경찰청장과 관할 경찰서장이 공통으로 비치해야 할 문서 및 장부에 해당한다(청원경찰법 시행규칙 제17조).

정답 ❶

85

☑ 확인 Check! ○ △ ✕

청원경찰법령상 청원주가 비치하여야 할 문서와 장부가 아닌 것은?

① 경비구역 배치도
② 징계 관계철
③ 감독 순시부
④ 교육훈련 실시부

쏙쏙 해설

감독 순시부는 관할 경찰서장이 갖춰 두어야 할 장부이다(청원경찰법 시행규칙 제17조 제2항 제2호).

정답 ❸

86

청원경찰법령상 내용으로 옳지 않은 것은?

① 2명 이상의 청원경찰을 배치한 사업장의 청원주는 청원경찰의 지휘·감독을 위하여 청원경찰 중에서 유능한 사람을 선정하여 감독자로 지정하여야 한다.

② 청원경찰이 직무를 수행할 때에 경찰관직무집행법 및 같은 법 시행령에 따라 하여야 할 모든 보고는 관할 경찰서장에게 서면으로 보고하기 전에 지체 없이 구두로 보고하고 그 지시에 따라야 한다.

③ 청원경찰이 직무를 수행할 때에는 경비목적을 위하여 필요한 최소한의 범위에서 하여야 한다.

④ 관할 경찰서장은 청원주의 신청에 따라 경비를 위하여 필요하다고 인정할 때에는 청원경찰이 배치된 사업장에 경비전화를 가설할 수 있으며, 가설에 드는 비용은 관할 경찰서장이 부담한다.

쏙쏙 해설

관할 경찰서장은 청원주의 신청에 따라 경비를 위하여 필요하다고 인정할 때에는 청원경찰이 배치된 사업장에 경비전화를 가설할 수 있다(청원경찰법 시행규칙 제20조 제1항). 경비전화를 가설할 때 드는 비용은 청원주가 부담한다(동법 시행규칙 제20조 제2항).

① 청원경찰법 시행규칙 제19조 제1항 ★

② 청원경찰법 시행규칙 제22조

③ 청원경찰법 시행규칙 제21조 제1항

정답 ❹

87

청원경찰법령상 과태료 부과기준 금액이 500만원에 해당하지 않는 경우는?

① 임용결격사유에 해당하지 않는 청원경찰을 시·도 경찰청장의 승인을 받지 않고 임용한 경우

② 시·도 경찰청장의 배치결정을 받지 않고 국가정보원장이 지정하는 국가보안목표시설에 청원경찰을 배치한 경우

③ 정당한 사유 없이 경찰청장이 고시한 최저부담기준액 이상의 보수를 지급하지 않은 경우

④ 시·도 경찰청장의 감독상 필요한 총기·실탄에 관한 명령을 정당한 사유 없이 이행하지 않은 경우

쏙쏙 해설

임용결격사유에 해당하지 않는 청원경찰을 시·도 경찰청장의 승인을 받지 않고 임용한 경우, 과태료 금액은 300만원이다(청원경찰법 시행령 [별표 2] 제2호 나목).

② 청원경찰법 시행령 [별표 2] 제1호 가목

③ 청원경찰법 시행령 [별표 2] 제3호

④ 청원경찰법 시행령 [별표 2] 제4호 가목

정답 ❶

과태료 부과기준(청원경찰법 시행령 [별표 2])★

위반행위	해당 법조문	과태료 금액
1. 법 제4조 제2항에 따른 시·도 경찰청장의 배치결정을 받지 않고 다음 각목의 시설에 청원경찰을 배치한 경우 가. 국가중요시설(국가정보원장이 지정하는 국가보안목표시설을 말한다)인 경우 나. 가목에 따른 국가중요시설 외의 시설인 경우	법 제12조 제1항 제1호	500만원 400만원
2. 법 제5조 제1항에 따른 시·도 경찰청장의 승인을 받지 않고 다음 각목의 청원경찰을 임용한 경우 가. 법 제5조 제2항에 따른 임용결격사유에 해당하는 청원경찰 나. 법 제5조 제2항에 따른 임용결격사유에 해당하지 않는 청원경찰	법 제12조 제1항 제1호	500만원 300만원
3. 정당한 사유 없이 법 제6조 제3항에 따라 경찰청장이 고시한 최저부담기준액 이상의 보수를 지급하지 않은 경우	법 제12조 제1항 제2호	500만원
4. 법 제9조의3 제2항에 따른 시·도 경찰청장의 감독상 필요한 다음 각목의 명령을 정당한 사유 없이 이행하지 않은 경우 가. 총기·실탄 및 분사기에 관한 명령 나. 가목에 따른 명령 외의 명령	법 제12조 제1항 제3호	500만원 300만원

88

☑확인 Check! ○ △ X

청원경찰법령상 청원주의 위반행위로 인한 과태료의 부과기준이 500만원에 해당하지 않는 것은?

① 시·도 경찰청장의 승인을 받지 않고 임용결격사유에 해당하는 사람을 청원경찰에 임용한 경우

② 시·도 경찰청장의 감독상 필요한 분사기에 관한 명령을 정당한 사유 없이 이행하지 않은 경우

③ 정당한 사유 없이 경찰청장이 고시한 최저부담기준액 이상의 보수를 지급하지 않은 경우

④ 시·도 경찰청장의 배치결정을 받지 않고 국가정보원장이 지정하는 국가보안목표시설 외의 시설에 청원경찰을 배치한 경우

쏙쏙 해설

과태료의 부과기준인 청원경찰법 시행령 별표 2로 풀어야 하는 문제이다. ④를 제외한 나머지 ①·②·③의 위반행위는 공통적으로 500만원의 과태료 처분대상이 된다. ④에서는 국가정보원장이 지정하는 국가보안목표시설 외의 시설이라 하였으므로 400만원 부과 대상이라는 점에서 차이가 난다.

정답 **4**

89

청원경찰법령상 다음의 위반행위에 따른 과태료 부과기준으로 옳게 짝지어진 것은?

> ㄱ. 시·도 경찰청장의 감독상 필요한 총기·실탄 및 분사기에 관한 명령을 정당한 사유 없이 이행하지 않은 경우
> ㄴ. 시·도 경찰청장의 승인을 받지 않고 국가공무원법상 임용결격사유에 해당하는 청원경찰을 임용한 경우

① ㄱ : 300만원,   ㄴ : 400만원
② ㄱ : 400만원,   ㄴ : 400만원
③ ㄱ : 400만원,   ㄴ : 500만원
④ ㄱ : 500만원,   ㄴ : 500만원

쏙쏙 해설

이 문제는 청원경찰법 제12조로는 해결할 수 없고, 청원경찰법 시행령 별표 2에 따라 해결하여야 한다. ㄱ에서 총기·실탄 및 분사기에 관한 명령인 경우에는 500만원의 과태료가 부과되고, 그 밖의 명령인 경우에는 300만원의 과태료가 부과된다. ㄴ에서 임용결격사유에 해당하는 청원경찰인 경우에는 500만원의 과태료가 부과되고, 임용결격사유에 해당하지 않는 청원경찰인 경우에는 300만원의 과태료가 부과된다.

정답 ❹

90

청원경찰법상 과태료 처분대상이 아닌 것은?

① 시·도 경찰청장의 배치결정을 받지 아니하고 청원경찰을 배치한 자
② 시·도 경찰청장의 승인을 받지 아니하고 임용결격사유에 해당하는 청원경찰을 임용한 자
③ 정당한 사유 없이 경찰청장이 고시한 최저부담기준액 이상의 보수를 지급한 자
④ 청원경찰의 효율적인 운영을 위하여 시·도 경찰청장이 발한 감독상 필요한 명령을 정당한 사유 없이 이행하지 아니한 자

쏙쏙 해설

정당한 사유 없이 경찰청장이 고시한 최저부담기준액 이상의 보수를 지급하지 아니한 자가 과태료 부과대상이다(청원경찰법 제12조 제1항 제2호).
① 청원경찰법 제12조 제1항 제1호
② 청원경찰법 시행령 [별표 2] 제2호 가목
④ 청원경찰법 제12조 제1항 제3호

정답 ❸

관계법령

과태료(청원경찰법 제12조)
① 다음의 어느 하나에 해당하는 자에게는 500만원 이하의 과태료를 부과한다.
  1. 제4조 제2항에 따른 시·도 경찰청장의 배치결정을 받지 아니하고 청원경찰을 배치하거나 제5조 제1항에 따른 시·도 경찰청장의 승인을 받지 아니하고 청원경찰을 임용한 자
  2. 정당한 사유 없이 제6조 제3항에 따라 경찰청장이 고시한 최저부담기준액 이상의 보수를 지급하지 아니한 자
  3. 제9조의3 제2항에 따른 감독상 필요한 명령을 정당한 사유 없이 이행하지 아니한 자
② 제1항에 따른 과태료는 대통령령으로 정하는 바에 따라 시·도 경찰청장이 부과·징수한다.

91

☑ 확인Check! ○ △ ✕

청원경찰법상 500만원 이하의 과태료를 부과하는 대상이 아닌 자는?

① 시·도 경찰청장의 배치결정을 받지 아니하고 청원경찰을 배치한 자

② 정당한 사유 없이 경찰청장이 고시한 최저부담기준액 이상의 보수를 지급하지 아니한 자

③ 시·도 경찰청장의 감독상 필요한 명령을 정당한 사유 없이 이행하지 아니한 자

④ 청원경찰로서 직무에 관하여 허위로 보고한 자

쏙쏙 해설

"청원경찰로서 직무에 관하여 허위로 보고한 자"에 대한 청원경찰법상 벌칙이나 과태료 규정은 없다.
① 청원경찰법 제12조 제1항 제1호
② 청원경찰법 제12조 제1항 제2호
③ 청원경찰법 제12조 제1항 제3호

정답 ❹

92

☑ 확인Check! ○ △ ✕

청원경찰법상 벌칙 및 과태료에 관한 내용으로 옳지 않은 것은?

① 청원경찰이 직무를 수행할 때 직권을 남용하여 국민에게 해를 끼친 경우 6개월 이하의 징역이나 금고에 처한다.

② 청원경찰로서 직무에 관하여 거짓으로 보고하거나 통보하는 자에게는 500만원 이하의 과태료를 부과한다.

③ 파업, 태업 또는 그 밖에 업무의 정상적인 운영을 방해하는 쟁의행위를 한 청원경찰은 1년 이하의 징역 또는 1천만원 이하의 벌금에 처한다.

④ 과태료는 대통령령으로 정하는 바에 따라 시·도 경찰청장이 부과·징수한다.

쏙쏙 해설

"청원경찰로서 직무에 관하여 거짓으로 보고하거나 통보한 자"에 대한 청원경찰법상 벌칙이나 과태료 규정은 없다.
① 청원경찰법 제10조 제1항
③ 청원경찰법 제11조
④ 청원경찰법 제12조 제2항

정답 ❷

93

☑ 확인 Check! ○ △ ✕

청원경찰법 제12조(과태료) 제2항에 관한 규정이다. (   ) 안에 들어갈 내용으로 옳은 것은?

> 제1항에 따른 과태료는 대통령령으로 정하는 바에 따라 (   )이 (가) 부과·징수한다.

① 경찰청장
② 시·도 경찰청장
③ 지방자치단체장
④ 청원주

쏙쏙 해설

제1항에 따른 과태료는 대통령령으로 정하는 바에 따라 시·도 경찰청장이 부과·징수한다.

정답 ❷

94

☑ 확인 Check! ○ △ ✕

청원경찰법령상 청원경찰의 배치폐지 등에 관한 설명으로 옳지 않은 것은?

① 청원주는 청원경찰을 대체할 목적으로 특수경비원을 배치하는 경우에 청원경찰의 배치를 폐지하거나 배치인원을 감축할 수 없다.
② 청원주가 청원경찰의 배치폐지하였을 때에는 청원경찰 배치결정을 한 경찰관서장에게 알려야 한다.
③ 시·도 경찰청장이 청원경찰의 배치를 요청한 사업장일 때에는 그 폐지 또는 감축 사유를 구체적으로 밝혀야 한다.
④ 청원주가 청원경찰의 배치폐지하는 경우에는 배치폐지로 과원(過員)이 되는 그 사업장 내의 유사업무에 종사하게 하는 등 청원경찰의 고용을 보장하여야 한다.

쏙쏙 해설

청원경찰의 배치를 폐지하거나 배치인원을 감축하는 경우 해당 청원주는 배치폐지나 배치인원 감축으로 과원(過員)이 되는 청원경찰 인원을 그 기관·시설 또는 사업장 내 유사업무에 종사하게 하거나 다른 시설·사업장 등에 재배치하는 등 청원경찰의 고용이 보장될 수 있도록 노력하여야 한다(청원경찰법 제10조의5 제3항). 즉, ④에서 청원경찰의 고용보장은 청원주에게 부과된 강제의무규정이 아님에 주의한다.
① 청원경찰법 제10조의5 제1항 단서 제1호
②·③ 청원경찰법 제10조의5 제2항

정답 ❹

PART 02

경찰관직무집행법

02 경찰관직무집행법

제1~2절 **경찰관직무집행법의 목적 · 경찰관 직무 등**

01 경찰관직무집행법은 국민의 자유와 권리 및 모든 개인이 가지는 불가침의 기본적 인권을 보호하고 사회공공의 질서를 유지하기 위한 경찰관(경찰공무원만 해당한다)의 직무수행에 필요한 사항을 규정함을 목적으로 한다. (   )

02 경찰관직무집행법에 규정된 경찰관의 직권은 그 직무수행에 필요한 최대한도에서 행사되어야 하며 남용되어서는 아니 된다. (   )

03 경찰관의 직무에는 범죄의 예방 · 진압 및 수사, 경비, 주요 인사(人士) 경호 및 대간첩 · 대테러 작전 수행, 공공안녕에 대한 위험의 예방과 대응을 위한 정보의 수집 · 작성 및 배포, 외국 정부기관 및 국제기구와의 국제협력 등이 있다. (   )

04 경찰관은 어떠한 죄를 범하려 하고 있다고 의심할 만한 상당한 이유가 있는 사람을 정지시켜 질문할 수 있다. (   )

05 경찰관은 불심검문 시 정지시킨 장소에서 질문을 하는 것이 경찰관에게 불리하다고 인정될 때에는 질문을 하기 위하여 경찰관서로 동행할 것을 요구할 수 있다. (   )

06 불심검문 시 동행을 요구받은 사람은 그 요구를 거절할 수 없다. (   )

정답과 해설 **01** ○ **02** × **03** ○ **04** ○ **05** × **06** ×

오답분석
02 이 법에 규정된 경찰관의 직권은 그 직무수행에 필요한 <u>최소한도</u>에서 행사되어야 하며 남용되어서는 아니 된다(경찰관직무집행법 제1조 제2항).
05 경찰관은 제1항에 따라 같은 항 각호의 사람을 정지시킨 장소에서 질문을 하는 것이 <u>그 사람</u>에게 불리하거나 교통에 방해가 된다고 인정될 때에는 질문을 하기 위하여 가까운 경찰서 · 지구대 · 파출소 또는 출장소(지방해양경찰관서를 포함하며, 이하 "경찰관서"라 한다)로 동행할 것을 요구할 수 있다(경찰관직무집행법 제3조 제2항 전문).
06 (임의)동행을 요구받은 사람은 그 요구를 거절할 수 <u>있다</u>(경찰관직무집행법 제3조 제2항 후문).

07 경찰관은 불심검문 시 질문을 하거나 동행을 요구할 경우 자신의 신분을 표시하는 증표(경찰공무원의 공무원증)를 제시하여야 한다. ( )

08 경찰관은 임의동행에 따라 동행한 사람을 3시간을 초과하여 경찰관서에 머물게 할 수 없다. ( )

09 경찰관은 임의동행한 사람의 가족이나 친지 등에게 동행한 경찰관의 신분, 동행 장소, 동행 목적과 이유를 알리거나 본인으로 하여금 즉시 연락할 수 있는 기회를 주어야 하며, 변호인의 도움을 받을 권리가 있음을 알려야 한다. ( )

10 경찰관의 불심검문 시 질문을 받거나 동행을 요구받은 사람은 헌법에 따르지 아니하고는 신체를 구속당하지 아니하며, 그 의사에 반하여 답변을 강요당하지 아니한다. ( )

11 본인이 구호를 거절하는 경우일지라도 미아, 병자, 부상자 등으로서 적당한 보호자가 없으며 응급구호가 필요하다고 인정되는 사람은 구호대상자에 해당한다. ( )

12 경찰관은 구호대상자를 발견하였을 때에는 보건의료기관이나 공공구호기관에 긴급구호를 요청하거나 경찰관서에 보호하는 등 적절한 조치를 할 수 있다. ( )

13 긴급구호를 요청받은 보건의료기관이나 공공구호기관은 정당한 이유가 있다면 긴급구호를 거절할 수 있다. ( )

14 경찰관은 긴급구호 조치를 하는 경우에 구호대상자가 휴대하고 있는 소지품을 경찰관서에 임시로 영치(領置)하여 놓을 수 있다 ( )

정답과 해설 07 ○ 08 × 09 ○ 10 × 11 × 12 ○ 13 ○ 14 ×

오답분석
08 경찰관은 제2항에 따라 동행한 사람을 <u>6시간</u>을 초과하여 경찰관서에 머물게 할 수 없다(경찰관직무집행법 제3조 제6항).
10 제1항부터 제3항까지의 규정에 따라 질문을 받거나 동행을 요구받은 사람은 <u>형사소송에 관한 법률</u>에 따르지 아니하고는 신체를 구속당하지 아니하며, 그 의사에 반하여 답변을 강요당하지 아니한다(경찰관직무집행법 제3조 제7항).
11 미아, 병자, 부상자 등으로서 적당한 보호자가 없으며 응급구호가 필요하다고 인정되는 사람은 구호대상자이다. <u>다만, 본인이 구호를 거절하는 경우는 제외한다</u>(경찰관직무집행법 제4조 제1항 제3호).
14 경찰관은 제1항의 조치를 하는 경우에 구호대상자가 휴대하고 있는 <u>무기·흉기 등 위험을 일으킬 수 있는 것으로 인정되는 물건</u>을 경찰관서에 임시로 영치(領置)하여 놓을 수 있다(경찰관직무집행법 제4조 제3항).

15 경찰관은 구호대상자를 공공보건의료기관이나 공공구호기관에 인계하였을 때에는 24시간 내에 그 사실을 소속 경찰서장이나 해양경찰서장에게 보고하여야 한다. ( )

16 구호대상자를 경찰관서에서 보호하는 기간은 24시간을 초과할 수 없고, 물건을 경찰관서에 임시로 영치하는 기간은 14일을 초과할 수 없다. ( )

17 보고를 받은 소속 경찰서장이나 해양경찰서장은 대통령령으로 정하는 바에 따라 구호대상자를 인계한 사실을 지체 없이 해당 공공보건의료기관 또는 공공구호기관의 장 및 그 감독행정청에 통보하여야 한다. ( )

18 경찰관은 위험 발생의 방지 등을 위한 조치를 하였을 때에는 지체 없이 그 사실을 소속 경찰관서의 장에게 보고하여야 한다. ( )

19 경찰청장은 대간첩 작전의 수행 등을 위하여 필요하다고 인정되는 상당한 이유가 있을 때에는 대간첩 작전지역이나 경찰관서·무기고 등 국가중요시설에 대한 접근 또는 통행을 제한하거나 금지하여야 한다. ( )

20 경찰관은 범죄행위가 목전(目前)에 행하여지려고 하고 있다고 인정될 때에는 이를 예방하기 위하여 관계인에게 필요한 경고를 하고, 그 행위로 인하여 사람의 생명·신체에 위해를 끼치거나 재산에 중대한 손해를 끼칠 우려가 있는 긴급한 경우에는 그 행위를 제지할 수 있다. ( )

21 경찰관은 위험한 사태가 발생하여 사람의 생명·신체 또는 재산에 대한 위해가 임박한 때에 그 위해를 방지하거나 피해자를 구조하기 위하여 부득이하다고 인정하면 합리적으로 판단하여 필요한 한도에서 다른 사람의 토지·건물·배 또는 차에 출입할 수 있다. ( )

정답과 해설 **15** × **16** × **17** ○ **18** ○ **19** × **20** ○ **21** ○

오답분석

15 경찰관은 제4항에 따라 구호대상자를 공공보건의료기관이나 공공구호기관에 인계하였을 때에는 <u>즉시</u> 그 사실을 소속 경찰서장이나 해양경찰서장에게 보고하여야 한다(경찰관직무집행법 제4조 제5항).

16 제1항에 따라 구호대상자를 경찰관서에서 보호하는 기간은 24시간을 초과할 수 없고, 제3항에 따라 물건을 경찰관서에 임시로 영치하는 기간은 <u>10일</u>을 초과할 수 없다(경찰관직무집행법 제4조 제7항).

19 <u>경찰관서의 장</u>은 대간첩 작전의 수행이나 소요(騷擾) 사태의 진압을 위하여 필요하다고 인정되는 상당한 이유가 있을 때에는 대간첩 작전지역이나 경찰관서·무기고 등 국가중요시설에 대한 접근 또는 통행을 제한하거나 <u>금지할 수 있다</u>(경찰관직무집행법 제5조 제2항).

22 많은 사람이 출입하는 장소의 관리자나 그에 준하는 관계인은 경찰관이 범죄나 사람의 생명·신체·재산에 대한 위해를 예방하기 위하여 해당 장소가 일반인에게 공개되지 않는 시간에 그 장소에 출입하겠다고 요구할 경우 정당한 이유 없이 그 요구를 거절할 수 없다. ( )

23 경찰관서의 장은 직무수행에 필요하다고 인정되는 상당한 이유가 있을 때에는 국가기관이나 공사(公私) 단체 등에 직무수행에 관련된 사실을 조회할 수 있다. ( )

24 경찰관은 사고로 인한 사상자 확인을 위해 필요하면 관계인에게 출석요구서를 보내 경찰관서에 출석할 것을 요구할 수 있다. ( )

25 법률에서 정한 절차에 따라 체포·구속된 사람 또는 신체의 자유를 제한하는 판결이나 처분을 받은 사람을 수용하기 위하여 경찰서·지구대·파출소 또는 출장소에 유치장을 둔다. ( )

26 경찰관서의 장은 경찰관의 직무수행을 위하여 외국 정부기관, 국제기구 등과 자료 교환, 국제협력 활동 등을 할 수 있다. ( )

정답과 해설　　22 ✕　　23 ○　　24 ○　　25 ✕　　26 ✕

오답분석

22 흥행장(興行場), 여관, 음식점, 역, 그 밖에 많은 사람이 출입하는 장소의 관리자나 그에 준하는 관계인은 경찰관이 범죄나 사람의 생명·신체·재산에 대한 위해를 예방하기 위하여 해당 장소의 영업시간이나 해당 장소가 일반인에게 공개된 시간에 그 장소에 출입하겠다고 요구하면 정당한 이유 없이 그 요구를 거절할 수 없다(경찰관직무집행법 제7조 제2항).

25 법률에서 정한 절차에 따라 체포·구속된 사람 또는 신체의 자유를 제한하는 판결이나 처분을 받은 사람을 수용하기 위하여 경찰서와 해양경찰서에 유치장을 둔다(경찰관직무집행법 제9조).

26 경찰청장 또는 해양경찰청장은 이 법에 따른 경찰관의 직무수행을 위하여 외국 정부기관, 국제기구 등과 자료 교환, 국제협력 활동 등을 할 수 있다(경찰관직무집행법 제8조의3).

01 경찰장비란 무기, 경찰장구, 최루제와 그 발사장치, 살수차, 감식기구, 해안 감시기구, 통신기기, 차량·선박·항공기 등 경찰이 직무를 수행할 때 필요한 장치와 기구를 말한다. ( )

02 사람의 생명이나 신체에 위해를 끼칠 수 있는 위해성 경찰장비는 필요한 안전교육과 안전검사를 받은 후 필요한 최소 한도에서 사용하여야 하며, 그 종류 및 사용기준 등은 대통령령으로 정한다. ( )

03 경찰관서의 장은 위해성 경찰장비를 새로 도입하려는 경우에는 대통령령으로 정하는 바에 따라 안전성 검사를 실시하여 그 안전성 검사의 결과보고서를 경찰청장에게 제출하여야 한다. ( )

04 경찰장구에는 정모, 기동모, 근무복, 모자표장, 가슴표장, 휘장, 계급장 등이 있다. ( )

05 경찰관은 불법집회·시위로 인한 위해의 발생을 억제하기 위해 부득이한 경우에는 현장책임자가 판단하여 필요한 최소한의 범위에서 분사기 또는 최루탄을 사용할 수 있다. ( )

06 경찰관은 사형·무기 또는 장기 5년 이상의 징역이나 금고에 해당하는 죄를 범한 범인의 체포 또는 도주 방지를 위하여 필요하다고 인정되는 상당한 이유가 있을 때에는 그 사태를 합리적으로 판단하여 필요한 한도에서 경찰장구를 사용할 수 있다. ( )

07 수갑·포승·호송용포승·경찰봉·호신용경봉·전자충격기·방패 및 전자방패는 위해성 경찰장비이다. ( )

08 경찰관은 자신의 생명·신체의 방어 및 보호, 공무집행에 대한 항거의 제지 등을 위하여 필요하다고 인정되는 상당한 이유가 있을 때에는 그 사태를 합리적으로 판단하여 필요한 한도에서 무기를 사용할 수 있다. ( )

09 체포·구속영장과 압수·수색영장을 집행하는 과정에서 경찰관의 직무집행에 항거하거나 도주하려고 할 때 그 행위를 방지하거나 그 행위자를 체포하기 위하여 무기를 사용하지 아니하고는 다른 수단이 없다고 인정되는 상당한 이유가 있는 경우 경찰관은 그 사태를 합리적으로 판단하여 필요한 한도에서 무기를 사용하여 위해를 끼칠 수 있다. ( )

정답과 해설　01 ○　02 ○　03 ✕　04 ✕　05 ○　06 ✕　07 ○　08 ○　09 ○

오답분석

03 <u>경찰청장</u>은 위해성 경찰장비를 새로 도입하려는 경우에는 대통령령으로 정하는 바에 따라 안전성 검사를 실시하여 그 안전성 검사의 결과보고서를 <u>국회 소관 상임위원회</u>에 제출하여야 한다. 이 경우 안전성 검사에는 외부 전문가를 참여시켜야 한다(경찰관 직무집행법 제10조 제5항).

04 경찰장구란 경찰관이 휴대하여 범인 검거와 범죄 진압 등의 직무수행에 사용하는 <u>수갑, 포승(捕繩), 경찰봉, 방패</u> 등을 말한다(경찰관직무집행법 제10조의2 제2항).

06 경찰관은 현행범이나 사형·무기 또는 장기 <u>3년</u> 이상의 징역이나 금고에 해당하는 죄를 범한 범인의 체포 또는 도주 방지를 위하여 필요하다고 인정되는 상당한 이유가 있을 때에는 그 사태를 합리적으로 판단하여 필요한 한도에서 경찰장구를 사용할 수 있다(경찰관직무집행법 제10조의2 제1항 제1호).

01 손실발생의 원인에 대하여 책임이 있는 자가 경찰관의 적법한 직무집행으로 인하여 자신의 책임에 상응하는 정도를 초과하는 생명·신체 또는 재산상의 손실을 입은 경우, 국가는 손실을 입은 자에 대하여 정당한 보상을 하여야 한다.
( )

02 경찰관직무집행법 제11조의2 제1항에 따른 보상을 청구할 수 있는 권리는 손실이 있음을 안 날부터 3년, 손실이 발생한 날부터 10년간 행사하지 아니하면 시효의 완성으로 소멸한다.
( )

03 손실보상신청 사건을 심의하기 위하여 손실보상심의위원회를 두며, 경찰청장 또는 시·도 경찰청장은 손실보상심의 위원회의 심의·의결에 따라 보상금을 지급하고, 거짓 또는 부정한 방법으로 보상금을 받은 사람에 대하여는 해당 보상금을 환수하여야 한다.
( )

04 보상금이 지급된 경우 경찰청장 또는 시·도 경찰청장은 대통령령으로 정하는 바에 따라 손실보상심의위원회에 심사 자료와 결과를 보고하여야 한다.
( )

05 손실보상을 할 때, 영업자가 손실을 입은 물건의 수리나 교환으로 인하여 영업을 계속할 수 없는 경우에는 수리비에 상당하는 금액을 보상한다.
( )

06 경찰관의 적법한 직무집행으로 인하여 발생한 손실을 보상받으려는 사람은 보상금 지급 청구서에 손실내용과 손실금 액을 증명할 수 있는 서류를 첨부하여 시·도 경찰청장 또는 지방해양경찰청장에게 제출하여야 한다. ( )

07 보상금 지급 청구서를 받은 시·도 경찰청장 또는 지방해양경찰청장은 해당 청구서를 손실보상청구 사건을 심의할 손실보상심의위원회가 설치된 국가경찰위원회에 보내야 한다.
( )

정답과 해설   01 ○   02 ×   03 ○   04 ×   05 ×   06 ×   07 ×

오답분석

02 제1항에 따른 보상을 청구할 수 있는 권리는 손실이 있음을 안 날부터 <u>3년</u>, 손실이 발생한 날부터 <u>5년</u>간 행사하지 아니하면 시효의 완성으로 소멸한다(경찰관직무집행법 제11조의2 제2항).

04 보상금이 지급된 경우 <u>손실보상심의위원회</u>는 대통령령으로 정하는 바에 따라 <u>국가경찰위원회</u>에 심사자료와 결과를 보고하여야 한다(경찰관직무집행법 제11조의2 제5항 전문).

05 영업자가 손실을 입은 물건의 수리나 교환으로 인하여 영업을 계속할 수 없는 경우 : 영업을 계속할 수 없는 기간 중 <u>영업상 이익</u>에 상당하는 금액을 보상한다(경찰관직무집행법 시행령 제9조 제1항 제3호).

06 법 제11조의2에 따라 경찰관의 적법한 직무집행으로 인하여 발생한 손실을 보상받으려는 사람은 별지 제4호 서식의 보상금 지급 청구서에 손실내용과 손실금액을 증명할 수 있는 서류를 첨부하여 <u>손실보상청구 사건 발생지를 관할하는 국가경찰관서의 장</u>에게 제출하여야 한다(경찰관직무집행법 시행령 제10조 제1항).

07 제1항에 따라 보상금 지급 청구서를 받은 <u>국가경찰관서의 장</u>은 해당 청구서를 제11조 제1항에 따른 손실보상청구 사건을 심의할 손실보상심의위원회가 설치된 <u>경찰청, 해양경찰청, 시·도 경찰청 및 지방해양경찰청의 장</u>(이하 "경찰청장등"이라 한다)에게 보내야 한다(경찰관직무집행법 시행령 제10조 제2항).

08 보상금 지급 청구서를 받은 경찰청장등은 손실보상심의위원회의 심의·의결에 따라 보상 여부 및 보상금액을 결정하되, 결정일부터 10일 이내에 통지서에 결정 내용을 적어 청구인에게 통지하여야 한다. (　　)

09 소속 경찰공무원의 직무집행으로 인하여 발생한 손실보상청구 사건을 심의하기 위하여 경찰청, 해양경찰청, 시·도경찰청 및 지방해양경찰청에 손실보상심의위원회를 설치한다. (　　)

10 손실보상심의위원회는 위원장 1명을 포함한 5명 이상 7명 이하의 위원으로 구성한다. (　　)

11 판사·검사 또는 변호사로 5년 이상 근무한 사람, 고등교육법 제2조에 따른 학교에서 법학 또는 행정학을 가르치는 부교수 이상으로 5년 이상 재직한 사람, 경찰 업무와 손실보상에 관하여 학식과 경험이 풍부한 사람 중 어느 하나에 해당하는 사람은 경찰청장 등이 손실보상심의위원회의 위원으로 위촉하거나 임명할 수 있다. (　　)

12 손실보상심의위원회 위촉위원의 임기는 2년으로 하며, 위원의 과반수 이상은 경찰공무원으로 하여야 한다. (　　)

13 손실보상심의위원회의 위원장은 경찰청 소속 과장급 이상의 경찰공무원 중에서 경찰청장이 임명하는 사람으로 하며, 위원장이 부득이한 사유로 직무를 수행할 수 없는 때에는 위원장이 미리 지명한 위원이 그 직무를 대행한다. (　　)

14 손실보상심의위원회의 회의는 위원장이 소집하고 그 의장이 되며, 재적위원 과반수의 출석으로 개의하고, 출석위원 과반수의 찬성으로 의결한다. (　　)

15 손실보상심의위원회의 위원이 심의 안건의 청구인과 친족이거나 친족이었던 경우에는 위원회의 심의·의결에서 제척되며, 해당 위원이 스스로 해당 안건의 심의·의결에서 회피하지 아니한 경우 경찰청장등은 해당 위원을 해촉할 수 있다. (　　)

16 경찰청장 또는 시·도 경찰청장이 거짓 또는 부정한 방법으로 보상금을 받은 사람에게 서면으로 통지해야 하는 내용은 환수사유, 환수금액, 납부기한, 납부기관이다. (　　)

17 경찰청 및 시·도 경찰청에 설치된 손실보상위원회는 보상금 지급과 관련된 심사자료와 결과를 매년 국가경찰위원회에 보고해야 하며, 국가경찰위원회는 필요하다고 인정하는 때에는 수시로 보상금 지급과 관련된 심사자료와 결과에 대한 보고를 위원회에 요청할 수 있다. (　　)

정답과 해설　08 ○　09 ○　10 ○　11 ○　12 ✕　13 ✕　14 ○　15 ○　16 ○　17 ✕

오답분석
12 위원회의 위원은 소속 경찰공무원과 다음 각호의 어느 하나에 해당하는 사람 중에서 경찰청장 등이 위촉하거나 임명한다. 이 경우 위원의 과반수 이상은 경찰공무원이 아닌 사람으로 하여야 한다(경찰관직무집행법 시행령 제11조 제3항).
13 위원장은 위원 중에서 호선(互選)한다(경찰관직무집행법 시행령 제12조 제1항).
17 법 제11조의2 제5항에 따라 위원회(경찰청 및 시·도 경찰청에 설치된 위원회만 해당한다. 이하 이 조에서 같다)는 보상금 지급과 관련된 심사자료와 결과를 반기별로 국가경찰위원회에 보고해야 한다(경찰관직무집행법 시행령 제17조의3 제1항).

18 경찰청장, 시·도 경찰청장 또는 경찰서장은 범인 또는 범인의 소재를 신고하여 검거하게 한 사람 또는 범인을 검거하여 경찰공무원에게 인도한 사람 등에게 보상금을 지급할 수 있다. (　　　)

19 경찰청장, 시·도 경찰청장 및 경찰서장은 보상금 지급의 심사를 위하여 대통령령으로 정하는 바에 따라 각각 보상금심사위원회를 설치·운영하여야 하며, 위원회는 위원장 1명을 포함한 5명 이상 7명 이하의 위원으로 구성한다. (　　　)

20 보상금심사위원회 위원의 과반수 이상은 경찰공무원이 아닌 사람으로 하여야 한다. (　　　)

21 경찰청에 두는 보상금심사위원회의 위원장은 경찰청 소속 과장급 이상의 경찰공무원 중에서 호선(互選)한다. (　　　)

22 보상금심사위원회의 회의는 재적위원 과반수의 찬성으로 의결한다. (　　　)

23 보상금의 최고액은 2억원으로 하며, 구체적인 보상금 지급 기준은 경찰청장이 정하여 고시한다. (　　　)

24 경찰청장, 시·도 경찰청장 또는 경찰서장은 보상금 지급사유가 발생한 경우에 직권 또는 보상금을 지급받으려는 사람의 신청에 따라 소속 보상금심사위원회의 심사·의결을 거쳐 보상금을 지급한다. (　　　)

25 경찰청장, 시·도 경찰청장 또는 경찰서장은 보상금을 환수하려는 경우에는 보상금심사위원회의 심사·의결에 따라 환수 여부 및 환수금액을 결정하고, 거짓 또는 부정한 방법으로 보상금을 받은 사람에게 환수사유, 환수금액, 납부기한, 납부기관을 서면으로 통지해야 한다. (　　　)

26 경찰관직무집행법에 규정된 경찰관의 의무를 위반하거나 직권을 남용하여 다른 사람에게 해를 끼친 사람은 3년 이하의 징역이나 금고에 처한다. (　　　)

정답과 해설　18 ○　19 ✕　20 ✕　21 ✕　22 ○　23 ✕　24 ○　25 ○　26 ✕

오답분석

19 제2항에 따른 보상금심사위원회는 위원장 1명을 포함한 5명 이내의 위원으로 구성한다(경찰관직무집행법 제11조의3 제3항).

20 위원의 과반수 이상은 경찰공무원이 아닌 사람으로 하여야 한다는 제한이 있는 손실보상심의위원회(경찰관직무집행법 시행령 제11조 제3항 후문)와 달리 보상금심사위원회는 이러한 제한이 없다.

21 법 제11조의3 제2항에 따라 경찰청에 두는 보상금심사위원회의 위원장은 경찰청 소속 과장급 이상의 경찰공무원 중에서 경찰청장이 임명하는 사람으로 한다(경찰관직무집행법 시행령 제19조 제1항).

23 법 제11조의3 제1항에 따른 보상금의 최고액은 5억원으로 하며, 구체적인 보상금 지급 기준은 경찰청장이 정하여 고시한다(경찰관직무집행법 시행령 제20조).

26 이 법에 규정된 경찰관의 의무를 위반하거나 직권을 남용하여 다른 사람에게 해를 끼친 사람은 1년 이하의 징역이나 금고에 처한다(경찰관직무집행법 제12조).

02 경찰관직무집행법

1 경찰관직무집행법의 목적(경찰관직무집행법 제1조)

경찰관직무집행법은 국민의 자유와 권리 및 모든 개인이 가지는 불가침의 기본적 인권을 보호하고 사회공공의 질서를 유지하기 위한 경찰관(경찰공무원만 해당)의 직무수행에 필요한 사항을 규정함을 목적으로 하며, 이 법에 규정된 경찰관의 직권은 그 직무수행에 필요한 최소한도에서 행사되어야 하며 남용되어서는 아니 된다.★

2 경찰관 직무 등

1 직무의 범위(경찰관직무집행법 제2조)★

(1) 국민의 생명·신체 및 재산의 보호(제1호)

(2) 범죄의 예방·진압 및 수사(제2호)

(3) 범죄피해자 보호(제2호의2)

빈칸문제

경찰관직무집행법의 목적 및 직무의 범위
⋯ 국민의 자유와 권리 및 모든 개인이 가지는 불가침의 기본적 인권을 보호하고 (❶)의 질서를 유지하기 위한 경찰관의 직무수행에 필요한 사항을 규정함을 목적으로 하며, 이 법에 규정된 경찰관의 직권은 그 직무수행에 필요한 (❷)에서 행사되어야 하며 남용되어서는 아니 된다.
⋯ 직무의 범위 : ㉠ 국민의 생명·신체 및 재산의 보호, ㉡ 범죄의 예방·진압 및 수사, ㉢ 범죄피해자 보호, ㉣ (❸), 주요 인사 (❹) 및 대간첩·대테러 작전 수행, ㉤ (❺)의 수집·작성 및 배포, ㉥ 교통 단속과 교통 위해(危害)의 방지, ㉦ 외국 정부기관 및 국제기구와의 (❻), ㉧ 그 밖에 공공의 안녕과 질서 유지

❶ 사회공공 ❷ 최소한도 ❸ 경비 ❹ 경호 ❺ 공공안녕에 대한 위험의 예방과 대응을 위한 정보 ❻ 국제협력 **정답**

(4) 경비, 주요 인사(人士) 경호 및 대간첩·대테러 작전 수행(제3호)

(5) 공공안녕에 대한 위험의 예방과 대응을 위한 정보의 수집·작성 및 배포(제4호)

(6) 교통 단속과 교통 위해(危害)의 방지(제5호)

(7) 외국 정부기관 및 국제기구와의 국제협력(제6호)

(8) 그 밖에 공공의 안녕과 질서 유지(제7호)

2 불심검문(경찰관직무집행법 제3조)

(1) 불심검문의 대상자

경찰관은 다음의 어느 하나에 해당하는 사람을 <u>정지시켜 질문할 수 있다</u>(제1항).

① 수상한 행동이나 그 밖의 주위 사정을 합리적으로 판단하여 볼 때 어떠한 죄를 범하였거나 범하려 하고 있다고 의심할 만한 상당한 이유가 있는 사람(제1호)

② 이미 행하여진 범죄나 행하여지려고 하는 범죄행위에 관한 사실을 안다고 인정되는 사람(제2호)

(2) 불심검문의 절차 및 방법

① 임의동행 : 경찰관은 불심검문의 대상에게 <u>정지시킨 장소에서 질문을 하는 것이 그 사람에게 불리하거나 교통에 방해가 된다</u>고 인정될 때에는 질문을 하기 위하여 가까운 경찰서·지구대·파출소 또는 출장소(지방해양경찰관서를 포함하며, 이하 "경찰관서"라 한다)로 동행할 것을 요구할 수 있다. 이 경우 <u>동행을 요구받은 사람은 그 요구를 거절할 수 있다</u>(제2항).

② 불심검문의 조사내용 : 경찰관은 불심검문의 대상에게 질문을 할 때에 그 사람이 흉기를 가지고 있는지를 조사할 수 있다(제3항).

빈칸문제

불심검문

→ 경찰관은 다음의 어느 하나에 해당하는 사람을 (❶)시켜 (❷)할 수 있다 : ㉠ 수상한 행동이나 그 밖의 주위 사정을 합리적으로 판단하여 볼 때 어떠한 죄를 범하였거나 범하려 하고 있다고 의심할 만한 (❸)가 있는 사람, ㉡ 이미 행하여진 범죄나 행하여지려고 하는 범죄행위에 관한 (❹)을 안다고 인정되는 사람

→ (❺) : 경찰관은 불심검문의 대상에게 정지시킨 장소에서 질문을 하는 것이 그 사람에게 불리하거나 교통에 방해가 된다고 인정될 때에는 (❷)을 하기 위하여 가까운 경찰서·지구대·파출소 또는 출장소로 (❻)할 것을 요구할 수 있다. 이 경우 (❻)을 요구받은 사람은 그 요구를 거절할 수 (❼).

정답 ❶ 정지 ❷ 질문 ❸ 상당한 이유 ❹ 사실 ❺ 임의동행 ❻ 동행 ❼ 있다

③ 불심검문의 조사방법

    ⊙ 경찰관은 불심검문의 대상에게 질문을 하거나 임의동행을 요구할 경우 <u>자신의 신분을 표시</u>하는 증표를 제시하면서 소속과 성명을 밝히고 질문이나 동행의 목적과 이유를 설명하여야 하며, 동행을 요구하는 경우에는 동행 장소를 밝혀야 한다(제4항).

    ⓒ 경찰관은 임의동행한 사람의 <u>가족이나 친지 등</u>에게 동행한 경찰관의 신분, 동행 장소, 동행 목적과 이유를 알리거나 본인으로 하여금 <u>즉시 연락할 수 있는 기회</u>를 주어야 하며, <u>변호인의 도움을 받을 권리</u>가 있음을 알려야 한다(제5항).

    ⓒ 경찰관은 임의동행에 따라 동행한 사람을 <u>6시간</u>을 초과하여 경찰관서에 머물게 할 수 없다(제6항). ★

    ⓔ 제1항부터 제3항까지의 규정에 따라 질문을 받거나 동행을 요구받은 사람은 <u>형사소송에 관한 법률에 따르지 아니하고는 신체를 구속당하지</u> 아니하며, 그 의사에 반하여 답변을 강요당하지 아니한다(제7항). ★

3   보호조치 등(경찰관직무집행법 제4조)

(1) 보호조치 등의 대상

<u>경찰관은</u> 수상한 행동이나 그 밖의 주위 사정을 합리적으로 판단해 볼 때 다음의 어느 하나에 해당하는 것이 명백하고 응급구호가 필요하다고 믿을 만한 상당한 이유가 있는 사람(이하 "<u>구호대상자</u>"라 한다)을 발견하였을 때에는 보건의료기관이나 공공구호기관에 <u>긴급구호</u>를 요청하거나 <u>경찰관서에 보호</u>하는 등 적절한 조치를 할 수 있다(제1항). ★★

① 정신착란을 일으키거나 술에 취하여 자신 또는 다른 사람의 생명·신체·재산에 위해를 끼칠 우려가 있는 사람(제1호)

② 자살을 시도하는 사람(제2호)

③ 미아, 병자, 부상자 등으로서 적당한 보호자가 없으며 응급구호가 필요하다고 인정되는 사람. 다만, 본인이 구호를 거절하는 경우는 제외한다(제3호). ★

(2) 보호조치 등의 절차

① 긴급구호를 요청받은 보건의료기관이나 공공구호기관은 정당한 이유 없이 긴급구호를 거절할 수 없다(제2항).

② 경찰관은 보호조치 등을 하는 경우에 구호대상자가 휴대하고 있는 무기·흉기 등 위험을 일으킬 수 있는 것으로 인정되는 물건을 경찰관서에 임시로 영치(領置)하여 놓을 수 있다(제3항). ★

③ 경찰관은 보호조치 등을 하였을 때에는 지체 없이 구호대상자의 가족, 친지 또는 그 밖의 연고자에게 그 사실을 알려야 하며, 연고자가 발견되지 아니할 때에는 구호대상자를 적당한 공공보건의료기관이나 공공구호기관에 즉시 인계하여야 한다(제4항). ★

④ 경찰관은 구호대상자를 공공보건의료기관이나 공공구호기관에 인계하였을 때에는 즉시 그 사실을 소속 경찰서장이나 해양경찰서장에게 보고하여야 한다(제5항). ★

⑤ 보고를 받은 소속 경찰서장이나 해양경찰서장은 대통령령으로 정하는 바에 따라 구호대상자를 인계한 사실을 지체 없이 해당 공공보건의료기관 또는 공공구호기관의 장 및 그 감독행정청에 통보하여야 한다(제6항).

⑥ 보호조치 등에 따라 구호대상자를 경찰관서에서 보호하는 기간은 24시간을 초과할 수 없고, ②의 물건을 경찰관서에 임시로 영치하는 기간은 10일을 초과할 수 없다(제7항). ★★

빈칸문제

보호조치 등의 절차

⋯ 경찰관은 보호조치 등을 하는 경우에 구호대상자가 휴대하고 있는 무기·흉기 등 (❶)을 일으킬 수 있는 것으로 인정되는 물건을 경찰관서에 임시로 (❷)하여 놓을 수 있다.

⋯ 경찰관은 구호대상자를 공공보건의료기관이나 공공구호기관에 인계하였을 때에는 즉시 그 사실을 소속 (❸) 이나 (❹)에게 보고하여야 한다.

⋯ 보호조치 등에 따라 구호대상자를 경찰관서에서 보호하는 기간은 (❺)을 초과할 수 없고, 영치한 물건을 경찰관서에 임시로 영치하는 기간은 (❻)을 초과할 수 없다.

정답 ❶ 위험 ❷ 영치 ❸ 경찰서장 ❹ 해양경찰서장 ❺ 24시간 ❻ 10일

(1) 조치 실행 요건

경찰관은 사람의 생명 또는 신체에 위해를 끼치거나 재산에 중대한 손해를 끼칠 우려가 있는 천재(天災), 사변(事變), 인공구조물의 파손이나 붕괴, 교통사고, 위험물의 폭발, 위험한 동물 등의 출현, 극도의 혼잡, 그 밖의 위험한 사태가 있을 때 다음의 조치를 할 수 있다(제1항).

① 그 장소에 모인 사람, 사물(事物)의 관리자, 그 밖의 관계인에게 필요한 경고를 하는 것(제1호)

② 매우 긴급한 경우에는 위해를 입을 우려가 있는 사람을 필요한 한도에서 억류하거나 피난시키는 것(제2호)

③ 그 장소에 있는 사람, 사물의 관리자, 그 밖의 관계인에게 위해를 방지하기 위하여 필요하다고 인정되는 조치를 하게 하거나 직접 그 조치를 하는 것(제3호)

(2) 조치의 내용 및 절차

① 경찰관서의 장은 대간첩 작전의 수행이나 소요(騷擾) 사태의 진압을 위하여 필요하다고 인정되는 상당한 이유가 있을 때에는 대간첩 작전지역이나 경찰관서·무기고 등 국가중요시설에 대한 접근 또는 통행을 제한하거나 금지할 수 있다(제2항).

② 경찰관은 (1)의 조치를 하였을 때에는 지체 없이 그 사실을 소속 경찰관서의 장에게 보고하여야 한다(제3항).

③ 제2항의 조치를 하거나 제3항의 보고를 받은 경찰관서의 장은 관계 기관의 협조를 구하는 등 적절한 조치를 하여야 한다(제4항).

빈칸문제

위험 발생의 방지 등
⋯▸ 경찰관은 사람의 생명 또는 신체에 위해를 끼치거나 재산에 중대한 손해를 끼칠 우려가 있는 (❶), (❷), 인공구조물의 파손이나 붕괴, 교통사고, 위험물의 폭발, 위험한 동물 등의 출현, 극도의 (❸), 그 밖의 위험한 사태가 있을 때 다음의 조치를 할 수 있다 : ㉠ 그 장소에 모인 사람, 사물의 관리자, 그 밖의 관계인에게 필요한 (❹)를 하는 것, ㉡ 매우 긴급한 경우에는 위해를 입을 우려가 있는 사람을 필요한 한도에서 (❺)하거나 (❻)시키는 것, ㉢ 그 장소에 있는 사람, 사물의 관리자, 그 밖의 관계인에게 (❼)를 방지하기 위하여 필요하다고 인정되는 조치를 하게 하거나 직접 그 조치를 하는 것

❶ 천재 ❷ 사변 ❸ 혼잡 ❹ 경고 ❺ 억류 ❻ 피난 ❼ 위해 정답

5 범죄의 예방과 제지(경찰관직무집행법 제6조)

경찰관은 범죄행위가 목전(目前)에 행하여지려고 하고 있다고 인정될 때에는 이를 예방하기 위하여 관계인에게 필요한 경고를 하고, 그 행위로 인하여 사람의 생명·신체에 위해를 끼치거나 재산에 중대한 손해를 끼칠 우려가 있는 긴급한 경우에는 그 행위를 제지할 수 있다.

6 위험 방지를 위한 출입(경찰관직무집행법 제7조)

(1) 요 건

경찰관은 제5조 제1항·제2항(위험 발생의 방지) 및 제6조(범죄의 예방과 제지)에 따른 위험한 사태가 발생하여 사람의 생명·신체 또는 재산에 대한 위해가 임박한 때에 그 위해를 방지하거나 피해자를 구조하기 위하여 부득이하다고 인정하면 합리적으로 판단하여 필요한 한도에서 다른 사람의 토지·건물·배 또는 차에 출입할 수 있다(제1항).

(2) 절 차

① 흥행장(興行場), 여관, 음식점, 역, 그 밖에 많은 사람이 출입하는 장소의 관리자나 그에 준하는 관계인은 경찰관이 범죄나 사람의 생명·신체·재산에 대한 위해를 예방하기 위하여 해당 장소의 영업시간이나 해당 장소가 일반인에게 공개된 시간에 그 장소에 출입하겠다고 요구하면 정당한 이유 없이 그 요구를 거절할 수 없다(제2항).★

② 경찰관은 대간첩 작전 수행에 필요할 때에는 작전지역에서 ①에 따른 장소를 검색할 수 있다(제3항).

③ 경찰관은 제1항부터 제3항까지의 규정에 따라 필요한 장소에 출입할 때에는 그 신분을 표시하는 증표를 제시하여야 하며, 함부로 관계인이 하는 정당한 업무를 방해해서는 아니 된다(제4항).

빈칸문제

범죄의 예방과 제지 및 위험 방지를 위한 출입 요건

⋯➤ 경찰관은 범죄행위가 (❶)에 행하여지려고 하고 있다고 인정될 때에는 이를 (❷)하기 위하여 관계인에게 필요한 (❸)를 하고, 그 행위로 인하여 사람의 생명·신체에 위해를 끼치거나 재산에 중대한 손해를 끼칠 우려가 있는 (❹)한 경우에는 그 행위를 제지할 수 있다.

⋯➤ 경찰관은 위험 발생의 방지 및 범죄의 예방과 제지에 따른 위험한 사태가 발생하여 사람의 생명·신체 또는 재산에 대한 위해가 (❺)한 때에 그 위해를 방지하거나 피해자를 구조하기 위하여 부득이하다고 인정하면 합리적으로 판단하여 (❻)에서 다른 사람의 토지·건물·배 또는 차에 (❼)할 수 있다.

정답 ❶ 목전 ❷ 예방 ❸ 경고 ❹ 긴급 ❺ 임박 ❻ 필요한 한도 ❼ 출입

7 사실의 확인 등(경찰관직무집행법 제8조)

(1) 사실의 확인

① 경찰관서의 장은 직무수행에 필요하다고 인정되는 상당한 이유가 있을 때에는 국가기관이나 공사(公私) 단체 등에 직무수행에 관련된 사실을 조회할 수 있다(제1항 본문).★

② 다만, 긴급한 경우에는 소속 경찰관으로 하여금 현장에 나가 해당 기관 또는 단체의 장의 협조를 받아 그 사실을 확인하게 할 수 있다(제1항 단서).★

(2) 출석요구

경찰관은 다음의 직무를 수행하기 위하여 필요하면 관계인에게 출석하여야 하는 사유·일시 및 장소를 명확히 적은 출석요구서를 보내 경찰관서에 출석할 것을 요구할 수 있다(제2항).

① 미아를 인수할 보호자 확인(제1호)

② 유실물을 인수할 권리자 확인(제2호)

③ 사고로 인한 사상자(死傷者) 확인(제3호)

④ 행정처분을 위한 교통사고 조사에 필요한 사실 확인(제4호)

8 보고(경찰관직무집행법 시행령 제7조)

경찰공무원은 다음의 조치를 한 때에는 소속 국가경찰관서의 장에게 이를 보고하여야 한다.

(1) 법 제3조 제2항의 규정에 의한 동행요구를 한 때(제1호)

(2) 법 제4조 제1항의 규정에 의한 긴급구호요청 또는 보호조치를 한 때(제2호)

(3) 법 제4조 제3항의 규정에 의한 임시영치를 한 때(제3호)

빈칸문제

사실의 확인 등

⋯ (❶)은 직무수행에 필요하다고 인정되는 상당한 이유가 있을 때에는 국가기관이나 공사 단체 등에 직무수행에 관련된 사실을 (❷)할 수 있다. 다만, (❸)한 경우에는 소속 경찰관으로 하여금 현장에 나가 해당 기관 또는 단체의 장의 협조를 받아 그 사실을 확인하게 할 수 있다.

⋯ 경찰관은 다음의 직무를 수행하기 위하여 필요하면 관계인에게 출석하여야 하는 사유·일시 및 장소를 명확히 적은 (❹)를 보내 경찰관서에 출석할 것을 요구할 수 있다 : ㉠ (❺)를 인수할 보호자 확인, ㉡ (❻)을 인수할 권리자 확인, ㉢ 사고로 인한 (❼) 확인, ㉣ 행정처분을 위한 (❽) 조사에 필요한 사실 확인

❶ 경찰관서의 장 ❷ 조회 ❸ 긴급 ❹ 출석요구서 ❺ 미아 ❻ 유실물 ❼ 사상자 ❽ 교통사고 정답

(4) 법 제6조 제1항의 규정에 의하여 범죄행위를 제지한 때(제4호)

(5) 법 제7조 제2항 및 제3항의 규정에 의하여 다수인이 출입하는 장소에 대하여 출입 또는 검색을 한 때(제6호)

(6) 법 제8조 제1항 단서의 규정에 의한 사실확인을 한 때(제7호)

9 정보의 수집 등(경찰관직무집행법 제8조의2)

(1) 경찰관은 범죄·재난·공공갈등 등 공공안녕에 대한 위험의 예방과 대응을 위한 정보의 수집·작성·배포와 이에 수반되는 사실의 확인을 할 수 있다(제1항).

(2) 제1항에 따른 정보의 구체적인 범위와 처리 기준, 정보의 수집·작성·배포에 수반되는 사실의 확인 절차와 한계는 대통령령으로 정한다(제2항).

10 국제협력(경찰관직무집행법 제8조의3)

경찰청장 또는 해양경찰청장은 이 법에 따른 경찰관의 직무수행을 위하여 외국 정부기관, 국제기구 등과 자료 교환, 국제협력 활동 등을 할 수 있다.★

11 유치장의 설치(경찰관직무집행법 제9조)

법률에서 정한 절차에 따라 체포·구속된 사람 또는 신체의 자유를 제한하는 판결이나 처분을 받은 사람을 수용하기 위하여 경찰서와 해양경찰서에 유치장을 둔다.

빈칸문제

국제협력
⋯ (❶) 또는 (❷)은 이 법에 따른 경찰관의 직무수행을 위하여 외국 정부기관, 국제기구 등과 자료 교환, 국제협력 활동 등을 할 수 있다.

유치장의 설치
⋯ 법률에서 정한 절차에 따라 체포·구속된 사람 또는 신체의 자유를 제한하는 판결이나 처분을 받은 사람을 수용하기 위하여 (❸)와 (❹)에 유치장을 둔다.

정답 ❶ 경찰청장 ❷ 해양경찰청장 ❸ 경찰서 ❹ 해양경찰서

3 경찰장비 및 경찰장구 등의 사용

1 경찰장비의 사용 등(경찰관직무집행법 제10조)

(1) 경찰장비의 정의

<u>무기</u>, 경찰장구(警察裝具), 최루제(催淚劑)와 그 발사장치, 살수차, 감식기구(鑑識機具), 해안 감시기구, 통신기기, 차량·선박·항공기 등 경찰이 직무를 수행할 때 필요한 장치와 기구를 말한다 (제2항). ★★

(2) 경찰장비의 사용 요건

① 경찰관은 직무수행 중 경찰장비를 사용할 수 있다. 다만, 사람의 생명이나 신체에 위해를 끼칠 수 있는 경찰장비(이하 "위해성 경찰장비"라 한다)를 사용할 때에는 필요한 <u>안전교육과 안전검사</u>를 받은 후 사용하여야 한다(제1항). ★

> **위해성 경찰장비의 종류(위해성 경찰장비의 사용기준 등에 관한 규정 제2조)**
> • 경찰장구 : 수갑·포승(捕繩)·호송용포승·경찰봉·호신용경봉·전자충격기·방패 및 전자방패(제1호)
> • 무기 : 권총·소총·기관총(기관단총을 포함한다)·산탄총·유탄발사기·박격포·3인치포·함포·크레모아·수류탄·폭약류 및 도검(제2호)
> • 분사기·최루탄 등 : 근접분사기·가스분사기·가스발사총(고무탄 발사겸용을 포함한다) 및 최루탄(그 발사장치를 포함한다)(제3호)
> • 기타장비 : 가스차·살수차·특수진압차·물포·석궁·다목적발사기 및 도주차량차단장비(제4호)

빈칸문제

경찰장비의 사용 등
  ┅ 경찰장비 : 무기, (❶), (❷)와 그 발사장치, 살수차, 감식기구, 해안 감시기구, 통신기기, 차량·선박·항공기 등 경찰이 직무를 수행할 때 필요한 장치와 기구를 말한다.
  ┅ 경찰관은 (❸) 중 경찰장비를 사용할 수 있다. 다만, 사람의 생명이나 신체에 위해를 끼칠 수 있는 경찰장비 (이하 (❹) 경찰장비라 한다)를 사용할 때에는 필요한 (❺)과 안전검사를 받은 후 사용하여야 한다.

❶ 경찰장구 ❷ 최루제 ❸ 직무수행 ❹ 위해성 ❺ 안전교육 **정답**

② 경찰관은 경찰장비를 함부로 개조하거나 경찰장비에 임의의 장비를 부착하여 일반적인 사용법과 달리 사용함으로써 다른 사람의 생명·신체에 위해를 끼쳐서는 아니 된다(제3항).★

③ 위해성 경찰장비는 필요한 최소한도에서 사용하여야 한다(제4항).

④ 경찰청장은 위해성 경찰장비를 새로 도입하려는 경우에는 대통령령으로 정하는 바에 따라 안전성 검사를 실시하여 그 안전성 검사의 결과보고서를 국회 소관 상임위원회에 제출하여야 한다. 이 경우 안전성 검사에는 외부 전문가를 참여시켜야 한다(제5항).★

⑤ 위해성 경찰장비의 종류 및 그 사용기준, 안전교육·안전검사의 기준 등은 대통령령으로 정한다(제6항).

2 경찰장구의 사용(경찰관직무집행법 제10조의2)

(1) 경찰장구의 정의

경찰관이 휴대하여 범인 검거와 범죄 진압 등의 직무수행에 사용하는 수갑, 포승(捕繩), 경찰봉, 방패 등을 말한다(제2항) (주의 : 무기는 경찰창구에 해당하지 않는다).★★

(2) 경찰장구의 사용 요건

경찰관은 다음의 직무를 수행하기 위하여 필요하다고 인정되는 상당한 이유가 있을 때에는 그 사태를 합리적으로 판단하여 필요한 한도에서 경찰장구를 사용할 수 있다(제1항).★★

① 현행범이나 사형·무기 또는 장기 3년 이상의 징역이나 금고에 해당하는 죄를 범한 범인의 체포 또는 도주 방지(제1호)

② 자신이나 다른 사람의 생명·신체의 방어 및 보호(제2호)

③ 공무집행에 대한 항거(抗拒) 제지(제3호)

빈칸문제

경찰장구의 사용

⋯⋯ 경찰장구 : 경찰관이 (❶)하여 범인 검거와 범죄 진압 등의 직무수행에 사용하는 (❷), 포승, 경찰봉, 방패 등을 말한다.

⋯⋯ 경찰관은 다음의 직무를 수행하기 위하여 필요하다고 인정되는 상당한 이유가 있을 때에는 그 사태를 합리적으로 판단하여 (❸)에서 경찰장구를 사용할 수 있다 : ㉠ (❹)이나 사형·무기 또는 장기 (❺) 이상의 징역이나 금고에 해당하는 죄를 범한 범인의 (❻) 또는 (❼), ㉡ 자신이나 다른 사람의 생명·신체의 방어 및 보호, ㉢ (❽)에 대한 항거 제지

정답 ❶ 휴대 ❷ 수갑 ❸ 필요한 한도 ❹ 현행범 ❺ 3년 ❻ 체포 ❼ 도주 방지 ❽ 공무집행

3 분사기 등의 사용(경찰관직무집행법 제10조의3)

(1) 분사기의 정의

「총포·도검·화약류 등의 안전관리에 관한 법률」에 따른 분사기를 말하며, 그에 사용하는 최루 등의 작용제를 포함한다. ★

> **정의(총포·도검·화약류 등의 안전관리에 관한 법률 제2조)**
> ④ 이 법에서 "분사기"란 사람의 활동을 일시적으로 곤란하게 하는 최루(催淚) 또는 질식 등을 유발하는 작용제를 분사할 수 있는 기기로서 대통령령으로 정하는 것을 말한다.
>
> **분사기(총포·도검·화약류 등의 안전관리에 관한 법률 시행령 제6조의2)**
> 법 제2조 제4항의 규정에 의한 분사기는 사람의 활동을 일시적으로 곤란하게 하는 최루 또는 질식등의 작용제를 내장된 압축가스의 힘으로 분사하는 기기로서 다음 각호의 1에 해당하는 것으로 한다. 다만, 살균·살충용 및 산업용 분사기를 제외한다.
> 1. 총포형 분사기
> 2. 막대형 분사기
> 3. 만년필형 분사기
> 4. 기타 휴대형 분사기

(2) 분사기 등의 사용 요건

경찰관은 다음의 직무를 수행하기 위하여 부득이한 경우에는 현장책임자가 판단하여 필요한 최소한의 범위에서 분사기 또는 최루탄을 사용할 수 있다. ★
① 범인의 체포 또는 범인의 도주 방지(제1호)
② 불법집회·시위로 인한 자신이나 다른 사람의 생명·신체와 재산 및 공공시설 안전에 대한 현저한 위해의 발생 억제(제2호)

빈칸문제

분사기 등의 사용
⋯ 경찰관은 다음의 직무를 수행하기 위하여 부득이한 경우 (❶)가 판단하여 필요한 (❷)의 범위에서 분사기 또는 최루탄을 사용할 수 있다 : ㉠ 범인의 체포 또는 범인의 도주 방지, ㉡ 불법집회·시위로 인한 자신이나 다른 사람의 생명·신체와 재산 및 공공시설 안전에 대한 (❸)의 발생 억제

❶ 현장책임자 ❷ 최소한 ❸ 현저한 위해 **정답**

4 무기의 사용(경찰관직무집행법 제10조의4)

(1) 무기의 정의

사람의 생명이나 신체에 위해를 끼칠 수 있도록 제작된 권총·소총·도검 등을 말한다(제2항).

(2) 사용 요건

① 경찰관은 범인의 체포, 범인의 도주 방지, 자신이나 다른 사람의 생명·신체의 방어 및 보호, 공무집행에 대한 항거의 제지를 위하여 필요하다고 인정되는 상당한 이유가 있을 때에는 그 사태를 합리적으로 판단하여 필요한 한도에서 무기를 사용할 수 있다(제1항 본문).

② 다만, 다음의 어느 하나에 해당할 때를 제외하고는 사람에게 위해를 끼쳐서는 아니 된다(제1항 단서).

    ㉠ 형법에 규정된 정당방위와 긴급피난에 해당할 때(제1호)

    ㉡ 다음의 어느 하나에 해당하는 때에 그 행위를 방지하거나 그 행위자를 체포하기 위하여 무기를 사용하지 아니하고는 다른 수단이 없다고 인정되는 상당한 이유가 있을 때(제2호)

        • 사형·무기 또는 장기 3년 이상의 징역이나 금고에 해당하는 죄를 범하거나 범하였다고 의심할 만한 충분한 이유가 있는 사람이 경찰관의 직무집행에 항거하거나 도주하려고 할 때(가목)

        • 체포·구속영장과 압수·수색영장을 집행하는 과정에서 경찰관의 직무집행에 항거하거나 도주하려고 할 때(나목)

        • 제3자가 가목 또는 나목에 해당하는 사람을 도주시키려고 경찰관에게 항거할 때(다목)

        • 범인이나 소요를 일으킨 사람이 무기·흉기 등 위험한 물건을 지니고 경찰관으로부터 3회 이상 물건을 버리라는 명령이나 항복하라는 명령을 받고도 따르지 아니하면서 계속 항거할 때(라목)

빈칸문제

무기의 사용
- ⋯ 무기 : 사람의 (❶)이나 (❷)에 위해를 끼칠 수 있도록 제작된 권총·소총·도검 등을 말한다.
- ⋯ 경찰관은 범인의 체포, 범인의 도주 방지, 자신이나 다른 사람의 생명·신체의 방어 및 보호, 공무집행에 대한 항거의 제지를 위하여 필요하다고 인정되는 (❸)가 있을 때에는 그 사태를 (❹)으로 판단하여 (❺)에서 무기를 사용할 수 있다.
- ⋯ 대간첩·대테러 작전 등 (❻)에 관련되는 작전을 수행할 때에는 (❼)화기 외에 (❽)화기를 사용할 수 있다.

정답 ❶ 생명 ❷ 신체 ❸ 상당한 이유 ❹ 합리적 ❺ 필요한 한도 ❻ 국가안전 ❼ 개인 ❽ 공용

ⓒ 대간첩 작전 수행 과정에서 무장간첩이 항복하라는 경찰관의 명령을 받고도 따르지 아니할
때(제3호)
③ 대간첩·대테러 작전 등 국가안전에 관련되는 작전을 수행할 때에는 개인화기(個人火器) 외에
공용화기(共用火器)를 사용할 수 있다(제3항). ★

5 사용기록의 보관(경찰관직무집행법 제11조)

살수차(경찰관직무집행법 제10조 제2항), 분사기(경찰관직무집행법 제10조의3), 최루탄 또는 무기
(경찰관직무집행법 제10조의4)를 사용하는 경우 그 책임자는 사용 일시·장소·대상, 현장책임자,
종류, 수량 등을 기록하여 보관하여야 한다. ★

4 손실보상 및 범인검거 등 공로자 보상

1 손실보상(경찰관직무집행법 제11조의2)

(1) 손실보상의 요건

국가는 경찰관의 적법한 직무집행으로 인하여 다음의 어느 하나에 해당하는 손실을 입은 자에 대하
여 정당한 보상을 하여야 한다(제1항). ★

빈칸문제

손실보상의 요건
⋯› 국가는 경찰관의 (❶)으로 인하여 다음의 어느 하나에 해당하는 손실을 입은 자에 대하여 (❷)을 하여야
한다.
㉠ 손실발생의 원인에 대하여 책임이 없는 자가 (❸)을 입은 경우(손실발생의 원인에 대하여 책임이 없는
자가 경찰관의 직무집행에 자발적으로 협조하거나 물건을 제공하여 (❸)을 입은 경우를 포함한다)
㉡ 손실발생의 원인에 대하여 책임이 있는 자가 자신의 책임에 상응하는 정도를 초과하는 (❸)을 입은 경우

❶ 적법한 직무집행 ❷ 정당한 보상 ❸ 생명·신체 또는 재산상의 손실 　정답

① 손실발생의 원인에 대하여 책임이 없는 자가 생명·신체 또는 재산상의 손실을 입은 경우(손실 발생의 원인에 대하여 책임이 없는 자가 경찰관의 직무집행에 자발적으로 협조하거나 물건을 제공하여 생명·신체 또는 재산상의 손실을 입은 경우를 포함한다)(제1호)

② 손실발생의 원인에 대하여 책임이 있는 자가 자신의 책임에 상응하는 정도를 초과하는 생명·신체 또는 재산상의 손실을 입은 경우(제2호)

(2) 손실보상을 위한 방법

① 손실보상을 청구할 수 있는 권리는 손실이 있음을 안 날부터 3년, 손실이 발생한 날부터 5년간 행사하지 아니하면 시효의 완성으로 소멸한다(제2항). ★★

② 손실보상신청 사건을 심의하기 위하여 손실보상심의위원회를 둔다(제3항). ★

③ 경찰청장 또는 시·도 경찰청장은 제3항의 손실보상심의위원회의 심의·의결에 따라 보상금을 지급하고, 거짓 또는 부정한 방법으로 보상금을 받은 사람에 대하여는 해당 보상금을 환수하여야 한다(제4항).

④ 보상금이 지급된 경우 손실보상심의위원회는 대통령령으로 정하는 바에 따라 국가경찰위원회에 심사자료와 결과를 보고하여야 한다. 이 경우 국가경찰위원회는 손실보상의 적법성 및 적정성 확인을 위하여 필요한 자료의 제출을 요구할 수 있다(제5항).

⑤ 경찰청장 또는 시·도 경찰청장은 제4항에 따라 보상금을 반환하여야 할 사람이 대통령령으로 정한 기한까지 그 금액을 납부하지 아니한 때에는 국세 체납처분의 예에 따라 징수할 수 있다(제6항).

⑥ 손실보상의 기준, 보상금액, 지급절차 및 방법, 손실보상심의위원회의 구성 및 운영, 환수절차 그 밖에 손실보상에 관하여 필요한 사항은 대통령령으로 정한다(제7항). ★

빈칸문제

손실보상을 위한 방법

⋯ 손실보상을 청구할 수 있는 권리는 손실이 있음을 (❶)부터 (❷), 손실이 (❸)부터 (❹)간 행사하지 아니하면 시효의 완성으로 소멸한다.

⋯ 손실보상신청 사건을 심의하기 위하여 (❺)를 둔다.

⋯ 손실보상의 기준, 보상금액, 지급절차 및 방법, (❺)의 구성 및 운영, 환수절차 그 밖에 손실보상에 관하여 필요한 사항은 (❻)으로 정한다.

정답 ❶ 안 날 ❷ 3년 ❸ 발생한 날 ❹ 5년 ❺ 손실보상심의위원회 ❻ 대통령령

손실보상의 기준 및 보상금액 등(경찰관직무집행법 시행령 제9조)

① 법 제11조의2 제1항에 따라 손실보상을 할 때 물건을 멸실·훼손한 경우에는 다음 각호의 기준에 따라 보상한다.
1. 손실을 입은 물건을 수리할 수 있는 경우 : 수리비에 상당하는 금액
2. 손실을 입은 물건을 수리할 수 없는 경우 : 손실을 입은 당시의 해당 물건의 교환가액
3. 영업자가 손실을 입은 물건의 수리나 교환으로 인하여 영업을 계속할 수 없는 경우 : 영업을 계속할 수 없는 기간 중 영업상 이익에 상당하는 금액
② 물건의 멸실·훼손으로 인한 손실 외의 재산상 손실에 대해서는 직무집행과 상당한 인과관계가 있는 범위에서 보상한다.
③ 법 제11조의2 제1항에 따라 손실보상을 할 때 생명·신체상의 손실의 경우에는 별표의 기준에 따라 보상한다.
④ 법 제11조의2 제1항에 따라 보상금을 지급받을 사람이 동일한 원인으로 다른 법령에 따라 보상금 등을 지급받은 경우 그 보상금 등에 상당하는 금액을 제외하고 보상금을 지급한다.

손실보상의 지급절차 및 방법(경찰관직무집행법 시행령 제10조)

① 법 제11조의2에 따라 경찰관의 적법한 직무집행으로 인하여 발생한 손실을 보상받으려는 사람은 별지 제4호 서식의 보상금 지급 청구서에 손실내용과 손실금액을 증명할 수 있는 서류를 첨부하여 손실보상청구 사건 발생지를 관할하는 국가경찰관서의 장에게 제출하여야 한다.
② 제1항에 따라 보상금 지급 청구서를 받은 국가경찰관서의 장은 해당 청구서를 제11조 제1항에 따른 손실보상 청구 사건을 심의할 손실보상심의위원회가 설치된 경찰청, 해양경찰청, 시·도 경찰청 및 지방해양경찰청의 장(이하 "경찰청장 등"이라 한다)에게 보내야 한다.
③ 제2항에 따라 보상금 지급 청구서를 받은 경찰청장 등은 손실보상심의위원회의 심의·의결에 따라 보상 여부 및 보상금액을 결정하되, 다음 각호의 어느 하나에 해당하는 경우에는 그 청구를 각하(却下)하는 결정을 하여야 한다.
1. 청구인이 같은 청구 원인으로 보상신청을 하여 보상금 지급 여부에 대하여 결정을 받은 경우. 다만, 기각 결정을 받은 청구인이 손실을 증명할 수 있는 새로운 증거가 발견되었음을 소명(疏明)하는 경우는 제외한다.
2. 손실보상 청구가 요건과 절차를 갖추지 못한 경우. 다만, 그 잘못된 부분을 시정할 수 있는 경우는 제외한다.

④ 경찰청장 등은 제3항에 따른 **결정일부터 10일 이내에** 다음 각호의 구분에 따른 **통지서에 결정 내용을 적어서** 청구인에게 통지하여야 한다.

1. 보상금을 지급하기로 결정한 경우 : 별지 제5호 서식의 **보상금 지급 청구 승인 통지서**
2. 보상금 지급 청구를 각하하거나 보상금을 지급하지 아니하기로 결정한 경우 : 별지 제6호 서식의 **보상금 지급 청구 기각·각하 통지서**

⑤ 보상금은 다른 법률에 특별한 규정이 있는 경우를 제외하고는 **현금으로 지급하여야** 한다.

⑥ 보상금은 일시불로 지급하되, 예산 부족 등의 사유로 일시금으로 지급할 수 없는 **특별한 사정이 있는 경우**에는 청구인의 동의를 받아 분할하여 지급할 수 있다.

⑦ 보상금을 지급받은 사람은 보상금을 지급받은 원인과 동일한 원인으로 인한 부상이 악화되거나 새로 발견되어 다음 각호의 어느 하나에 해당하는 경우에는 보상금의 추가 지급을 청구할 수 있다. 이 경우 보상금 지급 청구, 보상금액 결정, 보상금 지급 결정에 대한 통지, 보상금 지급 방법 등에 관하여는 제1항부터 제6항까지의 규정을 준용한다.

1. 별표 제2호에 따른 **부상등급이 변경된 경우**(부상등급 외의 부상에서 제1급부터 제8급까지의 등급으로 변경된 경우를 포함한다)
2. 별표 제2호에 따른 부상등급 외의 부상에 대해 부상등급의 변경은 없으나 보상금의 추가 지급이 필요한 경우

⑧ 제1항부터 제7항까지에서 규정한 사항 외에 **손실보상의 청구 및 지급에 필요한 사항은 경찰청장 또는 해양경찰청장**이 정한다.

손실보상심의위원회의 설치 및 구성(경찰관직무집행법 시행령 제11조)

① 법 제11조의2 제3항에 따라 소속 경찰공무원의 직무집행으로 인하여 발생한 손실보상청구 사건을 심의하기 위하여 **경찰청, 해양경찰청, 시·도 경찰청 및 지방해양경찰청에 손실보상심의위원회를 설치**한다.★★

② 위원회는 위원장 1명을 포함한 **5명 이상 7명 이하**의 위원으로 구성한다.★★

③ 위원회의 위원은 소속 경찰공무원과 다음 각호의 어느 하나에 해당하는 사람 중에서 **경찰청장 등이 위촉하거나 임명**한다. 이 경우 **위원의 과반수 이상은 경찰공무원이 아닌 사람**으로 하여야 한다.★★

　㉠ **판사·검사 또는 변호사로 5년 이상** 근무한 사람

　㉡ 고등교육법 제2조에 따른 학교에서 **법학 또는 행정학을 가르치는 부교수 이상으로 5년 이상** 재직한 사람

　㉢ **경찰 업무와 손실보상에 관하여 학식과 경험이 풍부한 사람**

④ **위촉위원의 임기는 2년**으로 한다.

⑤ 위원회의 사무를 처리하기 위하여 위원회에 간사 1명을 두되, **간사는 소속 경찰공무원 중에서 경찰청장 등이 지명**한다.★

PART 02

빈칸문제

손실보상심의위원회의 설치 및 구성

⟶ 위원회는 위원장 1명을 포함한 (❶) 이상 (❷) 이하의 위원으로 구성한다.

⟶ 위원회의 위원은 소속 경찰공무원과 다음 각호의 어느 하나에 해당하는 사람 중에서 경찰청장 등이 위촉하거나 임명한다. 이 경우 위원의 (❸) 이상은 경찰공무원이 아닌 사람으로 하여야 한다.

　㉠ 판사·검사 또는 변호사로 (❹) 이상 근무한 사람

　㉡ 고등교육법 제2조에 따른 학교에서 법학 또는 행정학을 가르치는 부교수 이상으로 (❹) 이상 재직한 사람

　㉢ 경찰 업무와 손실보상에 관하여 학식과 경험이 풍부한 사람

정답 　❶ 5명　❷ 7명　❸ 과반수　❹ 5년

위원장(경찰관직무집행법 시행령 제12조)

① 위원장은 위원 중에서 호선(互選)한다.★

② 위원장은 위원회를 대표하며, 위원회의 업무를 총괄한다.

③ 위원장이 부득이한 사유로 직무를 수행할 수 없는 때에는 **위원장이 미리 지명한 위원**이 그 **직무를 대행**한다.★

손실보상심의위원회의 운영(경찰관직무집행법 시행령 제13조)

① **위원장은 위원회의 회의를 소집**하고, 그 의장이 된다.

② 위원회의 회의는 재적위원 과반수의 출석으로 개의(開議)하고, 출석위원 과반수의 찬성으로 의결한다.★

③ 위원회는 심의를 위하여 필요한 경우에는 관계 공무원이나 관계 기관에 사실조사나 자료의 제출 등을 요구할 수 있으며, 관계 전문가에게 필요한 정보의 제공이나 의견의 진술 등을 요청할 수 있다.★

위원의 제척 · 기피 · 회피(경찰관직무집행법 시행령 제14조)

① 위원회의 위원이 **다음 각호의 어느 하나에 해당하는 경우**에는 위원회의 심의 · 의결에서 제척(除斥)된다.

　1. 위원 또는 그 배우자나 배우자였던 사람이 심의 안건의 청구인인 경우

　2. 위원이 심의 안건의 청구인과 친족이거나 친족이었던 경우

　3. 위원이 심의 안건에 대하여 증언, 진술, 자문, 용역 또는 감정을 한 경우

　4. 위원이나 위원이 속한 법인이 심의 안건 청구인의 대리인이거나 대리인이었던 경우

　5. 위원이 해당 심의 안건의 청구인인 법인의 임원인 경우

② 청구인은 위원에게 공정한 심의 · 의결을 기대하기 어려운 사정이 있는 경우에는 위원회에 기피 신청을 할 수 있고, 위원회는 의결로 이를 결정한다. 이 경우 기피 신청의 대상인 위원은 그 의결에 참여하지 못한다.

③ 위원이 제1항 각호에 따른 제척 사유에 해당하는 경우에는 **스스로** 해당 안건의 심의 · 의결에서 회피(回避)하여야 한다.

위원의 해촉(경찰관직무집행법 시행령 제15조)

경찰청장 등은 위원회의 위원이 다음 각호의 어느 하나에 해당하는 경우에는 해당 위원을 해촉(解囑)할 수 있다.

　1. 심신장애로 인하여 직무를 수행할 수 없게 된 경우

　2. 직무태만, 품위손상이나 그 밖의 사유로 위원으로 적합하지 아니하다고 인정되는 경우

　3. 제14조 제1항 각호의 어느 하나에 해당하는 데에도 불구하고 회피하지 아니한 경우

　4. 제16조를 위반하여 직무상 알게 된 비밀을 누설한 경우

보상금의 환수절차(경찰관직무집행법 시행령 제17조의2)

① 경찰청장 또는 시 · 도 경찰청장은 법 제11조의2 제4항에 따라 보상금을 환수하려는 경우에는 위원회의 심의 · 의결에 따라 환수 여부 및 환수금액을 결정하고, 거짓 또는 부정한 방법으로 보상금을 받은 사람에게 **다음 각호의 내용을 서면으로 통지해야 한다.**★

　1. 환수사유

　2. 환수금액

　3. 납부기한

　4. 납부기관

② 법 제11조의2 제6항에서 "대통령령으로 정한 기한"이란 제1항에 따른 통지일부터 40일 이내의 범위에서 경찰청장 또는 시 · 도 경찰청장이 정하는 기한을 말한다.

③ 제1항 및 제2항에서 규정한 사항 외에 보상금 환수절차에 관하여 필요한 사항은 경찰청장이 정한다.★

2 범인검거 등 공로자 보상(경찰관직무집행법 제11조의3)

(1) 보상금 지급 대상

경찰청장, 시·도 경찰청장 또는 경찰서장은 다음의 어느 하나에 해당하는 사람에게 보상금을 지급할 수 있다(제1항).★★

① 범인 또는 범인의 소재를 신고하여 검거하게 한 사람(제1호)

② 범인을 검거하여 경찰공무원에게 인도한 사람(제2호)

③ 테러범죄의 예방활동에 현저한 공로가 있는 사람(제3호)

④ 그 밖에 ①부터 ③까지의 규정에 준하는 사람으로서 대통령령으로 정하는 사람(제4호)

범인검거 등 공로자 보상금 지급 대상자(경찰관직무집행법 시행령 제18조)

법 제11조의3 제1항 제4호에서 "대통령령으로 정하는 사람"이란 다음 각호의 어느 하나에 해당하는 사람을 말한다.

1. 범인의 신원을 특정할 수 있는 정보를 제공한 사람
2. 범죄사실을 입증하는 증거물을 제출한 사람
3. 그 밖에 범인 검거와 관련하여 경찰 수사 활동에 협조한 사람 중 보상금 지급 대상자에 해당한다고 법 제11조의3 제2항에 따른 보상금심사위원회가 인정하는 사람

보상금 지급 대상

⋯▸ (❶), (❷) 또는 (❸)은 다음의 어느 하나에 해당하는 사람에게 보상금을 지급할 수 있다.

　㉠ 범인 또는 범인의 (❹)를 신고하여 검거하게 한 사람

　㉡ 범인을 (❺)하여 경찰공무원에게 인도한 사람

　㉢ (❻)범죄의 예방활동에 현저한 공로가 있는 사람

　㉣ 그 밖에 ㉠부터 ㉢까지의 규정에 준하는 사람으로서 (❼)으로 정하는 사람

정답 ❶ 경찰청장 ❷ 시·도 경찰청장 ❸ 경찰서장 ❹ 소재 ❺ 검거 ❻ 테러 ❼ 대통령령

(2) 보상금심사위원회의 보상금 지급 절차

① 경찰청장, 시·도 경찰청장 및 경찰서장은 보상금 지급의 심사를 위하여 대통령령으로 정하는 바에 따라 각각 보상금심사위원회를 설치·운영하여야 한다(제2항). ★

> **보상금심사위원회의 구성 및 심사사항 등(경찰관직무집행법 시행령 제19조)**
> ① 법 제11조의3 제2항에 따라 경찰청에 두는 보상금심사위원회의 위원장은 경찰청 소속 과장급 이상의 경찰공무원 중에서 경찰청장이 임명하는 사람으로 한다.
> ② 법 제11조의3 제2항에 따라 시·도 경찰청 및 경찰서에 두는 보상금심사위원회의 위원장에 관하여는 제1항을 준용한다. 이 경우 "경찰청"은 각각 "시·도 경찰청" 또는 "경찰서"로, "경찰청장"은 각각 "시·도 경찰청장" 또는 "경찰서장"으로 본다.
> ③ 법 제11조의3 제2항에 따른 보상금심사위원회(이하 "보상금심사위원회"라 한다)는 다음 각호의 사항을 심사·의결한다.
> 　1. 보상금 지급 대상자에 해당하는 지 여부
> 　2. 보상금 지급 금액
> 　3. 보상금 환수 여부
> 　4. 그 밖에 보상금 지급이나 환수에 필요한 사항
> ④ 보상금심사위원회의 회의는 재적위원 과반수의 찬성으로 의결한다.

② 보상금심사위원회는 위원장 1명을 포함한 5명 이내의 위원으로 구성한다(제3항). ★

③ 보상금심사위원회의 위원은 소속 경찰공무원 중에서 경찰청장, 시·도 경찰청장 또는 경찰서장이 임명한다(제4항). ★

④ 경찰청장, 시·도 경찰청장 또는 경찰서장은 보상금심사위원회의 심사·의결에 따라 보상금을 지급하고, 거짓 또는 부정한 방법으로 보상금을 받은 사람에 대하여는 해당 보상금을 환수한다(제5항).

⑤ 경찰청장, 시·도 경찰청장 또는 경찰서장은 제5항에 따라 보상금을 반환하여야 할 사람이 대통령령으로 정한 기한까지 그 금액을 납부하지 아니한 때에는 국세 체납처분의 예에 따라 징수할 수 있다(제6항).

빈칸문제

보상금심사위원회의 보상금 지급 절차
　⋯ 보상금심사위원회는 위원장 1명을 포함한 (❶) 이내의 위원으로 구성한다.
　⋯ 보상금심사위원회의 위원은 (❷) 중에서 경찰청장, 시·도 경찰청장 또는 경찰서장이 (❸)한다.
　⋯ 경찰청장, 시·도 경찰청장 또는 경찰서장은 보상금심사위원회의 심사·의결에 따라 보상금을 (❹)하고, 거짓 또는 부정한 방법으로 보상금을 받은 사람에 대하여는 해당 보상금을 (❺)한다.
　⋯ 보상 대상, 보상금의 지급 기준 및 절차, 보상금심사위원회의 구성 및 심사사항, 환수절차 그 밖에 보상금 지급에 관하여 필요한 사항은 (❻)으로 정한다.

❶ 5명　❷ 소속 경찰공무원　❸ 임명　❹ 지급　❺ 환수　❻ 대통령령　**정답**

범인검거 등 공로자 보상금의 환수절차(경찰관직무집행법 시행령 제21조의2)

① 경찰청장, 시·도 경찰청장 또는 경찰서장은 법 제11조의3 제5항에 따라 보상금을 환수하려는 경우에는 보상금심사위원회의 심사·의결에 따라 환수 여부 및 환수금액을 결정하고, 거짓 또는 부정한 방법으로 보상금을 받은 사람에게 다음 각호의 내용을 서면으로 통지해야 한다.
1. 환수사유
2. 환수금액
3. 납부기한
4. 납부기관
② 법 제11조의3 제6항에서 "대통령령으로 정한 기한"이란 제1항에 따른 통지일부터 40일 이내의 범위에서 경찰청장, 시·도 경찰청장 또는 경찰서장이 정하는 기한을 말한다.

⑥ 보상 대상, 보상금의 지급 기준 및 절차, 보상금심사위원회의 구성 및 심사사항, 환수절차 그 밖에 보상금 지급에 관하여 필요한 사항은 대통령령으로 정한다(제7항).

범인검거 등 공로자 보상금의 지급 기준(경찰관직무집행법 시행령 제20조)

법 제11조의3 제1항에 따른 보상금의 최고액은 5억원으로 하며, 구체적인 보상금 지급 기준은 경찰청장이 정하여 고시한다.

범인검거 등 공로자 보상금의 지급 절차 등(경찰관직무집행법 시행령 제21조)

① 경찰청장, 시·도 경찰청장 또는 경찰서장은 보상금 지급사유가 발생한 경우에는 직권으로 또는 보상금을 지급받으려는 사람의 신청에 따라 소속 보상금심사위원회의 심사·의결을 거쳐 보상금을 지급한다.
② 보상금심사위원회는 제20조에 따라 경찰청장이 정하여 고시한 보상금 지급 기준에 따라 보상 금액을 심사·의결한다. 이 경우 보상금심사위원회는 다음 각호의 사항을 고려하여 보상금액을 결정할 수 있다.
1. 테러범죄 예방의 기여도
2. 범죄피해의 규모
3. 범인 신고 등 보상금 지급 대상 행위의 난이도

빈칸문제

범인검거 등 공로자 보상금의 지급 절차 등

⋯ 경찰청장, 시·도 경찰청장 또는 경찰서장은 보상금 지급사유가 발생한 경우에는 (❶)으로 또는 보상금을 지급 받으려는 사람의 (❷)에 따라 소속 보상금심사위원회의 (❸)을 거쳐 보상금을 지급한다.

⋯ 보상금심사위원회는 (❹)이 정하여 고시한 보상금 지급 기준에 따라 보상 금액을 심사·의결한다. 이 경우 보상금심사위원회는 다음의 내용을 고려하여 보상금액을 결정할 수 있다. ㉠ 테러범죄 예방의 (❺) ㉡ 범죄피해의 규모 ㉢ 범인 신고 등 보상금 지급 대상 행위의 난이도 등

정답 ❶ 직권 ❷ 신청 ❸ 심의·의결 ❹ 경찰청장 ❺ 기여도

4. 보상금 지급 대상자가 다른 법령에 따라 보상금 등을 지급받을 수 있는지 여부
5. 그 밖에 범인검거와 관련한 제반 사정
③ 경찰청장, 시·도 경찰청장 및 경찰서장은 소속 보상금심사위원회의 보상금 심사를 위하여 필요한 경우에는 보상금 지급 대상자와 관계 공무원 또는 기관에 사실조사나 자료의 제출 등을 요청할 수 있다.

범인검거 등 공로자 보상금의 환수절차(경찰관직무집행법 시행령 제21조2)

① 경찰청장, 시·도 경찰청장 또는 경찰서장은 법 제11조의3 제5항에 따라 보상금을 환수하려는 경우에는 보상금심사위원회의 심사·의결에 따라 환수 여부 및 환수금액을 결정하고, 거짓 또는 부정한 방법으로 보상금을 받은 사람에게 다음 각호의 내용을 서면으로 통지해야 한다.
1. 환수사유
2. 환수금액
3. 납부기한
4. 납부기관
② 법 제11조의3 제6항에서 "대통령령으로 정한 기한"이란 제1항에 따른 통지일부터 40일 이내의 범위에서 경찰청장, 시·도 경찰청장 또는 경찰서장이 정하는 기한을 말한다.

범인검거 등 공로자 보상금의 지급 등에 필요한 사항(경찰관직무집행법 시행령 제22조)

제18조부터 제21조까지 및 제21조의2에서 규정한 사항 외에 보상금의 지급 등에 필요한 사항은 경찰청장이 정하여 고시한다.

3 소송 지원(경찰관직무집행법 제11조의4)

경찰청장과 해양경찰청장은 경찰관이 제2조 각호에 따른 직무의 수행으로 인하여 민·형사상 책임과 관련된 소송을 수행할 경우 변호인 선임 등 소송 수행에 필요한 지원을 할 수 있다.
[본조신설 2021.10.19.]

빈칸문제

범인검거 등 공로자 보상금의 환수절차
⋯ 경찰청장, 시·도 경찰청장 또는 (❶)은 법 제11조의3 제5항에 따라 보상금을 환수하려는 경우에는 (❷)의 심사·의결에 따라 환수 여부 및 환수금액을 결정하고, 거짓 또는 부정한 방법으로 보상금을 받은 사람에게 (❸), 환수금액, 납부기한, 납부기관을 (❹)으로 통지해야 한다.
⋯ 법 제11조의3 제6항에서 "대통령령으로 정한 기한"이란 제1항에 따른 통지일부터 (❺) 이내의 범위에서 경찰청장, 시·도 경찰청장 또는 (❶)이 정하는 기한을 말한다.

❶ 경찰서장 ❷ 보상금심사위원회 ❸ 환수사유 ❹ 서면 ❺ 40일 **정답**

4 **직무수행으로 인한 형의 감면(경찰관직무집행법 제11조의5)**

다음의 범죄가 행하여지려고 하거나 행하여지고 있어 타인의 생명·신체에 대한 위해 발생의 우려가 명백하고 긴급한 상황에서, 경찰관이 그 위해를 예방하거나 진압하기 위한 행위 또는 범인의 검거 과정에서 경찰관을 향한 직접적인 유형력 행사에 대응하는 행위를 하여 그로 인하여 타인에게 피해가 발생한 경우, 그 경찰관의 직무수행이 불가피한 것이고 필요한 최소한의 범위에서 이루어졌으며 해당 경찰관에게 고의 또는 중대한 과실이 없는 때에는 그 정상을 참작하여 형을 감경하거나 면제할 수 있다.

① 「형법」 제2편 제24장 살인의 죄, 제25장 상해와 폭행의 죄, 제32장 강간과 추행의 죄 중 강간에 관한 범죄, 제38장 절도와 강도의 죄 중 강도에 관한 범죄 및 이에 대하여 다른 법률에 따라 가중처벌하는 범죄(제1호)

② 「가정폭력범죄의 처벌 등에 관한 특례법」에 따른 가정폭력범죄, 「아동학대범죄의 처벌 등에 관한 특례법」에 따른 아동학대범죄(제2호)

[본조신설 2022.2.3.]

PART 02

5 **벌칙(경찰관직무집행법 제12조)**

이 법에 규정된 경찰관의 의무를 위반하거나 직권을 남용하여 다른 사람에게 해를 끼친 사람은 1년 이하의 징역이나 금고에 처한다. ★★

빈칸문제

소송 지원 및 벌칙
- ⋯ 경찰청장과 해양경찰청장은 경찰관이 제2조 각호에 따른 직무의 수행으로 인하여 민·형사상 책임과 관련된 소송을 수행할 경우 (❶) 등 소송 수행에 필요한 지원을 할 수 있다.
- ⋯ 경찰관직무집행법에 규정된 경찰관의 (❷)를 위반하거나 (❸)을 남용하여 다른 사람에게 해를 끼친 사람은 (❹) 이하의 징역이나 (❺)에 처한다.

정답 ❶ 변호사 선임 ❷ 의무 ❸ 직권 ❹ 1년 ❺ 금고

02 경찰관직무집행법

01

☑ 확인Check! ○ △ ✕

경찰관직무집행법에 대한 내용으로 가장 적절하지 않은 것은?

① 경찰관직무집행법 제2조는 직무의 범위에서 '범죄피해자 보호'를 규정하고 있다.

② 법률에서 정한 절차에 따라 체포·구속된 사람 또는 신체의 자유를 제한하는 판결이나 처분을 받은 사람을 수용하기 위하여 경찰서와 해양경찰서에 유치장을 둔다.

③ 경찰관은 '현행범이나 사형·무기 또는 장기 3년 이상의 징역이나 금고에 해당하는 죄를 범한 범인의 체포 또는 도주 방지', '자신이나 다른 사람의 생명·신체의 방어 및 보호', '공무집행에 대한 항거 제지'의 직무를 수행하기 위하여 필요하다고 인정되는 상당한 이유가 있을 때에는 그 사태를 합리적으로 판단하여 필요한 한도에서 경찰장구를 사용할 수 있다.

④ 경찰청장은 위해성 경찰장비를 새로 도입하려는 경우에는 대통령령으로 정하는 바에 따라 안전성 검사를 실시하여 그 안전성 검사의 결과보고서를 경찰위원회에 제출하여야 한다. 이 경우 안전성 검사에는 외부 전문가를 참여시켜야 한다.

쏙쏙 해설

경찰청장은 위해성 경찰장비를 새로 도입하려는 경우에는 대통령령으로 정하는 바에 따라 안전성 검사를 실시하여 그 안전성 검사의 결과보고서를 국회 소관 상임위원회에 제출하여야 한다. 이 경우 안전성 검사에는 외부 전문가를 참여시켜야 한다(경찰관직무집행법 제10조 제5항).★

① 경찰관직무집행법 제2조 제2호의2
② 경찰관직무집행법 제9조
③ 경찰관직무집행법 제10조의2 제1항 ★

정답 ❹

02

☑ 확인 Check! ○ △ ✕

경찰관직무집행법 및 동법 시행령상 손실보상에 대한 설명으로 가장 적절하지 않은 것은?

① 보상을 청구할 수 있는 권리는 손실이 있음을 안 날부터 3년, 손실이 발생한 날부터 5년간 행사하지 아니하면 시효의 완성으로 소멸한다.

② 소속 경찰공무원의 직무집행으로 인하여 발생한 손실보상청구 사건을 심의하기 위하여 경찰청, 해양경찰청, 시·도 경찰청, 지방해양경찰청, 경찰서 및 해양경찰서에 손실보상심의위원회(이하 "위원회"라 한다)를 설치하며, 위원회는 위원장 1명을 포함한 5명 이상 7명 이하의 위원으로 구성한다.

③ 보상금은 일시불로 지급하되, 예산 부족 등의 사유로 일시금으로 지급할 수 없는 특별한 사정이 있는 경우에는 청구인의 동의를 받아 분할하여 지급할 수 있다.

④ 보상금은 다른 법률에 특별한 규정이 있는 경우를 제외하고는 현금으로 지급하여야 한다.

쏙쏙 해설

소속 경찰공무원의 직무집행으로 인하여 발생한 손실보상청구 사건을 심의하기 위하여 경찰청, 해양경찰청, 시·도 경찰청 및 지방해양경찰청에 손실보상심의위원회(이하 "위원회"라 한다)를 설치하며, 위원회는 위원장 1명을 포함한 5명 이상 7명 이하의 위원으로 구성한다(경찰관직무집행법 시행령 제11조 제1항·제2항). 경찰서 및 해양경찰서에는 위원회가 설치되어 있지 않다. ★
① 경찰관직무집행법 제11조의2 제2항
③ 경찰관직무집행법 시행령 제10조 제6항
④ 경찰관직무집행법 시행령 제10조 제5항

정답 ❷

03

☑ 확인 Check! ○ △ ✕

경찰관직무집행법상 경찰청장, 시·도 경찰청장 또는 경찰서장이 범인검거 등 공로자로 보상금을 지급하여야 할 대상이 아닌 사람은?

① 범인 또는 범인의 소재를 신고하여 검거하게 한 사람

② 범인을 검거하여 경찰공무원에게 인도한 사람

③ 테러범죄의 예방활동에 현저한 공로가 있는 사람

④ 범인 체포에 대한 압수 및 수색영장을 집행한 사람

쏙쏙 해설

범인검거 등 공로자 보상금 지급 대상자는 ①·②·③이다.

정답 ❹

PART 02

범인검거 등 공로자 보상(경찰관직무집행법 제11조의3)

① 경찰청장, 시·도 경찰청장 또는 경찰서장은 다음 각호의 어느 하나에 해당하는 사람에게 보상금을 지급할 수 있다.

1. 범인 또는 범인의 소재를 신고하여 검거하게 한 사람
2. 범인을 검거하여 경찰공무원에게 인도한 사람
3. 테러범죄의 예방활동에 현저한 공로가 있는 사람
4. 그 밖에 제1호부터 제3호까지의 규정에 준하는 사람으로서 대통령령으로 정하는 사람

> 범인검거 등 공로자 보상금 지급 대상자(경찰관직무집행법 시행령 제18조)
>
> 법 제11조의3 제1항 제4호에서 "대통령령으로 정하는 사람"이란 다음 각호의 어느 하나에 해당하는 사람을 말한다.
>
> 1. 범인의 신원을 특정할 수 있는 정보를 제공한 사람
> 2. 범죄사실을 입증하는 증거물을 제출한 사람
> 3. 그 밖에 범인 검거와 관련하여 경찰 수사 활동에 협조한 사람 중 보상금 지급 대상자에 해당한다고 법 제11조의3 제2항에 따른 보상금심사위원회가 인정하는 사람

04

☑ 확인 Check! ○ △ ✕

경찰관직무집행법상 명시된 경찰관의 경찰장구·분사기·최루탄·무기 등의 사용 관련 규정에 대한 설명으로 가장 적절하지 않은 것은?

① 경찰장구는 사형·무기 또는 장기 3년 이상의 징역이나 금고에 해당하는 죄를 범한 범인의 체포 또는 도주 방지를 위해서 사용할 수 있다.

② 분사기 및 최루탄은 공무집행에 대한 항거의 제지를 위해서 사용할 수 있다.

③ "무기"라 함은 생명 또는 신체에 위해를 가할 수 있도록 제작된 권총·소총·도검 등을 말한다.

④ 살수차·분사기·최루탄·무기를 사용하는 경우 그 책임자는 사용일시·장소·대상, 현장책임자, 종류, 수량 등을 기록하여 보관하여야 한다.

쏙쏙 해설

경찰관은 범인의 체포 또는 범인의 도주 방지 또는 불법집회·시위로 인한 자신이나 다른 사람의 생명·신체와 재산 및 공공시설 안전에 대한 현저한 위해의 발생 억제를 위하여 부득이한 경우에는 현장책임자가 판단하여 필요한 최소한의 범위에서 분사기(총포·도검·화약류 등의 안전관리에 관한 법률에 따른 분사기를 말하며, 그에 사용하는 최루 등의 작용제를 포함) 또는 최루탄을 사용할 수 있다(경찰관직무집행법 제10조의3). ★

① 경찰관직무집행법 제10조의2 제1항 제1호

③ 경찰관직무집행법 제10조의4 제2항

④ 경찰관직무집행법 제11조

정답 ❷

05

☑ 확인Check! ○ △ ✕

경찰관직무집행법상 보호조치 등의 구호대상자로 볼 수 없는 것은?

① 정신착란을 일으켜 자신 또는 다른 사람의 생명・신체・재산에 위해를 끼칠 우려가 있는 사람

② 술에 취하여 자신 또는 다른 사람의 생명・신체・재산에 위해를 끼칠 우려가 있는 사람

③ 본인이 구호를 거절하는 경우라도 응급구호가 필요하다고 인정되는 사람

④ 병자, 부상자 등으로서 적당한 보호자가 없으며 응급구호가 필요하다고 인정되는 사람

쏙쏙 해설

③・④ 미아, 병자, 부상자 등으로서 적당한 보호자가 없으며 응급구호가 필요하다고 인정되는 사람은 구호대상자이다. 다만, 본인이 구호를 거절하는 경우는 제외한다(경찰관직무집행법 제4조 제1항 제3호).★

①・② 경찰관직무집행법 제4조 제1항 제1호

정답 ❸

06

☑ 확인Check! ○ △ ✕

경찰관직무집행법 제2조 제7호의 개괄적 수권조항 인정 여부에 있어 찬성측의 논거로 옳은 것은 몇 개인가?

㉠ 경찰권의 성질상 경찰권의 발동사태를 상정해서 경찰권 발동의 요건・한계를 입법기관이 일일이 규정한다는 것은 불가능하다.

㉡ 법률유보의 원칙상 경찰관을 발동하기 위해서는 개별적인 작용법에 의한 구제적인 법적 수권을 필요로 한다는 견해이다.

㉢ 개괄적 수권조항으로 인한 경찰권 남용의 가능성은 조리상의 한계 등으로 충분히 통제가 가능하다.

㉣ 경찰관직무집행법 제2조 제7호는 단지 경찰의 직무범위만을 정한 것으로서 본질적으로는 조직법적 성질의 규정이다.

㉤ 개괄적 수권조항은 개별조항이 없는 경우에만 보충적으로 적용하면 된다.

① 1개   ② 2개

③ 3개   ④ 4개

쏙쏙 해설

㉡・㉣은 경찰관직무집행법 제2조 제7호의 개괄적 수권조항 인정여부에 대한 반대측의 논거에 해당한다.

정답 ❸

경찰관직무집행법 제2조 제7호의 개괄적 수권조항 인정 여부

긍정설	부정설
• 경찰권의 성질상 경찰권의 발동사태를 상정해서 경찰권 발동의 요건·한계를 입법기관이 일일이 규정한다는 것은 불가능하기 때문에 일반조항이 필요하다. • 개괄적 수권조항은 개별조항이 없는 경우에만 보충적으로 적용하면 된다.★ • 일반조항으로 인한 경찰권 발동의 남용 가능성은 조리상의 한계 등으로 충분히 통제될 수 있다.	• 경찰작용의 분야가 법률유보의 본령이었음을 근거로 하여 경찰권을 발동하기 위하여는 개괄적 수권조항의 존재만으로는 불충분하다는 견해, 즉 법률유보의 원칙상 경찰권을 발동하기 위하여는 개별적인 작용법에 의한 구체적인 법적 수권을 필요로 한다는 견해이다. • 경찰관직무집행법 제2조 제7호는 경찰의 직무범위만을 규정한 것으로서 본질적으로 조직법적 성질을 가진다는 견해이다.★

07

☑ 확인Check! ○ △ ✕

경찰관직무집행법에 대한 다음 설명 중 옳은 것은 모두 몇 개인가?

> ㉠ 미아·병자·부상자 등으로서 적당한 보호자가 없으며 응급의 구호를 요한다고 인정되는 경우 당해인이 이를 거절하는 때에도 보호조치를 할 수 있다.
> ㉡ 위험 발생의 방지를 위한 조치수단 중 긴급을 요할 때 '억류 또는 피난조치를 할 수 있는 대상자'로 규정된 자는 그 장소에 모인 사람, 사물의 관리자, 그 밖의 관계인이다.
> ㉢ 법 제10조의4에 따른 무기를 사용하는 경우 그 책임자는 사용일시·장소·대상, 현장책임자, 종류, 수량 등을 기록하여 보관하여야 한다.
> ㉣ 이 법에 규정된 경찰관의 의무를 위반하거나 직권을 남용하여 다른 사람에게 해를 끼친 사람은 1년 이하의 징역이나 금고에 처한다.
> ㉤ 손실보상을 청구할 수 있는 권리는 손실이 있음을 안 날로부터 2년, 손실이 발생한 날로부터 5년간 행사하지 아니하면 시효의 완성으로 소멸한다.

① 1개
② 2개
③ 3개
④ 4개

쏙쏙 해설

옳은 지문은 ㉢, ㉣ 2개이다.
㉢ (○) 경찰관직무집행법 제11조
㉣ (○) 경찰관직무집행법 제12조

정답 ❷

㉠ (×) 미아·병자·부상자 등으로서 적당한 보호자가 없으며 응급구호가 필요하다고 인정되는 사람을 발견하였을 때에는 보건의료기관이나 공공구호기관에 긴급구호를 요청하거나 경찰관서에 보호하는 등 적절한 조치를 할 수 있다. 다만, 본인이 구호를 거절하는 경우는 제외한다(경찰관직무집행법 제4조 제1항 제3호).★★

㉡ (×) 경찰관은 매우 긴급한 경우에는 위해를 입을 우려가 있는 사람을 필요한 한도에서 억류하거나 피난시킬 수 있다(경찰관직무집행법 제5조 제1항 제2호).★ 그 장소에 모인 사람, 사물의 관리자, 그 밖의 관계인에게는 필요한 경고를 한다(경찰관직무집행법 제5조 제1항 제1호).

㉤ (×) 손실보상을 청구할 수 있는 권리는 손실이 있음을 안 날부터 3년, 손실이 발생한 날부터 5년간 행사하지 아니하면 시효의 완성으로 소멸한다(경찰관직무집행법 제11조의2 제2항).★

08

☑ 확인 Check! ○ △ ×

경찰관직무집행법상 불심검문에 대한 다음 설명 중 옳지 않은 것은?

① 경찰관은 거동불심자를 정지시켜 질문을 할 때에 그 사람이 흉기를 가지고 있는지 여부를 조사할 수 있다.

② 경찰관은 거동불심자를 정지시켜 질문을 할 때에 미리 진술거부권이 있음을 상대방에게 고지하여야 한다.

③ 경찰관은 질문을 하거나 동행을 요구할 경우 자신의 신분을 표시하는 증표를 제시하면서 소속과 성명을 밝히고 질문이나 동행의 목적과 이유를 설명하여야 하며, 동행을 요구하는 경우에는 동행 장소를 밝혀야 한다.

④ 경찰관은 불심검문한 사람을 정지시킨 장소에서 질문을 하는 것이 그 사람에게 불리하거나 교통에 방해가 된다고 인정될 때에는 질문을 하기 위하여 가까운 경찰서·지구대·파출소 또는 출장소로 동행할 것을 요구할 수 있다.

쏙쏙 해설

경찰관직무집행법상 임의동행을 거절할 권리와 진술거부권이 규정되어 있지만, 진술거부권의 사전고지권은 규정되어 있지 않다.★
① 경찰관직무집행법 제3조 제3항
③ 경찰관직무집행법 제3조 제4항
④ 경찰관직무집행법 제3조 제2항 전문

정답 ❷

09

경찰관직무집행법상 경찰장비에 대한 다음의 설명 중 옳은 것은 모두 몇 개인가?

> ㉠ 위해성 경찰장비의 종류·사용기준·안전교육·안전검사의 기준 등은 대통령령인 경찰관직무집행법 시행령으로 정한다.
> ㉡ 경찰장비란 무기, 경찰장구, 최루제와 그 발사장치, 살수차, 감식기구, 해안 감시기구, 통신기기, 차량·선박·항공기 등 경찰이 직무를 수행할 때 필요한 장치와 기구를 말한다.
> ㉢ 경찰장구, 살수차, 분사기, 최루탄, 무기 등의 경찰 장비를 사용하는 경우에 그 책임자는 사용 일시, 사용 장소, 현장책임자, 종류, 수량 등을 기록하여 보관하여야 한다.
> ㉣ 위해성 경찰장비의 안전성 검사에는 반드시 외부의 전문가를 참여시켜야 한다.
> ㉤ 위해성 경찰장비는 필요한 최소한도에서 사용하여야 한다.

① 1개
② 2개
③ 3개
④ 4개

쏙쏙 해설

옳은 지문은 ㉡, ㉣, ㉤ 3개이다.
㉡ (○) 경찰관직무집행법 제10조 제2항
㉣ (○) 찰관직무집행법 제10조 제5항 후문
㉤ (○) 경찰관직무집행법 제10조 제4항

정답 ❸

핵심만 콕

㉠ (✕) 위해성 경찰장비의 종류 및 그 사용기준, 안전교육·안전검사의 기준 등은 <u>대통령령(위해성 경찰장비의 사용기준 등에 관한 규정)으로 정한다</u>(경찰관직무집행법 제10조 제6항).★
㉢ (✕) 제10조 제2항에 따른 <u>살수차</u>, 제10조의3에 따른 <u>분사기</u>, <u>최루탄 또는</u> 제10조의4에 따른 <u>무기를 사용하는 경우</u>(경찰장구 ✕) 그 책임자는 사용 일시·장소·대상, 현장책임자, 종류, 수량 등을 기록하여 보관하여야 한다(경찰관직무집행법 제11조).★★

관계법령

위해성 경찰장비의 종류(위해성 경찰장비의 사용기준 등에 관한 규정 제2조)
1. 경찰장구 : 수갑·포승(捕繩)·호송용포승·경찰봉·호신용경봉·전자충격기·방패 및 전자방패
2. 무기 : 권총·소총·기관총(기관단총을 포함한다)·산탄총·유탄발사기·박격포·3인치포·함포·크레모아·수류탄·폭약류 및 도검
3. 분사기·최루탄 등 : 근접분사기·가스분사기·가스발사총(고무탄 발사겸용을 포함한다) 및 최루탄(그 발사장치를 포함한다)
4. 기타장비 : 가스차·살수차·특수진압차·물포·석궁·다목적발사기 및 도주차량차단장비

10

☑ 확인Check! ○ △ ✕

경찰관직무집행법에 대한 다음의 설명으로 옳은 것은?

① 경찰청장은 경찰관의 직무수행을 위하여 외국 정부기관, 국제기구 등과 자료 교환, 국제협력 활동 등을 해야 한다.

② 경찰관직무집행법 제1조는 경찰의 민주적인 관리·운영과 효율적인 임무수행을 위하여 경찰의 기본조직 및 직무 범위와 그 밖에 필요한 사항을 규정함을 목적으로 한다.

③ 경찰청장은 위해성 경찰장비를 새로 도입하려는 경우 안전성 검사를 실시하여 그 안전성 검사의 결과보고서를 국회의장에게 제출하여야 한다.

④ 경찰관의 직권은 그 직무수행에 필요한 최소한도에서 행사되어야 하며 남용되어서는 안 된다.

쏙쏙 해설

경찰관직무집행법 제1조 제2항

정답 ❹

핵심만 콕

① 경찰청장 또는 해양경찰청장은 이 법에 따른 경찰관의 직무수행을 위하여 외국 정부기관, 국제기구 등과 자료 교환, 국제협력 활동 등을 할 수 있다(경찰관직무집행법 제8조의3).★

② 국가경찰과 자치경찰의 조직 및 운영에 관한 법률의 목적에 해당한다. 경찰관직무집행법은 국민의 자유와 권리 및 모든 개인이 가지는 불가침의 기본적 인권을 보호하고 사회공공의 질서를 유지하기 위한 경찰관(경찰공무원만 해당한다)의 직무수행에 필요한 사항을 규정함을 목적으로 한다(경찰관직무집행법 제1조 제1항).

③ 경찰청장은 위해성 경찰장비를 새로 도입하려는 경우에는 대통령령으로 정하는 바에 따라 안전성 검사를 실시하여 그 안전성 검사의 결과보고서를 국회 소관 상임위원회에 제출하여야 하며, 이 경우 안전성 검사에는 외부 전문가를 참여시켜야 한다(경찰관직무집행법 제10조 제5항).★★

11

Check! ○ △ ✕

경찰관직무집행법상 다음 설명 중 가장 적절하지 않은 것은?

① 경찰관은 인공구조물의 파손이나 붕괴의 사태를 조치하였을 때에는 지체 없이 그 사실을 손실보상심의위원회에게 보고하여야 한다.

② 경찰관서의 장은 대간첩 작전의 수행이나 소요(騷擾) 사태의 진압을 위하여 필요하다고 인정되는 상당한 이유가 있을 때에는 대간첩 작전지역이나 경찰관서·무기고 등 국가중요시설에 대한 접근 또는 통행을 제한하거나 금지할 수 있다.

③ 경찰관은 범죄행위가 목전(目前)에 행하여지려고 하고 있다고 인정될 때에는 이를 예방하기 위하여 관계인에게 필요한 경고를 하고, 그 행위로 인하여 사람의 생명·신체에 위해를 끼치거나 재산에 중대한 손해를 끼칠 우려가 있는 긴급한 경우에는 그 행위를 제지할 수 있다.

④ 경찰관은 미아를 인수할 보호자 확인의 직무를 수행하기 위하여 필요하면 관계인에게 출석하여야 하는 사유·일시 및 장소를 명확히 적은 출석요구서를 보내 경찰관서에 출석할 것을 요구할 수 있다.

쏙쏙 해설

경찰관은 사람의 생명 또는 신체에 위해를 끼치거나 재산에 중대한 손해를 끼칠 우려가 있는 천재(天災), 사변(事變), 인공구조물의 파손이나 붕괴, 교통사고, 위험물의 폭발, 위험한 동물 등의 출현, 극도의 혼잡, 그 밖의 위험한 사태의 조치를 하였을 때에는 <u>지체 없이 그 사실을 <u>소속 경찰관서의 장에게 보고하여야</u> 한다(경찰관직무집행법 제5조 제3항). ★

② 경찰관직무집행법 제5조 제2항
③ 경찰관직무집행법 제6조
④ 경찰관직무집행법 제8조 제2항 제1호

정답 ❶

12

경찰관직무집행법상 다음 설명 중 가장 적절하지 않은 것은?

① 흥행장(興行場), 여관, 음식점, 역, 그 밖에 많은 사람이 출입하는 장소의 관리자나 그에 준하는 관계인은 경찰관이 범죄나 사람의 생명·신체·재산에 대한 위해를 예방하기 위하여 해당 장소의 영업시간이나 해당 장소가 일반인에게 공개된 시간에 그 장소에 출입하겠다고 요구하면 정당한 이유 없이 그 요구를 거절할 수 없다.

② 경찰관은 범인이나 소요를 일으킨 사람이 위험한 물건을 지니고 경찰관으로부터 2회 이상 물건을 버리라는 명령이나 항복하라는 명령을 받고도 따르지 아니하면서 계속 항거할 때 행위자를 체포하기 위하여 무기를 사용하지 않고 다른 수단이 없을 경우 무기를 사용하여 사람에게 위해를 끼칠 수 있다.

③ 법률에서 정한 절차에 따라 체포·구속된 사람 또는 신체의 자유를 제한하는 판결이나 처분을 받은 사람을 수용하기 위하여 경찰서와 해양경찰서에 유치장을 둔다.

④ 경찰관은 범죄행위가 목전(目前)에 행하여지려고 하고 있다고 인정될 때에는 이를 예방하기 위하여 관계인에게 필요한 경고를 하고, 그 행위로 인하여 사람의 생명·신체에 위해를 끼치거나 재산에 중대한 손해를 끼칠 우려가 있는 긴급한 경우에는 그 행위를 제지할 수 있다.

쏙쏙 해설

경찰관은 범인이나 소요를 일으킨 사람이 위험한 물건을 지니고 경찰관으로부터 3회 이상 물건을 버리라는 명령이나 항복하라는 명령을 받고도 따르지 아니하면서 계속 항거할 때 행위자를 체포하기 위하여 무기를 사용하지 않고서는 다른 수단이 없다고 인정되는 상당한 이유가 있을 때 무기를 사용하여 부득이 사람에게 위해를 끼칠수 있다(경찰관직무집행법 제10조의4 제1항 단서 제2호 라목).
① 경찰관직무집행법 제7조 제2항
③ 경찰관직무집행법 제9조
④ 경찰관직무집행법 제6조

정답 ❷

관계법령

무기의 사용(경찰관직무집행법 제10조의4)
① 경찰관은 범인의 체포, 범인의 도주 방지, 자신이나 다른 사람의 생명·신체의 방어 및 보호, 공무집행에 대한 항거의 제지를 위하여 필요하다고 인정되는 상당한 이유가 있을 때에는 그 사태를 합리적으로 판단하여 필요한 한도에서 무기를 사용할 수 있다. 다만, 다음 각호의 어느 하나에 해당할 때를 제외하고는 사람에게 위해를 끼쳐서는 아니 된다.
1. 「형법」에 규정된 정당방위와 긴급피난에 해당할 때
2. 다음 각목의 어느 하나에 해당하는 때에 그 행위를 방지하거나 그 행위자를 체포하기 위하여 무기를 사용하지 아니하고는 다른 수단이 없다고 인정되는 상당한 이유가 있을 때
   가. 사형·무기 또는 장기 3년 이상의 징역이나 금고에 해당하는 죄를 범하거나 범하였다고 의심할 만한 충분한 이유가 있는 사람이 경찰관의 직무집행에 항거하거나 도주하려고 할 때
   나. 체포·구속영장과 압수·수색영장을 집행하는 과정에서 경찰관의 직무집행에 항거하거나 도주하려고 할 때
   다. 제3자가 가목 또는 나목에 해당하는 사람을 도주시키려고 경찰관에게 항거할 때
   라. 범인이나 소요를 일으킨 사람이 무기·흉기 등 위험한 물건을 지니고 경찰관으로부터 3회 이상 물건을 버리라는 명령이나 항복하라는 명령을 받고도 따르지 아니하면서 계속 항거할 때
3. 대간첩 작전 수행 과정에서 무장간첩이 항복하라는 경찰관의 명령을 받고도 따르지 아니할 때

13

경찰공무원이 소속 국가경찰관서의 장에게 보고하여야 하는 경우가 아닌 것은?

① 수갑·포승·경찰봉 등 경찰장구를 사용한 때
② 정신착란을 일으켜 다른 사람의 신체에 위해를 끼칠 우려가 있어 긴급구호요청 또는 보호조치를 한 때
③ 흉기 등 위험을 일으킬 수 있는 것으로 인정되는 물건을 임시영치한 때
④ 사람의 생명·신체에 위해를 끼친 범죄행위를 제지한 때

쏙쏙 해설

②·③·④의 조치를 한 경찰공무원은 소속 국가경찰관서의 장에게 이를 보고하여야 한다(경찰관직무집행법 시행령 제7조).

정답 ❶

관계법령

보고(경찰관직무집행법 시행령 제7조)★
경찰공무원은 다음의 조치를 한 때에는 소속 국가경찰관서의 장에게 이를 보고하여야 한다.
  1. 법 제3조 제2항의 규정에 의한 동행요구를 한 때
  2. 법 제4조 제1항의 규정에 의한 긴급구호요청 또는 보호조치를 한 때
  3. 법 제4조 제3항의 규정에 의한 임시영치를 한 때
  4. 법 제6조 제1항의 규정에 의하여 범죄행위를 제지한 때
  6. 법 제7조 제2항 및 제3항의 규정에 의하여 다수인이 출입하는 장소에 대하여 출입 또는 검색을 한 때
  7. 법 제8조 제1항 단서의 규정에 의한 사실확인을 한 때

14

경찰관직무집행법에 관한 다음 설명 중 가장 적절하지 않은 것은?

① 경찰관직무집행법은 직무의 범위에 국민의 생명·신체 및 재산의 보호에 관한 규정을 명문으로 두고 있다.
② 경찰관은 경찰장비를 함부로 개조하거나 경찰장비에 임의의 장비를 부착하여 일반적인 사용법과 달리 사용함으로써 다른 사람의 생명·신체에 위해를 끼쳐서는 아니 된다.
③ 대간첩·대테러 작전 등 국가안전에 관련되는 작전을 수행할 때에는 개인화기(個人火器) 외에 공용화기(共用火器)를 사용할 수 있다.
④ 경찰장구라 함은 경찰관이 휴대하여 범인검거와 범죄진압 등 직무수행에 사용하는 무기, 수갑, 포승, 경찰봉, 방패 등을 말한다.

쏙쏙 해설

무기는 경찰장비에 해당하나, 경찰장구에는 해당하지 않는다. "경찰장구"라 함은 경찰관이 휴대하여 범인검거와 범죄진압 등 직무수행에 사용하는 "수갑·포승·경찰봉·방패 등"을 말한다(경찰관직무집행법 제10조의2 제2항).★
① 경찰관직무집행법 제2조 제1호
② 경찰관직무집행법 제10조 제3항
③ 경찰관직무집행법 제10조의4 제3항

정답 ❹

15

☑ 확인 Check! ○ △ ✕

경찰관직무집행법상 손실보상심의위원회에 대한 설명으로 옳지 않은 것은 몇 개인가?

> ⊙ 위원회는 위원장 1명을 포함한 5명 이상 7명 이하의 위원으로 구성한다.
> ⊙ 위원회의 위원의 과반수 이상은 경찰공무원이 아닌 사람으로 하여야 한다.
> ⊙ 위원장은 위원회를 대표하며, 위원회의 업무를 총괄한다.
> ⊙ 위원장이 부득이한 사유로 직무를 수행할 수 없는 때에는 경찰총장이 미리 지명한 위원이 그 직무를 대행한다.
> ⊙ 위원회의 회의는 재적위원 3분의 1의 출석으로 개의(開議)하고, 출석위원 과반수의 찬성으로 의결한다.

① 1개
② 2개
③ 3개
④ 4개

쏙쏙 해설

제시된 내용 중 옳지 않은 것은 ⊜, ⊙ 2개이다.

⊜ (✕) 위원장이 부득이한 사유로 직무를 수행할 수 없는 때에는 <u>위원장이 미리 지명한 위원</u>이 그 <u>직무를 대행</u>한다(경찰관직무집행법 시행령 제12조 제3항).★

⊙ (✕) <u>위원회의 회의</u>는 재적위원 과반수 출석으로 <u>개의(開議)</u>하고, 출석위원 과반수의 찬성으로 <u>의결</u>한다(경찰관직무집행법 시행령 제13조 제2항).★★

정답 ❷

핵심만 콕

⊙ (○) 경찰관직무집행법 시행령 제11조 제2항
⊙ (○) 경찰관직무집행법 시행령 제11조 제3항 후문
⊙ (○) 경찰관직무집행법 시행령 제12조 제2항

16

경찰관직무집행법상 경찰장비에 관한 다음 설명 중 가장 적절하지 않은 것은?

① 경찰관은 직무수행 중 경찰장비를 사용할 수 있다. 다만, 사람의 생명이나 신체에 위해를 끼칠 수 있는 경찰장비를 사용할 때에는 필요한 안전교육과 안전 검사를 받은 후 사용하여야 한다.

② 경찰청장은 위해성 경찰장비를 새로 도입하려는 경우에는 대통령령으로 정하는 바에 따라 안전성 검사를 실시하여 그 안전성 검사의 결과보고서를 국회 소관 상임위원회에 제출하여야 한다. 이 경우 안전성 검사에는 외부 전문가를 참여시킬 수 있다.

③ 경찰관이 휴대하여 범인 검거와 범죄 진압 등의 직무수행에 사용하는 수갑, 포승, 경찰봉, 방패는 "경찰장구"에 해당한다.

④ 경찰관은 현행범이나 사형·무기 또는 장기 3년 이상의 징역이나 금고에 해당하는 죄를 범한 범인의 체포 또는 도주 방지를 위한 직무를 수행하기 위해서 필요하다고 인정되는 상당한 이유가 있을 때에는 그 사태를 합리적으로 판단하여 필요한 한도에서 경찰장구를 사용할 수 있다.

쏙쏙 해설

경찰청장은 위해성 경찰장비를 새로 도입하려는 경우에는 대통령령으로 정하는 바에 따라 안전성 검사를 실시하여 그 안전성 검사의 결과보고서를 국회 소관 상임위원회에 제출하여야 한다. 이 경우 안전성 검사에는 외부 전문가를 참여시켜야 한다(경찰관직무집행법 제10조 제5항).★

① 경찰관직무집행법 제10조 제1항
③ 경찰관직무집행법 제10조의2 제2항
④ 경찰관직무집행법 제10조의2 제1항 제1호

정답 ❷

17

☑ 확인 Check! ○ △ ✕

경찰관직무집행법상 다음 (   ) 안에 들어갈 숫자의 합은?

> ㉠ 불심검문을 위하여 가까운 경찰관서로 검문대상자를 동행한 경우, 그 검문대상자로 하여금 (   )시간을 초과하여 경찰관서에 머물게 할 수 없다.
>
> ㉡ 경찰관은 보호조치를 하는 경우에 구호대상자가 휴대하고 있는 무기·흉기 등 위험을 일으킬 수 있는 것으로 인정되는 물건을 경찰관서에 임시로 영치하여 놓을 수 있다. 이때 경찰관서에 임시로 영치하는 기간은 (   )일을 초과할 수 없다.
>
> ㉢ 손실보상을 청구할 수 있는 권리는 손실이 있음을 안 날부터 (   )년, 손실이 발생한 날로부터 5년간 행사하지 아니하면 시효의 완성으로 소멸한다.
>
> ㉣ 이 법에 규정된 경찰관의 의무를 위반하거나 직권을 남용하여 다른 사람에게 해를 끼친 사람은 (   )년 이하의 징역이나 금고에 처한다.

① 20

② 21

③ 22

④ 23

(   ) 안에 들어갈 숫자의 총합은 6+10+3+1=20이다.

정답 ❶

핵심만 콕

㉠ 불심검문을 위하여 가까운 경찰관서로 검문대상자를 동행한 경우, 그 검문대상자로 하여금 6시간을 초과하여 경찰관서에 머물게 할 수 없다(경찰관직무집행법 제3조 제6항).★

㉡ 경찰관은 보호조치를 하는 경우에 구호대상자가 휴대하고 있는 무기·흉기 등 위험을 일으킬 수 있는 것으로 인정되는 물건을 경찰관서에 임시로 영치하여 놓을 수 있다(경찰관직무집행법 제4조 제3항). 이때 경찰관서에 임시로 영치하는 기간은 10일을 초과할 수 없다(경찰관직무집행법 제4조 제7항 후단).★

㉢ 손실보상을 청구할 수 있는 권리는 손실이 있음을 안 날부터 3년, 손실이 발생한 날로부터 5년간 행사하지 아니하면 시효의 완성으로 소멸한다(경찰관직무집행법 제11조의2 제2항).★

㉣ 이 법에 규정된 경찰관의 의무를 위반하거나 직권을 남용하여 다른 사람에게 해를 끼친 사람은 1년 이하의 징역이나 금고에 처한다(경찰관직무집행법 제12조).★

PART 02 | 경찰관직무집행법 **145**

18

☑ 확인 Check! ○ △ ✕

경찰관직무집행법상 불심검문에 대한 설명으로 틀린 것은 모두 몇 개인가?

> ㉠ 경찰관은 수상한 행동이나 그 밖의 주위 사정을 합리적으로 판단하여 볼 때 어떠한 죄를 범하였거나 범하려 하고 있다고 의심할 만한 상당한 이유가 있는 사람을 정지시켜 질문하여야 한다.
>
> ㉡ 경찰관은 이미 행하여진 범죄나 행하여지려고 하는 범죄행위에 관한 사실을 안다고 인정되는 사람을 정지시켜 질문할 수 있다.
>
> ㉢ 경찰관은 불심검문 대상자를 정지시킨 장소에서 질문을 하는 것이 그 사람에게 불리하거나 교통에 방해가 된다고 인정될 때에는 질문을 하기 위하여 가까운 경찰관서로 동행할 것을 요구할 수 있다. 이 경우 동행을 요구받은 사람은 그 요구를 거절할 수 없다.
>
> ㉣ 경찰관은 불심검문 대상자에게 질문을 할 때에 그 사람이 흉기를 가지고 있는지를 조사하여야 한다.
>
> ㉤ 경찰관은 불심검문을 하거나 동행을 요구할 경우 자신의 신분을 표시하는 증표를 제시하면서 소속과 성명을 밝히고 질문이나 동행의 목적과 이유를 설명하여야 한다.

① 1개   ② 2개
③ 3개   ④ 4개

쏙쏙 해설

옳지 않은 지문은 ㉠, ㉢, ㉣ 3개이다.
- ㉡ (○) 경찰관직무집행법 제3조 제1항 제2호
- ㉤ (○) 경찰관직무집행법 제3조 제4항 전단

정답 ❸

핵심만 콕

㉠ (✕) 경찰관은 수상한 행동이나 그 밖의 주위 사정을 합리적으로 판단하여 볼 때 어떠한 죄를 범하였거나 범하려 하고 있다고 의심할 만한 상당한 이유가 있는 사람을 <u>정지시켜 질문할 수 있다</u>(경찰관직무집행법 제3조 제1항 제1호).

㉢ (✕) 경찰관은 불심검문 대상자를 정지시킨 장소에서 질문을 하는 것이 그 사람에게 불리하거나 교통에 방해가 된다고 인정될 때에는 질문을 하기 위하여 가까운 경찰서 · 지구대 · 파출소 또는 출장소(지방해양경비안전관서를 포함하며, 이하 "경찰관서"라 한다)로 동행할 것을 요구할 수 있다. 이 경우 <u>동행을 요구받은 사람은 그 요구를 거절할 수 있다</u>(경찰관직무집행법 제3조 제2항).

㉣ (✕) 경찰관은 불심검문 대상자에게 질문을 할 때에 그 사람이 흉기를 가지고 있는지를 <u>조사할 수 있다</u>(경찰관직무집행법 제3조 제3항).

19

☑ 확인 Check! ○ △ ✕

경찰관직무집행법상 경찰장구의 사용 기준으로 가장 적절하지 않은 것은?

① 현행범이나 사형·무기에 해당하는 죄를 범한 범인의 체포

② 불법집회·시위로 인한 자신이나 다른 사람의 생명·신체와 재산 및 공공시설 안전에 대한 현저한 위해의 발생 억제

③ 자신이나 다른 사람의 생명·신체의 방어 및 보호

④ 공무집행에 대한 항거 제지

쏙쏙 해설

②는 경찰관직무집행법 제10조의3의 '분사기 등의 사용'에 해당한다.

①·③·④는 경찰장구의 사용 기준에 해당한다(경찰관직무집행법 제10조의2 제1항).

정답 ❷

관계법령

경찰장구의 사용(경찰관직무집행법 제10조의2)

① 경찰관은 다음 각호의 직무를 수행하기 위하여 필요하다고 인정되는 상당한 이유가 있을 때에는 그 사태를 합리적으로 판단하여 필요한 한도에서 경찰장구를 사용할 수 있다.
  1. 현행범이나 사형·무기 또는 장기 3년 이상의 징역이나 금고에 해당하는 죄를 범한 범인의 체포 또는 도주 방지
  2. 자신이나 다른 사람의 생명·신체의 방어 및 보호
  3. 공무집행에 대한 항거(抗拒) 제지

② 제1항에서 "경찰장구"란 경찰관이 휴대하여 범인 검거와 범죄 진압 등의 직무 수행에 사용하는 수갑, 포승(捕繩), 경찰봉, 방패 등을 말한다.

분사기 등의 사용(경찰관직무집행법 제10조의3)

경찰관은 다음 각호의 직무를 수행하기 위하여 부득이한 경우에는 현장책임자가 판단하여 필요한 최소한의 범위에서 분사기(「총포·도검·화약류 등의 안전관리에 관한 법률」에 따른 분사기를 말하며, 그에 사용하는 최루 등의 작용제를 포함한다. 이하 같다) 또는 최루탄을 사용할 수 있다.
  1. 범인의 체포 또는 범인의 도주 방지
  2. 불법집회·시위로 인한 자신이나 다른 사람의 생명·신체와 재산 및 공공시설 안전에 대한 현저한 위해의 발생 억제

20

☑ 확인 Check! ○ △ X

경찰관직무집행법에 관한 다음 설명 중 옳은 것은 모두 몇 개인가?

> ㉠ 유치장에 관한 규정을 두고 있다.
> ㉡ "경찰장비"란 무기, 경찰장구, 최루제와 그 발사장치, 살수차, 감식기구, 해안 감시기구, 통신기기, 차량·선박·항공기 등 경찰이 직무를 수행할 때 필요한 장치와 기구를 말한다.
> ㉢ 손실보상청구권은 손실이 있음을 안 날부터 2년, 손실이 발생한 날부터 5년간 행사하지 아니하면 시효의 완성으로 소멸한다.
> ㉣ "경찰장구"란 경찰관이 휴대하여 범인 검거와 범죄 진압 등의 직무수행에 사용하는 수갑, 포승, 경찰봉, 방패 등을 말한다.
> ㉤ 위해성 경찰장비는 필요한 최대한도에서 사용하여야 한다.

① 1개
② 2개
③ 3개
④ 4개

쏙쏙 해설

옳은 지문은 ㉠, ㉡, ㉣ 3개이다.
㉠ (○) 경찰관직무집행법 제9조
㉡ (○) 경찰관직무집행법 제10조 제2항
㉣ (○) 경찰관직무집행법 제10조의2 제2항

정답 ❸

핵심만 콕

㉢ (✕) 보상을 청구할 수 있는 권리는 손실이 있음을 안 날부터 3년, 손실이 발생한 날부터 5년간 행사하지 아니하면 시효의 완성으로 소멸한다(경찰관직무집행법 제11조의2 제2항).★
㉤ (✕) 위해성 경찰장비는 필요한 최소한도에서 사용하여야 한다(경찰관직무집행법 제10조 제4항).

21

☑ 확인 Check! ○ △ ✕

경찰관직무집행법상 불심검문에 관한 다음 설명 중 가장 적절하지 않은 것은?

① 경찰관은 불심검문 시 그 장소에서 질문을 하는 것이 그 사람에게 불리하거나 교통에 방해가 된다고 인정될 때에는 질문을 하기 위하여 가까운 경찰관서로 동행할 것을 요구할 수 있다. 이 경우 동행을 요구받은 사람은 그 요구를 거절할 수 있다.

② 경찰관은 질문을 하거나 동행을 요구할 경우 자신의 신분을 표시하는 증표를 제시하면서 소속과 성명을 밝히고 질문이나 동행의 목적과 이유를 설명하여야 하며, 동행을 요구하는 경우에는 동행 장소를 밝혀야 한다.

③ 질문을 받거나 동행을 요구받은 사람은 형사소송에 관한 법률에 따르지 아니하고는 신체를 구속당하지 아니하며, 그 의사에 반하여 답변을 강요당하지 아니한다.

④ 경찰관은 동행한 사람의 가족이나 친지 등에게 동행한 경찰관의 신분, 동행 장소, 동행 목적과 이유를 알리거나 본인으로 하여금 즉시 연락할 수 있는 기회를 주어야 하나, 변호인의 도움을 받을 권리가 있음을 알릴 필요는 없다.

쏙쏙 해설

경찰관은 동행한 사람의 가족이나 친지 등에게 동행한 경찰관의 신분, 동행 장소, 동행 목적과 이유를 알리거나 본인으로 하여금 즉시 연락할 수 있는 기회를 주어야 하며, 변호인의 도움을 받을 권리가 있음을 알려야 한다(경찰관직무집행법 제3조 제5항).
① 경찰관직무집행법 제3조 제2항
② 경찰관직무집행법 제3조 제4항
③ 경찰관직무집행법 제3조 제7항

정답 ❹

22

경찰관직무집행법상 다음 설명 중 가장 적절하지 않은 것은?

① 경찰관서의 장은 대간첩 작전의 수행이나 소요 사태의 진압을 위하여 필요하다고 인정되는 상당한 이유가 있을 때에는 대간첩 작전지역이나 경찰관서·무기고 등 국가중요시설에 대한 접근 또는 통행을 제한하거나 금지할 수 있다.

② 경찰관은 범죄행위가 목전에 행하여지려고 하고 있다고 인정될 때에는 이를 예방하기 위하여 관계인에게 필요한 경고를 하고, 그 행위로 인하여 사람의 생명·신체에 위해를 끼치거나 재산에 중대한 손해를 끼칠 우려가 있는 긴급한 경우에는 그 행위를 제지할 수 있다.

③ 법률에서 정한 절차에 따라 체포·구속된 사람 또는 신체의 자유를 제한하는 판결이나 처분을 받은 사람을 수용하기 위하여 경찰서와 해양경찰서에 유치장을 둔다.

④ 경찰관 직무의 범위에 외국 정부기관 및 국제기구와의 국제협력은 규정되어 있지 않다.

쏙쏙 해설

경찰관직무집행법 제2조 제6호에 외국 정부기관 및 국제기구와의 국제협력이 규정되어 있다.
① 경찰관직무집행법 제5조 제2항
② 경찰관직무집행법 제6조
③ 경찰관직무집행법 제9조

정답 ❹

23

경찰관직무집행법상 경찰관의 무기사용 시 상대방에게 위해를 주어서는 아니 되는 경우로 가장 적절한 것은?

① 자기 또는 타인의 생명·신체에 대한 방호

② 무장간첩이 투항명령을 받고도 불응하는 때

③ 형법상 정당방위·긴급피난에 해당하는 때

④ 범인이 무기·흉기 등 위험한 물건을 지니고 경찰관으로부터 3회 이상 물건을 버리라는 명령이나 항복하라는 명령을 받고도 따르지 아니하면서 계속 항거할 때 그 행위를 방지하기 위하여 무기를 사용하지 아니하고는 다른 수단이 없다고 인정되는 상당한 이유가 있을 때

쏙쏙 해설

경찰관이 무기사용 시 상대방에게 위해를 주어서는 아니 되는 경우에 해당한다(경찰관직무집행법 제10조의4 제1항 단서 반대해석).
②·③·④ 경찰관의 무기사용 시 위해수반 요건에 해당하는 경우이다(경찰관직무집행법 제10조의4 제1항 단서).

정답 ❶

24

경찰관직무집행법상 손실보상에 대한 설명으로 틀린 것은 모두 몇 개인가?

ⓐ 보상을 청구할 수 있는 권리는 손실이 있음을 안 날로부터 1년, 손실이 발생한 날로부터 3년간 행사하지 아니하면 시효의 완성으로 소멸한다.

ⓑ 소속 경찰공무원의 직무집행으로 인하여 발생한 손실보상청구 사건을 심의하기 위하여 경찰청, 시·도 경찰청 및 경찰서에 손실보상심의위원회를 설치한다.

ⓒ 보상금은 다른 법률에 특별한 규정이 있는 경우를 제외하고는 현금으로 지급하여야 하고, 일시불로 지급하되 예산부족 등의 사유로 일시금으로 지급할 수 없는 특별한 사정이 있는 경우에는 청구인의 동의를 받아 분할하여 지급할 수 있다.

ⓓ 물건의 멸실·훼손으로 인한 손실 외의 재산상 손실에 대해서는 직무집행과 상당한 인과관계가 있는 범위에서 보상한다.

---

① 1개 ② 2개

③ 3개 ④ 4개

핵심만 콕

ⓐ (✕) 보상을 청구할 수 있는 권리는 손실이 있음을 안 날로부터 3년, 손실이 발생한 날로부터 5년간 행사하지 아니하면 시효의 완성으로 소멸한다(경찰관직무집행법 제11조의2 제2항).★

ⓑ (✕) 소속 경찰공무원의 직무집행으로 인하여 발생한 손실보상청구 사건을 심의하기 위하여 경찰청, 해양경찰청, 시·도 경찰청 및 지방해양경찰청에 손실보상심의위원회(이하 "위원회"라 한다)를 설치한다(경찰관직무집행법 시행령 제11조 제1항).★★

25

경찰관직무집행법에 관한 다음 설명 중 옳지 않은 것은 모두 몇 개인가?

> ⊙ 국민의 자유와 권리 및 모든 개인이 가지는 불가침의 기본적 인권을 보호하고 사회공공의 질서를 유지하기 위한 경찰관(경찰공무원만 해당한다)의 직무수행에 필요한 사항을 규정함을 목적으로 한다.
>
> ⓛ 경비, 주요 인사 경호 및 대간첩·대테러 작전 수행을 직무범위로 규정하고 있다.
>
> ⓒ 경찰공무원은 직무수행을 위하여 필요하면 무기를 휴대할 수 있다고 규정하고 있다.
>
> ⓔ 경찰관서의 장은 대간첩 작전의 수행이나 소요 사태의 진압을 위하여 필요하다고 인정되는 상당한 이유가 있을 때에는 대간첩 작전지역이나 경찰관서·무기고 등 국가중요시설에 대한 접근 또는 통행을 제한하거나 금지하여야 한다.
>
> ⓜ 이 법에 규정된 경찰관의 직권은 그 직무수행에 필요한 최소한도에서 행사되어야 하며 남용되어서는 아니 된다는 비례의 원칙을 규정하고 있다.

① 1개   ② 2개
③ 3개   ④ 4개

쏙쏙 해설

옳지 않은 지문은 ⓒ, ⓔ 2개이다.
⊙ (○) 경찰관직무집행법 제1조 제1항
ⓛ (○) 경찰관직무집행법 제2조 제3호
ⓜ (○) 경찰관직무집행법 제1조 제2항

정답 ❷

핵심만 콕

ⓒ (✕) 무기의 휴대에 관하여는 경찰관직무집행법이 아닌 경찰공무원법에서 규정하고 있다.★★
• 무기의 휴대에 관한 근거법 : 경찰공무원법 제26조 제2항
• 무기의 사용에 관한 근거법 : 경찰관직무집행법 제10조의4
ⓔ (✕) 경찰관서의 장은 대간첩 작전의 수행이나 소요사태의 진압을 위하여 필요하다고 인정되는 상당한 이유가 있을 때에는 대간첩 작전지역이나 경찰관서·무기고 등 국가중요시설에 대한 접근 또는 통행을 제한하거나 금지할 수 있다(경찰관직무집행법 제5조 제2항).

26

☑ 확인 Check! ○ △ ✕

다음은 경찰관직무집행법 제4조 보호조치 등에 대한 설명이다. 가장 적절한 것은?

① 경찰관은 수상한 거동 그 밖의 주위의 사정을 합리적으로 판단하여 보호조치대상자에 해당함이 명백하고 응급의 구호가 필요하다고 믿을 만한 상당한 이유가 있는 자를 발견한 때에는 보건의료기관 또는 공공구호기관에 긴급구호를 요청하거나 경찰서에 보호하는 등 적절한 조치를 하여야 한다.

② 경찰관이 보호조치를 한 때에는 지체 없이 이를 피구호자의 가족·친지 기타 연고자에게 그 사실을 통지하여야 하며, 연고자가 발견되지 아니할 때에는 피보호자를 적당한 공중보건의료기관이나 공공구호기관에 즉시 인계하여야 한다.

③ 경찰관서에서의 보호조치는 12시간을 초과할 수 없다.

④ 미아·병자·부상자 등으로서 적당한 보호자가 없으며 응급의 구호를 요한다고 인정되면 당해인이 거절하더라도 보호조치가 가능하다.

경찰관직무집행법 제4조 제4항

정답 ❷

① 경찰관은 수상한 행동이나 그 밖의 주위 사정을 합리적으로 판단해 볼 때 다음 각호의 어느 하나에 해당하는 것이 명백하고 응급구호가 필요하다고 믿을 만한 상당한 이유가 있는 사람(이하 "구호대상자"라 한다)을 발견하였을 때에는 보건의료기관이나 공공구호기관에 긴급구호를 요청하거나 경찰관서에 보호하는 등 적절한 조치를 할 수 있다(경찰관직무집행법 제4조 제1항).

③ 구호대상자를 경찰관서에서 보호하는 기간은 24시간을 초과할 수 없고, 물건을 경찰관서에 임시로 영치하는 기간은 10일을 초과할 수 없다(경찰관직무집행법 제4조 제7항). ★★

④ 미아·병자·부상자 등으로서 적당한 보호자가 없으며 응급의 구호를 요한다고 인정되는 사람 중에서 본인이 구호를 거절하는 경우를 제외하고는 보건의료기관이나 공공구호기관에 긴급구호를 요청하거나 경찰관서에 보호하는 등 적절한 조치를 취할 수 있다(경찰관직무집행법 제4조 제1항 제3호). ★

PART 02 | 경찰관직무집행법 **153**

27

✅ 확인Check! ○ △ ✕

경찰관직무집행법에서 제5조 위험 발생의 방지 조치 등의 내용으로 적절치 않은 것은?

① 경찰관은 극도의 혼잡한 장소에 모인 사람에게 필요한 경고를 할 수 있다.

② 국가중요시설에 대한 접근 또는 통행 제한·금지 조치를 하거나 보고를 받은 경찰관서의 장은 관계 기관의 협조를 구하는 등 적절한 조치를 하여야 한다.

③ 경찰관은 인공구조물의 붕괴의 위험이 있는 장소에 있는 사람에게 위해를 방지하기 위해 필요하다고 인정되는 조치를 하거나 직접 그 조치를 할 수 있다.

④ 경찰관은 위험 발생 방지 조치를 하였을 때에는 지체 없이 그 사실을 경찰청장에게 보고하여야 한다.

쏙쏙 해설

경찰관은 위험 발생의 방지 조치를 하였을 때에는 지체 없이 그 사실을 소속 경찰관서의 장에게 보고하여야 한다(경찰관직무집행법 제5조 제3항).
① 경찰관직무집행법 제5조 제1항 제1호
② 경찰관직무집행법 제5조 제4항
③ 경찰관직무집행법 제5조 제1항 제3호

정답 ④

28

✅ 확인Check! ○ △ ✕

경찰관직무집행법에 관한 다음 설명 중 옳지 않은 것은?

① 경찰관은 위험한 사태가 발생하여 사람의 생명에 대한 위해가 임박한 때에는 피해자를 구조하기 위하여 부득이하다고 인정하면 합리적으로 판단하여 필요한 한도에서 다른 사람의 토지·건물·배 또는 차에 출입할 수 있다.

② 경찰관은 미아를 인수할 보호자 확인의 직무수행을 위해 관계인에게 출석하여야 하는 사유·일시 및 장소를 명확히 적은 출석요구서를 보내 경찰관서에 출석할 것을 요구할 수 있다.

③ 해양경찰청장은 경찰관직무집행법에 따른 경찰관의 직무수행을 위하여 외국 정부기관, 국제기구 등과 자료 교환, 국제협력 활동 등을 할 수 있다.

④ 경찰서장은 위해성 경찰장비를 새로 도입하려는 경우에는 안전성 검사를 실시하여 그 안전성 검사의 결과보고서를 국회 소관 상임위원회에 제출하여야 한다.

쏙쏙 해설

경찰청장은 위해성 경찰장비를 새로 도입하려는 경우에는 대통령령으로 정하는 바에 따라 안전성 검사를 실시하여 그 안전성 검사의 결과보고서를 국회 소관 상임위원회에 제출하여야 한다. 이 경우 안전성 검사에는 외부 전문가를 참여시켜야 한다(경찰관직무집행법 제10조 제5항).★
① 경찰관직무집행법 제7조 제1항
② 경찰관직무집행법 제8조 제2항 제1호
③ 경찰관직무집행법 제8조의3

정답 ④

29

다음 중 경찰관직무집행법상 경찰관의 직무수행에 해당하는 것을 모두 고른 것은?

☑ 확인Check! ○ △ ✕

> ㄱ. 범죄의 예방·진압 및 수사
> ㄴ. 범죄피해자 보호
> ㄷ. 대간첩·대테러 작전 수행
> ㄹ. 공공안녕에 대한 위험의 예방과 대응을 위한 정보의 수집·작성 및 배포
> ㅁ. 교통 단속과 교통 위해의 방지
> ㅂ. 외국 정부기관 및 국제기구와의 국제협력

① ㄱ, ㄴ, ㄷ, ㅁ

② ㄱ, ㄴ, ㄹ, ㅁ

③ ㄱ, ㄴ, ㄷ, ㅁ, ㅂ

④ ㄱ, ㄴ, ㄷ, ㄹ, ㅁ, ㅂ

관계법령

직무의 범위(경찰관직무집행법 제2조)
경찰관은 다음 각호의 직무를 수행한다.
1. 국민의 생명·신체 및 재산의 보호
2. 범죄의 예방·진압 및 수사
2의2. 범죄피해자 보호
3. 경비, 주요 인사(人士) 경호 및 대간첩·대테러 작전 수행
4. 공공안녕에 대한 위험의 예방과 대응을 위한 정보의 수집·작성 및 배포
5. 교통 단속과 교통 위해(危害)의 방지
6. 외국 정부기관 및 국제기구와의 국제협력
7. 그 밖에 공공의 안녕과 질서 유지

30

경찰관직무집행법에 대한 설명으로 옳지 않은 것은?

① 경찰관은 불심검문에 해당하는 사람에게 질문을 할 때에 그 사람이 흉기를 가지고 있는지를 조사할 수 있다.

② 경찰관은 불심검문에 따라 동행한 사람을 6시간을 초과하여 경찰관서에 머물게 할 수 없다.

③ 경찰관은 자살을 시도하는 사람을 발견하였을 때에는 보건의료기관이나 공공구호기관에 긴급구호를 요청하거나 경찰관서에 보호하는 등 적절한 조치를 할 수 있다.

④ 이 법에 규정된 경찰관의 의무를 위반하거나 직권을 남용하여 다른 사람에게 해를 끼친 사람은 2년 이하의 징역이나 금고에 처한다.

국제항해선박 및 항만시설의 보안에 관한 법률
(약칭 : 국제선박항만보안법)

03 국제항해선박 및 항만시설의 보안에 관한 법률

제1절 총칙

01 항만시설이란 국제항해선박과 선박상호활동이 가능하도록 갖추어진 시설로서 항만법 제2조 제5호에 따른 항만시설 및 대통령령으로 정하는 시설을 말한다. ( )

02 국제항해선박이 이용하는 석유 비축기지의 선박계류시설 중 해양수산부장관이 지정하는 시설은 항만시설에 해당한다. ( )

03 선박상호활동이란 국제항해선박과 항만시설 사이에 승선·하선 또는 선적·하역과 같이 사람 또는 물건의 이동을 수반하는 상호작용으로서 그 활동의 결과 국제항해선박이 직접적으로 영향을 받게 되는 것을 말한다. ( )

04 항만시설에 위법하게 폭발물이나 무기류 등을 반입·은닉하는 행위는 보안사건에 해당한다. ( )

05 보안등급이란 보안사건이 발생할 수 있는 위험의 정도를 단계적으로 표시한 것으로서 「1974년 해상에서의 선박·항만안전을 위한 국제협약」에 따른 등급구분 방식을 반영한 것을 말한다. ( )

06 항만시설의 소유자·관리자 또는 항만시설의 소유자·관리자로부터 그 운영을 위탁받은 법인·단체 또는 개인을 항만시설소유자라 한다. ( )

정답과 해설   01 ×   02 ×   03 ×   04 ○   05 ×   06 ○

오답분석

01 "항만시설"이란 국제항해선박과 <u>선박항만연계활동</u>이 가능하도록 갖추어진 시설로서 「항만법」 제2조 제5호에 따른 항만시설 및 <u>해양수산부령</u>으로 정하는 시설을 말한다(국제선박항만보안법 제2조 제2호).

02 법 제2조 제2호에서 "해양수산부령으로 정하는 시설"이란 「항만법」 제2조 제5호에 따른 항만시설 외의 시설로서 국제항해선박이 이용하는 석유 비축기지의 선박계류시설 중 <u>지방해양수산청장</u>이 지정하는 시설을 말한다(국제선박항만보안법 시행규칙 제2조 제2호).

03 "<u>선박항만연계활동</u>"이란 국제항해선박과 항만시설 사이에 승선·하선 또는 선적·하역과 같이 사람 또는 물건의 이동을 수반하는 상호작용으로서 그 활동의 결과 국제항해선박이 직접적으로 영향을 받게 되는 것을 말한다(국제선박항만보안법 제2조 제3호).

05 "보안등급"이란 보안사건이 발생할 수 있는 위험의 정도를 단계적으로 표시한 것으로서 「1974년 해상에서의 <u>인명안전</u>을 위한 국제협약」에 따른 등급구분 방식을 반영한 것을 말한다(국제선박항만보안법 제2조 제6호).

07 국가보안기관이란 보안업무를 수행하는 국가정보원·관세청·경찰청 및 해양경찰청의 4개 국가기관을 말한다.
( )

08 대한민국 국적의 국제항해선박인 총톤수가 400톤인 여객선과 선박항만연계활동이 가능한 항만시설은 국제선박항만
보안법의 적용 대상에 해당한다. ( )

09 국제항해선박과 항만시설의 보안에 관하여 국제적으로 발효된 국제협약의 보안기준과 국제선박항만보안법의 규정내
용이 다른 때에는 국제협약의 효력을 우선한다. 다만, 국제선박항만보안법의 규정내용이 국제협약의 보안기준보다
강화된 기준을 포함하는 때에는 그러하지 아니하다. ( )

10 해양수산부장관은 국제항해선박 및 항만시설의 보안에 관한 업무를 효율적으로 수행하기 위하여 5년마다 항만의 보
안에 관한 종합계획(국가항만보안계획)을 수립·시행하여야 한다. ( )

11 해양수산부장관은 국가항만보안계획이 수립된 때에는 이를 관계 행정기관의 장과 항만에 관한 업무를 관장하는 해양
수산부 소속 기관의 장(이하 "지방청장"이라 한다)에게 통보하여야 하며, 국가항만보안계획을 통보받은 지방청장은
국가항만보안계획에 따른 관할 구역의 항만에 대한 보안계획(지역항만보안계획)을 수립·시행하여야 한다.
( )

12 지방청장은 지역항만보안계획을 수립하려는 때에는 국가보안기관의 장의 승인을 받아야 한다. ( )

13 해양수산부장관과 지방청장은 국가항만보안계획과 지역항만보안계획이 수립된 후 5년이 경과한 때에는 그 내용을
검토하여 변경 여부를 결정하여야 한다. ( )

14 해양수산부장관은 지역항만보안계획을 수립하려는 경우에 필요하면 항만시설소유자의 의견을 들어 반영할 수 있다.
( )

정답과 해설   07 ×   08 ○   09 ○   10 ×   11 ○   12 ×   13 ○   14 ×

오답분석

07 "국가보안기관"이란 <u>국가정보원·국방부·관세청·경찰청</u> 및 <u>해양경찰청 등</u> 보안업무를 수행하는 국가기관을 말한다(국제선
박항만보안법 제2조 제9호).

10 해양수산부장관은 국제항해선박 및 항만시설의 보안에 관한 업무를 효율적으로 수행하기 위하여 <u>10년마다</u> 항만의 보안에 관한
종합계획(이하 "국가항만보안계획"이라 한다)을 수립·시행하여야 한다(국제선박항만보안법 제5조 제1항 전문).

12 지방청장은 제5항에 따라 지역항만보안계획을 수립하려는 때에는 <u>해양수산부장관의 승인</u>을 받아야 한다. 이 경우 관계 <u>국가보안
기관의 장과 미리 협의</u>하여야 한다(국제선박항만보안법 제5조 제6항).

14 <u>지방해양수산청장</u>은 법 제5조 제9항에 따라 <u>지역항만보안계획</u>을 수립하려는 경우에 필요하면 항만시설소유자의 의견을 들어
반영할 수 있다(국제선박항만보안법 시행령 제3조 제2항).

15 해양수산부장관은 국제항해선박 및 항만시설에 대하여 대통령령으로 정하는 바에 따라 보안등급을 설정하여야 하며, 보안등급의 근거가 되는 보안사건의 발생 위험의 정도가 변경되는 때에는 대통령령으로 정하는 바에 따라 그 보안등급을 조정하여야 한다. ( )

16 보안 1등급은 국제항해선박과 항만시설에 보안사건이 일어날 가능성이 뚜렷하거나 임박한 상황이어서 일정기간 최상의 보안조치가 유지되어야 하는 비상수준을 말한다. ( )

17 해양수산부장관은 항만시설에 대하여 항만별 또는 항만시설 단위별로 그 기능별 특성을 고려하여 보안등급을 설정하거나 조정할 수 있다. ( )

18 보안 2등급 시 항만시설소유자는 항만시설 내 제한구역에 대한 검색을 실시하여야 한다. ( )

| 제2절 | 국제항해선박의 보안확보를 위한 조치 : 출제 제외 |

정답과 해설 **15** ○ **16** × **17** ○ **18** ×

오답분석

16 <u>보안 3등급</u> : 국제항해선박과 항만시설에 보안사건이 일어날 가능성이 뚜렷하거나 임박한 상황이어서 일정기간 최상의 보안조치가 유지되어야 하는 비상수준(국제선박항만보안법 시행령 제4조 제2항 제3호)

18 <u>보안 3등급</u> 시의 조치사항이다(국제선박항만보안법 시행규칙 [별표 1] 참고).

01 항만시설소유자는 그가 소유하거나 관리·운영하는 항만시설의 보안업무를 효율적으로 수행하게 하기 위하여 대통령령으로 정하는 전문지식 등 자격요건을 갖춘 자를 항만시설보안책임자로 지정하여야 한다.   ( )

02 항만시설소유자는 항만시설의 구조 및 기능에 따라 필요하다고 인정되는 때에는 2개 이상의 항만시설에 대하여 1인의 항만시설보안책임자를 지정하거나 1개의 항만시설에 대하여 2인 이상의 항만시설보안책임자를 지정할 수 있다.   ( )

03 항만시설소유자가 항만시설보안책임자를 지정하거나 변경한 때에는 지체 없이 해양수산부령으로 정하는 바에 따라 그 사실을 해양수산부장관에게 통보하여야 한다.   ( )

04 항만시설보안책임자의 자격요건 중 경력요건은 '항만시설 운영에 종사한 경력 또는 보안업무에 종사한 경력이 3년 이상인 자'이다.   ( )

05 항만시설보안평가의 준비, 항만시설보안계획서의 작성·승인신청·이행·보완·관리 및 보안유지는 항만시설보안책임자의 사무이다.   ( )

06 해양수산부장관은 항만시설에 대하여 보안과 관련한 시설·장비·인력 등에 대한 항만시설보안평가를 실시하여야 하며, 그 결과를 문서로 작성하여 해당 항만시설소유자에게 통보하여야 한다.   ( )

07 해양수산부장관은 항만시설보안평가에 대하여 3년마다 재평가를 실시하여야 한다.   ( )

08 해양수산부장관은 항만시설보안평가를 마치면 항만시설보안평가 결과보고서를 작성하여 대외비로 관리하고, 해당 항만시설보안책임자에게 송부하여 항만시설보안계획서에 반영하도록 하여야 한다.   ( )

정답과 해설   **01** ×   **02** ○   **03** ×   **04** ○   **05** ○   **06** ○   **07** ×   **08** ×

오답분석

01 항만시설소유자는 그가 소유하거나 관리·운영하는 항만시설의 보안업무를 효율적으로 수행하게 하기 위하여 해양수산부령으로 정하는 전문지식 등 자격요건을 갖춘 자를 보안책임자(이하 "항만시설보안책임자"라 한다)로 지정하여야 한다(국제선박항만보안법 제23조 제1항 전문).

03 제1항에 따라 항만시설소유자가 항만시설보안책임자를 지정한 때에는 7일 이내에 해양수산부령으로 정하는 바에 따라 그 사실을 해양수산부장관에게 통보하여야 한다. 항만시설보안책임자를 변경한 때에도 또한 같다(국제선박항만보안법 제23조 제2항).

07 해양수산부장관은 항만시설보안평가에 대하여 5년마다 재평가를 실시하여야 한다. 다만, 해당 항만시설에서 보안사건이 발생하는 등 항만시설의 보안에 관하여 중요한 변화가 있는 때에는 즉시 재평가를 실시하여야 한다(국제선박항만보안법 제24조 제3항).

08 지방해양수산청장은 항만시설보안평가를 마치면 다음 각호의 사항이 포함된 항만시설보안평가 결과보고서를 작성하여 대외비로 관리하고, 해당 항만시설소유자에게 송부하여 항만시설보안계획서에 반영하도록 하여야 한다(국제선박항만보안법 시행규칙 제28조 제3항).

09 항만시설소유자는 항만시설보안평가의 결과를 반영하여 보안취약요소에 대한 개선방안과 보안등급별 조치사항 등을 정한 항만시설보안계획서를 작성하여 주된 사무소에 비치하고 동 계획서에 따른 조치 등을 시행하여야 한다.

( )

10 항만시설보안계획서를 작성한 때, 해당 항만시설의 경비인력을 변경하는 등 해양수산부령으로 정하는 중요한 사항을 변경하는 때에는 해양수산부장관의 승인을 받아야 한다.

( )

11 해양수산부장관은 항만시설보안계획서를 승인하는 경우에는 미리 관계 국가보안기관의 장과 협의하여야 한다.

( )

12 항만시설보안계획서는 예외 없이 개별적으로 1개의 항만시설마다 작성하여야 하며, 전자문서로 작성할 수 있다.

( )

13 항만시설보안계획서의 승인 또는 변경승인을 받으려는 자는 항만시설보안계획서 승인·변경승인 신청서에 승인 또는 변경승인을 받으려는 항만시설보안계획서 2부, 변경사유서 1부(변경승인신청의 경우만 해당)를 첨부하여 지방해양수산청장에게 제출하여야 한다.

( )

14 항만시설소유자는 그가 소유하거나 관리·운영하고 있는 항만시설에 대하여 항만시설보안계획서에 따른 조치 등을 적정하게 시행하고 있는지 여부를 확인받기 위하여 지방해양수산청장에게 항만시설보안심사를 받아야 한다.

( )

15 항만시설보안심사는 최초보안심사, 갱신보안심사로 구분한다.

( )

16 항만시설소유자는 최초보안심사를 받기 전에 임시로 항만시설을 운영하는 경우로서 해양수산부령으로 정하는 때에는 해양수산부장관에게 항만시설보안계획서의 작성·시행 등에 관한 이행 여부를 확인하는 특별항만시설보안심사를 받아야 한다.

( )

정답과 해설   09 ○   10 ○   11 ○   12 ×   13 ○   14 ×   15 ×   16 ×

오답분석

12 항만시설보안계획서는 항만시설 단위별로 작성하되, 2개 이상 항만시설의 항만시설소유자가 같고, 항만시설의 구조, 위치, 운영방법 및 장비 등이 유사하면 하나의 항만시설보안계획서에 통합하여 작성하도록 할 수 있다(국제선박항만보안법 시행규칙 제29조 제2항).

14 항만시설소유자는 그가 소유하거나 관리·운영하고 있는 항만시설에 대하여 제25조에 따른 항만시설보안계획서에 따른 조치 등을 적정하게 시행하고 있는지 여부를 확인받기 위하여 해양수산부장관에게 다음 각호의 구분에 따른 보안심사(이하 "항만시설보안심사"라 한다)를 받아야 한다(국제선박항만보안법 제26조 제1항).

15 항만시설보안심사는 최초보안심사, 갱신보안심사, 중간보안심사로 구분한다. 중간보안심사란 최초보안심사와 갱신보안심사 사이 또는 갱신보안심사와 갱신보안심사 사이에 해양수산부령으로 정하는 시기에 행하는 심사를 말한다(국제선박항만보안법 제26조 제1항 제3호).

16 항만시설소유자는 제1항 제1호의 최초보안심사를 받기 전에 임시로 항만시설을 운영하는 경우로서 해양수산부령으로 정하는 때에는 해양수산부장관에게 항만시설보안계획서의 작성·시행 등에 관한 이행 여부를 확인하는 보안심사(이하 "임시항만시설보안심사"라 한다)를 받아야 한다(국제선박항만보안법 제26조 제2항).

17 해양수산부장관은 특별항만시설보안심사를 실시하는 경우 관계 국가보안기관의 장과 미리 협의하여야 한다.

(　　　)

18 항만시설보안심사 중 최초보안심사의 시행시기는 항만시설 운영개시일 3개월 전부터 운영개시일 전날까지이다.

(　　　)

19 항만시설보안심사 또는 임시항만시설보안심사를 받으려는 자는 항만시설 최초·갱신·중간·임시 보안심사 신청서를 관할 지방해양수산청장에게 제출해야 한다.

(　　　)

20 지방해양수산청장은 항만시설보안심사를 하려면 항만시설 현장조사 등을 통하여 승인받은 항만시설보안계획서의 비치 여부, 항만시설보안계획서에 따른 항만시설 보안활동의 기록 여부, 항만시설의 보안관리체제와 보안시설·장비의 정상운용 여부를 확인하여야 한다.

(　　　)

21 지방해양수산청장은 특별항만시설보안심사를 하려면 항만시설소유자에게 특별항만시설보안심사의 사유·방법·일시 등을 기재한 문서로 미리 통보해야 하지만, 긴급히 심사해야 하는 등의 경우에는 사후에 통보할 수 있다.

(　　　)

22 지방해양수산청장은 최초보안심사 또는 특별항만시설보안심사에 합격한 항만시설에 대해서는 항만시설적합확인서에 해양수산부령으로 정하는 바에 따라 그 심사 결과를 표기하여야 한다.

(　　　)

23 항만시설소유자는 항만시설적합확인서 또는 임시항만시설적합확인서의 원본을 주된 사무소에 비치하여야 한다.

(　　　)

24 항만시설적합확인서의 유효기간은 2년의 범위에서 대통령령으로 정하고, 임시항만시설적합확인서의 유효기간은 6개월의 범위에서 대통령령으로 정한다.

(　　　)

25 해양수산부장관은 항만시설소유자로부터 항만시설적합확인서의 유효기간 연장신청을 받으면 그 사유의 타당성을 검토하여 3개월의 범위에서 항만시설적합확인서의 유효기간을 연장할 수 있다.

(　　　)

정답과 해설　　17 ○　18 ○　19 ○　20 ○　21 ○　22 ✕　23 ○　24 ✕　25 ○

오답분석

22 해양수산부장관은 중간보안심사 또는 특별항만시설보안심사에 합격한 항만시설에 대해서는 제1항에 따른 항만시설적합확인서에 해양수산부령으로 정하는 바에 따라 그 심사 결과를 표기하여야 한다(국제선박항만보안법 제27조 제2항).

24 항만시설적합확인서의 유효기간은 5년의 범위에서 대통령령으로 정하고, 임시항만시설적합확인서의 유효기간은 6개월의 범위에서 대통령령으로 정한다(국제선박항만보안법 제28조 제1항).

26 갱신보안심사에 불합격한 항만시설의 항만시설적합확인서의 유효기간은 적합한 항만시설보안심사에 합격될 때까지 그 효력이 정지된다. ( )

27 항만시설적합확인서의 유효기간 중에 항만시설소유자가 변경된 경우에는 항만시설소유자의 변경일에 해당 항만시설적합확인서 또는 임시항만시설적합확인서의 유효기간이 만료된 것으로 본다. ( )

28 국가보안기관이 국가 안보와 관련된 업무의 수행을 위하여 부득이하게 일시적으로 항만시설을 이용하는 경우에는 항만시설적합확인서 등을 비치하지 아니하거나 그 효력이 정지되거나 상실된 항만시설적합확인서 등을 비치한 항만시설을 운영할 수 있다. ( )

29 항만시설소유자는 그가 소유하거나 관리·운영하는 항만시설에 대하여 보안에 관한 위협 및 조치사항 등을 기록한 항만시설보안기록부를 작성하고, 이를 해당 항만시설에 위치한 사무소에 비치하여야 한다. ( )

30 항만시설에는 최근 2년간의 항만시설보안에 관한 내용이 수록된 항만시설보안기록부를 갖추어 두어야 한다. ( )

31 국제항해여객선이란 여객선으로 사용되는 대한민국 국적 또는 외국 국적의 국제항해선박을 말하며, 이에 승선하는 자는 신체·휴대물품 및 위탁수하물에 대한 보안검색을 받아야 한다. ( )

32 보안검색은 해당 국제여객터미널을 운영하는 항만시설소유자가 실시하며, 보안검색 중 신체·휴대물품 및 위탁수하물의 보안검색의 업무에 대하여는 관할 경찰관서의 장이 지도·감독한다. ( )

33 항만시설소유자는 폭발물이나 무기류 등을 휴대하거나 은닉하고 있다고 의심되는 경우에 승선하는 자의 동의를 받아 직접 신체의 검색을 하거나 휴대물품의 개봉검색을 하여야 한다. ( )

정답과 해설   26 ×   27 ○   28 ○   29 ○   30 ×   31 ○   32 ×   33 ○

오답분석

26 중간보안심사에 불합격한 항만시설의 항만시설적합확인서의 유효기간은 적합한 항만시설보안심사에 합격될 때까지 그 효력이 정지된다(국제선박항만보안법 제28조 제3항).

30 법 제30조 제1항 및 제2항에 따라 작성된 항만시설보안기록부는 무단으로 열람, 변경, 삭제 또는 파손되지 아니하도록 관리하여야 하고, 항만시설에는 최근 3년간의 항만시설보안에 관한 내용이 수록된 항만시설보안기록부를 갖추어 두어야 한다(국제선박항만보안법 시행규칙 제37조 제3항).

32 항만시설소유자가 제2항 본문에 따라 실시하는 보안검색 중 신체 및 휴대물품의 보안검색의 업무에 대하여는 관할 경찰관서의 장이 지도·감독하고, 위탁수하물의 보안검색에 대하여는 관할 세관장이 지도·감독한다(국제선박항만보안법 제30조의2 제4항).

34 항만시설소유자는 보안검색 결과 승선하는 자가 휴대한 폭발물이나 무기류 등이 선박보안을 침해하지 아니한다고 인정하는 경우에는 위탁수하물로 싣게 할 수 있다. ( )

35 항만시설소유자는 청원경찰을 고용하거나 경비업법에 따른 시설경비업무의 허가를 받은 경비업자 중 수탁업체로 지정받은 업체에 대한 경비·검색업무의 위탁을 통해 국제항해여객선 승객 등의 보안검색을 하는 데 필요한 경비·검색인력을 확보하여야 한다. ( )

36 해양수산부장관은 관할 경찰관서의 장의 추천을 받은 업체로서 자본금 등 대통령령으로 정하는 지정 요건을 갖춘 자를 해당 항만시설의 경비·검색업무의 수탁업체로 지정하여야 한다. ( )

37 해양수산부장관은 지정된 경비·검색업무의 수탁업체가 거짓이나 그 밖의 부정한 방법으로 지정을 받은 경우에는 그 지정을 취소하여야 하며, 해당 항만시설의 경비·검색업무 수행 중 고의 또는 중대한 과실로 인명 피해가 발생하거나 경비·검색에 실패한 경우에는 지정을 취소할 수 있다. ( )

38 해양수산부장관은 경비·검색업무 수탁업체를 지정하는 경우 청문을 하여야 한다. ( )

39 부산항의 경비·검색업무 수탁업체 지정 요건은 '특수경비업무의 허가를 받은 경비업자, 자본금 5억원 이상, 특수경비원 신임교육이수증을 교부받은 특수경비원 50명 이상'이다. ( )

40 항만시설소유자가 경비·검색업무 수탁업체를 추천하려는 경우에는 경비·검색업무 수탁업체 지정신청서에 지정 대상 업체에 관한 「경비업법」에 따른 경비업 허가증, 특수경비원의 명단 및 해당 인력의 특수경비원 신임교육이수증, 경비·검색업무 수탁업체 추천서를 첨부하여 지방해양수산청장에게 제출하여야 한다. ( )

정답과 해설   34 ○   35 ×   36 ×   37 ○   38 ×   39 ×   40 ○

오답분석

35 항만시설소유자는 경비·검색인력을 「청원경찰법」에 따른 청원경찰의 고용 또는 「경비업법」 제2조 제1호 마목에 따른 특수경비업무의 허가를 받은 경비업자 중 제3항에 따라 지정받은 업체에 대한 경비·검색업무의 위탁을 통해 확보하여야 한다(국제선박항만보안법 제31조 제2항).

36 해양수산부장관은 항만시설소유자의 추천을 받은 업체로서 자본금 등 해양수산부령으로 정하는 지정 요건을 갖춘 자를 해당 항만시설의 경비·검색업무의 수탁업체로 지정하여야 한다(국제선박항만보안법 제31조 제3항).

38 해양수산부장관은 제4항에 따라 경비·검색업무 수탁업체의 지정을 취소하는 경우 청문을 하여야 한다(국제선박항만보안법 제31조 제5항).

39 부산항의 경비·검색업무 수탁업체 지정 요건으로는 ① 특수경비업무의 허가를 받은 경비업자일 것, ② 자본금 10억원 이상을 갖출 것, ③ 특수경비원 신임교육이수증을 교부받은 특수경비원이 100명 이상일 것이다(국제선박항만보안법 시행규칙 제38조 참고).

41 지정신청서를 제출받은 지방해양수산청장은 해당 경비·검색업무 수탁업체가 지정 요건에 적합하다고 인정하는 경우에는 지정신청서를 접수한 날부터 14일 이내에 항만시설소유자에게 경비·검색업무 수탁업체 지정서를 발급하여야 한다. ( )

42 부두 출입구 중 부두의 주된 출입구, 주된 출입구 외에 사람과 차량이 상시 출입하는 그 밖의 출입구에는 경비·검색 인력으로 청원경찰 또는 특수경비원을 2명 이상 상시 배치하며, 수리만을 목적으로 하는 조선소의 부두 출입구에는 경비·검색인력으로 청원경찰 또는 특수경비원을 1명 이상을 상시 배치할 수 있다. ( )

43 국가보안시설 외의 항만시설 중 야간에 국제항해선박의 이용이 없고 폐쇄회로 텔레비전(CCTV)에 의한 감시·녹화가 가능한 경우에는 경비·검색인력을 상시 배치하지 아니하고 선박이 계류 중일 때에만 배치한다. ( )

44 국제항해여객선이 취항하는 국제여객터미널 또는 국제크루즈터미널에는 경비·검색인력 외에 그 국제여객터미널 또는 국제크루즈터미널에서 출항 수속을 시작할 때부터 끝날 때까지 3명 이상의 보안검색인력을 추가로 배치한다. ( )

45 울타리 등(울타리, 담 또는 장벽)의 높이는 지면에서부터 울타리 등의 상단까지 2.7m 이상으로 하며, 윤형철조망 등 장애물의 높이는 제외한다. ( )

46 조명등(보안등)은 해가 질 때부터 해가 뜰 때까지 상시 조명되도록 하되, 야간 출입을 금지하는 경우에는 조명등을 켜지 아니할 수 있다. ( )

47 항만시설(육상구역에만 해당한다)의 출입구, 선박계류지역, 야적장 및 울타리 등에는 지면과 같은 높이에서 4럭스 (Lux) 이상의 조도가 유지되도록 조명등(보안등)을 설치한다. ( )

48 폐쇄회로 텔레비전을 설치할 때에는 감시구역이 20m 이상 중첩되도록 설치하고, 모든 폐쇄회로 텔레비전의 영상 및 침입탐지장비 알람 등 보안장비의 각종 기록은 120일 이상 보관한다. ( )

정답과 해설 **41** × **42** ○ **43** × **44** ○ **45** ○ **46** ○ **47** × **48** ×

오답분석

41 지정신청서를 제출받은 지방해양수산청장은 해당 경비·검색업무 수탁업체가 제38조에 따른 지정 요건에 적합하다고 인정하는 경우에는 지정신청서를 접수한 날부터 30일 이내에 항만시설소유자에게 별지 제21호의3서식의 경비·검색업무 수탁업체 지정서를 발급하여야 한다(국제선박항만보안법 시행규칙 제38조의2 제3항).

43 국가보안시설 외의 항만시설 중 야간에 국제항해선박의 이용이 없고 폐쇄회로 텔레비전(CCTV)에 의한 감시·녹화가 가능한 경우에는 주간에만 배치하고, 국제항해선박의 이용이 연 90일 미만인 경우에는 경비·검색 인력을 상시 배치하지 아니하고 선박이 계류 중일 때에만 배치한다(국제선박항만보안법 시행규칙 [별표 4] 경비·검색인력 제3호).

47 항만시설(육상구역에만 해당한다)의 출입구, 선박계류지역, 야적장 및 울타리 등에는 지면과 같은 높이에서 2럭스(Lux) 이상의 조도가 유지되도록 조명등(보안등)을 설치한다(국제선박항만보안법 시행규칙 [별표 4] 보안시설(조명시설) 제1호).

48 폐쇄회로 텔레비전을 설치할 때에는 감시사각지대가 발생하지 아니하도록 감시구역이 10m 이상 중첩되도록 설치하고, 모든 폐쇄회로 텔레비전의 영상 및 침입탐지장비 알람 등 보안장비의 각종 기록은 90일 이상 보관한다(국제선박항만보안법 시행규칙 [별표 4] 보안장비 제2호).

49 부두의 주된 출입구와 그 밖에 상시 출입이 이루어지는 출입구에는 대인 검색용 문형 또는 휴대용 금속탐지기를 1대 이상 갖추어 두며, 부두의 차량 출입구에는 검색경 등 차량 하부 검색장비를 1대 이상 갖추어 두거나 설치한다. ( )

50 부두의 주된 출입구에는 차량의 무단 진입을 차단하기 위한 철침판 또는 차량돌진 방지턱 1개 이상, 차량 통과를 차단할 수 있는 철제차단기(Barricade) 1개 이상, 그 밖에 모래, 화분대 등 미관을 고려한 장애물 1개 이상 중 어느 하나에 해당하는 장애물을 설치·운영한다. ( )

51 항만시설소유자는 범죄 예방 및 보안을 확보하기 위하여 그가 소유하거나 관리·운영하는 항만시설에 대하여 폐쇄회로 텔레비전을 설치하여야 한다. 이 경우 해상도 기준은 확대 등의 수단으로 사람의 얼굴 또는 20cm 크기의 물체를 식별할 수 있는 정도를 유지하여야 한다. ( )

52 항만시설소유자는 그가 소유하거나 관리·운영하고 있는 항만시설에서 보안사건이 발생한 때에는 해당 항만시설에서 발생한 보안사건 및 보안사건에 대한 조치결과 또는 대응계획을 해양수산부장관 및 국가보안기관의 장에게 즉시 보고하여야 한다. ( )

53 항만시설을 이용하는 자는 항만시설의 경비·검색업무, 경호업무 등 대통령령으로 정하는 업무를 수행하기 위하여 필요한 경우에는 해양수산부장관의 허가를 받아 무기를 반입하거나 소지할 수 있으며, 그 종류는 권총(기관권총 포함), 분사기(총포형, 막대형, 만년필형, 기타 휴대형), 전자충격기(총포형, 막대형, 기타 휴대형), 국제협약 또는 외국 정부와의 합의서에 따라 휴대가 허용되는 무기로 한정한다. ( )

54 항만시설에 무기를 반입·소지할 수 있는 업무는 청원경찰법에 따른 청원경찰 및 경비업법에 따른 특수경비원의 경비·검색, 해적피해예방법에 따른 해상특수경비원의 경비, 경찰관직무집행법에 따른 주요 인사 경호, 대통령 등의 경호에 관한 법률에 따른 경호, 외국정부의 중요 인물을 경호하는 해당국 정부의 경호업무로 한정한다. ( )

55 항만시설을 이용하는 자는 보안사건이 발생하는 것을 예방하기 위하여 항만시설 내 해양수산부령으로 정하는 지역을 정당한 출입절차 없이 무단으로 출입하는 행위를 하여서는 안 되며, 해당 지역을 출입하려는 사람은 항만시설보안책임자가 발급하는 출입증을 발급받아야 한다. ( )

정답과 해설　49 ○　50 ○　51 ✕　52 ○　53 ○　54 ○　55 ✕

오답분석

51 폐쇄회로 텔레비전의 성능은 확대 등의 수단으로 사람의 얼굴 또는 <u>30cm</u> 크기의 물체를 식별할 수 있는 정도의 해상도를 유지하여야 하고, 감지기 등 종류가 다른 1개 이상의 침입탐지장비를 중복하여 설치하여야 한다(국제선박항만보안법 시행규칙 [별표 4] 보안장비 제3호).

55 법 제33조 제1항 제3호의 지역을 출입하려는 사람은 <u>항만시설소유자</u>가 발급하는 출입증을 발급받아야 한다(국제선박항만보안법 시행령 제11조 제1항).

56 울타리·담 또는 장벽으로 보호된 국제여객터미널 내 출입국심사장, 항만운영 상황실, 무기고 및 탄약고에 출입하려는 사람은 항만시설보안책임자가 발급하는 출입증을 발급받아야 하며, 해당 구역에서 항만시설보안책임자의 허가 없이 촬영을 하여서는 아니 된다. ( )

57 항만시설 내 해양수산부령으로 정하는 지역을 출입하려는 사람은 출입증을 다른 사람에게 대여하거나 발급받은 용도 외의 용도로 사용하지 않아야 하며, 출입증은 해당 지역 출입 시 경비·검색 업무를 담당하는 직원이나 다른 사람이 볼 수 있도록 가슴에 달아야 한다. ( )

58 출입증을 분실한 경우에는 지체 없이 출입증을 발급한 자에게 신고하고 분실 경위를 밝혀야 하며, 전출·퇴직 또는 발급받은 목적의 달성 등으로 필요가 없게 되었을 때에는 지체 없이 발급한 자에게 반납하여야 한다. ( )

59 항만시설을 이용하는 자는 항만시설이나 항만 내의 선박에 위법하게 무기(탄저균, 천연두균 등의 생화학무기를 포함한다), 도검류, 폭발물, 독극물 또는 연소성이 높은 물건 등 해양수산부장관이 정하여 고시하는 위해물품을 반입·은닉하는 행위를 하여서는 아니 된다. ( )

60 항만 내 여객선 반입금지 위해물품에 관한 고시 [별표]에서 위해물품은 객실 반입허용·위탁수하물 반입금지 물품과 객실 반입금지·위탁수하물 반입허용 물품으로 구분된다. ( )

61 항만 내 여객선 반입금지 위해물품에 관한 고시 [별표]에서 권총, 연발권총, 라이플총(소총), 엽총 등을 포함한 모든 종류의 총기는 위탁수하물로 반입이 가능하며, 위탁수하물로 반입할 경우 해당 여객선운송사업자에게 총기소지허가서 또는 수출입허가서 등 관련 서류를 확인시키고, 총알과 분리한 후, 단단한 보관함에 넣은 경우에만 가능하다. ( )

62 항만 내 여객선 반입금지 위해물품에 관한 고시 [별표]에서 실제 무기로 착각될 수 있는 복제 및 모방 총기와 신호탄용 총, 활·석궁·화살은 모두 객실 반입이 금지되지만 장난감용 활·석궁·화살은 객실 반입이 허용된다. ( )

63 항만 내 여객선 반입금지 위해물품에 관한 고시 [별표]에서 70도 이상의 알코올성 음료와 농약은 객실 반입금지·위탁수하물 반입금지 물품이다. ( )

정답과 해설 56 × 57 ○ 58 ○ 59 ○ 60 × 61 ○ 62 ○ 63 ○

오답분석

56 법 제33조 제1항 제3호의 지역을 출입하려는 사람은 항만시설소유자가 발급하는 출입증을 발급받아야 하며(국제선박항만보안법 시행령 제11조 제1항), 항만시설을 이용하는 자는 항만시설 내 해양수산부령으로 정하는 구역에서 항만시설보안책임자의 허가 없이 촬영을 하는 행위를 하여서는 아니 된다(국제선박항만보안법 제33조 제1항 제4호).

60 객실 반입금지·위탁수하물 반입가능 물품과 객실 반입금지·위탁수하물 반입금지 물품으로 구분된다(항만 내 여객선 반입금지 위해물품에 관한 고시 [별표]).

제4절　보 칙

01 국제항해선박 및 항만시설의 보안에 관한 주요사항을 심의·의결하기 위하여 해양수산부장관 소속으로 국제항해선박 및 항만시설보안위원회를 둔다.　　　　　　　　　　　　　　　　　　　　　　　　　　　　　（　　）

02 보안위원회는 위원장 1인과 부위원장 2인을 포함하여 15인 이내의 위원으로 구성한다.　　　　　（　　）

03 보안위원회의 위원장은 해양수산부장관이 되고, 부위원장은 해양수산부의 고위공무원단에 소속된 공무원으로, 위원은 3급·4급 공무원 또는 고위공무원단에 속하는 일반직공무원(이에 상당하는 특정직·별정직 국가공무원을 포함한다)으로 구성한다.　　　　　　　　　　　　　　　　　　　　　　　　　　　　　　　　　　（　　）

04 보안위원회는 재적위원 과반수의 출석과 출석위원 과반수의 찬성으로 의결한다.　　　　　　（　　）

05 국제항해선박및항만시설보안위원회의 부위원장은 해양수산부의 해운물류국장·해사안전국장으로 하고, 위원은 법무부, 국방부, 보건복지부, 국가정보원, 국무조정실, 관세청, 경찰청 및 해양경찰청 소속의 고위공무원단에 속하는 공무원과 이에 상당하는 공무원 중 해당 기관의 장이 추천한 사람 1명으로 한다.　　　　　　　　（　　）

06 선박보안책임자와 항만시설보안책임자는 선박항만연계활동 또는 선박상호활동을 함에 있어서 상호 간에 이행하여야 하는 구체적인 보안조치사항에 대한 보안합의서를 작성하여 교환할 수 있으며, 교환한 보안합의서는 해당 국제항해선박과 항만시설에 각각 5년 이상 보관한다.　　　　　　　　　　　　　　　　　　　（　　）

07 국제항해선박소유자 및 항만시설소유자는 선박 및 항만시설에서 이루어지고 있는 보안상의 활동을 확인하기 위하여 보안에 관한 전문지식을 갖춘 자를 항만시설보안심사관으로 지정하여 6개월 이내의 기간을 주기로 내부보안심사를 실시하여야 한다.　　　　　　　　　　　　　　　　　　　　　　　　　　　　　　（　　）

08 내부보안심사자의 자격요건은 항만시설의 경우 항만시설보안책임자의 자격요건을 준용한다.　　（　　）

09 해양수산부장관은 소속 공무원 중에서 해양수산부령으로 정하는 자격을 갖춘 자를 항만시설보안심사관으로 임명하여 항만시설보안심사·임시항만시설보안심사 및 특별항만시설보안심사 업무를 수행하게 할 수 있다.　　（　　）

정답과 해설　**01** ○　**02** ×　**03** ×　**04** ○　**05** ○　**06** ○　**07** ×　**08** ○　**09** ○

오답분석

02 보안위원회는 위원장 1인과 부위원장 2인을 포함하여 <u>10인 이내</u>의 위원으로 구성한다(국제선박항만보안법 제34조 제3항).

03 보안위원회의 위원장은 해양수산부<u>차관</u>이 되고, 부위원장은 해양수산부의 고위공무원단에 소속된 공무원으로, 위원은 3급·4급 공무원 또는 고위공무원단에 속하는 일반직공무원(이에 상당하는 특정직·별정직 국가공무원을 포함한다)으로 구성한다(국제선박항만보안법 제34조 제4항).

07 국제항해선박소유자 및 항만시설소유자는 선박 및 항만시설에서 이루어지고 있는 보안상의 활동을 확인하기 위하여 보안에 관한 전문지식을 갖춘 자를 <u>내부보안심사자</u>로 지정하여 <u>1년 이내</u>의 기간을 주기로 내부보안심사를 실시하여야 한다(국제선박항만보안법 제36조 제1항).

10 해양수산부장관은 필요하다고 인정되는 경우에는 항만시설보안심사 및 국제항해선박의 보안에 관한 보안심사관의 업무를 해양수산부장관이 정하는 기준을 충족하는 자(이하 대행기관)을 지정하여 대행하게 할 수 있다. (　　　)

11 해양수산부장관은 대행기관이 지정기준에 미달하게 된 경우에는 그 지정을 취소하거나 6개월 이내의 기간을 정하여 그 업무를 정지할 수 있다. (　　　)

12 지정을 받은 대행기관은 매반기 종료일부터 10일까지 보안심사업무를 대행한 실적을 해양수산부장관에게 보고하여야 한다. (　　　)

13 국제항해선박소유자와 항만시설소유자는 각자의 소속 보안책임자로 하여금 해당 선박의 승무원과 항만시설의 경비·검색인력을 포함한 보안업무 종사자에 대하여 4개월 이내의 기간을 주기로 보안훈련을 실시하게 하여야 한다. (　　　)

14 국제항해선박소유자와 항만시설소유자는 보안책임자 및 보안담당자 등이 공동으로 참여하는 합동보안훈련을 해양수산부령으로 정하는 바에 따라 매년 1회 이상 실시하여야 한다. 이 경우 보안훈련의 간격은 13개월을 초과하여서는 아니 된다. (　　　)

15 합동보안훈련은 지방해양수산청장이 실시하는 다른 훈련·연습과 병행하는 방법으로도 실시할 수 있다. (　　　)

16 해양수산부장관은 보안책임자와 보안담당자에 대한 보안교육 및 보안심사관의 자격유지에 필요한 보안교육을 실시하기 위하여 보안교육기관을 지정할 수 있다. (　　　)

17 보안교육기관의 시설 기준은 '해당 교육기관의 주된 강의실이나 실습실이 60제곱미터 이상일 것, 학급당 정원은 60명 이내일 것'을 요건으로 한다. (　　　)

18 해양수산부장관은 보안교육기관이 거짓이나 그 밖의 부정한 방법으로 지정받은 경우에는 그 지정을 취소하여야 하며, 청문을 실시하여야 한다. (　　　)

정답과 해설　10 ○　11 ○　12 ○　13 ✕　14 ✕　15 ○　16 ○　17 ○　18 ○

오답분석

13 국제항해선박소유자와 항만시설소유자는 각자의 소속 보안책임자로 하여금 해당 선박의 승무원과 항만시설의 경비·검색인력을 포함한 보안업무 종사자에 대하여 <u>3개월</u> 이내의 기간을 주기로 보안훈련을 실시하게 하여야 한다(국제선박항만보안법 제39조 제2항).

14 국제항해선박소유자와 항만시설소유자는 보안책임자 및 보안담당자 등이 공동으로 참여하는 합동보안훈련을 해양수산부령으로 정하는 바에 따라 매년 1회 이상 실시하여야 한다. 이 경우 보안훈련의 간격은 <u>18개월</u>을 초과하여서는 아니 된다(국제선박항만보안법 제39조 제3항).

19 해양수산부장관은 보안사건의 발생을 예방하고 국제항해선박 및 항만시설의 보안에 관한 업무를 효율적으로 수행하기 위하여 소속 공무원을 보안감독관으로 지정하여 국제항해선박 및 항만시설의 보안에 관한 점검업무를 수행하게 하여야 한다. ( )

20 항만시설소유자는 경비·검색인력 및 보안시설·장비의 확보 등에 소요되는 항만시설보안료를 해당 항만시설을 이용하는 자로부터 징수할 수 있다. ( )

21 항만시설소유자가 항만시설보안료를 징수하려는 때에는 해양수산부령으로 정하는 바에 따라 그 징수요율에 대하여 해양수산부장관의 승인을 받아야 한다. 이를 변경하려는 때에도 또한 같다. ( )

22 해양수산부장관은 관계 국가보안기관의 장과 협의하여 항만시설보안료 징수요율의 기준을 정하여 고시하여야 한다. ( )

23 항만시설소유자는 항만시설보안료의 징수요율을 승인받거나 변경승인받으려는 경우에는 매년 1월 1일부터 4월 30일까지 항만시설보안료 징수요율 승인(변경승인)신청서에 일정한 서류를 첨부하여 관할 지방해양수산청장에게 제출해야 한다. ( )

24 지방해양수산청장은 항만시설보안료 징수요율 승인(변경승인)신청서를 접수한 때에는 관계 중앙행정기관의 장과의 사전협의를 거쳐 15일 이내에 그 승인 여부를 항만시설소유자에게 통보해야 한다. ( )

25 항만시설보안계획서 승인·변경승인, 항만시설보안심사, 임시항만시설보안심사를 받으려는 자는 수수료를 내야 한다. ( )

26 해양수산부장관이 지방해양수산청장에게 위임하는 권한에는 항만시설보안책임자 지정의 통보 및 변경 명령, 항만시설보안평가, 항만시설보안심사, 항만시설의 경비·검색업무의 수탁업체 지정 등이 있다. ( )

27 경비·검색업무를 위탁받은 업체의 임직원이나 보안심사 업무 등을 대행하는 대행기관의 임직원은 형법 제129조부터 제132조까지의 규정에 따른 벌칙을 적용할 때에는 공무원으로 본다. ( )

정답과 해설 | **19** ○ **20** ○ **21** ○ **22** × **23** ○ **24** × **25** ○ **26** ○ **27** ○

오답분석

22 해양수산부장관은 관계 중앙행정기관의 장과 협의하여 항만시설보안료 징수요율의 기준을 정하여 고시하여야 한다(국제선박항만보안법 제42조 제2항).

24 지방해양수산청장은 제1항에 따른 항만시설보안료 징수요율 승인(변경승인)신청서를 접수한 때에는 법 제42조 제4항에 따라 관계 중앙행정기관의 장과의 사전협의를 거쳐 30일 이내에 그 승인 여부를 항만시설소유자에게 통보해야 한다(국제선박항만보안법 시행규칙 제54조의2 제2항).

01 항만시설이나 항만 내의 선박에 위법하게 위해물품을 반입·은닉하는 행위를 한 자는 3년 이하의 징역 또는 3천만원 이하의 벌금에 처한다.   (   )

02 항만시설적합확인서 등을 비치하지 아니하거나 그 효력이 정지되거나 상실된 항만시설적합확인서 등을 비치한 항만시설을 운영한 자는 500만원 이하의 벌금에 처한다.   (   )

03 항만시설보안료의 징수요율(변경된 요율을 포함한다)에 대한 승인을 받지 아니하고 항만시설보안료를 징수한 자는 1년 이하의 징역 또는 1천만원 이하의 벌금에 처한다.   (   )

04 거짓이나 그 밖의 부정한 방법으로 보안교육기관으로 지정을 받은 자는 1년 이하의 징역 또는 1천만원 이하의 벌금에 처한다.   (   )

05 국제선박항만보안법과 동법에 따른 명령을 위반한 항만시설소유자에게 적용할 벌칙은 그 항만시설소유자가 국가 또는 지방자치단체인 때에는 적용하지 아니한다.   (   )

06 자격요건을 갖추지 못한 자를 항만시설보안책임자로 지정한 자에게는 500만원 이하의 과태료를 부과한다.(   )

07 경비·검색인력 및 보안시설·장비의 확보 등을 이행하지 아니한 자에게는 300만원 이하의 과태료를 부과한다.   (   )

08 항만시설 내 촬영이 제한되는 구역에서 항만시설보안책임자의 허가 없이 촬영을 한 자는 500만원 이하의 벌금에 처한다.   (   )

09 항만시설보안기록부를 작성하지 않거나 보관하지 않은 경우의 과태료 금액은 1차 위반 시 120만원, 2차 위반 시 160만원, 3차 이상 위반 시 240만원이다.   (   )

정답과 해설   01 ○   02 ×   03 ×   04 ○   05 ○   06 ×   07 ×   08 ×   09 ○

오답분석

02 제29조를 위반하여 항만시설적합확인서 등을 비치하지 아니하거나 그 효력이 정지되거나 상실된 항만시설적합확인서 등을 비치한 항만시설을 운영한 자는 <u>1년 이하의 징역 또는 1천만원 이하의 벌금</u>에 처한다(국제선박항만보안법 제48조 제4호).

03 제42조 제3항에 따른 항만시설보안료의 징수요율(변경된 요율을 포함한다)에 대한 승인을 받지 아니하고 항만시설보안료를 징수한 자는 <u>500만원 이하의 벌금</u>에 처한다(국제선박항만보안법 제49조 제7호).

06 제23조 제1항에 따른 자격요건을 갖추지 못한 자를 항만시설보안책임자로 지정한 자에게는 <u>300만원 이하의 과태료</u>를 부과한다(국제선박항만보안법 제52조 제2항 제14호).

07 제31조 제1항에 따른 경비·검색인력 및 보안시설·장비의 확보 등을 이행하지 아니한 자는 <u>500만원 이하의 벌금</u>에 처한다(국제선박항만보안법 제49조 제3호).

08 제33조 제1항 제4호를 위반하여 항만시설 내 촬영이 제한되는 구역에서 항만시설보안책임자의 허가 없이 촬영을 한 자에게는 <u>300만원 이하의 과태료</u>를 부과한다(국제선박항만보안법 제52조 제21호).

우리가 해야 할 일은 끊임없이 호기심을 갖고

새로운 생각을 시험해보고

새로운 인상을 받는 것이다.

- 월터 페이터 -

03 국제항해선박 및 항만시설의 보안에 관한 법률

1 총 칙

1 목적(국제선박항만보안법 제1조)

「국제선박항만보안법」은 국제항해에 이용되는 선박과 그 선박이 이용하는 항만시설의 보안에 관한
사항을 정함으로써 국제항해와 관련한 보안상의 위협을 효과적으로 방지하여 국민의 생명과 재산
을 보호하는 데 이바지함을 목적으로 한다.★

2 용어의 정의(국제선박항만보안법 제2조)

(1) 국제항해선박

「선박안전법」 제2조 제1호에 따른 선박으로서 국제항해에 이용되는 선박을 말한다(제1호).

> **선박(선박안전법 제2조 제1호)★**
> "선박"이라 함은 수상(水上) 또는 수중(水中)에서 항해용으로 사용하거나 사용될 수 있는 것(선외기를 장착한
> 것을 포함한다)과 이동식 시추선·수상호텔 등 해양수산부령이 정하는 부유식 해상구조물을 말한다.

빈칸문제

목적 및 용어의 정의
⋯ 국제선박항만보안법은 (❶)에 이용되는 선박과 그 선박이 이용하는 항만시설의 (❷)에 관한 사항을 정함
으로써 (❶)와 관련한 (❷)상의 위협을 효과적으로 방지하여 국민의 생명과 재산을 보호하는 데 이바지함
을 목적으로 한다.
⋯ (❶)선박 : 선박안전법 제2조 제1호에 따른 선박으로서 (❶)에 이용되는 선박을 말한다.
⋯ "선박"이라 함은 (❸) 또는 (❹)에서 항해용으로 사용하거나 사용될 수 있는 것(선외기를 장착한 것을
포함한다)과 (❺)·(❻) 등 해양수산부령이 정하는 부유식 해상구조물을 말한다(선박안전법 제2조 제1호).

❶ 국제항해 ❷ 보안 ❸ 수상 ❹ 수중 ❺ 이동식 시추선 ❻ 수상호텔 **정답**

(2) 항만시설

국제항해선박과 선박항만연계활동이 가능하도록 갖추어진 시설로서 「항만법」 제2조 제5호에 따른 항만시설 및 해양수산부령으로 정하는 시설을 말한다(제2호).★

정의(항만법 제2조)

이 법에서 사용하는 용어의 뜻은 다음과 같다. 〈개정 2022.1.4.〉

5. "항만시설"이란 다음 각목의 어느 하나에 해당하는 시설을 말한다. 이 경우 다음 각목의 시설이 항만구역 밖에 있는 경우에는 해양수산부장관이 지정·고시하는 시설로 한정한다.

　가. 기본시설

　　(1) 항로, 정박지, 소형선 정박지, 선회장(旋回場) 등 **수역시설(水域施設)**

　　(2) 방파제, 방사제(防砂堤), 파제제(波除堤), 방조제, 도류제(導流堤), 갑문, 호안(해안보호둑을 말한다) 등 **외곽시설**

　　(3) 도로, 교량, 철도, 궤도, 운하 등 **임항교통시설(臨港交通施設)**

　　(4) 안벽, 소형선 부두, 잔교(棧橋 : 선박이 부두에 닿도록 구름다리 형태로 만든 구조물), 부잔교(浮棧橋 : 선박을 매어두거나 선박이 부두에 닿도록 물 위에 띄워 만든 구조물), 돌핀(계선말뚝을 말한다), 선착장, 램프(경사식 진출입로를 말한다) 등 **계류시설(繫留施設)**

　나. 기능시설

　　(1) 선박의 입항·출항을 위한 항로표지·신호·조명·항무통신(港務通信)에 관련된 시설 등 **항행 보조시설**

　　(2) 고정식 또는 이동식 하역장비, 화물 이송시설, 배관시설 등 **하역시설**

　　(3) 대기실, 여객승강용 시설, 소하물 취급소 등 **여객이용시설**

　　(4) 창고, 야적장, 컨테이너 장치장 및 컨테이너 조작장, 사일로[시멘트, 곡물 등 산적화물(散積貨物)의 저장시설을 말한다], 유류(油類)저장시설, 가스저장시설, 화물터미널 등 **화물의 유통시설과 판매시설**

　　(5) 선박을 위한 연료공급시설과 급수시설, 얼음 생산 및 공급 시설 등 **선박보급시설**

　　(6) 항만의 관제(管制)·정보통신·홍보·보안에 관련된 시설

　　(7) 항만시설용 부지

　　(8) 「어촌·어항법」 제2조 제5호 나목의 **기능시설**[제21조 제3호에 따른 어항구(漁港區)에 있는 것으로 한정한다]

빈칸문제

용어의 정의

⇝ 항만시설 : 국제항해선박과 (❶)이 가능하도록 갖추어진 시설로서 「항만법」 제2조 제5호에 따른 항만시설 및 (❷)으로 정하는 시설을 말한다.

⇝ 항로·정박지·소형선 정박지·선회장 등 수역시설 → (❸)

⇝ 선박의 입항·출항을 위한 항로표지·신호·조명·항무통신에 관련된 시설 등 항행 보조시설 → (❹)

⇝ 방파제·방사제·파제제·방조제·도류제·갑문·호안 등 외곽시설 → (❸)

⇝ 항만시설용 부지 → (❹)

정답 ❶ 선박항만연계활동 ❷ 해양수산부령 ❸ 기본시설 ❹ 기능시설

(9) 「어촌·어항법」 제2조 제5호 다목의 어항편익시설(어항구에 있는 것으로 한정한다)

(10) 방음벽·방진망(防塵網)·수림대(樹林帶) 등 공해방지시설

다. 지원시설

(1) 보관창고, 집배송장, 복합화물터미널, 정비고 등 배후유통시설

(2) **선박기자재, 선용품(船用品) 등을 보관·판매·전시 등을 하기 위한 시설**

(3) **화물의 조립·가공·포장·제조 등을 위한 시설**

(4) 공공서비스의 제공, 시설관리 등을 위한 항만 관련 업무용시설

(5) 항만시설을 사용하는 사람, 항만시설 인근 지역의 주민, 여객 등 항만을 이용하는 사람 및 항만에서 일하는 사람을 위한 휴게소·숙박시설·진료소 등 「공공보건의료에 관한 법률」 제2조 제3호에 따른 공공보건의료기관·위락시설·연수장·주차장·차량통관장 등 후생복지시설과 편의제공시설

(6) 항만 관련 산업의 기술개발이나 벤처산업 지원 등을 위한 **연구시설**

(7) 신·재생에너지 관련 시설, 자원순환시설 및 기후변화 대응 방재시설 등 **저탄소 항만의 건설을 위한 시설**

(8) 그 밖에 항만기능을 지원하기 위한 시설로서 **해양수산부령으로 정하는 것**

라. 항만친수시설(港灣親水施設)

(1) 낚시터, 유람선, 낚시어선, 모터보트, 요트, 윈드서핑용 선박 등을 수용할 수 있는 **해양레저용 시설**

(2) 해양박물관, 어촌민속관, 해양유적지, 공연장, 학습장, 갯벌체험장 등 **해양 문화·교육 시설**

(3) 해양전망대, 산책로, 해안 녹지, 조경시설 등 **해양공원시설**

(4) 인공해변·인공습지 등 **준설토를 재활용하여 조성한 인공시설**

마. 항만배후단지

항만시설(국제선박항만보안법 시행규칙 제2조)
「국제항해선박 및 항만시설의 보안에 관한 법률」 제2조 제2호에서 "해양수산부령으로 정하는 시설"이란 「항만법」 제2조 제5호에 따른 항만시설 외의 시설로서 국제항해선박이 이용하는 다음 각호의 시설 중 지방해양수산청장이 지정하는 시설을 말한다.

1. 선박을 수리하거나 건조하는 조선소의 선박계류시설

2. 석유 비축기지, 액화천연가스 생산기지 또는 화력발전소의 선박계류시설

3. 「선박법」 제6조 단서에 따라 해양수산부장관의 허가를 받아 외국 국적선박이 기항하는 불개항장의 선박계류시설

용어의 정의

⋯ 보관창고, 집배송장, 복합화물터미널, 정비고 등 배후유통시설 → (**❶**)

⋯ 낚시터, 유람선, 낚시어선, 모터보트, 요트, 윈드서핑용 선박 등을 수용할 수 있는 해양레저용 시설 → (**❷**)

⋯ "해양수산부령으로 정하는 시설"이란 「항만법」 제2조 제5호에 따른 (**❸**)의 시설로서 국제항해선박이 이용하는 다음 각호의 시설 중 (**❹**)이 지정하는 시설을 말한다 : ㉠ 선박을 수리하거나 건조하는 조선소의 (**❺**), ㉡ 석유 비축기지, 액화천연가스 생산기지 또는 화력발전소의 (**❺**), ㉢ 「선박법」 제6조 단서에 따라 해양수산부장관의 허가를 받아 외국 국적선박이 기항하는 불개항장의 (**❺**)

❶ 지원시설 ❷ 항만친수시설 ❸ 항만시설 외 ❹ 지방해양수산청장 ❺ 선박계류시설 정답

(3) 선박항만연계활동

국제항해선박과 항만시설 사이에 승선·하선 또는 선적·하역과 같이 사람 또는 물건의 이동을 수반하는 상호작용으로서 그 활동의 결과 국제항해선박이 직접적으로 영향을 받게 되는 것을 말한다(제3호). ★★

(4) 선박상호활동

국제항해선박과 국제항해선박 또는 국제항해선박과 그 밖의 선박 사이에 승선·하선 또는 선적·하역과 같이 사람 또는 물건의 이동을 수반하는 상호작용을 말한다(제4호). ★

(5) 보안사건

국제항해선박이나 항만시설을 손괴하는 행위 또는 국제항해선박이나 항만시설에 위법하게 폭발물 또는 무기류 등을 반입·은닉하는 행위 등 국제항해선박·항만시설·선박항만연계활동 또는 선박상호활동의 보안을 위협하는 행위 또는 그 행위와 관련된 상황을 말한다(제5호). ★★

(6) 보안등급

보안사건이 발생할 수 있는 위험의 정도를 단계적으로 표시한 것으로서 「1974년 해상에서의 인명안전을 위한 국제협약」(이하 "협약"이라 한다)에 따른 등급구분 방식을 반영한 것을 말한다(제6호). ★

(7) 국제항해선박소유자

국제항해선박의 소유자·관리자 또는 국제항해선박의 소유자·관리자로부터 선박의 운영을 위탁받은 법인·단체 또는 개인을 말한다(제7호).

(8) 항만시설소유자

항만시설의 소유자·관리자 또는 항만시설의 소유자·관리자로부터 그 운영을 위탁받은 법인·단체 또는 개인을 말한다(제8호).

빈칸문제

용어의 정의
>>> (❶) : 국제항해선박과 항만시설 사이에 승선·하선 또는 선적·하역과 같이 사람 또는 물건의 이동을 수반하는 상호작용으로서 그 활동의 결과 국제항해선박이 직접적으로 영향을 받게 되는 것을 말한다.
>>> 보안사건 : 국제항해선박이나 항만시설을 (❷)하는 행위 또는 국제항해선박이나 항만시설에 위법하게 (❸) 또는 (❹) 등을 반입·은닉하는 행위 등 국제항해선박·항만시설·선박항만연계활동 또는 선박상호활동의 보안을 위협하는 (❺) 또는 그 행위와 관련된 (❻)을 말한다.

정답 ❶ 선박항만연계활동 ❷ 손괴 ❸ 폭발물 ❹ 무기류 ❺ 행위 ❻ 상황

(9) 국가보안기관

국가정보원・국방부・관세청・경찰청 및 해양경찰청 등 보안업무를 수행하는 국가기관을 말한다 (제9호).★

3 적용범위(국제선박항만보안법 제3조)

(1) 적용대상★★

「국제선박항만보안법」은 다음의 국제항해선박 및 항만시설에 대하여 적용한다. 다만, 「국제선박항 만보안법」에 특별한 규정이 있으면 그 규정에 따른다(제1항).

① 다음의 어느 하나에 해당하는 대한민국 국적의 국제항해선박(제1호)

　　㉠ 모든 여객선(가목)

　　㉡ 총톤수 500톤 이상의 화물선(나목)

　　㉢ 이동식 해상구조물(천연가스 등 해저자원의 탐사・발굴 또는 채취 등에 사용되는 것을 말한 다)(다목)

② ①의 어느 하나에 해당하는 대한민국 국적 또는 외국 국적의 국제항해선박과 선박항만연계활동 이 가능한 항만시설

(2) 적용 제외★

비상업용 목적으로 사용되는 선박으로서 국가 또는 지방자치단체가 소유하는 국제항해선박에 대하 여는 「국제선박항만보안법」을 적용하지 아니한다(제2항).

빈칸문제

적용범위

⋯▸ 「국제선박항만보안법」은 다음의 국제항해선박 및 항만시설에 대하여 적용한다. 다만, 「국제선박항만보안법」 에 특별한 규정이 있으면 그 규정에 따른다[(❶) 목적으로 사용되는 선박으로서 (❷) 또는 (❸)가 소유하 는 국제항해선박에 대하여는 「국제선박항만보안법」을 적용하지 아니한다].

　㉠ 다음의 어느 하나에 해당하는 대한민국 국적의 국제항해선박 : 모든 (❹), 총톤수 (❺) 이상의 화물선, (❻)(천연가스 등 해저자원의 탐사・발굴 또는 채취 등에 사용되는 것을 말한다)

　㉡ ㉠의 어느 하나에 해당하는 대한민국 국적 또는 (❼) 국적의 국제항해선박과 선박항만연계활동이 가능한 항만시설

❶ 비상업용　❷ 국가　❸ 지방자치단체　❹ 여객선　❺ 500톤　❻ 이동식 해상구조물　❼ 외국　정답

4   국제협약과의 관계(국제선박항만보안법 제4조)

국제항해선박과 항만시설의 보안에 관하여 국제적으로 발효된 국제협약의 보안기준과 「국제선박항만보안법」의 규정내용이 다른 때에는 국제협약의 효력을 우선한다. 다만, 「국제선박항만보안법」의 규정내용이 국제협약의 보안기준보다 강화된 기준을 포함하는 때에는 그러하지 아니하다. ★★

5   국가항만보안계획 등

(1) 국가항만보안계획(국제선박항만보안법 제5조)

① 해양수산부장관은 국제항해선박 및 항만시설의 보안에 관한 업무를 효율적으로 수행하기 위하여 10년마다 항만의 보안에 관한 종합계획(이하 "국가항만보안계획"이라 한다)을 수립·시행하여야 한다. 이 경우 해양수산부장관은 관계 행정기관의 장과 미리 협의하여야 한다(제1항). ★★

② 국가항만보안계획은 보안위원회의 심의를 거쳐 확정한다(제2항). ★

③ 국가항만보안계획에는 다음의 사항이 포함되어야 한다(제3항). ★★

　　㉠ 항만의 보안에 관한 기본방침(제1호)

　　㉡ 항만의 보안에 관한 중·장기 정책방향(제2호) ★

　　㉢ 항만의 보안에 관한 행정기관의 역할(제3호)

　　㉣ 항만의 보안에 관한 항만시설소유자의 역할(제4호) ★

　　㉤ 항만에서의 보안시설·장비의 설치 및 경비·검색인력의 배치(제5호) ★

　　㉥ 항만시설보안책임자 등에 대한 교육·훈련계획(제6호) ★

　　㉦ 보안사건에 대한 대비·대응조치(제7호)

　　㉧ 항만보안에 관한 국제협력(제8호)

　　㉨ 그 밖에 항만의 보안을 확보하기 위하여 필요한 사항(제9호)

빈칸문제

국가항만보안계획

　⟶ 국가항만보안계획에는 다음의 사항이 포함되어야 한다 : ㉠ 항만의 보안에 관한 (❶), ㉡ 항만의 보안에 관한 중·장기 (❷), ㉢ 항만의 보안에 관한 (❸)의 역할, ㉣ 항만의 보안에 관한 (❹)의 역할, ㉤ 항만에서의 보안시설·장비의 (❺) 및 경비·검색인력의 (❻), ㉥ 항만시설보안책임자 등에 대한 (❼)·훈련계획, ㉦ 보안사건에 대한 대비·대응조치, ㉧ 항만보안에 관한 국제협력, ㉨ 그 밖에 항만의 보안을 확보하기 위하여 필요한 사항

정답　❶ 기본방침　❷ 정책방향　❸ 행정기관　❹ 항만시설소유자　❺ 설치　❻ 배치　❼ 교육

④ 해양수산부장관은 국가항만보안계획이 수립된 때에는 이를 관계 행정기관의 장과 항만에 관한 업무를 관장하는 해양수산부 소속 기관의 장(이하 "지방청장"이라 한다)에게 통보하여야 하며, 국가항만보안계획을 통보받은 관계 행정기관의 장 및 지방청장은 그 시행을 위하여 필요한 조치를 하여야 한다(제4항). ★

⑤ 국가항만보안계획을 통보받은 지방청장은 국가항만보안계획에 따른 관할 구역의 항만에 대한 보안계획(이하 "지역항만보안계획"이라 한다)을 수립·시행하여야 한다(제5항). ★

⑥ 지방청장은 지역항만보안계획을 수립하려는 때에는 해양수산부장관의 승인을 받아야 한다. 이 경우 관계 국가보안기관의 장과 미리 협의하여야 한다(제6항). ★★

⑦ 해양수산부장관과 지방청장은 국가항만보안계획과 지역항만보안계획이 수립된 후 5년이 경과한 때에는 그 내용을 검토하여 변경 여부를 결정하여야 한다. 다만, 국내외 보안여건을 시급히 반영하여야 하는 등 긴급한 필요성이 인정되는 경우에는 해양수산부장관이 국가항만보안계획과 지역항만보안계획의 변경 여부를 결정할 수 있다(제7항). ★★

⑧ 국가항만보안계획을 변경하는 경우에는 제1항부터 제4항까지의 절차에 따르고, 지역항만보안계획을 변경하는 경우에는 제5항 및 제6항의 절차에 따른다. 다만, 대통령령으로 정하는 경미한 사항을 변경하는 경우에는 대통령령으로 정하는 바에 따라 절차의 전부 또는 일부를 생략할 수 있다(제8항). ★

국가항만보안계획의 수립 등(국제선박항만보안법 시행령 제2조)

① 「국제항해선박 및 항만시설의 보안에 관한 법률」 제5조 제8항 단서에서 "대통령령으로 정하는 경미한 사항"이란 다음 각호의 어느 하나에 해당하는 사항을 말한다.

1. 법 제5조 제3항 제6호에 따른 항만시설보안책임자 등에 대한 교육·훈련계획에 관한 사항 또는 제3조 제1항 제6호에 따른 관할 구역 항만의 항만시설보안책임자 등에 대한 교육·훈련계획에 관한 사항
2. 법령의 제정·개정으로 인한 해양항만관서의 조직 또는 관할 구역 변경에 따른 법 제5조 제1항의 국가항만보안계획 및 법 제5조 제5항의 지역항만보안계획의 변경에 관한 사항 ★

국가항만보안계획 등

⋯ 국가항만보안계획을 통보받은 (❶)은 국가항만보안계획에 따른 관할 구역의 항만에 대한 보안계획[이하 (❷)이라 한다]을 수립·시행하여야 한다.

⋯ (❶)은 (❷)을 수립하려는 때에는 해양수산부장관의 (❸)을 받아야 한다. 이 경우 관계 (❹)의 장과 미리 협의하여야 한다.

⋯ 일반적으로 해양수산부장관과 (❶)은 국가항만보안계획과 (❷)이 수립된 후 (❺)이 경과한 때에는 그 내용을 검토하여 변경 여부를 결정하여야 한다.

❶ 지방청장 ❷ 지역항만보안계획 ❸ 승인 ❹ 국가보안기관 ❺ 5년 정답

② 법 제5조 제8항 단서에 따라 제1항 **각호의 경미한 사항을 변경할 때**에는 다음 각호의 구분에 따른 **절차를 생략한다.**★★
  1. **국가항만보안계획** : 법 제5조 제1항에 따른 **관계 행정기관의 장과의 협의** 및 법 제5조 제2항에 따른 **보안위원회의 심의**
  2. **지역항만보안계획** : 법 제5조 제6항에 따른 **해양수산부장관의 승인** 및 관계 **국가보안기관의 장과의 협의**

(2) 지역항만보안계획

① 지역항만보안계획의 세부내용·수립절차 및 방법에 관하여 필요한 사항은 대통령령으로 정한다(국제선박항만보안법 제5조 제9항).★

② 지역항만보안계획의 세부내용으로 다음의 사항이 포함되어야 한다(국제선박항만보안법 시행령 제3조 제1항).

  ㉠ 관할 구역 항만의 보안에 관한 기본방침(제1호)

  ㉡ 관할 구역 항만의 보안에 관한 중·장기 추진방향(제2호)

  ㉢ 관할 구역 항만의 항만시설보안에 관한 관련 행정기관의 역할(제3호)

  ㉣ 관할 구역 항만의 보안에 관한 항만시설소유자의 역할(제4호)

  ㉤ 관할 구역 항만에서의 보안시설·장비의 설치 및 경비·검색인력의 배치(제5호)

  ㉥ 관할 구역 항만의 항만시설보안책임자 등에 대한 교육·훈련계획(제6호)

  ㉦ 관할 구역 항만에서의 보안사건에 대한 대비·대응조치(제7호)

  ㉧ 그 밖에 관할 구역 항만의 보안을 확보하기 위하여 필요한 사항(제8호)

③ 지방해양수산청장은 지역항만보안계획을 수립하려는 경우에 필요하면 항만시설소유자의 의견을 들어 반영할 수 있다(국제선박항만보안법 시행령 제3조 제2항).★★

④ 지방해양수산청장은 수립된 지역항만보안계획을 관할 구역 국가보안기관의 장에게 통보하여야 한다(국제선박항만보안법 시행령 제3조 제3항).★

빈칸문제

지역항만보안계획

⋯▸ 지역항만보안계획의 세부내용으로 다음의 사항이 포함되어야 한다 : ㉠ 관할 구역 항만의 보안에 관한 (❶), ㉡ 관할 구역 항만의 보안에 관한 중·장기 (❷), ㉢ 관할 구역 항만의 항만시설보안에 관한 관련 (❸)의 역할, ㉣ 관할 구역 항만의 보안에 관한 (❹)의 역할, ㉤ 관할 구역 항만에서의 보안시설·장비의 (❺) 및 경비·검색인력의 (❻), ㉥ 관할 구역 항만의 항만시설보안책임자 등에 대한 (❼)·훈련계획, ㉦ 관할 구역 항만에서의 보안사건에 대한 대비·대응조치, ㉧ 그 밖에 관할 구역 항만의 보안을 확보하기 위하여 필요한 사항

정답 ❶ 기본방침 ❷ 추진방향 ❸ 행정기관 ❹ 항만시설소유자 ❺ 설치 ❻ 배치 ❼ 교육

(1) 보안등급의 설정 · 조정(국제선박항만보안법 제6조 제1항 · 제2항)

① 해양수산부장관은 국제항해선박 및 항만시설에 대하여 대통령령으로 정하는 바에 따라 보안등급을 설정하여야 한다(제1항).★

② 해양수산부장관은 설정된 보안등급의 근거가 되는 보안사건의 발생 위험의 정도가 변경되는 때에는 대통령령으로 정하는 바에 따라 그 보안등급을 조정하여야 한다(제2항).★

보안등급의 설정 · 조정 등(국제선박항만보안법 시행령 제4조)

① 해양수산부장관은 법 제6조 제1항 및 제2항에 따라 보안등급을 설정하거나 조정하는 경우에 다음 각호의 사항을 고려하여야 한다.★★

1. 보안사건을 일으킬 수 있는 위험에 관한 정보의 구체성, 긴급성 및 신뢰성
2. 보안사건이 일어날 때 예상되는 피해 정도

② 제1항에 따른 보안등급은 다음 각호로 구분한다.★★

1. 보안 1등급 : 국제항해선박과 항만시설이 정상적으로 운영되는 상황으로 일상적인 최소한의 보안조치가 유지되어야 하는 평상수준
2. 보안 2등급 : 국제항해선박과 항만시설에 보안사건이 일어날 가능성이 증대되어 일정기간 강화된 보안조치가 유지되어야 하는 경계수준
3. 보안 3등급 : 국제항해선박과 항만시설에 보안사건이 일어날 가능성이 뚜렷하거나 임박한 상황이어서 일정기간 최상의 보안조치가 유지되어야 하는 비상수준

③ 해양수산부장관은 국제항해선박에 대하여는 선박의 종류 · 항로 또는 해역별로 그 운항 특성을 고려하여 보안등급을 설정하거나 조정할 수 있으며, 항만시설에 대하여는 항만별 또는 항만시설 단위별로 그 기능별 특성을 고려하여 보안등급을 설정하거나 조정할 수 있다.★★

빈칸문제

보안등급의 설정 · 조정

⋯➡ 보안 1등급 : 국제항해선박과 항만시설이 정상적으로 운영되는 상황으로 일상적인 (❶)의 보안조치가 유지되어야 하는 (❷)

⋯➡ 보안 2등급 : 국제항해선박과 항만시설에 보안사건이 일어날 가능성이 증대되어 일정기간 (❸)된 보안조치가 유지되어야 하는 (❹)

⋯➡ 보안 3등급 : 국제항해선박과 항만시설에 보안사건이 일어날 가능성이 뚜렷하거나 임박한 상황이어서 일정기간 (❺)의 보안조치가 유지되어야 하는 (❻)

❶ 최소한 ❷ 평상수준 ❸ 강화 ❹ 경계수준 ❺ 최상 ❻ 비상수준 **정답**

(2) 보안등급 설정·조정의 통보 등(국제선박항만보안법 제6조 제3항·제4항·제5항·제6항)

① 해양수산부장관은 설정·조정된 보안등급을 해당 국제항해선박소유자 또는 항만시설소유자에게 해양수산부령으로 정하는 바에 따라 즉시 통보하여야 한다(제3항). ★★

② 해양수산부장관은 보안등급을 설정하거나 조정하는 경우 보안위원회의 심의를 거쳐야 한다. 다만, 해양수산부장관은 긴급한 필요가 있는 경우 관계 국가보안기관의 장과 미리 협의할 수 있다(제4항). ★★

③ 보안등급별로 국제항해선박 또는 항만시설에서 준수하여야 하는 세부적인 보안조치사항은 해양수산부령으로 정한다(제5항). ★★

④ 해양수산부장관은 정하여진 세부적인 보안조치사항에도 불구하고 예상하지 못한 보안사고의 발생 등 필요하다고 인정되는 때에는 준수하여야 하는 보안조치를 별도로 지시할 수 있다(제6항).

보안등급 설정·조정의 통보 등(국제선박항만보안법 시행규칙 제3조)

① 법 제6조 제3항에 따른 **보안등급 설정·조정의 통보는 해양수산부장관이 지방해양수산청장을 거쳐서 국제항해선박소유자 또는 항만시설소유자에게 서면(전자문서를 포함한다)으로 하되, 서면 통보에 추가하여 전화·전자우편·팩스 등을 이용하여 통보하거나 인터넷 홈페이지 등에 게시할 수 있다.** ★

② 제1항에 따라 보안등급 설정·조정의 통보를 받은 국제항해선박소유자 또는 항만시설소유자는 법 제7조에 따른 총괄보안책임자, 법 제8조에 따른 선박보안책임자 또는 법 제23조에 따른 항만시설보안책임자로 하여금 설정·조정된 보안등급을 국제항해선박이나 항만시설에 대한 보안업무의 수행에 반영하도록 하여야 한다.

③ 법 제6조 제5항에 따라 보안등급별로 국제항해선박 또는 항만시설에서 **국제항해선박소유자와 항만시설소유자가 지켜야 하는 보안등급별 세부 보안조치 사항은 별표 1과 같다.**

빈칸문제

보안등급 설정·조정의 통보 등

⋯ 해양수산부장관은 설정·조정된 보안등급을 해당 국제항해선박소유자 또는 (❶)에게 (❷)으로 정하는 바에 따라 즉시 통보하여야 한다.

⋯ 해양수산부장관은 보안등급을 설정하거나 조정하는 경우 (❸)를 거쳐야 한다. 다만, 해양수산부장관은 긴급한 필요가 있는 경우 관계 (❹)과 미리 협의할 수 있다.

정답 ❶ 항만시설소유자 ❷ 해양수산부령 ❸ 보안위원회의 심의 ❹ 국가보안기관의 장

[별표 1] 국제항해선박소유자 및 항만시설소유자의 보안등급별 세부 보안조치사항

구 분		조치사항
국제 항해 선박 소유자 조치 사항	보안 1등급	1. 국제항해선박에 승선할 수 있는 출입구별로 당직자를 배치하거나 폐쇄하여 무단출입을 방지할 것★ 2. 국제항해선박에 승선하려는 자의 신원을 확인할 것 3. 국제항해선박에 승선하려는 자의 소지품을 검색하고 무기류는 선내 반입을 금지할 것 4. 국제항해선박 내 보안이 필요한 구역은 제한구역으로 지정하여 선박보안책임자의 허락 없이 출입할 수 없도록 할 것★ 5. 국제항해선박 주위와 선박 내의 제한구역을 주기적으로 감시할 것★ 6. 국제항해선박에 선적되는 화물과 선용품을 검색할 것 7. 그 밖에 법 제4조에 따른 국제협약에서 국제항해선박에 대하여 보안 1등급에서 취하도록 정한 보안조치를 할 것
	보안 2등급	1. 국제항해선박에 대한 보안 1등급 시의 조치사항을 이행할 것 2. 국제항해선박에 승선할 수 있는 출입구를 2분의 1 이상 폐쇄할 것★ 3. 해상을 통하여 국제항해선박에 접근하는 행위를 감시하고 접근하는 자나 선박 등에 경고 등의 조치를 할 것★ 4. 국제항해선박에 승선하려는 자에 대하여 검색대를 설치하여 검색할 것 5. 제한구역에 근무자를 배치하여 상시 순찰할 것★ 6. 국제항해선박에 선적되는 화물 및 선용품에 대하여 금속탐지기 등으로 정밀검색을 할 것 7. 그 밖에 법 제4조에 따른 국제협약에서 국제항해선박에 대하여 보안 2등급에서 취하도록 정한 보안조치를 할 것
	보안 3등급	1. 국제항해선박에 대한 보안 2등급 시의 조치사항을 이행할 것 2. 선박출입구를 하나로 제한하고 보안상 필요한 자에게만 승선을 허락할 것★ 3. 국제항해선박에 화물이나 선용품 선적을 중단할 것★ 4. 국제항해선박 전체를 수색할 것★ 5. 국제항해선박의 모든 조명장치를 점등할 것★ 6. 국제항해선박(여객선에 한정한다)에 위탁수하물의 선적을 금지할 것★ 7. 그 밖에 법 제4조에 따른 국제협약에서 국제항해선박에 대하여 보안 3등급에서 취하도록 정한 보안조치를 할 것

빈칸문제

보안등급별 세부 보안조치사항(국제항해선박소유자)
··· 국제항해선박에 승선할 수 있는 출입구별로 당직자를 배치하거나 폐쇄하여 무단출입을 방지할 것 → (❶)
··· 국제항해선박 전체를 수색할 것 → (❷)
··· 선박출입구를 하나로 제한하고 보안상 필요한 자에게만 승선을 허락할 것 → (❷)
··· 국제항해선박에 승선할 수 있는 출입구를 2분의 1 이상 폐쇄할 것 → (❸)
··· 국제항해선박에 승선하려는 자의 신원을 확인할 것 → (❶)
··· 제한구역에 근무자를 배치하여 상시 순찰할 것 → (❸)

❶ 보안 1등급 ❷ 보안 3등급 ❸ 보안 2등급 정답

항만 시설 소유자 조치 사항	보안 1등급	1. 항만시설을 출입하는 인원이나 차량에 대한 일상적인 보안검색, 경계 및 무단출입 방지 업무를 수행할 것 2. 허락받지 아니한 인원과 무기류의 항만시설 반입을 금지할 것 3. 항만시설 내에 보안상 필요에 따라 제한구역을 설정하고, 제한구역은 허가받은 인원만이 출입할 수 있도록 할 것★ 4. 화물과 선용품의 반입·반출, 항만시설 내 이동, 보관 및 처리과정에서의 보안상 위협을 초래하는 불법행위가 발생하지 아니하도록 감시할 것 5. 항만시설 보안업무 담당자 간 통신수단을 확보하고 통신보안에 대한 조치를 마련할 것 6. 국제여객터미널에서 탑승하는 여객의 위탁수하물에 대한 검색을 할 것 7. 그 밖에 법 제4조에 따른 국제협약에서 항만시설에 대하여 보안 1등급에서 취하도록 정한 보안조치를 할 것
	보안 2등급	1. 항만시설에 대한 보안 1등급 시의 조치사항을 이행할 것 2. 항만시설을 순찰하는 인원을 평상시보다 늘려 배치할 것 3. 항만시설 출입구 2분의 1 이상을 폐쇄할 것★ 4. 출입자, 출입차량 및 출입자 소지품의 검색 비율을 높여 검색할 것 5. 해상에서의 보안강화를 위하여 순찰선을 운항시킬 것★ 6. 항만시설에 대한 감시장비를 계속적으로 운용하고 운용기록은 상시 유지할 것★ 7. 항만시설 출입구에 철제차단기 등 접근 차단시설을 설치할 것★ 8. 정박한 선박 주위에 차량의 주차를 통제할 것 9. 국제여객터미널에서 탑승하는 여객의 위탁수하물을 금속탐지기 등으로 정밀검색할 것 10. 그 밖에 법 제4조에 따른 국제협약에서 항만시설에 대하여 보안 2등급에서 취하도록 정한 보안조치를 할 것
	보안 3등급	1. 항만시설에 대한 보안 2등급 시의 조치사항을 이행할 것 2. 항만시설보안계획으로 지정한 항만시설에 대한 접근금지 조치를 할 것 3. 항만시설보안계획으로 지정한 항만시설에서 화물이동 및 차량이동을 중지시킬 것 4. 항만시설보안계획으로 지정한 항만시설의 운영을 중지할 것 5. 항만시설보안계획으로 지정한 항만시설에서 대피 조치를 할 것 6. 항만시설 내 제한구역에 대한 검색을 할 것 7. 항만시설 내 위험물질의 보호조치 및 통제를 할 것 8. 항만시설 내 선용품의 인도를 중지할 것 9. 위탁수하물의 취급을 금지할 것 10. 그 밖에 법 제4조에 따른 국제협약에서 항만시설에 대하여 보안 3등급에서 취하도록 정한 보안조치를 할 것

빈칸문제

보안등급별 세부 보안조치사항(항만시설소유자)
- ⋯ 허락받지 아니한 인원과 무기류의 항만시설 반입을 금지할 것 → (❶)
- ⋯ 항만시설을 순찰하는 인원을 평상시보다 늘려 배치할 것 → (❷)
- ⋯ 항만시설 출입구 2분의 1 이상을 폐쇄할 것 → (❷)
- ⋯ 항만시설보안계획으로 지정한 항만시설에 대한 접근금지 조치를 할 것 → (❸)
- ⋯ 항만시설 내 제한구역에 대한 검색을 할 것 → (❸)
- ⋯ 국제여객터미널에서 탑승하는 여객의 위탁수하물에 대한 검색을 할 것 → (❶)

정답 ❶ 보안 1등급 ❷ 보안 2등급 ❸ 보안 3등급

해양수산부장관은 국제항해선박 또는 항만시설의 보안사고 예방이나 그 밖의 보안상 위협에 대응하기 위하여 특히 필요하다고 인정하는 경우에는 법 제34조 제1항에 따른 국제항해선박 및 항만시설보안위원회의 심의를 거쳐 각 보안등급 별 조치사항 중 일부의 적용을 배제하거나 다른 보안등급의 조치사항 일부를 적용하도록 일시적으로 조정할 수 있다. 이 경우 해양수산부장관은 해당 국제항해선박소유자 또는 항만시설소유자에게 즉시 그 조정 내용을 알려야 한다.★

2 국제항해선박의 보안확보를 위한 조치 [출제 제외]

3 항만시설의 보안확보를 위한 조치

1 항만시설보안책임자

(1) 항만시설보안책임자(국제선박항만보안법 제23조)

① 항만시설소유자는 그가 소유하거나 관리·운영하는 항만시설의 보안업무를 효율적으로 수행하게 하기 위하여 해양수산부령으로 정하는 전문지식 등 자격요건을 갖춘 자를 보안책임자(이하 "항만시설보안책임자"라 한다)로 지정하여야 한다. 이 경우 항만시설의 구조 및 기능에 따라 필요하다고 인정되는 때에는 2개 이상의 항만시설에 대하여 1인의 항만시설보안책임자를 지정하거나 1개의 항만시설에 대하여 2인 이상의 항만시설보안책임자를 지정할 수 있다(제1항).★

항만시설보안책임자

⋯→ 항만시설소유자는 그가 소유하거나 관리·운영하는 항만시설의 보안업무를 효율적으로 수행하게 하기 위하여 해양수산부령으로 정하는 전문지식 등 (❶)을 갖춘 자를 보안책임자[이하 (❷)라 한다]로 지정하여야 한다.

⋯→ 항만시설의 구조 및 기능에 따라 필요하다고 인정되는 때에는 (❸) 이상의 항만시설에 대하여 (❹)의 항만시설보안책임자를 지정하거나 (❺)의 항만시설에 대하여 (❻) 이상의 항만시설보안책임자를 지정할 수 있다.

⋯→ 항만시설소유자가 (❷)를 지정한 때에는 (❼) 이내에 해양수산부령으로 정하는 바에 따라 그 사실을 해양수산부장관에게 통보하여야 한다. 항만시설보안책임자를 변경한 때에도 또한 같다.

❶ 자격요건 ❷ 항만시설보안책임자 ❸ 2개 ❹ 1인 ❺ 1개 ❻ 2인 ❼ 7일 정답

② 항만시설소유자가 항만시설보안책임자를 지정한 때에는 7일 이내에 해양수산부령으로 정하는 바에 따라 그 사실을 해양수산부장관에게 통보하여야 한다. 항만시설보안책임자를 변경한 때에도 또한 같다(제2항). 항만시설보안책임자의 지정 또는 변경지정의 통보는 항만시설보안책임자의 자격요건을 증명하는 서류를 첨부하여 별지 제16호 서식의 항만시설보안책임자 지정·변경지정 통보서로 한다(국제선박항만보안법 시행규칙 제27조 제2항).

③ 항만시설보안책임자는 다음의 사무를 수행한다(제3항). ★

    ㉠ 제25조에 따른 항만시설보안계획서의 작성 및 승인신청(제1호)

    ㉡ 항만시설의 보안점검(제2호)

    ㉢ 항만시설 보안장비의 유지 및 관리(제3호)

    ㉣ 그 밖에 해양수산부령으로 정하는 사무(제4호)

항만시설보안책임자의 자격요건 등(국제선박항만보안법 시행규칙 제27조)

③ 법 제23조 제3항 제4호에서 "그 밖에 해양수산부령으로 정하는 사무"란 다음 각호의 사무를 말한다.

1. 법 제24조에 따른 항만시설보안평가의 준비
2. 국제항해선박소유자, 총괄보안책임자 및 선박보안책임자와 법 제25조에 따른 항만시설보안계획서 시행에 관하여 협의·조정하는 일
3. 항만시설보안계획서의 이행·보완·관리 및 보안유지
4. 법 제27조 제1항에 따른 항만시설적합확인서의 비치·관리
5. 법 제30조에 따른 항만시설보안기록부의 작성·관리
6. 법 제31조에 따른 경비·검색인력과 보안시설·장비의 운용·관리
7. 법 제32조에 따른 항만시설보안정보의 보고 및 제공
8. 법 제39조 제2항에 따른 항만시설의 종사자에 대한 보안교육 및 훈련의 실시
9. 선박보안책임자가 요청하는 승선 요구자 신원확인에 대한 지원
10. 보안등급 설정·조정내용의 항만시설 이용 선박 또는 이용예정 선박에 대한 통보
11. 그 밖에 해당 항만시설의 보안에 관한 업무

---

④ 해양수산부장관은 항만시설보안책임자가 사무를 게을리하거나 이를 이행하지 아니할 때에는 항만시설소유자에 대하여 그 변경을 명할 수 있다(제4항). ★

빈칸문제

항만시설보안책임자의 주요 사무

  ⟶ 제25조에 따른 (❶)의 작성 및 승인신청

  ⟶ 항만시설의 (❷)

  ⟶ 항만시설 보안장비의 (❸)

  ⟶ 법 제24조에 따른 (❹)의 준비

  ⟶ 국제항해선박소유자, 총괄보안책임자 및 선박보안책임자와 (❶) 시행에 관하여 협의·조정하는 일

  ⟶ (❶)의 이행·보완·관리 및 보안유지

정답 ❶ 항만시설보안계획서 ❷ 보안점검 ❸ 유지 및 관리 ❹ 항만시설보안평가

(1) 항만시설보안평가(국제선박항만보안법 제24조)

① 해양수산부장관은 항만시설에 대하여 보안과 관련한 시설·장비·인력 등에 대한 보안평가(이하 "항만시설보안평가"라 한다)를 실시하여야 한다. 이 경우 관계 국가보안기관의 장과 미리 협의하여야 한다(제1항).★★

> **항만시설보안평가 협의(국제선박항만보안법 시행령 제8조)**
> **해양수산부장관은 법 제24조 제1항 후단에 따라 협의한 결과 국가정보원장이 요청하면 「보안업무규정」 제35조에 따른 보안측정의 실시와 연계하여 항만시설보안평가를 할 수 있다. 〈개정 2020.1.14.〉★**

② 해양수산부장관은 항만시설보안평가를 실시한 때에는 항만시설보안평가의 결과를 문서로 작성하여 해당 항만시설소유자에게 통보하여야 한다(제2항).★

③ 해양수산부장관은 항만시설보안평가에 대하여 5년마다 재평가를 실시하여야 한다. 다만, 해당 항만시설에서 보안사건이 발생하는 등 항만시설의 보안에 관하여 중요한 변화가 있는 때에는 즉시 재평가를 실시하여야 한다(제3항).★★

④ 항만시설보안평가의 평가항목 및 평가방법 등에 관하여 필요한 사항은 해양수산부령으로 정한다(제4항).★

빈칸문제

항만시설보안평가
- ⋯ (❶)은 항만시설에 대하여 보안과 관련한 시설·장비·인력 등에 대한 보안평가(이하 "항만시설보안평가"라 한다)를 실시하여야 한다. 이 경우 관계 (❷)의 장과 미리 협의하여야 한다.
- ⋯ (❶)은 항만시설보안평가를 실시한 때에는 항만시설보안평가의 결과를 문서로 작성하여 해당 (❸)에게 통보하여야 한다.
- ⋯ (❶)은 항만시설보안평가에 대하여 (❹)마다 재평가를 실시하여야 한다. 다만, 해당 항만시설에서 보안사건이 발생하는 등 항만시설의 보안에 관하여 중요한 변화가 있는 때에는 (❺) 재평가를 실시하여야 한다.

❶ 해양수산부장관 ❷ 국가보안기관 ❸ 항만시설소유자 ❹ 5년 ❺ 즉시 정답

(2) 항만시설보안계획서(국제선박항만보안법 제25조)

① 항만시설소유자는 항만시설보안평가의 결과를 반영하여 보안취약요소에 대한 개선방안과 보안등급별 조치사항 등을 정한 보안계획서(이하 "항만시설보안계획서"라 한다)를 작성하여 주된 사무소에 비치하고 동 계획서에 따른 조치 등을 시행하여야 한다(제1항).

② 항만시설보안계획서에는 보안사고와 같은 보안상의 위협으로부터 항만시설(항만운영과 관련된 정보와 전산·통신시스템을 포함한다)·선박·화물·선용품 및 사람 등을 보호하는 데 필요한 보안조치사항이 포함되어야 하며, 그 세부적인 내용은 해양수산부령으로 정한다(제2항).

항만시설보안계획서의 작성(국제선박항만보안법 시행규칙 제29조)

① 법 제25조 제2항에 따라 항만시설보안계획서에는 별표 1의 국제항해선박소유자 및 항만시설소유자의 보안등급별 세부 보안조치사항의 이행에 필요한 사항과 다음 각호의 사항 또는 계획이 포함되어야 한다.

   1. 폭발물 또는 무기류 등 허용되지 아니한 물품이나 장비를 항만시설 또는 선박으로 **반입하거나**, 항만시설 또는 선박에서 반출하는 것을 막기 위하여 필요한 조치

   2. 항만시설에 계류 중인 국제항해선박이나 항만시설 내 법 제33조 제1항 제3호에 따른 **지역을 정당한 출입절차 없이 무단으로 출입하는 것을 방지**하기 위한 조치

   3. 항만시설과 선박항만연계활동에 대한 보안상의 위협 또는 보안상의 침해에 대한 대응절차

   4. 보안 3등급에서 정부의 지시를 이행하기 위한 절차

   5. 항만시설보안책임자와 보안담당자의 임무

   6. 항만시설보안계획서의 보완절차

   7. 법 제32조에 따른 보안사건의 보고절차

   8. 내부보안심사 절차

   9. 항만시설보안책임자의 성명과 연락처

   10. 항만시설에 있는 국제항선박에서 선박보안경보장치가 작동되는 경우의 조치

   11. 항만시설과 국제항해선박에 대한 선원 및 방문자의 출입 절차

   12. 보안합의서의 작성·시행에 관한 사항

   13. 항만시설 내 폐쇄회로 텔레비전(CCTV)의 설치 간격, 기종, 감시방향 등을 나타내는 평면도

   14. 그 밖에 항만시설의 보안에 관한 법령과 국제협약의 이행에 필요한 사항

② 항만시설보안계획서는 항만시설 단위별로 작성하되, 2개 이상 항만시설의 항만시설소유자가 같고, 항만시설의 구조, 위치, 운영방법 및 장비 등이 유사하면 하나의 항만시설보안계획서에 통합하여 작성하도록 할 수 있다. ★

③ 제1항 및 제2항의 항만시설보안계획서는 전자문서로 작성할 수 있다. ★

---

③ 항만시설보안계획서를 작성한 때에는 해양수산부장관의 승인을 받아야 한다. 항만시설보안계획서의 내용 중 해양수산부령으로 정하는 중요한 사항을 변경하는 때에도 또한 같다(제3항).★★

> **항만시설보안계획서의 중요한 변경(국제선박항만보안법 시행규칙 제30조)**
> 법 제25조 제3항에서 "해양수산부령으로 정하는 중요한 사항을 변경하는 때"란 다음 각호의 어느 하나에 해당하는 때를 말한다.
> 1. 대상 항만시설의 규모를 변경하는 때
> 2. 해당 항만시설에서 중대한 보안사건이 발생하여 항만시설의 보안관리체제 등 보안조치사항을 변경하는 때
> 3. 해당 항만시설의 경비·검색인력 및 보안시설·장비를 변경하는 때

④ 해양수산부장관은 항만시설보안계획서를 승인하는 경우에는 미리 관계 국가보안기관의 장과 미리 협의하여야 한다(제4항).★★

⑤ 항만시설보안계획서의 승인절차에 관하여 필요한 사항은 해양수산부령으로 정한다(제5항).

> **항만시설보안계획서의 승인(국제선박항만보안법 시행규칙 제31조)**
> ① 법 제25조 제3항에 따라 항만시설보안계획서의 승인 또는 변경승인을 받으려는 자는 별지 제17호 서식의 항만시설보안계획서 승인·변경승인 신청서에 다음 각호의 구분에 따른 서류를 첨부하여 지방해양수산청장에게 제출하여야 한다.★
> 1. 승인 또는 변경승인을 받으려는 항만시설보안계획서 2부
> 2. 변경사유서 1부(변경승인신청의 경우만 해당한다)
> ② 지방해양수산청장은 제1항의 항만시설보안계획서를 승인하거나 변경승인하였을 때에는 해당 항만시설보안계획서 1부는 항만시설소유자에게 내주고, 나머지 1부는 대외비로 관리하여야 하며, 승인한 사실을 해양수산부장관에게 보고하여야 한다.★

PART 03

빈칸문제

항만시설보안계획서의 변경
- ⋯ 항만시설보안계획서를 작성한 때에는 (❶)의 (❷)을 받아야 한다. 항만시설보안계획서의 내용 중 해양수산부령으로 정하는 중요한 사항을 변경하는 때에도 또한 같다.
- ⋯ 중요한 사항을 변경하는 때란 다음의 어느 하나에 해당하는 때를 말한다 : ㉠ 대상 항만시설의 (❸)를 변경하는 때, ㉡ 해당 항만시설에서 중대한 보안사건이 발생하여 항만시설의 보안관리체제 등 (❹)을 변경하는 때, ㉢ 해당 항만시설의 (❺)·(❻) 및 보안시설·장비를 변경하는 때

정답 ❶ 해양수산부장관 ❷ 승인 ❸ 규모 ❹ 보안조치사항 ❺ 경비 ❻ 검색인력

(3) 항만시설보안심사 등(국제선박항만보안법 제26조)

① 항만시설소유자는 그가 소유하거나 관리·운영하고 있는 항만시설에 대하여 항만시설보안계획서에 따른 조치 등을 적정하게 시행하고 있는지 여부를 확인받기 위하여 해양수산부장관에게 다음의 구분에 따른 보안심사(이하 "항만시설보안심사"라 한다)를 받아야 한다(제1항). ★

    ㉠ 최초보안심사 : 항만시설적합확인서를 처음으로 교부받으려는 때에 실시하는 것으로서 해양수산부령으로 정하는 시기에 행하는 심사(제1호)

    ㉡ 갱신보안심사 : 항만시설적합확인서의 유효기간이 만료되기 전에 해양수산부령으로 정하는 시기에 행하는 심사(제2호)

    ㉢ 중간보안심사 : 최초보안심사와 갱신보안심사 사이 또는 갱신보안심사와 갱신보안심사 사이에 해양수산부령으로 정하는 시기에 행하는 심사(제3호)

> **항만시설보안심사의 시기 등(국제선박항만보안법 시행규칙 제32조)★★**
> ① 법 제26조 제1항 제1호에서 제3호까지의 항만시설보안심사는 다음의 각호의 구분에 따른 시기에 시행한다.
> 1. 최초보안심사 : 항만시설 운영개시일 3개월 전부터 운영개시일 전날까지
> 2. 갱신보안심사 : 항만시설적합확인서의 유효기간 만료일 3개월 전부터 유효기간 만료일까지
> 3. 중간보안심사 : 항만시설적합확인서 유효기간 개시일부터 매 1년이 되는 날을 기준일로 하여 그 기준일 3개월 전부터 그 기준일 이후 3개월이 되는 날까지

② 항만시설소유자는 제1항 제1호의 최초보안심사를 받기 전에 임시로 항만시설을 운영하는 경우로서 해양수산부령으로 정하는 때에는 해양수산부장관에게 항만시설보안계획서의 작성·시행 등에 관한 이행 여부를 확인하는 보안심사(이하 "임시항만시설보안심사"라 한다)를 받아야 한다(제2항). 〈신설 2020.2.18.〉

---

③ 해양수산부장관은 항만시설에서 보안사건이 발생하는 등 해양수산부령으로 정하는 사유가 있는 때에는 그 항만시설에 대하여 항만시설보안계획서의 작성·시행 등에 관한 이행 여부를 확인하는 보안심사(이하 "특별항만시설보안심사"라 한다)를 실시할 수 있다. 이 경우 관계 국가보안기관의 장과 미리 협의하여야 한다(제3항).★★

④ 해양수산부장관은 법 제26조 제3항 후단(후문)에 따라 협의한 결과 국가정보원장이 요청하면 「보안업무규정」 제38조에 따른 보안사고 조사와 연계하여 특별항만시설보안심사를 할 수 있다(국제선박항만보안법 시행령 제9조).★

빈칸문제

항만시설보안심사 등

⋯ (❶)은 항만시설에서 보안사건이 발생하는 등 해양수산부령으로 정하는 사유가 있는 때에는 그 항만시설에 대하여 항만시설보안계획서의 작성·시행 등에 관한 이행 여부를 확인하는 보안심사(이하 "(❷)항만시설보안심사"라 한다)를 실시할 수 있다. 이 경우 관계 국가보안기관의 장과 미리 (❸)하여야 한다.

⋯ (❶)은 (❸)한 결과 (❹)이 요청하면 「보안업무규정」 제38조에 따른 보안사고 조사와 연계하여 (❷) 항만시설보안심사를 할 수 있다.

정답 ❶ 해양수산부장관 ❷ 특별 ❸ 협의 ❹ 국가정보원장

⑤ 항만시설보안심사ㆍ임시항만시설보안심사 및 특별항만시설보안심사의 <u>세부내용과 절차ㆍ방법 등</u>에 관하여 필요한 사항은 해양수산부령으로 정한다(제4항). ★

항만시설보안심사 등의 세부내용 및 절차(국제선박항만보안법 시행규칙 제33조)

① 법 제26조 제1항 또는 제2항에 따라 항만시설보안심사 또는 임시항만시설보안심사를 받으려는 자는 별지 제18호 서식의 항만시설 최초ㆍ갱신ㆍ중간ㆍ임시 보안심사 신청서를 관할 지방해양수산청장에게 제출해야 한다. 〈개정 2020.8.19.〉

② 지방해양수산청장은 항만시설보안심사를 하려면 항만시설 현장조사 등을 통하여 다음 각호의 사항을 확인하여야 한다.
   1. 승인받은 항만시설보안계획서의 비치 여부
   2. 항만시설보안계획서에 따른 항만시설 보안활동의 기록 여부
   3. 항만시설의 보안관리체제와 보안시설ㆍ장비의 정상운용 여부

③ 지방해양수산청장은 법 제26조 제2항에 따라 임시항만시설보안심사를 하는 경우 현장조사 등을 통해 다음 각호의 사항을 확인해야 한다. 〈신설 2020.8.19.〉
   1. 승인받은 항만시설보안계획서의 비치 및 시행 여부
   2. 임시운영 기간 동안의 항만시설의 출입통제를 위한 경비ㆍ검색인력의 확보 여부
   3. 주된 출입구와 그 밖에 차량이 상시 출입하는 출입구의 금속탐지기 및 차단기 설치 여부
   4. 울타리, 울타리의 상단 장애물 및 조명등(보안등)의 설치 여부

④ 지방해양수산청장은 법 제26조 제3항에 따른 특별항만시설보안심사(이하 "특별항만시설보안심사"라 한다)를 하려면 항만시설소유자에게 특별항만시설보안심사의 사유ㆍ방법ㆍ일시 등을 기재한 문서(전자문서를 포함한다)로 미리 통보해야 한다. 다만, 긴급히 심사해야 하거나 사전에 통지하면 증거인멸 등으로 특별항만시설보안심사의 목적을 달성할 수 없다고 인정되는 경우에는 사후에 통보할 수 있다. 〈개정 2020.8.19.〉

⑤ 지방해양수산청장이 제4항에 따라 특별항만시설보안심사를 하는 경우 제32조 제3항에 따른 특별항만시설보안심사의 사유를 고려하여 제2항 각호의 사항을 확인해야 한다. 〈신설 2017.6.2., 2020.8.19.〉

[제목개정 2020.8.19.]

항만시설보안심사 등의 세부내용 및 절차
  ⋯ 항만시설보안심사 또는 임시항만시설보안심사를 받으려는 자는 항만시설 최초ㆍ갱신ㆍ중간ㆍ임시 보안심사 신청서를 관할 (❶)에게 제출하여야 한다.
  ⋯ (❶)은 항만시설보안심사를 하려면 항만시설 현장조사 등을 통하여 다음의 사항을 확인하여야 한다.
    ㉠ (❷)받은 항만시설보안계획서의 (❸) 여부
    ㉡ 항만시설보안계획서에 따른 항만시설 보안활동의 (❹) 여부
    ㉢ 항만시설의 보안관리체제와 보안시설ㆍ장비의 (❺) 여부

❶ 지방해양수산청장 ❷ 승인 ❸ 비치 ❹ 기록 ❺ 정상운용 **정답**

(4) 항만시설적합확인서 또는 임시항만시설적합확인서의 교부 등(국제선박항만보안법 제27조)

① 해양수산부장관은 최초보안심사 또는 갱신보안심사에 합격한 항만시설에 대하여 해양수산부령으로 정하는 항만시설적합확인서를 교부하여야 한다(제1항).★★

> **항만시설적합확인서 또는 임시항만시설적합확인서의 교부 등(국제선박항만보안법 시행규칙 제34조)**
>
> ① 법 제27조 제1항에 따른 항만시설적합확인서는 별지 제19호 서식과 같고, 같은 조 제3항에 따른 임시항만시설적합확인서는 별지 제19호의2 서식과 같다. 〈개정 2020.8.19.〉
> ② 지방해양수산청장은 법 제27조 제2항에 따라 중간보안심사 또는 특별항만시설보안심사에 합격한 항만시설에 대하여 제1항에 따른 항만시설적합확인서에 다음 각호의 사항을 표기해야 한다. 〈개정 2020.8.19.〉
> 1. 심사자 서명
> 2. 심사장소
> 3. 합격일자
> 4. 지방해양수산청장의 관인
> ③ 항만시설소유자는 제1항에 따른 항만시설적합확인서 또는 임시항만시설적합확인서가 분실되거나 훼손된 경우 또는 그 기재사항을 변경하려는 경우에는 별지 제19호의3 서식의 항만시설적합확인서·임시항만시설적합확인서 재교부 신청서에 다음 각호의 구분에 따른 서류를 첨부하여 지방해양수산청장에게 재교부 신청을 해야 한다. 〈신설 2020.8.19.〉
> 1. 분실되거나 훼손된 경우
>   가. 항만시설적합확인서·임시항만시설적합확인서의 분실 또는 훼손 사유서
>   나. 항만시설적합확인서·임시항만시설적합확인서가 훼손된 경우 그 훼손된 항만시설적합확인서·임시항만시설적합확인서의 원본
> 2. 기재사항을 변경하려는 경우
>   가. 기재사항을 변경해야 하는 항만시설적합확인서·임시항만시설적합확인서의 원본
>   나. 변경 내용을 증명하는 서류
> [제목개정 2020.8.19.]

② 해양수산부장관은 중간보안심사 또는 특별항만시설보안심사에 합격한 항만시설에 대해서는 항만시설적합확인서에 해양수산부령으로 정하는 바에 따라 그 심사 결과를 표기하여야 한다(제2항). 〈개정 2020.2.18.〉★

빈칸문제

항만시설적합확인서 또는 임시항만시설적합확인서의 교부 등
⋯⋯ 해양수산부장관은 (❶)보안심사 또는 (❷)보안심사에 합격한 항만시설에 대하여 해양수산부령으로 정하는 항만시설적합확인서를 교부하여야 한다.
⋯⋯ (❸)은 (❹)보안심사 또는 (❺)항만시설보안심사에 합격한 항만시설에 대하여 항만시설적합확인서에 다음의 사항을 표기하여야 한다 : ㉠ (❻) 서명, ㉡ 심사장소, ㉢ 합격일자, ㉣ (❸)의 관인

정답 ❶ 최초 ❷ 갱신 ❸ 지방해양수산청장 ❹ 중간 ❺ 특별 ❻ 심사자

③ 해양수산부장관은 임시항만시설보안심사에 합격한 항만시설에 대하여 해양수산부령으로 정하는 임시항만시설적합확인서를 교부하여야 한다(제3항). 〈개정 2020.2.18.〉

④ 항만시설소유자는 항만시설적합확인서 또는 임시항만시설적합확인서(이하 "항만시설적합확인서 등"이라 한다)의 원본을 주된 사무소에 비치하여야 한다(제4항). 〈신설 2020.2.18.〉
[제목개정 2020.2.18.]

(5) 항만시설적합확인서등의 유효기간(국제선박항만보안법 제28조)

① 항만시설적합확인서의 유효기간은 5년의 범위에서 대통령령으로 정하고, 임시항만시설적합확인서의 유효기간은 6개월의 범위에서 대통령령으로 정한다(제1항). ★

  ㉠ 항만시설적합확인서의 유효기간은 발급일부터 5년으로 하고, 임시항만시설적합확인서의 유효기간은 발급일부터 6개월로 한다(국제선박항만보안법 시행령 제10조 제1항). 〈개정 2020.8.19.〉

  ㉡ ㉠에도 불구하고 다음의 경우 유효기간은 다음의 구분에 따른다(국제선박항만보안법 시행령 제10조 제2항). 〈신설 2020.8.19.〉

  • 유효기간 중에 항만시설소유자가 변경된 경우 : 항만시설소유자의 변경일에 해당 항만시설적합확인서 또는 임시항만시설적합확인서의 유효기간이 만료된 것으로 본다(제1호).

  • 임시항만시설적합확인서의 유효기간 중에 항만시설적합확인서가 발급된 경우 : 항만시설적합확인서가 발급된 때에 임시항만시설적합확인서의 유효기간이 만료된 것으로 본다(제2호).

  • 중간보안심사를 받지 않고 그 심사 기간이 경과한 경우 : 적합한 항만시설보안심사에 합격될 때까지 해당 항만시설적합확인서의 유효기간은 그 효력이 정지된 것으로 본다(제3호).

빈칸문제

항만시설적합확인서등의 유효기간
⋯ 항만시설적합확인서의 유효기간은 (❶)의 범위에서 (❷)으로 정한다.
⋯ 항만시설적합확인서의 유효기간은 (❸)일부터 (❶)으로 한다.
⋯ 유효기간 중에 항만시설소유자가 변경된 경우 : 항만시설소유자의 (❹)에 해당 항만시설적합확인서 또는 임시항만시설적합확인서의 유효기간이 만료된 것으로 본다.
⋯ 중간보안심사를 받지 않고 그 심사 기간이 경과한 경우 : 적합한 항만시설보안심사에 (❺)될 때까지 해당 항만시설적합확인서의 유효기간은 그 효력이 정지된 것으로 본다.

❶ 5년 ❷ 대통령령 ❸ 발급 ❹ 변경일 ❺ 합격 　정답

② 해양수산부장관은 항만시설적합확인서의 유효기간을 3개월의 범위에서 대통령령으로 정하는 바에 따라 연장할 수 있다(제2항). ★★

    ㉠ 항만시설소유자는 천재지변 또는 보안사건이 발생하는 등 중요한 보안 상황의 변경으로 갱신보안심사 기간 중에 갱신보안심사를 받을 수 없는 사유가 발생하면 해양수산부장관에게 항만시설적합확인서 유효기간의 연장을 신청할 수 있다(국제선박항만보안법 시행령 제10조 제3항). 〈개정 2020.8.19.〉

    ㉡ 해양수산부장관은 항만시설소유자로부터 항만시설적합확인서의 유효기간 연장신청을 받으면 그 사유의 타당성을 검토하여 3개월의 범위에서 항만시설적합확인서의 유효기간을 연장할 수 있다(국제선박항만보안법 시행령 제10조 제4항). 〈개정 2020.8.19.〉

    ㉢ 항만시설적합확인서 연장신청 절차는 해양수산부령으로 정한다(국제선박항만보안법 시행령 제10조 제5항). 〈개정 2020.8.19.〉

항만시설적합확인서의 유효기간 연장(국제선박항만보안법 시행규칙 제35조)

① 항만시설소유자는 영 제10조 제3항에 따라 항만시설적합확인서의 유효기간 연장을 신청하려면 항만시설적합확인서 원본을 첨부하여 별지 제20호 서식의 항만시설적합확인서 유효기간 연장 신청서를 지방해양수산청장에게 제출하여야 한다. 〈개정 2020.8.19.〉★

② 지방해양수산청장은 제1항에 따른 항만시설적합확인서의 유효기간 연장 신청을 받은 경우 유효기간을 연장할 필요성이 인정되면 법 제28조 제2항에 따른 기간의 범위에서 그 증서의 유효기간을 연장할 수 있다.

③ 지방해양수산청장은 제2항에 따라 유효기간을 연장하는 경우에 항만시설적합확인서에 연장한다는 내용을 표기하여 내주어야 한다.★

---

③ 중간보안심사에 불합격한 항만시설의 항만시설적합확인서의 유효기간은 적합한 항만시설보안심사에 합격될 때까지 그 효력이 정지된다(제3항).

빈칸문제

항만시설적합확인서 유효기간 연장

  ⋯ (❶)는 천재지변 또는 보안사건이 발생하는 등 중요한 보안 상황의 변경으로 갱신보안심사 기간 중에 갱신보안심사를 받을 수 없는 사유가 발생하면 해양수산부장관에게 항만시설적합확인서 유효기간의 연장을 신청할 수 있다.

  ⋯ 해양수산부장관은 (❶)로부터 항만시설적합확인서의 유효기간 연장신청을 받으면 그 사유의 타당성을 검토하여 (❷)의 범위에서 항만시설적합확인서의 유효기간을 연장할 수 있다.

  ⋯ (❸)에 불합격한 항만시설의 항만시설적합확인서의 유효기간은 적합한 항만시설보안심사에 합격될 때까지 그 효력이 정지된다.

정답 ❶ 항만시설소유자 ❷ 3개월 ❸ 중간보안심사

(6) 항만시설적합확인서 등 미소지 항만시설의 운영 금지(국제선박항만보안법 제29조)

누구든지 항만시설적합확인서 등을 비치하지 아니하거나 그 효력이 정지되거나 상실된 항만시설적합확인서 등을 비치한 항만시설을 운영하여서는 아니 된다. 다만, 부득이하게 일시적으로 항만시설을 운영하여야 하는 때로서 해양수산부령으로 정하는 경우에는 그러하지 아니하다. 〈개정 2020.8.19.〉
[제목개정 2020.2.18.]

> **항만시설의 운영 금지의 예외(국제선박항만보안법 시행규칙 제36조)**
> 법 제29조 단서에서 "해양수산부령으로 정하는 경우"란 다음 각호의 어느 하나에 해당하는 경우를 말한다.★★
> 1. 태풍이나 해일 등으로 해당 항만시설에 긴급피난을 하는 경우
> 2. 삭제 〈2020.8.19.〉
> 3. 국가보안기관이 국가 안보와 관련된 업무의 수행을 위하여 항만시설을 이용하는 경우
> [제목개정 2020.8.19.]

(7) 항만시설보안기록부의 작성 · 비치(국제선박항만보안법 제30조)

① 항만시설소유자는 그가 소유하거나 관리 · 운영하는 항만시설에 대하여 보안에 관한 위협 및 조치사항 등을 기록한 장부(이하 "항만시설보안기록부"라 한다)를 작성하고, 이를 해당 항만시설에 위치한 사무소에 비치하여야 한다(제1항).★

② 항만시설보안기록부의 기재사항 · 작성방법 및 비치방법 등에 관하여 필요한 사항은 해양수산부령으로 정한다(제2항).

항만시설보안기록부의 기재사항 등(국제선박항만보안법 시행규칙 제37조)

① 항만시설소유자는 법 제30조 제2항에 따라 별지 제21호 서식의 **항만시설보안기록부**에 다음 각호의 사항을 **기록하도록 하여야 한다.**★★
  1. 법 제39조에 따른 **보안교육·훈련의 내용**
  2. 항만시설을 운영하는 과정에서 발생한 **보안사건이나 보안침해의 내용**
  3. 항만시설의 **보안등급**
  4. **내부보안심사 결과와 조치 내용**
  5. 항만시설보안평가서와 항만시설보안계획서의 검토 및 보완에 관한 사항

② 항만시설보안기록부는 전자문서로 작성할 수 있다.

③ 법 제30조 제1항 및 제2항에 따라 작성된 항만시설보안기록부는 무단으로 열람, 변경, 삭제 또는 파손되지 아니하도록 관리하여야 하고, 항만시설에는 **최근 3년간의 항만시설보안**에 관한 내용이 수록된 항만시설보안기록부를 갖추어 두어야 한다.★

3 보안검색 등

(1) **국제항해여객선 승객 등의 보안검색(국제선박항만보안법 제30조의2)**

① 여객선으로 사용되는 대한민국 국적 또는 외국 국적의 국제항해선박(이하 "국제항해여객선"이라 한다)에 승선하는 자는 신체·휴대물품 및 위탁수하물에 대한 보안검색을 받아야 한다(제1항).★

② 보안검색은 해당 국제여객터미널을 운영하는 항만시설소유자가 실시한다. 다만, 파업 등으로 항만시설소유자가 보안검색을 실시할 수 없는 경우에는 지도·감독 기관의 장이 소속직원으로 하여금 보안검색을 실시하게 하여야 한다(제2항).★★

빈칸문제

항만시설보안기록부의 기재사항 등
  ⋯ 법 제39조에 따른 (❶)·훈련의 내용
  ⋯ (❷)을 운영하는 과정에서 발생한 보안사건이나 보안침해의 내용
  ⋯ 항만시설의 (❸)
  ⋯ (❹) 결과와 조치 내용
  ⋯ 항만시설(❺)와 항만시설(❻)의 검토 및 보완에 관한 사항

정답 ❶ 보안교육 ❷ 항만시설 ❸ 보안등급 ❹ 내부보안심사 ❺ 보안평가서 ❻ 보안계획서

③ 항만시설소유자가 실시하는 보안검색 중 신체 및 휴대물품의 보안검색의 업무에 대하여는 관할 경찰관서의 장이 지도·감독하고, 위탁수하물의 보안검색에 대하여는 관할 세관장이 지도·감독한다(제4항). ★★

④ 보안검색의 실시방법과 절차 등에 관하여 필요한 사항은 해양수산부령으로 정한다(제5항).

국제항해여객선 승객 등의 보안검색의 실시방법과 절차 등(국제선박항만보안법 시행규칙 제37조의2)

① 국제여객터미널을 운영하는 항만시설소유자는 법 제30조의2 제1항에 따라 여객선으로 사용되는 대한민국 국적 또는 외국 국적의 국제항해선박(이하 "국제항해여객선"이라 한다)에 승선하는 자의 신체·휴대물품 및 위탁수하물에 대하여 법 제30조의3 제1항에 따라 성능 인증을 받은 보안검색장비(이하 이 조에서 "보안검색장비"라 한다)를 사용하여 보안검색을 하여야 한다. 〈개정 2021.12.9.〉

② 제1항의 항만시설소유자는 보안검색을 거부하거나 폭발물이나 무기류 등을 휴대한 자가 보안검색이 완료된 지역으로 진입할 수 없도록 필요한 조치를 하여야 한다.

③ 제1항의 항만시설소유자는 다음 각호의 어느 하나에 해당하는 경우에 승선하는 자의 동의를 받아 직접 신체의 검색을 하거나 휴대물품의 개봉검색을 하여야 한다. 〈개정 2021.12.9.〉

 1. 보안검색장비가 정상적으로 작동되지 않는 경우
 2. 보안검색장비의 경보음이 울리는 경우
 3. 폭발물이나 무기류 등을 휴대하거나 은닉하고 있다고 의심되는 경우
 4. 보안검색장비를 통한 검색 결과 그 내용물을 판독할 수 없는 경우
 5. 항만시설의 보안등급이 상향되거나 보안상 위협에 관한 정보의 입수 등에 따라 개봉검색이 필요하다고 인정되는 경우

④ 제1항의 항만시설소유자는 제1항부터 제3항까지에 따른 보안검색 결과 승선하는 자가 휴대한 폭발물이나 무기류 등이 선박보안을 침해하지 아니한다고 인정하는 경우에는 위탁수하물로 싣게 할 수 있다.

---

(2) 보안검색장비 성능 인증 등(국제선박항만보안법 제30조의3)

① 항만시설소유자가 이 법에 따른 보안검색을 하는 경우에는 해양수산부장관으로부터 성능 인증을 받은 보안검색장비를 사용하여야 한다. 다만, 「항공보안법」 제27조 제1항 또는 「철도안전법」 제48조의3 제1항에 따른 성능 인증을 받은 보안검색장비 중 해양수산부장관이 이 법에 따른 성능 인증 기준을 충족하였다고 인정하는 경우에는 성능 인증을 받은 것으로 본다(제1항).

② 제1항에 따른 보안검색장비의 성능 인증을 위한 기준·방법·절차 및 성능 인증의 대상이 되는 보안검색장비의 종류와 범위 등 운영에 필요한 사항은 해양수산부령으로 정한다(제2항).

보안검색장비의 종류(국제선박항만보안법 시행규칙 제37조의3)

법 제30조의3 제1항에 따른 성능 인증의 대상이 되는 보안검색장비의 종류는 다음 각호와 같다.
   1. 위해물품을 검색하기 위한 장비 : 엑스선 검색장비, 신발검색장비, 원형(原形)검색장비 등
   2. 위해물품을 탐지하기 위한 장비 : 금속탐지장비(문형 금속탐지장비와 휴대용 금속탐지장비를 말한다), 폭발물 탐지장비, 폭발물 흔적탐지장비, 액체폭발물탐지장비 등

[본조신설 2021.12.9.]

보안검색장비의 성능 인증 기준(국제선박항만보안법 시행규칙 제37조의4)

법 제30조의3 제1항에 따른 보안검색장비의 성능 인증 기준은 다음 각호와 같다.
   1. 해양수산부장관이 정하여 고시하는 성능 기준을 갖출 것
   2. 그 밖에 보안검색장비의 활용 편의성, 안전성 및 내구성 등을 갖출 것

[본조신설 2021.12.9.]

보안검색장비의 성능 인증 신청 및 절차 등(국제선박항만보안법 시행규칙 제37조의5)

① 법 제30조의3 제1항에 따라 보안검색장비의 성능 인증을 받으려는 자는 별지 제21호의2 서식의 보안검색장비 성능 인증 신청서에 다음 각호의 서류를 첨부하여 「선박안전법」 제60조 제2항 전단에 따른 선급법인(이하 "인증기관"이라 한다)에 제출해야 한다. 이 경우 인증기관은 「전자정부법」 제36조 제1항에 따른 행정정보의 공동이용을 통해서 법인 등기사항증명서(신청인이 법인인 경우만 해당한다)를 확인해야 한다.

보안검색장비 성능 인증 등

⋯ (❶)가 이 법에 따른 보안검색을 하는 경우에는 (❷)으로부터 성능 인증을 받은 보안검색장비를 사용하여야 한다.

⋯ 보안검색장비의 성능 인증을 위한 기준·방법·절차 및 성능 인증의 대상이 되는 보안검색장비의 종류와 범위 등 운영에 필요한 사항은 (❸)으로 정한다.

정답 ❶ 항만시설소유자 ❷ 해양수산부장관 ❸ 해양수산부령

1. 사업자등록증 사본
2. 대리인임을 증명하는 서류(대리인이 신청하는 경우에 한정한다)
3. 보안검색장비의 성능 제원표 및 시험용 물품(테스트 키트)에 관한 서류
4. 보안검색장비의 구조 및 외관도
5. 보안검색장비의 사용·운영방법 및 유지관리 등에 대한 설명서
6. 보안검색장비의 사후관리를 위한 시설 및 기술인력을 확보하고 있는 사실을 증명하는 서류
7. 제37조의4에 따른 성능 인증 기준을 갖추었음을 증명하는 서류

② 인증기관은 제1항에 따라 신청을 받으면 법 제30조의6 제1항에 따른 시험기관(이하 "시험기관"이라 한다)에 보안검색장비의 성능을 평가하는 시험(이하 "성능시험"이라 한다)을 요청해야 한다. 다만, 제1항 제7호에 따른 서류로 성능 인증 기준을 갖추었다고 인정하는 경우에는 해당 부분에 대한 성능시험을 요청하지 않을 수 있다.

③ 시험기관은 평가 내용 및 방법 등이 포함된 심사계획서를 작성하여 그 심사계획에 따라 성능시험을 실시하고, 별지 제21호의3 서식의 보안검색장비 성능시험 결과서를 인증기관에 제출해야 한다.

④ 인증기관은 제1항에 따라 신청인이 제출한 서류와 제3항에 따른 성능시험 결과 등이 제37조의4에 따른 성능 인증 기준에 적합하다고 인정하는 경우에는 별지 제21호의4 서식의 보안검색장비 성능 인증서를 신청인에게 발급해야 하며, 적합하지 않은 경우에는 그 결과를 신청인에게 통지해야 한다.

⑤ 제1항부터 제4항까지에서 규정한 사항 외에 성능 인증 신청 및 절차 등에 필요한 사항은 해양수산부장관이 정하여 고시한다.

[본조신설 2021.12.9.]

③ 해양수산부장관은 성능 인증을 받은 보안검색장비의 운영, 유지관리 등에 관한 기준을 정하여 고시하여야 한다(제3항).

④ 해양수산부장관은 제1항에 따라 성능 인증을 받은 보안검색장비가 운영 중에 계속하여 성능을 유지하고 있는지를 확인하기 위하여 해양수산부령으로 정하는 바에 따라 정기적으로 또는 수시로 점검을 실시하여야 한다(제4항).

[본조신설 2020.12.8.]

빈칸문제

보안검색장비 성능 인증 기준
⋯ 법 제30조의3 제1항에 따른 보안검색장비의 성능 인증 기준은 다음의 경우와 같다.
㉠ (❶)이 정하여 고시하는 성능 기준을 갖출 것(제1호)
㉡ 그 밖에 보안검색장비의 활용 (❷), (❸) 및 (❹) 등을 갖출 것(제2호)

❶ 해양수산부장관 ❷ 편의성 ❸ 안전성 ❹ 내구성 **정답**

보안검색장비의 성능 점검(국제선박항만보안법 시행규칙 제37조의6)
① 인증기관은 법 제30조의3 제4항에 따라 보안검색장비가 운영 중에 계속하여 성능을 유지하고 있는지를 확인하기 위해 다음 각호의 구분에 따른 점검을 실시해야 한다.
  1. 정기점검 : 보안검색장비가 성능 인증 기준에 맞게 제작되었는지 여부, 보안검색장비에 대한 품질관리체계를 적절하게 유지하고 있는지 여부 등을 매년 점검
  2. 수시점검 : 해양수산부장관의 요청이나 특별 점검계획에 따라 실시하는 점검
② 해양수산부장관은 제1항에 따른 정기점검이나 수시점검을 실시하기 위해 필요하다고 인정하는 경우에는 인증기관으로 하여금 관계 전문가 등과 함께 점검하게 할 수 있다.
③ 제1항 및 제2항에서 규정한 사항 외에 성능 점검의 방법 및 절차 등에 필요한 사항은 해양수산부장관이 정하여 고시한다.
[본조신설 2021.12.9.]

(3) 보안검색장비 성능 인증의 취소(국제선박항만보안법 제30조의4)

해양수산부장관은 성능 인증을 받은 보안검색장비가 다음의 어느 하나에 해당하는 경우에는 그 인증을 취소할 수 있다. 다만, ①에 해당하는 때에는 그 인증을 취소하여야 한다.

① 거짓이나 그 밖의 부정한 방법으로 인증을 받은 경우(제1호)
② 보안검색장비가 제30조의3 제2항에 따른 성능 기준에 적합하지 아니하게 된 경우(제2호)
③ 제30조의3 제4항에 따른 점검을 정당한 사유 없이 받지 아니한 경우(제3호)
④ 제30조의3 제4항에 따른 점검을 실시한 결과 중대한 결함이 있다고 판단될 경우(제4호)
[본조신설 2020.12.8.]

PART 03

빈칸문제

보안검색장비 성능 인증의 취소
→ 해양수산부장관은 성능 인증을 받은 보안검색장비가 다음의 어느 하나에 해당하는 경우에는 그 인증을 취소할 수 있다. 다만, (❶)에 해당하는 때에는 그 인증을 취소하여야 한다.
  ㉠ (❷)이나 그 밖의 부정한 방법으로 인증을 받은 경우(제1호)
  ㉡ 보안검색장비가 제30조의3 제2항에 따른 (❸)에 적합하지 아니하게 된 경우(제2호)
  ㉢ 제30조의3 제4항에 따른 점검을 정당한 사유 없이 받지 아니한 경우(제3호)
  ㉣ 제30조의3 제4항에 따른 점검을 실시한 결과 (❹)한 결함이 있다고 판단될 경우(제4호)

정답 ❶ 제1호 ❷ 거짓 ❸ 성능 기준 ❹ 중대

(4) 인증업무의 위탁(국제선박항만보안법 제30조의5)

해양수산부장관은 인증업무의 전문성과 신뢰성을 확보하기 위하여 제30조의3에 따른 보안검색장비의 성능 인증 및 점검 업무를 대통령령으로 정하는 기관(이하 "인증기관"이라 한다)에 위탁할 수 있다.

[본조신설 2020.12.8.]

> **인증업무의 위탁(국제선박항만보안법 시행령 제10조의2)**
> 해양수산부장관은 법 제30조의5에 따라 법 제30조의3에 따른 보안검색장비의 성능 인증 및 점검 업무를 「선박안전법」 제60조 제2항 전단에 따른 선급법인에 위탁한다.
> [본조신설 2021.11.23.]

(5) 시험기관의 지정(국제선박항만보안법 제30조의6)

① 해양수산부장관은 제30조의3에 따른 성능 인증을 위하여 보안검색장비의 성능을 평가하는 시험(이하 "성능시험"이라 한다)을 실시하는 기관(이하 "시험기관"이라 한다)을 지정할 수 있다(제1항).

② 제1항에 따라 시험기관 지정을 받으려는 법인이나 단체는 해양수산부령으로 정하는 지정기준을 갖추어 해양수산부장관에게 지정신청을 하여야 한다(제2항).

[본조신설 2020.12.8.]

> **시험기관의 지정 등(국제선박항만보안법 시행규칙 제37조의7)**
> ① 법 제30조의6 제2항에서 "해양수산부령으로 정하는 지정기준"이란 별표 3의2에 따른 기준을 말한다.
> ② 법 제30조의6 제2항에 따라 시험기관으로 지정받으려는 자는 별지 제21호의5 서식의 보안검색장비 시험기관 지정 신청서에 다음 각호의 서류를 첨부하여 해양수산부장관에게 제출해야 한다. 이 경우 해양수산부장관은 「전자정부법」 제36조 제1항에 따른 행정정보의 공동이용을 통해서 법인 등기사항증명서(신청인이 법인인 경우만 해당한다)를 확인해야 한다.

빈칸문제

인증업무의 위탁 및 시험기관의 지정

⋯ 해양수산부장관은 인증업무의 (❶)과 (❷)을 확보하기 위하여 제30조의3에 따른 보안검색장비의 성능 인증 및 점검 업무를 (❸)으로 정하는 기관(이하 "인증기관"이라 한다)에 위탁할 수 있다.

⋯ 시험기관 지정을 받으려는 법인이나 단체는 (❹)으로 정하는 지정기준을 갖추어 해양수산부장관에게 지정신청을 하여야 한다.

❶ 전문성 ❷ 신뢰성 ❸ 대통령령 ❹ 해양수산부령 정답

1. 사업자등록증(신청인이 법인인 경우에 한정한다)
2. 법인의 정관 또는 단체의 규약
3. 성능시험을 수행하기 위한 조직·인력, 시험설비 등을 작성한 사업계획서
4. 국제표준화기구(ISO) 또는 국제전기기술위원회(IEC)에서 정한 국제기준에 적합한 품질관리규정
5. 제1항에 따른 시험기관 지정기준을 갖추었음을 증명하는 서류

③ 해양수산부장관은 제2항에 따라 시험기관 지정신청을 받으면 현장평가 등이 포함된 심사계획서를 작성하여 신청인에게 통지하고 그 심사계획에 따라 심사해야 한다.

④ 해양수산부장관은 제3항에 따라 심사한 결과 제1항에 따른 지정기준을 갖추었다고 인정하는 경우에는 제2항의 신청서를 접수한 날부터 2개월 이내에 별지 제21호의6 서식의 보안검색장비 시험기관 지정서를 발급하고 다음 각호의 사항을 관보에 게재하거나 해양수산부 인터넷 홈페이지에 게시해야 한다.
1. 시험기관의 명칭
2. 시험기관의 소재지
3. 시험기관 지정일자 및 지정번호
4. 시험기관의 업무수행 범위

⑤ 제4항에 따라 시험기관으로 지정된 기관은 다음 각호의 사항이 포함된 시험기관 운영규정을 해양수산부장관에게 제출해야 한다.
1. 시험기관의 조직·인력 및 시험설비
2. 시험접수·수행 절차 및 방법
3. 성능시험을 수행하는 직원의 임무 및 교육훈련
4. 성능시험을 수행하는 직원 및 시험과정 등의 보안 관리

⑥ 해양수산부장관은 제3항에 따른 심사를 위해 필요한 경우 시험기관지정심사위원회를 구성·운영할 수 있다.
[본조신설 2021.12.9.]

(6) 시험기관의 지정취소 등(국제선박항만보안법 제30조의7)

① 해양수산부장관은 제30조의6에 따라 시험기관으로 지정받은 법인이나 단체가 다음의 어느 하나에 해당하는 경우에는 그 지정을 취소하거나 1년 이내의 기간을 정하여 그 업무의 전부 또는 일부의 정지를 명할 수 있다. 다만, ㉠ 또는 ㉡에 해당하는 때에는 그 지정을 취소하여야 한다(제1항).

빈칸문제

시험기관의 지정 등
··→ 해양수산부장관은 시험기관 지정신청을 받으면 (❶) 등이 포함된 심사계획서를 작성하여 (❷)에게 통지하고 그 심사계획에 따라 심사해야 한다.
··→ 해양수산부장관은 지정신청을 심사한 결과 지정기준을 갖추었다고 인정하는 경우에는 지정신청서를 접수한 날부터 (❸) 이내에 별지 제21호의6 서식의 보안검색장비 시험기관 지정서를 발급하고 시험기관의 명칭, 소재지, 지정일자 및 지정번호, (❹) 범위를 관보에 게재하거나 해양수산부 인터넷 홈페이지에 게시해야 한다.

정답 ❶ 현장평가 ❷ 신청인 ❸ 2개월 ❹ 업무수행

ⓐ 거짓이나 그 밖의 부정한 방법을 사용하여 시험기관으로 지정을 받은 경우(제1호)

ⓑ 업무정지 명령을 받은 후 그 업무정지 기간에 성능시험을 실시한 경우(제2호)

ⓒ 정당한 사유 없이 성능시험을 실시하지 아니한 경우(제3호)

ⓓ 제30조의3 제2항에 따른 기준·방법·절차 등을 위반하여 성능시험을 실시한 경우(제4호)

ⓔ 제30조의6 제2항에 따른 시험기관 지정기준을 충족하지 못하게 된 경우(제5호)

ⓕ 성능시험 결과를 거짓으로 조작하여 수행한 경우(제6호)

② 제1항에 따른 지정취소와 업무정지의 기준 등에 관하여 필요한 사항은 해양수산부령으로 정한다(제2항).

[본조신설 2020.12.8.]

시험기관의 지정취소 등(국제선박항만보안법 시행규칙 제37조의8)
① 법 제30조의7 제1항에 따른 시험기관의 지정취소 및 업무정지의 기준은 별표 3의3과 같다.
② 해양수산부장관은 제1항에 따라 시험기관의 지정을 취소하거나 업무의 정지를 명한 경우에는 그 사실을 해당 시험기관에 통지하고 지체 없이 관보에 게재하거나 해양수산부 인터넷 홈페이지에 게시해야 한다.
③ 제2항에 따라 시험기관의 지정취소 또는 업무정지 통지를 받은 시험기관은 그 통지를 받은 날부터 15일 이내에 보안검색장비 시험기관 지정서를 해양수산부장관에게 반납해야 한다.
[본조신설 2021.12.9.]

시험기관의 지정취소 및 업무정지 기준(국제선박항만보안법 시행규칙 [별표 3의3]) <신설 2021.12.9.>
1. 일반기준
   가. 위반행위의 횟수에 따른 행정처분의 기준은 최근 3년간 같은 위반행위로 행정처분을 받은 경우에 적용한다. 이 경우 기간의 계산은 위반행위에 대해 행정처분을 받은 날과 그 처분 후 다시 같은 위반행위를 하여 적발된 날을 기준으로 한다.
   나. 가목에 따라 가중된 처분을 하는 경우 가중처분의 적용 차수는 그 위반행위 전 처분 차수(가목에 따른 기간 내에 처분이 둘 이상 있었던 경우에는 높은 차수를 말한다)의 다음 차수로 한다.

빈칸문제

시험기관의 지정취소 및 업무정지 기준
⋯ 위반행위의 횟수에 따른 행정처분의 기준은 최근 (❶)간 같은 위반행위로 행정처분을 받은 경우에 적용한다.
⋯ 위반행위가 둘 이상인 경우나 한 개의 위반행위가 둘 이상의 처분기준에 해당하는 경우에는 그 중 (❷) 처분기준에 따른다.
⋯ 처분권자는 해당 처분이 (❸)인 경우에는 가중·감경의 사유를 고려하여 개별기준에 따른 (❸)기간의 (❹) 범위에서 그 기간을 늘리거나 줄일 수 있다.

❶ 3년 ❷ 무거운 ❸ 업무정지 ❹ 2분의 1 정답

다. 위반행위가 둘 이상인 경우나 한 개의 위반행위가 둘 이상의 처분기준에 해당하는 경우에는 그 중 무거운 처분기준에 따른다.

라. 처분권자는 해당 처분이 업무정지인 경우에는 다음의 구분에 따른 사유를 고려하여 제2호에 따른 업무정지기간의 2분의 1 범위에서 그 기간을 늘리거나 줄일 수 있다.

   1) 가중 사유
      가) 위반의 내용·정도가 중대하여 공중에게 미치는 피해가 크다고 인정되는 경우
      나) 법 위반 상태의 기간이 3개월 이상인 경우
      다) 그 밖에 위반행위의 정도, 위반행위의 동기와 그 결과 등을 고려하여 그 기간을 늘릴 필요가 있다고 인정되는 경우

   2) 감경 사유
      가) 위반행위가 사소한 부주의나 오류로 인한 것으로 인정되는 경우
      나) 위반행위자가 위반행위를 바로 시정하거나 해소하기 위한 노력이 인정되는 경우
      다) 그 밖에 위반행위의 정도, 위반행위의 동기와 그 결과 등을 고려하여 그 기간을 줄일 필요가 있다고 인정되는 경우

2. 개별기준

위반행위	근거 법조문	위반횟수별 행정처분 기준		
		1회 위반	2회 위반	3회 이상 위반
가. 거짓이나 그 밖의 부정한 방법을 사용해 시험기관으로 지정을 받은 경우	법 제30조의7 제1항 제1호	지정취소		
나. 업무정지 명령을 받은 후 그 업무정지 기간에 성능시험을 실시한 경우	법 제30조의7 제1항 제2호	지정취소		
다. 정당한 사유 없이 성능시험을 실시하지 않은 경우	법 제30조의7 제1항 제3호	업무정지 30일	업무정지 60일	지정취소
라. 법 제30조의3 제2항에 따른 기준·방법·절차 등을 위반하여 성능시험을 실시한 경우	법 제30조의7 제1항 제4호	업무정지 60일	업무정지 120일	지정취소
마. 법 제30조의6 제2항에 따른 시험기관 지정기준을 충족하지 못하게 된 경우	법 제30조의7 제1항 제5호	시정조치	시정조치	지정취소
바. 성능시험 결과를 거짓으로 조작하여 수행한 경우	법 제30조의7 제1항 제6호	업무정지 90일	지정취소	

시험기관의 지정취소 및 업무정지 기준
⋯⋯ 거짓이나 그 밖의 부정한 방법을 사용해 시험기관으로 지정을 받은 경우 → 1회 위반 시 (❶)
⋯⋯ 업무정지 명령을 받은 후 그 업무정지 기간에 성능시험을 실시한 경우 → (❷) 위반 시 지정취소
⋯⋯ 정당한 사유 없이 성능시험을 실시하지 않은 경우 → 1회 위반 시 (❸)
⋯⋯ 성능시험 결과를 거짓으로 조작하여 수행한 경우 → 1회 위반 시 (❹)

정답 ❶ 지정취소 ❷ 1회 ❸ 업무정지 30일 ❹ 업무정지 90일

(7) 수수료(국제선박항만보안법 제30조의8)

제30조의3 제1항에 따른 보안검색장비 성능 인증, 제30조의3 제4항에 따른 점검 또는 제30조의6에 따른 성능시험을 받으려는 자는 해양수산부령으로 정하는 바에 따라 인증기관 및 시험기관에 수수료를 내야 한다.

[본조신설 2020.12.8.]

수수료(국제선박항만보안법 시행규칙 제37조의9)

① 법 제30조의8에 따라 보안검색장비 성능 인증 등을 받으려는 자는 별표 3의4의 기준에 따라 산정한 수수료를 내야 한다.

② 인증기관 또는 시험기관은 제1항에 따른 수수료 외에 별도의 부과금을 받을 수 없다.

③ 제1항 및 제2항에서 규정한 사항 외에 수수료 금액, 납부기간, 납부방법 등에 필요한 세부 사항은 인증기관 또는 시험기관이 따로 정하여 공고해야 한다.

[본조신설 2021.12.9.]

수수료의 산정기준(국제선박항만보안법 시행규칙 [별표 3의4]) <신설 2021.12.9.>

구 분	수수료
인증기관의 성능 인증 및 성능점검 수수료	다음 각호의 비용을 합산해서 산정한 금액 1. 기본료 : 성능 인증·인증서 변경·성능 점검 신청서의 접수 사무 및 신청서류 심사, 인증서 발급에 필요한 비용 2. 인건비 : 성능 인증·성능 점검 업무에 참여한 인력의 시간당 인건비에 해당 업무를 수행한 시간을 곱해서 산정한 금액으로 하고, 시간당 인건비는 인증기관에서 책정한 인건비를 적용 3. 직접비용 : 성능 인증·성능 점검 업무 업무를 수행하는 데 필요한 국내외 출장여비, 시험·검사 결과 및 적합성 자료의 분석 등에 실제 소요되는 비용 4. 간접비용 : 성능 인증·성능 점검 업무를 지원하는 데 필요한 인건비, 기술료 및 경비 등을 포함한 비용

	다음 각호의 비용을 합산해서 산정한 금액
시험기관의 성능시험 수수료	1. 기본료 : 시험 접수·검토·시험결과서 제출에 필요한 기본수수료
	2. 인건비 : 시험활동에 투입되는 인력의 시험수행 시간당 인건비(「엔지니어링산업 진흥법」 제31조에 따른 엔지니어링사업의 대가 기준 중 엔지니어링기술자 임금단가를 적용)
	3. 재료비 : 시험과정에서 발생하는 소모성 재료 비용
	4. 장비사용료
	가. 감가상각비 : 장비별 법정내용연수를 기준으로 하되, 정액법에 따라 감가상각하는 방법 에 따라 산출한 비용
	나. 시설유지비 : 장비가동을 위해서 필요한 소모성 부품의 비용, 장비수리 및 교환에 따른 부품의 비용, 장비가동에 필요한 시설유지 비용
	5. 출장비 : 시험활동에 투입되는 인력의 현장출장 여비
	6. 그 밖의 비용 : 그 밖에 시험·검사대상 인증제품의 운반비 등 시험 실시를 위해 지출하는 경비

(1) 경비·검색인력 및 보안시설·장비의 확보 등(국제선박항만보안법 제31조)

　① 항만시설소유자는 그가 소유하거나 관리·운영하는 항만시설에 대하여 보안을 확보·유지하고 제30조의2에 따른 국제항해여객선 승객 등의 보안검색을 하는 데 필요한 경비·검색인력을 확보하고 필요한 시설과 장비를 신축·증축·개축하거나 설치하고 이를 유지·보수하여야 한다(제1항).

빈칸문제

수수료 산정기준
　⋯➤ 시험 접수·검토·시험결과서 제출에 필요한 기본수수료 → (**❶**)
　⋯➤ 시험과정에서 발생하는 소모성 재료 비용 → (**❷**)
　⋯➤ 장비가동을 위해서 필요한 소모성 부품의 비용, 장비수리 및 교환에 따른 부품의 비용, 장비가동에 필요한 비용 → (**❸**)
　⋯➤ 감가삼각비와 시설유지비를 포함하는 비용 → (**❹**)

정답 **❶** 기본료 **❷** 재료비 **❸** 시설유지비 **❹** 장비사용료

② 항만시설소유자는 제1항에 따른 경비·검색인력을 다음의 어느 하나에 해당하는 방법으로 확보하여야 한다(제2항).

　ㄱ 「청원경찰법」에 따른 청원경찰의 고용(제1호)

　ㄴ 「경비업법」 제2조 제1호 마목에 따른 특수경비업무의 허가를 받은 경비업자 중 제3항에 따라 지정받은 업체에 대한 경비·검색업무의 위탁(제2호)

③ 해양수산부장관은 항만시설소유자의 추천을 받은 업체로서 자본금 등 해양수산부령으로 정하는 지정 요건을 갖춘 자를 해당 항만시설의 경비·검색업무의 수탁업체로 지정하여야 한다(제3항).

경비·검색업무 수탁업체 지정 요건(국제선박항만보안법 시행규칙 제38조)

법 제31조 제3항에서 "자본금 등 해양수산부령으로 정하는 지정 요건"이란 다음 각호의 요건을 말한다. 〈개정 2021.2.19.〉

　1. 「경비업법」 제2조 제1호 마목에 따른 특수경비업무의 허가를 받은 경비업자일 것

　2. 다음 각목의 구분에 따른 자본금을 갖출 것

　　가. 부산항의 경우 : 10억원 이상일 것

　　나. 그 밖의 「항만법」 제3조 제1항 제1호에 따른 무역항의 경우 : 5억원 이상일 것

　3. 다음 각목의 구분에 따른 인력을 갖출 것

　　가. 부산항 및 인천항의 경우 : 「경비업법 시행규칙」 제15조 제2항에 따른 특수경비원 신임교육이수증(이하 "특수경비원 신임교육이수증"이라 한다)을 교부받은 특수경비원이 100명 이상일 것

　　나. 울산항, 광양항, 포항항, 평택·당진항 및 대산항의 경우 : 특수경비원 신임교육이수증을 교부받은 특수경비원이 50명 이상일 것

　　다. 그 밖의 「항만법」 제3조 제1항 제1호에 따른 무역항의 경우 : 특수경비원 신임교육이수증을 교부받은 특수경비원이 20명 이상일 것

---

④ 해양수산부장관은 제3항에 따라 지정을 받은 업체가 다음의 어느 하나에 해당하는 경우에는 그 지정을 취소할 수 있다. 다만, ㄱ 또는 ㄴ에 해당하면 지정을 취소하여야 한다(제4항).

　ㄱ 거짓이나 그 밖의 부정한 방법으로 지정을 받은 경우(제1호)

　ㄴ 「경비업법」에 따른 경비업의 허가가 취소되거나 영업이 정지된 경우(제2호)

빈칸문제

경비·검색업무 수탁업체 지정 요건

⋯ 경비업법 제2조 제1호 마목에 따른 특수경비업무의 허가를 받은 (❶)일 것

⋯ 부산항의 경우 자본금이 (❷) 이상이고, 그 밖의 항만법 제3조 제1항 제1호에 따른 무역항의 경우 (❸) 이상일 것

⋯ 인력 요건으로 특수경비원 신임교육이수증을 교부받은 특수경비원을 부산항 및 인천항의 경우에는 (❹) 이상, 울산항, 광양항, 포항항, 평택·당진항 및 대산항의 경우에는 (❺) 이상, 그 밖의 무역항의 경우에는 (❻) 이상 갖추어야 한다.

❶ 경비업자　❷ 10억원　❸ 5억원　❹ 100명　❺ 50명　❻ 20명　**정답**

© 제3항에 따른 지정 요건에 미달하게 된 경우. 다만, 일시적으로 지정 요건에 미달하게 되어 3개월 이내에 지정 요건을 다시 갖춘 경우는 제외한다(제3호).

② 해당 항만시설의 경비·검색업무의 수행 중 고의 또는 중대한 과실로 인명 피해가 발생하거나 경비·검색에 실패한 경우(제4호)

⑤ 해양수산부장관은 제4항에 따라 경비·검색업무 수탁업체의 지정을 취소하는 경우 청문을 하여야 한다(제5항).

⑥ 제1항에 따라 확보하거나 갖추어야 하는 경비·검색인력 및 보안시설·장비의 세부기준, 제3항에 따른 경비·검색업무 수탁업체의 지정 절차 등 지정에 필요한 사항은 해양수산부령으로 정한다.

경비·검색업무 수탁업체 지정 절차 등(국제선박항만보안법 시행규칙 제38조의2)

① 법 제31조 제3항에 따라 항만시설소유자가 경비·검색업무 수탁업체를 추천하려는 경우에는 별지 제21호의7 서식의 경비·검색업무 수탁업체 지정신청서에 지정 대상 업체에 관한 다음 각호의 서류를 첨부하여 지방해양수산청장에게 제출하여야 한다. 〈개정 2021.12.9.〉
　1. 「경비업법」에 따른 경비업 허가증
　2. 특수경비원의 명단 및 해당 인력의 특수경비원 신임교육이수증
　3. 경비·검색업무 수탁업체 추천서

② 제1항에 따라 지정신청서를 제출받은 지방해양수산청장은 「전자정부법」 제36조 제1항에 따른 행정정보의 공동이용을 통하여 지정 대상 경비·검색업무 수탁업체의 법인 등기사항증명서 및 사업자등록증명을 확인하여야 한다. 다만, 해당 업체가 사업자등록증명의 확인에 동의하지 아니하는 경우에는 해당 서류를 첨부하게 하여야 한다.

③ 제1항에 따라 지정신청서를 제출받은 지방해양수산청장은 해당 경비·검색업무 수탁업체가 제38조에 따른 지정 요건에 적합하다고 인정하는 경우에는 지정신청서를 접수한 날부터 30일 이내에 항만시설소유자에게 별지 제21호의8 서식의 경비·검색업무 수탁업체 지정서를 발급하여야 한다. 〈개정 2021.12.9.〉

경비·검색인력 및 보안시설·장비의 세부기준(국제선박항만보안법 시행규칙 제38조의3)

법 제31조 제6항에 따른 경비·검색인력 및 보안시설·장비의 세부기준은 별표 4와 같다.

PART 03

빈칸문제

경비·검색업무 수탁업체 지정 절차 등
⋯▸ (❶)가 경비·검색업무 수탁업체를 추천하려는 경우에는 경비·검색업무 수탁업체 지정신청서에 지정 대상 업체에 관한 경비업법에 따른 (❷), (❸)의 명단 및 해당 인력의 (❸) 신임교육이수증, 경비·검색업무 수탁업체 추천서를 첨부하여 (❹)에게 제출하여야 한다.
⋯▸ 지정신청서를 제출받은 (❹)은 해당 경비·검색업무 수탁업체가 지정 요건에 적합하다고 인정하는 경우에는 지정신청서를 접수한 날부터 (❺) 이내에 항만시설소유자에게 경비·검색업무 수탁업체 지정서를 발급하여야 한다.

정답 ❶ 항만시설소유자 ❷ 경비업 허가증 ❸ 특수경비원 ❹ 지방해양수산청장 ❺ 30일

경비ㆍ검색인력 및 보안시설ㆍ장비의 세부기준(국제선박항만보안법 시행규칙 [별표 4]) <개정 2021.6.30.>

구 분	세부 기준
경비ㆍ검색 인력	1. 다음 각목에 따른 부두 출입구에는 경비ㆍ검색인력으로 「청원경찰법」에 따른 청원경찰 또는 「경비업법」 제2조 제3호 나목에 따른 특수경비원을 2명 이상을 상시 배치한다. ★ 　가. 부두의 주된 출입구 　나. 주된 출입구 외에 사람과 차량이 상시 출입하는 그 밖의 출입구 2. 제1호에도 불구하고 수리만을 목적으로 하는 조선소의 부두 출입구의 경우에는 제1호에 따른 경비ㆍ검색인력을 1명 이상 상시 배치할 수 있다. 다만, 최근 2년간 3회 이상 보안사건이 발생한 경우에는 해양수산부장관이 지정한 날부터 2년간 제1호에 따른 경비ㆍ검색인력을 2명 이상 상시 배치한다. ★ 3. 「보안업무규정」 제32조 제1항에 따른 국가보안시설 외의 항만시설에는 제1호에도 불구하고 다음 각목의 기준에 따른다. ★ 　가. 야간에 국제항해선박의 이용이 없고 폐쇄회로 텔레비전(CCTV)에 의한 감시ㆍ녹화가 가능한 경우에는 주간에만 배치 　나. 국제항해선박의 이용이 연 90일 미만인 경우에는 경비ㆍ검색 인력을 상시 배치하지 아니하고 선박이 계류 중일 때에만 배치 4. 국제항해여객선이 취항하는 국제여객터미널 또는 국제크루즈터미널에는 제1호 및 제2호의 기준에 따른 경비ㆍ검색인력 외에 그 국제여객터미널 또는 국제크루즈터미널에서 출항 수속을 시작할 때부터 끝날 때까지 3명 이상의 보안검색인력을 추가로 배치한다. ★
보안시설 (외곽 울타리ㆍ담 또는 장벽)	1. 법 제33조 제1항 제3호에 따른 지역의 항만시설소유자는 그 지역을 보호하기 위하여 울타리, 담 또는 장벽(이하 이 표에서 "울타리등"이라 한다)을 다음 각목의 기준에 따라 설치한다. 　가. 울타리등의 높이[윤형(輪形)철조망 등 장애물의 높이를 제외한다]는 지면에서부터 울타리등의 상단까지 2.7m 이상으로 할 것 ★ 　나. 울타리등의 하단과 지면의 간격은 5cm(배수시설의 설치 등으로 불가피한 경우에는 20cm로 한다) 이하로 할 것 ★ 　다. 울타리등의 상단에는 윤형철조망 등 장애물을 설치할 것 　라. 울타리등의 기둥은 지하 60cm 이상 깊이로 묻을 것(지하 시설 또는 암반 등으로 불가피한 경우에는 40cm 이상의 깊이로 묻고 콘크리트 등으로 보강한다) 　마. 울타리는 절단 및 훼손 등에 강한 재질을 사용하고, 강도는 사람이 통과할 수 있는 크기(62cm×62cm)로서 절단하는 시간이 25초 이상 소요되도록 설치할 것 ★

빈칸문제

경비ㆍ검색인력 및 보안시설ㆍ장비의 세부기준
⟶ 부두의 주된 출입구, 주된 출입구 외에 사람과 차량이 상시 출입하는 그 밖의 출입구에는 경비ㆍ검색인력으로 (❶) 또는 (❷)을 (❸) 이상 상시 배치한다 : [(❹)만을 목적으로 하는 조선소의 부두 출입구의 경우에는 (❺) 이상]
⟶ 국가보안시설 외의 항만시설에는 다음의 기준에 따른다 : ㉠ (❻)에 국제항해선박의 이용이 없고 폐쇄회로 텔레비전(CCTV)에 의한 감시ㆍ녹화가 가능한 경우에는 (❼)에만 배치, ㉡ 국제항해선박의 이용이 연 (❽) 미만인 경우에는 경비ㆍ검색 인력을 상시 배치하지 아니하고 선박이 계류 중일 때에만 배치

❶ 청원경찰　❷ 특수경비원　❸ 2명　❹ 수리　❺ 1명　❻ 야간　❼ 주간　❽ 90일　정답

	2. 제1호에도 불구하고 낭떠러지 등 자연의 방어벽, 안벽(岸壁) 등 계류시설 또는 다른 항만시설과 인접하여 울타리등을 설치할 필요가 없는 경우에는 설치하지 아니한다. 3. 항만친수시설, 도심과 인접한 지역 및 관광지 등의 경우 항만보안을 유지할 수 있는 범위에서 제1호 다목에 따른 윤형철조망 등 장애물을 설치하지 아니할 수 있다. 다만, 높이는 2.7m 이상을 유지하고, 폐쇄회로 텔레비전과 감지기 등 침입탐지장비를 중복하여 설치하여야 한다.
보안시설 (조명시설)	1. 항만시설(육상구역에만 해당한다)의 출입구, 선박계류지역, 야적장 및 울타리등에는 지면과 같은 높이에서 2럭스(Lux) 이상의 조도(밝기)가 유지되도록 조명등(보안등)을 설치한다.★ 2. 조명등(보안등)은 해가 질 때부터 해가 뜰 때까지 상시 조명되도록 하되, 야간 출입을 금지하는 경우에는 조명등을 켜지 아니할 수 있다.★
보안장비 (폐쇄회로 텔레비전, 감지기 등 침입탐지 장비)	1. 다음 각목의 지역에는 폐쇄회로 텔레비전을 설치한다. 　가. 국제여객터미널의 여객 대기지역 　나. 법 제33조 제1항 제3호에 따른 지역에 설치하는 울타리등 2. 제1호에 따라 폐쇄회로 텔레비전을 설치할 때에는 감시사각지대가 발생하지 아니하도록 감시구역이 10m 이상 중첩되도록 설치하고, 모든 폐쇄회로 텔레비전의 영상 및 침입탐지장비 알람 등 보안장비의 각종 기록은 90일 이상 보관한다.★★ 3. 폐쇄회로 텔레비전의 성능은 확대 등의 수단으로 사람의 얼굴 또는 30cm 크기의 물체를 식별할 수 있는 정도의 해상도를 유지하여야 하고, 감지기 등 종류가 다른 1개 이상의 침입탐지장비를 중복하여 설치하여야 한다.★★
보안장비 (금속 탐지기, 검색경)	1. 부두의 주된 출입구와 그 밖에 상시 출입이 이루어지는 출입구에는 대인(對人) 검색용 문형 또는 휴대용 금속탐지기를 1대 이상 갖추어 둔다.★ 2. 부두의 차량 출입구에는 검색경(檢索鏡) 등 차량 하부 검색장비를 1대 이상 갖추어 두거나 설치한다.★
보안장비 (철침판, 방지턱, 차단기)	1. 부두의 주된 출입구에는 차량의 무단 진입을 차단하기 위하여 다음 각목 중 어느 하나에 해당하는 장애물을 설치·운영한다.★ 　가. 철침판 또는 차량돌진 방지턱 1개 이상 　나. 차량 통과를 차단할 수 있는 철제차단기(Barricade) 1개 이상. 이 경우 차량이 시속 30km 이하로 진입할 수 있도록 설치하여야 한다. 　다. 그 밖에 모래, 화분대 등 미관을 고려한 장애물 1개 이상 2. 대형화물 적재차량의 출입을 위한 출입구에는 개폐형(開閉型) 차단기를 설치한다. 이 경우 그 설치 기준은 울타리등의 기준을 준용한다.

빈칸문제

경비·검색인력 및 보안시설·장비의 세부기준
- ⋯ (❶), (❷)과 인접한 지역 및 (❸) 등의 경우 항만보안을 유지할 수 있는 범위에서 윤형철조망 등 장애물을 설치하지 아니할 수 있다. 다만, 높이는 (❹) 이상을 유지하고, 폐쇄회로 텔레비전과 감지기 등 침입탐지장비를 (❺) 설치하여야 한다.
- ⋯ 항만시설(육상구역에만 해당한다)의 출입구, 선박계류지역, 야적장 및 울타리 등에는 지면과 같은 높이에서 (❻) 이상의 조도가 유지되도록 조명등(보안등)을 설치한다.
- ⋯ 부두의 차량 출입구에는 검색경 등 차량 하부 검색장비를 (❼) 이상 갖추어 두거나 설치한다.

정답 ❶ 항만친수시설 ❷ 도심 ❸ 관광지 ❹ 2.7m ❺ 중복하여 ❻ 2럭스 ❼ 1대

보안장비 (통신장비)	근무 중 경비·검색인력 간 또는 항만시설소유자 또는 항만시설보안책임자 간에 비상 연락할 수 있는 통신장비를 보유한다.

(2) 폐쇄회로 텔레비전의 설치·운영(국제선박항만보안법 제31조의2)

① 항만시설소유자는 범죄 예방 및 보안을 확보하기 위하여 그가 소유하거나 관리·운영하는 항만시설에 대하여 폐쇄회로 텔레비전을 설치하여야 한다. 이 경우 해상도 기준은 범죄 예방 및 보안에 필요한 상황을 파악할 수 있도록 유지하여야 한다(제1항).★

② 항만시설소유자는 폐쇄회로 텔레비전 운영으로 얻은 영상기록이 분실·도난·유출·변조 또는 훼손되지 아니하도록 폐쇄회로 텔레비전의 운영·관리 지침을 마련하여야 한다(제2항).★

③ 폐쇄회로 텔레비전의 설치·관리 기준 및 해상도 기준과 운영·관리 지침 마련 등에 필요한 사항은 해양수산부령으로 정한다(제3항).

폐쇄회로 텔레비전의 설치·운영(국제선박항만보안법 시행규칙 제38조의4)

① 법 제31조의2 제1항에 따른 폐쇄회로 텔레비전의 설치·관리 기준 및 해상도 기준은 별표 4와 같다.★

② 항만시설소유자는 법 제31조의2 제2항에 따라 다음 각호의 사항을 포함하는 폐쇄회로 텔레비전의 운영·관리 지침을 마련하여야 한다.★★ 〈개정 2021.12.9.〉

1. 폐쇄회로 텔레비전의 설치 근거 및 목적
2. 폐쇄회로 텔레비전의 설치 수, 촬영범위, 촬영시간 및 촬영방법
3. 폐쇄회로 텔레비전 운영으로 얻은 영상기록의 보관기간, 보관장소 및 보관방법
4. 폐쇄회로 텔레비전의 설치 및 작동 상태에 대한 주기적 점검 및 관련 기록 유지를 위한 별지 제21호의9 서식에 따른 점검기록부의 작성
5. 폐쇄회로 텔레비전의 관리부서, 관리책임자 및 그 권한, 관리책임자가 영상기록을 확인하는 방법과 비밀유지에 관한 사항

빈칸문제

폐쇄회로 텔레비전의 설치·운영

⋯⋯ 항만시설소유자는 범죄 (❶) 및 (❷)을 확보하기 위하여 그가 소유하거나 관리·운영하는 항만시설에 대하여 폐쇄회로 텔레비전을 설치하여야 한다.

⋯⋯ 항만시설소유자는 폐쇄회로 텔레비전 운영으로 얻은 영상기록이 분실·도난·유출·변조 또는 훼손되지 아니하도록 폐쇄회로 텔레비전의 (❸)을 마련하여야 한다.

❶ 예방 ❷ 보안 ❸ 운영·관리 지침 　정답

6. 영상기록의 열람·제공·이용·파기에 관한 사항 및 관련 기록 유지를 위한 별지 제21호의10 서식에 따른 영상기록 관리대장의 작성
7. 영상기록의 수집 목적 외의 열람·제공·이용의 제한
8. 영상기록의 분실·도난·유출·변조 또는 훼손을 방지하기 위한 조치

5 항만시설 소유자의 의무 및 항만시설 이용자의 의무

(1) 항만시설보안정보의 제공 등(국제선박항만보안법 제32조)

① 항만시설소유자는 그가 소유하거나 관리·운영하고 있는 항만시설에서 보안사건이 발생한 때에는 해양수산부령으로 정하는 바에 따라 해양수산부장관 및 국가보안기관의 장에게 즉시 보고하여야 한다(제1항). ★★

항만시설보안정보의 제공 등(국제선박항만보안법 시행규칙 제39조)
① 법 제32조 제1항 및 제3항에 따라 항만시설소유자가 보고하여야 하는 사항은 다음 각호와 같다.
1. 해당 항만시설에서 발생한 보안사건
2. 보안사건에 대한 조치결과 또는 대응계획
② 법 제32조 제2항 및 제3항에 따라 항만시설소유자가 제공하여야 하는 정보의 내용은 다음 각호와 같다.
1. 항만시설을 이용하는 선박으로부터 입수된 보안상 위협에 관한 정보
2. 항만시설보다 높은 보안등급으로 입항하는 선박과 그 선박의 여객 또는 화물 등에 대한 정보
3. 그 밖의 입수된 보안상 위협에 관한 정보
③ 제1항 또는 제2항에 따른 보안사건 발생사실의 보고 또는 정보의 제공은 별지 제22호 서식의 항만시설 보안사건발생보고서·보안정보제공서로 한다. 다만, 보고 또는 정보의 내용이 시급한 경우에는 전화 또는 팩스로 먼저 보고하거나 제공하고 사후에 해당 서식으로 보고하거나 제공할 수 있다.

빈칸문제

항만시설보안정보의 제공 등
⋯ 항만시설소유자는 그가 소유하거나 관리·운영하고 있는 항만시설에서 보안사건이 발생한 때에는 해양수산부령으로 정하는 바에 따라 (❶) 및 (❷)에게 즉시 보고하여야 한다.
⋯ 항만시설소유자는 (❶) 또는 (❷)으로부터 그가 소유하거나 관리·운영하고 있는 항만시설의 (❸)에 관한 정보의 제공을 요청받은 때에는 해양수산부령으로 정하는 바에 따라 관련 정보를 (❹) 제공하여야 한다.

정답 ❶ 해양수산부장관 ❷ 국가보안기관의 장 ❸ 보안 ❹ 즉시

② 항만시설소유자는 해양수산부장관 또는 국가보안기관의 장으로부터 그가 소유하거나 관리·운영하고 있는 항만시설의 보안에 관한 정보의 제공을 요청받은 때에는 해양수산부령으로 정하는 바에 따라 관련 정보를 즉시 제공하여야 한다(제2항).★★

③ 제1항 및 제2항에 따라 보고하거나 제공하여야 하는 사항·정보의 내용 및 그 방법 등에 관하여 필요한 사항은 해양수산부령으로 정한다(제3항).

(2) 항만시설 이용자의 의무(국제선박항만보안법 제33조)

① 항만시설을 이용하는 자는 보안사건이 발생하는 것을 예방하기 위하여 다음에 해당하는 행위를 하여서는 아니 된다(제1항). 〈개정 2020.2.18.〉

　㉠ 항만시설이나 항만 내의 선박에 위법하게 무기[탄저균(炭疽菌), 천연두균 등의 생화학무기를 포함한다], 도검류(刀劍類), 폭발물, 독극물 또는 연소성이 높은 물건 등 해양수산부장관이 정하여 고시하는 위해물품을 반입·은닉하는 행위(제1호)

> **항만 내 여객선 반입금지 위해물품에 관한 고시 〈제정 2020.8.28.〉**
> **제1조(목적)** 이 고시는 「국제항해선박 및 항만시설의 보안에 관한 법률」제33조 제1항 제1호에 따라 항만 내 여객선에 위법하게 반입해서는 아니되는 위해물품을 규정함을 목적으로 한다.
> **제2조(위해물품)** 항만 내 여객선에 위법하게 반입해서는 아니되는 위해물품은 별표와 같다.
> **제3조(재검토기한)** 해양수산부장관은 「훈령·예규 등의 발령 및 관리에 관한 규정」에 따라 이 고시에 대하여 2020년 7월 31일 기준으로 매 3년이 되는 시점(매 3년째의 6월 30일까지를 말한다)마다 그 타당성을 검토하여 개선 등의 조치를 하여야 한다.
> * 항만 내 여객선 반입금지 위해물품 [별표] 생략

ⓛ 보안사건의 발생을 예방하기 위한 검문검색 및 지시 등에 정당한 사유 없이 불응하는 행위 (제2호)

ⓒ 항만시설 내 해양수산부령으로 정하는 지역을 정당한 출입절차 없이 무단으로 출입하는 행위(제3호)

항만시설 이용자의 출입제한 등(국제선박항만보안법 시행규칙 제40조)

① 법 제33조 제1항 제3호에서 "해양수산부령으로 정하는 지역"이란 울타리·담 또는 장벽으로 보호된 다음 각호의 지역을 말한다. 〈개정 2021.6.30.〉

1. 안벽(부두 벽), 소형선 부두, 잔교(棧橋 : 선박이 부두에 닿도록 구름다리 형태로 만든 구조물), 돌핀, 선착장 및 램프(경사식 진출입로) 등 **선박계류지역**

2. 갑문, 도로, 교량, 궤도 및 운하

3. 창고, 화물장치장, 컨테이너 조작장, 화물터미널, 사일로 및 저유시설

4. 선박의 입항과 출항을 위한 항로표지, 신호, 조명, 항만관제시설 등 **항행보조시설**이 설치된 지역

5. 고정식 또는 이동식 하역장비, 화물이송시설 및 배관시설 등 **하역시설**이 설치된 지역

6. 국제여객터미널 내 출입국심사장·세관검사장·방송실·경비보안상황실 및 보안검색을 마친 여객 또는 화물이 대기하는 지역·통로

7. 항만운영 상황실, 경비보안 상황실, 발전실, 변전실, 통신실, 기계실, 전산장비실, 공기조화장치실 및 인화성·폭발성 화물 저장지역

8. 비밀보관소, 무기고 및 탄약고

9. 제1호부터 제8호까지의 규정에 따른 지역의 부대지역

빈칸문제

항만시설 이용자의 출입제한 등

⟶ 정당한 출입절차 없는 무단출입을 제한하는 해양수산부령으로 정하는 지역이란 울타리·담 또는 장벽으로 보호된 다음의 지역 등을 말한다 : ㉠ 안벽(부두 벽), 소형선 부두, 잔교(棧橋 : 선박이 부두에 닿도록 구름다리 형태로 만든 구조물), 돌핀, 선착장 및 램프(경사식 진출입로) 등 (❶), ㉡ 창고, 화물장치장, 컨테이너 조작장, 화물터미널, 사일로 및 (❷), ㉢ 선박의 입항과 출항을 위한 항로표지, 신호, 조명, 항만관제시설 등 (❸)이 설치된 지역

정답 ❶ 선박계류지역 ❷ 저유시설 ❸ 항행보조시설

ⓔ 항만시설 내 해양수산부령으로 정하는 구역에서 항만시설보안책임자의 허가 없이 촬영을 하는 행위(제4호)

> **항만시설 이용자의 출입제한 등(국제선박항만보안법 시행규칙 제40조)**
>
> ② 법 제33조 제1항 제4호에 따른 **"해양수산부령으로 정하는 구역"**이란 다음 각호의 어느 하나에 해당하는 **구역을 말한다**. 다만, 별도로 항만시설보안책임자의 촬영허가를 받은 경우에는 그렇지 않다.
>
> 1. 제1항 제6호부터 제8호까지의 지역
> 2. 제1항의 지역을 보호하는 울타리・담 또는 장벽이 설치된 구역, 접근로, 출입구 및 보안검색이 이루어지는 구역

② 제1항 제1호에도 불구하고 항만시설의 경비・검색업무, 경호업무 등 대통령령으로 정하는 업무를 수행하기 위하여 필요한 경우에는 해양수산부장관의 허가를 받아 대통령령으로 정하는 무기를 반입하거나 소지할 수 있다(제2항). 〈신설 2020.2.18.〉

> **무기를 반입・소지할 수 있는 업무(국제선박항만보안법 시행령 제11조의2)**
>
> 법 제33조 제2항에서 "항만시설의 경비・검색업무, 경호업무 등 대통령령으로 정하는 업무"란 다음 각호의 업무를 말한다.
>
> 1. 「경찰관직무집행법」 제2조 제3호에 따른 주요 인사(人士) 경호
> 2. 「국제항해선박 등에 대한 해적행위 피해예방에 관한 법률」 제15조 제1항에 따른 해상특수경비원의 경비
> 3. 항만시설 내 불법행위 방지를 위한 「청원경찰법」 제2조에 따른 청원경찰 및 「경비업법」 제2조 제3호 나목에 따른 특수경비원의 경비・검색
> 4. 「대통령 등의 경호에 관한 법률」 제2조 제1호에 따른 경호
> 5. 외국정부의 중요 인물을 경호하는 해당국 정부의 경호
>
> [본조신설 2020.9.19.]

항만시설 등에 반입·소지할 수 있는 무기(국제선박항만보안법 시행령 제11조의3)

법 제33조 제2항에서 "대통령령으로 정하는 무기"란 다음 각호의 무기를 말한다.

1. 「총포·도검·화약류 등의 안전관리에 관한 법률 시행령」 제3조 제1항 제1호 가목에 따른 권총
2. 「총포·도검·화약류 등의 안전관리에 관한 법률 시행령」 제6조의2에 따른 분사기
3. 「총포·도검·화약류 등의 안전관리에 관한 법률 시행령」 제6조의3에 따른 전자충격기
4. 국제협약 또는 외국정부와의 합의서에 따라 휴대가 허용되는 무기

[본조신설 2020.9.19.]

③ 제1항에 따른 항만시설 이용자의 의무와 관련하여 항만시설의 출입절차 및 출입자 준수사항 등에 관하여 필요한 사항은 대통령령으로 정한다(제3항). 〈개정 2020.2.18.〉

항만시설의 출입절차 등(국제선박항만보안법 시행령 제11조)

① 법 제33조 제1항 제3호의 지역을 출입하려는 사람은 항만시설소유자가 발급하는 출입증을 발급받아야 한다. 〈개정 2020.8.19.〉
② 제1항의 지역에 출입하려는 자는 다음 각호의 사항을 준수하여야 한다.

1. 출입증을 다른 사람에게 대여하거나 발급받은 용도 외의 용도로 사용하지 아니할 것
2. 출입증은 해당 지역 출입 시 경비·검색 업무를 담당하는 직원이나 다른 사람이 볼 수 있도록 가슴에 달 것
3. 출입증을 분실한 경우에는 지체 없이 출입증을 발급한 자에게 신고하고 분실 경위를 밝힐 것
4. 출입증 발급 시 허용한 지역에만 출입할 것
5. 출입증은 전출·퇴직 또는 발급받은 목적의 달성 등으로 필요가 없게 되었을 때에는 지체 없이 발급한 자에게 반납할 것
6. 보안 업무를 담당하는 직원의 검문·검색 등 통제에 따를 것

③ 해양수산부장관은 제1항에 따른 지역의 보안 유지를 위하여 출입자의 협조가 필요한 사항과 출입자의 통제에 필요한 사항을 정할 수 있다.

빈칸문제

항만시설 등에 반입·소지할 수 있는 무기 및 항만시설의 출입절차 등

··→ 항만시설 등에 반입·소지할 수 있는 무기는 「총포·도검·화약류 등의 안전관리에 관한 법률 시행령」에 따른 (❶), (❷), (❸) 등이다.
··→ 항만시설 이용자의 의무와 관련하여 항만시설의 출입절차 및 출입자 준수사항 등에 관하여 필요한 사항은 (❹)으로 정한다.
··→ 항만시설 내 해양수산부령으로 정하는 지역을 출입하려는 사람은 (❺)가 발급하는 (❻)을 발급받아야 한다.

정답 ❶ 권총 ❷ 분사기 ❸ 전자충격기 ❹ 대통령령 ❺ 항만시설소유자 ❻ 출입증

1 보안위원회 등

(1) 보안위원회(국제선박항만보안법 제34조)

① 국제항해선박 및 항만시설의 보안에 관한 주요사항을 심의·의결하기 위하여 해양수산부장관 소속으로 국제항해선박 및 항만시설보안위원회(이하 "보안위원회"라 한다)를 둔다(제1항).★

② 보안위원회는 다음의 사항을 심의한다(제2항).★

　㉠ 국가항만보안계획의 수립에 관한 사항(제1호)

　㉡ 보안등급의 설정·조정에 관한 사항(제2호)

　㉢ 선박 및 항만시설에 대한 보안의 확보 및 유지에 관한 사항(제3호)

　㉣ 선박 및 항만시설의 보안과 관련된 국제협력에 관한 사항(제4호)

　㉤ 그 밖에 선박 및 항만시설의 보안에 관련된 사항으로서 해양수산부령으로 정하는 사항(제5호)

> **보안위원회 심의사항(국제선박항만보안법 시행규칙 제41조)**
> 법 제34조 제2항 제5호 따른 "해양수산부령으로 정하는 사항"이란 다음 각호의 사항을 말한다.★★
> 1. 국가안보와 관련된 보안사건 또는 보안상 위협에 대응하기 위하여 국가보안기관 간 협의가 필요한 사항
> 2. 국제항해선박 및 항만시설의 보안등급별 세부 조치사항의 일시조정에 관한 사항
> 3. 그 밖에 국가보안기관이나 보안위원회 위원의 3분의 1 이상이 심의를 요청하는 사항★

빈칸문제

보안위원회
> ⋯ 국제항해선박 및 항만시설의 보안에 관한 주요사항을 심의·의결하기 위하여 (❶) 소속으로 국제항해선박 및 항만시설보안위원회(이하 "보안위원회"라 한다)를 둔다.
> ⋯ 보안위원회는 다음의 사항을 심의한다 : ㉠ (❷)의 수립에 관한 사항, ㉡ (❸)의 설정·조정에 관한 사항, ㉢ 선박 및 항만시설에 대한 보안의 확보 및 유지에 관한 사항, ㉣ 선박 및 항만시설의 보안과 관련된 (❹)에 관한 사항, ㉤ 그 밖에 선박 및 항만시설의 보안에 관련된 사항으로서 해양수산부령으로 정하는 사항

❶ 해양수산부장관　❷ 국가항만보안계획　❸ 보안등급　❹ 국제협력　**정답**

③ 보안위원회는 위원장 1인과 부위원장 2인을 포함하여 10인 이내의 위원으로 구성한다(제3항). ★

④ 보안위원회의 위원장은 해양수산부차관이 되고, 부위원장은 해양수산부의 고위공무원단에 소속된 공무원으로, 위원은 3급·4급 공무원 또는 고위공무원단에 속하는 일반직공무원(이에 상당하는 특정직·별정직 국가공무원을 포함한다)으로 구성한다(제4항). ★

⑤ 보안위원회는 재적위원 과반수의 출석과 출석위원 과반수의 찬성으로 의결한다(제5항). ★

⑥ 그 밖에 보안위원회의 구성 및 운영 등에 관하여 필요한 사항은 대통령령으로 정한다(제6항). ★

> **보안위원회의 구성·운영 등(국제선박항만보안법 시행령 제12조)**
> ① 법 제34조 제6항에 따라 국제항해선박 및 항만시설보안위원회의 부위원장은 해양수산부의 해운물류국장·해사안전국장으로 하고, 위원은 법무부, 국방부, 보건복지부, 국가정보원, 국무조정실, 관세청, 경찰청 및 해양경찰청 소속의 고위공무원단에 속하는 공무원과 이에 상당하는 공무원 중 해당 기관의 장이 추천한 사람 1명으로 한다. 〈개정 2020.8.19.〉
> ② 해양수산부장관은 보안위원회에 선박이나 항만시설 보안에 관한 전문가를 참석하게 하여 의견을 들을 수 있다. ★
> ③ 그 밖에 보안위원회의 운영에 필요한 사항은 보안위원회의 위원장이 위원회의 심의를 거쳐 정할 수 있다. ★

(2) 보안합의서의 작성 등(국제선박항만보안법 제35조)

① 선박보안책임자와 항만시설보안책임자는 선박항만연계활동 또는 선박상호활동을 함에 있어서 상호 간에 이행하여야 하는 구체적인 보안조치사항에 대한 합의서(이하 "보안합의서"라 한다)를 작성하여 교환할 수 있다(제1항). ★

② 해양수산부장관은 제1항에도 불구하고 보안사건이 발생하는 등 해양수산부령으로 정하는 사유가 있는 때에는 선박보안책임자와 항만시설보안책임자로 하여금 보안합의서를 작성·교환하도록 권고할 수 있다. 이 경우 선박보안책임자와 항만시설보안책임자는 특별한 사유가 없는 한 이에 따라야 한다(제2항). ★★

빈칸문제

보안위원회
- 보안위원회는 위원장 (❶)과 부위원장 (❷)을 포함하여 (❸) 이내의 위원으로 구성한다.
- 보안위원회의 위원장은 해양수산부(❹)이 되고, 부위원장은 해양수산부의 고위공무원단에 소속된 공무원으로, 위원은 (❺) 공무원 또는 고위공무원단에 속하는 (❻)공무원(이에 상당하는 특정직·별정직 국가공무원을 포함한다)으로 구성한다.
- 보안위원회는 재적위원 (❼)의 출석과 출석위원 (❼)의 찬성으로 의결한다.
- 그 밖에 보안위원회의 구성 및 운영 등에 관하여 필요한 사항은 (❽)으로 정한다.

정답 ❶ 1인 ❷ 2인 ❸ 10인 ❹ 차관 ❺ 3급·4급 ❻ 일반직 ❼ 과반수 ❽ 대통령령

③ 보안합의서의 작성방법 및 절차 등에 관하여 필요한 사항은 해양수산부령으로 정한다(제3항).

(3) 내부보안심사(국제선박항만보안법 제36조)

① 국제항해선박소유자 및 항만시설소유자는 선박 및 항만시설에서 이루어지고 있는 보안상의 활동을 확인하기 위하여 보안에 관한 전문지식을 갖춘 자를 내부보안심사자로 지정하여 1년 이내의 기간을 주기로 내부보안심사를 실시하여야 한다(제1항).★

② 내부보안심사의 내용·절차 및 내부보안심사자의 자격요건 등은 해양수산부령으로 정한다 (제2항).

3. 보안교육 · 훈련의 이행상태

4. 보안책임자와 보안담당자의 선박보안계획서나 항만시설보안계획서의 숙지상태 등

② 내부보안심사는 선박보안계획서나 항만시설보안계획서에 따라 시행하고, 각각의 계획서에 따라 보안활동이 이루어졌는지를 확인하고 이를 해당 보안계획서에 반영하도록 하며, 해당 내부보안심사 결과에 관한 보고서는 다음 선박보안심사나 항만시설보안심사를 받을 때까지 보관하여야 한다.

③ 내부보안심사자의 자격요건은 국제항해선박의 경우 별표 2에 따른 **총괄보안책임자의 자격요건**을, 항만시설의 경우 같은 표에 따른 **항만시설보안책임자의 자격요건**을 각각 준용한다.★★

④ 국제항해선박소유자 및 항만시설소유자는 해당 내부보안심사 업무와 이해관계가 없는 자를 내부보안심사자로 지정하여야 한다. 다만, 소속 회사나 해당 선박 또는 항만시설의 규모 · 특성에 비추어 부득이하다고 인정되는 경우에는 그러하지 아니하다.★

⑤ 국제항해선박소유자 및 항만시설소유자가 제3항 및 제4항에 따라 **내부보안심사자를 지정한 경우**에는 지정한 날부터 7일 이내에 별지 제23호의2 서식의 내부보안심사자 지정 통보서로 **지방해양수산청장에게 알려야 한다.**★★

(4) 보안심사관(국제선박항만보안법 제37조)

① 해양수산부장관은 소속 공무원 중에서 해양수산부령으로 정하는 자격을 갖춘 자를 선박보안심사관으로 임명하여 다음에 해당하는 업무를 수행하게 할 수 있다(제1항). 〈개정 2020.2.18.〉★

ㄱ 선박보안계획서의 승인(제1호)

ㄴ 선박보안심사 · 임시선박보안심사 및 특별선박보안심사(제2호)

ㄷ 국제선박보안증서 등의 교부 등(제3호)

ㄹ 선박이력기록부의 교부 · 재교부(제4호)

ㅁ 항만국통제에 관한 업무(제5호)

② 해양수산부장관은 소속 공무원 중에서 해양수산부령으로 정하는 자격을 갖춘 자를 항만시설보안심사관으로 임명하여 항만시설보안심사 · 임시항만시설보안심사 및 특별항만시설보안심사 업무를 수행하게 할 수 있다(제2항). 〈신설 2020.2.18.〉

빈칸문제

보안심사관
→ 해양수산부장관은 (❶) 중에서 해양수산부령으로 정하는 자격을 갖춘 자를 (❷)으로 임명하여 항만시설보안심사 · (❸)항만시설보안심사 및 (❹)항만시설보안심사업무를 수행하게 할 수 있다.

정답 ❶ 소속 공무원 ❷ 항만시설보안심사관 ❸ 임시 ❹ 특별

보안심사관의 자격기준 등(국제선박항만보안법 시행규칙 제45조)
법 제37조에 따른 보안심사관의 자격기준은 별표 5와 같다.

[별표 5] 보안심사관의 자격기준 <개정 2020.8.19.>★★
1. 선박보안심사관은 다음 각목의 요건을 모두 갖춰야 한다.
　가. 선박보안심사(최초보안심사·갱신보안심사 또는 중간보안심사)에 1회 이상 참여한 경력이 있을 것
　나. 다음의 어느 하나에 해당할 것
　　1) 해양수산계 대학(「고등교육법」 제2조 제1호에 따른 대학을 말한다) 또는 전문대학(같은 법 제2조
　　　제4호에 따른 전문대학을 말한다)에서 선박의 항해, 기관 또는 운항과 관련된 학과를 졸업한 후
　　　또는 법령에 따라 이와 같은 수준의 학력을 갖춘 후 국제항해선박에서 2년 이상 승선한 경력이
　　　있는 사람
　　2) 선박의 안전 또는 보안 분야에서 10년 이상 실무에 종사한 경력이 있는 사람
　　3) 1)에 따라 국제항해선박에서 승선한 경력과 2)에 따라 선박의 안전 또는 보안 분야에서 실무에
　　　종사한 경력을 합하여 5년 이상의 경력이 있는 사람
　다. 법 제40조에 따른 보안교육기관에서 다음의 교육을 모두 받았을 것
　　1) 「국제선박 및 항만시설보안 규칙」(International Ship and Port Facility Security Code, ISPS
　　　Code)의 내용 : 7시간
　　2) 선박보안계획서의 작성·이행과 승인요령 : 7시간
　　3) 선박보안평가와 선박보안심사 요령 : 7시간
　　4) 선박 및 항만 보안시설·설비의 운용·관리 : 4시간
　　5) 선박보안 일반 : 3시간
2. 항만시설보안심사관은 다음 각목의 요건을 모두 갖춰야 한다.
　가. 항만시설보안심사(최초보안심사·갱신보안심사 또는 중간보안심사)에 1회 이상 참여한 경력이 있을 것
　나. 다음의 어느 하나에 해당할 것
　　1) 항만시설 보안 관련 업무에 3년 이상 종사한 경력이 있는 사람
　　2) 항만시설보안책임자로서 2년 이상 종사한 경력이 있는 사람
　　3) 5급 이상의 공무원 중 다음의 요건을 모두 갖춘 사람
　　　가) 해양수산 분야 근무 경력이 3년 이상일 것
　　　나) 항만시설 보안 관련 경력이 1년 이상일 것(5급 이상의 직급에서의 경력으로 한정한다)
　　4) 제1호에 따른 선박보안심사관의 자격이 있는 사람

항만시설보안심사관의 주요 자격기준
⋯⋯ 항만시설보안심사(최초·갱신 또는 중간보안심사)에 (❶) 이상 참여한 경력이 있을 것
⋯⋯ 다음의 어느 하나에 해당할 것 : 항만시설 보안 관련 업무에 (❷) 이상 종사한 경력, 항만시설보안책임자로서
　(❸) 이상 종사한 경력, 5급 이상의 공무원 중 해양수산 분야 근무 경력이 (❷) 이상이면서 항만시설 보안
　관련 경력이 (❹) 이상(5급 이상의 직급에서의 경력에 한정)있거나 선박보안심사관의 자격이 있는 사람일
　것

❶ 1회 ❷ 3년 ❸ 2년 ❹ 1년 정답

다. 다음의 어느 하나에 해당하는 교육을 받았을 것
    1) 법 제40조에 따른 보안교육기관에서 실시하는 교육으로서 별표 2에 따라 항만시설보안책임자에게
        요구되는 보안교육 : 20시간
    2) 해양수산인재개발원에서 실시하는 항만시설보안 실무 : 20시간

[비 고]
1. 선박보안심사관은 3년 단위로 외국 국적 국제항해선박을 포함한 국제항해선박에 대한 최초보안심사·갱신보
   안심사 또는 중간보안심사 중 어느 하나에 참여하여 보안심사경력을 유지해야 한다.
2. 위의 보안심사경력을 유지하지 못한 선박보안심사관은 제1호 다목 1)부터 3)까지의 교육은 각 2시간 이상,
   4) 및 5)의 교육은 각각 1시간 이상, 총 8시간 이상의 보수교육을 받아야 하고, 보수교육을 받은 때부터 3년
   이내에 최초보안심사·갱신보안심사 또는 중간보안심사 중 어느 하나에 1회 이상 참여해야 한다.

(5) 보안심사업무 등의 대행(국제선박항만보안법 제38조)

① 해양수산부장관은 필요하다고 인정되는 경우에는 항만시설보안심사 및 국제항해선박의 보안에
관한 보안심사관의 업무를 해양수산부장관이 정하는 기준을 충족하는 자(이하 "대행기관"이라
한다)를 지정하여 대행하게 할 수 있다. 이 경우 해양수산부장관은 대통령령으로 정하는 바에
따라 대행기관과 협정을 체결하여야 한다(제1항). 〈개정 2020.2.18.〉★

> **협정의 체결 등(국제선박항만보안법 시행령 제13조)**
> **해양수산부장관은** 법 제38조 제1항에 따라 항만시설보안심사 및 국제항해선박의 보안에 관한 보안심사관의 업
> 무를 대행하는 자(이하 "대행기관"이라 한다)와 협정을 체결하는 경우 협정에 포함되어야 할 내용은 다음 각호와
> 같다.★★
>   1. 대행업무의 범위
>   2. 대행기간
>   3. 그 밖에 보안업무 등의 대행에 필요한 조건

빈칸문제

보안심사업무 등의 대행
  ⟶ 해양수산부장관은 대행기관이 다음의 어느 하나에 해당하는 경우에는 그 지정을 (❶)하거나 (❷) 이내의
     기간을 정하여 그 업무를 정지할 수 있다. 다만, ㉠에 해당하는 경우에는 그 지정을 (❶)하여야 한다 : ㉠
     (❸)이나 그 밖의 부정한 방법으로 지정받은 경우, ㉡ 제1항에 따른 대행기관의 (❹)에 미달하게 된 경우,
     ㉢ 제41조 제1항에 따른 (❺) 또는 자료 제출을 거부한 경우, ㉣ 제41조 제2항에 따른 (❻) 또는 점검을
     거부하거나 방해 또는 기피하는 경우, ㉤ 제41조 제5항에 따른 (❼) 또는 시정 등의 조치를 이행하지 아니하
     는 경우
  ⟶ 해양수산부장관은 지정의 취소를 하는 때에는 (❽)을 실시하여야 한다.

정답 ❶ 취소 ❷ 6개월 ❸ 거짓 ❹ 지정기준 ❺ 보고 ❻ 출입 ❼ 개선명령 ❽ 청문

② 해양수산부장관은 대행기관이 다음의 어느 하나에 해당하는 경우에는 그 지정을 취소하거나 6개월 이내의 기간을 정하여 그 업무를 정지할 수 있다. 다만, ㉠에 해당하는 경우에는 그 지정을 취소하여야 한다(제2항). 〈개정 2020.2.18.〉★★
  ㉠ 거짓이나 그 밖의 부정한 방법으로 지정받은 경우(제1호)
  ㉡ 제1항에 따른 대행기관의 지정기준에 미달하게 된 경우(제2호)
  ㉢ 제41조 제2항에 따른 보고 또는 자료 제출을 거부한 경우(제3호)
  ㉣ 제41조 제3항에 따른 출입 또는 점검을 거부하거나 방해 또는 기피하는 경우(제4호)
  ㉤ 제41조 제6항에 따른 개선명령 또는 시정 등의 조치를 이행하지 아니하는 경우(제5호)
③ 해양수산부장관은 지정의 취소를 하는 때에는 청문을 실시하여야 한다(제3항).★
④ 대행기관의 지정기준과 행정처분의 세부기준 및 지도·감독 등에 관하여 필요한 사항은 해양수산부령으로 정한다(제4항).★

(6) 대행기관의 지정기준(국제선박항만보안법 시행규칙 제46조)

법 제38조 제1항에 따른 대행기관(이하 "대행기관"이라 한다)으로 지정받으려는 자는 다음의 기준을 모두 갖춰야 한다. 〈개정 2020.8.19.〉
① 선박보안심사 또는 항만시설보안심사 업무를 수행하는 전담조직을 갖출 것(제1호)
② 선박보안심사 업무를 대행하려는 경우에는 별표 5에 따른 선박보안심사관의 자격을 갖춘 기술인력을, 항만시설보안심사 업무를 대행하려는 경우에는 별표 5에 따른 항만시설보안심사관의 자격을 갖춘 기술인력을 각각 7명 이상 보유할 것(제2호)
③ 11개 이상의 지방사무소를 둘 것. 이 경우 7곳 이상의 특별시, 광역시, 특별자치시, 도 또는 특별자치도에 각각 1개 이상의 지방사무소를 둘 것(제3호)★
④ 국제항해선박과 항만시설의 보안에 관한 법령과 국제협약에 따른 보안심사업무를 수행하기 위한 보안심사에 관한 규정을 갖출 것(제4호)
⑤ 4개 이상의 해외사무소를 둘 것(외국에서 국제항해선박의 보안에 관한 보안심사관의 업무를 대행하려는 경우만 해당한다)(제5호)★

빈칸문제

대행기관의 지정기준
→ 대행기관의 지정기준은 다음과 같다 : ㉠ 선박보안심사 또는 항만시설보안심사 업무를 수행하는 (❶)을 갖출 것, ㉡ 선박(항만시설)보안심사 업무를 대행하려는 경우에는 선박(항만시설)보안심사관의 자격을 갖춘 기술인력을 각각 (❷) 이상 보유할 것, ㉢ (❸) 이상의 지방사무소를 둘 것. 이 경우 (❹) 이상의 특별시, 광역시, 특별자치시, 도 또는 특별자치도에 각각 (❺) 이상의 지방사무소를 둘 것, ㉣ 국제항해선박과 항만시설의 보안에 관한 법령과 국제협약에 따른 보안심사업무를 수행하기 위한 보안심사에 관한 (❻)을 갖출 것, ㉤ (❼) 이상의 해외사무소를 둘 것(외국에서 국제항해선박의 보안에 관한 보안심사관의 업무를 대행하려는 경우만 해당한다)

❶ 전담조직 ❷ 7명 ❸ 11개 ❹ 7곳 ❺ 1개 ❻ 규정 ❼ 4개 **정답**

(7) 대행기관의 지정신청 등(국제선박항만보안법 시행규칙 제47조)

① 대행기관으로 지정받으려는 자는 다음의 서류를 첨부하여 별지 제24호 서식의 보안심사대행기관 지정 신청서를 해양수산부장관에게 제출하여야 한다. 이 경우 해양수산부장관은 「전자정부법」 제36조 제1항에 따른 행정정보의 공동이용을 통하여 법인 등기사항증명서(국제선박항만보안법인인 경우만 해당한다)를 확인하여야 한다(제1항).★★

  ㉠ 정관 또는 이에 준하는 서류(제1호)

  ㉡ 보안심사업무의 범위 등을 적은 사업계획서(제2호)

  ㉢ 보안심사업무 수행에 필요한 보안심사에 관한 내부규정(제3호)

  ㉣ 그 밖에 규칙 제46조의 지정기준을 갖추었음을 증명하는 서류(제4호)

② 보안심사에 관한 규정에는 다음의 사항이 포함되어야 한다(제2항).

  ㉠ 보안심사 절차와 방법에 관한 사항(제1호)

  ㉡ 보안심사 기준의 체계적인 수립·유지 및 준수에 관한 사항(제2호)

  ㉢ 보안심사업무에 종사하는 자의 책임·권한 및 교육에 관한 사항(제3호)

  ㉣ 보안심사업무의 기록유지에 관한 사항(제4호)

  ㉤ 대행기관 내부 감사 체계에 관한 사항(제5호)

③ 해양수산부장관은 보안심사대행기관 지정 신청서를 제출한 기관을 대행기관으로 지정하는 경우에는 별지 제25호 서식의 보안심사대행기관 지정서를 내주어야 한다(제3항).

④ 지정을 받은 대행기관은 매반기 종료일부터 10일까지 보안심사업무를 대행한 실적을 해양수산부장관에게 보고하여야 한다(국제선박항만보안법 시행규칙 제49조).★★

빈칸문제

대행기관의 지정신청 등

➥ 대행기관으로 지정받으려는 자는 다음의 서류를 첨부하여 보안심사대행기관 지정 신청서를 해양수산부장관에게 제출하여야 한다 : ㉠ (❶) 또는 이에 준하는 서류, ㉡ 보안심사업무의 범위 등을 적은 (❷), ㉢ 보안심사업무 수행에 필요한 보안심사에 관한 (❸), ㉣ 그 밖에 규칙 제46조의 (❹)을 갖추었음을 증명하는 서류

➥ 보안심사에 관한 규정에는 다음의 사항이 포함되어야 한다 : ㉠ 보안심사 (❺)와 방법에 관한 사항, ㉡ 보안심사 기준의 체계적인 수립·유지 및 준수에 관한 사항, ㉢ 보안심사업무에 종사하는 자의 (❻)·권한 및 교육에 관한 사항, ㉣ 보안심사업무의 (❼)유지에 관한 사항, ㉤ 대행기관 내부 (❽) 체계에 관한 사항

정답 ❶ 정관 ❷ 사업계획서 ❸ 내부규정 ❹ 지정기준 ❺ 절차 ❻ 책임 ❼ 기록 ❽ 감사

대행기관에 대한 행정처분의 세부기준 등(국제선박항만보안법 시행규칙 제48조)

① 법 제38조 제2항에 따른 대행기관에 대한 행정처분의 세부기준은 별표 6과 같다. 〈개정 2020.8.19.〉

② 해양수산부장관은 제1항에 따라 대행기관 지정을 취소하거나 업무를 정지한 경우에는 이를 공고하여야 한다. ★★

[별표 6] 보안심사대행기관 및 보안교육기관에 대한 행정처분 세부기준 〈개정 2021.2.19.〉

1. 일반기준

   가. 위반행위가 둘 이상인 경우로서 그에 해당하는 각각의 처분기준이 다른 경우에는 그 중 무거운 처분기준에 따른다. 다만, 둘 이상의 처분기준이 모두 업무정지인 경우에는 각 처분기준을 합산한 기간을 넘지 아니하는 범위에서 무거운 처분기준의 2분의 1 범위에서 가중할 수 있다.

   나. 위반행위의 횟수에 따른 처분의 기준은 최근 1년간 같은 위반행위로 처분을 받은 경우에 적용한다. 이 경우 행정처분 기준의 적용은 같은 위반행위에 대하여 최초로 행정처분을 한 날을 기준으로 한다. ★★

   다. 처분권자는 위반행위의 동기·내용·횟수 및 위반의 정도 등 아래에 해당하는 사유를 고려하여 그 처분을 감경할 수 있다. 이 경우 그 처분이 업무정지인 경우에는 그 처분기준의 2분의 1 범위에서 감경할 수 있고, 등록취소인 경우에는 30일 이상의 업무정지 처분으로 감경(국제선박항만보안법 제38조 제2항 제1호에 해당하는 경우는 제외한다)할 수 있다. ★★

      1) 위반행위가 고의나 중대한 과실이 아닌 사소한 부주의나 오류로 인한 것으로 인정되는 경우

      2) 위반의 내용·정도가 경미하여 선박소유자 등에게 미치는 피해가 적다고 인정되는 경우

      3) 위반 행위자가 처음 해당 위반행위를 한 경우로서 3년 이상 사업을 모범적으로 해 온 사실이 인정된 경우 ★

2. 위반행위별 처분기준
가. 보안심사대행기관의 경우★★

위반행위		근거법령	위반횟수별 처분기준			
			1차 위반	2차 위반	3차 위반	4차 위반
1) 거짓이나 그 밖의 부정한 방법으로 지정받은 경우		법 제38조 제2항 제1호	지정 취소	–	–	–
2) 법 제38조 제1항에 따른 대행기관 지정기준에 미달하게 된 경우	가) 등록요건 중 일부가 미달하게 된 경우	법 제38조 제2항 제2호	시정 명령	업무 정지 1개월	지정 취소	–
	나) 등록요건의 전부가 미달하게 된 경우		업무 정지 1개월	지정 취소	–	–
3) 법 제41조 제2항에 따른 보고 또는 자료제출을 거부한 경우		법 제38조 제2항 제3호	시정 명령	업무 정지 1개월	업무 정지 3개월	지정 취소
4) 법 제41조 제3항에 따른 출입 또는 점검을 거부하거나 방해 또는 기피하는 경우		법 제38조 제2항 제4호	시정 명령	업무 정지 1개월	업무 정지 3개월	지정 취소
5) 법 제41조 제6항에 따른 개선명령 또는 시정 등의 조치를 이행하지 아니하는 경우		법 제38조 제2항 제5호	업무 정지 1개월	업무 정지 3개월	지정 취소	

빈칸문제

위반행위별 처분기준(보안심사대행기관의 경우)
- ⟶ 거짓이나 그 밖의 부정한 방법으로 지정받은 경우 : 1차 위반 → (❶)
- ⟶ 법 제38조 제1항에 따른 대행기관 지정기준에 등록요건 중 일부가 미달하게 된 경우 : 1차 위반 → (❷)
- ⟶ 법 제38조 제1항에 따른 대행기관 지정기준에 등록요건의 전부가 미달하게 된 경우 : 2차 위반 → (❶)
- ⟶ 법 제41조 제2항에 따른 보고 또는 자료제출을 거부한 경우 : 1차 위반 → (❷)
- ⟶ 법 제41조 제3항에 따른 출입 또는 점검을 거부하거나 방해 또는 기피하는 경우 : 4차 위반 → (❶)
- ⟶ 법 제41조 제6항에 따른 개선명령 또는 시정 등의 조치를 이행하지 아니하는 경우 : 2차 위반 → (❸)

정답 ❶ 지정취소 ❷ 시정명령 ❸ 업무정지 3개월

나. 보안교육기관의 경우★★

위반행위		근거법령	위반횟수별 처분기준			
			1차 위반	2차 위반	3차 위반	4차 위반
1) 거짓이나 그 밖의 부정한 방법으로 지정받은 경우		법 제40조 제3항 제1호	지정 취소	–	–	
2) 법 제40조 제2항에 따른 보안교육기관의 시설 기준·교수인원 등 지정요건에 미달하게 된 경우	가) 지정요건의 시설 또는 교수가 부족한 경우	법 제40조 제3항 제2호	개선 명령	업무 정지 1개월	지정 취소	–
	나) 지정요건 중 시설 또는 교수가 전혀 없는 경우		업무 정지 1개월	지정 취소	–	–
3) 법 제41조 제2항에 따른 보고 또는 자료제출을 거부한 경우		법 제40조 제3항 제3호	시정 명령	업무 정지 1개월	업무 정지 3개월	지정 취소
4) 법 제41조 제3항에 따른 출입 또는 점검을 거부하거나 방해 또는 기피하는 경우		법 제40조 제3항 제4호	시정 명령	업무 정지 1개월	업무 정지 3개월	지정 취소
5) 법 제41조 제6항에 따른 개선명령 또는 시정 등의 조치를 이행하지 아니하는 경우		법 제40조 제1항 제5호	업무 정지 1개월	업무 정지 3개월	지정 취소	

위반행위별 처분기준(보안교육기관의 경우)
⋯ 거짓이나 그 밖의 부정한 방법으로 지정받은 경우 : 1차 위반 → (❶)
⋯ 법 제40조 제2항에 따른 지정요건의 시설 또는 교수가 부족한 경우 : 1차 위반 → (❷)
⋯ 법 제40조 제2항에 따른 지정요건 중 시설 또는 교수가 전혀 없는 경우 : 2차 위반 → (❶)
⋯ 법 제41조 제2항에 따른 보고 또는 자료제출을 거부한 경우 : 1차 위반 → (❸)
⋯ 법 제41조 제3항에 따른 출입 또는 점검을 거부하거나 방해 또는 기피하는 경우 : 4차 위반 → (❶)
⋯ 법 제41조 제6항에 따른 개선명령 또는 시정 등의 조치를 이행하지 아니하는 경우 : 3차 위반 → (❶)

❶ 지정취소 ❷ 개선명령 ❸ 시정명령 정답

2 보안교육 등

(1) 보안교육 및 훈련(국제선박항만보안법 제39조)

① 국제항해선박소유자 및 항만시설소유자는 총괄보안책임자·선박보안책임자 및 항만시설보안책임자(이하 "보안책임자"라 한다)와 보안책임자 외의 자로서 항만시설에서 보안업무를 담당하는 자(이하 "보안담당자"라 한다)에 대한 보안교육 및 훈련에 관한 계획을 수립·시행하여야 한다(제1항).★

② 국제항해선박소유자와 항만시설소유자는 각자의 소속 보안책임자로 하여금 해당 선박의 승무원과 항만시설의 경비·검색인력을 포함한 보안업무 종사자에 대하여 3개월 이내의 기간을 주기로 보안훈련을 실시하게 하여야 한다(제2항). 〈개정 2020.2.18.〉★★

③ 국제항해선박소유자와 항만시설소유자는 보안책임자 및 보안담당자 등이 공동으로 참여하는 합동보안훈련을 해양수산부령으로 정하는 바에 따라 매년 1회 이상 실시하여야 한다. 이 경우 보안훈련의 간격은 18개월을 초과하여서는 아니 된다(제3항).★★

④ 국제항해선박소유자는 그가 소유하거나 관리·운영하고 있는 국제항해선박이 외국의 정부 등이 주관하는 국제적인 합동보안훈련에 참여한 경우 해양수산부령으로 정하는 바에 따라 그 사실을 해양수산부장관에게 보고하여야 한다(제4항).★

⑤ 제1항부터 제4항까지에 따른 보안교육 및 훈련 등에 관하여 필요한 사항은 해양수산부령으로 정한다(제5항).★

보안교육 및 훈련 등(국제선박항만보안법 시행규칙 제50조)
① 법 제39조 제3항에 따른 **합동보안훈련**에는 다음 각호의 어느 하나에 해당하는 훈련을 포함하여야 한다.★
  1. 파괴행위로부터 항만시설이나 국제항해선박을 보호하기 위한 훈련
  2. 국제항해선박 또는 승선자의 납치 또는 강탈을 방지하기 위한 훈련
  3. 국제항해선박과 국제항해선박의 설비, 화물 또는 선용품을 이용한 보안사건에 대응하기 위한 훈련

빈칸문제

보안교육 등
  ⟶ 국제항해선박소유자와 항만시설소유자는 (❶) 보안책임자로 하여금 해당 선박의 (❷)과 항만시설의 경비·검색인력을 포함한 보안업무 (❸)에 대하여 (❹) 이내의 기간을 주기로 보안훈련을 실시하게 하여야 한다.
  ⟶ 국제항해선박소유자와 항만시설소유자는 보안책임자 및 보안담당자 등이 공동으로 참여하는 (❺)을 해양수산부령으로 정하는 바에 따라 매년 (❻) 이상 실시하여야 한다. 이 경우 보안훈련의 간격은 (❼)을 초과하여서는 아니 된다.

정답 ❶ 각자의 소속 ❷ 승무원 ❸ 종사자 ❹ 3개월 ❺ 합동보안훈련 ❻ 1회 ❼ 18개월

4. 대량살상무기를 포함한 폭발물 또는 무기류의 밀수나 밀항을 방지하기 위한 훈련

5. 항만 출입구, 갑문 또는 진입수로 등의 봉쇄에 관한 훈련

6. 핵무기나 생화학 공격에 대비한 훈련

② 제1항에 따른 합동보안훈련은 다음 각호의 어느 하나에 해당하는 방법으로 실시할 수 있다. ★

1. 모의훈련 또는 세미나

2. 그 밖의 지방해양수산청장이 실시하는 다른 훈련·연습과의 병행

③ 제2항 제1호에 따른 모의훈련은 선박보안경보 수신 및 전파 훈련을 병행하여 할 수 있다. 이 경우 국제항해선박소유자는 유선·무선·위성통신이나 팩스로 해양수산부장관에게 미리 통보하여야 한다. ★

④ 국제항해선박소유자는 법 제39조 제4항에 따른 국제적인 합동보안훈련에 참여한 경우에 다음 각호의 사항을 팩스, 전자우편 또는 서면으로 해양수산부장관에게 보고하여야 한다. ★★

1. 합동훈련의 일시, 장소, 개요 및 참여 선박

2. 합동훈련의 결과

⑤ 선박보안책임자는 법 제39조 제5항에 따라 해당 국제항해선박 승선인원의 4분의 1 이상이 교체된 경우에는 선원이 교체된 날부터 일주일 이내에 그 선원에 대한 보안훈련·교육을 하여야 한다. 이 경우 최근 3개월 이내에 보안교육·훈련에 참여하지 아니한 선원이 있으면 그 선원도 함께 보안훈련·교육을 하여야 한다. ★★

⑥ 국제항해선박소유자 및 항만시설소유자는 법 제39조 제5항에 따라 보안책임자 및 보안담당자에 대한 보안교육·훈련계획을 수립·시행할 때는 다음 각호의 사항이 포함되어야 한다. ★★

1. 국제항해선박과 항만시설의 보안에 관하여 국제적으로 발효된 국제협약에 관한 사항

2. 국제항해선박과 항만시설의 보안에 관한 국가보안기관의 책임과 기능에 관한 사항

3. 선박보안평가 및 항만시설보안평가에 관한 사항

4. 선박보안계획서 또는 항만시설보안계획서에 관한 사항

5. 보안장비의 종류 및 기능에 관한 사항

6. 국제항해선박 또는 항만시설에 대한 보안상 위협의 유형, 대응방법 및 보안조치에 관한 사항

7. 보안사건에 대한 준비 및 대응계획에 관한 사항

8. 보안 관련 정보의 취급 및 통신 요령에 관한 사항

9. 보안 행정 및 훈련에 관한 사항

10. 무기 등 위험물질의 탐지에 관한 사항

⑦ 항만시설소유자는 항만시설보안책임자 및 보안담당자가 매년 제6항 각호의 사항이 포함된 보안교육·훈련을 6시간 이상 받을 수 있도록 계획을 수립·시행하여야 한다. 이 경우 제3호, 제4호 및 제6호는 항만시설에 관련된 내용만 해당한다. ★★

보안교육 및 훈련 등

⟶ 합동보안훈련에는 다음의 어느 하나에 해당하는 훈련을 포함하여야 한다.

㉠ (❶)로부터 항만시설이나 국제항해선박을 보호하기 위한 훈련, ㉡ 국제항해선박 또는 승선자의 (❷) 또는 강탈을 방지하기 위한 훈련, ㉢ 국제항해선박과 국제항해선박의 설비, 화물 또는 선용품을 이용한 (❸) 에 대응하기 위한 훈련, ㉣ 대량살상무기를 포함한 (❹) 또는 (❺)의 밀수나 밀항을 방지하기 위한 훈련, ㉤ 항만 출입구, 갑문 또는 진입수로 등의 (❻)에 관한 훈련, ㉥ 핵무기나 (❼) 공격에 대비한 훈련

❶ 파괴행위 ❷ 납치 ❸ 보안사건 ❹ 폭발물 ❺ 무기류 ❻ 봉쇄 ❼ 생화학 정답

(2) 보안교육기관(국제선박항만보안법 제40조)

① 해양수산부장관은 보안책임자와 보안담당자에 대한 보안교육 및 보안심사관의 자격유지에 필요한 보안교육을 실시하기 위하여 <u>보안교육기관을 지정할 수 있다(제1항).★</u>

> **보안교육기관의 지정신청(국제선박항만보안법 시행규칙 제51조)**
> ① 법 제40조 제1항에 따라 **보안교육기관으로 지정받으려는 자는 별지 제26호 서식의 보안교육기관 지정 신청서**에 다음 각호의 서류를 첨부하여 해양수산부장관에게 제출하여야 한다. 이 경우 해양수산부장관은 「전자정부법」 제36조 제1항에 따른 행정정보의 공동이용을 통하여 법인 등기사항증명서(국제선박항만보안법인인 경우만 해당한다)를 확인하여야 한다.★★
> 1. 보안교육기관의 시설 등의 소유에 관한 증명서류(전세 또는 임대인 경우 계약서 사본)
> 2. 영 제14조의 보안교육기관의 지정요건을 갖추었음을 증명하는 서류
> 3. 보안교육 시행계획서
> ② 해양수산부장관은 제1항에 따라 보안교육기관 지정 신청서를 제출한 기관을 보안교육기관으로 지정하는 경우에는 별지 제27호 서식의 보안교육기관 지정서를 내주어야 한다.★
>
> **보안교육기관에 대한 지도·감독(국제선박항만보안법 시행규칙 제53조)**
> 제51조 제2항에 따라 **지정을 받은 보안교육기관은 매반기 종료일부터 10일까지 보안교육 실적을 해양수산부장관**에게 보고하여야 한다.★

② 보안교육기관의 <u>시설 기준·교수 인원</u> 등 지정요건에 관하여 필요한 사항은 <u>대통령령</u>으로 정한다(제2항).

빈칸문제

보안교육기관
- ⟶ 해양수산부장관은 (❶)와 (❷)에 대한 보안교육 및 (❸)의 자격유지에 필요한 보안교육을 실시하기 위하여 보안교육기관을 지정할 수 있다.
- ⟶ 보안교육기관으로 지정받으려는 자는 보안교육기관 지정 신청서에 다음의 서류를 첨부하여 해양수산부장관에게 제출하여야 한다 : ⊙ 보안교육기관의 (❹)의 소유에 관한 증명서류(전세 또는 임대인 경우 계약서 사본), ⓒ 보안교육기관의 (❺)을 갖추었음을 증명하는 서류, ⓒ 보안교육 시행계획서
- ⟶ 지정을 받은 보안교육기관은 (❻) 종료일부터 (❼)까지 보안교육 실적을 해양수산부장관에게 보고하여야 한다.

정답 ❶ 보안책임자 ❷ 보안담당자 ❸ 보안심사관 ❹ 시설 등 ❺ 지정요건 ❻ 매반기 ❼ 10일

보안교육기관의 지정요건(국제선박항만보안법 시행령 제14조)
법 제40조 제2항에 따른 보안교육기관의 지정요건은 별표 1과 같다.

[별표 1] 보안교육기관의 지정요건★

구 분	지정요건
시설 기준	가. 해당 교육기관의 주된 강의실이나 실습실이 60제곱미터 이상일 것 나. 학급당 정원은 60명 이내일 것
교수 자격 및 인원	가. 교수요원은 법 제37조에 따른 보안심사관의 자격요건을 갖추고 있을 것 나. 교육기관당 가목의 요건을 갖춘 교수요원을 2명 이상 확보할 것

③ 해양수산부장관은 보안교육기관이 다음의 어느 하나에 해당하는 경우에는 그 지정을 취소하거나 6개월 이내의 기간을 정하여 그 업무를 정지할 수 있다. 다만, ㉠에 해당하는 경우에는 그 지정을 취소하여야 한다(제3항). 〈개정 2020.2.18.〉★★

㉠ 거짓이나 그 밖의 부정한 방법으로 지정받은 경우(제1호)

㉡ 보안교육기관의 지정요건에 미달하게 된 경우(제2호)

㉢ 제41조 제2항에 따른 보고 또는 자료 제출을 거부한 경우(제3호)

㉣ 제41조 제3항에 따른 출입 또는 점검을 거부하거나 방해 또는 기피하는 경우(제4호)

㉤ 제41조 제6항에 따른 개선명령 또는 시정 등의 조치를 이행하지 아니하는 경우(제5호)

④ 해양수산부장관은 지정의 취소를 하는 때에는 청문을 실시하여야 한다(제4항).

⑤ 행정처분의 세부기준 및 지도·감독 등에 관하여 필요한 사항은 해양수산부령으로 정한다(제5항).★

보안교육기관에 대한 행정처분의 세부기준(국제선박항만보안법 시행규칙 제52조)
법 제40조 제5항에 따른 보안교육기관에 대한 행정처분의 세부기준은 별표 6과 같다.

빈칸문제

보안교육기관
⋯ 해양수산부장관은 보안교육기관이 다음의 어느 하나에 해당하는 경우에는 그 지정을 (❶)하거나 (❷) 이내의 기간을 정하여 그 업무를 정지할 수 있다. 다만, ㉠에 해당하는 경우에는 그 지정을 (❶)하여야 한다. ㉠ (❸)이나 그 밖의 부정한 방법으로 지정받은 경우, ㉡ 보안교육기관의 (❹)에 미달하게 된 경우, ㉢ 제41조 제2항에 따른 (❺) 또는 자료 제출을 거부한 경우, ㉣ 제41조 제3항에 따른 (❻) 또는 점검을 거부하거나 방해 또는 기피하는 경우, ㉤ 제41조 제6항에 따른 (❼) 또는 시정 등의 조치를 이행하지 아니하는 경우
⋯ 해양수산부장관은 지정의 취소를 하는 때에는 (❽)을 실시하여야 한다.

❶ 취소 ❷ 6개월 ❸ 거짓 ❹ 지정요건 ❺ 보고 ❻ 출입 ❼ 개선명령 ❽ 청문 정답

(1) 보안감독관의 지정 및 업무수행

해양수산부장관은 보안사건의 발생을 예방하고 국제항해선박 및 항만시설의 보안에 관한 업무를 효율적으로 수행하기 위하여 소속 공무원을 보안감독관으로 지정하여 국제항해선박 및 항만시설의 보안에 관한 점검업무를 수행하게 하여야 한다(제1항). 〈신설 2020.2.18.〉★

(2) 보고내용 및 자료 제출

해양수산부장관은 제1항에 따른 점검업무 수행을 위하여 필요하다고 인정되는 경우에는 국제항해 선박소유자, 항만시설소유자, 대행기관 및 보안교육기관 등 관계인에 대하여 필요한 보고를 명하거나 자료를 제출하게 할 수 있다(제2항). 〈개정 2020.2.18.〉

(3) 출입 및 점검

해양수산부장관은 보고내용 및 제출된 자료의 내용을 검토한 결과 그 목적달성이 어렵다고 인정되는 때에는 보안감독관으로 하여금 직접 해당 선박·항만시설 또는 사업장(이하 "선박 등"이라 한다)에 출입하여 선박과 항만시설의 보안에 관한 사항 등을 점검하게 할 수 있다(제3항). 〈개정 2020.2.18.〉★★

(4) 통 보

해양수산부장관은 (3)의 점검을 하는 경우에는 점검 7일 전까지 점검자, 점검 일시·이유 및 내용 등이 포함된 점검계획을 국제항해선박소유자, 항만시설소유자, 대행기관 및 보안교육기관 등에게 통보하여야 한다. 다만, 선박의 항해일정 등에 따라 긴급을 요하거나 사전통보를 하는 경우 증거인멸 등으로 인하여 점검의 목적달성이 어렵다고 인정되는 경우에는 통보절차를 생략할 수 있다(제4항). 〈개정 2020.2.18.〉★★

빈칸문제

보안감독
→ (❶)은 보안사건의 발생을 예방하고 국제항해선박 및 항만시설의 보안에 관한 업무를 효율적으로 수행하기 위하여 필요하다고 인정되는 경우에는 소속 공무원을 (❷)으로 지정하여 국제항해선박 및 항만시설의 보안에 관한 (❸)를 수행하게 하여야 한다.
→ 일반적으로 (❶)은 점검을 하는 경우에는 점검 (❹)까지 점검자, 점검 일시·이유 및 내용 등이 포함된 (❺)을 국제항해선박소유자, 항만시설소유자, 대행기관 및 보안교육기관 등에게 통보하여야 한다.

정답 ❶ 해양수산부장관 ❷ 보안감독관 ❸ 점검업무 ❹ 7일전 ❺ 점검계획

(5) 증표 제시

점검을 하는 보안감독관은 그 권한을 나타내는 <u>증표</u>를 지니고 이를 관계인에게 내보여야 하며, 해당 선박 등에 출입 시 성명·출입시간·출입목적 등이 표시된 <u>문서</u>를 관계인에게 주어야 한다(제5항). 〈개정 2020.2.18.〉

(6) 개선명령 또는 시정 등의 조치

<u>해양수산부장관은</u> <u>선박 등을 점검한 결과</u> 「국제선박항만보안법」 또는 「국제선박항만보안법」에 따른 명령을 위반하거나 보안을 유지하는 데 장애가 있다고 인정되는 때에는 해당 선박 등에 대하여 <u>개선명령 또는 시정 등의 조치를 명할 수 있다</u>(제6항). 〈개정 2020.2.18.〉★

(7) 국가보안기관과 합동 점검

<u>해양수산부장관은 필요하다고 인정되거나 관계 국가보안기관의 장의 요청이 있는 때에는 해양수산부령으로 정하는 바에 따라 (3)의 점검을 관계 국가보안기관과 합동으로 실시할 수 있다</u>(제7항). 〈개정 2020.2.18.〉★

(8) 보안감독관의 자격·지정·운영 및 점검업무 등

보안감독관의 자격·지정·운영 및 점검업무 등에 관하여 필요한 세부사항은 해양수산부령으로 정한다(제8항). 〈신설 2020.2.18.〉

[제목개정 2020.2.18.]

빈칸문제

보안감독

⋯⟩ 점검을 하는 보안감독관은 그 권한을 나타내는 (❶)를 지니고 이를 관계인에게 내보여야 하며, 해당 선박 등에 출입 시 성명·출입시간·출입목적 등이 표시된 (❷)를 관계인에게 주어야 한다.

⋯⟩ 해양수산부장관은 필요하다고 인정되거나 관계 국가보안기관의 장의 요청이 있는 때에는 해양수산부령으로 정하는 바에 따라 선박과 항만시설의 보안에 관한 사항 등의 점검을 (❸)과 (❹)으로 실시할 수 있다.

❶ 증표 ❷ 문서 ❸ 관계 국가보안기관 ❹ 합동 정답

보안감독관의 지정·운영 등(국제선박항만보안법 시행규칙 제54조)

① 해양수산부장관은 법 제41조 제1항에 따른 보안감독관(이하 "보안감독관"이라 한다)을 선박보안감독관과 항만시설보안감독관으로 구분하여 지정한다. 〈신설 2021.2.19.〉

② 보안감독관의 자격기준은 별표 6의2와 같다. 〈신설 2021.2.19.〉

③ 보안감독관은 법 제41조에 따른 점검 결과, 법 또는 법에 따른 명령을 위반한 사실을 발견한 때에는 지체 없이 관할 지방해양수산청장에게 보고해야 한다. 〈신설 2021.2.19.〉

④ 해양수산부장관은 법 제41조 제7항에 따라 관계 국가보안기관과 합동으로 점검을 하려면 다음 각호의 내용을 포함한 합동점검 계획을 수립하여 미리 관계 국가보안기관에 통지하여야 한다. 〈개정 2021.2.19.〉

　1. 합동점검 목적, 대상 및 점검사항

　2. 합동점검 일정

　3. 합동점검자 인적사항

⑤ 제1항부터 제4항까지에서 규정한 사항 외에 보안감독관의 지정·운영 및 점검 활동 등에 필요한 사항은 해양수산부장관이 정하여 고시한다. 〈신설 2021.2.19.〉

[제목개정 2021.2.19.]

빈칸문제

보안감독

⋯ 해양수산부장관은 보안감독관을 (❶)보안감독관과 (❷)보안감독관으로 구분하여 지정한다.

⋯ 해양수산부장관은 법 제41조 제7항에 따라 관계 (❸)과 합동으로 점검을 하려면 다음의 내용을 포함한 합동점검 계획을 수립하여 미리 관계 (❸)에 통지하여야 한다.

　㉠ 합동점검 (❹), 대상 및 점검사항, ㉡ 합동점검 일정, ㉢ 합동점검자 인적사항

정답 ❶ 선박 ❷ 항만시설 ❸ 국가보안기관 ❹ 목적

4　항만시설보안료 등

(1) 항만시설보안료(국제선박항만보안법 제42조)

① 항만시설소유자는 경비·검색인력 및 보안시설·장비의 확보 등에 소요되는 비용(이하 "항만시설보안료"라 한다)을 해당 항만시설을 이용하는 자로부터 징수할 수 있다(제1항).

② 해양수산부장관은 관계 중앙행정기관의 장과 협의하여 항만시설보안료 징수요율의 기준을 정하여 고시하여야 한다(제2항). 〈신설 2020.2.18.〉

③ 항만시설소유자가 항만시설보안료를 징수하려는 때에는 해양수산부령으로 정하는 바에 따라 그 징수요율에 대하여 해양수산부장관의 승인을 받아야 한다. 이를 변경하려는 때에도 또한 같다(제3항). 〈개정 2020.2.18.〉★★

빈칸문제

항만시설보안료의 징수요율 승인신청 등
⋯ 항만시설소유자는 항만시설보안료의 징수요율을 승인받거나 변경승인받으려는 경우에는 매년 (❶)부터 (❷) 까지 항만시설보안료 징수요율 승인(변경승인)신청서에 서류를 첨부하여 관할 (❸)에게 제출하여야 한다.
⋯ (❸)은 제1항에 따른 항만시설보안료 징수요율 승인(변경승인)신청서를 접수한 때에는 관계 (❹)과의 사전협의를 거쳐 (❺) 이내에 그 승인여부를 항만시설소유자에게 통보하여야 한다.

❶ 1월 1일 ❷ 4월 30일 ❸ 지방해양수산청장 ❹ 중앙행정기관의 장 ❺ 30일 　정답

④ 해양수산부장관이 항만시설보안료의 징수요율을 승인하려는 때에는 관계 중앙행정기관의 장과 미리 협의하여야 한다. 다만, 승인하려는 징수요율이 제2항에 따른 징수요율의 기준 이하인 경우에는 그러하지 아니하다(제4항). 〈개정 2020.2.18.〉

항만시설보안료의 징수요율 승인신청 등(국제선박항만보안법 시행규칙 제54조의2)

① 항만시설소유자는 법 제42조 제3항에 따라 같은 조 제1항에 따른 항만시설보안료의 징수요율을 승인받거나 변경승인받으려는 경우에는 매년 1월 1일부터 4월 30일까지 별지 제28호 서식에 따른 항만시설보안료 징수요율 승인(변경승인)신청서에 다음 각호의 서류를 첨부하여 관할 지방해양수산청장에게 제출하여야 한다. 〈개정 2020.8.19.〉★
 1. 세금계산서(보안시설 및 장비를 구입한 경우만 해당한다)
 2. 계약서 사본(보안시설 및 장비를 구입하거나 경비인력 확보를 위하여 경비업체와 위탁계약을 체결한 경우만 해당한다)
 3. 보수명세서 사본(경비인력을 직원으로 채용한 경우만 해당한다)
 4. 항만시설보안료의 수지계산서
 5. 항만시설보안료의 징수요율변경 전·후 대비표(징수요율을 변경하는 경우만 해당한다)
 6. 항만시설보안료 사용계획
② 지방해양수산청장은 제1항에 따른 항만시설보안료 징수요율 승인(변경승인)신청서를 접수한 때에는 법 제42조 제4항에 따라 관계 중앙행정기관의 장과의 사전협의를 거쳐 30일 이내에 그 승인여부를 항만시설소유자에게 통보하여야 한다. 〈개정 2020.8.19.〉★★
③ 법 제42조 제3항에 따라 승인받은 항만시설보안료의 징수요율은 승인받은 연도의 7월 1일부터 다음 연도의 6월 30일까지 적용한다. 〈신설 2020.8.19.〉

---

⑤ 「해운법」에 따른 해상화물운송사업·해상여객운송사업 및 해운대리점업 또는 「항만운송사업법」에 따른 항만하역사업을 하는 자(이하 "해상화물운송사업자등"이라 한다)는 항만시설을 이용하는 자의 항만시설보안료를 한꺼번에 대신하여 납부할 수 있다(제5항). 〈신설 2020.2.18.〉

빈칸문제

항만시설보안료의 징수요율 승인신청 등
┈→ 항만시설소유자는 해상화물운송사업자등이 항만시설보안료를 한꺼번에 대신하여 납부한 경우에는 다음의 구분에 따라 대납업무에 드는 경비를 지급한다 : ㉠ 항만시설소유자가 국가 또는 시·도인 경우 납부한 항만시설보안료 총액의 (❶)에 해당하는 금액 ㉡ 항만시설소유자가 ㉠ 외의 자인 경우 항만시설소유자와 (❷)등이 (❸)하여 정하는 금액

정답 ❶ 100분의 3 ❷ 해상화물운송사업자 ❸ 협의

⑥ 항만시설소유자는 제5항에 따라 해상화물운송사업자등이 항만시설을 이용하는 자의 항만시설보안료를 한꺼번에 대신하여 납부한 경우에는 해양수산부령으로 정하는 바에 따라 해당 사업자에게 항만시설보안료 대납업무에 드는 경비를 지급할 수 있다(제6항). 〈신설 2020.2.18.〉

> **항만시설보안료의 징수요율 승인신청 등(국제선박항만보안법 시행규칙 제54조의2)**
> ④ 항만시설소유자는 법 제42조 제5항에 따른 해상화물운송사업자등(이하 "해상화물운송사업자등"이라 한다)이 같은 조 제6항에 따라 항만시설보안료를 한꺼번에 대신하여 납부한 경우에는 다음 각호의 구분에 따라 대납업무에 드는 경비를 지급한다. 〈신설 2020.8.19.〉
> 1. 항만시설소유자가 국가 또는 시·도인 경우 : 납부한 항만시설보안료 총액의 100분의 3에 해당하는 금액
> 2. 항만시설소유자가 제1호 외의 자인 경우 : 항만시설소유자와 해상화물운송사업자등이 협의하여 정하는 금액
> ⑤ 제4항 제1호에 따라 대납업무에 드는 경비를 지급받으려는 자는 「항만법」 제26조에 따른 항만물류통합정보체계를 이용하여 매월 지방해양수산청장 또는 시·도지사에게 경비를 청구해야 한다. 〈신설 2020.8.19.〉

⑦ 항만시설보안료의 징수요율의 기준과 징수방법 및 절차 등에 관하여 필요한 사항은 대통령령으로 정한다(제7항). 〈개정 2020.2.18.〉★

> **항만시설보안료의 징수방법 등(국제선박항만보안법 시행령 제14조의2)**
> ① 법 제42조 제1항에 따른 항만시설보안료의 징수요율은 법 제31조 제1항 및 제31조의2에 따라 항만시설에 대한 보안을 확보·유지하고 국제항해여객선 승객 등의 보안검색을 하는 데 필요한 경비·검색인력 및 보안시설·장비의 확보 등에 직접 지출한 비용에 보안시설·장비의 내용연수 등을 고려하여 정한다.
> ② 항만시설보안료는 해당 항만시설을 이용하는 국제항해선박소유자, 여객 및 화주에 대하여 다음 각호의 구분에 따라 징수할 수 있다.★★
> 1. 국제항해선박소유자 : 선박의 총톤수(톤당)
> 2. 여객 : 1명 기준
> 3. 화주 : 화물의 수량(톤, TEU, BARREL당)

빈칸문제

항만시설보안료의 징수방법 등
ᐧᐧᐧ 항만시설보안료는 해당 항만시설을 이용하는 국제항해선박소유자, 여객 및 화주에 대하여 다음의 구분에 따라 징수 할 수 있다 : ㉠ 국제항해선박소유자 : 선박의 (❶), ㉡ 여객 : (❷) 기준, ㉢ 화주 : (❸)
ᐧᐧᐧ 항만시설보안료를 징수하려는 경우 선박에 대한 항만시설보안료는 선박료에, 여객에 대한 항만시설보안료는 운임 또는 여객터미널 (❹)에, 화물에 대한 항만시설보안료는 (❺) 또는 화물료에 포함하여 통합 고지할 수 있다.

❶ 총톤수(톤당) ❷ 1명 ❸ 화물의 수량(톤, TEU, BARREL당) ❹ 이용료 ❺ 하역요금 **정답**

③ 항만시설소유자는 항만시설보안료를 해당 항만시설을 이용하는 **국제항해선박소유자, 여객 및 화주를 대상으로** 개별적으로 징수하거나 항만시설소유자와 국제항해선박소유자 간 **협의**를 통하여 국제항해선박소유자로부터 일괄 징수할 수 있다. ★

④ 제3항에 따라 **항만시설보안료를 징수하려는 경우** 선박에 대한 항만시설보안료는 **선박료**에, 여객에 대한 항만시설보안료는 운임 또는 **여객터미널 이용료**에, 화물에 대한 항만시설보안료는 **하역요금 또는 화물료에 포함**하여 **통합 고지**할 수 있다. ★

⑤ 해양수산부장관은 항만시설이용자에 미치는 부담 및 항만시설 간의 형평성 등을 고려한 항만시설보안료의 징수요율에 관한 기준, 항만시설보안료 산정 시 고려사항 및 그 밖에 필요한 사항을 정하여 고시한다.

(2) 수수료(국제선박항만보안법 제43조)

① 선박보안계획서의 승인, 선박보안심사·임시선박보안심사 및 특별선박보안심사, 항만시설보안계획서의 승인 및 항만시설보안심사·임시항만시설보안심사 및 특별항만시설보안심사를 받으려는 자는 <u>해양수산부령</u>으로 정하는 바에 따라 <u>수수료</u>를 납부하여야 한다(제1항). 〈개정 2020.2.18.〉

② <u>대행기관이 보안심사를 대행하는 경우 보안심사를 받으려는 자는 대행기관이 정한 수수료를 납부하여야 한다</u>(제2항). ★

③ <u>대행기관이 수수료를 징수하는 경우에는 그 기준 및 요율 등을 정하여 해양수산부장관의 승인을 받아야 한다. 이를 변경하려는 때에도 또한 같다</u>(제3항). ★★

수수료(국제선박항만보안법 시행규칙 제55조)
법 제43조 제1항에 따른 선박보안계획서 승인·변경승인, 선박보안심사, 임시선박보안심사, 특별선박보안심사, 항만시설보안계획서 승인·변경승인, 항만시설보안심사, 임시항만시설보안심사 및 특별항만시설보안심사를 받으려는 자는 별표 7에 따른 수수료를 내야 한다. 〈개정 2020.8.19.〉

빈칸문제

수수료
⋯ 선박보안계획서의 승인(변경승인), 선박보안심사·(❶)선박보안심사 및 (❷)선박보안심사, 항만시설보안계획서의 승인(변경승인) 및 항만시설보안심사·임시항만시설보안심사·(❷)항만시설보안심사를 받으려는 자는 해양수산부령으로 정하는 바에 따라 수수료를 납부하여야 한다.
⋯ (❸)이 보안심사를 대행하는 경우 보안심사를 받으려는 자는 (❸)이 정한 수수료를 납부하여야 한다.
⋯ (❸)이 수수료를 징수하는 경우에는 그 기준 및 요율 등을 정하여 (❹)의 승인을 받아야 한다. 이를 변경하려는 때에도 또한 같다.

정답 ❶ 임시 ❷ 특별 ❸ 대행기관 ❹ 해양수산부장관

[별표 7] 선박보안계획서 승인, 선박보안심사 및 임시선박보안심사 등의 수수료 <개정 2020.8.19.>

1. 선박보안심사 등의 수수료

구 분	선박의 종류	기본수수료	비 고
선박보안계획서 승인·변경승인	기본 수수료 : 67,360원 ※ 선박보안계획서 변경승인 수수료의 경우 선박보안계획서 승인 수수료의 2분의 1 감면★		• 선박보안심사(최초보안심사·갱신보안심사·중간보안심사)·임시선박보안심사·재심사 수수료는 기본수수료에 톤수계수를 곱하여 산정한다.★
최초보안심사·갱신보안심사	제1군에 속하는 선박	67,360원	• 법 제21조 제1항에 따른 재심사의 경우에는 해당 보안심사 종류별 수수료를 적용한다.★
	제2군에 속하는 선박	84,200원	
중간보안심사	제1군에 속하는 선박	50,520원	
	제2군에 속하는 선박	67,360원	
임시선박보안심사	기본수수료 : 50,520원		
특별선박보안심사	없음★		

• 선박종류에 따른 구분
  - 제1군 : 유조선·화학제품운반선·가스운반선·산적화물선·고속화물선 및 그 밖의 화물선
  - 제2군 : 여객선·고속여객선 및 이동식해양구조물
• 톤수계수
  - 총톤수 500톤 미만 : 0.8
  - 총톤수 500톤 이상 1,600톤 미만 : 0.9
  - 총톤수 1,600톤 이상 : 1

[비 고]
1. 공휴일 보안심사 및 국외 보안심사의 수수료
   가. 공휴일에 하는 보안심사의 수수료는 위 표에 따른 수수료에 50퍼센트를 가산한다.
   나. 국외에서의 선박보안심사·임시선박보안심사 수수료는 위 표에 따른 수수료의 4배에 해당하는 수수료로 한다.
2. 보안심사를 받으려는 자는 해당 보안심사자의 출장에 드는 실비를 별도로 부담한다.

빈칸문제

선박보안심사 등의 수수료
⟶ 선박보안계획서 변경승인 수수료의 경우 선박보안계획서 승인 수수료의 (❶) 감면
⟶ 선박보안심사(최초보안심사·갱신보안심사·중간보안심사)·임시선박보안심사·재심사 수수료는 기본수수료에 (❷)를 곱하여 산정한다.

❶ 2분의 1 ❷ 톤수계수 정답

2. 항만시설보안심사 등의 수수료

구 분	규 모	수수료		비 고
항만시설보안계획서 승인 또는 변경승인	항만시설 1건당	• 승인 : 55,700원 • 변경승인 : 27,850원		
항만시설보안심사	대상 항만시설 면적	최초·갱신심사	중간심사	
	10,000m² 미만	111,400원	55,700원	
	10,000m² 이상 50,000m² 미만	222,800원	111,400원	
	50,000m² 이상 100,000m² 미만	401,000원	200,500원	
	100,000m² 이상 200,000m² 미만	641,600원	320,800원	
	200,000m² 이상 500,000m² 미만	898,200원	449,100원	
	500,000m² 이상	1,077,800원	538,900원	
임시항만시설보안심사	55,700원			
특별항만시설보안심사	없음			

(3) 재정 지원(국제선박항만보안법 제45조)

국가는 예산의 범위에서 제31조 및 제31조의2에 따른 보안의 확보에 사용되는 비용의 전부 또는 일부를 지원할 수 있다.

빈칸문제

항만시설보안심사 등의 수수료 징수대상 규모
- ⤷ 항만시설보안계획서 승인 또는 변경승인 : 항만시설 (❶)
- ⤷ 항만시설보안심사 : 대상 항만시설 면적 ㉠ 10,000m² 미만, ㉡ 10,000m² 이상 (❷) 미만, ㉢ (❷) 이상 100,000m² 미만, ㉣ 100,000m² 이상 200,000m² 미만, ㉤ 200,000m² 이상 (❸) 미만, ㉥ (❸) 이상
- ⤷ 특별항만시설보안심사 : (❹)

정답 ❶ 1건당 ❷ 50,000m² ❸ 500,000m² ❹ 없음

(1) 권한의 위임(국제선박항만보안법 제44조)

「국제선박항만보안법」에 따른 해양수산부장관 또는 해양경찰청장의 권한은 대통령령으로 정하는 바에 따라 그 일부를 소속 기관의 장에게 위임할 수 있다. ★

권한의 위임(국제선박항만보안법 시행령 제15조)

해양수산부장관은 법 제44조에 따라 다음 각호의 권한을 지방해양수산청장에게 위임한다. 〈개정 2020.8.19.〉

1. 법 제6조 제6항에 따른 보안조치의 지시
2. 법 제7조 제2항에 따른 총괄보안책임자의 지정 및 변경 통보의 접수
3. 법 제7조 제4항에 따른 총괄보안책임자 변경 명령
4. 법 제10조 제3항 및 제4항에 따른 선박보안계획서의 승인 및 관계 국가보안기관과의 협의
5. 법 제11조 제1항 및 제2항에 따른 선박보안심사
6. 법 제12조 제1항부터 제3항까지의 규정에 따른 국제선박보안증서의 교부, 심사결과의 표기 및 임시국제선박보안증서의 교부
7. 법 제13조 제2항에 따른 국제선박보안증서 등의 유효기간의 연장
8. 법 제16조 제1항 및 제2항에 따른 선박이력기록부의 교부와 변경 교부
9. 법 제16조 제3항에 따른 국제항해선박소유자가 하는 국제항해선박 국적변경 통보의 수리 및 해당 국가의 해운관청에 대한 통보
10. 법 제19조 제1항부터 제3항까지에 따른 항만국통제와 이에 따른 출항정지·이동제한·시정요구·추방 또는 이에 준하는 조치명령
11. 법 제19조 제4항 및 제5항에 따른 선박보안정보 통보의 접수 및 해양경찰청장에 대한 통보
12. 법 제19조 제6항에 따른 이동제한·시정요구·선박점검 또는 입항거부 등의 조치 명령

권한의 위임 중 주요사항

⋯⋙ 국제선박항만보안법에 따른 해양수산부장관 또는 (❶)의 권한은 (❷)으로 정하는 바에 따라 그 일부를 소속 기관의 장에게 위임할 수 있다.

⋯⋙ 해양수산부장관은 법 제44조에 따라 항만시설보안책임자 (❸)의 통보 및 (❹)의 접수, 항만시설보안책임자의 (❺) 등을 지방해양수산청장에게 위임한다.

❶ 해양경찰청장 ❷ 대통령령 ❸ 지정 ❹ 변경통보 ❺ 변경 명령 **정답**

13. 법 제19조 제7항 및 제8항에 따른 **통지 및 통보**
14. 법 제19조 제9항 및 제10항에 따른 이의신청의 접수, 조사·통보 및 통보시한의 연장
15. 법 제20조 제3항에 따른 시정·보완조치 또는 항해정지명령
16. 법 제21조 제1항 및 제2항에 따른 **재심사 신청의 접수, 재심사 및 재심사 결과의 통보**
17. 법 제23조 제2항에 따른 **항만시설보안책임자 지정의 통보 및 변경통보의 접수**
18. 법 제23조 제4항에 따른 **항만시설보안책임자의 변경 명령**
19. 법 제24조 제1항부터 제3항까지의 규정에 따른 **항만시설보안평가, 관계 국가보안기관의 장과의 협의, 항만시설보안평가 결과의 통보 및 재평가**
20. 법 제25조 제3항 및 제4항에 따른 **항만시설보안계획서의 승인, 변경 승인 및 관계 국가보안기관의 장과의 협의**
21. 법 제26조에 따른 **항만시설보안심사, 임시항만시설보안심사, 특별항만시설보안심사 및 관계 국가보안기관의 장과의 협의**
22. 법 제27조에 따른 **항만시설적합확인서·임시항만시설적합확인서의 교부 및 심사 결과의 표기**
23. 법 제28조 제2항에 따른 **항만시설적합확인서 유효기간의 연장**
23의2. 법 제31조 제3항부터 제5항까지의 규정에 따른 **항만시설의 경비·검색업무의 수탁업체 지정, 지정취소 및 청문**
24. 법 제32조에 따른 **항만시설보안정보 보고의 접수 및 항만시설 보안에 관한 정보 제공의 요청**
24의2. 법 제33조 제2항에 따른 **무기의 반입·소지 허가**
25. 법 제35조 제2항에 따른 **보안합의서 작성·교환의 권고**
26. 법 제37조에 따른 **보안심사관의 임명**
27. 법 제41조 제2항에 따른 **보고의 명령이나 자료 제출의 요구**
28. 법 제41조 제3항 및 제4항에 따른 **선박 등에 대한 출입, 점검 및 점검계획의 통보**
29. 법 제41조 제6항에 따른 **개선명령 또는 시정 등의 조치명령**
30. 법 제41조 제7항에 따른 **합동 점검**
30의2. 법 제42조 제3항에 따른 **항만시설보안료의 징수요율에 대한 승인 및 변경승인**
31. 법 제52조에 따른 **과태료의 부과·징수**

빈칸문제

권한의 위임 중 주요사항
⋯ 항만시설보안심사·임시항만시설보안심사, (❶)항만시설보안심사 및 관계 국가보안기관의 장과의 (❷)
⋯ 항만시설적합확인서·임시항만시설적합확인서의 (❸) 및 심사 결과의 (❹)
⋯ 항만시설적합확인서 유효기간의 (❺)
⋯ 항만시설의 경비·검색업무의 수탁업체 (❻), (❻)취소 및 (❼)
⋯ 보안합의서 작성·교환의 권고, 보안심사관의 (❽)
⋯ 항만시설보안료의 징수요율에 대한 (❾) 및 변경(❾), 과태료의 부과·징수

정답 ❶ 특별 ❷ 협의 ❸ 교부 ❹ 표기 ❺ 연장 ❻ 지정 ❼ 청문 ❽ 임명 ❾ 승인

(2) 벌칙 적용에서 공무원 의제(국제선박항만보안법 제46조)★

다음의 어느 하나에 해당하는 사람은 「형법」 제129조부터 제132조까지의 규정에 따른 벌칙을 적용할 때에는 공무원으로 본다. 〈개정 2020.12.8.〉

① 제30조의5에 따라 보안검색장비 성능 인증 및 점검에 관한 업무에 종사하는 인증기관의 임직원(제1호)

② 제30조의6에 따라 보안검색장비 성능시험에 관한 업무에 종사하는 시험기관의 임직원(제2호)

③ 제31조 제2항 제2호에 따라 경비·검색업무를 위탁받은 업체의 임직원(제3호)

④ 제38조에 따라 보안심사 업무 등을 대행하는 대행기관의 임직원(제4호)

5 벌 칙

1 벌 칙

(1) 3년 이하의 징역 또는 3천만원 이하의 벌금(국제선박항만보안법 제47조)

제33조 제1항 제1호를 위반하여 항만시설이나 항만 내의 선박에 위법하게 위해물품을 반입·은닉하는 행위를 한 자는 3년 이하의 징역 또는 3천만원 이하의 벌금에 처한다. 〈개정 2020.2.18.〉

(2) 1년 이하의 징역 또는 1천만원 이하의 벌금(국제선박항만보안법 제48조)

다음의 어느 하나에 해당하는 자는 1년 이하의 징역 또는 1천만원 이하의 벌금에 처한다. 〈개정 2020.2.18.〉

① 거짓이나 또는 그 밖의 부정한 방법으로 제12조에 따른 국제선박보안증서 또는 임시국제선박보안증서를 교부받은 자(제1호)★★

빈칸문제

벌 칙

⋯ 항만시설이나 항만 내의 선박에 위법하게 위해물품을 반입·은닉하는 행위를 한 자 → (❶)

⋯ 거짓이나 그 밖의 부정한 방법으로 제27조에 따른 항만시설적합확인서 등을 교부받은 자 → (❷)

❶ 3년 이하의 징역 또는 3천만원 이하의 벌금 ❷ 1년 이하의 징역 또는 1천만원 이하의 벌금 정답

② 제14조를 위반하여 국제선박보안증서 등을 비치하지 아니하거나 그 효력이 정지되거나 상실된 국제선박보안증서 등을 비치한 선박을 항해에 사용한 자(제2호)★

③ 거짓이나 그 밖의 부정한 방법으로 제27조에 따른 항만시설적합확인서 등을 교부받은 자(제3호)★

④ 제29조를 위반하여 항만시설적합확인서 등을 비치하지 아니하거나 그 효력이 정지되거나 상실된 항만시설적합확인서 등을 비치한 항만시설을 운영한 자(제4호)

⑤ 거짓이나 그 밖의 부정한 방법으로 제31조 제3항에 따른 지정을 받은 자(제4호의2)

⑥ 거짓이나 그 밖의 부정한 방법으로 제38조에 따른 대행기관으로 지정을 받은 자(제5호)

⑦ 거짓이나 그 밖의 부정한 방법으로 제40조 제1항에 따른 보안교육기관으로 지정을 받은 자(제6호)

⑧ 제41조 제6항에 따른 개선명령 또는 시정 등의 명령에 따르지 아니한 자(제7호)★★

(3) 500만원 이하의 벌금(국제선박항만보안법 제49조)

다음의 어느 하나에 해당하는 자는 500만원 이하의 벌금에 처한다. 〈개정 2020.2.18.〉

① 제6조 제5항에 따른 세부적인 보안조치사항을 위반하거나 같은 조 제6항에 따른 보안조치의 지시에 따르지 아니한 자(제1호)★★

② 제30조의2 제2항 본문을 위반하여 보안검색을 실시하지 아니한 자(제2호)★

③ 제31조 제1항에 따른 경비·검색인력 및 보안시설·장비의 확보 등을 이행하지 아니한 자(제3호)★

④ 제31조의2 제1항 전단을 위반하여 폐쇄회로 텔레비전을 설치하지 아니하거나 같은 항 후단을 위반하여 해상도 기준을 유지하지 아니한 자(제3호의2)★

⑤ 제33조 제1항 제2호를 위반하여 정당한 사유 없이 검문검색 및 지시 등에 불응한 자(제4호)★

⑥ 제41조 제2항에 따른 보고나 자료를 거짓으로 제출한 자(제5호)★★

⑦ 제41조 제3항에 따른 점검을 거부·방해 또는 기피한 자(제6호)★★

⑧ 제42조 제3항에 따른 항만시설보안료의 징수요율(변경된 요율을 포함한다)에 대한 승인을 받지 아니하고 항만시설보안료를 징수한 자(제7호)★

빈칸문제

벌 칙

⋯ 항만시설적합확인서 등을 비치하지 아니하거나 그 효력이 정지되거나 상실된 항만시설적합확인서 등을 비치한 항만시설을 운영한 자 → (❶)

⋯ 보안검색을 실시하지 아니한 자 → (❷)

⋯ 개선명령 또는 시정 등의 명령에 따르지 아니한 자 → (❶)

⋯ 경비·검색인력 및 보안시설·장비의 확보 등을 이행하지 아니한 자 → (❷)

⋯ 정당한 사유 없이 검문검색 및 지시 등에 불응한 자 → (❷)

정답 ❶ 1년 이하의 징역 또는 1천만원 이하의 벌금 ❷ 500만원 이하의 벌금

(4) 벌칙의 적용(국제선박항만보안법 제50조)

① 「국제선박항만보안법」과 「국제선박항만보안법」에 따른 명령을 위반한 항만시설소유자에게 적용할 벌칙은 그 항만시설소유자가 국가 또는 지방자치단체인 때에는 적용하지 아니한다(제1항). ★

② 벌칙의 적용에 있어서 「국제선박항만보안법」과 「국제선박항만보안법」에 따른 명령 중 국제항해선박소유자에 관한 규정은 국제항해선박의 소유자가 관리자를 둔 때에는 이를 관리자에게, 국제항해선박의 운영자가 그 소유자・관리자로부터 운영을 위탁받은 때에는 이를 운영자에게 각각 적용한다(제2항). ★

③ 벌칙의 적용에 있어서 「국제선박항만보안법」과 「국제선박항만보안법」에 따른 명령 중 항만시설소유자에 관한 규정은 항만시설의 소유자가 관리자를 둔 때에는 이를 관리자에게, 항만시설의 운영자가 그 소유자・관리자로부터 운영을 위탁받은 때에는 이를 운영자에게 각각 적용한다(제3항).

(5) 양벌규정(국제선박항만보안법 제51조)

법인의 대표자나 법인 또는 개인의 대리인, 사용인, 그 밖의 종업원이 그 법인 또는 개인의 업무에 관하여 제48조 또는 제49조의 위반행위를 하면 그 행위자를 벌하는 외에 그 법인 또는 개인에게도 해당 조문의 벌금형을 과(科)한다. 다만, 법인 또는 개인이 그 위반행위를 방지하기 위하여 해당 업무에 관하여 상당한 주의와 감독을 게을리하지 아니한 경우에는 그러하지 아니하다.

빈칸문제

벌칙의 적용
- → 「국제선박항만보안법」과 「국제선박항만보안법」에 따른 명령을 위반한 항만시설소유자에게 적용할 벌칙은 그 항만시설소유자가 (❶) 또는 (❷)인 때에는 적용하지 아니한다.
- → 벌칙의 적용에 있어서 「국제선박항만보안법」과 「국제선박항만보안법」에 따른 명령 중 항만시설소유자에 관한 규정은 항만시설의 소유자가 (❸)를 둔 때에는 이를 (❸)에게, 항만시설의 (❹)가 그 소유자・관리자로부터 운영을 위탁받은 때에는 이를 (❹)에게 각각 적용한다.

❶ 국가 ❷ 지방자치단체 ❸ 관리자 ❹ 운영자 정답

(1) 1천만원 이하의 과태료(국제선박항만보안법 제52조 제1항)

다음의 어느 하나에 해당하는 자에게는 1천만원 이하의 과태료를 부과한다(제1항). 〈신설 2020.12.8.〉

① 제30조의3을 위반하여 해양수산부장관의 성능 인증을 받은 보안검색장비를 사용하지 아니한 자(제1호)

② 제30조의3에 따른 보안검색장비 성능 인증을 위한 기준과 절차 등을 위반한 인증기관 및 시험기관(제2호)

(2) 300만원 이하의 과태료(국제선박항만보안법 제52조 제2항)

다음의 어느 하나에 해당하는 자에게는 300만원 이하의 과태료를 부과한다(제2항). 〈개정 2020.12.8.〉

① 제7조 제1항에 따른 자격요건을 갖추지 못한 자를 총괄보안책임자로 지정한 자(제1호)

② 제7조 제2항을 위반하여 통보의무를 이행하지 아니한 자(제2호)

③ 제7조 제4항에 따른 총괄보안책임자의 변경명령을 이행하지 아니한 자(제3호)

④ 제8조 제1항에 따른 자격요건을 갖추지 못한 자를 선박보안책임자로 임명한 자(제4호)

⑤ 제9조 제1항 및 제2항에 따른 보안평가를 실시하지 아니하거나 선박보안평가의 결과를 주된 사무소에 보관하지 아니한 자(제5호)

⑥ 제10조 제1항을 위반하여 선박보안계획서를 비치하지 아니한 자(제6호)

⑦ 제12조 제4항을 위반하여 국제선박보안증서 등의 원본을 선박에 비치하지 아니한 자(제7호)

⑧ 제15조 제1항을 위반하여 선박보안기록부를 작성하지 아니하거나 비치하지 아니한 자(제8호)

⑨ 제16조 제1항을 위반하여 선박이력기록부를 선박에 비치하지 아니한 자(제9호)

⑩ 제16조 제2항을 위반하여 선박이력기록부를 다시 교부받지 아니하거나 선박에 비치하지 아니한 자(제10호)

⑪ 제16조 제3항을 위반하여 선박국적 변경의 사실을 통보하지 아니한 자(제11호)

⑫ 제17조 제1항을 위반하여 선박보안경보장치 등을 설치하거나 구비하지 아니한 자(제12호)

⑬ 제18조 제1항을 위반하여 선박식별번호를 표시하지 아니한 자(제13호)

⑭ 제23조 제1항에 따른 자격요건을 갖추지 못한 자를 항만시설보안책임자로 지정한 자(제14호)

⑮ 제23조 제2항을 위반하여 통보의무를 이행하지 아니한 자(제15호)

⑯ 제25조 제1항을 위반하여 항만시설보안계획서를 비치하지 아니한 자(제16호)

⑰ 제27조 제4항을 위반하여 항만시설적합확인서 등의 원본을 사무소에 비치하지 아니한 자(제17호)

⑱ 제30조 제1항을 위반하여 항만시설보안기록부를 작성하지 아니하거나 보관하지 아니한 자(제18호)

⑲ 제31조의2 제2항을 위반하여 폐쇄회로 텔레비전의 운영·관리 지침을 마련하지 아니한 자(제18호의2)

⑳ 제32조 제1항 및 제2항을 위반하여 보안사건을 보고하지 아니하거나 항만시설보안정보를 제공하지 아니한 자(제19호)

㉑ 제33조 제1항 제3호를 위반하여 정당한 출입절차 없이 무단으로 출입한 자(제20호)

㉒ 제33조 제1항 제4호를 위반하여 항만시설 내 촬영이 제한되는 구역에서 항만시설보안책임자의 허가 없이 촬영을 한 자(제21호)

㉓ 제36조 제1항 및 제2항을 위반하여 부적격한 자를 내부보안심사자로 지정하거나 내부보안심사를 실시하지 아니한 자(제22호)

㉔ 제39조 제1항을 위반하여 보안교육 및 훈련에 관한 계획을 수립하지 아니하거나 시행하지 아니한 자(제23호)

㉕ 제39조 제2항 및 제3항을 위반하여 보안훈련을 실시하지 아니한 자(제24호)

㉖ 제39조 제4항을 위반하여 국제적인 합동보안훈련에 참여한 사실을 보고하지 아니한 자(제25호)

㉗ 제41조 제2항에 따른 관계 서류의 제출이나 보고를 하지 아니한 자(제26호)

빈칸문제

300만원 이하의 과태료(주요사항)

⋯ 폐쇄회로 텔레비전의 운영·관리 (❶)을 마련하지 아니한 자

⋯ (❷)을 보고하지 아니하거나 항만시설보안정보를 제공하지 아니한 자

⋯ 정당한 (❸)절차 없이 무단으로 (❸)한 자

⋯ 항만시설 내 (❹)이 제한되는 구역에서 항만시설보안책임자의 허가 없이 (❹)을 한 자

⋯ 부적격한 자를 (❺)심사자로 지정하거나 (❺)심사를 실시하지 아니한 자

⋯ (❻) 및 훈련에 관한 계획을 수립하지 아니하거나 시행하지 아니한 자

❶ 지침 ❷ 보안사건 ❸ 출입 ❹ 촬영 ❺ 내부보안 ❻ 보안교육 **정답**

(3) 과태료의 부과·징수(국제선박항만보안법 제52조 제3항)

제1항 또는 제2항에 따른 과태료는 대통령령으로 정하는 바에 따라 해양수산부장관이 부과·징수한다. 〈개정 2020.12.8.〉

과태료의 부과기준(국제선박항만보안법 시행령 제16조)
법 제52조 제1항 및 제2항에 따른 과태료의 부과기준은 별표 2와 같다. 〈개정 2021.11.23.〉

과태료의 부과기준(국제선박항만보안법 시행령 [별표 2]) 〈개정 2021.11.23.〉
1. 일반기준
   가. 위반행위의 횟수에 따른 과태료의 가중된 부과기준은 **최근 1년간** 같은 위반행위로 과태료 부과처분을 받은 경우에 적용한다. 이 경우 기간의 계산은 위반행위에 대하여 과태료 부과처분을 받은 날과 그 처분 후 다시 같은 위반행위를 하여 적발된 날을 기준으로 한다.★★
   나. 가목에 따라 가중된 부과처분을 하는 경우 **가중처분의 적용 차수는 그 위반행위 전 부과처분 차수(가목에 따른 기간 내에 과태료 부과 처분이 둘 이상 있었던 경우에는 높은 차수를 말한다)의 다음 차수로 한다.★**
   다. 하나의 위반행위가 둘 이상의 과태료 부과기준에 해당하는 경우에는 그중 금액이 큰 과태료 부과기준을 적용한다.
   라. 부과권자는 다음의 어느 하나에 해당하는 경우에는 제2호에 따른 과태료 금액의 2분의 1의 범위에서 그 금액을 감경할 수 있다. 다만, 과태료를 체납하고 있는 위반행위자의 경우에는 그러하지 아니하다.★★
   1) 위반행위자가 「질서위반행위규제법 시행령」 제2조의2 제1항 각호의 어느 하나에 해당하는 경우
   2) 위반행위가 사소한 부주의나 오류로 인한 것으로 인정되는 경우
   3) 위반행위자의 법 위반상태를 시정하거나 해소하기 위한 노력이 인정되는 경우
   4) 그 밖에 위반행위의 정도, 위반행위의 동기와 결과 등을 고려하여 감경할 필요가 있다고 인정되는 경우

빈칸문제

과태료의 부과기준(일반기준)
- ⋯ 위반행위의 횟수에 따른 과태료의 가중된 부과기준은 최근 (❶) 같은 위반행위로 과태료 부과처분을 받은 경우에 적용한다. 이 경우 기간의 계산은 위반행위에 대하여 과태료 (❷)과 그 처분 후 다시 같은 위반행위를 하여 (❸)을 기준으로 한다(가목).
- ⋯ 가목에 따라 가중된 부과처분을 하는 경우 가중처분의 적용 차수는 그 위반행위 전 부과처분 차수(가목에 따른 기간 내에 과태료 부과 처분이 둘 이상 있었던 경우에는 높은 차수를 말한다)의 (❹) 차수로 한다.
- ⋯ 하나의 위반행위가 둘 이상의 과태료 부과기준에 해당하는 경우에는 그중 금액이 (❺) 과태료 부과기준을 적용한다.

정답 ❶ 1년간 ❷ 부과처분을 받은 날 ❸ 적발된 날 ❹ 다음 ❺ 큰

2. 개별기준 ★★

(단위 : 만원)

위반행위	근거 법조문	위반횟수별 행정처분기준		
		1회 위반	2회 위반	3회 이상 위반
가. 법 제7조 제1항에 따른 자격요건을 갖추지 못한 자를 총괄보안책임자로 지정한 경우	법 제52조 제2항 제1호	150	200	300
나. 법 제7조 제2항에 따른 통보의무를 이행하지 않은 경우	법 제52조 제2항 제2호	90	120	180
다. 법 제7조 제4항에 따른 총괄보안책임자의 변경명령을 이행하지 않은 경우	법 제52조 제2항 제3호	150	200	300
라. 법 제8조 제1항에 따른 자격요건을 갖추지 못한 자를 선박보안책임자로 임명한 경우	법 제52조 제2항 제4호	150	200	300
마. 법 제9조 제1항 및 제2항에 따른 선박보안평가를 하지 않거나 선박보안평가의 결과를 주된 사무소에 보관하지 않은 경우	법 제52조 제2항 제5호	120	160	240
바. 법 제10조 제1항을 위반하여 선박보안계획서를 비치하지 않은 경우	법 제52조 제2항 제6호	120	160	240
사. 법 제12조 제4항을 위반하여 국제선박보안증서 등의 원본을 선박에 비치하지 않은 경우	법 제52조 제2항 제7호	120	160	240
아. 법 제15조 제1항을 위반하여 선박보안기록부를 작성하지 않거나 비치하지 않은 경우	법 제52조 제2항 제8호	90	120	180
자. 법 제16조 제1항을 위반하여 선박이력기록부를 선박에 비치하지 않은 경우	법 제52조 제2항 제9호	120	160	240
차. 법 제16조 제2항을 위반하여 선박이력기록부를 다시 교부받지 않거나 선박에 비치하지 않은 경우	법 제52조 제2항 제10호	120	160	240
카. 법 제16조 제3항을 위반하여 선박국적 변경 사실을 통보하지 않은 경우	법 제52조 제2항 제11호	90	120	180

빈칸문제

과태료의 부과기준(개별기준)

⋯ 자격요건을 갖추지 못한 자를 항만시설보안책임자로 지정한 경우 : 1회 위반 → (❶)
⋯ 법 제23조 제2항을 위반하여 통보의무를 이행하지 않은 경우 : 1회 위반 → (❷)
⋯ 항만시설보안계획서를 비치하지 않은 경우 : 2회 위반 → (❸)
⋯ 항만시설적합확인서 등의 원본을 사무소에 비치하지 않은 경우 : 3회 위반 → (❹)

❶ 150만원 ❷ 90만원 ❸ 160만원 ❹ 180만원 정답

타. 법 제17조 제1항을 위반하여 선박보안경보장치 등을 설치하거나 구비하지 않은 경우	법 제52조 제2항 제12호	150	200	300
파. 법 제18조 제1항을 위반하여 선박식별번호를 표시하지 않은 경우	법 제52조 제2항 제13호	150	200	300
하. 법 제23조 제1항에 따른 자격요건을 갖추지 못한 자를 항만시설보안책임자로 지정한 경우	법 제52조 제2항 제14호	150	200	300
거. 법 제23조 제2항을 위반하여 통보의무를 이행하지 않은 경우	법 제52조 제2항 제15호	90	120	180
너. 법 제25조 제1항을 위반하여 항만시설보안계획서를 비치하지 않은 경우	법 제52조 제2항 제16호	120	160	240
더. 법 제27조 제4항을 위반하여 항만시설적합확인서 등의 원본을 사무소에 비치하지 않은 경우	법 제52조 제2항 제17호	90	120	180
러. 법 제30조 제1항을 위반하여 항만시설보안기록부를 작성하지 않거나 보관하지 않은 경우	법 제52조 제2항 제18호	120	160	240
머. 법 제30조의3을 위반하여 해양수산부장관의 성능 인증을 받은 보안검색장비를 사용하지 않은 경우	법 제52조 제1항 제1호	500	750	1,000
버. 법 제30조의3에 따른 보안검색장비 성능 인증을 위한 기준과 절차 등을 인증기관 및 시험기관이 위반한 경우	법 제52조 제1항 제2호	500	750	1,000
서. 법 제31조의2 제2항을 위반하여 폐쇄회로 텔레비전의 운영·관리 지침을 마련하지 않은 경우	법 제52조 제2항 제18호의2	120	160	240
어. 법 제32조 제1항 및 제2항을 위반하여 보안사건을 보고하지 않거나 항만시설보안정보를 제공하지 않은 경우	법 제52조 제2항 제19호	120	160	240

빈칸문제

과태료의 부과기준(개별기준)

··· 폐쇄회로 텔레비전의 운영·관리 지침을 마련하지 않은 경우 : 3회 위반 → (❶)

··· 보안사건을 보고하지 않거나 항만시설보안정보를 제공하지 않은 경우 : 1회 위반 → (❷)

··· 정당한 출입절차 없이 무단으로 출입한 경우 : 1회 위반 → (❸)

··· 항만시설 내 촬영이 제한되는 구역에서 항만시설보안책임자의 허가 없이 촬영을 한 경우 : 1회 위반 → (❷)

··· 부적격한 자를 내부보안심사자로 지정하거나 내부보안심사를 하지 않은 경우 : 2회 위반 → (❹)

정답 ❶ 240만원 ❷ 120만원 ❸ 150만원 ❹ 160만원

저. 법 제33조 제1항 제3호를 위반하여 정당한 출입절차 없이 무단으로 출입한 경우	법 제52조 제2항 제20호	150	200	300
처. 법 제33조 제1항 제4호를 위반하여 항만시설 내 촬영이 제한되는 구역에서 항만시설보안책임자의 허가 없이 촬영을 한 경우	법 제52조 제2항 제21호	120	160	240
커. 법 제36조 제1항 및 제2항을 위반하여 부적격한 자를 내부보안심사자로 지정하거나 내부보안심사를 하지 않은 경우	법 제52조 제2항 제22호	120	160	240
터. 법 제39조 제1항을 위반하여 보안교육 및 훈련에 관한 계획을 수립하지 않거나 시행하지 않은 경우	법 제52조 제2항 제23호	150	200	300
퍼. 법 제39조 제2항 및 제3항을 위반하여 보안훈련을 실시하지 않은 경우	법 제52조 제2항 제24호	150	200	300
허. 법 제39조 제4항을 위반하여 국제적인 합동보안훈련에 참여한 사실을 보고하지 않은 경우	법 제52조 제2항 제25호	90	120	180
고. 법 제41조 제2항에 따른 관계 서류의 제출이나 보고를 하지 않은 경우	법 제52조 제2항 제26호	150	200	300

빈칸문제

과태료의 부과기준(개별기준)
- ⋯ 보안교육 및 훈련에 관한 계획을 수립하지 않거나 시행하지 않은 경우 : 2회 위반 → (❶)
- ⋯ 보안훈련을 실시하지 않은 경우 : 3회 위반 → (❷)
- ⋯ 국제적인 합동보안훈련에 참여한 사실을 보고하지 않은 경우 : 1회 위반 → (❸)
- ⋯ 관계 서류의 제출이나 보고를 하지 않은 경우 : 1회 위반 → (❹)

❶ 200만원 ❷ 300만원 ❸ 90만원 ❹ 150만원 정답

03 국제항해선박 및 항만시설의 보안에 관한 법률

01

☑ 확인 Check! ○ △ ✕

국제선박항만보안법의 목적으로 옳지 않은 것은?

① 국제항해에 이용되는 선박의 보안에 관한 사항을 정함
② 국제항해에 이용되는 선박이 이용하는 항만시설의 보안에 관한 사항을 정함
③ 국제항해와 관련한 보안상의 위협을 효과적으로 방지
④ 국제항만시설의 개발 및 관리·운영에 관한 업무

> **쏙쏙 해설**
>
> 국제선박항만보안법은 국제항해에 이용되는 선박과 그 선박이 이용하는 항만시설의 보안에 관한 사항을 정함으로써 국제항해와 관련한 보안상의 위협을 효과적으로 방지하여 국민의 생명과 재산을 보호하는 데 이바지함을 목적으로 한다(국제선박항만보안법 제1조). ★
>
> **정답 ④**

02

☑ 확인 Check! ○ △ ✕

국제선박항만보안법상 용어의 정의로 옳지 않은 것은?

① 국제항해선박 – 「선박안전법」 제2조 제1호에 따른 선박으로서 국제항해에 이용되는 선박을 말한다.
② 항만시설 – 국제항해선박과 선박항만연계활동이 가능하도록 갖추어진 시설로서 「항만법」 제2조 제5호에 따른 항만시설 및 해양수산부령으로 정하는 시설을 말한다.
③ 선박상호활동 – 국제항해선박과 항만시설 사이에 승선·하선 또는 선적·하역과 같이 사람 또는 물건의 이동을 수반하는 상호작용으로서 그 활동의 결과 국제항해선박이 직접적으로 영향을 받게 되는 것을 말한다.
④ 보안등급 – 보안사건이 발생할 수 있는 위험의 정도를 단계적으로 표시한 것으로서 「1974년 해상에서의 인명안전을 위한 국제협약」에 따른 등급구분 방식을 반영한 것을 말한다.

> **쏙쏙 해설**
>
> 선박항만연계활동에 대한 설명이다. 선박상호활동은 국제항해선박과 국제항해선박 또는 국제항해선박과 그 밖의 선박 사이에 승선·하선 또는 선적·하역과 같이 사람 또는 물건의 이동을 수반하는 상호작용을 말한다(국제선박항만보안법 제2조 제4호).
>
> **정답 ③**

- 선박항만연계활동 : 국제항해선박과 항만시설 사이에 승선·하선 또는 선적·하역과 같이 사람 또는 물건의 이동을 수반하는 상호작용으로서 그 활동의 결과 국제항해선박이 직접적으로 영향을 받게 되는 것을 말한다(국제선박항만보안법 제2조 제3호). ★★
- 선박상호활동 : 국제항해선박과 국제항해선박 또는 국제항해선박과 그 밖의 선박 사이에 승선·하선 또는 선적·하역과 같이 사람 또는 물건의 이동을 수반하는 상호작용을 말한다(국제선박항만보안법 제2조 제4호). ★

03

☑ 확인 Check! ○ △ ✕

국제선박항만보안법상 용어의 정의로 옳지 않은 것은?

① 국제항해선박 – 선박안전법 제2조 제1호에 따라 수상(水上) 또는 수중(水中)에서 항해용으로 사용하거나 사용될 수 있는 선박(선외기를 장착한 것을 제외)으로서 국제항해에 이용되는 선박을 말한다.

② 보안사건 – 국제항해선박이나 항만시설을 손괴하는 행위 또는 국제항해선박이나 항만시설에 위법하게 폭발물 또는 무기류 등을 반입·은닉하는 행위 등을 말한다.

③ 국제항해선박소유자 – 국제항해선박의 소유자·관리자 또는 국제항해선박의 소유자·관리자로부터 선박의 운영을 위탁받은 법인·단체 또는 개인을 말한다.

④ 항만시설소유자 – 항만시설의 소유자·관리자 또는 항만시설의 소유자·관리자로부터 그 운영을 위탁받은 법인·단체 또는 개인을 말한다.

쏙쏙 해설

"선박"이라 함은 수상(水上) 또는 수중(水中)에서 항해용으로 사용하거나 사용될 수 있는 것(선외기를 장착한 것을 포함한다)과 이동식 시추선·수상호텔 등 해양수산부령이 정하는 부유식 해상구조물을 말한다(선박안전법 제2조 제1호). ★

②·③·④는 각각 국제선박항만보안법 제2조 제5호·제7호·제8호의 내용으로 옳다.

정답 ❶

04

☑ 확인 Check! ○ △ ×

국제선박항만보안법상 적용범위에 대한 설명으로 옳지 않은 것은?

① 국제선박항만보안법은 원칙적으로 법률상 일정한 제한이 있는 대한민국 국적 또는 외국 국적의 국제항해선박과 선박항만연계활동이 가능한 항만시설에 대하여 적용한다.

② 다만, 국제선박항만보안법에 특별한 규정이 있으면 그 규정에 따른다.

③ 비상업용 목적으로 사용되는 선박으로서 국가 또는 지방자치단체가 소유하는 국제항해선박에 대하여 적용한다.

④ 대한민국 국적의 국제항해를 하는 모든 여객선에 대하여 적용한다.

쏙쏙 해설

비상업용 목적으로 사용되는 선박으로서 국가 또는 지방자치단체가 소유하는 국제항해선박에 대하여는 국제선박항만보안법을 적용하지 아니한다(국제선박항만보안법 제3조 제2항).★

① 국제선박항만보안법 제3조 제1항 제2호
② 국제선박항만보안법 제3조 제1항 단서
④ 국제선박항만보안법 제3조 제1항 제1호 가목

정답 ❸

05

☑ 확인 Check! ○ △ ×

다음은 국제선박항만보안법상 적용범위에 대한 설명이다. 괄호 안에 들어갈 내용으로 옳은 것은?

> 국제선박항만보안법은 총톤수 (   ) 이상의 화물선으로 대한민국 국적의 국제항해선박에 대하여 적용한다.

① 100톤
② 200톤
③ 300톤
④ 500톤

쏙쏙 해설

대한민국 국적의 국제항해선박 중 모든 여객선, 총톤수 500톤 이상의 화물선, 이동식 해상구조물은 국제선박항만보안법의 적용대상이다(국제선박항만보안법 제3조 제1항 제1호).

정답 ❹

관계법령

적용범위(국제선박항만보안법 제3조)
① 이 법은 다음 각호의 국제항해선박 및 항만시설에 대하여 적용한다. 다만, 이 법에 특별한 규정이 있으면 그 규정에 따른다.
 1. 다음 각목의 어느 하나에 해당하는 대한민국 국적의 국제항해선박
   가. 모든 여객선
   나. 총톤수 500톤 이상의 화물선
   다. 이동식 해상구조물(천연가스 등 해저자원의 탐사·발굴 또는 채취 등에 사용되는 것을 말한다)
 2. 제1호 각목의 어느 하나에 해당하는 대한민국 국적 또는 외국 국적의 국제항해선박과 선박항만연계활동이 가능한 항만시설

06

☑ 확인 Check! ○ △ ✕

국제선박항만보안법상 국가항만보안계획에 대한 설명이다. 괄호 안에 들어갈 내용으로 옳은 것은?

> 해양수산부장관은 국제항해선박 및 항만시설의 보안에 관한 업무를 효율적으로 수행하기 위하여 ( )마다 항만의 보안에 관한 종합계획(이하 "국가항만보안계획"이라 한다)을 수립·시행하여야 한다.

① 3년 　　　　　　② 5년
③ 7년 　　　　　　④ 10년

07

☑ 확인 Check! ○ △ ✕

국제선박항만보안법상 국가항만보안계획에 대한 설명으로 옳지 않은 것은?

① 국가항만보안계획은 보안위원회의 심의를 거쳐 확정한다.
② 해양수산부장관은 국가항만보안계획이 수립된 때에는 이를 관계 행정기관의 장과 항만에 관한 업무를 관장하는 해양수산부 소속 기관의 장에게 통보하여야 한다.
③ 국가항만보안계획을 통보받은 지방청장은 국가항만보안계획에 따른 관할 구역의 항만에 대한 보안계획(지역항만보안계획)을 수립·시행하여야 한다.
④ 지방청장은 지역항만보안계획을 수립하려는 때에는 해양수산부장관의 허가를 받아야 한다.

08

☑ 확인 Check! ○ △ ✕

국가항만보안계획에 포함되어야 하는 사항이 아닌 것은?

① 항만의 보안에 관한 기본방침
② 항만의 보안에 관한 단기적 정책방향
③ 항만의 보안에 관한 행정기관의 역할
④ 항만의 보안에 관한 항만시설소유자의 역할

09

☑ 확인 Check! ○ △ ×

국가항만보안계획에 포함되어야 하는 사항이 아닌 것은?

① 항만에서의 보안시설·장비의 설치 및 경비·검색인력의 배치
② 항만시설보안책임자 등에 대한 교육·훈련계획
③ 항만보안에 관한 국제협력
④ 항만의 보안에 관한 항만시설이용자의 역할

쏙쏙 해설

국가항만보안계획에는 항만의 보안에 관한 항만시설소유자의 역할이 포함되어야 한다(국제선박항만보안법 제5조 제3항 제4호).

정답 ❹

10

☑ 확인 Check! ○ △ ×

국가항만보안계획과 지역항만보안계획에 대한 설명이다. 괄호 안에 들어갈 내용으로 옳은 것은?

> 해양수산부장관과 지방청장은 국가항만보안계획과 지역항만보안계획이 수립된 후 (　)이 경과한 때에는 그 내용을 검토하여 변경 여부를 결정하여야 한다.

① 1년　　　　　　　② 2년
③ 3년　　　　　　　④ 5년

쏙쏙 해설

해양수산부장관과 지방청장은 국가항만보안계획과 지역항만보안계획이 수립된 후 5년이 경과한 때에는 그 내용을 검토하여 변경 여부를 결정하여야 한다(국제선박항만보안법 제5조 제7항 본문).

정답 ❹

11

☑ 확인 Check! ○ △ ×

지역항만보안계획의 세부내용에 대한 설명으로 옳지 않은 것은?

① 지역항만보안계획의 세부내용·수립절차 및 방법에 관하여 필요한 사항은 해양수산부령으로 정한다.
② 지역항만보안계획의 세부내용으로 관할 구역 항만의 보안에 관한 기본방침이 포함되어야 한다.
③ 지역항만보안계획의 세부내용으로 관할 구역 항만의 항만시설보안책임자 등에 대한 교육·훈련계획이 포함되어야 한다.
④ 지방해양수산청장은 지역항만보안계획을 수립하려는 경우에 필요하면 항만시설소유자의 의견을 들어 반영할 수 있다.

쏙쏙 해설

지역항만보안계획의 세부내용·수립절차 및 방법에 관하여 필요한 사항은 대통령령으로 정한다(국제선박항만보안법 제5조 제9항).
② 국제선박항만보안법 시행령 제3조 제1항 제1호
③ 국제선박항만보안법 시행령 제3조 제1항 제6호
④ 국제선박항만보안법 시행령 제3조 제2항

정답 ❶

PART 03 | 국제항해선박 및 항만시설의 보안에 관한 법률　**259**

12

☑ 확인 Check! ○ △ ✕

지역항만보안계획의 세부내용에 포함되어야 하는 사항을 모두 고르면?

쓱쓱 해설

제시된 내용은 모두 지역항만보안계획의 세부내용에 해당한다.

정답 ④

㉠ 관할 구역 항만의 보안에 관한 기본방침

㉡ 관할 구역 항만의 보안에 관한 중·장기 추진방향

㉢ 관할 구역 항만의 보안에 관한 항만시설소유자의 역할

㉣ 관할 구역 항만에서의 보안시설·장비의 설치 및 경비·검색인력의 배치

㉤ 관할 구역 항만에서의 보안사건에 대한 대비·대응조치

---

① ㉠, ㉡, ㉢

② ㉠, ㉡, ㉣, ㉤

③ ㉠, ㉢, ㉣, ㉤

④ ㉠, ㉡, ㉢, ㉣, ㉤

관계법령

지역항만보안계획의 세부내용 등(국제선박항만보안법 시행령 제3조)

① 법 제5조 제9항에 따른 지역항만보안계획의 세부내용으로 다음 각호의 사항이 포함되어야 한다.

1. 관할 구역 항만의 보안에 관한 기본방침
2. 관할 구역 항만의 보안에 관한 중·장기 추진방향
3. 관할 구역 항만의 항만시설보안에 관한 관련 행정기관의 역할
4. 관할 구역 항만의 보안에 관한 항만시설소유자의 역할
5. 관할 구역 항만에서의 보안시설·장비의 설치 및 경비·검색인력의 배치
6. 관할 구역 항만의 항만시설보안책임자 등에 대한 교육·훈련계획
7. 관할 구역 항만에서의 보안사건에 대한 대비·대응조치
8. 그 밖에 관할 구역 항만의 보안을 확보하기 위하여 필요한 사항

② 지방해양수산청장은 법 제5조 제9항에 따라 지역항만보안계획을 수립하려는 경우에 필요하면 항만시설소유자의 의견을 들어 반영할 수 있다.

③ 지방해양수산청장은 수립된 지역항만보안계획을 관할 구역 국가보안기관의 장에게 통보하여야 한다.

13

☑ 확인Check! ○ △ ✕

보안등급의 설정·조정에 대한 설명으로 옳지 않은 것은?

① 해양수산부장관은 국제항해선박 및 항만시설에 대하여 대통령령으로 정하는 바에 따라 보안등급을 설정하여야 한다.

② 해양수산부장관은 설정된 보안등급의 근거가 되는 보안사건의 발생 위험의 정도가 변경되는 때에는 대통령령으로 정하는 바에 따라 그 보안등급을 조정하여야 한다.

③ 해양수산부장관은 설정·조정된 보안등급을 해당 국제항해선박소유자 또는 항만시설소유자에게 해양수산부령으로 정하는 바에 따라 즉시 통보하여야 한다.

④ 해양수산부장관은 보안등급을 설정하거나 조정하는 경우 관계 국가보안기관의 장과 미리 협의하여야 한다.

쏙쏙 해설

해양수산부장관은 보안등급을 설정하거나 조정하는 경우 보안위원회의 심의를 거쳐야 한다. 다만, 해양수산부장관은 긴급한 필요가 있는 경우 관계 국가보안기관의 장과 미리 협의할 수 있다(국제선박항만보안법 제6조 제4항).
① 국제선박항만보안법 제6조 제1항
② 국제선박항만보안법 제6조 제2항
③ 국제선박항만보안법 제6조 제3항

정답 ④

14

☑ 확인Check! ○ △ ✕

해양수산부장관이 보안등급을 설정하거나 조정하는 경우에 고려하여야 하는 사항이 아닌 것은?

① 보안사건을 일으킬 수 있는 위험에 관한 정보의 구체성

② 보안사건을 일으킬 수 있는 위험에 관한 정보의 긴급성

③ 보안사건을 일으킬 수 있는 위험에 관한 정보의 신뢰성

④ 보안사건이 일어날 때 예상치 못한 상황에 대한 대응조치

쏙쏙 해설

해양수산부장관이 보안등급을 설정하거나 조정하는 경우에 고려하여야 하는 사항은 ①·②·③ 외 보안사건이 일어날 때 예상되는 피해 정도이다.

정답 ④

관계법령

보안등급의 설정·조정 등(국제선박항만보안법 시행령 제4조)
① 해양수산부장관은 법 제6조 제1항 및 제2항에 따라 보안등급을 설정하거나 조정하는 경우에 다음 각호의 사항을 고려하여야 한다.
  1. 보안사건을 일으킬 수 있는 위험에 관한 정보의 구체성, 긴급성 및 신뢰성
  2. 보안사건이 일어날 때 예상되는 피해 정도

15

보안등급의 설정 · 조정 등에 대한 설명으로 옳지 않은 것은?

① 해양수산부장관은 보안등급을 설정하거나 조정하는 경우에 보안사건을 일으킬 수 있는 위험에 관한 정보의 구체성, 긴급성 및 신뢰성의 사항을 고려하여야 한다.

② 보안 1등급은 국제항해선박과 항만시설에 보안사건이 일어날 가능성이 뚜렷하거나 임박한 상황이어서 일정기간 최상의 보안조치가 유지되어야 하는 비상수준이다.

③ 보안 2등급은 국제항해선박과 항만시설에 보안사건이 일어날 가능성이 증대되어 일정기간 강화된 보안조치가 유지되어야 하는 경계수준이다.

④ 해양수산부장관은 국제항해선박에 대하여는 선박의 종류 · 항로 또는 해역별로 그 운항 특성을 고려하여 보안등급을 설정하거나 조정할 수 있다.

쏙쏙 해설

보안 1등급은 국제항해선박과 항만시설이 정상적으로 운영되는 상황으로 일상적인 최소한의 보안조치가 유지되어야 하는 평상수준을 말한다(국제선박항만보안법 시행령 제4조 제2항 제1호).
① 국제선박항만보안법 시행령 제4조 제1항 제1호
③ 국제선박항만보안법 시행령 제4조 제2항 제2호
④ 국제선박항만보안법 시행령 제4조 제3항 전단

정답 ❷

관계법령

보안등급의 설정 · 조정 등(국제선박항만보안법 시행령 제4조)
① 해양수산부장관은 법 제6조 제1항 및 제2항에 따라 보안등급을 설정하거나 조정하는 경우에 다음 각호의 사항을 고려하여야 한다.
  1. 보안사건을 일으킬 수 있는 위험에 관한 정보의 구체성, 긴급성 및 신뢰성
  2. 보안사건이 일어날 때 예상되는 피해 정도
② 제1항에 따른 보안등급은 다음 각호로 구분한다.
  1. 보안 1등급 : 국제항해선박과 항만시설이 정상적으로 운영되는 상황으로 일상적인 최소한의 보안조치가 유지되어야 하는 평상수준
  2. 보안 2등급 : 국제항해선박과 항만시설에 보안사건이 일어날 가능성이 증대되어 일정기간 강화된 보안조치가 유지되어야 하는 경계수준
  3. 보안 3등급 : 국제항해선박과 항만시설에 보안사건이 일어날 가능성이 뚜렷하거나 임박한 상황이어서 일정기간 최상의 보안조치가 유지되어야 하는 비상수준
③ 해양수산부장관은 국제항해선박에 대하여는 선박의 종류 · 항로 또는 해역별로 그 운항 특성을 고려하여 보안등급을 설정하거나 조정할 수 있으며, 항만시설에 대하여는 항만별 또는 항만시설 단위별로 그 기능별 특성을 고려하여 보안등급을 설정하거나 조정할 수 있다.

16

국제항해선박소유자의 보안 1등급 세부 보안조치사항이 아닌 것은?

① 국제항해선박에 승선할 수 있는 출입구별로 당직자를 배치하거나 폐쇄하여 무단출입을 방지할 것

② 국제항해선박에 승선할 수 있는 출입구를 2분의 1 이상 폐쇄할 것

③ 국제항해선박에 승선하려는 자의 소지품을 검색하고 무기류는 선내 반입을 금지할 것

④ 국제항해선박 내 보안이 필요한 구역은 제한구역으로 지정하여 선박보안책임자의 허락 없이 출입할 수 없도록 할 것

쏙쏙 해설

국제항해선박에 승선할 수 있는 출입구를 2분의 1 이상 폐쇄하는 것은 국제항해선박소유자의 보안 2등급 세부 보안조치사항에 해당한다(국제선박항만보안법 시행규칙 [별표 1]).

정답 ❷

관계법령

국제항해선박소유자의 보안등급별 세부 보안조치사항(국제선박항만보안법 시행규칙 [별표 1])

구 분		조치사항
국제항해선박소유자 조치사항	보안 1등급	1. 국제항해선박에 승선할 수 있는 출입구별로 당직자를 배치하거나 폐쇄하여 무단출입을 방지할 것 2. 국제항해선박에 승선하려는 자의 신원을 확인할 것 3. 국제항해선박에 승선하려는 자의 소지품을 검색하고 무기류는 선내 반입을 금지할 것 4. 국제항해선박 내 보안이 필요한 구역은 제한구역으로 지정하여 선박보안책임자의 허락 없이 출입할 수 없도록 할 것 5. 국제항해선박 주위와 선박 내의 제한구역을 주기적으로 감시할 것 6. 국제항해선박에 선적되는 화물과 선용품을 검색할 것 7. 그 밖에 법 제4조에 따른 국제협약에서 국제항해선박에 대하여 보안 1등급에서 취하도록 정한 보안조치를 할 것
	보안 2등급	1. 국제항해선박에 대한 보안 1등급 시의 조치사항을 이행할 것 2. 국제항해선박에 승선할 수 있는 출입구를 2분의 1 이상 폐쇄할 것 3. 해상을 통하여 국제항해선박에 접근하는 행위를 감시하고 접근하는 자나 선박 등에 경고 등의 조치를 할 것 4. 국제항해선박에 승선하려는 자에 대하여 검색대를 설치하여 검색할 것 5. 제한구역에 근무자를 배치하여 상시 순찰할 것 6. 국제항해선박에 선적되는 화물 및 선용품에 대하여 금속탐지기 등으로 정밀검색을 할 것 7. 그 밖에 법 제4조에 따른 국제협약에서 국제항해선박에 대하여 보안 2등급에서 취하도록 정한 보안조치를 할 것
	보안 3등급	1. 국제항해선박에 대한 보안 2등급 시의 조치사항을 이행할 것 2. 선박출입구를 하나로 제한하고 보안상 필요한 자에게만 승선을 허락할 것 3. 국제항해선박에 화물이나 선용품 선적을 중단할 것 4. 국제항해선박 전체를 수색할 것 5. 국제항해선박의 모든 조명장치를 점등할 것 6. 국제항해선박(여객선에 한정한다)에 위탁수하물의 선적을 금지할 것 7. 그 밖에 법 제4조에 따른 국제협약에서 국제항해선박에 대하여 보안 3등급에서 취하도록 정한 보안조치를 할 것

17

☑ 확인Check! ○ △ ✕

국제항해선박소유자의 보안 2등급 세부 보안조치사항이 아닌 것은?

① 제한구역에 근무자를 배치하여 상시 순찰할 것
② 해상을 통하여 국제항해선박에 접근하는 행위를 감시하고 접근하는 자나 선박 등에 경고 등의 조치를 할 것
③ 국제항해선박에 승선하려는 자에 대하여 검색대를 설치하여 검색할 것
④ 국제항해선박 전체를 수색할 것

18

☑ 확인Check! ○ △ ✕

국제항해선박소유자의 보안 3등급 세부 보안조치사항이 아닌 것은?

① 선박출입구를 폐쇄할 것
② 국제항해선박에 화물이나 선용품 선적을 중단할 것
③ 국제항해선박 전체를 수색할 것
④ 국제항해선박의 모든 조명장치를 점등할 것

19

☑ 확인Check! ○ △ ✕

항만시설소유자의 보안 1등급 세부 보안조치사항이 아닌 것은?

① 항만시설을 순찰하는 인원을 평상시보다 늘려 배치할 것
② 허락받지 아니한 인원과 무기류의 항만시설 반입을 금지할 것
③ 항만시설 내에 보안상 필요에 따라 제한구역을 설정하고, 제한구역은 허가받은 인원만이 출입할 수 있도록 할 것
④ 화물과 선용품의 반입·반출, 항만시설 내 이동, 보관 및 처리과정에서의 보안상 위협을 초래하는 불법행위가 발생하지 아니하도록 감시할 것

항만시설소유자의 보안등급별 세부 보안조치사항(국제선박항만보안법 시행규칙 [별표 1])

구 분		조치사항
항만시설소유자 조치사항	보안 1등급	1. 항만시설을 출입하는 인원이나 차량에 대한 일상적인 보안검색, 경계 및 무단출입 방지 업무를 수행할 것 2. 허락받지 아니한 인원과 무기류의 항만시설 반입을 금지할 것 3. 항만시설 내에 보안상 필요에 따라 제한구역을 설정하고, 제한구역은 허가받은 인원만이 출입할 수 있도록 할 것 4. 화물과 선용품의 반입·반출, 항만시설 내 이동, 보관 및 처리과정에서의 보안상 위협을 초래하는 불법행위가 발생하지 아니하도록 감시할 것 5. 항만시설 보안업무 담당자 간 통신수단을 확보하고 통신보안에 대한 조치를 마련할 것 6. 국제여객터미널에서 탑승하는 여객의 위탁수하물에 대한 검색을 할 것 7. 그 밖에 법 제4조에 따른 국제협약에서 항만시설에 대하여 보안 1등급에서 취하도록 정한 보안조치를 할 것
	보안 2등급	1. 항만시설에 대한 보안 1등급 시의 조치사항을 이행할 것 2. 항만시설을 순찰하는 인원을 평상시보다 늘려 배치할 것 3. 항만시설 출입구 2분의 1 이상을 폐쇄할 것 4. 출입자, 출입차량 및 출입자 소지품의 검색 비율을 높여 검색할 것 5. 해상에서의 보안강화를 위하여 순찰선을 운항시킬 것 6. 항만시설에 대한 감시장비를 계속적으로 운용하고 운용기록은 상시 유지할 것 7. 항만시설 출입구에 철제차단기 등 접근 차단시설을 설치할 것 8. 정박한 선박 주위에 차량의 주차를 통제할 것 9. 국제여객터미널에서 탑승하는 여객의 위탁수하물을 금속탐지기 등으로 정밀검색할 것 10. 그 밖에 법 제4조에 따른 국제협약에서 항만시설에 대하여 보안 2등급에서 취하도록 정한 보안조치를 할 것
	보안 3등급	1. 항만시설에 대한 보안 2등급 시의 조치사항을 이행할 것 2. 항만시설보안계획으로 지정한 항만시설에 대한 접근금지 조치를 할 것 3. 항만시설보안계획으로 지정한 항만시설에서 화물이동 및 차량이동을 중지시킬 것 4. 항만시설보안계획으로 지정한 항만시설의 운영을 중지할 것 5. 항만시설보안계획으로 지정한 항만시설에서 대피 조치를 할 것 6. 항만시설 내 제한구역에 대한 검색을 할 것 7. 항만시설 내 위험물질의 보호조치 및 통제를 할 것 8. 항만시설 내 선용품의 인도를 중지할 것 9. 위탁수하물의 취급을 금지할 것 10. 그 밖에 법 제4조에 따른 국제협약에서 항만시설에 대하여 보안 3등급에서 취하도록 정한 보안조치를 할 것

20

☑ 확인Check! ○ △ ✕

항만시설소유자의 보안 2등급 세부 보안조치사항이 아닌 것은?

① 출입자, 출입차량 및 출입자 소지품의 검색 비율을 높여 검색할 것
② 해상에서의 보안강화를 위하여 순찰선을 운항시킬 것
③ 항만시설에 대한 감시장비를 계속적으로 운용하고 운용기록은 상시 유지할 것
④ 위탁수하물의 취급을 금지할 것

21

☑ 확인Check! ○ △ ✕

항만시설소유자의 보안 3등급 세부 보안조치사항이 아닌 것은?

① 항만시설보안계획으로 지정한 항만시설에 대한 접근금지 조치를 할 것
② 항만시설보안계획으로 지정한 항만시설에서 화물이동 및 차량이동을 중지시킬 것
③ 항만시설보안계획으로 지정한 항만시설의 운영을 중지할 것
④ 항만시설 내 모든 구역에 대한 검색을 할 것

22

☑ 확인Check! ○ △ ✕

항만시설보안책임자가 수행하는 사무가 아닌 것은?

① 항만시설보안계획서의 작성 및 승인신청
② 항만시설의 보안점검
③ 항만시설 보안장비의 유지 및 관리
④ 선박보안책임자가 요청하는 승선 요구자 신원확인

23

☑ 확인Check! ○ △ ✕

항만시설보안책임자에 대한 설명으로 옳지 않은 것은?

① 항만시설소유자는 그가 소유하거나 관리·운영하는 항만시설의 보안업무를 효율적으로 수행하게 하기 위하여 해양수산부령으로 정하는 전문지식 등 자격요건을 갖춘 자를 보안책임자로 지정하여야 한다.

② 항만시설소유자는 항만시설의 구조 및 기능에 따라 필요하다고 인정되는 때에는 2개 이상의 항만시설에 대하여 1인의 항만시설보안책임자를 지정하거나 1개의 항만시설에 대하여 2인 이상의 항만시설보안책임자를 지정할 수 있다.

③ 항만시설소유자가 항만시설보안책임자를 지정한 때에는 10일 이내에 해양수산부령으로 정하는 바에 따라 그 사실을 해양수산부장관에게 통보하여야 한다.

④ 항만시설보안책임자의 지정 또는 변경지정의 통보는 항만시설보안책임자의 자격요건을 증명하는 서류를 첨부하여 항만시설보안책임자 지정·변경지정 통보서로 한다.

쏙쏙 해설

항만시설소유자가 항만시설보안책임자를 지정한 때에는 7일 이내에 해양수산부령으로 정하는 바에 따라 그 사실을 해양수산부장관에게 통보하여야 한다(국제선박항만보안법 제23조 제2항 전문).
① 국제선박항만보안법 제23조 제1항 전문
② 국제선박항만보안법 제23조 제1항 후문
④ 국제선박항만보안법 시행규칙 제27조 제2항

정답 ❸

24

☑ 확인Check! ○ △ ✕

항만시설보안평가에 대한 설명으로 옳지 않은 것은?

① 해양수산부장관은 항만시설에 대하여 보안과 관련한 시설·장비·인력 등에 대한 보안평가를 실시하여야 한다.

② 해양수산부장관은 항만시설보안평가를 실시할 경우 관계 국가보안기관의 장과 미리 협의하여야 한다.

③ 해양수산부장관은 항만시설보안평가를 실시한 때에는 항만시설보안평가의 결과를 문서로 작성하여 해당 항만시설소유자에게 통보하여야 한다.

④ 해양수산부장관은 항만시설보안평가에 대하여 3년마다 재평가를 실시하여야 한다.

쏙쏙 해설

해양수산부장관은 항만시설보안평가에 대하여 5년마다 재평가를 실시하여야 한다(국제선박항만보안법 제24조 제3항 본문).
① 국제선박항만보안법 제24조 제1항 전문
② 국제선박항만보안법 제24조 제1항 후문
③ 국제선박항만보안법 제24조 제2항

정답 ❹

25

☑ 확인 Check! ○ △ ✕

항만시설보안계획서에 대한 설명으로 옳지 않은 것은?

① 항만시설소유자는 항만시설보안평가의 결과를 반영하여 보안 취약요소에 대한 개선방안과 보안등급별 조치사항 등을 정한 보안계획서를 작성하여 주된 사무소에 비치하여야 한다.

② 항만시설보안계획서에는 보안사고와 같은 보안상의 위협으로 부터 항만시설(항만운영과 관련된 정보와 전산·통신시스템을 포함한다)·선박·화물·선용품 및 사람 등을 보호하는 데 필요한 보안조치사항이 포함되어야 한다.

③ 항만시설보안계획서를 작성한 때에는 해양수산부장관의 승인을 받아야 한다.

④ 해양수산부장관은 항만시설보안계획서를 승인하는 경우에는 관계 국가보안기관의 장과 협의할 필요가 없다.

쏙쏙 해설

해양수산부장관은 항만시설보안계획서를 승인하는 경우에는 미리 관계 국가보안기관의 장과 미리 협의하여야 한다(국제선박항만보안법 제25조 제4항).
① 국제선박항만보안법 제25조 제1항
② 국제선박항만보안법 제25조 제2항 전단
③ 국제선박항만보안법 제25조 제3항 전문

정답 ④

26

☑ 확인 Check! ○ △ ✕

항만시설보안계획서에 포함되어야 할 사항 또는 계획이 아닌 것은?

① 폭발물 또는 무기류 등 허용되지 아니한 물품이나 장비를 항만시설 또는 선박에서 반출하기 위한 필요한 조치

② 항만시설과 선박항만연계활동에 대한 보안상의 위협 또는 보안상의 침해에 대한 대응절차

③ 항만시설 내 폐쇄회로 텔레비전(CCTV)의 설치 간격, 기종, 감시방향 등을 나타내는 평면도

④ 항만시설보안책임자와 보안담당자의 임무

쏙쏙 해설

폭발물 또는 무기류 등 허용되지 아니한 물품이나 장비를 항만시설 또는 선박으로 반입하거나, 항만시설 또는 선박에서 반출하는 것을 막기 위하여 필요한 조치가 포함되어야 한다(국제선박항만보안법 시행규칙 제29조 제1항 제1호).
②·③·④는 각각 국제선박항만보안법 시행규칙 제29조 제1항 제3호·제13호·제5호 사유이다.

정답 ①

27

☑ 확인Check! ○ △ ✕

항만시설보안심사의 시기로 올바르게 연결된 것은?

① 최초보안심사 – 항만시설 운영개시일 1개월 전부터 운영개시일 전날까지

② 중간보안심사 – 항만시설적합확인서 유효기간 개시일부터 매 1년이 되는 날을 기준일로 하여 그 기준일 3개월 전부터 그 기준일 이후 3개월이 되는 날까지

③ 갱신보안심사 – 항만시설적합확인서의 유효기간 만료일 1개월 전부터 유효기간 만료일까지

④ 갱신보안심사 – 항만시설적합확인서의 유효기간 만료일 6개월 전부터 유효기간 만료일까지

쏙쏙 해설

항만시설보안심사의 시기로 올바른 것은 ②이다.
①은 항만시설 운영개시일 3개월 전부터, ③·④는 항만시설적합확인서의 유효기간 만료일 3개월 전부터가 올바른 시기이다.

정답 ❷

관계법령

항만시설보안심사의 시기 등(국제선박항만보안법 시행규칙 제32조)
① 법 제26조 제1항 제1호에서 제3호까지의 항만시설보안심사(이하 "항만시설보안심사"라 한다)는 다음의 각호의 구분에 따른 시기에 시행한다.
   1. 최초보안심사 : 항만시설 운영개시일 3개월 전부터 운영개시일 전날까지
   2. 갱신보안심사 : 항만시설적합확인서의 유효기간 만료일 3개월 전부터 유효기간 만료일까지
   3. 중간보안심사 : 항만시설적합확인서 유효기간 개시일부터 매 1년이 되는 날을 기준일로 하여 그 기준일 3개월 전부터 그 기준일 이후 3개월이 되는 날까지

28

☑ 확인 Check! ○ △ ✕

항만시설보안심사에 대한 설명으로 옳지 않은 것은?

① 항만시설소유자는 그가 소유하거나 관리·운영하고 있는 항만시설에 대하여 항만시설보안계획서에 따른 조치 등을 적정하게 시행하고 있는지 여부를 확인받기 위하여 해양수산부장관에게 항만시설보안심사를 받아야 한다.

② 항만시설보안심사는 최초보안심사, 갱신보안심사, 중간보안심사로 구분된다.

③ 해양수산부장관은 오직 항만시설에서 보안사건이 발생한 경우에만 항만시설에 대하여 항만시설보안계획서의 작성·시행 등에 관한 이행 여부를 확인하는 특별항만시설보안심사를 실시할 수 있다.

④ 해양수산부장관은 특별항만시설보안심사를 실시할 경우 관계 국가보안기관의 장과 미리 협의하여야 한다.

29

☑ 확인 Check! ○ △ ✕

항만시설적합확인서의 교부에 대한 설명으로 옳지 않은 것은?

① 해양수산부장관은 최초보안심사 또는 갱신보안심사에 합격한 항만시설에 대하여 해양수산부령으로 정하는 항만시설적합확인서를 교부하여야 한다.

② 해양수산부장관은 중간보안심사 또는 특별항만시설보안심사에 합격한 항만시설에 대하여는 항만시설적합확인서에 그 심사 결과를 표기할 필요는 없다.

③ 항만시설소유자는 항만시설적합확인서의 원본을 주된 사무소에 비치하여야 한다.

④ 지방해양수산청장은 중간보안심사 또는 특별항만시설보안심사에 합격한 항만시설에 대하여 항만시설적합확인서에 심사자 서명, 심사장소, 합격일자, 지방해양수산청장의 관인의 사항을 표기하여야 한다.

30

☑확인 Check! ○ △ ✕

항만시설적합확인서의 유효기간에 대한 설명으로 옳지 않은 것은?

① 항만시설적합확인서의 유효기간은 항만시설적합확인서를 신청한 날부터 5년으로 한다.

② 중간보안심사에 불합격한 항만시설의 항만시설적합확인서의 유효기간은 적합한 항만시설보안심사에 합격될 때까지 그 효력이 정지된다.

③ 항만시설소유자는 천재지변 또는 보안사건이 발생하는 등 중요한 보안 상황의 변경으로 갱신보안심사 기간 중에 갱신보안심사를 받을 수 없는 사유가 발생하면 해양수산부장관에게 항만시설적합확인서 유효기간의 연장을 신청할 수 있다.

④ 해양수산부장관은 항만시설소유자로부터 항만시설적합확인서의 유효기간 연장신청을 받으면 그 사유의 타당성을 검토하여 3개월의 범위에서 항만시설적합확인서의 유효기간을 연장할 수 있다.

쏙쏙 해설

법 제28조 제1항에 따른 항만시설적합확인서의 유효기간은 발급일부터 5년으로 하고, 같은 항에 따른 임시항만시설적합확인서의 유효기간은 발급일부터 6개월로 한다(국제선박항만보안법 시행령 제10조 제1항).
② 국제선박항만보안법 제28조 제3항
③ 국제선박항만보안법 시행령 제10조 제3항
④ 국제선박항만보안법 시행령 제10조 제4항

정답 ❶

31

☑확인 Check! ○ △ ✕

항만시설보안기록부의 작성·비치에 대한 설명으로 옳지 않은 것은?

① 항만시설소유자는 그가 소유하거나 관리·운영하는 항만시설에 대하여 보안에 관한 위협 및 조치사항 등을 기록한 장부를 작성하고, 이를 해당 항만시설에 위치한 사무소에 비치하여야 한다.

② 항만시설보안기록부의 기재사항·작성방법 및 비치방법 등에 관하여 필요한 사항은 해양수산부령으로 정한다.

③ 항만시설보안기록부는 전자문서로 작성할 수 없다.

④ 항만시설보안기록부는 무단으로 열람, 변경, 삭제 또는 파손되지 아니하도록 관리하여야 한다.

쏙쏙 해설

항만시설보안기록부는 전자문서로 작성할 수 있다(국제선박항만보안법 시행규칙 제37조 제2항).
① 국제선박항만보안법 제30조 제1항
② 국제선박항만보안법 제30조 제2항
④ 국제선박항만보안법 시행규칙 제37조 제3항 전단

정답 ❸

32

☑ 확인 Check! ○ △ ✕

항만시설보안기록부의 기재사항이 아닌 것은?

① 보안교육·훈련의 내용

② 항만시설을 운영하는 과정에서 발생한 보안사건이나 보안침해의 내용

③ 항만시설의 규모

④ 내부보안심사 결과와 조치 내용

①·②·④ 외에 '항만시설의 보안등급과 항만시설보안평가서와 항만시설보안계획서의 검토 및 보안에 관한 사항'을 기록하여야 한다(국제선박항만보안법 시행규칙 제37조 제1항).

정답 ❸

관계법령

항만시설보안기록부의 기재사항 등(국제선박항만보안법 시행규칙 제37조)

① 항만시설소유자는 법 제30조 제2항에 따라 별지 제21호 서식의 항만시설보안기록부에 다음 각호의 사항을 기록하도록 하여야 한다.
  1. 법 제39조에 따른 보안교육·훈련의 내용
  2. 항만시설을 운영하는 과정에서 발생한 보안사건이나 보안침해의 내용
  3. 항만시설의 보안등급
  4. 내부보안심사 결과와 조치 내용
  5. 항만시설보안평가서와 항만시설보안계획서의 검토 및 보완에 관한 사항
② 항만시설보안기록부는 전자문서로 작성할 수 있다.
③ 법 제30조 제1항 및 제2항에 따라 작성된 항만시설보안기록부는 무단으로 열람, 변경, 삭제 또는 파손되지 아니하도록 관리하여야 하고, 항만시설에는 최근 3년간의 항만시설보안에 관한 내용이 수록된 항만시설보안기록부를 갖추어 두어야 한다.

33

☑ 확인 Check! ○ △ ✕

국제항해여객선 승객 등의 보안검색에 대한 설명으로 옳지 않은 것은?

① 여객선으로 사용되는 국제항해여객선에 승선하는 자는 신체·휴대물품 및 위탁수하물에 대한 보안검색을 받아야 한다.

② 보안검색은 해당 국제여객터미널을 운영하는 항만시설소유자가 실시한다.

③ 항만시설소유자가 실시하는 보안검색 중 신체 및 휴대물품의 보안검색의 업무에 대하여는 관할 세관장이 지도·감독한다.

④ 항만시설소유자가 실시하는 보안검색 중 위탁수하물의 보안검색에 대하여는 관할 세관장이 지도·감독한다.

항만시설소유자가 실시하는 보안검색 중 신체 및 휴대물품의 보안검색의 업무에 대하여는 관할 경찰관서의 장이 지도·감독한다(국제선박항만보안법 제30조의2 제4항 전단).

정답 ❸

국제항해여객선 승객 등의 보안검색(국제선박항만보안법 제30조의2)

① 여객선으로 사용되는 대한민국 국적 또는 외국 국적의 국제항해선박(이하 "국제항해여객선"이라 한다)에 승선하는 자는 신체·휴대물품 및 위탁수하물에 대한 보안검색을 받아야 한다.

② 제1항에 따른 보안검색은 해당 국제여객터미널을 운영하는 항만시설소유자가 실시한다. 다만, 파업 등으로 항만시설소유자가 보안검색을 실시할 수 없는 경우에는 제4항에 따른 지도·감독기관의 장이 소속직원으로 하여금 보안검색을 실시하게 하여야 한다.

③ 삭제

④ 항만시설소유자가 제2항 본문에 따라 실시하는 보안검색 중 신체 및 휴대물품의 보안검색의 업무에 대하여는 관할 경찰관서의 장이 지도·감독하고, 위탁수하물의 보안검색에 대하여는 관할 세관장이 지도·감독한다.

⑤ 제1항에 따른 보안검색의 실시방법과 절차 등에 관하여 필요한 사항은 해양수산부령으로 정한다.

34

☑ 확인 Check! ○ △ ✕

국제항해여객선 승객 등의 보안검색의 실시방법과 절차에 대한 설명으로 옳지 않은 것은?

① 국제여객터미널을 운영하는 항만시설소유자는 국제항해여객선에 승선하는 자의 신체·휴대물품 및 위탁수하물에 대하여 보안검색장비를 사용하여 보안검색을 하여야 한다.

② 항만시설소유자는 보안검색을 거부하거나 폭발물이나 무기류 등을 휴대한 자가 보안검색이 완료된 지역으로 진입할 수 없도록 필요한 조치를 하여야 한다.

③ 항만시설소유자는 보안검색 결과 승선하는 자가 휴대한 폭발물이나 무기류 등이 선박보안을 침해하지 아니한다고 인정하는 경우라도 위탁수하물로 싣게 할 수 없다.

④ 항만시설소유자는 보안검색장비가 정상적으로 작동되지 아니하는 경우에 승선하는 자의 동의를 받아 직접 신체의 검색을 하거나 휴대물품의 개봉검색을 하여야 한다.

쏙쏙 해설

항만시설소유자는 보안검색 결과 승선하는 자가 휴대한 폭발물이나 무기류 등이 선박보안을 침해하지 아니한다고 인정하는 경우에는 위탁수하물로 싣게 할 수 있다(국제선박항만보안법 시행규칙 제37조의2 제4항).

① 국제선박항만보안법 시행규칙 제37조의2 제1항

② 국제선박항만보안법 시행규칙 제37조의2 제2항

④ 국제선박항만보안법 시행규칙 제37조의2 제3항 제1호

정답 ❸

35

☑ 확인 Check! ○ △ ✕

경비 · 검색업무 수탁업체의 지정 요건으로 옳지 않은 것은?

① 「경비업법」에 따른 특수경비업무의 허가를 받은 경비업자일 것
② 자본금이 10억원 이상일 것
③ 부산항 및 인천항의 경우 「경비업법 시행규칙」 제15조 제2항에 따른 특수경비원 신임교육이수증을 교부받은 특수경비원이 100명 이상일 것
④ 울산항, 광양항, 포항항, 평택 · 당진항 및 대산항의 경우 특수경비원 신임교육이수증을 교부받은 특수경비원이 50명 이상일 것

쏙쏙 해설

경비 · 검색업무 수탁업체 지정 요건으로 자본금 10억원 이상일 것을 요구하는 것은 부산항의 경우에 한정된 유효요건이다.

정답 ❷

관계법령

경비 · 검색업무 수탁업체 지정 요건(국제선박항만보안법 시행규칙 제38조)

법 제31조 제3항에서 "자본금 등 해양수산부령으로 정하는 지정 요건"이란 다음 각호의 요건을 말한다. 〈개정 2021.2.19.〉

1. 「경비업법」 제2조 제1호 마목에 따른 특수경비업무의 허가를 받은 경비업자일 것
2. 다음 각목의 구분에 따른 자본금을 갖출 것
   가. 부산항의 경우 : 10억원 이상일 것
   나. 그 밖의 「항만법」 제3조 제1항 제1호에 따른 무역항의 경우 : 5억원 이상일 것
3. 다음 각목의 구분에 따른 인력을 갖출 것
   가. 부산항 및 인천항의 경우 : 「경비업법 시행규칙」 제15조 제2항에 따른 특수경비원 신임교육이수증(이하 "특수경비원 신임교육이수증"이라 한다)을 교부받은 특수경비원이 100명 이상일 것
   나. 울산항, 광양항, 포항항, 평택 · 당진항 및 대산항의 경우 : 특수경비원 신임교육이수증을 교부받은 특수경비원이 50명 이상일 것
   다. 그 밖의 「항만법」 제3조 제1항 제1호에 따른 무역항의 경우 : 특수경비원 신임교육이수증을 교부받은 특수경비원이 20명 이상일 것

36

경비 · 검색인력 및 보안시설 · 장비의 확보 등에 대한 설명으로 옳지 않은 것은?

① 항만시설소유자는 그가 소유하거나 관리 · 운영하는 항만시설에 대하여 보안을 확보 · 유지하고 국제항해여객선 승객 등의 보안검색을 하는 데 필요한 경비 · 검색인력을 확보하고 필요한 시설과 장비를 신축 · 증축 · 개축하거나 설치하고 이를 유지 · 보수하여야 한다.

② 해양수산부장관은 경비 · 검색업무 수탁업체의 지정을 취소하는 경우 청문을 하여야 한다.

③ 해양수산부장관은 항만시설소유자의 추천을 받은 업체로서 자본금 등 해양수산부령으로 정하는 지정 요건을 갖춘 자를 해당 항만시설의 경비 · 검색업무의 수탁업체로 지정하여야 한다.

④ 해양수산부장관은 지정을 받은 업체가 「경비업법」에 따른 경비업의 허가가 취소되거나 영업이 정지된 경우에는 그 지정을 취소할 수 있다.

쏙쏙 해설

해양수산부장관은 지정을 받은 업체가 거짓이나 그 밖의 부정한 방법으로 지정을 받은 경우 또는 「경비업법」에 따른 경비업의 허가가 취소되거나 영업이 정지된 경우에는 그 지정을 취소하여야 한다(국제선박항만보안법 제31조 제4항 제1호 · 제2호).
① 국제선박항만보안법 제31조 제1항
② 국제선박항만보안법 제31조 제5항
③ 국제선박항만보안법 제31조 제3항

정답 ④

37

경비 · 검색인력의 세부기준으로 (   ) 안에 알맞은 내용은?

> 부두의 주된 출입구 또는 주된 출입구 외에 사람과 차량이 상시 출입하는 그 밖의 출입구에는 경비 · 검색인력으로 「청원경찰법」에 따른 청원경찰 또는 「경비업법」에 따른 특수경비원을 (   ) 이상(수리만을 목적으로 하는 조선소의 부두 출입구의 경우에는 1명 이상)을 상시 배치한다.

① 1명　　　　　　② 2명
③ 3명　　　　　　④ 4명

쏙쏙 해설

부두의 주된 출입구 또는 주된 출입구 외에 사람과 차량이 상시 출입하는 그 밖의 출입구에는 경비 · 검색인력으로 「청원경찰법」에 따른 청원경찰 또는 「경비업법」 제2조 제3호 나목에 따른 특수경비원을 2명 이상(수리만을 목적으로 하는 조선소의 부두 출입구의 경우에는 1명 이상)을 상시 배치한다(국제선박항만보안법 시행규칙 [별표 4] 경비 · 검색인력 제1호).

정답 ②

38

보안시설(외곽 울타리·담 또는 장벽)의 세부기준으로 옳지 않은 것은?

① 울타리 등의 높이[윤형(輪形)철조망 등 장애물의 높이를 제외한다]는 지면에서부터 울타리 등의 상단까지 2.7m 이상으로 할 것

② 울타리 등의 하단과 지면의 간격은 5cm(배수시설의 설치 등으로 불가피한 경우에는 20cm로 한다) 이하로 할 것

③ 울타리 등의 상단에는 윤형철조망 등 장애물을 설치할 것

④ 울타리 등의 기둥은 지하 100cm 이상 깊이로 묻을 것

관계법령

경비·검색인력 및 보안시설·장비의 세부기준(국제선박항만보안법 시행규칙 [별표 4])

구 분	세부 기준
보안시설 (외곽 울타리·담 또는 장벽)	1. 법 제33조 제1항 제3호에 따른 지역의 항만시설소유자는 그 지역을 보호하기 위하여 울타리, 담 또는 장벽(이하 이 표에서 "울타리등"이라 한다)을 다음 각목의 기준에 따라 설치한다. 　가. 울타리등의 높이[윤형(輪形)철조망 등 장애물의 높이를 제외한다]는 지면에서부터 울타리등의 상단까지 2.7m 이상으로 할 것 　나. 울타리등의 하단과 지면의 간격은 5cm(배수시설의 설치 등으로 불가피한 경우에는 20cm로 한다) 이하로 할 것 　다. 울타리등의 상단에는 윤형철조망 등 장애물을 설치할 것 　라. 울타리등의 기둥은 지하 60cm 이상 깊이로 묻을 것(지하 시설 또는 암반 등으로 불가피한 경우에는 40cm 이상의 깊이로 묻고 콘크리트 등으로 보강한다) 　마. 울타리는 절단 및 훼손 등에 강한 재질을 사용하고, 강도는 사람이 통과할 수 있는 크기(62cm×62cm)로서 절단하는 시간이 25초 이상 소요되도록 설치할 것 2. 제1호에도 불구하고 낭떠러지 등 자연의 방어벽, 안벽(岸壁) 등 계류시설 또는 다른 항만시설과 인접하여 울타리등을 설치할 필요가 없는 경우에는 설치하지 아니한다. 3. 항만친수시설, 도심과 인접한 지역 및 관광지 등의 경우 항만보안을 유지할 수 있는 범위에서 제1호 다목에 따른 윤형철조망 등 장애물을 설치하지 아니할 수 있다. 다만, 높이는 2.7m 이상을 유지하고, 폐쇄회로 텔레비전과 감지기 등 침입탐지장비를 중복하여 설치하여야 한다.

39

보안시설의 세부기준으로 (   ) 안에 알맞은 내용은?

☑ 확인Check! ○ △ ✕

> 항만시설(육상구역에만 해당한다)의 출입구, 선박계류지역, 야적장 및 울타리 등에는 지면과 같은 높이에서 (   ) 이상의 조도가 유지되도록 조명등(보안등)을 설치한다.

① 1럭스(Lux)
② 2럭스(Lux)
③ 3럭스(Lux)
④ 4럭스(Lux)

쏙쏙 해설

항만시설(육상구역에만 해당한다)의 출입구, 선박계류지역, 야적장 및 울타리 등에는 지면과 같은 높이에서 2럭스(Lux) 이상의 조도가 유지되도록 조명등(보안등)을 설치한다(국제선박항만보안법 시행규칙 [별표 4] 보안시설(조명시설) 제1호).

정답 ❷

40

보안장비(폐쇄회로 텔레비전, 감지기 등 침입탐지장비)의 세부기준으로 (   ) 안에 알맞은 내용은?

☑ 확인Check! ○ △ ✕

쏙쏙 해설

(   ) 안에 들어갈 내용은 ㉠은 10m, ㉡은 90일, ㉢은 30cm이다.

정답 ❷

> • 폐쇄회로 텔레비전을 설치할 때에는 감시사각지대가 발생하지 아니하도록 감시구역이 (㉠) 이상 중첩되도록 설치하고, 모든 폐쇄회로 텔레비전의 영상 및 침입탐지장비 알람 등 보안장비의 각종 기록은 (㉡) 이상 보관한다.
>
> • 폐쇄회로 텔레비전의 성능은 확대 등의 수단으로 사람의 얼굴 또는 (㉢) 크기의 물체를 식별할 수 있는 정도의 해상도를 유지하여야 하고, 감지기 등 종류가 다른 1개 이상의 침입탐지장비를 중복하여 설치하여야 한다.

① ㉠ – 10m, ㉡ – 90일, ㉢ – 20cm
② ㉠ – 10m, ㉡ – 90일, ㉢ – 30cm
③ ㉠ – 10m, ㉡ – 60일, ㉢ – 30cm
④ ㉠ – 20m, ㉡ – 90일, ㉢ – 30cm

경비·검색인력 및 보안시설·장비의 세부기준(국제선박항만보안법 시행규칙 [별표 4])

구 분	세부 기준
보안장비 (폐쇄회로 텔레비전, 감지기 등 침입탐지 장비)	1. 다음 각목의 지역에는 폐쇄회로 텔레비전을 설치한다. 　가. 국제여객터미널의 여객 대기지역 　나. 법 제33조 제1항 제3호에 따른 지역에 설치하는 울타리등 2. 제1호에 따라 폐쇄회로 텔레비전을 설치할 때에는 감시사각지대가 발생하지 아니하도록 감시구역이 10m 이상 중첩되도록 설치하고, 모든 폐쇄회로 텔레비전의 영상 및 침입탐지장비 알람 등 보안장비의 각종 기록은 90일 이상 보관한다. 3. 폐쇄회로 텔레비전의 성능은 확대 등의 수단으로 사람의 얼굴 또는 30cm 크기의 물체를 식별할 수 있는 정도의 해상도를 유지하여야 하고, 감지기 등 종류가 다른 1개 이상의 침입탐지장비를 중복하여 설치하여야 한다.

41

☑ 확인 Check! ○ △ ×

경비·검색인력 및 보안시설·장비의 세부기준으로 올바르게 연결되지 않은 것은?

① 보안시설(조명시설) – 조명등(보안등)은 해가 질 때부터 해가 뜰 때까지 상시 조명되도록 하되, 야간 출입을 금지하는 경우에는 조명등을 켜지 아니할 수 있다.

② 보안장비(금속탐지기, 검색경) – 부두의 주된 출입구와 그 밖에 상시 출입이 이루어지는 출입구에는 대인(對人) 검색용 문형 또는 휴대용 금속탐지기를 1대 이상 갖추어 둔다.

③ 경비·검색인력 – 국제항해여객선이 취항하는 국제여객터미널에는 「청원경찰법」에 따른 청원경찰 또는 「경비업법」 제2조 제3호 나목에 따른 특수경비원을 2명 이상 상시 배치한다.

④ 보안장비(통신장비) – 근무 중 경비·검색인력 간 또는 항만시설소유자 또는 항만시설보안책임자 간에 비상 연락할 수 있는 통신장비를 보유한다.

국제항해여객선이 취항하는 국제여객터미널에는 「청원경찰법」에 따른 청원경찰 또는 「경비업법」 제2조 제3호 나목에 따른 특수경비원 2명 이상 외에 그 국제여객터미널에서 출항 수속을 시작할 때부터 끝날 때까지 3명 이상의 검색인력을 추가로 배치한다(국제선박항만보안법 시행규칙 [별표 4] 경비·검색인력 제4호).

정답 ❸

경비·검색인력 및 보안시설·장비의 세부기준(국제선박항만보안법 시행규칙 [별표 4])

구 분	세부 기준
경비·검색 인력	1. 다음 각목에 따른 부두 출입구에는 경비·색인력으로 「청원경찰법」에 따른 청원경찰 또는 「경비업법」 제2조 제3호 나목에 따른 특수경비원을 2명 이상을 상시 배치한다. 　가. 부두의 주된 출입구 　나. 주된 출입구 외에 사람과 차량이 상시 출입하는 그 밖의 출입구 2. 제1호에도 불구하고 수리만을 목적으로 하는 조선소의 부두 출입구의 경우에는 제1호에 따른 경비·검색인력을 1명 이상 상시 배치할 수 있다. 다만, 최근 2년간 3회 이상 보안사건이 발생한 경우에는 해양수산부장관이 지정한 날부터 2년간 제1호에 따른 경비·검색인력을 2명 이상 상시 배치한다. 3. 「보안업무규정」 제32조 제1항에 따른 국가보안시설 외의 항만시설에는 제1호에도 불구하고 다음 각목의 기준에 따른다. 　가. 야간에 국제항해선박의 이용이 없고 폐쇄회로 텔레비전(CCTV)에 의한 감시·녹화가 가능한 경우에는 주간에만 배치 　나. 국제항해선박의 이용이 연 90일 미만인 경우에는 경비·검색 인력을 상시 배치하지 아니하고 선박이 계류 중일 때에만 배치 4. 국제항해여객선이 취항하는 국제여객터미널 또는 국제크루즈터미널에는 제1호 및 제2호의 기준에 따른 경비·검색인력 외에 그 국제여객터미널 또는 국제크루즈터미널에서 출항 수속을 시작할 때부터 끝날 때까지 3명 이상의 보안검색인력을 추가로 배치한다.
보안시설 (조명시설)	1. 항만시설(육상구역에만 해당한다)의 출입구, 선박계류지역, 야적장 및 울타리등에는 지면과 같은 높이에서 2럭스(Lux) 이상의 조도(밝기)가 유지되도록 조명등(보안등)을 설치한다. 2. 조명등(보안등)은 해가 질 때부터 해가 뜰 때까지 상시 조명되도록 하되, 야간 출입을 금지하는 경우에는 조명등을 켜지 아니할 수 있다.
보안장비 (금속 탐지기, 검색경)	1. 부두의 주된 출입구와 그 밖에 상시 출입이 이루어지는 출입구에는 대인(對人) 검색용 문형 또는 휴대용 금속탐지기를 1대 이상 갖추어 둔다. 2. 부두의 차량 출입구에는 검색경(檢索鏡) 등 차량 하부 검색장비를 1대 이상 갖추어 두거나 설치한다.
보안장비 (통신장비)	근무 중 경비·검색인력 간 또는 항만시설소유자 또는 항만시설보안책임자 간에 비상 연락할 수 있는 통신장비를 보유한다.

42

☑ 확인Check! ○ △ ✕

폐쇄회로 텔레비전의 운영·관리 지침에 포함되어야 하는 사항이 아닌 것은?

① 폐쇄회로 텔레비전의 설치·관리 기준 및 해상도 기준

② 폐쇄회로 텔레비전 운영으로 얻은 영상기록의 보관기간, 보관장소 및 보관방법

③ 폐쇄회로 텔레비전의 설치 및 작동 상태에 대한 주기적 점검 및 관련 기록 유지를 위한 점검기록부의 작성

④ 폐쇄회로 텔레비전의 관리부서, 관리책임자 및 그 권한, 관리책임자가 영상기록을 확인하는 방법과 비밀 유지에 관한 사항

쏙쏙 해설

①의 폐쇄회로 텔레비전의 설치·관리 기준 및 해상도 기준은 국제선박항만보안법 시행규칙 [별표 4]와 같다. ②·③·④는 국제선박항만보안법 시행규칙 제38조의4 제2항의 CCTV 운영·관리지침의 내용에 해당한다.

정답 ❶

43

☑ 확인 Check! ○ △ ✕

항만시설보안정보의 제공에 관한 설명으로 옳지 않은 것은?

① 항만시설소유자는 그가 소유하거나 관리·운영하고 있는 항만시설에서 보안사건이 발생한 때에는 해양수산부장관 및 국가보안기관의 장에게 3일 이내에 보고하여야 한다.

② 항만시설소유자는 해양수산부장관 또는 국가보안기관의 장으로부터 그가 소유하거나 관리·운영하고 있는 항만시설의 보안에 관한 정보의 제공을 요청받은 때에는 해양수산부령으로 정하는 바에 따라 관련 정보를 즉시 제공하여야 한다.

③ 항만시설소유자가 보고하여야 하는 사항은 해당 항만시설에서 발생한 보안사건과 보안사건에 대한 조치결과 또는 대응계획이다.

④ 항만시설소유자가 제공하여야 하는 정보의 내용은 항만시설을 이용하는 선박으로부터 입수된 보안상 위협에 관한 정보가 포함된다.

쏙쏙 해설

항만시설소유자는 그가 소유하거나 관리·운영하고 있는 항만시설에서 보안사건이 발생한 때에는 해양수산부장관 및 국가보안기관의 장에게 즉시 보고하여야 한다(국제선박항만보안법 제32조 제1항).
② 국제선박항만보안법 제32조 제2항
③ 국제선박항만보안법 시행규칙 제39조 제1항
④ 국제선박항만보안법 시행규칙 제39조 제2항 제1호

정답 ❶

44

☑ 확인 Check! ○ △ ✕

항만시설 이용자의 금지행위가 아닌 것은?

① 항만시설이나 항만 내의 선박에 위법하게 무기[탄저균(炭疽菌), 천연두균 등의 생화학무기를 포함한다], 도검류(刀劍類), 폭발물, 독극물 또는 연소성이 높은 물건 등 해양수산부장관이 정하여 고시하는 위해물품을 반입·은닉하는 행위

② 보안사건의 발생을 예방하기 위한 검문검색 및 지시 등에 정당한 사유 없이 불응하는 행위

③ 항만시설 내 비밀보관소, 무기고 및 탄약고를 정당한 출입절차 없이 무단으로 출입하는 행위

④ 항만시설 내 항만시설보안책임자의 촬영허가를 받은 구역에서 촬영을 하는 행위

쏙쏙 해설

항만시설 내 해양수산부령으로 정하는 구역에서 항만시설보안책임자의 허가 없이 촬영을 하는 행위를 해서는 안 된다. 다만, 별도로 항만시설보안책임자의 촬영허가를 받은 경우에는 그렇지 않다(국제선박항만보안법 시행규칙 제40조 제2항).

정답 ❹

항만시설 이용자의 의무(국제선박항만보안법 제33조)

① 항만시설을 이용하는 자는 보안사건이 발생하는 것을 예방하기 위하여 다음 각호에 해당하는 행위를 하여서는 아니 된다. 〈개정 2020.2.18.〉

1. 항만시설이나 항만 내의 선박에 위법하게 무기[탄저균(炭疽菌), 천연두균 등의 생화학무기를 포함한다], 도검류(刀 劍類), 폭발물, 독극물 또는 연소성이 높은 물건 등 해양수산부장관이 정하여 고시하는 위해물품을 반입·은닉하 는 행위
2. 보안사건의 발생을 예방하기 위한 검문검색 및 지시 등에 정당한 사유 없이 불응하는 행위
3. 항만시설 내 해양수산부령으로 정하는 지역을 정당한 출입절차 없이 무단으로 출입하는 행위

> 항만시설 이용자의 출입제한 등(국제선박항만보안법 시행규칙 제40조)
> ① 법 제33조 제1항 제3호에서 "해양수산부령으로 정하는 지역"이란 울타리·담 또는 장벽으로 보호된 다음 각호의 지역을 말한다. 〈개정 2020.7.30., 2021.6.30.〉
> 1. 안벽(부두 벽), 소형선 부두, 잔교(棧橋 : 선박이 부두에 닿도록 구름다리 형태로 만든 구조물), 돌핀, 선착장 및 램프(경사식 진출입로) 등 선박계류지역
> 2. 갑문, 도로, 교량, 궤도 및 운하
> 3. 창고, 화물장치장, 컨테이너 조작장, 화물터미널, 사일로 및 저유시설
> 4. 선박의 입항과 출항을 위한 항로표지, 신호, 조명, 항만관제시설 등 항행보조시설이 설치된 지역
> 5. 고정식 또는 이동식 하역장비, 화물이송시설 및 배관시설 등 하역시설이 설치된 지역
> 6. 국제여객터미널 내 출입국심사장·세관검사장·방송실·경비보안상황실 및 보안검색을 마친 여객 또는 화물이 대기하는 지역·통로
> 7. 항만운영 상황실, 경비보안 상황실, 발전실, 변전실, 통신실, 기계실, 전산장비실, 공기조화장치실 및 인화성·폭발성 화물 저장지역
> 8. 비밀보관소, 무기고 및 탄약고
> 9. 제1호부터 제8호까지의 규정에 따른 지역의 부대지역

4. 항만시설 내 해양수산부령으로 정하는 구역에서 항만시설보안책임자의 허가 없이 촬영을 하는 행위

> 항만시설 이용자의 출입제한 등(국제선박항만보안법 시행규칙 제40조)
> ② 법 제33조 제1항 제4호에 따른 "해양수산부령으로 정하는 구역"이란 다음 각호의 어느 하나에 해당하는 구역을 말한다. 다만, 별도로 항만시설보안책임자의 촬영허가를 받은 경우에는 그렇지 않다. 〈개정 2020.8.19.〉
> 1. 제1항 제6호부터 제8호까지의 지역
> 2. 제1항의 지역을 보호하는 울타리·담 또는 장벽이 설치된 구역, 접근로, 출입구 및 보안검색이 이루어지 는 구역

45

☑ 확인Check! ○ △ ✕

항만시설 이용자의 의무와 관련하여 항만시설의 출입절차 및 출입자 준수사항 등에 관한 설명으로 옳지 않은 것은?

① 항만시설 내 해양수산부령으로 정하는 지역을 출입하려는 자는 항만시설소유자가 발급하는 출입증을 발급받아야 한다.

② 출입증을 다른 사람에게 대여하거나 발급받은 용도 외의 용도로 사용하지 않아야 한다.

③ 출입증은 해당 지역 출입 시 경비·검색 업무를 담당하는 직원이나 다른 사람이 볼 수 있도록 가슴에 달아야 한다.

④ 출입증은 전출·퇴직 또는 발급받은 목적의 달성 등으로 필요가 없게 되었을 때에는 지체 없이 폐기해야 한다.

쏙쏙 해설

출입증은 전출·퇴직 또는 발급받은 목적의 달성 등으로 필요가 없게 되었을 때에는 지체 없이 발급한 자에게 반납해야 한다(국제선박항만보안법 시행령 제11조 제2항 제5호).★

정답 ④

관계법령

항만시설의 출입절차 등(국제선박항만보안법 시행령 제11조)

① 법 제33조 제1항 제3호의 지역을 출입하려는 자는 법 제33조 제2항에 따라 항만시설소유자가 발급하는 출입증을 발급받아야 한다.

② 제1항의 지역에 출입하려는 자는 다음 각호의 사항을 준수하여야 한다.

  1. 출입증을 다른 사람에게 대여하거나 발급받은 용도 외의 용도로 사용하지 아니할 것

  2. 출입증은 해당 지역 출입 시 경비·검색 업무를 담당하는 직원이나 다른 사람이 볼 수 있도록 가슴에 달 것

  3. 출입증을 분실한 경우에는 지체 없이 출입증을 발급한 자에게 신고하고 분실 경위를 밝힐 것

  4. 출입증 발급 시 허용한 지역에만 출입할 것

  5. 출입증은 전출·퇴직 또는 발급받은 목적의 달성 등으로 필요가 없게 되었을 때에는 지체 없이 발급한 자에게 반납할 것

  6. 보안 업무를 담당하는 직원의 검문·검색 등 통제에 따를 것

③ 해양수산부장관은 제1항에 따른 지역의 보안 유지를 위하여 출입자의 협조가 필요한 사항과 출입자의 통제에 필요한 사항을 정할 수 있다.

46

☑ 확인Check! ○ △ ✕

해양수산부장관 소속으로 두는 보안위원회의 운영 및 구성에 관한 설명으로 옳지 않은 것은?

① 보안위원회는 국제항해선박 및 항만시설의 보안에 관한 주요 사항을 심의·의결한다.

② 보안위원회는 위원장 1인과 부위원장 2인을 포함하여 15인 이내의 위원으로 구성한다.

③ 보안위원회의 위원장은 해양수산부차관이 된다.

④ 보안위원회의 부위원장은 해양수산부의 해운물류국장·해사안전국장으로 하고, 위원은 법무부, 국방부, 보건복지부, 국가정보원, 국무조정실, 관세청, 경찰청 및 해양경찰청 소속의 고위공무원단에 속하는 공무원과 이에 상당하는 공무원 중 해당 기관의 장이 추천한 사람 1명으로 한다.

쏙쏙 해설

보안위원회는 위원장 1인과 부위원장 2인을 포함하여 10인 이내의 위원으로 구성한다(국제선박항만보안법 제34조 제3항).
① 국제선박항만보안법 제34조 제1항
③·④ 국제선박항만보안법 제34조 제4항·제6항, 동법 시행령 제12조 제1항

정답 ❷

47

☑ 확인Check! ○ △ ✕

보안위원회의 심의사항으로 옳지 않은 것은?

① 국가항만보안계획의 수립에 관한 사항

② 보안등급의 설정·조정에 관한 사항

③ 선박 및 항만시설에 대한 보안의 확보 및 유지에 관한 사항

④ 국가보안기관이나 보안위원회 위원의 2분의 1 이상이 심의를 요청하는 사항

쏙쏙 해설

국가보안기관이나 보안위원회 위원의 3분의 1 이상이 심의를 요청하는 사항이 보안위원회 심의사항에 해당한다(국제선박항만보안법 시행규칙 제41조 제3호).

정답 ❹

관계법령

보안위원회(국제선박항만보안법 제34조)
② 보안위원회는 다음 각호의 사항을 심의한다.
　1. 제5조에 따른 국가항만보안계획의 수립에 관한 사항
　2. 제6조에 따른 보안등급의 설정·조정에 관한 사항
　3. 선박 및 항만시설에 대한 보안의 확보 및 유지에 관한 사항
　4. 선박 및 항만시설의 보안과 관련된 국제협력에 관한 사항
　5. 그 밖에 선박 및 항만시설의 보안에 관련된 사항으로서 해양수산부령으로 정하는 사항

> 보안위원회 심의사항(국제선박항만보안법 시행규칙 제41조)
> 법 제34조 제2항 제5호에 따른 "해양수산부령으로 정하는 사항"이란 다음 각호의 사항을 말한다.
> 　1. 국가안보와 관련된 보안사건 또는 보안상 위협에 대응하기 위하여 국가보안기관 간 협의가 필요한 사항
> 　2. 국제항해선박 및 항만시설의 보안등급별 세부 조치사항의 일시조정에 관한 사항
> 　3. 그 밖에 국가보안기관이나 보안위원회 위원의 3분의 1 이상이 심의를 요청하는 사항

48

☑ 확인Check! ○ △ ✕

선박항만연계활동 또는 선박상호활동을 함에 있어서 보안사건이 발생하는 등 해양수산부령으로 정하는 사유가 있는 때 선박보안책임자와 항만시설보안책임자 상호 간에 이행하여야 하는 구체적인 보안조치사항에 대한 합의서(이하 "보안합의서"라 한다)를 작성·교환하도록 권고할 수 있는 자는?

① 선박보안책임자
② 항만시설보안책임자
③ 국제항해선박소유자
④ 해양수산부장관

49

☑ 확인Check! ○ △ ✕

내부보안심사의 내용 및 절차에 관한 설명으로 옳지 않은 것은?

① 국제항해선박소유자 및 항만시설소유자는 선박 및 항만시설에서 이루어지고 있는 보안상의 활동을 확인하기 위하여 보안에 관한 전문지식을 갖춘 자를 내부보안심사자로 지정하여 1년 이내의 기간을 주기로 내부보안심사를 실시하여야 한다.
② 내부보안심사는 선박보안계획서나 항만시설보안계획서에 따라 시행하고, 각각의 계획서에 따라 보안활동이 이루어졌는지를 확인하고 이를 해당 보안계획서에 반영하도록 한다.
③ 해당 내부보안심사 결과에 관한 보고서는 다음 선박보안심사나 항만시설보안심사를 받을 때까지 보관하여야 한다.
④ 국제항해선박소유자 및 항만시설소유자는 해당 내부보안심사 업무와 이해관계가 있는 자를 내부보안심사자로 지정하여야 한다.

50

내부보안심사에 포함하여야 하는 내용이 아닌 것은?

① 선박보안계획서나 항만시설보안계획서에 따른 보안활동 이행
상태
② 선박보안계획서나 항만시설보안계획서에 따른 보안시설·장
비의 운용상태
③ 보안교육·훈련의 이행상태
④ 내부보안심사 결과와 조치 내용

쏙쏙 해설

'내부보안심사 결과와 조치 내용'은 항
만시설보안기록부의 기재사항이다(국
제선박항만보안법 시행규칙 제37조 제
1항 제4호).

정답 **④**

관계법령

내부보안심사의 내용·절차 등(국제선박항만보안법 시행규칙 제44조)
① 법 제36조 제2항에 따라 내부보안심사는 다음 각호의 내용을 포함하여야 한다.
　1. 선박보안계획서나 항만시설보안계획서에 따른 보안활동 이행상태
　2. 선박보안계획서나 항만시설보안계획서에 따른 보안시설·장비의 운용상태
　3. 보안교육·훈련의 이행상태
　4. 보안책임자와 보안담당자의 선박보안계획서나 항만시설보안계획서의 숙지상태 등

51

보안심사관이 수행하는 업무에 해당하지 않는 것은?

① 선박보안계획서의 승인
② 선박보안심사·임시선박보안심사 및 특별선박보안심사
③ 국제선박보안증서 등의 교부 등
④ 국제항해선박의 안전과 보안에 관한 의사결정

쏙쏙 해설

보안심사관은 ①·②·③ 외에 '선박
이력기록부의 교부·재교부와 항만국
통제에 관한 업무'를 수행한다(국제선
박항만보안법 제37조 제1항).

정답 **④**

52

다음은 항만시설보안심사관의 자격기준에 대한 설명이다. ( )
안에 알맞은 내용은?

> 2. 항만시설보안심사관은 다음 각목의 요건을 모두 갖춰야 한다.
> 가. 항만시설보안심사(최초보안심사·갱신보안심사 또는 중
>   간보안심사)에 (㉠) 이상 참여한 경력이 있을 것
> 나. 다음의 어느 하나에 해당할 것
>   1) 항만시설 보안 관련 업무에 (㉡) 이상 종사한 경력이
>   있는 사람
>   2) 항만시설보안책임자로서 (㉢) 이상 종사한 경력이 있
>   는 사람
>   3) 5급 이상의 공무원 중 다음의 요건을 모두 갖춘 사람
>   가) 해양수산 분야 근무 경력이 (㉡) 이상일 것
>   나) 항만시설 보안 관련 경력이 (㉣) 이상일 것(5급
>   이상의 직급에서의 경력으로 한정한다)
>   4) 제1호에 따른 선박보안심사관의 자격이 있는 사람
> 다. 다음의 어느 하나에 해당하는 교육을 받았을 것
>   1) 법 제40조에 따른 보안교육기관에서 실시하는 교육으
>   로서 별표 2에 따라 항만시설보안책임자에게 요구되는
>   보안교육 : (㉤)
>   2) 해양수산인재개발원에서 실시하는 항만시설보안 실무 :
>   (㉤)

① ㉠ : 1회, ㉡ : 3년, ㉢ : 1년, ㉣ : 5년, ㉤ : 40시간
② ㉠ : 2회, ㉡ : 3년, ㉢ : 1년, ㉣ : 5년, ㉤ : 50시간
③ ㉠ : 1회, ㉡ : 3년, ㉢ : 2년, ㉣ : 1년, ㉤ : 20시간
④ ㉠ : 2회, ㉡ : 3년, ㉢ : 2년, ㉣ : 1년, ㉤ : 20시간

쏙쏙 해설

( ) 안에 알맞은 내용은 순서대로 ㉠
: 1회, ㉡ : 3년, ㉢ : 2년, ㉣ : 1년, ㉤
: 20시간이다.

정답 ❸

보안심사관의 자격기준(국제선박항만보안법 시행규칙 [별표 5])

2. 항만시설보안심사관은 다음 각목의 요건을 모두 갖춰야 한다.

　가. 항만시설보안심사(최초보안심사·갱신보안심사 또는 중간보안심사)에 1회 이상 참여한 경력이 있을 것

　나. 다음의 어느 하나에 해당할 것

　　1) 항만시설 보안 관련 업무에 3년 이상 종사한 경력이 있는 사람

　　2) 항만시설보안책임자로서 2년 이상 종사한 경력이 있는 사람

　　3) 5급 이상의 공무원 중 다음의 요건을 모두 갖춘 사람

　　　가) 해양수산 분야 근무 경력이 3년 이상일 것

　　　나) 항만시설 보안 관련 경력이 1년 이상일 것(5급 이상의 직급에서의 경력으로 한정한다)

　　4) 제1호에 따른 선박보안심사관의 자격이 있는 사람

　다. 다음의 어느 하나에 해당하는 교육을 받았을 것

　　1) 법 제40조에 따른 보안교육기관에서 실시하는 교육으로서 별표 2에 따라 항만시설보안책임자에게 요구되는 보안교육 : 20시간

　　2) 해양수산인재개발원에서 실시하는 항만시설보안 실무 : 20시간

53

☑ 확인 Check! ○ △ ✕

항만시설보안심사관의 자격기준에 대한 설명으로 옳지 않은 것은?

① 항만시설 보안 관련 업무에 2년 이상 종사한 경력이 있는 사람이어야 한다.

② 항만시설보안책임자로서 2년 이상 종사한 경력이 있는 사람이어야 한다.

③ 5급 이상의 공무원 중 해양수산 분야 근무 경력이 3년 이상이고, 5급 이상의 직급에서의 항만시설 보안 관련 경력이 1년 이상이어야 한다.

④ 선박보안심사관의 자격이 있는 사람

쏙쏙 해설

항만시설 보안 관련 업무에 3년 이상 종사한 경력이 있는 사람이어야 한다.

정답 ❶

54

☑ 확인 Check! ○ △ ✕

항만시설보안심사 및 국제항해선박의 보안에 관한 보안심사관의 업무를 대행하는 대행기관의 절대적 취소사유에 해당하는 것은?

① 거짓이나 그 밖의 부정한 방법으로 지정받은 경우

② 대행기관의 지정기준에 미달하게 된 경우

③ 보고 또는 자료 제출을 거부한 경우

④ 출입 또는 점검을 거부하거나 방해 또는 기피하는 경우

쏙쏙 해설

보안심사관의 업무를 대행하는 기관의 절대적 취소사유는 ①이다.
②·③·④는 해양수산부장관이 대행기관의 지정을 취소하거나 6개월 이내의 기간을 정하여 그 업무를 정지할 수 있는 사유이다(국제선박항만보안법 제38조 제2항).

정답 ❶

관계법령

보안심사업무 등의 대행(국제선박항만보안법 제38조)

② 해양수산부장관은 대행기관이 다음 각호의 어느 하나에 해당하는 경우에는 그 지정을 취소하거나 6개월 이내의 기간을 정하여 그 업무를 정지할 수 있다. 다만, 제1호에 해당하는 경우에는 그 지정을 취소하여야 한다. 〈개정 2020.2.18.〉

1. 거짓이나 그 밖의 부정한 방법으로 지정받은 경우
2. 제1항에 따른 대행기관의 지정기준에 미달하게 된 경우
3. 제41조 제2항에 따른 보고 또는 자료 제출을 거부한 경우
4. 제41조 제3항에 따른 출입 또는 점검을 거부하거나 방해 또는 기피하는 경우
5. 제41조 제6항에 따른 개선명령 또는 시정 등의 조치를 이행하지 아니하는 경우

③ 해양수산부장관은 제2항에 따른 지정의 취소를 하는 때에는 청문을 실시하여야 한다.

55

☑ 확인 Check! ○ △ ✕

대행기관의 지정기준으로 옳지 않은 것은?

① 선박보안심사 업무를 수행하는 전담조직을 갖출 것

② 보안심사관 자격기준에 해당하는 자격을 갖춘 기술인력을 5명 이상 보유할 것

③ 11개 이상의 지방사무소를 둘 것

④ 국제항해선박과 항만시설의 보안에 관한 법령과 국제협약에 따른 보안심사업무를 수행하기 위한 보안심사에 관한 규정을 갖출 것

쏙쏙 해설

보안심사관 자격기준에 해당하는 자격을 갖춘 기술인력을 7명 이상 보유할 것이 요구된다(국제선박항만보안법 시행규칙 제46조 제2호).

정답 ❷

대행기관의 지정기준(국제선박항만보안법 시행규칙 제46조)

법 제38조 제1항에 따른 대행기관(이하 "대행기관"이라 한다)으로 지정받으려는 자는 다음 각호의 기준을 모두 갖춰야 한다. 〈개정 2020.8.19.〉

1. 선박보안심사 또는 항만시설보안심사 업무를 수행하는 전담조직을 갖출 것
2. 선박보안심사 업무를 대행하려는 경우에는 별표 5에 따른 선박보안심사관의 자격을 갖춘 기술인력을, 항만시설보안심사 업무를 대행하려는 경우에는 별표 5에 따른 항만시설보안심사관의 자격을 갖춘 기술인력을 각각 7명 이상 보유할 것
3. 11개 이상의 지방사무소를 둘 것. 이 경우 7곳 이상의 특별시, 광역시, 특별자치시, 도 또는 특별자치도에 각각 1개 이상의 지방사무소를 둘 것
4. 국제항해선박과 항만시설의 보안에 관한 법령과 국제협약에 따른 보안심사업무를 수행하기 위한 보안심사에 관한 규정을 갖출 것
5. 4개 이상의 해외사무소를 둘 것(외국에서 국제항해선박의 보안에 관한 보안심사관의 업무를 대행하려는 경우만 해당한다)

56

☑ 확인 Check! ○ △ ✕

대행기관으로 지정받으려는 자가 해양수산부장관에게 제출하는 보안심사에 관한 규정에 포함되어야 하는 사항이 아닌 것은?

① 보안심사 절차와 방법에 관한 사항
② 보안심사 기준의 체계적인 수립·유지 및 준수에 관한 사항
③ 보안심사업무에 종사하는 자의 책임·권한 및 교육에 관한 사항
④ 국제항해선박 및 항만시설의 보안등급별 세부 조치사항

보안심사에 관한 규정에는 ①·②·③ 외에 '보안심사업무의 기록유지에 관한 사항 및 대행기관 내부 감사 체계에 관한 사항'이 포함되어야 한다(국제선박항만보안법 시행규칙 제47조 제2항).

정답 ❹

대행기관의 지정신청 등(국제선박항만보안법 시행규칙 제47조)

② 제1항 제3호에 따른 보안심사에 관한 규정에는 다음 각호의 사항이 포함되어야 한다.

1. 보안심사 절차와 방법에 관한 사항
2. 보안심사 기준의 체계적인 수립·유지 및 준수에 관한 사항
3. 보안심사업무에 종사하는 자의 책임·권한 및 교육에 관한 사항
4. 보안심사업무의 기록유지에 관한 사항
5. 대행기관 내부 감사 체계에 관한 사항

57

보안심사대행기관에 대한 행정처분 세부기준으로 옳지 않은 것은?

① 거짓이나 그 밖의 부정한 방법으로 지정받은 경우 : 1차 위반 – 지정 취소

② 대행기관 지정기준 중 등록요건 중 일부가 미달하게 된 경우 : 3차 위반 – 지정 취소

③ 출입 또는 점검을 거부하거나 방해 또는 기피하는 경우 : 3차 위반 – 지정 취소

④ 보고 또는 자료제출을 거부한 경우 : 4차 위반 – 지정 취소

쏙쏙 해설

보험심사대행기관이 출입 또는 점검을 거부하거나 방해 또는 기피하는 행위를 3차례 한 경우의 행정처분은 업무정지 3개월이다.

정답 ❸

관계법령

보안심사대행기관 및 보안교육기관에 대한 행정처분 세부기준(국제선박항만보안법 시행규칙 [별표 6]) 〈개정 2021.2.19.〉

2. 위반행위별 처분기준

가. 보안심사대행기관의 경우

위반행위		근거법령	위반횟수별 처분기준			
			1차 위반	2차 위반	3차 위반	4차 위반
1) 거짓이나 그 밖의 부정한 방법으로 지정받은 경우		법 제38조 제2항 제1호	지정취소	–	–	–
2) 법 제38조 제1항에 따른 대행기관 지정기준에 미달하게 된 경우	가) 등록요건 중 일부가 미달하게 된 경우	법 제38조 제2항 제2호	시정명령	업무정지 1개월	지정취소	–
	나) 등록요건의 전부가 미달하게 된 경우		업무정지 1개월	지정취소	–	–
3) 법 제41조 제2항에 따른 보고 또는 자료제출을 거부한 경우		법 제38조 제2항 제3호	시정명령	업무정지 1개월	업무정지 3개월	지정취소
4) 법 제41조 제3항에 따른 출입 또는 점검을 거부하거나 방해 또는 기피하는 경우		법 제38조 제2항 제4호	시정명령	업무정지 1개월	업무정지 3개월	지정취소
5) 법 제41조 제6항에 따른 개선명령 또는 시정 등의 조치를 이행하지 아니하는 경우		법 제38조 제2항 제5호	업무정지 1개월	업무정지 3개월	지정취소	

58

보안교육기관에 대한 행정처분 세부기준으로 옳은 것은?

① 개선명령 또는 시정 등의 조치를 이행하지 아니하는 경우 : 3차 위반 – 지정 취소

② 보안교육기관의 시설 기준·교수인원 등 지정요건의 시설 또는 교수가 부족한 경우 : 2차 위반 – 지정 취소

③ 보안교육기관의 시설 기준·교수인원 등 지정요건의 시설 또는 교수가 전혀 없는 경우 : 1차 위반 – 지정 취소

④ 보고 또는 자료제출을 거부한 경우 : 1차 위반 – 업무정지 1개월

보안교육기관에 대한 행정처분으로 옳은 것은 ①이다.

② 보안교육기관의 시설 기준·교수인원 등 지정요건의 시설 또는 교수가 부족한 경우 : 3차 위반 – 지정 취소

③ 보안교육기관의 시설 기준·교수인원 등 지정요건의 시설 또는 교수가 전혀 없는 경우 : 2차 위반 – 지정 취소

④ 보고 또는 자료제출을 거부한 경우 : 1차 위반 – 시정 명령

정답 ❶

관계법령

보안심사대행기관 및 보안교육기관에 대한 행정처분 세부기준(국제선박항만보안법 시행규칙 [별표 6]) 〈개정 2021.2.19.〉

2. 위반행위별 처분기준

　나. 보안교육기관의 경우

위반행위		근거법령	위반횟수별 처분기준			
			1차 위반	2차 위반	3차 위반	4차 위반
1) 거짓이나 그 밖의 부정한 방법으로 지정받은 경우		법 제40조 제3항 제1호	지정취소	–	–	
2) 법 제40조 제2항에 따른 보안교육기관의 시설 기준·교수인원 등 지정요건에 미달하게 된 경우	가) 지정요건의 시설 또는 교수가 부족한 경우	법 제40조 제3항 제2호	개선명령	업무정지 1개월	지정취소	–
	나) 지정요건 중 시설 또는 교수가 전혀 없는 경우		업무정지 1개월	지정취소	–	–
3) 법 제41조 제2항에 따른 보고 또는 자료제출을 거부한 경우		법 제40조 제3항 제3호	시정명령	업무정지 1개월	업무정지 3개월	지정취소
4) 법 제41조 제3항에 따른 출입 또는 점검을 거부하거나 방해 또는 기피하는 경우		법 제40 제3항 제4호	시정명령	업무정지 1개월	업무정지 3개월	지정취소
5) 법 제41조 제6항에 따른 개선명령 또는 시정 등의 조치를 이행하지 아니하는 경우		법 제40조 제1항 제5호	업무정지 1개월	업무정지 3개월	지정취소	

59

☑ 확인 Check! ○ △ ✕

보안교육 및 훈련에 관한 설명으로 옳지 않은 것은?

① 국제항해선박소유자 및 항만시설소유자는 보안책임자와 보안담당자에 대한 보안교육 및 훈련에 관한 계획을 수립 · 시행하여야 한다.

② 국제항해선박소유자와 항만시설소유자는 각자의 소속 보안책임자로 하여금 해당 선박의 승무원과 항만시설의 종사자에 대하여 6개월 이내의 기간을 주기로 보안훈련을 실시하게 하여야 한다.

③ 국제항해선박소유자와 항만시설소유자는 보안책임자 및 보안담당자 등이 공동으로 참여하는 합동보안훈련을 해양수산부령으로 정하는 바에 따라 매년 1회 이상 실시하여야 한다.

④ 국제항해선박소유자는 그가 소유하거나 관리 · 운영하고 있는 국제항해선박이 외국의 정부 등이 주관하는 국제적인 합동보안훈련에 참여한 경우 해양수산부령으로 정하는 바에 따라 그 사실을 해양수산부장관에게 보고하여야 한다.

쏙쏙 해설

국제항해선박소유자와 항만시설소유자는 각자의 소속 보안책임자로 하여금 해당 선박의 승무원과 항만시설의 경비 · 검색인력을 포함한 보안업무 종사자에 대하여 3개월 이내의 기간을 주기로 보안훈련을 실시하게 하여야 한다(국제선박항만보안법 제39조 제2항).
① 국제선박항만보안법 제39조 제1항
③ 국제선박항만보안법 제39조 제3항 전문
④ 국제선박항만보안법 제39조 제4항

정답 ❷

60

☑ 확인 Check! ○ △ ✕

국제항해선박소유자와 항만시설소유자가 실시하는 합동보안훈련에 포함하여야 하는 훈련 내용이 아닌 것은?

① 파괴행위로부터 항만시설이나 국제항해선박을 보호하기 위한 훈련

② 국제항해선박 또는 승선자의 납치 또는 강탈을 방지하기 위한 훈련

③ 핵무기나 생화학 공격에 대비한 훈련

④ 국제항해선박에 적재된 화물의 밀수나 밀항을 방지하기 위한 훈련

쏙쏙 해설

대량살상무기를 포함한 폭발물 또는 무기류의 밀수나 밀항을 방지하기 위한 훈련이 포함된다(국제선박항만보안법 시행규칙 제50조 제1항 제4호).

정답 ❹

보안교육 및 훈련 등(국제선박항만보안법 시행규칙 제50조)

① 법 제39조 제3항에 따른 합동보안훈련에는 다음 각호의 어느 하나에 해당하는 훈련을 포함하여야 한다.

1. 파괴행위로부터 항만시설이나 국제항해선박을 보호하기 위한 훈련
2. 국제항해선박 또는 승선자의 납치 또는 강탈을 방지하기 위한 훈련
3. 국제항해선박과 국제항해선박의 설비, 화물 또는 선용품을 이용한 보안사건에 대응하기 위한 훈련
4. 대량살상무기를 포함한 폭발물 또는 무기류의 밀수나 밀항을 방지하기 위한 훈련
5. 항만 출입구, 갑문 또는 진입수로 등의 봉쇄에 관한 훈련
6. 핵무기나 생화학 공격에 대비한 훈련

61

☑ 확인Check! ○ △ ✕

보안교육 및 훈련 등에 관한 설명으로 옳지 않은 것은?

① 합동보안훈련은 모의훈련 또는 세미나에 해당하는 방법으로 실시할 수 있다.

② 모의훈련은 선박보안경보 수신 및 전파 훈련을 병행하여 할 수 있다.

③ 국제항해선박소유자는 국제적인 합동보안훈련에 참여한 경우에 합동훈련의 일시, 장소, 개요 및 참여 선박, 합동훈련의 결과의 사항을 팩스, 전자우편 또는 서면으로 해양수산부장관에게 보고하여야 한다.

④ 선박보안책임자는 해당 국제항해선박 승선인원의 2분의 1 이상이 교체된 경우에는 선원이 교체된 날부터 일주일 이내에 그 선원에 대한 보안훈련·교육을 하여야 한다.

쏙쏙 해설

선박보안책임자는 해당 국제항해선박 승선인원의 4분의 1 이상이 교체된 경우에는 선원이 교체된 날부터 일주일 이내에 그 선원에 대한 보안훈련·교육을 하여야 한다(국제선박항만보안법 시행규칙 제50조 제5항 전문).

① 국제선박항만보안법 시행규칙 제50조 제2항 제1호
② 국제선박항만보안법 시행규칙 제50조 제3항 전문
③ 국제선박항만보안법 시행규칙 제50조 제4항

정답 ❹

62

항만시설소유자는 항만시설보안책임자 및 보안담당자의 보안교육·훈련을 위한 계획을 수립·시행하여야 하는데 이 중 항만시설에 관련된 내용만 해당하는 것은?

- ㉠ 보안장비의 종류 및 기능에 관한 사항
- ㉡ 선박보안평가 및 항만시설보안평가에 관한 사항
- ㉢ 선박보안계획서 또는 항만시설보안계획서에 관한 사항
- ㉣ 국제항해선박 또는 항만시설에 대한 보안상 위협의 유형, 대응방법 및 보안조치에 관한 사항
- ㉤ 국제항해선박과 항만시설의 보안에 관하여 국제적으로 발효된 국제협약에 관한 사항
- ㉥ 국제항해선박과 항만시설의 보안에 관한 국가보안기관의 책임과 기능에 관한 사항

① ㉠, ㉡, ㉢
② ㉡, ㉢, ㉣
③ ㉠, ㉡, ㉢, ㉣
④ ㉡, ㉢, ㉣, ㉥

관계법령

보안교육 및 훈련 등(국제선박항만보안법 시행규칙 제50조)

⑥ 국제항해선박소유자 및 항만시설소유자는 법 제39조 제5항에 따라 보안책임자 및 보안담당자에 대한 보안교육·훈련 계획을 수립·시행할 때는 다음 각호의 사항이 포함되어야 한다.
  1. 국제항해선박과 항만시설의 보안에 관하여 국제적으로 발효된 국제협약에 관한 사항
  2. 국제항해선박과 항만시설의 보안에 관한 국가보안기관의 책임과 기능에 관한 사항
  3. 선박보안평가 및 항만시설보안평가에 관한 사항
  4. 선박보안계획서 또는 항만시설보안계획서에 관한 사항
  5. 보안장비의 종류 및 기능에 관한 사항
  6. 국제항해선박 또는 항만시설에 대한 보안상 위협의 유형, 대응방법 및 보안조치에 관한 사항
  7. 보안사건에 대한 준비 및 대응계획에 관한 사항
  8. 보안 관련 정보의 취급 및 통신 요령에 관한 사항
  9. 보안 행정 및 훈련에 관한 사항
  10. 무기 등 위험물질의 탐지에 관한 사항
⑦ 항만시설소유자는 항만시설보안책임자 및 보안담당자가 매년 제6항 각호의 사항이 포함된 보안교육·훈련을 6시간 이상 받을 수 있도록 계획을 수립·시행하여야 한다. 이 경우 제3호, 제4호 및 제6호는 항만시설에 관련된 내용만 해당한다.

63

☑ 확인 Check! ○ △ ✕

보안교육기관에 관한 설명으로 옳지 않은 것은?

① 해양수산부장관은 보안책임자와 보안담당자에 대한 보안교육 및 보안심사관의 자격유지에 필요한 보안교육을 실시하기 위하여 보안교육기관을 지정할 수 있다.

② 보안교육기관으로 지정받으려는 자는 보안교육기관 지정 신청서에 관련 서류를 첨부하여 해양수산부장관에게 제출하여야 한다.

③ 지정을 받은 보안교육기관은 매반기 종료일부터 10일까지 보안교육 실적을 해양수산부장관에게 보고하여야 한다.

④ 보안교육기관의 시설기준으로 해당 교육기관의 주된 강의실이나 실습실이 100제곱미터 이상이어야 한다.

64

☑ 확인 Check! ○ △ ✕

보안책임자 및 보안담당자에 대한 보안교육·훈련계획을 수립·시행할 때 포함되어야 하는 사항이 아닌 것은?

① 국제항해선박 또는 항만시설에 대한 보안상 위협의 유형, 대응방법 및 보안조치에 관한 사항

② 보안사건에 대한 준비 및 대응계획에 관한 사항

③ 보안 관련 정보의 취급 및 통신 요령에 관한 사항

④ 무기 등 위험물질의 반출에 관한 사항

관계법령

보안교육 및 훈련 등(국제선박항만보안법 시행규칙 제50조)
⑥ 국제항해선박소유자 및 항만시설소유자는 법 제39조 제5항에 따라 보안책임자 및 보안담당자에 대한 보안교육·훈련계획을 수립·시행할 때는 다음 각호의 사항이 포함되어야 한다.
1. 국제항해선박과 항만시설의 보안에 관하여 국제적으로 발효된 국제협약에 관한 사항
2. 국제항해선박과 항만시설의 보안에 관한 국가보안기관의 책임과 기능에 관한 사항
3. 선박보안평가 및 항만시설보안평가에 관한 사항
4. 선박보안계획서 또는 항만시설보안계획서에 관한 사항
5. 보안장비의 종류 및 기능에 관한 사항
6. 국제항해선박 또는 항만시설에 대한 보안상 위협의 유형, 대응방법 및 보안조치에 관한 사항
7. 보안사건에 대한 준비 및 대응계획에 관한 사항
8. 보안 관련 정보의 취급 및 통신 요령에 관한 사항
9. 보안 행정 및 훈련에 관한 사항
10. 무기 등 위험물질의 탐지에 관한 사항

PART 03

65

☑ 확인Check! ○ △ ✕

해양수산부장관이 보안교육기관의 지정을 취소하여야 하는 사유에 해당하는 것은?

① 거짓이나 그 밖의 부정한 방법으로 지정받은 경우
② 보안교육기관의 지정요건에 미달하게 된 경우
③ 보고 또는 자료 제출을 거부한 경우
④ 출입 또는 점검을 거부하거나 방해 또는 기피하는 경우

쏙쏙 해설

해양수산부장관이 보안교육기관의 지정을 취소하여야 하는 것은 ①의 경우이다. ②·③·④는 해양수산부장관이 보안교육기관의 지정을 취소하거나 6개월 이내의 기간을 정하여 그 업무를 정지할 수 있는 사유에 해당한다(국제선박항만보안법 제40조 제3항).

정답 ❶

관계법령

보안교육기관(국제선박항만보안법 제40조)
① 해양수산부장관은 보안책임자와 보안담당자에 대한 보안교육 및 제37조에 따른 보안심사관의 자격유지에 필요한 보안교육을 실시하기 위하여 보안교육기관을 지정할 수 있다.
② 제1항에 따른 보안교육기관의 시설 기준·교수 인원 등 지정요건에 관하여 필요한 사항은 대통령령으로 정한다.
③ 해양수산부장관은 보안교육기관이 다음 각호의 어느 하나에 해당하는 경우에는 그 지정을 취소하거나 6개월 이내의 기간을 정하여 그 업무를 정지할 수 있다. 다만, 제1호에 해당하는 경우에는 그 지정을 취소하여야 한다. 〈개정 2020.2.18.〉
  1. 거짓이나 그 밖의 부정한 방법으로 지정받은 경우
  2. 제2항에 따른 보안교육기관의 지정요건에 미달하게 된 경우
  3. 제41조 제2항에 따른 보고 또는 자료 제출을 거부한 경우
  4. 제41조 제3항에 따른 출입 또는 점검을 거부하거나 방해 또는 기피하는 경우
  5. 제41조 제6항에 따른 개선명령 또는 시정 등의 조치를 이행하지 아니하는 경우
④ 해양수산부장관은 제3항에 따른 지정의 취소를 하는 때에는 청문을 실시하여야 한다.
⑤ 제3항에 따른 행정처분의 세부기준 및 지도·감독 등에 관하여 필요한 사항은 해양수산부령으로 정한다.

66

☑ 확인Check! ○ △ ✕

국제선박항만보안법 제41조에 규정된 보안감독에 대한 설명으로 옳지 않은 것은?

① 해양수산부장관은 보안사건의 발생을 예방하고 국제항해선박 및 항만시설의 보안에 관한 업무를 효율적으로 수행하기 위하여 소속 공무원을 보안감독관으로 지정하여 국제항해선박 및 항만시설의 보안에 관한 점검업무를 수행하게 하여야 한다.

② 해양수산부장관은 보고내용 및 제출된 자료의 내용을 검토한 결과 그 목적달성이 어렵다고 인정되는 때에는 보안감독관으로 하여금 직접 해당 선박·항만시설 또는 사업장에 출입하여 선박과 항만시설의 보안에 관한 사항 등을 점검하게 할 수 있다.

③ 해양수산부장관은 점검을 하는 경우에는 점검 10일 전까지 점검자, 점검 일시·이유 및 내용 등이 포함된 점검계획을 국제항해선박소유자, 항만시설소유자, 대행기관 및 보안교육기관 등에게 통보하여야 한다.

④ 점검을 하는 보안감독관은 그 권한을 나타내는 증표를 지니고 이를 관계인에게 내보여야 하며, 해당 선박 등에 출입 시 성명·출입시간·출입목적 등이 표시된 문서를 관계인에게 주어야 한다.

쏙쏙 해설

해양수산부장관은 점검을 하는 경우에는 점검 7일 전까지 점검자, 점검 일시·이유 및 내용 등이 포함된 점검계획을 국제항해선박소유자, 항만시설소유자, 대행기관 및 보안교육기관 등에게 통보하여야 한다(국제선박항만보안법 제41조 제4항 본문).
① 국제선박항만보안법 제41조 제1항
② 국제선박항만보안법 제41조 제3항
④ 국제선박항만보안법 제41조 제5항

정답 ❸

67

☑ 확인Check! ○ △ ✕

항만시설보안료에 대한 설명으로 옳지 않은 것은?

① 해양수산부장관은 경비·검색인력 및 보안시설·장비의 확보 등에 소요되는 비용을 해당 항만시설의 소유자로부터 징수할 수 있다.

② 항만시설소유자가 항만시설보안료를 징수하려는 때에는 그 징수요율에 대하여 해양수산부장관의 승인을 받아야 한다.

③ 해양수산부장관이 항만시설보안료의 징수요율을 승인하려는 때에는 관계 중앙행정기관의 장과 미리 협의하여야 한다.

④ 항만시설소유자는 항만시설보안료의 징수요율을 승인받거나 변경승인받으려는 경우에는 매년 1월 1일부터 4월 30일까지 항만시설보안료 징수요율 승인(변경승인)신청서에 관련 서류를 첨부하여 관할 지방해양수산청장에게 제출하여야 한다.

쏙쏙 해설

항만시설소유자는 경비·검색인력 및 보안시설·장비의 확보 등에 소요되는 비용을 해당 항만시설을 이용하는 자로부터 징수할 수 있다(국제선박항만보안법 제42조 제1항).★
② 국제선박항만보안법 제42조 제3항 전문
③ 국제선박항만보안법 제42조 제4항 본문
④ 국제선박항만보안법 시행규칙 제54조의2 제1항

정답 ❶

68

항만시설보안료의 징수방법에 대한 설명으로 옳지 않은 것은?

① 항만시설보안료의 징수요율은 항만시설에 대한 보안을 확보·유지하고 국제항해여객선 승객 등의 보안검색을 하는 데 필요한 경비·검색인력 및 보안시설·장비의 확보 등에 직접 지출한 비용에 보안시설·장비의 내용연수 등을 고려하여 정한다.

② 항만시설보안료는 해당 항만시설을 이용하는 국제항해선박소유자의 경우 선박의 총톤수(톤당)에 따라 징수할 수 있다.

③ 항만시설보안료는 해당 항만시설을 이용하는 화주의 경우 화물의 수량(톤, TEU, BARREL당)에 따라 징수할 수 있다.

④ 항만시설소유자는 항만시설보안료를 해당 항만시설을 이용하는 국제항해선박소유자, 여객 및 화주를 대상으로 일괄적으로 징수하여야 한다.

쏙쏙 해설

항만시설소유자는 항만시설보안료를 해당 항만시설을 이용하는 국제항해선박소유자, 여객 및 화주를 대상으로 개별적으로 징수하거나 항만시설소유자와 국제항해선박소유자 간 협의를 통하여 국제항해선박소유자로부터 일괄 징수할 수 있다(국제선박항만보안법 시행령 제14조의2 제3항).
① 국제선박항만보안법 시행령 제14조의2 제1항
②·③ 국제선박항만보안법 시행령 제14조의2 제2항 제1호·제3호

정답 ④

69

수수료에 대한 설명으로 옳지 않은 것은?

① 선박보안계획서의 승인, 선박보안심사·임시선박보안심사 및 특별선박보안심사, 항만시설보안계획서의 승인 및 항만시설보안심사·임시항만시설보안심사 및 특별항만시설보안심사를 받으려는 자는 해양수산부령으로 정하는 바에 따라 수수료를 납부하여야 한다.

② 대행기관이 보안심사를 대행하는 경우 보안심사를 받으려는 자는 대행기관이 정한 수수료를 납부하여야 한다.

③ 대행기관이 수수료를 징수하는 경우에는 그 기준 및 요율 등을 정하여 해양수산부장관의 승인을 받아야 한다.

④ 선박보안계획서 변경승인 수수료의 경우 선박보안계획서 승인 수수료의 3분의 1을 감면한다.

쏙쏙 해설

선박보안계획서 변경승인 수수료의 경우 선박보안계획서 승인 수수료의 2분의 1을 감면한다(국제선박항만보안법 시행규칙 [별표 7] 제1호).
① 국제선박항만보안법 제43조 제1항
② 국제선박항만보안법 제43조 제2항
③ 국제선박항만보안법 제43조 제3항 전문

정답 ④

70

다음 중 해양수산부장관의 권한을 지방해양수산청장에게 위임하는 사항을 모두 고르면?

☑ 확인 Check! ○ △ ✕

- ㉠ 항만시설보안심사, 임시항만시설보안심사, 특별항만시설보안심사 및 관계 국가보안기관의 장과의 협의
- ㉡ 항만시설적합확인서·임시항만시설적합확인서의 교부 및 심사 결과의 표기
- ㉢ 보안심사관의 임명
- ㉣ 항만시설보안료의 징수요율에 대한 승인 및 변경승인
- ㉤ 과태료의 부과·징수

① ㉠, ㉡, ㉢
② ㉡, ㉣, ㉤
③ ㉡, ㉢, ㉣, ㉤
④ ㉠, ㉡, ㉢, ㉣, ㉤

쏙쏙 해설

제시된 내용은 모두 해양수산부장관이 지방해양수산청장에게 위임하는 권한에 해당한다(국제선박항만보안법 시행령 제15조).

정답 ④

71

다음 중 1년 이하의 징역 또는 1천만원 이하의 벌금에 해당하지 않는 자는?

☑ 확인 Check! ○ △ ✕

① 거짓이나 또는 그 밖의 부정한 방법으로 국제선박보안증서 또는 임시국제선박보안증서를 교부받은 자
② 거짓이나 그 밖의 부정한 방법으로 항만시설적합확인서를 교부받은 자
③ 세부적인 보안조치사항을 위반하거나 보안조치의 지시에 따르지 아니한 자
④ 항만시설적합확인서를 비치하지 아니하거나 그 효력이 정지된 항만시설적합확인서를 비치한 항만시설을 운영한 자

쏙쏙 해설

세부적인 보안조치사항을 위반하거나 보안조치의 지시에 따르지 아니한 자는 500만원 이하의 벌금에 처한다(국제선박항만보안법 제49조 제1항 제1호).

정답 ③

벌칙(국제선박항만보안법 제47조 내지 제49조)

3년 이하의 징역 또는 3천만원 이하의 벌금(국제선박항만보안법 제47조)

• 항만시설이나 항만내의 선박에 위법하게 위해물품을 반입·은닉하는 행위를 한 자

1년 이하의 징역 또는 1천만원 이하의 벌금(국제선박항만보안법 제48조)

• 거짓이나 또는 그 밖의 부정한 방법으로 국제선박보안증서 또는 임시국제선박보안증서를 교부받은 자(제1호)
• 국제선박보안증서 등을 비치하지 아니하거나 그 효력이 정지되거나 상실된 국제선박보안증서 등을 비치한 선박을 항해에 사용한 자(제2호)
• 거짓이나 그 밖의 부정한 방법으로 항만시설적합확인서 등을 교부받은 자(제3호)
• 항만시설적합확인서 등을 비치하지 아니하거나 그 효력이 정지되거나 상실된 항만시설적합확인서 등을 비치한 항만시설을 운영한 자(제4호)
• 거짓이나 그 밖의 부정한 방법으로 경비·검색업무의 수탁업체로서 지정을 받은 자(제4호의2)
• 거짓이나 그 밖의 부정한 방법으로 보안심사업무 등의 대행기관으로 지정을 받은 자(제5호)
• 거짓이나 그 밖의 부정한 방법으로 보안교육기관으로 지정을 받은 자(제6호)
• 개선명령 또는 시정 등의 명령에 따르지 아니한 자(제7호)

500만원 이하의 벌금(국제선박항만보안법 제49조)

• 세부적인 보안조치사항을 위반하거나 보안조치의 지시에 따르지 아니한 자(제1호)
• 보안검색을 실시하지 아니한 자(제2호)
• 경비·검색인력 및 보안시설·장비의 확보 등을 이행하지 아니한 자(제3호)
• 폐쇄회로 텔레비전을 설치하지 아니하거나 해상도 기준을 유지하지 아니한 자(제3호의2)
• 정당한 사유 없이 검문검색 및 지시 등에 불응한 자(제4호)
• 보고나 자료를 거짓으로 제출한 자(제5호)
• 점검을 거부·방해 또는 기피한 자(제6호)
• 항만시설보안료의 징수요율(변경된 요율을 포함한다)에 대한 승인을 받지 아니하고 항만시설보안료를 징수한 자(제7호)

72

☑ 확인Check! ○ △ ✕

항만시설이나 항만내의 선박에 위법하게 위해물품을 반입·은닉하는 행위를 한 자에 대한 벌칙은?

① 1년 이하의 징역 또는 1천만원 이하의 벌금
② 1년 이하의 징역 또는 2천만원 이하의 벌금
③ 3년 이하의 징역 또는 2천만원 이하의 벌금
④ 3년 이하의 징역 또는 3천만원 이하의 벌금

쏙쏙 해설

국제선박항만보안법 제47조

정답 ④

73

다음 중 나머지 항목과 벌칙 내용이 다른 것은?

☑ 확인 Check! ○ △ ✕

① 보안검색을 실시하지 아니한 자
② 거짓이나 그 밖의 부정한 방법으로 경비·검색업무의 수탁업체로서 지정을 받은 자
③ 경비·검색인력 및 보안시설·장비의 확보 등을 이행하지 아니한 자
④ 정당한 사유 없이 검문검색 및 지시 등에 불응한 자

74

자격요건을 갖추지 못한 자를 항만시설보안책임자로 지정한 자에 대한 벌칙은?

☑ 확인 Check! ○ △ ✕

① 500만원 이하의 벌금에 처한다.
② 500만원 이하의 과태료를 부과한다.
③ 300만원 이하의 과태료를 부과한다.
④ 200만원 이하의 과태료를 부과한다.

관계법령

과태료(국제선박항만보안법 제52조)
② 다음 각호의 어느 하나에 해당하는 자에게는 300만원 이하의 과태료를 부과한다. 〈개정 2020.2.18., 2020.12.8.〉
 1~13. 생략
 14. 제23조 제1항에 따른 자격요건을 갖추지 못한 자를 항만시설보안책임자로 지정한 자
 15. 제23조 제2항을 위반하여 통보의무를 이행하지 아니한 자
 16. 제25조 제1항을 위반하여 항만시설보안계획서를 비치하지 아니한 자
 17. 제27조 제4항을 위반하여 항만시설적합확인서등의 원본을 사무소에 비치하지 아니한 자
 18. 제30조 제1항을 위반하여 항만시설보안기록부를 작성하지 아니하거나 보관하지 아니한 자
 18의2. 제31조의2 제2항을 위반하여 폐쇄회로 텔레비전의 운영·관리 지침을 마련하지 아니한 자
 19. 제32조 제1항 및 제2항을 위반하여 보안사건을 보고하지 아니하거나 항만시설보안정보를 제공하지 아니한 자
 20. 제33조 제1항 제3호를 위반하여 정당한 출입절차 없이 무단으로 출입한 자
 21. 제33조 제1항 제4호를 위반하여 항만시설 내 촬영이 제한되는 구역에서 항만시설보안책임자의 허가 없이 촬영을 한 자
 22. 제36조 제1항 및 제2항을 위반하여 부적격한 자를 내부보안심사자로 지정하거나 내부보안심사를 실시하지 아니한 자
 23. 제39조 제1항을 위반하여 보안교육 및 훈련에 관한 계획을 수립하지 아니하거나 시행하지 아니한 자
 24. 제39조 제2항 및 제3항을 위반하여 보안훈련을 실시하지 아니한 자
 25. 제39조 제4항을 위반하여 국제적인 합동보안훈련에 참여한 사실을 보고하지 아니한 자
 26. 제41조 제2항에 따른 관계 서류의 제출이나 보고를 하지 아니한 자

PART 03

75

☑ 확인Check! ○ △ ✕

다음 중 300만원 이하의 과태료 처분을 받게 되는 자에 해당하지 않는 자는?

① 해양수산부장관의 성능 인증을 받은 보안검색장비를 사용하지 아니한 자

② 폐쇄회로 텔레비전의 운영·관리 지침을 마련하지 아니한 자

③ 항만시설 내 촬영이 제한되는 구역에서 항만시설보안책임자의 허가 없이 촬영을 한 자

④ 부적격한 자를 내부보안심사자로 지정하거나 내부보안심사를 실시하지 아니한 자

쏙쏙 해설

해양수산부장관의 성능 인증을 받은 보안검색장비를 사용하지 아니한 자는 1천만원 이하의 과태료 처분을 받게 된다(국제선박항만보안법 제52조 제1항 제1호).
②·③·④는 300만원 이하의 과태료 처분을 받게 된다(국제선박항만보안법 제52조 제2항 제18호의2·제21호·제22호).

정답 ❶

76

☑ 확인Check! ○ △ ✕

항만시설보안과 관련한 과태료의 부과·징수권자는?

① 해양수산부장관

② 해양경찰청장

③ 해운항만청장

④ 행정안전부장관

쏙쏙 해설

과태료는 대통령령으로 정하는 바에 따라 해양수산부장관이 부과·징수한다(국제선박항만보안법 제52조 제3항).★

정답 ❶

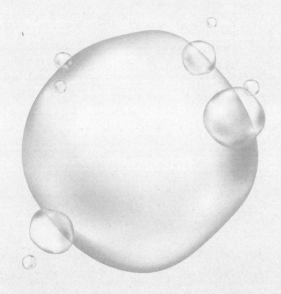

모든 전사 중 가장 강한 전사는 이 두 가지,
시간과 인내다.

- 레프 톨스토이 -

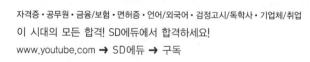

Add+

관계법령

01 청원경찰법

02 청원경찰법 시행령

03 청원경찰법 시행규칙

04 경찰관직무집행법

05 경찰관직무집행법 시행령

06 위해성 경찰장비의 사용기준 등에 관한 규정(약칭 : 위해성경찰장비규정)

07 국제항해선박 및 항만시설의 보안에 관한 법률(약칭 : 국제선박항만보안법)

08 국제항해선박 및 항만시설의 보안에 관한 법률 시행령

  (약칭 : 국제선박항만보안법 시행령)

09 국제항해선박 및 항만시설의 보안에 관한 법률 시행규칙

  (약칭 : 국제선박항만보안법 시행규칙)

청원경찰법

[시행 2022.11.15.] [법률 제19033호, 2022.11.15., 일부개정]

제1조(목적) 이 법은 청원경찰의 직무·임용·배치·보수·사회보장 및 그 밖에 필요한 사항을 규정함으로써 청원경찰의 원활한 운영을 목적으로 한다.

[전문개정 2010.2.4.]

제2조(정의) 이 법에서 "청원경찰"이란 다음 각호의 어느 하나에 해당하는 기관의 장 또는 시설·사업장 등의 경영자가 경비(이하 "청원경찰경비"(請願警察經費)라 한다)를 부담할 것을 조건으로 경찰의 배치를 신청하는 경우 그 기관·시설 또는 사업장 등의 경비(警備)를 담당하게 하기 위하여 배치하는 경찰을 말한다. 〈개정 2013.3.23., 2014.11.19., 2017.7.26.〉

    1. 국가기관 또는 공공단체와 그 관리하에 있는 중요 시설 또는 사업장

    2. 국내 주재(駐在) 외국기관

    3. 그 밖에 행정안전부령으로 정하는 중요 시설, 사업장 또는 장소

[전문개정 2010.2.4.]

제3조(청원경찰의 직무) 청원경찰은 제4조 제2항에 따라 청원경찰의 배치결정을 받은 자(이하 "청원주"(請願主)라 한다)와 배치된 기관·시설 또는 사업장 등의 구역을 관할하는 경찰서장의 감독을 받아 그 경비구역만의 경비를 목적으로 필요한 범위에서 「경찰관직무집행법」에 따른 경찰관의 직무를 수행한다. 〈개정 2014.5.20.〉

[전문개정 2010.2.4.]

제4조(청원경찰의 배치) ① 청원경찰을 배치받으려는 자는 대통령령으로 정하는 바에 따라 관할 시·도 경찰청장에게 청원경찰 배치를 신청하여야 한다. 〈개정 2020.12.22.〉

② 시·도 경찰청장은 제1항의 청원경찰 배치신청을 받으면 지체 없이 그 배치 여부를 결정하여 신청인에게 알려야 한다. 〈개정 2020.12.22.〉

③ 시·도 경찰청장은 청원경찰 배치가 필요하다고 인정하는 기관의 장 또는 시설·사업장의 경영자에게 청원경찰을 배치할 것을 요청할 수 있다. 〈개정 2020.12.22.〉

[전문개정 2010.2.4.]

제5조(청원경찰의 임용 등) ① 청원경찰은 청원주가 임용하되, 임용을 할 때에는 미리 시·도 경찰청장의 승인을 받아야 한다. 〈개정 2020.12.22.〉

② 「국가공무원법」 제33조 각호의 어느 하나의 결격사유에 해당하는 사람은 청원경찰로 임용될 수 없다.

③ 청원경찰의 임용자격·임용방법·교육 및 보수에 관하여는 대통령령으로 정한다.

④ 청원경찰의 복무에 관하여는 「국가공무원법」 제57조, 제58조 제1항, 제60조 및 「경찰공무원법」 제24조를 준용한다. 〈개정 2018.9.18., 2020.12.22.〉

[전문개정 2010.2.4.]

[2018.9.18. 법률 제15765호에 의하여 2017.9.28. 헌법재판소에서 헌법불합치 결정된 이 조 제4항을 개정함.]

제5조의2(청원경찰의 징계) ① 청원주는 청원경찰이 다음 각호의 어느 하나에 해당하는 때에는 대통령령으로 정하는 징계절차를 거쳐 징계처분을 하여야 한다.

　　1. 직무상의 의무를 위반하거나 직무를 태만히 한 때

　　2. 품위를 손상하는 행위를 한 때

② 청원경찰에 대한 징계의 종류는 파면, 해임, 정직, 감봉 및 견책으로 구분한다.

③ 청원경찰의 징계에 관하여 그 밖에 필요한 사항은 대통령령으로 정한다.

[본조신설 2010.2.4.]

제6조(청원경찰경비) ① 청원주는 다음 각호의 청원경찰경비를 부담하여야 한다.

　　1. 청원경찰에게 지급할 봉급과 각종 수당

　　2. 청원경찰의 피복비

　　3. 청원경찰의 교육비

　　4. 제7조에 따른 보상금 및 제7조의2에 따른 퇴직금

② 국가기관 또는 지방자치단체에 근무하는 청원경찰의 보수는 다음 각호의 구분에 따라 같은 재직기간에 해당하는 경찰공무원의 보수를 감안하여 대통령령으로 정한다. 〈개정 2014.12.30.〉

　　1. 재직기간 15년 미만 : 순경

　　2. 재직기간 15년 이상 23년 미만 : 경장

　　3. 재직기간 23년 이상 30년 미만 : 경사

　　4. 재직기간 30년 이상 : 경위

③ 청원주의 제1항 제1호에 따른 봉급·수당의 최저부담기준액(국가기관 또는 지방자치단체에 근무하는 청원경찰의 봉급·수당은 제외한다)과 같은 항 제2호 및 제3호에 따른 비용의 부담기준액은 경찰청장이 정하여 고시(告示)한다.

[전문개정 2010.2.4.]

제7조(보상금) 청원주는 청원경찰이 다음 각호의 어느 하나에 해당하게 되면 대통령령으로 정하는 바에 따라 청원경찰 본인 또는 그 유족에게 보상금을 지급하여야 한다.

　　1. 직무수행으로 인하여 부상을 입거나, 질병에 걸리거나 또는 사망한 경우

　　2. 직무상의 부상·질병으로 인하여 퇴직하거나, 퇴직 후 2년 이내에 사망한 경우

[전문개정 2010.2.4.]

제7조의2(퇴직금) 청원주는 청원경찰이 퇴직할 때에는 「근로자퇴직급여보장법」에 따른 퇴직금을 지급하여야 한다. 다만, 국가기관이나 지방자치단체에 근무하는 청원경찰의 퇴직금에 관하여는 따로 대통령령으로 정한다.

[전문개정 2010.2.4.]

제8조(제복 착용과 무기휴대) ① 청원경찰은 근무 중 제복을 착용하여야 한다.

② 시·도 경찰청장은 청원경찰이 직무를 수행하기 위하여 필요하다고 인정하면 청원주의 신청을 받아 관할 경찰서장으로 하여금 청원경찰에게 무기를 대여하여 지니게 할 수 있다. 〈개정 2020.12.22.〉

③ 청원경찰의 복제(服制)와 무기휴대에 필요한 사항은 대통령령으로 정한다.

[전문개정 2010.2.4.]

제9조 삭제 〈1999.3.31.〉

제9조의2 삭제 〈2001.4.7.〉

제9조의3(감독) ① 청원주는 항상 소속 청원경찰의 근무 상황을 감독하고, 근무 수행에 필요한 교육을 하여야 한다.

② 시·도 경찰청장은 청원경찰의 효율적인 운영을 위하여 청원주를 지도하며 감독상 필요한 명령을 할 수 있다. 〈개정 2020.12.22.〉

[전문개정 2010.2.4.]

제9조의4(쟁의행위의 금지) 청원경찰은 파업, 태업 또는 그 밖에 업무의 정상적인 운영을 방해하는 일체의 쟁의행위를 하여서는 아니 된다.

[본조신설 2018.9.18.]

제10조(직권남용금지 등) ① 청원경찰이 직무를 수행할 때 직권을 남용하여 국민에게 해를 끼친 경우에는 6개월 이하의 징역이나 금고에 처한다.

② 청원경찰 업무에 종사하는 사람은 「형법」이나 그 밖의 법령에 따른 벌칙을 적용할 때에는 공무원으로 본다.

[전문개정 2010.2.4.]

제10조의2(청원경찰의 불법행위에 대한 배상책임) 청원경찰(국가기관이나 지방자치단체에 근무하는 청원경찰은 제외한다)의 직무상 불법행위에 대한 배상책임에 관하여는 「민법」의 규정을 따른다.

[전문개정 2010.2.4.]

제10조의3(권한의 위임) 이 법에 따른 시·도 경찰청장의 권한은 그 일부를 대통령령으로 정하는 바에 따라 관할 경찰서장에게 위임할 수 있다. 〈개정 2020.12.22.〉

[전문개정 2010.2.4.]

제10조의4(의사에 반한 면직) ① 청원경찰은 형의 선고, 징계처분 또는 신체상·정신상의 이상으로 직무를 감당하지 못할 때를 제외하고는 그 의사(意思)에 반하여 면직(免職)되지 아니한다.

② 청원주가 청원경찰을 면직시켰을 때에는 그 사실을 관할 경찰서장을 거쳐 시·도 경찰청장에게 보고하여야 한다. 〈개정 2020.12.22.〉

[전문개정 2010.2.4.]

제10조의5(배치의 폐지 등) ① 청원주는 청원경찰이 배치된 시설이 폐쇄되거나 축소되어 청원경찰의 배치를 폐지하거나 배치인원을 감축할 필요가 있다고 인정하면 청원경찰의 배치를 폐지하거나 배치인원을 감축할 수 있다. 다만, 청원주는 다음 각호의 어느 하나에 해당하는 경우에는 청원경찰의 배치를 폐지하거나 배치인원을 감축할 수 없다. 〈개정 2014.12.30.〉

1. 청원경찰을 대체할 목적으로 「경비업법」에 따른 특수경비원을 배치하는 경우
2. 청원경찰이 배치된 기관·시설 또는 사업장 등이 배치인원의 변동사유 없이 다른 곳으로 이전하는 경우

② 제1항에 따라 청원주가 청원경찰을 폐지하거나 감축하였을 때에는 청원경찰 배치결정을 한 경찰관서의 장에게 알려야 하며, 그 사업장이 제4조 제3항에 따라 시·도 경찰청장이 청원경찰의 배치를 요청한 사업장일 때에는 그 폐지 또는 감축 사유를 구체적으로 밝혀야 한다. 〈개정 2020.12.22.〉

③ 제1항에 따라 청원경찰의 배치를 폐지하거나 배치인원을 감축하는 경우 해당 청원주는 배치폐지나 배치인원 감축으로 과원(過員)이 되는 청원경찰 인원을 그 기관·시설 또는 사업장 내의 유사 업무에 종사하게 하거나 다른 시설·사업장 등에 재배치하는 등 청원경찰의 고용이 보장될 수 있도록 노력하여야 한다. 〈신설 2014.12.30.〉

[전문개정 2010.2.4.]

제10조의6(당연 퇴직) 청원경찰이 다음 각호의 어느 하나에 해당할 때에는 당연 퇴직된다. 〈개정 2022.11.15.〉

1. 제5조 제2항에 따른 임용결격사유에 해당될 때. 다만, 「국가공무원법」 제33조 제2호는 파산선고를 받은 사람으로서 「채무자 회생 및 파산에 관한 법률」에 따라 신청기한 내에 면책신청을 하지 아니하였거나 면책불허가 결정 또는 면책 취소가 확정된 경우만 해당하고, 「국가공무원법」 제33조 제5호는 「형법」 제129조부터 제132조까지, 「성폭력범죄의 처벌 등에 관한 특례법」 제2조, 「아동·청소년의 성보호에 관한 법률」 제2조 제2호 및 직무와 관련하여 「형법」 제355조 또는 제356조에 규정된 죄를 범한 사람으로서 금고 이상의 형의 선고유예를 받은 경우만 해당한다.
2. 제10조의5에 따라 청원경찰의 배치가 폐지되었을 때
3. 나이가 60세가 되었을 때. 다만, 그 날이 1월부터 6월 사이에 있으면 6월 30일에, 7월부터 12월 사이에 있으면 12월 31일에 각각 당연 퇴직된다.

[전문개정 2010.2.4.]

[단순위헌, 2017헌가26, 2018.1.25., 청원경찰법(2010.2.4. 법률 제10013호로 개정된 것) 제10조의6 제1호 중 제5조 제2항에 의한 국가공무원법 제33조 제5호에 관한 부분은 헌법에 위반된다.]

제10조의7(휴직 및 명예퇴직) 국가기관이나 지방자치단체에 근무하는 청원경찰의 휴직 및 명예퇴직에 관하여는 「국가공무원법」 제71조부터 제73조까지 및 제74조의2를 준용한다.

[전문개정 2010.2.4.]

제11조(벌칙) 제9조의4를 위반하여 파업, 태업 또는 그 밖에 업무의 정상적인 운영을 방해하는 쟁의행위를 한 사람은 1년 이하의 징역 또는 1천만원 이하의 벌금에 처한다. 〈개정 2018.9.18.〉

[전문개정 2010.2.4.]

제12조(과태료) ① 다음 각호의 어느 하나에 해당하는 자에게는 500만원 이하의 과태료를 부과한다. 〈개정 2020.12.22.〉

　　1. 제4조 2항에 따른 시·도 경찰청장의 배치결정을 받지 아니하고 청원경찰을 배치하거나 제5조 제1항에 따른 시·도 경찰청장의 승인을 받지 아니하고 청원경찰을 임용한 자

　　2. 정당한 사유 없이 제6조 제3항에 따라 경찰청장이 고시한 최저부담기준액 이상의 보수를 지급하지 아니한 자

　　3. 제9조의3 제2항에 따른 감독상 필요한 명령을 정당한 사유 없이 이행하지 아니한 자

② 제1항에 따른 과태료는 대통령령으로 정하는 바에 따라 시·도 경찰청장이 부과·징수한다. 〈개정 2020.12.22.〉

[전문개정 2010.2.4.]

부칙 〈법률 제17687호, 2020.12.22.〉 (경찰공무원법)

제1조(시행일) 이 법은 2021년 1월 1일부터 시행한다.

제2조부터 제7조까지 생략

제8조(다른 법률의 개정)

①부터 ③까지 생략

④ 청원경찰법 일부를 다음과 같이 개정한다.

　　제5조 제4항 중 "「경찰공무원법」 제18조"를 "「경찰공무원법」 제24조"로 한다.

제9조 생략

부칙 〈법률 제17689호, 2020.12.22.〉 (국가경찰과 자치경찰의 조직 및 운영에 관한 법률)

제1조(시행일) 이 법은 2021년 1월 1일부터 시행한다.

제2조부터 제6조까지 생략

제7조(다른 법률의 개정)

①부터 ⑯까지 생략

⑰ 청원경찰법 일부를 다음과 같이 개정한다.

　　제4조 제1항, 제2항 및 제3항, 제5조 제1항, 제8조 제2항, 제9조의3 제2항, 제10조의3, 제10조의4 제2항, 제10조의5 제2항, 제12조 제1항 제1호 및 같은 조 제2항 중 "지방경찰청장"을 각각 "시·도 경찰청장"으로 한다.

⑱부터 〈53〉까지 생략

제8조 생략

부칙 〈법률 제19033호, 2022.11.15.〉

제1조(시행일) 이 법은 공포한 날부터 시행한다.

제2조(당연 퇴직에 관한 적용례) 제10조의6 제1호의 개정규정은 이 법 시행 이후 파산선고를 받거나 이 법 시행 이후의 행위로 형의 선고유예를 받은 사람부터 적용한다.

청원경찰법 시행령

[시행 2023.4.25.] [대통령령 제33428호, 2023.4.25., 일부개정]

제1조(목적) 이 영은 「청원경찰법」에서 위임된 사항과 그 시행에 필요한 사항을 규정함을 목적으로 한다.

제2조(청원경찰의 배치신청 등) 「청원경찰법」(이하 "법"이라 한다) 제4조 제1항에 따라 청원경찰의 배치를 받으려는 자는 청원경찰 배치신청서에 다음 각호의 서류를 첨부하여 법 제2조 각호의 기관·시설·사업장 또는 장소(이하 "사업장"이라 한다)의 소재지를 관할하는 경찰서장(이하 "관할 경찰서장"이라 한다)을 거쳐 시·도 경찰청장에게 제출하여야 한다. 이 경우 배치 장소가 둘 이상의 도(특별시, 광역시, 특별자치시 및 특별자치도를 포함한다. 이하 같다)일 때에는 주된 사업장의 관할 경찰서장을 거쳐 시·도 경찰청장에게 한꺼번에 신청할 수 있다. 〈개정 2014.3.18., 2020.12.31.〉

1. 경비구역 평면도 1부
2. 배치계획서 1부

제3조(임용자격) 법 제5조 제3항에 따른 청원경찰의 임용자격은 다음 각호와 같다. 〈개정 2013.3.23., 2014.3.18., 2014.11.19., 2017.7.26., 2021.8.24.〉

1. 18세 이상인 사람
2. 행정안전부령으로 정하는 신체조건에 해당하는 사람

제4조(임용방법 등) ① 법 제4조 제2항에 따라 청원경찰의 배치결정을 받은 자(이하 "청원주"라 한다)는 법 제5조 제1항에 따라 그 배치결정의 통지를 받은 날부터 30일 이내에 배치결정된 인원수의 임용예정자에 대하여 청원경찰 임용승인을 시·도 경찰청장에게 신청하여야 한다. 〈개정 2020.12.31.〉

② 청원주가 법 제5조 제1항에 따라 청원경찰을 임용하였을 때에는 임용한 날부터 10일 이내에 그 임용사항을 관할 경찰서장을 거쳐 시·도 경찰청장에게 보고하여야 한다. 청원경찰이 퇴직하였을 때에도 또한 같다. 〈개정 2020.12.31.〉

제5조(교육) ① 청원주는 청원경찰로 임용된 사람으로 하여금 경비구역에 배치하기 전에 경찰교육기관에서 직무수행에 필요한 교육을 받게 하여야 한다. 다만, 경찰교육기관의 교육계획상 부득이하다고 인정할 때에는 우선 배치하고 임용 후 1년 이내에 교육을 받게 할 수 있다.

② 경찰공무원(의무경찰을 포함한다) 또는 청원경찰에서 퇴직한 사람이 퇴직한 날부터 3년 이내에 청원경찰로 임용되었을 때에는 제1항에 따른 교육을 면제할 수 있다. 〈개정 2015.11.20.〉

③ 제1항의 교육기간·교육과목·수업시간 및 그 밖에 교육의 시행에 필요한 사항은 행정안전부령으로 정한다. 〈개정 2013.3.23., 2014.11.19., 2017.7.26.〉

제6조(배치 및 이동) ① 청원주는 청원경찰을 신규로 배치하거나 이동배치하였을 때에는 배치지(이동배치의 경우에는 종전의 배치지)를 관할하는 경찰서장에게 그 사실을 통보하여야 한다.

② 제1항의 통보를 받은 경찰서장은 이동배치지가 다른 관할구역에 속할 때에는 전입지를 관할하는 경찰서장에게 이동배치한 사실을 통보하여야 한다.

제7조(복무) 법 제5조 제4항에서 규정한 사항 외에 청원경찰의 복무에 관하여는 해당 사업장의 취업규칙에 따른다.

제8조(징계) ① 관할 경찰서장은 청원경찰이 법 제5조의2 제1항 각호의 어느 하나에 해당한다고 인정되면 청원주에게 해당 청원경찰에 대하여 징계처분을 하도록 요청할 수 있다.

② 법 제5조의2 제2항의 정직(停職)은 1개월 이상 3개월 이하로 하고, 그 기간에 청원경찰의 신분은 보유하나 직무에 종사하지 못하며, 보수의 3분의 2를 줄인다.

③ 법 제5조의2 제2항의 감봉은 1개월 이상 3개월 이하로 하고, 그 기간에 보수의 3분의 1을 줄인다.

④ 법 제5조의2 제2항의 견책(譴責)은 전과(前過)에 대하여 훈계하고 회개하게 한다.

⑤ 청원주는 청원경찰 배치결정의 통지를 받았을 때에는 통지를 받은 날부터 15일 이내에 청원경찰에 대한 징계규정을 제정하여 관할 시·도 경찰청장에게 신고하여야 한다. 징계규정을 변경할 때에도 또한 같다. 〈개정 2020.12.31.〉

⑥ 시·도 경찰청장은 제5항에 따른 징계규정의 보완이 필요하다고 인정할 때에는 청원주에게 그 보완을 요구할 수 있다. 〈개정 2020.12.31.〉

제9조(국가기관 또는 지방자치단체에 근무하는 청원경찰의 보수) ① 법 제6조 제2항에 따른 국가기관 또는 지방자치단체에 근무하는 청원경찰의 봉급은 [별표 1]과 같다.

② 법 제6조 제2항에 따른 국가기관 또는 지방자치단체에 근무하는 청원경찰의 각종 수당은 「공무원수당 등에 관한 규정」에 따른 수당 중 가계보전수당, 실비변상 등으로 하며, 그 세부 항목은 경찰청장이 정하여 고시한다.

③ 법 제6조 제2항에 따른 재직기간은 청원경찰로서 근무한 기간으로 한다.

제10조(국가기관 또는 지방자치단체에 근무하는 청원경찰 외의 청원경찰의 보수) 국가기관 또는 지방자치단체에 근무하는 청원경찰 외의 청원경찰의 봉급과 각종 수당은 법 제6조 제3항에 따라 경찰청장이 고시한 최저부담기준액 이상으로 지급하여야 한다. 다만, 고시된 최저부담기준액이 배치된 사업장에서 같은 종류의 직무나 유사 직무에 종사하는 근로자에게 지급하는 임금보다 적을 때에는 그 사업장에서 같은 종류의 직무나 유사 직무에 종사하는 근로자에게 지급하는 임금에 상당하는 금액을 지급하여야 한다.

제11조(보수 산정 시의 경력 인정 등) ① 청원경찰의 보수 산정에 관하여 그 배치된 사업장의 취업규칙에 특별한 규정이 없는 경우에는 다음 각호의 경력을 봉급 산정의 기준이 되는 경력에 산입(算入)하여야 한다. 〈개정 2015.11.20.〉

1. 청원경찰로 근무한 경력
2. 군 또는 의무경찰에 복무한 경력

3. 수위·경비원·감시원 또는 그 밖에 청원경찰과 비슷한 직무에 종사하던 사람이 해당 사업장의 청원주에 의하여 청원경찰로 임용된 경우에는 그 직무에 종사한 경력

4. 국가기관 또는 지방자치단체에서 근무하는 청원경찰에 대해서는 국가기관 또는 지방자치단체에서 상근(常勤)으로 근무한 경력

② 국가기관 또는 지방자치단체에 근무하는 청원경찰 보수의 호봉 간 승급기간은 경찰공무원의 승급기간에 관한 규정을 준용한다.

③ 국가기관 또는 지방자치단체에 근무하는 청원경찰 외의 청원경찰 보수의 호봉 간 승급기간 및 승급액은 그 배치된 사업장의 취업규칙에 따르며, 이에 관한 취업규칙이 없을 때에는 순경의 승급에 관한 규정을 준용한다.

제12조(청원경찰경비의 고시 등) ① 법 제6조 제1항 제1호부터 제3호까지의 청원경찰경비의 지급방법 또는 납부방법은 행정안전부령으로 정한다. 〈개정 2013.3.23., 2014.11.19., 2017.7.26.〉

② 법 제6조 제3항에 따른 청원경찰경비의 최저부담기준액 및 부담기준액은 경찰공무원 중 순경의 것을 고려하여 다음 연도분을 매년 12월에 고시하여야 한다. 다만, 부득이한 사유가 있을 때에는 수시로 고시할 수 있다.

제13조(보상금) 청원주는 법 제7조에 따른 보상금의 지급을 이행하기 위하여 「산업재해보상보험법」에 따른 산업재해보상보험에 가입하거나, 「근로기준법」에 따라 보상금을 지급하기 위한 재원(財源)을 따로 마련하여야 한다.

제14조(복제) ① 청원경찰의 복제(服制)는 제복·장구(裝具) 및 부속물로 구분한다.

② 청원경찰의 제복·장구 및 부속물에 관하여 필요한 사항은 행정안전부령으로 정한다. 〈개정 2013.3.23., 2014.11.19., 2017.7.26.〉

③ 청원경찰이 그 배치지의 특수성 등으로 특수복장을 착용할 필요가 있을 때에는 청원주는 시·도 경찰청장의 승인을 받아 특수복장을 착용하게 할 수 있다. 〈개정 2020.12.31.〉

제15조(분사기 휴대) 청원주는 「총포·도검·화약류 등의 안전관리에 관한 법률」에 따른 분사기의 소지허가를 받아 청원경찰로 하여금 그 분사기를 휴대하여 직무를 수행하게 할 수 있다. 〈개정 2016.1.6.〉

제16조(무기휴대) ① 청원주가 법 제8조 제2항에 따라 청원경찰이 휴대할 무기를 대여받으려는 경우에는 관할 경찰서장을 거쳐 시·도 경찰청장에게 무기대여를 신청하여야 한다. 〈개정 2020.12.31.〉

② 제1항의 신청을 받은 시·도 경찰청장이 무기를 대여하여 휴대하게 하려는 경우에는 청원주로부터 국가에 기부채납된 무기에 한정하여 관할 경찰서장으로 하여금 무기를 대여하여 휴대하게 할 수 있다. 〈개정 2020.12.31.〉

③ 제1항에 따라 무기를 대여하였을 때에는 관할 경찰서장은 청원경찰의 무기관리상황을 수시로 점검하여야 한다.

④ 청원주 및 청원경찰은 행정안전부령으로 정하는 무기관리수칙을 준수하여야 한다. 〈개정 2013.3.23., 2014.11.19., 2017.7.26.〉

제17조(감독) 관할 경찰서장은 매달 1회 이상 청원경찰을 배치한 경비구역에 대하여 다음 각호의 사항을 감독하여야 한다.

    1. 복무규율과 근무 상황

    2. 무기의 관리 및 취급 사항

제18조(청원경찰의 신분) 청원경찰은 「형법」이나 그 밖의 법령에 따른 벌칙을 적용하는 경우와 법 및 이 영에서 특별히 규정한 경우를 제외하고는 공무원으로 보지 아니한다.

제19조(근무 배치 등의 위임) ① 「경비업법」에 따른 경비업자(이하 이 조에서 "경비업자"라 한다)가 중요 시설의 경비를 도급받았을 때에는 청원주는 그 사업장에 배치된 청원경찰의 근무 배치 및 감독에 관한 권한을 해당 경비업자에게 위임할 수 있다.

  ② 청원주는 제1항에 따라 경비업자에게 청원경찰의 근무 배치 및 감독에 관한 권한을 위임한 경우에 이를 이유로 청원경찰의 보수나 신분상의 불이익을 주어서는 아니 된다.

제20조(권한의 위임) 시·도 경찰청장은 법 제10조의3에 따라 다음 각호의 권한을 관할 경찰서장에게 위임한다. 다만, 청원경찰을 배치하고 있는 사업장이 하나의 경찰서의 관할구역에 있는 경우로 한정한다. 〈개정 2020.12.31.〉

    1. 법 제4조 제2항 및 제3항에 따른 청원경찰 배치의 결정 및 요청에 관한 권한

    2. 법 제5조 제1항에 따른 청원경찰의 임용승인에 관한 권한

    3. 법 제9조의3 제2항에 따른 청원주에 대한 지도 및 감독상 필요한 명령에 관한 권한

    4. 법 제12조에 따른 과태료 부과·징수에 관한 권한

제20조의2(민감정보 및 고유식별정보의 처리) 시·도 경찰청장 또는 경찰서장은 다음 각호의 사무를 수행하기 위하여 불가피한 경우 「개인정보보호법」 제23조에 따른 건강에 관한 정보와 같은 법 시행령 제18조 제2호에 따른 범죄경력자료에 해당하는 정보, 같은 영 제19조 제1호 또는 제4호에 따른 주민등록번호 또는 외국인등록번호가 포함된 자료를 처리할 수 있다. 〈개정 2020.12.31.〉

    1. 법 및 이 영에 따른 청원경찰의 임용, 배치 등 인사관리에 관한 사무

    2. 법 제8조에 따른 청원경찰의 제복 착용 및 무기휴대에 관한 사무

    3. 법 제9조의3에 따른 청원주에 대한 지도·감독에 관한 사무

    4. 제1호부터 제3호까지의 규정에 따른 사무를 수행하기 위하여 필요한 사무

[본조신설 2012.1.6.]

제20조의3 삭제 〈2020.3.3.〉

제21조(과태료의 부과기준 등) ① 법 제12조 제1항에 따른 과태료의 부과기준은 [별표 2]와 같다.

  ② 시·도 경찰청장은 위반행위의 동기, 내용 및 위반의 정도 등을 고려하여 [별표 2]에 따른 과태료 금액의 100분의 50의 범위에서 그 금액을 줄이거나 늘릴 수 있다. 다만, 늘리는 경우에는 법 제12조 제1항에 따른 과태료 금액의 상한을 초과할 수 없다. 〈개정 2020.12.31.〉

부칙 〈대통령령 제31349호, 2020.12.31.〉 (자치경찰사무와 시·도 자치경찰위원회의 조직 및 운영 등에 관한 규정)

제1조(시행일) 이 영은 2021년 1월 1일부터 시행한다.

제2조 및 제3조 생략

제4조(다른 법령의 개정)

①부터 ⑩까지 생략

⑪ 청원경찰법 시행령 일부를 다음과 같이 개정한다.

　　제2조 각호 외의 부분 전단·후단, 제4조 제1항, 같은 조 제2항 전단, 제8조 제5항 전단, 같은 조 제6항, 제14조 제3항, 제16조 제1항·제2항, 제20조 각호 외의 부분, 제20조의2 각호 외의 부분, 제21조 제2항 및 [별표 2] 제1호 각목 외의 부분·제2호 각목 외의 부분·제4호 각목 외의 부분 중 "지방경찰청장"을 각각 "시·도 경찰청장"으로 한다.

⑫부터 ⑲까지 생략

부칙 〈대통령령 제31665호, 2021.5.4.〉

제1조(시행일) 이 영은 공포한 날부터 시행한다.

제2조(봉급에 관한 적용례) [별표 1]의 개정규정은 2021년 1월 1일 이후 지급하는 봉급부터 적용한다.

부칙 〈대통령령 제31948호, 2021.8.24.〉

이 영은 공포한 날부터 시행한다.

부칙 〈대통령령 제32617호, 2022.5.3.〉

제1조(시행일) 이 영은 공포한 날부터 시행한다.

제2조(봉급에 관한 적용례) [별표 1]의 개정규정은 2022년 1월 1일 이후 지급하는 봉급부터 적용한다.

부칙 〈대통령령 제33428호, 2023.4.25.〉

제1조(시행일) 이 영은 공포한 날부터 시행한다.

제2조(봉급에 관한 적용례) [별표 1]의 개정규정은 2023년 1월 1일 이후 지급하는 봉급부터 적용한다.

관계법령

청원경찰법 시행규칙

[시행 2022.11.10.] [행정안전부령 제357호, ·2022.11.10., 일부개정]

제1조(목적) 이 규칙은 「청원경찰법」 및 같은 법 시행령에서 위임된 사항과 그 시행에 필요한 사항을 규정함을 목적으로 한다.

제2조(배치대상) 「청원경찰법」(이하 "법"이라 한다) 제2조 제3호에서 "그 밖에 행정안전부령으로 정하는 중요 시설, 사업장 또는 장소"란 다음 각호의 시설, 사업장 또는 장소를 말한다. 〈개정 2013.3.23., 2014.11.19., 2017.7.26.〉

1. 선박, 항공기 등 수송시설
2. 금융 또는 보험을 업(業)으로 하는 시설 또는 사업장
3. 언론, 통신, 방송 또는 인쇄를 업으로 하는 시설 또는 사업장
4. 학교 등 육영시설
5. 「의료법」에 따른 의료기관
6. 그 밖에 공공의 안녕질서 유지와 국민경제를 위하여 고도의 경비(警備)가 필요한 중요 시설, 사업체 또는 장소

제3조(청원경찰 배치신청서 등) ① 「청원경찰법 시행령」(이하 "영"이라 한다) 제2조에 따른 청원경찰 배치신청 서는 별지 제1호 서식에 따른다.

② 법 제4조 제2항에 따른 청원경찰 배치결정통지 또는 청원경찰 배치불허통지는 별지 제2호 서식에 따른다.

제4조(임용의 신체조건) 영 제3조 제2호에 따른 신체조건은 다음 각호와 같다.

1. 신체가 건강하고 팔다리가 완전할 것
2. 시력(교정시력을 포함한다)은 양쪽 눈이 각각 0.8 이상일 것

제5조(임용승인신청서 등) ① 법 제4조 제2항에 따라 청원경찰의 배치결정을 받은 자[이하 "청원주"(請願主) 라 한다]가 영 제4조 제1항에 따라 시·도 경찰청장에게 청원경찰 임용승인을 신청할 때에는 별지 제3호 서식의 청원경찰 임용승인신청서에 그 해당자에 관한 다음 각호의 서류를 첨부해야 한다. 〈개정 2013.10.22., 2020.12.31., 2021.3.30.〉

1. 이력서 1부
2. 주민등록증 사본 1부
3. 민간인 신원진술서(「보안업무규정」 제36조에 따른 신원조사가 필요한 경우만 해당한다) 1부
4. 최근 3개월 이내에 발행한 채용신체검사서 또는 취업용 건강진단서 1부
5. 가족관계등록부 중 기본증명서 1부

② 제1항에 따른 신청서를 제출받은 시·도 경찰청장은 「전자정부법」 제36조 제1항에 따라 행정정보의 공동 이용을 통하여 해당자의 병적증명서를 확인하여야 한다. 다만, 그 해당자가 확인에 동의하지 아니할 때에는 해당 서류를 첨부하도록 하여야 한다. 〈개정 2013.10.22., 2020.12.31.〉

제6조(교육기간 등) 영 제5조 제3항에 따른 교육기간은 2주로 하고, 교육과목 및 수업시간은 [별표 1]과 같다.

제7조(청원경찰 배치통보서 등) 영 제6조 제1항에 따른 청원경찰 배치 통보 및 영 제6조 제2항에 따른 청원경찰 전출 통보는 별지 제4호 서식에 따른다.

제8조(청원경찰경비의 지급방법 등) 영 제12조에 따른 청원경찰경비의 지급방법 및 납부방법은 다음 각호와 같다.

1. 봉급과 각종 수당은 청원주가 그 청원경찰이 배치된 기관·시설·사업장 또는 장소(이하 "사업장"이 라 한다)의 직원에 대한 보수 지급일에 청원경찰에게 직접 지급한다.

2. 피복은 청원주가 제작하거나 구입하여 [별표 2]에 따른 정기지급일 또는 신규 배치 시에 청원경찰에게 현품으로 지급한다.

3. 교육비는 청원주가 해당 청원경찰의 입교(入校) 3일 전에 해당 경찰교육기관에 낸다.

제9조(복제) ① 영 제14조에 따른 청원경찰의 제복·장구(裝具) 및 부속물의 종류는 다음 각호와 같다. 〈개정 2021.12.31.〉

1. 제복 : 정모(正帽), 기동모(활동에 편한 모자를 말한다. 이하 같다), 근무복(하복, 동복), 한여름 옷, 기동복, 점퍼, 비옷, 방한복, 외투, 단화, 기동화 및 방한화

2. 장구 : 허리띠, 경찰봉, 호루라기 및 포승(捕繩)

3. 부속물 : 모자표장, 가슴표장, 휘장, 계급장, 넥타이핀, 단추 및 장갑

② 영 제14조에 따른 청원경찰의 제복·장구(裝具) 및 부속물의 형태·규격 및 재질은 다음 각호와 같다. 〈개정 2021.12.31.〉

1. 제복의 형태·규격 및 재질은 청원주가 결정하되, 경찰공무원 또는 군인 제복의 색상과 명확하게 구별될 수 있어야 하며, 사업장별로 통일해야 한다. 다만, 기동모와 기동복의 색상은 진한 청색으로 하고, 기동복의 형태·규격은 별도 1과 같이 한다.

2. 장구의 형태·규격 및 재질은 경찰 장구와 같이 한다.

3. 부속물의 형태·규격 및 재질은 다음 각목과 같이 한다.

   가. 모자표장의 형태·규격 및 재질은 별도 2와 같이 하되, 기동모의 표장은 정모 표장의 2분의 1 크기로 할 것

   나. 가슴표장, 휘장, 계급장, 넥타이핀 및 단추의 형태·규격 및 재질은 별도 3부터 별도 7까지와 같이 할 것

③ 청원경찰은 평상근무 중에는 정모, 근무복, 단화, 호루라기, 경찰봉 및 포승을 착용하거나 휴대하여야 하고, 총기를 휴대하지 아니할 때에는 분사기를 휴대하여야 하며, 교육훈련이나 그 밖의 특수근무 중에는 기동모, 기동복, 기동화 및 휘장을 착용하거나 부착하되, 허리띠와 경찰봉은 착용하거나 휴대하지 아니 할 수 있다.

④ 가슴표장, 휘장 및 계급장을 달거나 부착할 위치는 별도 8과 같다.

제10조(제복의 착용시기) 하복·동복의 착용시기는 사업장별로 청원주가 결정하되, 착용시기를 통일하여야 한다.

제11조(신분증명서) ① 청원경찰의 신분증명서는 청원주가 발행하며, 그 형식은 청원주가 결정하되 사업장별로 통일하여야 한다.

② 청원경찰은 근무 중에는 항상 신분증명서를 휴대하여야 한다. 〈개정 2013.2.26.〉

제12조(급여품 및 대여품) ① 청원경찰에게 지급하는 급여품은 [별표 2]와 같고, 대여품은 [별표 3]과 같다.

② 청원경찰이 퇴직할 때에는 대여품을 청원주에게 반납하여야 한다.

제13조(직무교육) ① 청원주는 소속 청원경찰에게 그 직무집행에 필요한 교육을 매월 4시간 이상 하여야 한다.

② 청원경찰이 배치된 사업장의 소재지를 관할하는 경찰서장(이하 "관할 경찰서장"이라 한다)은 필요하다고 인정하는 경우에는 그 사업장에 소속 공무원을 파견하여 직무집행에 필요한 교육을 할 수 있다.

제14조(근무요령) ① 자체경비를 하는 입초근무자는 경비구역의 정문이나 그 밖의 지정된 장소에서 경비구역의 내부, 외부 및 출입자의 움직임을 감시한다.

② 업무처리 및 자체경비를 하는 소내근무자는 근무 중 특이한 사항이 발생하였을 때에는 지체 없이 청원주 또는 관할 경찰서장에게 보고하고 그 지시에 따라야 한다.

③ 순찰근무자는 청원주가 지정한 일정한 구역을 순회하면서 경비 임무를 수행한다. 이 경우 순찰은 단독 또는 복수로 정선순찰(정해진 노선을 규칙적으로 순찰하는 것을 말한다)을 하되, 청원주가 필요하다고 인정할 때에는 요점순찰(순찰구역 내 지정된 중요지점을 순찰하는 것을 말한다) 또는 난선순찰(임의로 순찰지역이나 노선을 선정하여 불규칙적으로 순찰하는 것을 말한다)을 할 수 있다. 〈개정 2021.12.31.〉

④ 대기근무자는 소내근무에 협조하거나 휴식하면서 불의의 사고에 대비한다.

제15조(무기대여 신청서) 영 제16조 제1항에 따른 무기대여 신청은 별지 제5호 서식에 따른다.

제16조(무기관리수칙) ① 영 제16조에 따라 무기와 탄약을 대여받은 청원주는 다음 각호에 따라 무기와 탄약을 관리해야 한다. 〈개정 2020.12.31., 2021.12.31.〉

1. 청원주가 무기와 탄약을 대여받았을 때에는 경찰청장이 정하는 무기·탄약 출납부 및 무기장비 운영카드를 갖춰 두고 기록하여야 한다.

2. 청원주는 무기와 탄약의 관리를 위하여 관리책임자를 지정하고 관할 경찰서장에게 그 사실을 통보하여야 한다.

3. 무기고 및 탄약고는 단층에 설치하고 환기·방습·방화 및 총받침대 등의 시설을 갖추어야 한다.

4. 탄약고는 무기고와 떨어진 곳에 설치하고, 그 위치는 사무실이나 그 밖에 여러 사람을 수용하거나 여러 사람이 오고 가는 시설로부터 격리되어야 한다.

5. 무기고와 탄약고에는 이중 잠금장치를 하고, 열쇠는 관리책임자가 보관하되, 근무시간 이후에는 숙직책임자에게 인계하여 보관시켜야 한다.

6. 청원주는 경찰청장이 정하는 바에 따라 매월 무기와 탄약의 관리실태를 파악하여 다음 달 3일까지 관할 경찰서장에게 통보하여야 한다.

7. 청원주는 대여받은 무기와 탄약이 분실되거나 도난당하거나 빼앗기거나 훼손되는 등의 사고가 발생했을 때에는 지체 없이 그 사유를 관할 경찰서장에게 통보해야 한다.

8. 청원주는 무기와 탄약이 분실되거나 도난당하거나 빼앗기거나 훼손되었을 때에는 경찰청장이 정하는 바에 따라 그 전액을 배상해야 한다. 다만, 전시·사변·천재지변이나 그 밖의 불가항력적인 사유가 있다고 시·도 경찰청장이 인정하였을 때에는 그렇지 않다.

② 영 제16조에 따라 무기와 탄약을 대여받은 청원주가 청원경찰에게 무기와 탄약을 출납하려는 경우에는 다음 각호에 따라야 한다. 다만, 관할 경찰서장의 지시에 따라 제2호에 따른 탄약의 수를 늘리거나 줄일 수 있고, 무기와 탄약의 출납을 중지할 수 있으며, 무기와 탄약을 회수하여 집중관리할 수 있다.

1. 무기와 탄약을 출납하였을 때에는 무기·탄약 출납부에 그 출납사항을 기록하여야 한다.

2. 소총의 탄약은 1정당 15발 이내, 권총의 탄약은 1정당 7발 이내로 출납하여야 한다. 이 경우 생산된 후 오래된 탄약을 우선하여 출납하여야 한다.

3. 청원경찰에게 지급한 무기와 탄약은 매주 1회 이상 손질하게 하여야 한다.

4. 수리가 필요한 무기가 있을 때에는 그 목록과 무기장비 운영카드를 첨부하여 관할 경찰서장에게 수리를 요청할 수 있다.

③ 청원주로부터 무기와 탄약을 지급받은 청원경찰은 다음 각호의 사항을 준수하여야 한다.

1. 무기를 지급받거나 반납할 때 또는 인계인수할 때에는 반드시 "앞에 총" 자세에서 "검사 총"을 하여야 한다.

2. 무기와 탄약을 지급받았을 때에는 별도의 지시가 없으면 무기와 탄약을 분리하여 휴대하여야 하며, 소총은 "우로 어깨 걸어 총"의 자세를 유지하고, 권총은 "권총집에 넣어 총"의 자세를 유지하여야 한다.

3. 지급받은 무기는 다른 사람에게 보관 또는 휴대하게 할 수 없으며 손질을 의뢰할 수 없다.

4. 무기를 손질하거나 조작할 때에는 반드시 총구를 공중으로 향하게 하여야 한다.

5. 무기와 탄약을 반납할 때에는 손질을 철저히 하여야 한다.

6. 근무시간 이후에는 무기와 탄약을 청원주에게 반납하거나 교대근무자에게 인계하여야 한다.

④ 청원주는 다음 각호의 어느 하나에 해당하는 청원경찰에게 무기와 탄약을 지급해서는 안 되며, 지급한 무기와 탄약은 즉시 회수해야 한다. 〈개정 2021.12.31., 2022.11.10.〉

1. 직무상 비위(非違)로 징계대상이 된 사람

2. 형사사건으로 조사대상이 된 사람

3. 사직 의사를 밝힌 사람

4. 치매, 조현병, 조현정동장애, 양극성 정동장애(조울병), 재발성 우울장애 등의 정신질환으로 인하여 무기와 탄약의 휴대가 적합하지 않다고 해당 분야 전문의가 인정하는 사람

5. 제1호부터 제4호까지의 규정 중 어느 하나에 준하는 사유로 청원주가 무기와 탄약을 지급하기에 적절하지 않다고 인정하는 사람

6. 삭제 〈2022.11.10.〉

⑤ 청원주는 제4항에 따라 무기와 탄약을 지급하지 않거나 회수할 때에는 별지 제5호의2 서식의 결정 통지서를 작성하여 지체 없이 해당 청원경찰에게 통지해야 한다. 다만, 지급한 무기와 탄약의 신속한 회수가 필요하다고 인정되는 경우에는 무기와 탄약을 먼저 회수한 후 통지서를 내줄 수 있다. 〈신설 2022.11.10.〉

⑥ 청원주는 제4항에 따라 청원경찰에게 무기와 탄약을 지급하지 않거나 회수한 경우 7일 이내에 관할 경찰서장에게 별지 제5호의3 서식의 결정 통보서를 작성하여 통보해야 한다. 〈신설 2022.11.10.〉

⑦ 제6항에 따라 통보를 받은 관할 경찰서장은 통보받은 날부터 14일 이내에 무기와 탄약의 지급 제한 또는 회수의 적정성을 판단하기 위해 현장을 방문하여 해당 청원경찰의 의견을 청취하고 필요한 조치를 할 수 있다. 〈신설 2022.11.10.〉

⑧ 청원주는 제4항 각호의 사유가 소멸하게 된 경우에는 청원경찰에게 무기와 탄약을 지급할 수 있다. 〈신설 2022.11.10.〉

제17조(문서와 장부의 비치) ① 청원주는 다음 각호의 문서와 장부를 갖춰 두어야 한다.

1. 청원경찰 명부
2. 근무일지
3. 근무 상황카드
4. 경비구역 배치도
5. 순찰표철
6. 무기 · 탄약 출납부
7. 무기장비 운영카드
8. 봉급지급 조서철
9. 신분증명서 발급대장
10. 징계 관계철
11. 교육훈련 실시부
12. 청원경찰 직무교육계획서
13. 급여품 및 대여품 대장
14. 그 밖에 청원경찰의 운영에 필요한 문서와 장부

② 관할 경찰서장은 다음 각호의 문서와 장부를 갖춰 두어야 한다.

1. 청원경찰 명부
2. 감독 순시부
3. 전출입 관계철
4. 교육훈련 실시부
5. 무기 · 탄약 대여대장
6. 징계요구서철
7. 그 밖에 청원경찰의 운영에 필요한 문서와 장부

③ 시 · 도 경찰청장은 다음 각호의 문서와 장부를 갖춰 두어야 한다. 〈개정 2020.12.31.〉

1. 배치결정 관계철
2. 청원경찰 임용승인 관계철
3. 전출입 관계철
4. 그 밖에 청원경찰의 운영에 필요한 문서와 장부

④ 제1항부터 제3항까지의 규정에 따른 문서와 장부의 서식은 경찰관서에서 사용하는 서식을 준용한다.

제18조(표창) 시·도 경찰청장, 관할 경찰서장 또는 청원주는 청원경찰에게 다음 각호의 구분에 따라 표창을 수여할 수 있다. 〈개정 2020.12.31.〉

1. 공적상 : 성실히 직무를 수행하여 근무성적이 탁월하거나 헌신적인 봉사로 특별한 공적을 세운 경우
2. 우등상 : 교육훈련에서 교육성적이 우수한 경우

제19조(감독자의 지정) ① 2명 이상의 청원경찰을 배치한 사업장의 청원주는 청원경찰의 지휘·감독을 위하여 청원경찰 중에서 유능한 사람을 선정하여 감독자로 지정하여야 한다.

② 제1항에 따른 감독자는 조장, 반장 또는 대장으로 하며, 그 지정기준은 [별표 4]와 같다.

제20조(경비전화의 가설) ① 관할 경찰서장은 청원주의 신청에 따라 경비를 위하여 필요하다고 인정할 때에는 청원경찰이 배치된 사업장에 경비전화를 가설할 수 있다.

② 제1항에 따라 경비전화를 가설할 때 드는 비용은 청원주가 부담한다.

제21조(주의사항) ① 청원경찰이 법 제3조에 따른 직무를 수행할 때에는 경비 목적을 위하여 필요한 최소한의 범위에서 하여야 한다.

② 청원경찰은 「경찰관직무집행법」에 따른 직무 외의 수사활동 등 사법경찰관리의 직무를 수행해서는 아니 된다.

제22조(보고) 청원경찰이 법 제3조에 따라 직무를 수행할 때에 「경찰관직무집행법」 및 같은 법 시행령에 따라 하여야 할 모든 보고는 관할 경찰서장에게 서면으로 보고하기 전에 지체 없이 구두로 보고하고 그 지시에 따라야 한다.

제23조(청원경찰 배치의 폐지·감축 통보) 법 제10조의5 제2항에 따른 청원경찰 배치의 폐지 또는 감축의 통보는 별지 제6호 서식에 따른다.

제24조(과태료 부과 고지서 등) ① 법 제12조 제1항에 따른 과태료 부과의 사전 통지는 별지 제7호 서식의 과태료 부과 사전 통지서에 따른다.

② 법 제12조 제1항에 따른 과태료의 부과는 별지 제8호 서식의 과태료 부과 고지서에 따른다.

③ 경찰서장은 과태료처분을 하였을 때에는 과태료 부과 및 징수 사항을 별지 제9호 서식의 과태료 수납부에 기록하고 정리하여야 한다.

부칙 〈행정안전부령 제224호, 2020.12.31.〉 (경찰공무원 임용령 시행규칙)

제1조(시행일) 이 규칙은 2021년 1월 1일부터 시행한다.

제2조(다른 법령의 개정)

① 부터 ⑫까지 생략

⑬ 청원경찰법 시행규칙 일부를 다음과 같이 개정한다.

제5조 제1항 각호 외의 부분, 같은 조 제2항 본문, 제16조 제1항 제8호 단서, 제17조 제3항 각호 외의 부분, 제18조 각호 외의 부분, 별지 제2호 서식, 별지 제6호 서식의 유의사항란 및 별지 제7호 서식 앞쪽 중 "지방경찰청장"을 각각 "시·도 경찰청장"으로 한다.

별지 제1호 서식 뒤쪽, 별지 제3호 서식 뒤쪽 및 별지 제5호 서식 뒤쪽 중 "지방경찰청"을 각각 "시·도 경찰청"으로 한다.

별지 제8호 서식 앞쪽의 봉함엽서의 보내는 사람란 중 "○○ 지방경찰청장"을 "시·도 경찰청장"으로 하고, 같은 쪽의 과태료 부과 고지서 및 영수증(납부자용)란 중 "지방경찰청장"을 "시·도 경찰청장"으로 하며, 같은 서식 뒤쪽의 과태료 부과 고지서 및 영수증(수납기관용)란 중 "지방경찰청장"을 "시·도 경찰청장"으로 하고, 같은 쪽의 안내말씀란 중 "지방경찰청"을 "시·도 경찰청"으로 한다.

⑭ 생략

부칙 〈행정안전부령 제246호, 2021.3.30.〉

이 규칙은 공포한 날부터 시행한다.

부칙 〈행정안전부령 제298호, 2021.12.31.〉 (어려운 법령용어 정비를 위한 11개 법령의 일부개정을 위한 행정안전부령)

이 규칙은 공포한 날부터 시행한다.

부칙 〈행정안전부령 제357호, 2022.11.10.〉

이 규칙은 공포한 날부터 시행한다.

경찰관직무집행법

[시행 2022.2.3.] [법률 제18807호, 2022.2.3., 일부개정]

제1조(목적) ① 이 법은 국민의 자유와 권리 및 모든 개인이 가지는 불가침의 기본적 인권을 보호하고 사회공공의 질서를 유지하기 위한 경찰관(경찰공무원만 해당한다. 이하 같다)의 직무수행에 필요한 사항을 규정함을 목적으로 한다. 〈개정 2020.12.22.〉

② 이 법에 규정된 경찰관의 직권은 그 직무수행에 필요한 최소한도에서 행사되어야 하며 남용되어서는 아니 된다.

[전문개정 2014.5.20.]

제2조(직무의 범위) 경찰관은 다음 각호의 직무를 수행한다. 〈개정 2018.4.17., 2020.12.22.〉

1. 국민의 생명·신체 및 재산의 보호
2. 범죄의 예방·진압 및 수사

2의2. 범죄피해자 보호

3. 경비, 주요 인사(人士) 경호 및 대간첩·대테러 작전 수행
4. 공공안녕에 대한 위험의 예방과 대응을 위한 정보의 수집·작성 및 배포
5. 교통 단속과 교통 위해(危害)의 방지
6. 외국 정부기관 및 국제기구와의 국제협력
7. 그 밖에 공공의 안녕과 질서 유지

[전문개정 2014.5.20.]

제3조(불심검문) ① 경찰관은 다음 각호의 어느 하나에 해당하는 사람을 정지시켜 질문할 수 있다.

1. 수상한 행동이나 그 밖의 주위 사정을 합리적으로 판단하여 볼 때 어떠한 죄를 범하였거나 범하려고 있다고 의심할 만한 상당한 이유가 있는 사람
2. 이미 행하여진 범죄나 행하여지려고 하는 범죄행위에 관한 사실을 안다고 인정되는 사람

② 경찰관은 제1항에 따라 같은 항 각호의 사람을 정지시킨 장소에서 질문을 하는 것이 그 사람에게 불리하거나 교통에 방해가 된다고 인정될 때에는 질문을 하기 위하여 가까운 경찰서·지구대·파출소 또는 출장소(지방해양경찰관서를 포함하며, 이하 "경찰관서"라 한다)로 동행할 것을 요구할 수 있다. 이 경우 동행을 요구받은 사람은 그 요구를 거절할 수 있다. 〈개정 2014.11.19., 2017.7.26.〉

③ 경찰관은 제1항 각호의 어느 하나에 해당하는 사람에게 질문을 할 때에 그 사람이 흉기를 가지고 있는지를 조사할 수 있다.

④ 경찰관은 제1항이나 제2항에 따라 질문을 하거나 동행을 요구할 경우 자신의 신분을 표시하는 증표를 제시하면서 소속과 성명을 밝히고 질문이나 동행의 목적과 이유를 설명하여야 하며, 동행을 요구하는 경우에는 동행 장소를 밝혀야 한다.

관계법령

⑤ 경찰관은 제2항에 따라 동행한 사람의 가족이나 친지 등에게 동행한 경찰관의 신분, 동행 장소, 동행 목적과 이유를 알리거나 본인으로 하여금 즉시 연락할 수 있는 기회를 주어야 하며, 변호인의 도움을 받을 권리가 있음을 알려야 한다.

⑥ 경찰관은 제2항에 따라 동행한 사람을 6시간을 초과하여 경찰관서에 머물게 할 수 없다.

⑦ 제1항부터 제3항까지의 규정에 따라 질문을 받거나 동행을 요구받은 사람은 형사소송에 관한 법률에 따르지 아니하고는 신체를 구속당하지 아니하며, 그 의사에 반하여 답변을 강요당하지 아니한다.

[전문개정 2014.5.20.]

제4조(보호조치 등) ① 경찰관은 수상한 행동이나 그 밖의 주위 사정을 합리적으로 판단해 볼 때 다음 각호의 어느 하나에 해당하는 것이 명백하고 응급구호가 필요하다고 믿을 만한 상당한 이유가 있는 사람(이하 "구호대상자"라 한다)을 발견하였을 때에는 보건의료기관이나 공공구호기관에 긴급구호를 요청하거나 경찰관서에 보호하는 등 적절한 조치를 할 수 있다.

 1. 정신착란을 일으키거나 술에 취하여 자신 또는 다른 사람의 생명·신체·재산에 위해를 끼칠 우려가 있는 사람

 2. 자살을 시도하는 사람

 3. 미아, 병자, 부상자 등으로서 적당한 보호자가 없으며 응급구호가 필요하다고 인정되는 사람. 다만, 본인이 구호를 거절하는 경우는 제외한다.

② 제1항에 따라 긴급구호를 요청받은 보건의료기관이나 공공구호기관은 정당한 이유 없이 긴급구호를 거절할 수 없다.

③ 경찰관은 제1항의 조치를 하는 경우에 구호대상자가 휴대하고 있는 무기·흉기 등 위험을 일으킬 수 있는 것으로 인정되는 물건을 경찰관서에 임시로 영치(領置)하여 놓을 수 있다.

④ 경찰관은 제1항의 조치를 하였을 때에는 지체 없이 구호대상자의 가족, 친지 또는 그 밖의 연고자에게 그 사실을 알려야 하며, 연고자가 발견되지 아니할 때에는 구호대상자를 적당한 공공보건의료기관이나 공공구호기관에 즉시 인계하여야 한다.

⑤ 경찰관은 제4항에 따라 구호대상자를 공공보건의료기관이나 공공구호기관에 인계하였을 때에는 즉시 그 사실을 소속 경찰서장이나 해양경찰서장에게 보고하여야 한다. 〈개정 2014.11.19., 2017.7.26.〉

⑥ 제5항에 따라 보고를 받은 소속 경찰서장이나 해양경찰서장은 대통령령으로 정하는 바에 따라 구호대상자를 인계한 사실을 지체 없이 해당 공공보건의료기관 또는 공공구호기관의 장 및 그 감독행정청에 통보하여야 한다. 〈개정 2014.11.19., 2017.7.26.〉

⑦ 제1항에 따라 구호대상자를 경찰관서에서 보호하는 기간은 24시간을 초과할 수 없고, 제3항에 따라 물건을 경찰관서에 임시로 영치하는 기간은 10일을 초과할 수 없다.

[전문개정 2014.5.20.]

제5조(위험 발생의 방지 등) ① 경찰관은 사람의 생명 또는 신체에 위해를 끼치거나 재산에 중대한 손해를 끼칠 우려가 있는 천재(天災), 사변(事變), 인공구조물의 파손이나 붕괴, 교통사고, 위험물의 폭발, 위험한 동물 등의 출현, 극도의 혼잡, 그 밖의 위험한 사태가 있을 때에는 다음 각호의 조치를 할 수 있다.

 1. 그 장소에 모인 사람, 사물(事物)의 관리자, 그 밖의 관계인에게 필요한 경고를 하는 것

 2. 매우 긴급한 경우에는 위해를 입을 우려가 있는 사람을 필요한 한도에서 억류하거나 피난시키는 것

 3. 그 장소에 있는 사람, 사물의 관리자, 그 밖의 관계인에게 위해를 방지하기 위하여 필요하다고 인정되는 조치를 하게 하거나 직접 그 조치를 하는 것

② 경찰관서의 장은 대간첩 작전의 수행이나 소요(騷擾) 사태의 진압을 위하여 필요하다고 인정되는 상당한 이유가 있을 때에는 대간첩 작전지역이나 경찰관서·무기고 등 국가중요시설에 대한 접근 또는 통행을 제한하거나 금지할 수 있다.

③ 경찰관은 제1항의 조치를 하였을 때에는 지체 없이 그 사실을 소속 경찰관서의 장에게 보고하여야 한다.

④ 제2항의 조치를 하거나 제3항의 보고를 받은 경찰관서의 장은 관계 기관의 협조를 구하는 등 적절한 조치를 하여야 한다.

[전문개정 2014.5.20.]

제6조(범죄의 예방과 제지) 경찰관은 범죄행위가 목전(目前)에 행하여지려고 하고 있다고 인정될 때에는 이를 예방하기 위하여 관계인에게 필요한 경고를 하고, 그 행위로 인하여 사람의 생명·신체에 위해를 끼치거나 재산에 중대한 손해를 끼칠 우려가 있는 긴급한 경우에는 그 행위를 제지할 수 있다.

[전문개정 2014.5.20.]

제7조(위험 방지를 위한 출입) ① 경찰관은 제5조 제1항·제2항 및 제6조에 따른 위험한 사태가 발생하여 사람의 생명·신체 또는 재산에 대한 위해가 임박한 때에 그 위해를 방지하거나 피해자를 구조하기 위하여 부득이하다고 인정하면 합리적으로 판단하여 필요한 한도에서 다른 사람의 토지·건물·배 또는 차에 출입할 수 있다.

② 흥행장(興行場), 여관, 음식점, 역, 그 밖에 많은 사람이 출입하는 장소의 관리자나 그에 준하는 관계인은 경찰관이 범죄나 사람의 생명·신체·재산에 대한 위해를 예방하기 위하여 해당 장소의 영업시간이나 해당 장소가 일반인에게 공개된 시간에 그 장소에 출입하겠다고 요구하면 정당한 이유 없이 그 요구를 거절할 수 없다.

③ 경찰관은 대간첩 작전 수행에 필요할 때에는 작전지역에서 제2항에 따른 장소를 검색할 수 있다.

④ 경찰관은 제1항부터 제3항까지의 규정에 따라 필요한 장소에 출입할 때에는 그 신분을 표시하는 증표를 제시하여야 하며, 함부로 관계인이 하는 정당한 업무를 방해해서는 아니 된다.

[전문개정 2014.5.20.]

제8조(사실의 확인 등) ① 경찰관서의 장은 직무수행에 필요하다고 인정되는 상당한 이유가 있을 때에는 국가기관이나 공사(公私) 단체 등에 직무수행에 관련된 사실을 조회할 수 있다. 다만, 긴급한 경우에는 소속 경찰관으로 하여금 현장에 나가 해당 기관 또는 단체의 장의 협조를 받아 그 사실을 확인하게 할 수 있다.

② 경찰관은 다음 각호의 직무를 수행하기 위하여 필요하면 관계인에게 출석하여야 하는 사유·일시 및 장소를 명확히 적은 출석요구서를 보내 경찰관서에 출석할 것을 요구할 수 있다.

　1. 미아를 인수할 보호자 확인

　2. 유실물을 인수할 권리자 확인

　3. 사고로 인한 사상자(死傷者) 확인

　4. 행정처분을 위한 교통사고 조사에 필요한 사실 확인

[전문개정 2014.5.20.]

제8조의2(정보의 수집 등) ① 경찰관은 범죄·재난·공공갈등 등 공공안녕에 대한 위험의 예방과 대응을 위한 정보의 수집·작성·배포와 이에 수반되는 사실의 확인을 할 수 있다.

② 제1항에 따른 정보의 구체적인 범위와 처리 기준, 정보의 수집·작성·배포에 수반되는 사실의 확인 절차와 한계는 대통령령으로 정한다.

[본조신설 2020.12.22.]

[종전 제8조의2는 제8조의3으로 이동 〈2020.12.22.〉]

제8조의3(국제협력) 경찰청장 또는 해양경찰청장은 이 법에 따른 경찰관의 직무수행을 위하여 외국 정부기관, 국제기구 등과 자료 교환, 국제협력 활동 등을 할 수 있다. 〈개정 2014.11.19., 2017.7.26.〉

[본조신설 2014.5.20.]

[제8조의2에서 이동 〈2020.12.22.〉]

제9조(유치장) 법률에서 정한 절차에 따라 체포·구속된 사람 또는 신체의 자유를 제한하는 판결이나 처분을 받은 사람을 수용하기 위하여 경찰서와 해양경찰서에 유치장을 둔다. 〈개정 2014.11.19., 2017.7.26.〉

[전문개정 2014.5.20.]

제10조(경찰장비의 사용 등) ① 경찰관은 직무수행 중 경찰장비를 사용할 수 있다. 다만, 사람의 생명이나 신체에 위해를 끼칠 수 있는 경찰장비(이하 이 조에서 "위해성 경찰장비"라 한다)를 사용할 때에는 필요한 안전교육과 안전검사를 받은 후 사용하여야 한다.

② 제1항 본문에서 "경찰장비"란 무기, 경찰장구(警察裝具), 최루제(催淚劑)와 그 발사장치, 살수차, 감식기구(鑑識機具), 해안 감시기구, 통신기기, 차량·선박·항공기 등 경찰이 직무를 수행할 때 필요한 장치와 기구를 말한다.

③ 경찰관은 경찰장비를 함부로 개조하거나 경찰장비에 임의의 장비를 부착하여 일반적인 사용법과 달리 사용함으로써 다른 사람의 생명·신체에 위해를 끼쳐서는 아니 된다.

④ 위해성 경찰장비는 필요한 최소한도에서 사용하여야 한다.

⑤ 경찰청장은 위해성 경찰장비를 새로 도입하려는 경우에는 대통령령으로 정하는 바에 따라 안전성 검사를 실시하여 그 안전성 검사의 결과보고서를 국회 소관 상임위원회에 제출하여야 한다. 이 경우 안전성 검사에는 외부 전문가를 참여시켜야 한다.

⑥ 위해성 경찰장비의 종류 및 그 사용기준, 안전교육·안전검사의 기준 등은 대통령령으로 정한다.

[전문개정 2014.5.20.]

제10조의2(경찰장구의 사용) ① 경찰관은 다음 각호의 직무를 수행하기 위하여 필요하다고 인정되는 상당한 이유가 있을 때에는 그 사태를 합리적으로 판단하여 필요한 한도에서 경찰장구를 사용할 수 있다.

1. 현행범이나 사형·무기 또는 장기 3년 이상의 징역이나 금고에 해당하는 죄를 범한 범인의 체포 또는 도주 방지

2. 자신이나 다른 사람의 생명·신체의 방어 및 보호

3. 공무집행에 대한 항거(抗拒) 제지

② 제1항에서 "경찰장구"란 경찰관이 휴대하여 범인 검거와 범죄 진압 등의 직무수행에 사용하는 수갑, 포승(捕繩), 경찰봉, 방패 등을 말한다.

[전문개정 2014.5.20.]

제10조의3(분사기 등의 사용) 경찰관은 다음 각호의 직무를 수행하기 위하여 부득이한 경우에는 현장책임자가 판단하여 필요한 최소한의 범위에서 분사기(「총포・도검・화약류 등의 안전관리에 관한 법률」에 따른 분사기를 말하며, 그에 사용하는 최루 등의 작용제를 포함한다. 이하 같다) 또는 최루탄을 사용할 수 있다. 〈개정 2015.1.6.〉

1. 범인의 체포 또는 범인의 도주 방지
2. 불법집회・시위로 인한 자신이나 다른 사람의 생명・신체와 재산 및 공공시설 안전에 대한 현저한 위해의 발생 억제

[전문개정 2014.5.20.]

제10조의4(무기의 사용) ① 경찰관은 범인의 체포, 범인의 도주 방지, 자신이나 다른 사람의 생명・신체의 방어 및 보호, 공무집행에 대한 항거의 제지를 위하여 필요하다고 인정되는 상당한 이유가 있을 때에는 그 사태를 합리적으로 판단하여 필요한 한도에서 무기를 사용할 수 있다. 다만, 다음 각호의 어느 하나에 해당할 때를 제외하고는 사람에게 위해를 끼쳐서는 아니 된다.

1. 「형법」에 규정된 정당방위와 긴급피난에 해당할 때
2. 다음 각목의 어느 하나에 해당하는 때에 그 행위를 방지하거나 그 행위자를 체포하기 위하여 무기를 사용하지 아니하고는 다른 수단이 없다고 인정되는 상당한 이유가 있을 때
   가. 사형・무기 또는 장기 3년 이상의 징역이나 금고에 해당하는 죄를 범하거나 범하였다고 의심할 만한 충분한 이유가 있는 사람이 경찰관의 직무집행에 항거하거나 도주하려고 할 때
   나. 체포・구속영장과 압수・수색영장을 집행하는 과정에서 경찰관의 직무집행에 항거하거나 도주하려고 할 때
   다. 제3자가 가목 또는 나목에 해당하는 사람을 도주시키려고 경찰관에게 항거할 때
   라. 범인이나 소요를 일으킨 사람이 무기・흉기 등 위험한 물건을 지니고 경찰관으로부터 3회 이상 물건을 버리라는 명령이나 항복하라는 명령을 받고도 따르지 아니하면서 계속 항거할 때
3. 대간첩 작전 수행 과정에서 무장간첩이 항복하라는 경찰관의 명령을 받고도 따르지 아니할 때

② 제1항에서 "무기"란 사람의 생명이나 신체에 위해를 끼칠 수 있도록 제작된 권총・소총・도검 등을 말한다.

③ 대간첩・대테러 작전 등 국가안전에 관련되는 작전을 수행할 때에는 개인화기(個人火器) 외에 공용화기(共用火器)를 사용할 수 있다.

[전문개정 2014.5.20.]

제11조(사용기록의 보관) 제10조 제2항에 따른 살수차, 제10조의3에 따른 분사기, 최루탄 또는 제10조의4에 따른 무기를 사용하는 경우 그 책임자는 사용 일시・장소・대상, 현장책임자, 종류, 수량 등을 기록하여 보관하여야 한다.

[전문개정 2014.5.20.]

제11조의2(손실보상) ① 국가는 경찰관의 적법한 직무집행으로 인하여 다음 각호의 어느 하나에 해당하는 손실을 입은 자에 대하여 정당한 보상을 하여야 한다. 〈개정 2018.12.24.〉

1. 손실발생의 원인에 대하여 책임이 없는 자가 생명·신체 또는 재산상의 손실을 입은 경우(손실발생의 원인에 대하여 책임이 없는 자가 경찰관의 직무집행에 자발적으로 협조하거나 물건을 제공하여 생명·신체 또는 재산상의 손실을 입은 경우를 포함한다)

2. 손실발생의 원인에 대하여 책임이 있는 자가 자신의 책임에 상응하는 정도를 초과하는 생명·신체 또는 재산상의 손실을 입은 경우

② 제1항에 따른 보상을 청구할 수 있는 권리는 손실이 있음을 안 날부터 3년, 손실이 발생한 날부터 5년간 행사하지 아니하면 시효의 완성으로 소멸한다.

③ 제1항에 따른 손실보상신청 사건을 심의하기 위하여 손실보상심의위원회를 둔다.

④ 경찰청장 또는 시·도 경찰청장은 제3항의 손실보상심의위원회의 심의·의결에 따라 보상금을 지급하고, 거짓 또는 부정한 방법으로 보상금을 받은 사람에 대하여는 해당 보상금을 환수하여야 한다. 〈개정 2018.12.24., 2020.12.22.〉

⑤ 보상금이 지급된 경우 손실보상심의위원회는 대통령령으로 정하는 바에 따라 국가경찰위원회에 심사자료와 결과를 보고하여야 한다. 이 경우 국가경찰위원회는 손실보상의 적법성 및 적정성 확인을 위하여 필요한 자료의 제출을 요구할 수 있다. 〈신설 2018.12.24., 2020.12.22.〉

⑥ 경찰청장 또는 시·도 경찰청장은 제4항에 따라 보상금을 반환하여야 할 사람이 대통령령으로 정한 기한까지 그 금액을 납부하지 아니한 때에는 국세 체납처분의 예에 따라 징수할 수 있다. 〈신설 2018.12.24., 2020.12.22.〉

⑦ 제1항에 따른 손실보상의 기준, 보상금액, 지급 절차 및 방법, 제3항에 따른 손실보상심의위원회의 구성 및 운영, 제4항 및 제6항에 따른 환수절차, 그 밖에 손실보상에 관하여 필요한 사항은 대통령령으로 정한다. 〈신설 2018.12.24.〉

[본조신설 2013.4.5.]

제11조의3(범인검거 등 공로자 보상) ① 경찰청장, 시·도 경찰청장 또는 경찰서장은 다음 각호의 어느 하나에 해당하는 사람에게 보상금을 지급할 수 있다. 〈개정 2020.12.22.〉

1. 범인 또는 범인의 소재를 신고하여 검거하게 한 사람

2. 범인을 검거하여 경찰공무원에게 인도한 사람

3. 테러범죄의 예방활동에 현저한 공로가 있는 사람

4. 그 밖에 제1호부터 제3호까지의 규정에 준하는 사람으로서 대통령령으로 정하는 사람

② 경찰청장, 시·도 경찰청장 및 경찰서장은 제1항에 따른 보상금 지급의 심사를 위하여 대통령령으로 정하는 바에 따라 각각 보상금심사위원회를 설치·운영하여야 한다. 〈개정 2020.12.22.〉

③ 제2항에 따른 보상금심사위원회는 위원장 1명을 포함한 5명 이내의 위원으로 구성한다.

④ 제2항에 따른 보상금심사위원회의 위원은 소속 경찰공무원 중에서 경찰청장, 시·도 경찰청장 또는 경찰서장이 임명한다. 〈개정 2020.12.22.〉

⑤ 경찰청장, 시·도 경찰청장 또는 경찰서장은 제2항에 따른 보상금심사위원회의 심사·의결에 따라 보상금을 지급하고, 거짓 또는 부정한 방법으로 보상금을 받은 사람에 대하여는 해당 보상금을 환수한다. 〈개정 2020.12.22.〉

⑥ 경찰청장, 시·도 경찰청장 또는 경찰서장은 제5항에 따라 보상금을 반환하여야 할 사람이 대통령령으로 정한 기한까지 그 금액을 납부하지 아니한 때에는 국세 체납처분의 예에 따라 징수할 수 있다. 〈개정 2018.12.24., 2020.12.22.〉

⑦ 제1항에 따른 보상 대상, 보상금의 지급 기준 및 절차, 제2항 및 제3항에 따른 보상금심사위원회의 구성 및 심사사항, 제5항 및 제6항에 따른 환수절차, 그 밖에 보상금 지급에 관하여 필요한 사항은 대통령령으로 정한다. 〈신설 2018.12.24.〉

[본조신설 2016.1.27.]
[제목개정 2018.12.24.]

제11조의4(소송 지원) 경찰청장과 해양경찰청장은 경찰관이 제2조 각호에 따른 직무의 수행으로 인하여 민·형사상 책임과 관련된 소송을 수행할 경우 변호인 선임 등 소송수행에 필요한 지원을 할 수 있다.

[본조신설 2021.10.19.]

제11조의5(직무수행으로 인한 형의 감면) 다음 각호의 범죄가 행하여지려고 하거나 행하여지고 있어 타인의 생명·신체에 대한 위해 발생의 우려가 명백하고 긴급한 상황에서, 경찰관이 그 위해를 예방하거나 진압하기 위한 행위 또는 범인의 검거 과정에서 경찰관을 향한 직접적인 유형력 행사에 대응하는 행위를 하여 그로 인하여 타인에게 피해가 발생한 경우, 그 경찰관의 직무수행이 불가피한 것이고 필요한 최소한의 범위에서 이루어졌으며 해당 경찰관에게 고의 또는 중대한 과실이 없는 때에는 그 정상을 참작하여 형을 감경하거나 면제할 수 있다.

1. 「형법」 제2편 제24장 살인의 죄, 제25장 상해와 폭행의 죄, 제32장 강간과 추행의 죄 중 강간에 관한 범죄, 제38장 절도와 강도의 죄 중 강도에 관한 범죄 및 이에 대하여 다른 법률에 따라 가중처벌하는 범죄
2. 「가정폭력범죄의 처벌 등에 관한 특례법」에 따른 가정폭력범죄, 「아동학대범죄의 처벌 등에 관한 특례법」에 따른 아동학대범죄

[본조신설 2022.2.3.]

제12조(벌칙) 이 법에 규정된 경찰관의 의무를 위반하거나 직권을 남용하여 다른 사람에게 해를 끼친 사람은 1년 이하의 징역이나 금고에 처한다.

[전문개정 2014.5.20.]

제13조 삭제 〈2014.5.20.〉

부칙 〈법률 제17688호, 2020.12.22.〉

이 법은 2021년 1월 1일부터 시행한다. 다만, 제8조의2의 개정규정은 공포 후 3개월이 경과한 날부터 시행한다.

부칙 〈법률 제17689호, 2020.12.22.〉 (국가경찰과 자치경찰의 조직 및 운영에 관한 법률)

제1조(시행일) 이 법은 2021년 1월 1일부터 시행한다.

제2조부터 제6조까지 생략

제7조(다른 법률의 개정)

①부터 ④까지 생략

⑤ 경찰관직무집행법 일부를 다음과 같이 개정한다.

제1조 제1항 중 "경찰관(국가경찰공무원만 해당한다. 이하 같다)"을 "경찰관(경찰공무원만 해당한다. 이하 같다)"으로 한다.

제11조의2 제4항 및 제6항, 제11조의3 제1항 각호 외의 부분, 같은 조 제2항 및 제4항부터 제6항까지 중 "지방경찰청장"을 각각 "시·도 경찰청장"으로 한다.

제11조의2 제5항 전단 및 후단 중 "경찰위원회"를 각각 "국가경찰위원회"로 한다.

⑥부터 〈53〉까지 생략

제8조 생략

부칙 〈법률 제18488호, 2021.10.19.〉

이 법은 공포한 날부터 시행한다.

부칙 〈법률 제18807호, 2022.2.3.〉

이 법은 공포한 날부터 시행한다.

경찰관직무집행법 시행령

[시행 2021.1.5.] [대통령령 제31380호, 2021.1.5., 타법개정]

제1조(목적) 이 영은 경찰관직무집행법(이하 "법"이라 한다)의 시행에 관하여 필요한 사항을 규정함을 목적으로 한다.

제2조(임시영치) 경찰공무원이 법 제4조 제3항의 규정에 의하여 무기·흉기 등을 임시영치한 때에는 소속 국가경찰관서의 장(지방해양경찰관서의 장을 포함한다. 이하 같다)은 그 물건을 소지하였던 자에게 별지 제1호 서식에 의한 임시영치증명서를 교부하여야 한다. 〈개정 1996.8.8., 2006.6.29., 2014.11.19., 2017.7.26., 2020.12.31.〉

제3조(피구호자의 인계통보) 법 제4조 제6항의 규정에 의한 경찰서장 또는 해양경찰서장의 공중보건의료기관·공공구호기관의 장 및 그 감독행정청에 대한 통보는 별지 제2호 서식에 의한다. 〈개정 1996.8.8., 2014.11.19., 2017.7.26.〉

[전문개정 1989·3·7]

제4조(대간첩작전지역 등에 대한 접근 등의 금지·제한) 국가경찰관서의 장은 법 제5조 제2항의 규정에 의하여 대간첩작전지역 등에 대한 접근 또는 통행을 제한하거나 금지한 때에는 보안상 부득이한 경우를 제외하고는 지체없이 그 기간·장소 기타 필요한 사항을 방송·벽보·경고판·전단살포 등 적당한 방법으로 일반인에게 널리 알려야 한다. 이를 해제한 때에도 또한 같다. 〈개정 2006.6.29.〉

제5조(신분을 표시하는 증표) 법 제3조 제4항 및 법 제7조 제4항의 신분을 표시하는 증표는 경찰공무원의 공무원증으로 한다. 〈개정 1989.3.7., 2006.6.29., 2020.12.31.〉

제6조(출석요구서) 법 제8조 제2항의 규정에 의한 출석요구서는 별지 제3호 서식에 의한다.

제7조(보고) 경찰공무원은 다음의 조치를 한 때에는 소속 국가경찰관서의 장에게 이를 보고하여야 한다. 〈개정 2006.6.29., 2020.12.31.〉

    1. 법 제3조 제2항의 규정에 의한 동행요구를 한 때

    2. 법 제4조 제1항의 규정에 의한 긴급구호요청 또는 보호조치를 한 때

    3. 법 제4조 제3항의 규정에 의한 임시영치를 한 때

    4. 법 제6조 제1항의 규정에 의하여 범죄행위를 제지한 때

    5. 삭제 〈1989.3.7.〉

    6. 법 제7조 제2항 및 제3항의 규정에 의하여 다수인이 출입하는 장소에 대하여 출입 또는 검색을 한 때

    7. 법 제8조 제1항 단서의 규정에 의한 사실확인을 한 때

    8. 삭제 〈1999.11.27.〉

    9. 삭제 〈1999.11.27.〉

관계법령

제8조(민감정보 및 고유식별정보의 처리) 경찰공무원은 법 제2조에 따른 경찰관의 직무를 수행하기 위하여 불가피한 경우 「개인정보보호법」 제23조에 따른 건강에 관한 정보, 같은 법 시행령 제18조 제2호에 따른 범죄경력자료에 해당하는 정보, 같은 영 제19조에 따른 주민등록번호, 여권번호, 운전면허의 면허번호 또는 외국인등록번호가 포함된 자료를 처리할 수 있다. 〈개정 2020.12.31.〉

[본조신설 2012.1.6.]

제9조(손실보상의 기준 및 보상금액 등) ① 법 제11조의2 제1항에 따라 손실보상을 할 때 물건을 멸실·훼손한 경우에는 다음 각호의 기준에 따라 보상한다.

1. 손실을 입은 물건을 수리할 수 있는 경우 : 수리비에 상당하는 금액
2. 손실을 입은 물건을 수리할 수 없는 경우 : 손실을 입은 당시의 해당 물건의 교환가액
3. 영업자가 손실을 입은 물건의 수리나 교환으로 인하여 영업을 계속할 수 없는 경우 : 영업을 계속할 수 없는 기간 중 영업상 이익에 상당하는 금액

② 물건의 멸실·훼손으로 인한 손실 외의 재산상 손실에 대해서는 직무집행과 상당한 인과관계가 있는 범위에서 보상한다.

③ 법 제11조의2 제1항에 따라 손실보상을 할 때 생명·신체상의 손실의 경우에는 별표의 기준에 따라 보상한다. 〈신설 2019.6.25.〉

④ 법 제11조의2 제1항에 따라 보상금을 지급받을 사람이 동일한 원인으로 다른 법령에 따라 보상금 등을 지급받은 경우 그 보상금 등에 상당하는 금액을 제외하고 보상금을 지급한다. 〈신설 2019.6.25.〉

[본조신설 2014.2.18.]

[제목개정 2019.6.25.]

제10조(손실보상의 지급절차 및 방법) ① 법 제11조의2에 따라 경찰관의 적법한 직무집행으로 인하여 발생한 손실을 보상받으려는 사람은 별지 제4호 서식의 보상금 지급 청구서에 손실내용과 손실금액을 증명할 수 있는 서류를 첨부하여 손실보상청구 사건 발생지를 관할하는 국가경찰관서의 장에게 제출하여야 한다.

② 제1항에 따라 보상금 지급 청구서를 받은 국가경찰관서의 장은 해당 청구서를 제11조 제1항에 따른 손실보상청구 사건을 심의할 손실보상심의위원회가 설치된 경찰청, 해양경찰청, 시·도 경찰청 및 지방해양경찰청의 장(이하 "경찰청장 등"이라 한다)에게 보내야 한다. 〈개정 2014.11.19., 2017.7.26., 2020.12.31.〉

③ 제2항에 따라 보상금 지급 청구서를 받은 경찰청장 등은 손실보상심의위원회의 심의·의결에 따라 보상 여부 및 보상금액을 결정하되, 다음 각호의 어느 하나에 해당하는 경우에는 그 청구를 각하(却下)하는 결정을 하여야 한다. 〈개정 2019.6.25.〉

1. 청구인이 같은 청구 원인으로 보상신청을 하여 보상금 지급 여부에 대하여 결정을 받은 경우. 다만, 기각 결정을 받은 청구인이 손실을 증명할 수 있는 새로운 증거가 발견되었음을 소명(疏明)하는 경우는 제외한다.
2. 손실보상 청구가 요건과 절차를 갖추지 못한 경우. 다만, 그 잘못된 부분을 시정할 수 있는 경우는 제외한다.

④ 경찰청장 등은 제3항에 따른 결정일부터 10일 이내에 다음 각호의 구분에 따른 통지서에 결정 내용을 적어서 청구인에게 통지하여야 한다.

1. 보상금을 지급하기로 결정한 경우 : 별지 제5호 서식의 보상금 지급 청구 승인 통지서

2. 보상금 지급 청구를 각하하거나 보상금을 지급하지 아니하기로 결정한 경우 : 별지 제6호 서식의 보상금 지급 청구 기각·각하 통지서

⑤ 보상금은 다른 법률에 특별한 규정이 있는 경우를 제외하고는 현금으로 지급하여야 한다.

⑥ 보상금은 일시불로 지급하되, 예산 부족 등의 사유로 일시금으로 지급할 수 없는 특별한 사정이 있는 경우에는 청구인의 동의를 받아 분할하여 지급할 수 있다.

⑦ 보상금을 지급받은 사람은 보상금을 지급받은 원인과 동일한 원인으로 인한 부상이 악화되거나 새로 발견되어 다음 각호의 어느 하나에 해당하는 경우에는 보상금의 추가 지급을 청구할 수 있다. 이 경우 보상금 지급 청구, 보상금액 결정, 보상금 지급 결정에 대한 통지, 보상금 지급 방법 등에 관하여는 제1항부터 제6항까지의 규정을 준용한다. 〈신설 2019.6.25.〉

1. 별표 제2호에 따른 부상등급이 변경된 경우(부상등급 외의 부상에서 제1급부터 제8급까지의 등급으로 변경된 경우를 포함한다)

2. 별표 제2호에 따른 부상등급 외의 부상에 대해 부상등급의 변경은 없으나 보상금의 추가 지급이 필요한 경우

⑧ 제1항부터 제7항까지에서 규정한 사항 외에 손실보상의 청구 및 지급에 필요한 사항은 경찰청장 또는 해양경찰청장이 정한다. 〈개정 2014.11.19., 2017.7.26., 2019.6.25.〉

[본조신설 2014.2.18.]

제11조(손실보상심의위원회의 설치 및 구성) ① 법 제11조의2 제3항에 따라 소속 경찰공무원의 직무집행으로 인하여 발생한 손실보상청구 사건을 심의하기 위하여 경찰청, 해양경찰청, 시·도 경찰청 및 지방해양경찰청에 손실보상심의위원회(이하 "위원회"라 한다)를 설치한다. 〈개정 2014.11.19., 2017.7.26., 2020.12.31.〉

② 위원회는 위원장 1명을 포함한 5명 이상 7명 이하의 위원으로 구성한다.

③ 위원회의 위원은 소속 경찰공무원과 다음 각호의 어느 하나에 해당하는 사람 중에서 경찰청장 등이 위촉하거나 임명한다. 이 경우 위원의 과반수 이상은 경찰공무원이 아닌 사람으로 하여야 한다.

1. 판사·검사 또는 변호사로 5년 이상 근무한 사람

2. 「고등교육법」 제2조에 따른 학교에서 법학 또는 행정학을 가르치는 부교수 이상으로 5년 이상 재직한 사람

3. 경찰 업무와 손실보상에 관하여 학식과 경험이 풍부한 사람

④ 위촉위원의 임기는 2년으로 한다.

⑤ 위원회의 사무를 처리하기 위하여 위원회에 간사 1명을 두되, 간사는 소속 경찰공무원 중에서 경찰청장 등이 지명한다.

[본조신설 2014.2.18.]

제12조(위원장) ① 위원장은 위원 중에서 호선(互選)한다.

② 위원장은 위원회를 대표하며, 위원회의 업무를 총괄한다.

③ 위원장이 부득이한 사유로 직무를 수행할 수 없는 때에는 위원장이 미리 지명한 위원이 그 직무를 대행한다.

[본조신설 2014.2.18.]

제13조(손실보상심의위원회의 운영) ① 위원장은 위원회의 회의를 소집하고, 그 의장이 된다.

② 위원회의 회의는 재적위원 과반수의 출석으로 개의(開議)하고, 출석위원 과반수의 찬성으로 의결한다.

③ 위원회는 심의를 위하여 필요한 경우에는 관계 공무원이나 관계 기관에 사실조사나 자료의 제출 등을 요구할 수 있으며, 관계 전문가에게 필요한 정보의 제공이나 의견의 진술 등을 요청할 수 있다.

[본조신설 2014.2.18.]

제14조(위원의 제척·기피·회피) ① 위원회의 위원이 다음 각호의 어느 하나에 해당하는 경우에는 위원회의 심의·의결에서 제척(除斥)된다.

  1. 위원 또는 그 배우자나 배우자였던 사람이 심의 안건의 청구인인 경우
  2. 위원이 심의 안건의 청구인과 친족이거나 친족이었던 경우
  3. 위원이 심의 안건에 대하여 증언, 진술, 자문, 용역 또는 감정을 한 경우
  4. 위원이나 위원이 속한 법인이 심의 안건 청구인의 대리인이거나 대리인이었던 경우
  5. 위원이 해당 심의 안건의 청구인인 법인의 임원인 경우

② 청구인은 위원에게 공정한 심의·의결을 기대하기 어려운 사정이 있는 경우에는 위원회에 기피 신청을 할 수 있고, 위원회는 의결로 이를 결정한다. 이 경우 기피 신청의 대상인 위원은 그 의결에 참여하지 못한다.

③ 위원이 제1항 각호에 따른 제척 사유에 해당하는 경우에는 스스로 해당 안건의 심의·의결에서 회피(回避)하여야 한다.

[본조신설 2014.2.18.]

제15조(위원의 해촉) 경찰청장 등은 위원회의 위원이 다음 각호의 어느 하나에 해당하는 경우에는 해당 위원을 해촉(解囑)할 수 있다.

  1. 심신장애로 인하여 직무를 수행할 수 없게 된 경우
  2. 직무태만, 품위손상이나 그 밖의 사유로 위원으로 적합하지 아니하다고 인정되는 경우
  3. 제14조 제1항 각호의 어느 하나에 해당하는 데에도 불구하고 회피하지 아니한 경우
  4. 제16조를 위반하여 직무상 알게 된 비밀을 누설한 경우

[본조신설 2014.2.18.]

제16조(비밀 누설의 금지) 위원회의 회의에 참석한 사람은 직무상 알게 된 비밀을 누설해서는 아니 된다.

[본조신설 2014.2.18.]

제17조(위원회의 운영 등에 필요한 사항) 제11조부터 제16조까지에서 규정한 사항 외에 위원회의 운영 등에 필요한 사항은 경찰청장 또는 해양경찰청장이 정한다. 〈개정 2014.11.19., 2017.7.26.〉

[본조신설 2014.2.18.]

제17조의2(보상금의 환수절차) ① 경찰청장 또는 시·도 경찰청장은 법 제11조의2 제4항에 따라 보상금을 환수하려는 경우에는 위원회의 심의·의결에 따라 환수 여부 및 환수금액을 결정하고, 거짓 또는 부정한 방법으로 보상금을 받은 사람에게 다음 각호의 내용을 서면으로 통지해야 한다. 〈개정 2020.12.31.〉

  1. 환수사유
  2. 환수금액

3. 납부기한

4. 납부기관

② 법 제11조의2 제6항에서 "대통령령으로 정한 기한"이란 제1항에 따른 통지일부터 40일 이내의 범위에서 경찰청장 또는 시·도 경찰청장이 정하는 기한을 말한다. 〈개정 2020.12.31.〉

③ 제1항 및 제2항에서 규정한 사항 외에 보상금 환수절차에 관하여 필요한 사항은 경찰청장이 정한다.

[본조신설 2019.6.25.]

제17조의3(국가경찰위원회 보고 등) ① 법 제11조의2 제5항에 따라 위원회(경찰청 및 시·도 경찰청에 설치된 위원회만 해당한다. 이하 이 조에서 같다)는 보상금 지급과 관련된 심사자료와 결과를 반기별로 국가경찰위원회에 보고해야 한다. 〈개정 2020.12.31.〉

② 국가경찰위원회는 필요하다고 인정하는 때에는 수시로 보상금 지급과 관련된 심사자료와 결과에 대한 보고를 위원회에 요청할 수 있다. 이 경우 위원회는 그 요청에 따라야 한다. 〈개정 2020.12.29.〉

[본조신설 2019.6.25.]

[제목개정 2020.12.31.]

제18조(범인검거 등 공로자 보상금 지급 대상자) 법 제11조의3 제1항 제4호에서 "대통령령으로 정하는 사람"이란 다음 각호의 어느 하나에 해당하는 사람을 말한다.

1. 범인의 신원을 특정할 수 있는 정보를 제공한 사람

2. 범죄사실을 입증하는 증거물을 제출한 사람

3. 그 밖에 범인 검거와 관련하여 경찰 수사 활동에 협조한 사람 중 보상금 지급 대상자에 해당한다고 법 제11조의3 제2항에 따른 보상금심사위원회가 인정하는 사람

[본조신설 2016.6.21.]

[제목개정 2019.6.25.]

제19조(보상금심사위원회의 구성 및 심사사항 등) ① 법 제11조의3 제2항에 따라 경찰청에 두는 보상금심사위원회의 위원장은 경찰청 소속 과장급 이상의 경찰공무원 중에서 경찰청장이 임명하는 사람으로 한다.

② 법 제11조의3 제2항에 따라 시·도 경찰청 및 경찰서에 두는 보상금심사위원회의 위원장에 관하여는 제1항을 준용한다. 이 경우 "경찰청"은 각각 "시·도 경찰청" 또는 "경찰서"로, "경찰청장"은 각각 "시·도 경찰청장" 또는 "경찰서장"으로 본다. 〈개정 2020.12.31.〉

③ 법 제11조의3 제2항에 따른 보상금심사위원회(이하 "보상금심사위원회"라 한다)는 다음 각호의 사항을 심사·의결한다.

1. 보상금 지급 대상자에 해당하는 지 여부

2. 보상금 지급 금액

3. 보상금 환수 여부

4. 그 밖에 보상금 지급이나 환수에 필요한 사항

④ 보상금심사위원회의 회의는 재적위원 과반수의 찬성으로 의결한다.

[본조신설 2016.6.21.]

제20조(범인검거 등 공로자 보상금의 지급 기준) 법 제11조의3 제1항에 따른 보상금의 최고액은 5억원으로 하며, 구체적인 보상금 지급 기준은 경찰청장이 정하여 고시한다.

[본조신설 2016.6.21.]

[제목개정 2019.6.25.]

제21조(범인검거 등 공로자 보상금의 지급 절차 등) ① 경찰청장, 시·도 경찰청장 또는 경찰서장은 보상금 지급사유가 발생한 경우에는 직권으로 또는 보상금을 지급받으려는 사람의 신청에 따라 소속 보상금심사위원회의 심사·의결을 거쳐 보상금을 지급한다. 〈개정 2020.12.31.〉

② 보상금심사위원회는 제20조에 따라 경찰청장이 정하여 고시한 보상금 지급 기준에 따라 보상 금액을 심사·의결한다. 이 경우 보상금심사위원회는 다음 각호의 사항을 고려하여 보상금액을 결정할 수 있다.

1. 테러범죄 예방의 기여도
2. 범죄피해의 규모
3. 범인 신고 등 보상금 지급 대상 행위의 난이도
4. 보상금 지급 대상자가 다른 법령에 따라 보상금 등을 지급받을 수 있는지 여부
5. 그 밖에 범인검거와 관련한 제반 사정

③ 경찰청장, 시·도 경찰청장 및 경찰서장은 소속 보상금심사위원회의 보상금 심사를 위하여 필요한 경우에는 보상금 지급 대상자와 관계 공무원 또는 기관에 사실조사나 자료의 제출 등을 요청할 수 있다. 〈개정 2020.12.31.〉

[본조신설 2016.6.21.]

[제목개정 2019.6.25.]

제21조의2(범인검거 등 공로자 보상금의 환수절차) ① 경찰청장, 시·도 경찰청장 또는 경찰서장은 법 제11조의3 제5항에 따라 보상금을 환수하려는 경우에는 보상금심사위원회의 심사·의결에 따라 환수 여부 및 환수금액을 결정하고, 거짓 또는 부정한 방법으로 보상금을 받은 사람에게 다음 각호의 내용을 서면으로 통지해야 한다. 〈개정 2020.12.31.〉

1. 환수사유
2. 환수금액
3. 납부기한
4. 납부기관

② 법 제11조의3 제6항에서 "대통령령으로 정한 기한"이란 제1항에 따른 통지일부터 40일 이내의 범위에서 경찰청장, 시·도 경찰청장 또는 경찰서장이 정하는 기한을 말한다. 〈개정 2020.12.31.〉

[본조신설 2019.6.25.]

제22조(범인검거 등 공로자 보상금의 지급 등에 필요한 사항) 제18조부터 제21조까지 및 제21조의2에서 규정한 사항 외에 보상금의 지급 등에 필요한 사항은 경찰청장이 정하여 고시한다. 〈개정 2019.6.25.〉

[본조신설 2016.6.21.]

[제목개정 2019.6.25.]

부칙 〈대통령령 제31349호, 2020.12.31.〉 (자치경찰사무와 시·도 자치경찰위원회의 조직 및 운영 등에 관한 규정)

제1조(시행일) 이 영은 2021년 1월 1일부터 시행한다.

제2조 및 제3조 생략

제4조(다른 법령의 개정)

①부터 ③까지 생략

④ 경찰관직무집행법 시행령 일부를 다음과 같이 개정한다.

제2조, 제5조, 제7조 각호 외의 부분 및 제8조 중 "국가경찰공무원"을 각각 "경찰공무원"으로 한다.

제10조 제2항, 제11조 제1항, 제17조의3 제1항 및 제19조 제2항 전단·후단 중 "지방경찰청"을 각각 "시·도 경찰청"으로 한다.

제17조의2 제1항 각호 외의 부분, 같은 조 제2항, 제19조 제2항 후단, 제21조 제1항·제3항, 제21조의2 제1항 각호 외의 부분 및 같은 조 제2항 중 "지방경찰청장"을 각각 "시·도 경찰청장"으로 한다.

제17조의3의 제목 및 같은 조 제1항·제2항 중 "경찰위원회"를 각각 "국가경찰위원회"로 한다.

⑤부터 ㊽까지 생략

부칙 〈대통령령 제31380호, 2021.1.5.〉 (어려운 법령용어 정비를 위한 473개 법령의 일부개정에 관한 대통령령)

이 영은 공포한 날부터 시행한다. 〈단서 생략〉

위해성 경찰장비의 사용기준 등에 관한 규정 (약칭 : 위해성경찰장비규정)

[시행 2021.1.5.] [대통령령 제31380호, 2021.1.5., 타법개정]

제1조(목적) 이 영은 「경찰관직무집행법」 제10조에 따라 경찰공무원이 직무를 수행할 때 사용할 수 있는 사람의 생명이나 신체에 위해를 끼칠 수 있는 경찰장비의 종류·사용기준 및 안전관리 등에 관한 사항을 규정함을 목적으로 한다. 〈개정 2020.12.31.〉

[전문개정 2014.11.19.]

제2조(위해성 경찰장비의 종류) 「경찰관직무집행법」(이하 "법"이라 한다) 제10조 제1항 단서에 따른 사람의 생명이나 신체에 위해를 끼칠 수 있는 경찰장비(이하 "위해성 경찰장비"라 한다)의 종류는 다음 각호와 같다. 〈개정 2014.11.19.〉

1. 경찰장구 : 수갑·포승(捕繩)·호송용포승·경찰봉·호신용경봉·전자충격기·방패 및 전자방패
2. 무기 : 권총·소총·기관총(기관단총을 포함한다. 이하 같다)·산탄총·유탄발사기·박격포·3인치포·함포·크레모아·수류탄·폭약류 및 도검
3. 분사기·최루탄 등 : 근접분사기·가스분사기·가스발사총(고무탄 발사겸용을 포함한다. 이하 같다) 및 최루탄(그 발사장치를 포함한다. 이하 같다)
4. 기타장비 : 가스차·살수차·특수진압차·물포·석궁·다목적발사기 및 도주차량차단장비

[제목개정 2014.11.19.]

제3조 삭제 〈2014.11.19.〉

제4조(영장집행 등에 따른 수갑 등의 사용기준) 경찰관(경찰공무원으로 한정한다. 이하 같다)은 체포·구속영장을 집행하거나 신체의 자유를 제한하는 판결 또는 처분을 받은 자를 법률이 정한 절차에 따라 호송하거나 수용하기 위하여 필요한 때에는 최소한의 범위 안에서 수갑·포승 또는 호송용포승을 사용할 수 있다. 〈개정 2006.6.29., 2020.12.31.〉

제5조(자살방지 등을 위한 수갑 등의 사용기준 및 사용보고) 경찰관은 범인·술에 취한 사람 또는 정신착란자의 자살 또는 자해기도를 방지하기 위하여 필요한 때에는 수갑·포승 또는 호송용포승을 사용할 수 있다. 이 경우 경찰관은 소속 국가경찰관서의 장(경찰청장·해양경찰청장·시·도 경찰청장·지방해양경찰청장·경찰서장 또는 해양경찰서장 기타 경무관·총경·경정 또는 경감을 장으로 하는 국가경찰관서의 장을 말한다. 이하 같다)에게 그 사실을 보고해야 한다. 〈개정 2006.6.29., 2014.11.19., 2017.7.26., 2020.12.31., 2021.1.5.〉

제6조(불법집회 등에서의 경찰봉·호신용경봉의 사용기준) 경찰관은 불법집회·시위로 인하여 발생할 수 있는 타인 또는 경찰관의 생명·신체의 위해와 재산·공공시설의 위험을 방지하기 위하여 필요한 때에는 최소한의 범위 안에서 경찰봉 또는 호신용경봉을 사용할 수 있다.

제7조(경찰봉·호신용경봉의 사용시 주의사항) 경찰관이 경찰봉 또는 호신용경봉을 사용하는 때에는 인명 또는 신체에 대한 위해를 최소화하도록 주의하여야 한다.

제8조(전자충격기 등의 사용제한) ① 경찰관은 14세 미만의 자 또는 임산부에 대하여 전자충격기 또는 전자방패를 사용하여서는 아니 된다.

② 경찰관은 전극침(電極針) 발사장치가 있는 전자충격기를 사용하는 경우 상대방의 얼굴을 향하여 전극침을 발사하여서는 아니 된다.

제9조(총기사용의 경고) 경찰관은 법 제10조의4에 따라 사람을 향하여 권총 또는 소총을 발사하고자 하는 때에는 미리 구두 또는 공포탄에 의한 사격으로 상대방에게 경고하여야 한다. 다만, 다음 각호의 어느 하나에 해당하는 경우로서 부득이한 때에는 경고하지 아니할 수 있다. 〈개정 2014.11.19.〉

　　1. 경찰관을 급습하거나 타인의 생명·신체에 대한 중대한 위험을 야기하는 범행이 목전에 실행되고 있는 등 상황이 급박하여 특히 경고할 시간적 여유가 없는 경우

　　2. 인질·간첩 또는 테러사건에 있어서 은밀히 작전을 수행하는 경우

제10조(권총 또는 소총의 사용제한) ① 경찰관은 법 제10조의4의 규정에 의하여 권총 또는 소총을 사용하는 경우에 있어서 범죄와 무관한 다중의 생명·신체에 위해를 가할 우려가 있는 때에는 이를 사용하여서는 아니 된다. 다만, 권총 또는 소총을 사용하지 아니하고는 타인 또는 경찰관의 생명·신체에 대한 중대한 위험을 방지할 수 없다고 인정되는 때에는 필요한 최소한의 범위 안에서 이를 사용할 수 있다.

② 경찰관은 총기 또는 폭발물을 가지고 대항하는 경우를 제외하고는 14세미만의 자 또는 임산부에 대하여 권총 또는 소총을 발사하여서는 아니 된다.

제11조(동물의 사살) 경찰관은 공공의 안전을 위협하는 동물을 사살하기 위하여 부득이한 때에는 권총 또는 소총을 사용할 수 있다.

제12조(가스발사총 등의 사용제한) ① 경찰관은 범인의 체포 또는 도주방지, 타인 또는 경찰관의 생명·신체에 대한 방호, 공무집행에 대한 항거의 억제를 위하여 필요한 때에는 최소한의 범위 안에서 가스발사총을 사용할 수 있다. 이 경우 경찰관은 1미터이내의 거리에서 상대방의 얼굴을 향하여 이를 발사하여서는 아니 된다.

② 경찰관은 최루탄발사기로 최루탄을 발사하는 경우 30도 이상의 발사각을 유지하여야 하고, 가스차·살수차 또는 특수진압차의 최루탄발사대로 최루탄을 발사하는 경우에는 15도 이상의 발사각을 유지하여야 한다.

제13조(가스차·특수진압차·물포의 사용기준) ① 경찰관은 불법집회·시위 또는 소요사태로 인하여 발생할 수 있는 타인 또는 경찰관의 생명·신체의 위해와 재산·공공시설의 위험을 억제하기 위하여 부득이한 경우에는 현장책임자의 판단에 의하여 필요한 최소한의 범위에서 가스차를 사용할 수 있다. 〈개정 2020.1.7.〉

② 경찰관은 소요사태의 진압, 대간첩·대테러작전의 수행을 위하여 부득이한 경우에는 필요한 최소한의 범위 안에서 특수진압차를 사용할 수 있다.

③ 경찰관은 불법해상시위를 해산시키거나 선박운항정지(정선)명령에 불응하고 도주하는 선박을 정지시키기 위하여 부득이한 경우에는 현장책임자의 판단에 의하여 필요한 최소한의 범위 안에서 경비함정의 물포를 사용할 수 있다. 다만, 사람을 향하여 직접 물포를 발사해서는 안 된다. 〈개정 2021.1.5.〉

[제목개정 2020.1.7.]

제13조의2(살수차의 사용기준) ① 경찰관은 다음 각호의 어느 하나에 해당하여 살수차 외의 경찰장비로는 그 위험을 제거·완화시키는 것이 현저히 곤란한 경우에는 시·도 경찰청장의 명령에 따라 살수차를 배치·사용할 수 있다. 〈개정 2020.12.31.〉

1. 소요사태로 인해 타인의 법익이나 공공의 안녕질서에 대한 직접적인 위험이 명백하게 초래되는 경우
2. 「통합방위법」 제21조 제4항에 따라 지정된 국가중요시설에 대한 직접적인 공격행위로 인해 해당 시설이 파괴되거나 기능이 정지되는 등 급박한 위험이 발생하는 경우

② 경찰관은 제1항에 따라 살수차를 사용하는 경우 [별표 3]의 살수거리별 수압기준에 따라 살수해야 한다. 이 경우 사람의 생명 또는 신체에 치명적인 위해를 가하지 않도록 필요한 최소한의 범위에서 살수해야 한다.

③ 경찰관은 제2항에 따라 살수하는 것으로 제1항 각호의 어느 하나에 해당하는 위험을 제거·완화시키는 것이 곤란하다고 판단하는 경우에는 시·도 경찰청장의 명령에 따라 필요한 최소한의 범위에서 최루액을 혼합하여 살수할 수 있다. 이 경우 최루액의 혼합 살수 절차 및 방법은 경찰청장이 정한다. 〈개정 2020.12.31.〉

[본조신설 2020.1.7.]

제14조(석궁의 사용기준) 경찰관은 총기·폭발물 기타 위험물로 무장한 범인 또는 인질범의 체포, 대간첩·대테러작전 등 국가안전에 관련되는 작전을 은밀히 수행하거나 총기를 사용할 경우에는 화재·폭발의 위험이 있는 등 부득이한 때에 한하여 현장책임자의 판단에 의하여 필요한 최소한의 범위 안에서 석궁을 사용할 수 있다.

제15조(다목적발사기의 사용기준) 경찰관은 인질범의 체포 또는 대간첩·대테러작전 등 국가안전에 관련되는 작전을 수행하거나 공공시설의 안전에 대한 현저한 위해의 발생을 방지하기 위하여 필요한 때에는 최소한의 범위 안에서 다목적발사기를 사용할 수 있다.

제16조(도주차량차단장비의 사용기준 등) ① 경찰관은 무면허운전이나 음주운전 기타 범죄에 이용하였다고 의심할 만한 차량 또는 수배중인 차량이 정당한 검문에 불응하고 도주하거나 차량으로 직무집행 중인 경찰관에게 위해를 가한 후 도주하려는 경우에는 도주차량차단장비를 사용할 수 있다.

② 도주차량차단장비를 운용하는 경찰관은 검문 또는 단속장소의 전방에 동 장비의 운용중임을 알리는 안내 표지판을 설치하고 기타 필요한 안전조치를 취하여야 한다.

제17조(위해성 경찰장비 사용을 위한 안전교육) 법 제10조 제1항 단서에 따라 직무수행 중 위해성 경찰장비를 사용하는 경찰관은 [별표 1]의 기준에 따라 위해성 경찰장비 사용을 위한 안전교육을 받아야 한다.

[전문개정 2014.11.19.]

제18조(위해성 경찰장비에 대한 안전검사) 위해성 경찰장비를 사용하는 경찰관이 소속한 국가경찰관서의 장은 소속 경찰관이 사용할 위해성 경찰장비에 대한 안전검사를 [별표 2]의 기준에 따라 실시하여야 한다.

[전문개정 2014.11.19.]

제18조의2(신규 도입 장비의 안전성 검사) ① 경찰청장은 위해성 경찰장비를 새로 도입하려는 경우에는 법 제10조 제5항에 따라 안전성 검사를 실시하여 새로 도입하려는 장비(이하 이 조에서 "신규 도입 장비"라 한다)가 사람의 생명이나 신체에 미치는 영향을 평가하여야 한다.

② 제1항에 따른 안전성 검사는 신규 도입 장비와 관련된 분야의 외부 전문가가 신규 도입 장비의 주요 특성이나 작동원리에 기초하여 제시하는 검사방법 및 기준에 따라 실시하되, 신규 도입 장비에 대하여 일반적으로 인정되는 합리적인 검사방법이나 기준이 있을 경우 그 검사방법이나 기준에 따라 안전성 검사를 실시할 수 있다.

③ 법 제10조 제5항 후단에 따라 안전성 검사에 참여한 외부 전문가는 안전성 검사가 끝난 후 30일 이내에 신규 도입 장비의 안전성 여부에 대한 의견을 경찰청장에게 제출하여야 한다.

④ 경찰청장은 신규 도입 장비에 대한 안전성 검사를 실시한 후 3개월 이내에 다음 각호의 내용이 포함된 안전성 검사 결과보고서를 국회 소관 상임위원회에 제출하여야 한다.

  1. 신규 도입 장비의 주요 특성 및 기본적인 작동 원리
  2. 안전성 검사의 방법 및 기준
  3. 안전성 검사에 참여한 외부 전문가의 의견
  4. 안전성 검사 결과 및 종합 의견

[본조신설 2014.11.19.]

제19조(위해성 경찰장비의 개조 등) 국가경찰관서의 장은 폐기대상인 위해성 경찰장비 또는 성능이 저하된 위해성 경찰장비를 개조할 수 있으며, 소속경찰관으로 하여금 이를 본래의 용법에 준하여 사용하게 할 수 있다. 〈개정 2014.11.19.〉

[제목개정 2014.11.19.]

제20조(사용기록의 보관 등) ① 제2조 제2호부터 제4호까지의 위해성 경찰장비(제4호의 경우에는 살수차만 해당한다)를 사용하는 경우 그 현장책임자 또는 사용자는 별지 서식의 사용보고서를 작성하여 직근상급 감독자에게 보고하고, 직근상급 감독자는 이를 3년간 보관하여야 한다. 〈개정 2014.11.19.〉

② 제1항의 규정에 의하여 제2조 제2호의 무기 사용보고를 받은 직근상급 감독자는 지체없이 지휘계통을 거쳐 경찰청장 또는 해양경찰청장에게 보고하여야 한다. 〈개정 2014.11.19., 2017.7.26.〉

[제목개정 2014.11.19.]

제21조(부상자에대한 긴급조치) 경찰관이 위해성 경찰장비를 사용하여 부상자가 발생한 경우에는 즉시 구호, 그 밖에 필요한 긴급조치를 하여야 한다. 〈개전 2014.11.19.〉

부칙 〈대통령령 제31349호, 2020.12.31.〉 (자치경찰사무와 시·도 자치경찰위원회의 조직 및 운영 등에 관한 규정)

제1조(시행일) 이 영은 2021년 1월 1일부터 시행한다.

제2조 및 제3조 생략

제4조(다른 법령의 개정)

①부터 ㉘까지 생략

㉙ 위해성 경찰장비의 사용기준 등에 관한 규정 일부를 다음과 같이 개정한다.

제1조 중 "국가경찰공무원"을 "경찰공무원"으로 한다.

제4조 중 "(국가경찰공무원에 한한다. 이하 같다)"를 "(경찰공무원으로 한정한다. 이하 같다)"로 한다.

제5조 후단, 제13조의2 제1항 각호 외의 부분 및 제13조의2 제3항 전단 중 "지방경찰청장"을 각각 "시·도경찰청장"으로 한다.

㉚부터 ㊾까지 생략

부칙 〈대통령령 제31380호, 2021.1.5.〉 (어려운 법령용어 정비를 위한 473개 법령의 일부개정에 관한 대통령령)

이 영은 공포한 날부터 시행한다. 〈단서 생략〉

국제항해선박 및 항만시설의 보안에 관한 법률 (약칭 : 국제선박항만보안법)

[시행 2021.12.9.] [법률 제17615호, 2020.12.8., 일부개정]

제1장 총칙

제1조(목적) 이 법은 국제항해에 이용되는 선박과 그 선박이 이용하는 항만시설의 보안에 관한 사항을 정함으로써 국제항해와 관련한 보안상의 위협을 효과적으로 방지하여 국민의 생명과 재산을 보호하는 데 이바지함을 목적으로 한다.

제2조(정의) 이 법에서 사용하는 용어의 정의는 다음과 같다. 〈개정 2008.2.29., 2009.6.9., 2013.3.23., 2014.11.19., 2017.7.26.〉

1. "국제항해선박"이란 「선박안전법」 제2조 제1호에 따른 선박으로서 국제항해에 이용되는 선박을 말한다.

2. "항만시설"이란 국제항해선박과 선박항만연계활동이 가능하도록 갖추어진 시설로서 「항만법」 제2조 제5호에 따른 항만시설 및 해양수산부령으로 정하는 시설을 말한다.

3. "선박항만연계활동"이란 국제항해선박과 항만시설 사이에 승선·하선 또는 선적·하역과 같이 사람 또는 물건의 이동을 수반하는 상호작용으로서 그 활동의 결과 국제항해선박이 직접적으로 영향을 받게 되는 것을 말한다.

4. "선박상호활동"이란 국제항해선박과 국제항해선박 또는 국제항해선박과 그 밖의 선박 사이에 승선·하선 또는 선적·하역과 같이 사람 또는 물건의 이동을 수반하는 상호작용을 말한다.

5. "보안사건"이란 국제항해선박이나 항만시설을 손괴하는 행위 또는 국제항해선박이나 항만시설에 위법하게 폭발물 또는 무기류 등을 반입·은닉하는 행위 등 국제항해선박·항만시설·선박항만연계활동 또는 선박상호활동의 보안을 위협하는 행위 또는 그 행위와 관련된 상황을 말한다.

6. "보안등급"이란 보안사건이 발생할 수 있는 위험의 정도를 단계적으로 표시한 것으로서 「1974년 해상에서의 인명안전을 위한 국제협약」(이하 "협약"이라 한다)에 따른 등급구분 방식을 반영한 것을 말한다.

7. "국제항해선박소유자"란 국제항해선박의 소유자·관리자 또는 국제항해선박의 소유자·관리자로부터 선박의 운영을 위탁받은 법인·단체 또는 개인을 말한다.

8. "항만시설소유자"란 항만시설의 소유자·관리자 또는 항만시설의 소유자·관리자로부터 그 운영을 위탁받은 법인·단체 또는 개인을 말한다.

9. "국가보안기관"이란 국가정보원·국방부·관세청·경찰청 및 해양경찰청 등 보안업무를 수행하는 국가기관을 말한다.

제3조(적용범위) ① 이 법은 다음 각호의 국제항해선박 및 항만시설에 대하여 적용한다. 다만, 이 법에 특별한 규정이 있으면 그 규정에 따른다. 〈개정 2016.12.2.〉

1. 다음 각목의 어느 하나에 해당하는 대한민국 국적의 국제항해선박

　　가. 모든 여객선

　　나. 총톤수 500톤 이상의 화물선

　　다. 이동식 해상구조물(천연가스 등 해저자원의 탐사·발굴 또는 채취 등에 사용되는 것을 말한다)

2. 제1호 각목의 어느 하나에 해당하는 대한민국 국적 또는 외국 국적의 국제항해선박과 선박항만연계활동이 가능한 항만시설

② 제1항에도 불구하고 비상업용 목적으로 사용되는 선박으로서 국가 또는 지방자치단체가 소유하는 국제항해선박에 대하여는 이 법을 적용하지 아니한다.

제4조(국제협약과의 관계) 국제항해선박과 항만시설의 보안에 관하여 국제적으로 발효된 국제협약의 보안기준과 이 법의 규정 내용이 다른 때에는 국제협약의 효력을 우선한다. 다만, 이 법의 규정 내용이 국제협약의 보안기준보다 강화된 기준을 포함하는 때에는 그러하지 아니하다.

제5조(국가항만보안계획 등) ① 해양수산부장관은 국제항해선박 및 항만시설의 보안에 관한 업무를 효율적으로 수행하기 위하여 10년마다 항만의 보안에 관한 종합계획(이하 "국가항만보안계획"이라 한다)을 수립·시행하여야 한다. 이 경우 해양수산부장관은 관계 행정기관의 장과 미리 협의하여야 한다. 〈개정 2008.2.29., 2013.3.23.〉

② 국가항만보안계획은 제34조에 따른 보안위원회의 심의를 거쳐 확정한다.

③ 국가항만보안계획에는 다음 각호의 사항이 포함되어야 한다.

1. 항만의 보안에 관한 기본방침

2. 항만의 보안에 관한 중·장기 정책방향

3. 항만의 보안에 관한 행정기관의 역할

4. 항만의 보안에 관한 항만시설소유자의 역할

5. 항만에서의 보안시설·장비의 설치 및 경비·검색인력의 배치

6. 항만시설보안책임자 등에 대한 교육·훈련계획

7. 보안사건에 대한 대비·대응조치

8. 항만보안에 관한 국제협력

9. 그 밖에 항만의 보안을 확보하기 위하여 필요한 사항

④ 해양수산부장관은 국가항만보안계획이 수립된 때에는 이를 관계 행정기관의 장과 항만에 관한 업무를 관장하는 해양수산부 소속 기관의 장(이하 "지방청장"이라 한다)에게 통보하여야 하며, 국가항만보안계획을 통보받은 관계 행정기관의 장 및 지방청장은 그 시행을 위하여 필요한 조치를 하여야 한다. 〈개정 2008.2.29., 2013.3.23., 2016.12.2.〉

⑤ 제4항에 따라 국가항만보안계획을 통보받은 지방청장은 국가항만보안계획에 따른 관할 구역의 항만에 대한 보안계획(이하 "지역항만보안계획"이라 한다)을 수립·시행하여야 한다. 〈개정 2008.2.29., 2016.12.2.〉

⑥ 지방청장은 제5항에 따라 지역항만보안계획을 수립하려는 때에는 해양수산부장관의 승인을 받아야 한다. 이 경우 관계 국가보안기관의 장과 미리 협의하여야 한다. 〈개정 2008.2.29., 2013.3.23., 2016.12.2.〉

⑦ 해양수산부장관과 지방청장은 국가항만보안계획과 지역항만보안계획이 수립된 후 5년이 경과한 때에는 그 내용을 검토하여 변경 여부를 결정하여야 한다. 다만, 국내외 보안여건을 시급히 반영하여야 하는 등 긴급한 필요성이 인정되는 경우에는 해양수산부장관이 국가항만보안계획과 지역항만보안계획의 변경 여부를 결정할 수 있다. 〈개정 2008.2.29., 2013.3.23., 2016.12.2.〉

⑧ 제7항에 따라 국가항만보안계획을 변경하는 경우에는 제1항부터 제4항까지의 절차에 따르고, 지역항만보안계획을 변경하는 경우에는 제5항 및 제6항의 절차에 따른다. 다만, 대통령령으로 정하는 경미한 사항을 변경하는 경우에는 대통령령으로 정하는 바에 따라 절차의 전부 또는 일부를 생략할 수 있다.

⑨ 지역항만보안계획의 세부내용·수립절차 및 방법에 관하여 필요한 사항은 대통령령으로 정한다.

제6조(보안등급의 설정·조정 등) ① 해양수산부장관은 국제항해선박 및 항만시설에 대하여 대통령령으로 정하는 바에 따라 보안등급을 설정하여야 한다. 〈개정 2008.2.29., 2013.3.23.〉

② 해양수산부장관은 제1항에 따라 설정된 보안등급의 근거가 되는 보안사건의 발생 위험의 정도가 변경되는 때에는 대통령령으로 정하는 바에 따라 그 보안등급을 조정하여야 한다. 〈개정 2008.2.29., 2013.3.23.〉

③ 해양수산부장관은 제1항 및 제2항에 따라 설정·조정된 보안등급을 해당 국제항해선박소유자 또는 항만시설소유자에게 해양수산부령으로 정하는 바에 따라 즉시 통보하여야 한다. 〈개정 2008.2.29., 2013.3.23.〉

④ 해양수산부장관은 제1항 및 제2항에 따라 보안등급을 설정하거나 조정하는 경우 제34조에 따른 보안위원회의 심의를 거쳐야 한다. 다만, 해양수산부장관은 긴급한 필요가 있는 경우 관계 국가보안기관의 장과 미리 협의할 수 있다. 〈개정 2008.2.29., 2013.3.23.〉

⑤ 제1항 및 제2항에 따른 보안등급별로 국제항해선박 또는 항만시설에서 준수하여야 하는 세부적인 보안조치사항은 해양수산부령으로 정한다. 〈개정 2008.2.29., 2013.3.23.〉

⑥ 해양수산부장관은 제5항에 따라 정하여진 세부적인 보안조치사항에도 불구하고 예상하지 못한 보안사고의 발생 등 필요하다고 인정되는 때에는 준수하여야 하는 보안조치를 별도로 지시할 수 있다. 〈개정 2008.2.29., 2013.3.23.〉

제2장 국제항해선박의 보안확보를 위한 조치

제7조(총괄보안책임자) ① 국제항해선박소유자는 그가 소유하거나 관리·운영하는 전체 국제항해선박의 보안업무를 총괄적으로 수행하게 하기 위하여 소속 선원 외의 자 중에서 해양수산부령으로 정하는 전문지식 등 자격요건을 갖춘 자를 보안책임자(이하 "총괄보안책임자"라 한다)로 지정하여야 한다. 이 경우 선박의 종류 또는 선박의 척수에 따라 필요하다고 인정되는 때에는 2인 이상의 총괄보안책임자를 지정할 수 있으며, 국제항해선박소유자가 1척의 국제항해선박을 소유하거나 관리·운영하는 때에는 그 국제항해선박소유자 자신을 총괄보안책임자로 지정할 수 있다. 〈개정 2008.2.29., 2013.3.23.〉

② 제1항에 따라 국제항해선박소유자가 총괄보안책임자를 지정한 때에는 7일 이내에 해양수산부령으로 정하는 바에 따라 그 사실을 해양수산부장관에게 통보하여야 한다. 총괄보안책임자를 변경한 때에도 또한 같다. 〈개정 2008.2.29., 2013.3.23.〉

③ 총괄보안책임자는 다음 각호의 사무를 수행한다. 〈개정 2008.2.29., 2013.3.23.〉

   1. 제9조에 따른 선박보안평가

   2. 제10조에 따른 선박보안계획서의 작성 및 승인신청

   3. 제36조에 따른 내부보안심사

   4. 그 밖에 해양수산부령으로 정하는 사무

④ 해양수산부장관은 총괄보안책임자가 제3항에 따른 사무를 게을리하거나 이를 이행하지 아니할 때에는 국제항해선박소유자에 대하여 그 변경을 명할 수 있다. 〈개정 2008.2.29., 2013.3.23.〉

제8조(선박보안책임자) ① 국제항해선박소유자는 그가 소유하거나 관리·운영하는 개별 국제항해선박의 보안업무를 효율적으로 수행하게 하기 위하여 소속 선박의 선원 중에서 해양수산부령으로 정하는 전문지식 등 자격요건을 갖춘 자를 보안책임자(이하 "선박보안책임자"라 한다)로 지정하여야 한다. 〈개정 2008.2.29., 2013.3.23.〉

② 선박보안책임자는 다음 각호의 사무를 수행한다. 〈개정 2008.2.29., 2013.3.23.〉

   1. 제10조에 따른 선박보안계획서의 변경 및 그 시행에 대한 감독

   2. 보안상의 부적정한 사항에 대한 총괄보안책임자에의 보고

   3. 해당 국제항해선박에 대한 보안점검

   4. 그 밖에 해양수산부령으로 정하는 사무

제9조(선박보안평가) ① 국제항해선박소유자는 그가 소유하거나 관리·운영하는 개별 국제항해선박에 대하여 보안과 관련한 시설·장비·인력 등에 대한 보안평가(이하 "선박보안평가"라 한다)를 실시하여야 한다.

② 제1항에 따라 선박보안평가를 실시한 때에는 해양수산부령으로 정하는 바에 따라 그 결과를 문서로 작성하여 주된 사무소(국제항해선박소유자가 개인인 경우 그의 주소지를 말한다)에 보관하여야 하며, 그 내용을 제10조에 따른 선박보안계획서에 반영하여야 한다. 〈개정 2008.2.29., 2013.3.23.〉

③ 선박보안평가의 평가항목 및 평가방법 등에 관하여 필요한 사항은 해양수산부령으로 정한다. 〈개정 2008.2.29., 2013.3.23.〉

제10조(선박보안계획서) ① 국제항해선박소유자는 제9조에 따른 선박보안평가의 결과를 반영하여 보안취약요소에 대한 개선방안과 보안등급별 조치사항 등을 정한 보안계획서(이하 "선박보안계획서"라 한다)를 작성하여 해당 선박에 비치하고 동 계획서에 따른 조치 등을 시행하여야 한다.

② 선박보안계획서에는 보안사고와 같은 보안상의 위협으로부터 선원·승객·화물·선용품 및 선박 등을 보호하는 데 필요한 보안조치사항이 포함되어야 하며, 그 세부적인 내용은 해양수산부령으로 정한다. 〈개정 2008.2.29., 2013.3.23.〉

③ 선박보안계획서를 작성한 때에는 해양수산부장관의 승인을 받아야 한다. 선박보안계획서의 내용 중 해양수산부령으로 정하는 중요한 사항을 변경하는 때에도 또한 같다. 〈개정 2008.2.29., 2013.3.23.〉

④ 해양수산부장관은 제3항에 따라 선박보안계획서를 승인함에 있어서 대통령령으로 정하는 선박에 대하여 선박보안계획서를 승인하는 경우에는 관계 국가보안기관과 미리 협의하여야 한다. 〈개정 2008.2.29., 2013.3.23.〉

⑤ 제3항에 따른 선박보안계획서의 승인절차에 관하여 필요한 사항은 해양수산부령으로 정한다. 〈개정 2008.2.29., 2013.3.23.〉

제11조(선박보안심사 등) ① 국제항해선박소유자는 그가 소유하거나 관리·운영하는 개별 국제항해선박에 대하여 제10조에 따른 선박보안계획서에 따른 조치 등을 적정하게 시행하고 있는지 여부를 확인받기 위하여 해양수산부장관에게 다음 각호의 구분에 따른 보안심사(이하 "선박보안심사"라 한다)를 받아야 한다. 〈개정 2008.2.29., 2013.3.23.〉

1. 최초보안심사 : 제12조 제1항에 따른 국제선박보안증서를 처음으로 교부받으려는 때에 행하는 심사
2. 갱신보안심사 : 제13조에 따른 국제선박보안증서 등의 유효기간이 만료되기 전에 해양수산부령으로 정하는 시기에 행하는 심사
3. 중간보안심사 : 최초보안심사와 갱신보안심사 사이 또는 갱신보안심사와 갱신보안심사 사이에 해양수산부령으로 정하는 시기에 행하는 심사

② 국제항해선박소유자는 제1항 제1호의 최초보안심사를 받기 전에 임시로 국제항해선박을 항해에 사용하려는 경우로서 해양수산부령으로 정하는 때에는 해양수산부장관에게 선박보안평가의 실시, 선박보안계획서의 작성·시행 등에 관한 이행 여부를 확인하는 보안심사(이하 "임시선박보안심사"라 한다)를 받아야 한다. 〈개정 2008.2.29., 2013.3.23.〉

③ 해양수산부장관은 국제항해선박에서 보안사건이 발생하는 등 해양수산부령으로 정하는 사유가 있는 때에는 그 국제항해선박에 대하여 선박보안계획서의 작성·시행 등에 관한 이행 여부를 확인하는 보안심사(이하 "특별선박보안심사"라 한다)를 실시할 수 있다. 〈개정 2008.2.29., 2013.3.23.〉

④ 제1항부터 제3항까지에 따른 선박보안심사·임시선박보안심사 및 특별선박보안심사의 세부내용과 그 절차·방법 등에 관하여 필요한 사항은 해양수산부령으로 정한다. 〈개정 2008.2.29., 2013.3.23.〉

제12조(국제선박보안증서의 교부 등) ① 해양수산부장관은 제11조 제1항 제1호 및 제2호에 따른 최초보안심사 또는 갱신보안심사에 합격한 선박에 대하여 해양수산부령으로 정하는 국제선박보안증서를 교부하여야 한다. 〈개정 2008.2.29., 2013.3.23.〉

② 해양수산부장관은 제11조 제1항 제3호 및 같은 조 제3항에 따른 중간보안심사 또는 특별선박보안심사에 합격한 선박에 대하여는 제1항에 따른 국제선박보안증서에 해양수산부령으로 정하는 바에 따라 그 심사결과를 표기하여야 한다. 〈개정 2008.2.29., 2013.3.23.〉

③ 해양수산부장관은 제11조 제2항에 따른 임시선박보안심사에 합격한 선박에 대하여 해양수산부령으로 정하는 임시국제선박보안증서를 교부하여야 한다. 〈개정 2008.2.29., 2013.3.23.〉

④ 국제항해선박소유자는 국제선박보안증서 또는 임시국제선박보안증서(이하 "국제선박보안증서 등"이라 한다)의 원본을 해당 선박에 비치하여야 한다.

제13조(국제선박보안증서 등의 유효기간) ① 국제선박보안증서 등의 유효기간은 5년의 범위에서 대통령령으로 정한다. 다만, 임시국제선박보안증서의 유효기간은 6개월을 초과할 수 없다.

② 해양수산부장관은 제1항에 따른 국제선박보안증서 등의 유효기간을 5개월의 범위에서 대통령령으로 정하는 바에 따라 연장할 수 있다. 〈개정 2008.2.29., 2013.3.23.〉

③ 제11조 제1항 제3호에 따른 중간보안심사에 불합격한 선박의 국제선박보안증서의 유효기간은 해당 심사에 합격될 때까지 그 효력이 정지된다.

제14조(국제선박보안증서 등 미소지 국제항해선박의 항해금지) 누구든지 국제선박보안증서 등을 비치하지 아니하거나 그 효력이 정지되거나 상실된 국제선박보안증서 등을 비치한 선박을 항해에 사용하여서는 아니 된다. 다만, 부득이하게 일시적으로 항해에 사용하여야 하는 때로서 해양수산부령으로 정하는 경우에는 그러하지 아니하다. 〈개정 2008.2.29., 2013.3.23., 2020.2.18.〉

제15조(선박보안기록부의 작성·비치) ① 국제항해선박소유자는 그가 소유하거나 관리·운영하는 개별 국제 항해선박에 대하여 보안에 관한 위험 및 조치사항 등을 기록한 장부(이하 "선박보안기록부"라 한다)를 작성하고, 이를 해당 선박에 비치하여야 한다.

② 선박보안기록부의 기재사항·작성방법 및 비치방법 등에 관하여 필요한 사항은 해양수산부령으로 정한다. 〈개정 2008.2.29., 2013.3.23.〉

제16조(선박이력기록부의 비치 등) ① 국제항해선박소유자는 그가 소유하거나 관리·운영하는 개별 국제항해 선박에 대하여 해양수산부령으로 정하는 바에 따라 그 선박의 선명, 제18조 제1항에 따른 선박식별번호, 소유자 및 선적지 등이 기재된 장부(이하 "선박이력기록부"라 한다)를 해양수산부장관으로부터 교부받아 선박에 비치하여야 한다. 〈개정 2008.2.29., 2013.3.23.〉

② 국제항해선박소유자는 선박이력기록부의 기재사항 중 변경사항이 발생한 때에는 3개월 이내에 해양수산 부장관으로부터 선박이력기록부를 다시 교부받아 이를 선박에 비치하여야 한다. 〈개정 2008.2.29., 2013.3.23.〉

③ 국제항해선박소유자는 그가 소유하거나 관리·운영하는 개별 국제항해선박의 국적이 변경된 경우 그 사실을 해양수산부장관에게 통보하여야 한다. 이 경우 해양수산부장관은 해양수산부령으로 정하는 바에 따라 그 사실을 해당 국가의 해운관청에 통보하여야 한다. 〈개정 2008.2.29., 2013.3.23.〉

④ 선박이력기록부의 서식 등에 관하여 필요한 사항은 해양수산부령으로 정한다. 〈개정 2008.2.29., 2013.3.23.〉

제17조(선박보안경보장치 등) ① 국제항해선박소유자는 그가 소유하거나 관리·운영하는 개별 국제항해선박 에 대하여 선박에서의 보안이 침해되었거나 침해될 위험에 처한 경우 그 상황을 표시하는 발신장치(이하 "선박보안경보장치"라 한다), 제9조에 따른 선박보안평가의 결과 선박의 보안을 유지하는 데 필요하다고 인정되는 시설 또는 장비를 설치하거나 구비하여야 한다. 〈개정 2012.12.18., 2016.12.27.〉

② 해양수산부장관은 해양수산부령으로 정하는 바에 따라 선박보안경보장치에서 발신하는 신호(이하 "보안 경보신호"라 한다)를 수신할 수 있는 시설 또는 장비를 갖추어야 한다. 〈개정 2008.2.29., 2013.3.23.〉

③ 해양수산부장관은 국제항해선박으로부터 보안경보신호를 수신한 때에는 지체 없이 관계 국가보안기관 의 장에게 그 사실을 통보하여야 하며, 국제항해선박이 해외에 있는 경우로서 그 선박으로부터 보안경보 신호를 수신한 때에는 그 선박이 항행하고 있는 해역을 관할하는 국가의 해운관청에도 이를 통보하여야 한다. 〈개정 2008.2.29., 2013.3.23.〉

④ 국가보안기관의 장이 제3항에 따라 보안경보신호의 수신을 통보 받은 때에는 해당 선박의 보안확보에 필요한 조치를 하여야 한다.

⑤ 삭제 〈2016.12.27.〉

⑥ 선박보안경보장치의 성능요건·설치장소 등에 관한 세부사항은 해양수산부령으로 정한다. 〈개정 2008.2.29., 2012.12.18., 2013.3.23., 2016.12.27.〉

제18조(선박식별번호) ① 제3조에도 불구하고 다음 각호에 해당하는 국제항해선박은 개별 선박의 식별이 가능하도록 부여된 번호(이하 "선박식별번호"라 한다)를 표시하여야 한다.

1. 총톤수 100톤 이상의 여객선
2. 총톤수 300톤 이상의 화물선

② 선박식별번호의 표시방법 및 표시위치 등에 관하여 필요한 사항은 해양수산부령으로 정한다. 〈개정 2008.2.29., 2013.3.23.〉

제19조(항만국통제) ① 해양수산부장관은 대한민국의 항만 안에 있거나 대한민국의 항만에 입항하려는 외국 국적의 국제항해선박의 보안관리체제가 협약 등에서 정하는 기준에 적합한지 여부를 확인·점검하고 그에 필요한 조치(이하 "항만국통제"라 한다)를 할 수 있다. 〈개정 2008.2.29., 2013.3.23.〉

② 항만국통제를 위한 확인·점검의 절차는 유효한 국제선박보안증서 등의 비치 여부만을 확인하는 데 한정되어야 한다. 다만, 해당 선박이 협약 등에서 정하는 기준에 적합하지 아니하다는 명백한 근거로서 해양수산부령으로 정하는 사유가 있는 때에는 그러하지 아니하다. 〈개정 2008.2.29., 2013.3.23.〉

③ 해양수산부장관은 제1항에 따른 확인·점검의 결과 제2항 단서에 따른 명백한 근거가 있거나 유효한 국제선박보안증서 등을 제시하지 못하는 선박에 대하여는 출항정지·이동제한·시정요구·추방 또는 이에 준하는 조치를 명할 수 있다. 〈개정 2008.2.29., 2013.3.23.〉

④ 대한민국의 항만에 입항하려는 외국 국적의 국제항해선박은 그 항만에 입항하기 24시간 이전에 해양수산부령으로 정하는 바에 따라 해당 선박의 보안에 관한 정보(이하 "선박보안정보"라 한다)를 해양수산부장관에게 통보하여야 한다. 다만, 기상악화 등 급박한 위험을 피하기 위하여 긴급히 입항하거나 해양수산부령으로 정하는 사유가 있는 경우에는 입항과 동시에 선박보안정보를 통보할 수 있다. 〈개정 2008.2.29., 2013.3.23.〉

⑤ 해양수산부장관은 제4항에 따라 통보받은 선박보안정보를 해양수산부령으로 정하는 바에 따라 해양경찰청장에게 통보하여야 한다. 〈개정 2008.2.29., 2013.3.23., 2014.11.19., 2017.7.26.〉

⑥ 해양수산부장관은 제4항에 따라 통보받은 선박보안정보를 검토한 결과 제2항 단서에 따른 명백한 근거가 있다고 인정되는 선박에 대하여는 이동제한·시정요구·선박점검 또는 입항거부 등의 조치를 명할 수 있다. 이 경우 해당 선박으로 인하여 그 항만에 정박하고 있는 다른 선박 또는 항만시설에 보안사건이 발생할 수 있다고 인정될 만한 상당한 근거가 있는 때에는 추가적으로 그 사실을 관계 국가보안기관에 통보하여 필요한 조치를 하도록 하여야 한다. 〈개정 2008.2.29., 2013.3.23.〉

⑦ 해양수산부장관은 제3항 및 제6항의 조치를 취하려는 때에는 사전에 그 취지를 해당 외국 국적의 국제항해선박소유자 또는 선장에게 통지하여야 한다. 〈개정 2008.2.29., 2013.3.23.〉

⑧ 해양수산부장관은 제3항 및 제6항의 조치를 취한 때에는 해당 선박에 대하여 국제선박보안증서 등을 교부한 국가의 정부에 그 사실을 통보하여야 하며, 선박의 입항이 거부되거나 추방된 때에는 해당 선박의 다음 기항지 국가 및 그 연안국의 정부에 해양수산부령으로 정하는 사항을 통보하여야 한다. 〈개정 2008.2.29., 2013.3.23.〉

⑨ 외국 국적의 국제항해선박소유자 또는 선장은 제3항 및 제6항에 따른 출항정지·이동제한·시정요구·추방·선박점검 또는 입항거부 등의 명령(이하 "시정명령 등"이라 한다)이 위법하거나 부당하다고 생각되는 경우에는 해양수산부령으로 정하는 바에 따라 시정명령 등을 받은 날부터 90일 이내에 그 불복사유를 기재하여 해양수산부장관에게 이의신청을 할 수 있다. 〈개정 2008.2.29., 2013.3.23.〉

⑩ 제9항에 따라 이의신청을 받은 해양수산부장관은 소속 공무원으로 하여금 그 시정명령 등의 위법·부당 여부를 직접 조사하게 하고 그 결과를 신청자에게 60일 이내에 통보하여야 한다. 다만, 부득이한 사정이 있는 때에는 30일의 범위에서 통보시한을 연장할 수 있다. 〈개정 2008.2.29., 2013.3.23.〉

⑪ 시정명령 등에 대하여 불복하는 자는 제9항 및 제10항에 따른 이의신청의 절차를 거치지 아니하고는 행정소송을 제기할 수 없다. 다만, 「행정소송법」 제18조 제2항 및 제3항에 해당되는 경우에는 그러하지 아니하다.

⑫ 제3항 및 제6항에 따른 시정명령 등의 세부내용, 제4항에 따른 선박보안정보의 통보절차 및 제9항에 따른 이의신청 등에 관하여 필요한 사항은 해양수산부령으로 정한다. 〈개정 2008.2.29., 2013.3.23.〉

제20조(외국의 항만국통제 등) ① 국제항해선박소유자는 외국의 항만당국이 실시하는 항만국통제에 의하여 해당 선박의 보안관리체제의 결함이 지적되지 아니하도록 협약 등에서 정한 기준을 준수하여야 한다. 〈개정 2016.12.2.〉

② 해양수산부장관은 국제항해선박이 외국의 항만당국이 실시하는 항만국통제에 의하여 출항정지·입항거부 또는 추방의 조치를 받거나 해당 선박에 대하여 출항정지·입항거부 또는 추방을 예방하기 위한 조치가 필요하다고 인정되는 경우에는 해양수산부령으로 정하는 바에 따라 관련되는 선박의 보안관리체제에 대하여 점검(이하 "특별점검"이라 한다)을 할 수 있다. 〈개정 2008.2.29., 2013.3.23.〉

③ 해양수산부장관은 특별점검의 결과 해당 선박의 보안확보를 위하여 필요하다고 인정되는 경우에는 해당 국제항해선박소유자에 대하여 대통령령으로 정하는 바에 따라 시정·보완의 조치 또는 항해정지를 명할 수 있다. 〈개정 2008.2.29., 2013.3.23.〉

제21조(재심사) ① 제11조에 따른 선박보안심사·임시선박보안심사·특별선박보안심사 및 제20조 제2항에 따른 특별점검을 받은 자가 그 결과에 대하여 불복하는 때에는 그 결과에 관한 통지를 받은 날부터 90일 이내에 해양수산부령으로 정하는 바에 따라 사유서를 갖추어 해양수산부장관에게 재심사를 신청할 수 있다. 〈개정 2008.2.29., 2013.3.23.〉

② 제1항에 따라 재심사의 신청을 받은 해양수산부장관은 소속 공무원으로 하여금 재심사를 직접 행하게 하고 그 결과를 신청자에게 60일 이내에 통보하여야 한다. 다만, 부득이한 사정이 있는 때에는 30일의 범위에서 통보시한을 연장할 수 있다. 〈개정 2008.2.29., 2013.3.23.〉

③ 선박보안심사·임시선박보안심사 및 특별선박보안심사 또는 특별점검에 대하여 불복하는 자는 제1항 및 제2항에 따른 재심사의 절차를 거치지 아니하고는 행정소송을 제기할 수 없다. 다만, 「행정소송법」 제18조 제2항 및 제3항에 해당하는 경우에는 그러하지 아니하다.

제22조
[제30조의2로 이동 〈2016.12.2.〉]

제3장 항만시설의 보안확보를 위한 조치

제23조(항만시설보안책임자) ① 항만시설소유자는 그가 소유하거나 관리·운영하는 항만시설의 보안업무를 효율적으로 수행하게 하기 위하여 해양수산부령으로 정하는 전문지식 등 자격요건을 갖춘 자를 보안책임자(이하 "항만시설보안책임자"라 한다)로 지정하여야 한다. 이 경우 항만시설의 구조 및 기능에 따라 필요하다고 인정되는 때에는 2개 이상의 항만시설에 대하여 1인의 항만시설보안책임자를 지정하거나 1개의 항만시설에 대하여 2인 이상의 항만시설보안책임자를 지정할 수 있다. 〈개정 2008.2.29., 2013.3.23.〉

② 제1항에 따라 항만시설소유자가 항만시설보안책임자를 지정한 때에는 7일 이내에 해양수산부령으로 정하는 바에 따라 그 사실을 해양수산부장관에게 통보하여야 한다. 항만시설보안책임자를 변경한 때에도 또한 같다. 〈개정 2008.2.29., 2013.3.23.〉

③ 항만시설보안책임자는 다음 각호의 사무를 수행한다. 〈개정 2008.2.29., 2013.3.23.〉

1. 제25조에 따른 항만시설보안계획서의 작성 및 승인신청
2. 항만시설의 보안점검
3. 항만시설 보안장비의 유지 및 관리
4. 그 밖에 해양수산부령으로 정하는 사무

④ 해양수산부장관은 항만시설보안책임자가 제3항에 따른 사무를 게을리하거나 이를 이행하지 아니할 때에는 항만시설소유자에 대하여 그 변경을 명할 수 있다. 〈개정 2008.2.29., 2013.3.23.〉

제24조(항만시설보안평가) ① 해양수산부장관은 항만시설에 대하여 보안과 관련한 시설·장비·인력 등에 대한 보안평가(이하 "항만시설보안평가"라 한다)를 실시하여야 한다. 이 경우 관계 국가보안기관의 장과 미리 협의하여야 한다. 〈개정 2008.2.29., 2013.3.23.〉

② 해양수산부장관은 제1항에 따라 항만시설보안평가를 실시한 때에는 항만시설보안평가의 결과를 문서로 작성하여 해당 항만시설소유자에게 통보하여야 한다. 〈개정 2008.2.29., 2013.3.23.〉

③ 해양수산부장관은 항만시설보안평가에 대하여 5년마다 재평가를 실시하여야 한다. 다만, 해당 항만시설에서 보안사건이 발생하는 등 항만시설의 보안에 관하여 중요한 변화가 있는 때에는 즉시 재평가를 실시하여야 한다. 〈개정 2008.2.29., 2013.3.23.〉

④ 항만시설보안평가의 평가항목 및 평가방법 등에 관하여 필요한 사항은 해양수산부령으로 정한다. 〈개정 2008.2.29., 2013.3.23.〉

제25조(항만시설보안계획서) ① 항만시설소유자는 제24조에 따른 항만시설보안평가의 결과를 반영하여 보안취약요소에 대한 개선방안과 보안등급별 조치사항 등을 정한 보안계획서(이하 "항만시설보안계획서"라 한다)를 작성하여 주된 사무소에 비치하고 동 계획서에 따른 조치 등을 시행하여야 한다.

② 항만시설보안계획서에는 보안사고와 같은 보안상의 위협으로부터 항만시설(항만운영과 관련된 정보와 전산·통신시스템을 포함한다)·선박·화물·선용품 및 사람 등을 보호하는 데 필요한 보안조치사항이 포함되어야 하며, 그 세부적인 내용은 해양수산부령으로 정한다. 〈개정 2008.2.29., 2013.3.23.〉

③ 항만시설보안계획서를 작성한 때에는 해양수산부장관의 승인을 받아야 한다. 항만시설보안계획서의 내용 중 해양수산부령으로 정하는 중요한 사항을 변경하는 때에도 또한 같다. 〈개정 2008.2.29., 2013.3.23.〉

④ 해양수산부장관은 제3항에 따라 항만시설보안계획서를 승인하는 경우에는 미리 관계 국가보안기관의 장과 미리 협의하여야 한다. 〈개정 2008.2.29., 2013.3.23.〉

⑤ 제3항에 따른 항만시설보안계획서의 승인절차에 관하여 필요한 사항은 해양수산부령으로 정한다. 〈개정 2008.2.29., 2013.3.23.〉

제26조(항만시설보안심사 등) ① 항만시설소유자는 그가 소유하거나 관리·운영하고 있는 항만시설에 대하여 제25조에 따른 항만시설보안계획서에 따른 조치 등을 적정하게 시행하고 있는지 여부를 확인받기 위하여 해양수산부장관에게 다음 각호의 구분에 따른 보안심사(이하 "항만시설보안심사"라 한다)를 받아야 한다. 〈개정 2008.2.29., 2013.3.23.〉

1. 최초보안심사 : 제27조 제1항에 따른 항만시설적합확인서를 처음으로 교부받으려는 때에 실시하는 것으로서 해양수산부령으로 정하는 시기에 행하는 심사

2. 갱신보안심사 : 제28조에 따른 항만시설적합확인서의 유효기간이 만료되기 전에 해양수산부령으로 정하는 시기에 행하는 심사

3. 중간보안심사 : 최초보안심사와 갱신보안심사 사이 또는 갱신보안심사와 갱신보안심사 사이에 해양수산부령으로 정하는 시기에 행하는 심사

② 항만시설소유자는 제1항 제1호의 최초보안심사를 받기 전에 임시로 항만시설을 운영하는 경우로서 해양수산부령으로 정하는 때에는 해양수산부장관에게 항만시설보안계획서의 작성·시행 등에 관한 이행 여부를 확인하는 보안심사(이하 "임시항만시설보안심사"라 한다)를 받아야 한다. 〈신설 2020.2.18.〉

③ 해양수산부장관은 항만시설에서 보안사건이 발생하는 등 해양수산부령으로 정하는 사유가 있는 때에는 그 항만시설에 대하여 항만시설보안계획서의 작성·시행 등에 관한 이행 여부를 확인하는 보안심사(이하 "특별항만시설보안심사"라 한다)를 실시할 수 있다. 이 경우 관계 국가보안기관의 장과 미리 협의하여야 한다. 〈개정 2008.2.29., 2013.3.23., 2020.2.18.〉

④ 제1항부터 제3항까지에 따른 항만시설보안심사·임시항만시설보안심사 및 특별항만시설보안심사의 세부내용과 절차·방법 등에 관하여 필요한 사항은 해양수산부령으로 정한다. 〈개정 2008.2.29., 2013.3.23., 2020.2.18.〉

제27조(항만시설적합확인서 또는 임시항만시설적합확인서의 교부 등) ① 해양수산부장관은 제26조 제1항 제1호 및 제2호에 따른 최초보안심사 또는 갱신보안심사에 합격한 항만시설에 대하여 해양수산부령으로 정하는 항만시설적합확인서를 교부하여야 한다. 〈개정 2008.2.29., 2013.3.23.〉

② 해양수산부장관은 제26조 제1항 제3호 및 같은 조 제3항에 따른 중간보안심사 또는 특별항만시설보안심사에 합격한 항만시설에 대해서는 제1항에 따른 항만시설적합확인서에 해양수산부령으로 정하는 바에 따라 그 심사 결과를 표기하여야 한다. 〈개정 2008.2.29., 2013.3.23., 2020.2.18.〉

③ 해양수산부장관은 임시항만시설보안심사에 합격한 항만시설에 대하여 해양수산부령으로 정하는 임시항만시설적합확인서를 교부하여야 한다. 〈개정 2020.2.18.〉

④ 항만시설소유자는 항만시설적합확인서 또는 임시항만시설적합확인서(이하 "항만시설적합확인서 등"이라 한다)의 원본을 주된 사무소에 비치하여야 한다. 〈신설 2020.2.18.〉

[제목개정 2020.2.18.]

제28조(항만시설적합확인서 등의 유효기간) ① 항만시설적합확인서의 유효기간은 5년의 범위에서 대통령령으로 정하고, 임시항만시설적합확인서의 유효기간은 6개월의 범위에서 대통령령으로 정한다. 〈개정 2020.2.18.〉

② 해양수산부장관은 제1항에 따른 항만시설적합확인서의 유효기간을 3개월의 범위에서 대통령령으로 정하는 바에 따라 연장할 수 있다. 〈개정 2008.2.29., 2013.3.23.〉

③ 제26조 제1항 제3호에 따른 중간보안심사에 불합격한 항만시설의 항만시설적합확인서의 유효기간은 적합한 항만시설보안심사에 합격될 때까지 그 효력이 정지된다.

[제목개정 2020.2.18.]

제29조(항만시설적합확인서 등 미소지 항만시설의 운영 금지) 누구든지 항만시설적합확인서 등을 비치하지 아니하거나 그 효력이 정지되거나 상실된 항만시설적합확인서 등을 비치한 항만시설을 운영하여서는 아니 된다. 다만, 부득이하게 일시적으로 항만시설을 운영하여야 하는 때로서 해양수산부령으로 정하는 경우에는 그러하지 아니하다. 〈개정 2008.2.29., 2013.3.23., 2020.2.18.〉

[제목개정 2020.2.18.]

제30조(항만시설보안기록부의 작성·비치) ① 항만시설소유자는 그가 소유하거나 관리·운영하는 항만시설에 대하여 보안에 관한 위협 및 조치사항 등을 기록한 장부(이하 "항만시설보안기록부"라 한다)를 작성하고, 이를 해당 항만시설에 위치한 사무소에 비치하여야 한다.

② 항만시설보안기록부의 기재사항·작성방법 및 비치방법 등에 관하여 필요한 사항은 해양수산부령으로 정한다. 〈개정 2008.2.29., 2013.3.23.〉

제30조의2(국제항해여객선 승객 등의 보안검색) ① 여객선으로 사용되는 대한민국 국적 또는 외국 국적의 국제항해선박(이하 "국제항해여객선"이라 한다)에 승선하는 자는 신체·휴대물품 및 위탁수하물에 대한 보안검색을 받아야 한다. 〈개정 2016.12.2.〉

② 제1항에 따른 보안검색은 해당 국제여객터미널을 운영하는 항만시설소유자가 실시한다. 다만, 파업 등으로 항만시설소유자가 보안검색을 실시할 수 없는 경우에는 제4항에 따른 지도·감독 기관의 장이 소속직원으로 하여금 보안검색을 실시하게 하여야 한다.

③ 삭제 〈2016.12.2.〉

④ 항만시설소유자가 제2항 본문에 따라 실시하는 보안검색 중 신체 및 휴대물품의 보안검색의 업무에 대하여는 관할 경찰관서의 장이 지도·감독하고, 위탁수하물의 보안검색에 대하여는 관할 세관장이 지도·감독한다. 〈개정 2016.12.2.〉

⑤ 제1항에 따른 보안검색의 실시방법과 절차 등에 관하여 필요한 사항은 해양수산부령으로 정한다. 〈개정 2008.2.29., 2013.3.23.〉

[제목개정 2016.12.2.]

[제22조에서 이동 〈2016.12.2.〉]

제30조의3(보안검색장비 성능 인증 등) ① 항만시설소유자가 이 법에 따른 보안검색을 하는 경우에는 해양수산부장관으로부터 성능 인증을 받은 보안검색장비를 사용하여야 한다. 다만, 「항공보안법」 제27조 제1항 또는 「철도안전법」 제48조의3 제1항에 따른 성능 인증을 받은 보안검색장비 중 해양수산부장관이 이 법에 따른 성능 인증 기준을 충족하였다고 인정하는 경우에는 성능 인증을 받은 것으로 본다.

② 제1항에 따른 보안검색장비의 성능 인증을 위한 기준·방법·절차 및 성능 인증의 대상이 되는 보안검색 장비의 종류와 범위 등 운영에 필요한 사항은 해양수산부령으로 정한다.

③ 해양수산부장관은 성능 인증을 받은 보안검색장비의 운영, 유지관리 등에 관한 기준을 정하여 고시하여야 한다.

④ 해양수산부장관은 제1항에 따라 성능 인증을 받은 보안검색장비가 운영 중에 계속하여 성능을 유지하고 있는지를 확인하기 위하여 해양수산부령으로 정하는 바에 따라 정기적으로 또는 수시로 점검을 실시하여야 한다.

[본조신설 2020.12.8.]

제30조의4(보안검색장비 성능 인증의 취소) 해양수산부장관은 성능 인증을 받은 보안검색장비가 다음 각호의 어느 하나에 해당하는 경우에는 그 인증을 취소할 수 있다. 다만, 제1호에 해당하는 때에는 그 인증을 취소하여야 한다.

1. 거짓이나 그 밖의 부정한 방법으로 인증을 받은 경우
2. 보안검색장비가 제30조의3 제2항에 따른 성능 기준에 적합하지 아니하게 된 경우
3. 제30조의3 제4항에 따른 점검을 정당한 사유 없이 받지 아니한 경우
4. 제30조의3 제4항에 따른 점검을 실시한 결과 중대한 결함이 있다고 판단될 경우

[본조신설 2020.12.8.]

제30조의5(인증업무의 위탁) 해양수산부장관은 인증업무의 전문성과 신뢰성을 확보하기 위하여 제30조의3에 따른 보안검색장비의 성능 인증 및 점검 업무를 대통령령으로 정하는 기관(이하 "인증기관"이라 한다)에 위탁할 수 있다.

[본조신설 2020.12.8.]

제30조의6(시험기관의 지정) ① 해양수산부장관은 제30조의3에 따른 성능 인증을 위하여 보안검색장비의 성능을 평가하는 시험(이하 "성능시험"이라 한다)을 실시하는 기관(이하 "시험기관"이라 한다)을 지정할 수 있다.

② 제1항에 따라 시험기관 지정을 받으려는 법인이나 단체는 해양수산부령으로 정하는 지정기준을 갖추어 해양수산부장관에게 지정신청을 하여야 한다.

[본조신설 2020.12.8.]

제30조의7(시험기관의 지정취소 등) ① 해양수산부장관은 제30조의6에 따라 시험기관으로 지정받은 법인이나 단체가 다음 각호의 어느 하나에 해당하는 경우에는 그 지정을 취소하거나 1년 이내의 기간을 정하여 그 업무의 전부 또는 일부의 정지를 명할 수 있다. 다만, 제1호 또는 제2호에 해당하는 때에는 그 지정을 취소하여야 한다.

1. 거짓이나 그 밖의 부정한 방법을 사용하여 시험기관으로 지정을 받은 경우
2. 업무정지 명령을 받은 후 그 업무정지 기간에 성능시험을 실시한 경우
3. 정당한 사유 없이 성능시험을 실시하지 아니한 경우
4. 제30조의3 제2항에 따른 기준·방법·절차 등을 위반하여 성능시험을 실시한 경우
5. 제30조의6 제2항에 따른 시험기관 지정기준을 충족하지 못하게 된 경우
6. 성능시험 결과를 거짓으로 조작하여 수행한 경우

② 제1항에 따른 지정취소와 업무정지의 기준 등에 관하여 필요한 사항은 해양수산부령으로 정한다.

[본조신설 2020.12.8.]

제30조의8(수수료) 제30조의3 제1항에 따른 보안검색장비 성능 인증, 제30조의3 제4항에 따른 점검 또는 제30조의6에 따른 성능시험을 받으려는 자는 해양수산부령으로 정하는 바에 따라 인증기관 및 시험기관에 수수료를 내야 한다.

[본조신설 2020.12.8.]

제31조(경비·검색인력 및 보안시설·장비의 확보 등) ① 항만시설소유자는 그가 소유하거나 관리·운영하는 항만시설에 대하여 보안을 확보·유지하고 제30조의2에 따른 국제항해여객선 승객 등의 보안검색을 하는 데 필요한 경비·검색인력을 확보하고 필요한 시설과 장비를 신축·증축·개축하거나 설치하고 이를 유지·보수하여야 한다. 〈개정 2016.12.2.〉

② 항만시설소유자는 제1항에 따른 경비·검색인력을 다음 각호의 어느 하나에 해당하는 방법으로 확보하여야 한다. 〈신설 2016.12.2.〉
1. 「청원경찰법」에 따른 청원경찰의 고용
2. 「경비업법」 제2조 제1호 마목에 따른 특수경비업무의 허가를 받은 경비업자 중 제3항에 따라 지정받은 업체에 대한 경비·검색업무의 위탁

③ 해양수산부장관은 항만시설소유자의 추천을 받은 업체로서 자본금 등 해양수산부령으로 정하는 지정 요건을 갖춘 자를 해당 항만시설의 경비·검색업무의 수탁업체로 지정하여야 한다. 〈신설 2016.12.2.〉

④ 해양수산부장관은 제3항에 따라 지정을 받은 업체가 다음 각호의 어느 하나에 해당하는 경우에는 그 지정을 취소할 수 있다. 다만, 제1호 또는 제2호에 해당하면 지정을 취소하여야 한다. 〈신설 2016.12.2.〉
1. 거짓이나 그 밖의 부정한 방법으로 지정을 받은 경우
2. 「경비업법」에 따른 경비업의 허가가 취소되거나 영업이 정지된 경우
3. 제3항에 따른 지정 요건에 미달하게 된 경우. 다만, 일시적으로 지정 요건에 미달하게 되어 3개월 이내에 지정 요건을 다시 갖춘 경우는 제외한다.
4. 해당 항만시설의 경비·검색업무의 수행 중 고의 또는 중대한 과실로 인명 피해가 발생하거나 경비·검색에 실패한 경우

⑤ 해양수산부장관은 제4항에 따라 경비·검색업무 수탁업체의 지정을 취소하는 경우 청문을 하여야 한다. 〈신설 2016.12.2.〉

⑥ 제1항에 따라 확보하거나 갖추어야 하는 경비·검색인력 및 보안시설·장비의 세부기준, 제3항에 따른 경비·검색업무 수탁업체의 지정 절차 등 지정에 필요한 사항은 해양수산부령으로 정한다. 〈개정 2008.2.29., 2013.3.23., 2016.12.2.〉

제31조의2(폐쇄회로 텔레비전의 설치·운영) ① 항만시설소유자는 범죄 예방 및 보안을 확보하기 위하여 그가 소유하거나 관리·운영하는 항만시설에 대하여 폐쇄회로 텔레비전을 설치하여야 한다. 이 경우 해상도 기준은 범죄 예방 및 보안에 필요한 상황을 파악할 수 있도록 유지하여야 한다.

② 항만시설소유자는 폐쇄회로 텔레비전 운영으로 얻은 영상기록이 분실·도난·유출·변조 또는 훼손되지 아니하도록 폐쇄회로 텔레비전의 운영·관리 지침을 마련하여야 한다.

③ 제1항에 따른 폐쇄회로 텔레비전의 설치·관리 기준 및 해상도 기준과 제2항에 따른 운영·관리 지침 마련 등에 필요한 사항은 해양수산부령으로 정한다.

[본조신설 2018.4.17.]

제32조(항만시설보안정보의 제공 등) ① 항만시설소유자는 그가 소유하거나 관리·운영하고 있는 항만시설에서 보안사건이 발생한 때에는 해양수산부령으로 정하는 바에 따라 해양수산부장관 및 국가보안기관의 장에게 즉시 보고하여야 한다. 〈개정 2008.2.29., 2013.3.23.〉

② 항만시설소유자는 해양수산부장관 또는 국가보안기관의 장으로부터 그가 소유하거나 관리·운영하고 있는 항만시설의 보안에 관한 정보의 제공을 요청받은 때에는 해양수산부령으로 정하는 바에 따라 관련 정보를 즉시 제공하여야 한다. 〈개정 2008.2.29., 2013.3.23.〉

③ 제1항 및 제2항에 따라 보고하거나 제공하여야 하는 사항·정보의 내용 및 그 방법 등에 관하여 필요한 사항은 해양수산부령으로 정한다. 〈개정 2008.2.29., 2013.3.23.〉

제33조(항만시설 이용자의 의무) ① 항만시설을 이용하는 자는 보안사건이 발생하는 것을 예방하기 위하여 다음 각호에 해당하는 행위를 하여서는 아니 된다. 〈개정 2008.2.29., 2013.3.23., 2020.2.18.〉

1. 항만시설이나 항만 내의 선박에 위법하게 무기[탄저균(炭疽菌), 천연두균 등의 생화학무기를 포함한다], 도검류(刀劍類), 폭발물, 독극물 또는 연소성이 높은 물건 등 해양수산부장관이 정하여 고시하는 위해물품을 반입·은닉하는 행위

2. 보안사건의 발생을 예방하기 위한 검문검색 및 지시 등에 정당한 사유 없이 불응하는 행위

3. 항만시설 내 해양수산부령으로 정하는 지역을 정당한 출입절차 없이 무단으로 출입하는 행위

4. 항만시설 내 해양수산부령으로 정하는 구역에서 항만시설보안책임자의 허가 없이 촬영을 하는 행위

② 제1항 제1호에도 불구하고 항만시설의 경비·검색업무, 경호업무 등 대통령령으로 정하는 업무를 수행하기 위하여 필요한 경우에는 해양수산부장관의 허가를 받아 대통령령으로 정하는 무기를 반입하거나 소지할 수 있다. 〈신설 2020.2.18.〉

③ 제1항에 따른 항만시설 이용자의 의무와 관련하여 항만시설의 출입절차 및 출입자 준수사항 등에 관하여 필요한 사항은 대통령령으로 정한다. 〈개정 2020.2.18.〉

제4장 보칙

제34조(보안위원회) ① 국제항해선박 및 항만시설의 보안에 관한 주요사항을 심의·의결하기 위하여 해양수산부장관 소속으로 국제항해선박및항만시설보안위원회(이하 "보안위원회"라 한다)를 둔다. 〈개정 2008.2.29., 2013.3.23.〉

② 보안위원회는 다음 각호의 사항을 심의한다. 〈개정 2008.2.29., 2013.3.23.〉

1. 제5조에 따른 국가항만보안계획의 수립에 관한 사항

2. 제6조에 따른 보안등급의 설정·조정에 관한 사항

3. 선박 및 항만시설에 대한 보안의 확보 및 유지에 관한 사항

4. 선박 및 항만시설의 보안과 관련된 국제협력에 관한 사항

5. 그 밖에 선박 및 항만시설의 보안에 관련된 사항으로서 해양수산부령으로 정하는 사항

③ 보안위원회는 위원장 1인과 부위원장 2인을 포함하여 10인 이내의 위원으로 구성한다.

④ 보안위원회의 위원장은 해양수산부차관이 되고, 부위원장은 해양수산부의 고위공무원단에 소속된 공무원으로, 위원은 3급·4급 공무원 또는 고위공무원단에 속하는 일반직공무원(이에 상당하는 특정직·별정직 국가공무원을 포함한다)으로 구성한다. 〈개정 2008.2.29., 2013.3.23.〉

⑤ 보안위원회는 재적위원 과반수의 출석과 출석위원 과반수의 찬성으로 의결한다.

⑥ 그 밖에 보안위원회의 구성 및 운영 등에 관하여 필요한 사항은 대통령령으로 정한다.

제35조(보안합의서의 작성 등) ① 선박보안책임자와 항만시설보안책임자는 선박항만연계활동 또는 선박상호활동을 함에 있어서 상호 간에 이행하여야 하는 구체적인 보안조치사항에 대한 합의서(이하 "보안합의서"라 한다)를 작성하여 교환할 수 있다.

② 해양수산부장관은 제1항에도 불구하고 보안사건이 발생하는 등 해양수산부령으로 정하는 사유가 있는 때에는 선박보안책임자와 항만시설보안책임자로 하여금 보안합의서를 작성·교환하도록 권고할 수 있다. 이 경우 선박보안책임자와 항만시설보안책임자는 특별한 사유가 없는 한 이에 따라야 한다. 〈개정 2008.2.29., 2013.3.23.〉

③ 보안합의서의 작성방법 및 절차 등에 관하여 필요한 사항은 해양수산부령으로 정한다. 〈개정 2008.2.29., 2013.3.23.〉

제36조(내부보안심사) ① 국제항해선박소유자 및 항만시설소유자는 선박 및 항만시설에서 이루어지고 있는 보안상의 활동을 확인하기 위하여 보안에 관한 전문지식을 갖춘 자를 내부보안심사자로 지정하여 1년 이내의 기간을 주기로 내부보안심사를 실시하여야 한다.

② 제1항에 따른 내부보안심사의 내용·절차 및 내부보안심사자의 자격요건 등은 해양수산부령으로 정한다. 〈개정 2008.2.29., 2013.3.23.〉

제37조(보안심사관) ① 해양수산부장관은 소속 공무원 중에서 해양수산부령으로 정하는 자격을 갖춘 자를 선박보안심사관으로 임명하여 다음 각호에 해당하는 업무를 수행하게 할 수 있다. 〈개정 2008.2.29., 2013.3.23., 2020.2.18.〉

1. 제10조 제3항에 따른 선박보안계획서의 승인

2. 제11조 제1항부터 제3항까지에 따른 선박보안심사·임시선박보안심사 및 특별선박보안심사

3. 제12조 제1항부터 제3항까지에 따른 국제선박보안증서 등의 교부 등

4. 제16조에 따른 선박이력기록부의 교부·재교부

5. 제19조에 따른 항만국통제에 관한 업무

② 해양수산부장관은 소속 공무원 중에서 해양수산부령으로 정하는 자격을 갖춘 자를 항만시설보안심사관으로 임명하여 항만시설보안심사·임시항만시설보안심사 및 특별항만시설보안심사 업무를 수행하게 할 수 있다. 〈신설 2020.2.18.〉

제38조(보안심사업무 등의 대행) ① 해양수산부장관은 필요하다고 인정되는 경우에는 제26조 제1항에 따른 항만시설보안심사 및 제37조 제1항 제2호·제3호 및 같은 조 제2항에 따른 국제항해선박의 보안에 관한 보안심사관의 업무를 해양수산부장관이 정하는 기준을 충족하는 자(이하 "대행기관"이라 한다)를 지정하여 대행하게 할 수 있다. 이 경우 해양수산부장관은 대통령령으로 정하는 바에 따라 대행기관과 협정을 체결하여야 한다. 〈개정 2008.2.29., 2013.3.23., 2020.2.18.〉

② 해양수산부장관은 대행기관이 다음 각호의 어느 하나에 해당하는 경우에는 그 지정을 취소하거나 6개월 이내의 기간을 정하여 그 업무를 정지할 수 있다. 다만, 제1호에 해당하는 경우에는 그 지정을 취소하여야 한다. 〈개정 2008.2.29., 2013.3.23., 2020.2.18.〉

1. 거짓이나 그 밖의 부정한 방법으로 지정받은 경우
2. 제1항에 따른 대행기관의 지정기준에 미달하게 된 경우
3. 제41조 제2항에 따른 보고 또는 자료 제출을 거부한 경우
4. 제41조 제3항에 따른 출입 또는 점검을 거부하거나 방해 또는 기피하는 경우
5. 제41조 제6항에 따른 개선명령 또는 시정 등의 조치를 이행하지 아니하는 경우

③ 해양수산부장관은 제2항에 따른 지정의 취소를 하는 때에는 청문을 실시하여야 한다. 〈개정 2008.2.29., 2013.3.23.〉

④ 대행기관의 지정기준과 제2항에 따른 행정처분의 세부기준 및 지도·감독 등에 관하여 필요한 사항은 해양수산부령으로 정한다. 〈개정 2008.2.29., 2013.3.23.〉

제39조(보안교육 및 훈련) ① 국제항해선박소유자 및 항만시설소유자는 총괄보안책임자·선박보안책임자 및 항만시설보안책임자(이하 "보안책임자"라 한다)와 보안책임자 외의 자로서 항만시설에서 보안업무를 담당하는 자(이하 "보안담당자"라 한다)에 대한 보안교육 및 훈련에 관한 계획을 수립·시행하여야 한다.

② 국제항해선박소유자와 항만시설소유자는 각자의 소속 보안책임자로 하여금 해당 선박의 승무원과 항만시설의 경비·검색인력을 포함한 보안업무 종사자에 대하여 3개월 이내의 기간을 주기로 보안훈련을 실시하게 하여야 한다. 〈개정 2020.2.18.〉

③ 국제항해선박소유자와 항만시설소유자는 보안책임자 및 보안담당자 등이 공동으로 참여하는 합동보안훈련을 해양수산부령으로 정하는 바에 따라 매년 1회 이상 실시하여야 한다. 이 경우 보안훈련의 간격은 18개월을 초과하여서는 아니 된다. 〈개정 2008.2.29., 2013.3.23.〉

④ 국제항해선박소유자는 그가 소유하거나 관리·운영하고 있는 국제항해선박이 외국의 정부 등이 주관하는 국제적인 합동보안훈련에 참여한 경우 해양수산부령으로 정하는 바에 따라 그 사실을 해양수산부장관에게 보고하여야 한다. 〈개정 2008.2.29., 2013.3.23.〉

⑤ 제1항부터 제4항까지에 따른 보안교육 및 훈련 등에 관하여 필요한 사항은 해양수산부령으로 정한다. 〈개정 2008.2.29., 2013.3.23.〉

제40조(보안교육기관) ① 해양수산부장관은 보안책임자와 보안담당자에 대한 보안교육 및 제37조에 따른 보안심사관의 자격유지에 필요한 보안교육을 실시하기 위하여 보안교육기관을 지정할 수 있다. 〈개정 2008.2.29., 2013.3.23.〉

② 제1항에 따른 보안교육기관의 시설 기준·교수 인원 등 지정요건에 관하여 필요한 사항은 대통령령으로 정한다.

③ 해양수산부장관은 보안교육기관이 다음 각호의 어느 하나에 해당하는 경우에는 그 지정을 취소하거나 6개월 이내의 기간을 정하여 그 업무를 정지할 수 있다. 다만, 제1호에 해당하는 경우에는 그 지정을 취소하여야 한다. 〈개정 2008.2.29., 2013.3.23., 2020.2.18.〉

1. 거짓이나 그 밖의 부정한 방법으로 지정받은 경우
2. 제2항에 따른 보안교육기관의 지정요건에 미달하게 된 경우
3. 제41조 제2항에 따른 보고 또는 자료 제출을 거부한 경우
4. 제41조 제3항에 따른 출입 또는 점검을 거부하거나 방해 또는 기피하는 경우
5. 제41조 제6항에 따른 개선명령 또는 시정 등의 조치를 이행하지 아니하는 경우

④ 해양수산부장관은 제3항에 따른 지정의 취소를 하는 때에는 청문을 실시하여야 한다. 〈개정 2008.2.29., 2013.3.23.〉

⑤ 제3항에 따른 행정처분의 세부기준 및 지도·감독 등에 관하여 필요한 사항은 해양수산부령으로 정한다. 〈개정 2008.2.29., 2013.3.23.〉

제41조(보안감독) ① 해양수산부장관은 보안사건의 발생을 예방하고 국제항해선박 및 항만시설의 보안에 관한 업무를 효율적으로 수행하기 위하여 소속 공무원을 보안감독관으로 지정하여 국제항해선박 및 항만시설의 보안에 관한 점검업무를 수행하게 하여야 한다. 〈신설 2020.2.18.〉

② 해양수산부장관은 제1항에 따른 점검업무 수행을 위하여 필요하다고 인정되는 경우에는 국제항해선박소유자, 항만시설소유자, 대행기관 및 보안교육기관 등 관계인에 대하여 필요한 보고를 명하거나 자료를 제출하게 할 수 있다. 〈개정 2008.2.29., 2013.3.23., 2020.2.18.〉

③ 해양수산부장관은 제2항에 따른 보고내용 및 제출된 자료의 내용을 검토한 결과 그 목적달성이 어렵다고 인정되는 때에는 보안감독관으로 하여금 직접 해당 선박·항만시설 또는 사업장(이하 이 조에서 "선박 등"이라 한다)에 출입하여 선박과 항만시설의 보안에 관한 사항 등을 점검하게 할 수 있다. 〈개정 2008.2.29., 2013.3.23., 2020.2.18.〉

④ 해양수산부장관은 제3항에 따른 점검을 하는 경우에는 점검 7일 전까지 점검자, 점검 일시·이유 및 내용 등이 포함된 점검계획을 국제항해선박소유자, 항만시설소유자, 대행기관 및 보안교육기관 등에게 통보하여야 한다. 다만, 선박의 항해일정 등에 따라 긴급을 요하거나 사전통보를 하는 경우 증거인멸 등으로 인하여 제3항에 따른 점검의 목적달성이 어렵다고 인정되는 경우에는 통보절차를 생략할 수 있다. 〈개정 2008.2.29., 2013.3.23., 2020.2.18.〉

⑤ 제3항에 따른 점검을 하는 보안감독관은 그 권한을 나타내는 증표를 지니고 이를 관계인에게 내보여야 하며, 해당 선박 등에 출입 시 성명·출입시간·출입목적 등이 표시된 문서를 관계인에게 주어야 한다. 〈개정 2020.2.18.〉

⑥ 해양수산부장관은 제3항에 따라 선박 등을 점검한 결과 이 법 또는 이 법에 따른 명령을 위반하거나 보안을 유지하는 데 장애가 있다고 인정되는 때에는 해당 선박 등에 대하여 개선명령 또는 시정 등의 조치를 명할 수 있다. 〈개정 2008.2.29., 2013.3.23., 2020.2.18.〉

⑦ 해양수산부장관은 필요하다고 인정되거나 관계 국가보안기관의 장의 요청이 있는 때에는 해양수산부령으로 정하는 바에 따라 제3항에 따른 점검을 관계 국가보안기관과 합동으로 실시할 수 있다. 〈개정 2008.2.29., 2013.3.23., 2020.2.18.〉

⑧ 제1항에 따른 보안감독관의 자격·지정·운영 및 점검업무 등에 관하여 필요한 세부사항은 해양수산부령으로 정한다. 〈신설 2020.2.18.〉

[제목개정 2020.2.18.]

제42조(항만시설보안료) ① 항만시설소유자는 제31조 및 제31조의2에 따른 경비·검색인력 및 보안시설·장비의 확보 등에 소요되는 비용(이하 "항만시설보안료"라 한다)을 해당 항만시설을 이용하는 자로부터 징수할 수 있다. 〈개정 2016.12.2., 2018.4.17.〉

② 해양수산부장관은 관계 중앙행정기관의 장과 협의하여 항만시설보안료 징수요율의 기준을 정하여 고시하여야 한다. 〈신설 2020.2.18.〉

③ 제1항에 따라 항만시설소유자가 항만시설보안료를 징수하려는 때에는 해양수산부령으로 정하는 바에 따라 그 징수요율에 대하여 해양수산부장관의 승인을 받아야 한다. 이를 변경하려는 때에도 또한 같다. 〈개정 2008.2.29., 2013.3.23., 2020.2.18.〉

④ 해양수산부장관은 제3항에 따라 항만시설보안료의 징수요율을 승인하려는 때에는 관계 중앙행정기관의 장과 미리 협의하여야 한다. 다만, 승인하려는 징수요율이 제2항에 따른 징수요율의 기준 이하인 경우에는 그러하지 아니하다. 〈개정 2020.2.18.〉

⑤ 「해운법」에 따른 해상화물운송사업·해상여객운송사업 및 해운대리점업 또는 「항만운송사업법」에 따른 항만하역사업을 하는 자(이하 "해상화물운송사업자 등"이라 한다)는 항만시설을 이용하는 자의 항만시설보안료를 한꺼번에 대신하여 납부할 수 있다. 〈신설 2020.2.18.〉

⑥ 항만시설소유자는 제5항에 따라 해상화물운송사업자 등이 항만시설을 이용하는 자의 항만시설보안료를 한꺼번에 대신하여 납부한 경우에는 해양수산부령으로 정하는 바에 따라 해당 사업자에게 항만시설보안료 대납업무에 드는 경비를 지급할 수 있다. 〈신설 2020.2.18.〉

⑦ 제2항에 따른 항만시설보안료의 징수요율의 기준과 징수방법 및 절차 등에 관하여 필요한 사항은 대통령령으로 정한다. 〈개정 2020.2.18.〉

제43조(수수료) ① 제10조 제3항에 따른 선박보안계획서의 승인, 제11조에 따른 선박보안심사·임시선박보안심사 및 특별선박보안심사, 제25조 제3항에 따른 항만시설보안계획서의 승인 및 제26조에 따른 항만시설보안심사·임시항만시설보안심사 및 특별항만시설보안심사를 받으려는 자는 해양수산부령으로 정하는 바에 따라 수수료를 납부하여야 한다. 〈개정 2008.2.29., 2013.3.23., 2020.2.18.〉

② 제38조에 따라 대행기관이 보안심사를 대행하는 경우 같은 조 제1항에 따른 보안심사를 받으려는 자는 대행기관이 정한 수수료를 납부하여야 한다.

③ 대행기관이 제2항에 따라 수수료를 징수하는 경우에는 그 기준 및 요율 등을 정하여 해양수산부장관의 승인을 받아야 한다. 이를 변경하려는 때에도 또한 같다. 〈개정 2008.2.29., 2013.3.23.〉

제44조(권한의 위임) 이 법에 따른 해양수산부장관 또는 해양경찰청장의 권한은 대통령령으로 정하는 바에 따라 그 일부를 소속 기관의 장에게 위임할 수 있다. 〈개정 2008.2.29., 2013.3.23., 2014.11.19., 2017.7.26.〉

제45조(재정 지원) 국가는 예산의 범위에서 제31조 및 제31조의2에 따른 보안의 확보에 사용되는 비용의 전부 또는 일부를 지원할 수 있다. 〈개정 2016.12.2., 2018.4.17.〉

제46조(벌칙 적용에서 공무원 의제) 다음 각호의 어느 하나에 해당하는 사람은 「형법」제129조부터 제132조까지의 규정에 따른 벌칙을 적용할 때에는 공무원으로 본다. 〈개정 2020.12.8.〉

1. 제30조의5에 따라 보안검색장비 성능 인증 및 점검에 관한 업무에 종사하는 인증기관의 임직원
2. 제30조의6에 따라 보안검색장비 성능시험에 관한 업무에 종사하는 시험기관의 임직원
3. 제31조 제2항 제2호에 따라 경비·검색업무를 위탁받은 업체의 임직원
4. 제38조에 따라 보안심사 업무 등을 대행하는 대행기관의 임직원

[전문개정 2016.12.2.]

제5장 벌칙

제47조(벌칙) 제33조 제1항 제1호를 위반하여 항만시설이나 항만 내의 선박에 위법하게 위해물품을 반입·은닉하는 행위를 한 자는 3년 이하의 징역 또는 3천만원 이하의 벌금에 처한다. 〈개정 2020.2.18.〉

제48조(벌칙) 다음 각호의 어느 하나에 해당하는 자는 1년 이하의 징역 또는 1천만원 이하의 벌금에 처한다. 〈개정 2016.12.2., 2020.2.18.〉

1. 거짓이나 또는 그 밖의 부정한 방법으로 제12조에 따른 국제선박보안증서 또는 임시국제선박보안증서를 교부받은 자
2. 제14조를 위반하여 국제선박보안증서 등을 비치하지 아니하거나 그 효력이 정지되거나 상실된 국제선박보안증서 등을 비치한 선박을 항해에 사용한 자
3. 거짓이나 그 밖의 부정한 방법으로 제27조에 따른 항만시설적합확인서 등을 교부받은 자
4. 제29조를 위반하여 항만시설적합확인서 등을 비치하지 아니하거나 그 효력이 정지되거나 상실된 항만시설적합확인서 등을 비치한 항만시설을 운영한 자
4의2. 거짓이나 그 밖의 부정한 방법으로 제31조제3항에 따른 지정을 받은 자
5. 거짓이나 그 밖의 부정한 방법으로 제38조에 따른 대행기관으로 지정을 받은 자
6. 거짓이나 그 밖의 부정한 방법으로 제40조 제1항에 따른 보안교육기관으로 지정을 받은 자
7. 제41조 제6항에 따른 개선명령 또는 시정 등의 명령에 따르지 아니한 자

제49조(벌칙) 다음 각호의 어느 하나에 해당하는 자는 500만원 이하의 벌금에 처한다. 〈개정 2016.12.2., 2018.4.17., 2020.2.18.〉

1. 제6조 제5항에 따른 세부적인 보안조치사항을 위반하거나 같은 조 제6항에 따른 보안조치의 지시에 따르지 아니한 자
2. 제30조의2 제2항 본문을 위반하여 보안검색을 실시하지 아니한 자
3. 제31조 제1항에 따른 경비·검색인력 및 보안시설·장비의 확보 등을 이행하지 아니한 자
3의2. 제31조의2 제1항 전단을 위반하여 폐쇄회로 텔레비전을 설치하지 아니하거나 같은 항 후단을 위반하여 해상도 기준을 유지하지 아니한 자
4. 제33조 제1항 제2호를 위반하여 정당한 사유 없이 검문검색 및 지시 등에 불응한 자
5. 제41조 제2항에 따른 보고나 자료를 거짓으로 제출한 자
6. 제41조 제3항에 따른 점검을 거부·방해 또는 기피한 자
7. 제42조 제3항에 따른 항만시설보안료의 징수요율(변경된 요율을 포함한다)에 대한 승인을 받지 아니하고 항만시설보안료를 징수한 자

제50조(벌칙의 적용) ① 이 법과 이 법에 따른 명령을 위반한 항만시설소유자에게 적용할 벌칙은 그 항만시설소유자가 국가 또는 지방자치단체인 때에는 적용하지 아니한다.

② 벌칙의 적용에 있어서 이 법과 이 법에 따른 명령 중 국제항해선박소유자에 관한 규정은 국제항해선박의 소유자가 관리자를 둔 때에는 이를 관리자에게, 국제항해선박의 운영자가 그 소유자·관리자로부터 운영을 위탁받은 때에는 이를 운영자에게 각각 적용한다.

③ 벌칙의 적용에 있어서 이 법과 이 법에 따른 명령 중 항만시설소유자에 관한 규정은 항만시설의 소유자가 관리자를 둔 때에는 이를 관리자에게, 항만시설의 운영자가 그 소유자·관리자로부터 운영을 위탁받은 때에는 이를 운영자에게 각각 적용한다.

제51조(양벌규정) 법인의 대표자나 법인 또는 개인의 대리인, 사용인, 그 밖의 종업원이 그 법인 또는 개인의 업무에 관하여 제48조 또는 제49조의 위반행위를 하면 그 행위자를 벌하는 외에 그 법인 또는 개인에게도 해당 조문의 벌금형을 과(科)한다. 다만, 법인 또는 개인이 그 위반행위를 방지하기 위하여 해당 업무에 관하여 상당한 주의와 감독을 게을리하지 아니한 경우에는 그러하지 아니하다.
[전문개정 2009.4.1.]

제52조(과태료) ① 다음 각호의 어느 하나에 해당하는 자에게는 1천만원 이하의 과태료를 부과한다. 〈신설 2020.12.8.〉

1. 제30조의3을 위반하여 해양수산부장관의 성능 인증을 받은 보안검색장비를 사용하지 아니한 자
2. 제30조의3에 따른 보안검색장비 성능 인증을 위한 기준과 절차 등을 위반한 인증기관 및 시험기관

② 다음 각호의 어느 하나에 해당하는 자에게는 300만원 이하의 과태료를 부과한다. 〈개정 2018.4.17., 2020.2.18., 2020.12.8.〉

1. 제7조 제1항에 따른 자격요건을 갖추지 못한 자를 총괄보안책임자로 지정한 자
2. 제7조 제2항을 위반하여 통보의무를 이행하지 아니한 자
3. 제7조 제4항에 따른 총괄보안책임자의 변경명령을 이행하지 아니한 자
4. 제8조 제1항에 따른 자격요건을 갖추지 못한 자를 선박보안책임자로 임명한 자
5. 제9조 제1항 및 제2항에 따른 보안평가를 실시하지 아니하거나 선박보안평가의 결과를 주된 사무소에 보관하지 아니한 자
6. 제10조 제1항을 위반하여 선박보안계획서를 비치하지 아니한 자
7. 제12조 제4항을 위반하여 국제선박보안증서등의 원본을 선박에 비치하지 아니한 자
8. 제15조 제1항을 위반하여 선박보안기록부를 작성하지 아니하거나 비치하지 아니한 자
9. 제16조 제1항을 위반하여 선박이력기록부를 선박에 비치하지 아니한 자
10. 제16조 제2항을 위반하여 선박이력기록부를 다시 교부받지 아니하거나 선박에 비치하지 아니한 자
11. 제16조 제3항을 위반하여 선박국적 변경의 사실을 통보하지 아니한 자
12. 제17조 제1항을 위반하여 선박보안경보장치 등을 설치하거나 구비하지 아니한 자
13. 제18조 제1항을 위반하여 선박식별번호를 표시하지 아니한 자
14. 제23조 제1항에 따른 자격요건을 갖추지 못한 자를 항만시설보안책임자로 지정한 자
15. 제23조 제2항을 위반하여 통보의무를 이행하지 아니한 자

16. 제25조 제1항을 위반하여 항만시설보안계획서를 비치하지 아니한 자

17. 제27조 제4항을 위반하여 항만시설적합확인서등의 원본을 사무소에 비치하지 아니한 자

18. 제30조 제1항을 위반하여 항만시설보안기록부를 작성하지 아니하거나 보관하지 아니한 자

18의2. 제31조의2 제2항을 위반하여 폐쇄회로 텔레비전의 운영·관리 지침을 마련하지 아니한 자

19. 제32조 제1항 및 제2항을 위반하여 보안사건을 보고하지 아니하거나 항만시설보안정보를 제공하지 아니한 자

20. 제33조 제1항 제3호를 위반하여 정당한 출입절차 없이 무단으로 출입한 자

21. 제33조 제1항 제4호를 위반하여 항만시설 내 촬영이 제한되는 구역에서 항만시설보안책임자의 허가 없이 촬영을 한 자

22. 제36조 제1항 및 제2항을 위반하여 부적격한 자를 내부보안심사자로 지정하거나 내부보안심사를 실시하지 아니한 자

23. 제39조 제1항을 위반하여 보안교육 및 훈련에 관한 계획을 수립하지 아니하거나 시행하지 아니한 자

24. 제39조 제2항 및 제3항을 위반하여 보안훈련을 실시하지 아니한 자

25. 제39조 제4항을 위반하여 국제적인 합동보안훈련에 참여한 사실을 보고하지 아니한 자

26. 제41조 제2항에 따른 관계 서류의 제출이나 보고를 하지 아니한 자

③ 제1항 또는 제2항에 따른 과태료는 대통령령으로 정하는 바에 따라 해양수산부장관이 부과·징수한다.
〈개정 2008.2.29., 2013.3.23., 2020.12.8.〉

④ 삭제 〈2009.4.1.〉

⑤ 삭제 〈2009.4.1.〉

부칙 〈법률 제17021호, 2020.2.18.〉

이 법은 공포 후 6개월이 경과한 날부터 시행한다. 다만, 제38조 제2항 제3호부터 제5호까지, 제40조 제3항 제3호부터 제5호까지, 제41조, 제48조 제7호, 제49조 제5호·제6호 및 제52조 제1항 제26호의 개정규정은 공포 후 1년이 경과한 날부터 시행한다.

부칙 〈법률 제17615호, 2020.12.8.〉

제1조(시행일) 이 법은 공포 후 1년이 경과한 날부터 시행한다.

제2조(보안검색장비 성능 인증에 대한 경과조치) ① 항만시설소유자는 제30조의3 제1항의 개정규정에도 불구하고 이 법 시행일 이전부터 사용하고 있는 보안검색장비 중 제작국가 등의 보안검색장비 인증 공인 기관으로부터 성능을 인증받은 보안검색장비에 대하여는 해양수산부령으로 정하는 바에 따라 사용할 수 있다.

② 항만시설소유자는 제30조의3 제1항의 개정규정에도 불구하고 해양수산부장관으로부터 성능 인증을 받고 생산 중인 보안검색장비가 각기 다른 제작사의 장비로서 종류별로 2종 이상이 인증되기 이전까지는 제작국가 등의 보안검색장비 인증 공인기관으로부터 성능을 인증받은 장비를 사용할 수 있다.

국제항해선박 및 항만시설의 보안에 관한 법률 시행령 (약칭 : 국제선박항만보안법 시행령)

[시행 2021.12.9.] [대통령령 제32151호, 2021.11.23., 일부개정]

제1조(목적) 이 영은 「국제항해선박 및 항만시설의 보안에 관한 법률」에서 위임된 사항과 그 시행에 필요한 사항을 규정함을 목적으로 한다.

제2조(국가항만보안계획의 수립 등) ① 「국제항해선박 및 항만시설의 보안에 관한 법률」(이하 "법"이라 한다) 제5조 제8항 단서에서 "대통령령으로 정하는 경미한 사항"이란 다음 각호의 어느 하나에 해당하는 사항을 말한다. 〈개정 2008.2.29.〉

1. 법 제5조 제3항 제6호에 따른 항만시설보안책임자 등에 대한 교육·훈련계획에 관한 사항 또는 제3조 제1항 제6호에 따른 관할 구역 항만의 항만시설보안책임자 등에 대한 교육·훈련계획에 관한 사항

2. 법령의 제정·개정으로 인한 해양항만관서의 조직 또는 관할 구역 변경에 따른 법 제5조 제1항의 국가항만보안계획(이하 "국가항만보안계획"이라 한다) 및 법 제5조 제5항의 지역항만보안계획(이하 "지역항만보안계획"이라 한다)의 변경에 관한 사항

② 법 제5조 제8항 단서에 따라 제1항 각호의 경미한 사항을 변경할 때에는 다음 각호의 구분에 따른 절차를 생략한다. 〈개정 2008.2.29., 2013.3.23.〉

1. 국가항만보안계획 : 법 제5조 제1항에 따른 관계 행정기관의 장과의 협의 및 법 제5조 제2항에 따른 보안위원회의 심의

2. 지역항만보안계획 : 법 제5조 제6항에 따른 해양수산부장관의 승인 및 관계 국가보안기관의 장과의 협의

제3조(지역항만보안계획의 세부내용 등) ① 법 제5조 제9항에 따른 지역항만보안계획의 세부내용으로 다음 각호의 사항이 포함되어야 한다.

1. 관할 구역 항만의 보안에 관한 기본방침

2. 관할 구역 항만의 보안에 관한 중·장기 추진방향

3. 관할 구역 항만의 항만시설보안에 관한 관련 행정기관의 역할

4. 관할 구역 항만의 보안에 관한 항만시설소유자의 역할

5. 관할 구역 항만에서의 보안시설·장비의 설치 및 경비·검색인력의 배치

6. 관할 구역 항만의 항만시설보안책임자 등에 대한 교육·훈련계획

7. 관할 구역 항만에서의 보안사건에 대한 대비·대응조치

8. 그 밖에 관할 구역 항만의 보안을 확보하기 위하여 필요한 사항

② 지방해양수산청장은 법 제5조 제9항에 따라 지역항만보안계획을 수립하려는 경우에 필요하면 항만시설소유자의 의견을 들어 반영할 수 있다. 〈개정 2008.2.29., 2017.5.29.〉

③ 지방해양수산청장은 수립된 지역항만보안계획을 관할 구역 국가보안기관의 장에게 통보하여야 한다. 〈개정 2008.2.29., 2017.5.29.〉

제4조(보안등급의 설정·조정 등) ① 해양수산부장관은 법 제6조 제1항 및 제2항에 따라 보안등급을 설정하거나 조정하는 경우에 다음 각호의 사항을 고려하여야 한다. 〈개정 2008.2.29., 2013.3.23.〉

1. 보안사건을 일으킬 수 있는 위험에 관한 정보의 구체성, 긴급성 및 신뢰성
2. 보안사건이 일어날 때 예상되는 피해 정도

② 제1항에 따른 보안등급은 다음 각호로 구분한다.

1. 보안 1등급 : 국제항해선박과 항만시설이 정상적으로 운영되는 상황으로 일상적인 최소한의 보안조치가 유지되어야 하는 평상수준
2. 보안 2등급 : 국제항해선박과 항만시설에 보안사건이 일어날 가능성이 증대되어 일정기간 강화된 보안조치가 유지되어야 하는 경계수준
3. 보안 3등급 : 국제항해선박과 항만시설에 보안사건이 일어날 가능성이 뚜렷하거나 임박한 상황이어서 일정기간 최상의 보안조치가 유지되어야 하는 비상수준

③ 해양수산부장관은 국제항해선박에 대하여는 선박의 종류·항로 또는 해역별로 그 운항 특성을 고려하여 보안등급을 설정하거나 조정할 수 있으며, 항만시설에 대하여는 항만별 또는 항만시설 단위별로 그 기능별 특성을 고려하여 보안등급을 설정하거나 조정할 수 있다. 〈개정 2008.2.29., 2013.3.23.〉

제5조(국가보안기관 협의 대상 선박) 법 제10조 제4항에서 "대통령령으로 정하는 선박"이란 다음 각호의 어느 하나에 해당하는 선박을 말한다. 〈개정 2008.2.29., 2013.3.23., 2020.1.14.〉

1. 「보안업무규정」 제32조에 따라 국가보호장비로 지정된 선박
2. 법 제3조 제1항에 따른 국제항해선박 중 여객선
3. 폭발물 또는 무기류 등 국가안보상 필요한 물품을 운송하는 선박으로서 국가보안기관의 장이 협의를 요청한 선박
4. 그 밖에 해양수산부장관이 법 제10조에 따른 선박보안계획서(이하 "선박보안계획서"라 한다)를 승인할 때 국가보안기관의 장과 협의가 필요하다고 인정한 선박

제6조(국제선박보안증서 등의 유효기간) ① 법 제13조 제1항에 따른 국제선박보안증서의 유효기간은 발급받은 날부터 5년으로 하고, 임시국제선박보안증서의 유효기간은 발급받은 날부터 6개월로 한다. 다만, 임시국제선박보안증서의 유효기간은 그 만료 전에 국제선박보안증서가 발급되면 그 때에 만료된 것으로 본다.

② 제1항 본문에도 불구하고 국제선박보안증서의 유효기간은 다음 각호의 구분에 따른다.

1. 중간보안심사를 법 제11조 제1항 제3호에 따른 중간보안심사 기간에 받지 아니한 경우 : 해당 국제선박보안증서를 발급받은 날부터 3년까지
2. 중간보안심사를 법 제11조 제1항 제3호에 따른 중간보안심사 기간에 받았으나 불합격하여 그 기간을 지난 경우 : 법 제13조 제3항에 따라 효력이 정지된 후 중간보안심사에 합격한 날부터 해당 국제선박보안증서의 유효기간이 끝나는 날까지
3. 중간보안심사를 법 제11조 제1항 제3호에 따른 중간보안심사 기간 전에 받은 경우 : 그 중간보안심사를 마친 날부터 3년이 되는 날까지
4. 유효기간 중 선박의 등록이 말소된 경우, 선박의 매매 등으로 선박의 국적이 변경된 경우 또는 선박의 운항·관리 책임이 다른 회사로 인계·인수된 경우 : 해당 국제선박보안증서를 발급받은 날부터 선박의 등록이 말소된 날, 선박의 매매 등으로 선박의 국적이 변경된 날 또는 선박의 운항·관리 책임이 다른 회사로 인계·인수된 날의 전날까지

5. 갱신보안심사를 법 제11조 제1항 제2호에 따른 갱신보안심사 기간 전에 마친 경우 : 그 갱신보안심사 직전에 발급받은 국제선박보안증서의 유효기간은 그 국제선박보안증서를 발급받은 날부터 갱신보안 심사에 따라 새로 국제선박보안증서를 받은 날의 전날까지

6. 갱신보안심사를 법 제11조 제1항 제2호에 따른 갱신보안심사 기간 후에 마친 경우 : 그 갱신보안심사 에 따라 새로 발급받은 국제선박보안증서의 유효기간은 그 국제선박보안증서를 발급받은 날부터 그 갱신보안심사 직전에 발급받은 국제선박보안증서의 유효기간 만료일 이후 5년이 되는 날까지

③ 법 제13조 제2항에 따라 국제선박보안증서의 유효기간을 연장할 수 있는 경우 및 연장기간은 다음 각호의 구분에 따른다.

1. 검사를 받기로 계획된 항만을 관할하는 국가의 내란 등 예측하지 못한 사유로 선박보안심사를 받기로 예정된 항만에 기항할 수 없는 경우 : 3개월 이내

2. 국제선박보안증서 유효기간 만료일 이전에 외국에서 갱신보안심사를 마쳤으나 국제항해선박의 운항 일정 등으로 보안심사를 마친 항만에서 새로운 국제선박보안증서를 발급받지 못한 경우 : 5개월 이내

④ 제3항에 따른 국제선박보안증서의 유효기간 연장절차는 해양수산부령으로 정한다. 〈개정 2008.2.29., 2013.3.23.〉

제7조(국제항해선박소유자에 대한 시정·보완 조치 또는 항해정지명령) ① 해양수산부장관은 법 제20조 제3 항에 따라 보안관리체제에 대하여 점검한 국제항해선박이 다음 각호의 어느 하나에 해당하면 해당 국제 항해선박소유자에게 시정·보완 조치를 명할 수 있다. 〈개정 2008.2.29., 2013.3.23., 2017.5.29.〉

1. 보안사건 발생의 예방에 필요한 보안장비가 설치되지 아니하였거나 정비가 필요한 경우

2. 보안사건 발생의 예방을 위하여 선내 보안임무 근무자에 대한 교육·훈련이 필요한 경우

3. 법 제9조에 따른 선박보안평가의 결과가 충분히 반영되지 못하여 선박보안계획서의 시정·보완이 필요한 경우

② 해양수산부장관은 법 제20조 제3항에 따라 보안관리체제에 대하여 점검한 국제항해선박이 다음 각호의 어느 하나에 해당하면 해당 국제항해선박소유자에 대하여 항해정지를 명할 수 있다. 〈개정 2008.2.29., 2013.3.23., 2017.5.29.〉

1. 보안업무를 담당하는 자나 선박의 선원이 선박 보안관리체제와 보안 상황에 대한 이해가 현저하게 부족하여 해당 국제항해선박의 보안관리 업무를 정상적으로 수행하는 것이 어렵다고 인정되는 경우

2. 국제항해선박에 갖추어 두도록 되어 있는 국제선박보안증서, 선박이력기록부 등 관련 서류를 갖추어 두지 아니하였거나 국제선박보안증서의 유효기간이 지난 경우

3. 국제항해선박의 보안 관련 장비가 갖추어지지 아니하였거나 보안관리체제가 국제협약 또는 법령에서 정한 기준에 맞지 아니하여 외국의 항만국통제 시 출항정지, 입항거부 또는 추방 등의 처분을 받을 수 있다고 예상되는 경우

③ 해양수산부장관은 제1항과 제2항에 따라 해당 국제항해선박소유자에게 시정·보완 조치 또는 항해정지 를 명하려면 그 내용을 문서(전자문서를 포함한다)로 알려야 한다. 〈개정 2008.2.29., 2013.3.23., 2017.5.29.〉

제8조(항만시설보안평가 협의) 해양수산부장관은 법 제24조 제1항 후단에 따라 협의한 결과 국가정보원장이 요청하면「보안업무규정」제35조에 따른 보안측정의 실시와 연계하여 항만시설보안평가를 할 수 있다. 〈개정 2008.2.29., 2013.3.23., 2020.1.14.〉

제9조(특별항만시설보안심사 등) 해양수산부장관은 법 제26조 제3항 후단에 따라 협의한 결과 국가정보원장이 요청하면「보안업무규정」제38조에 따른 보안사고 조사와 연계하여 특별항만시설보안심사를 할 수 있다. 〈개정 2008.2.29., 2013.3.23., 2015.6.9., 2020.8.19.〉

제10조(항만시설적합확인서 등의 유효기간) ① 법 제28조 제1항에 따른 항만시설적합확인서의 유효기간은 발급일부터 5년으로 하고, 같은 항에 따른 임시항만시설적합확인서의 유효기간은 발급일부터 6개월로 한다. 〈개정 2020.8.19.〉

② 제1항에도 불구하고 다음 각호의 어느 하나에 해당하는 경우의 유효기간은 다음 각호의 구분에 따른다. 〈신설 2020.8.19.〉

  1. 제1항에 따른 유효기간 중에 항만시설소유자가 변경된 경우 : 항만시설소유자의 변경일에 해당 항만시설적합확인서 또는 임시항만시설적합확인서의 유효기간이 만료된 것으로 본다.

  2. 임시항만시설적합확인서의 유효기간 중에 항만시설적합확인서가 발급된 경우 : 항만시설적합확인서가 발급된 때에 임시항만시설적합확인서의 유효기간이 만료된 것으로 본다.

  3. 법 제26조 제1항 제3호에 따른 중간보안심사를 받지 않고 그 심사 기간이 경과한 경우 : 적합한 항만시설보안심사에 합격될 때까지 해당 항만시설적합확인서의 유효기간은 그 효력이 정지된 것으로 본다.

③ 항만시설소유자는 법 제28조 제2항에 따라 천재지변 또는 보안사건이 발생하는 등 중요한 보안 상황의 변경으로 법 제26조 제1항 제2호에 따른 갱신보안심사 기간 중에 갱신보안심사를 받을 수 없는 사유가 발생하면 해양수산부장관에게 항만시설적합확인서 유효기간의 연장을 신청할 수 있다. 〈개정 2008.2.29., 2013.3.23., 2020.8.19.〉

④ 해양수산부장관은 제3항에 따라 항만시설소유자로부터 항만시설적합확인서의 유효기간 연장신청을 받으면 그 사유의 타당성을 검토하여 3개월의 범위에서 항만시설적합확인서의 유효기간을 연장할 수 있다. 〈개정 2008.2.29., 2013.3.23., 2020.8.19.〉

⑤ 제3항에 따른 항만시설적합확인서 연장신청 절차는 해양수산부령으로 정한다. 〈개정 2008.2.29., 2013.3.23., 2020.8.19.〉

[제목개정 2020.8.19.]

제10조의2(인증업무의 위탁) 해양수산부장관은 법 제30조의5에 따라 법 제30조의3에 따른 보안검색장비의 성능 인증 및 점검 업무를「선박안전법」제60조 제2항 전단에 따른 선급법인에 위탁한다.

[본조신설 2021.11.23.]

제11조(항만시설의 출입절차 등) ① 법 제33조 제1항 제3호의 지역을 출입하려는 사람은 항만시설소유자가 발급하는 출입증을 발급받아야 한다. 〈개정 2020.8.19.〉

② 제1항의 지역에 출입하려는 자는 다음 각호의 사항을 준수하여야 한다.

  1. 출입증을 다른 사람에게 대여하거나 발급받은 용도 외의 용도로 사용하지 아니할 것

  2. 출입증은 해당 지역 출입 시 경비·검색 업무를 담당하는 직원이나 다른 사람이 볼 수 있도록 가슴에 달 것

  3. 출입증을 분실한 경우에는 지체 없이 출입증을 발급한 자에게 신고하고 분실 경위를 밝힐 것

관계법령

4. 출입증 발급 시 허용한 지역에만 출입할 것
5. 출입증은 전출·퇴직 또는 발급받은 목적의 달성 등으로 필요가 없게 되었을 때에는 지체 없이 발급한 자에게 반납할 것
6. 보안 업무를 담당하는 직원의 검문·검색 등 통제에 따를 것

③ 해양수산부장관은 제1항에 따른 지역의 보안 유지를 위하여 출입자의 협조가 필요한 사항과 출입자의 통제에 필요한 사항을 정할 수 있다. 〈개정 2008.2.29., 2013.3.23.〉

제11조의2(무기를 반입·소지할 수 있는 업무) 법 제33조 제2항에서 "항만시설의 경비·검색업무, 경호업무 등 대통령령으로 정하는 업무"란 다음 각호의 업무를 말한다.

1. 「경찰관직무집행법」 제2조 제3호에 따른 주요 인사(人士) 경호
2. 「국제항해선박 등에 대한 해적행위 피해예방에 관한 법률」 제15조 제1항에 따른 해상특수경비원의 경비
3. 항만시설 내 불법행위 방지를 위한 「청원경찰법」 제2조에 따른 청원경찰 및 「경비업법」 제2조 제3호 나목에 따른 특수경비원의 경비·검색
4. 「대통령 등의 경호에 관한 법률」 제2조 제1호에 따른 경호
5. 외국정부의 중요 인물을 경호하는 해당국 정부의 경호

[본조신설 2020.8.19.]

제11조의3(항만시설 등에 반입·소지할 수 있는 무기) 법 제33조 제2항에서 "대통령령으로 정하는 무기"란 다음 각호의 무기를 말한다.

1. 「총포·도검·화약류 등의 안전관리에 관한 법률 시행령」 제3조 제1항 제1호 가목에 따른 권총
2. 「총포·도검·화약류 등의 안전관리에 관한 법률 시행령」 제6조의2에 따른 분사기
3. 「총포·도검·화약류 등의 안전관리에 관한 법률 시행령」 제6조의3에 따른 전자충격기
4. 국제협약 또는 외국정부와의 합의서에 따라 휴대가 허용되는 무기

[본조신설 2020.8.19.]

제12조(보안위원회의 구성·운영 등) ① 법 제34조 제6항에 따라 국제항해선박및항만시설보안위원회(이하 "보안위원회"라 한다)의 부위원장은 해양수산부의 해운물류국장·해사안전국장으로 하고, 위원은 법무부, 국방부, 보건복지부, 국가정보원, 국무조정실, 관세청, 경찰청 및 해양경찰청 소속의 고위공무원단에 속하는 공무원과 이에 상당하는 공무원 중 해당 기관의 장이 추천한 사람 1명으로 한다. 〈개정 2008.2.29., 2009.6.25., 2010.3.15., 2013.3.23., 2014.11.19., 2017.7.26., 2020.8.19.〉

② 해양수산부장관은 보안위원회에 선박이나 항만시설 보안에 관한 전문가를 참석하게 하여 의견을 들을 수 있다. 〈개정 2008.2.29., 2013.3.23.〉

③ 그 밖에 보안위원회의 운영에 필요한 사항은 보안위원회의 위원장이 위원회의 심의를 거쳐 정할 수 있다.

제13조(협정의 체결 등) 해양수산부장관은 법 제38조 제1항에 따라 항만시설보안심사 및 국제항해선박의 보안에 관한 보안심사관의 업무를 대행하는 자(이하 "대행기관"이라 한다)와 협정을 체결하는 경우 협정에 포함되어야 할 내용은 다음 각호와 같다. 〈개정 2008.2.29., 2013.3.23.〉

1. 대행업무의 범위
2. 대행기간
3. 그 밖에 보안업무 등의 대행에 필요한 조건

제14조(보안교육기관의 지정요건) 법 제40조 제2항에 따른 보안교육기관의 지정요건은 [별표 1]과 같다.

제14조의2(항만시설보안료의 징수방법 등) ① 법 제42조 제1항에 따른 항만시설보안료(이하 "항만시설보안료"라 한다)의 징수요율은 법 제31조 제1항 및 제31조의2에 따라 항만시설에 대한 보안을 확보·유지하고 국제항해여객선 승객 등의 보안검색을 하는 데 필요한 경비·검색인력 및 보안시설·장비의 확보 등에 직접 지출한 비용에 보안시설·장비의 내용연수 등을 고려하여 정한다. 〈개정 2017.5.29., 2018.10.2.〉

② 항만시설보안료는 해당 항만시설을 이용하는 국제항해선박소유자, 여객 및 화주에 대하여 다음 각호의 구분에 따라 징수할 수 있다. 〈개정 2015.6.9.〉

1. 국제항해선박소유자 : 선박의 총톤수(톤당)
2. 여객 : 1명 기준
3. 화주 : 화물의 수량(톤, TEU, BARREL당)

③ 항만시설소유자는 항만시설보안료를 해당 항만시설을 이용하는 국제항해선박소유자, 여객 및 화주를 대상으로 개별적으로 징수하거나 항만시설소유자와 국제항해선박소유자 간 협의를 통하여 국제항해선박소유자로부터 일괄 징수할 수 있다.

④ 제3항에 따라 항만시설보안료를 징수하려는 경우 선박에 대한 항만시설보안료는 선박료에, 여객에 대한 항만시설보안료는 운임 또는 여객터미널 이용료에, 화물에 대한 항만시설보안료는 하역요금 또는 화물료에 포함하여 통합 고지할 수 있다. 〈개정 2015.6.9., 2017.5.29.〉

⑤ 해양수산부장관은 항만시설이용자에 미치는 부담 및 항만시설 간의 형평성 등을 고려한 항만시설보안료의 징수요율에 관한 기준, 항만시설보안료 산정 시 고려사항 및 그 밖에 필요한 사항을 정하여 고시한다. 〈개정 2013.3.23., 2017.5.29.〉

[본조신설 2010.8.11.]

제15조(권한의 위임) 해양수산부장관은 법 제44조에 따라 다음 각호의 권한을 지방해양수산청장에게 위임한다. 〈개정 2008.2.29., 2010.8.11., 2013.3.23., 2014.11.19., 2017.5.29., 2017.7.26., 2020.8.19.〉

1. 법 제6조 제6항에 따른 보안조치의 지시
2. 법 제7조 제2항에 따른 총괄보안책임자의 지정 및 변경 통보의 접수
3. 법 제7조 제4항에 따른 총괄보안책임자 변경 명령
4. 법 제10조 제3항 및 제4항에 따른 선박보안계획서의 승인 및 관계 국가보안기관과의 협의
5. 법 제11조 제1항 및 제2항에 따른 선박보안심사
6. 법 제12조 제1항부터 제3항까지의 규정에 따른 국제선박보안증서의 교부, 심사결과의 표기 및 임시국제선박보안증서의 교부
7. 법 제13조 제2항에 따른 국제선박보안증서 등의 유효기간의 연장
8. 법 제16조 제1항 및 제2항에 따른 선박이력기록부의 교부와 변경 교부
9. 법 제16조 제3항에 따른 국제항해선박소유자가 하는 국제항해선박 국적변경 통보의 수리 및 해당 국가의 해운관청에 대한 통보
10. 법 제19조 제1항부터 제3항까지에 따른 항만국통제와 이에 따른 출항정지·이동제한·시정요구·추방 또는 이에 준하는 조치명령
11. 법 제19조 제4항 및 제5항에 따른 선박보안정보 통보의 접수 및 해양경찰청장에 대한 통보
12. 법 제19조 제6항에 따른 이동제한·시정요구·선박점검 또는 입항거부 등의 조치 명령

13. 법 제19조 제7항 및 제8항에 따른 통지 및 통보
14. 법 제19조 제9항 및 제10항에 따른 이의신청의 접수, 조사·통보 및 통보시한의 연장
15. 법 제20조 제3항에 따른 시정·보완조치 또는 항해정지명령
16. 법 제21조 제1항 및 제2항에 따른 재심사 신청의 접수, 재심사 및 재심사 결과의 통보
17. 법 제23조 제2항에 따른 항만시설보안책임자 지정의 통보 및 변경통보의 접수
18. 법 제23조 제4항에 따른 항만시설보안책임자의 변경 명령
19. 법 제24조 제1항부터 제3항까지의 규정에 따른 항만시설보안평가, 관계 국가보안기관의 장과의 협의, 항만시설보안평가 결과의 통보 및 재평가
20. 법 제25조 제3항 및 제4항에 따른 항만시설보안계획서의 승인, 변경 승인 및 관계 국가보안기관의 장과의 협의
21. 법 제26조에 따른 항만시설보안심사, 임시항만시설보안심사, 특별항만시설보안심사 및 관계 국가보안기관의 장과의 협의
22. 법 제27조에 따른 항만시설적합확인서·임시항만시설적합확인서의 교부 및 심사 결과의 표기
23. 법 제28조 제2항에 따른 항만시설적합확인서 유효기간의 연장
23의2. 법 제31조 제3항부터 제5항까지의 규정에 따른 항만시설의 경비·검색업무의 수탁업체 지정, 지정취소 및 청문
24. 법 제32조에 따른 항만시설보안정보 보고의 접수 및 항만시설 보안에 관한 정보 제공의 요청
24의2. 법 제33조 제2항에 따른 무기의 반입·소지 허가
25. 법 제35조 제2항에 따른 보안합의서 작성·교환의 권고
26. 법 제37조에 따른 보안심사관의 임명
27. 법 제41조 제2항에 따른 보고의 명령이나 자료 제출의 요구
28. 법 제41조 제3항 및 제4항에 따른 선박 등에 대한 출입, 점검 및 점검계획의 통보
29. 법 제41조 제6항에 따른 개선명령 또는 시정 등의 조치명령
30. 법 제41조 제7항에 따른 합동 점검
30의2. 법 제42조 제3항에 따른 항만시설보안료의 징수요율에 대한 승인 및 변경승인
31. 법 제52조에 따른 과태료의 부과·징수

제16조(과태료의 부과기준) 법 제52조 제1항 및 제2항에 따른 과태료의 부과기준은 [별표 2]와 같다. 〈개정 2021.11.23.〉

[전문개정 2011.4.4.]

부칙 〈대통령령 제30958호, 2020.8.19.〉

이 영은 2020년 8월 19일부터 시행한다. 다만, 제15조 제27호부터 제30호까지 및 [별표 2] 제2호 퍼목의 개정규정은 2021년 2월 19일부터 시행한다.

부칙 〈대통령령 제32151호, 2021.11.23.〉

이 영은 2021년 12월 9일부터 시행한다.

|부 록|

국제항해선박 및 항만시설의 보안에 관한 법률 시행규칙 (약칭 : 국제선박항만보안법 시행규칙)

[시행 2023.3.10.] [해양수산부령 제592호, 2023.3.10., 타법개정]

제1장 총칙

제1조(목적) 이 규칙은 「국제항해선박 및 항만시설의 보안에 관한 법률」 및 같은 법 시행령에서 위임된 사항과 그 시행에 필요한 사항을 규정함을 목적으로 한다.

제2조(항만시설) 「국제항해선박 및 항만시설의 보안에 관한 법률」(이하 "법"이라 한다) 제2조 제2호에서 "해양수산부령으로 정하는 시설"이란 「항만법」 제2조 제5호에 따른 항만시설 외의 시설로서 국제항해선박이 이용하는 다음 각호의 시설 중 지방해양수산청장이 지정하는 시설을 말한다. 〈개정 2008.3.14., 2009.12.14., 2013.3.24., 2017.6.2.〉

1. 선박을 수리하거나 건조하는 조선소의 선박계류시설
2. 석유 비축기지, 액화천연가스 생산기지 또는 화력발전소의 선박계류시설
3. 「선박법」 제6조 단서에 따라 해양수산부장관의 허가를 받아 외국 국적선박이 기항하는 불개항장의 선박계류시설

제3조(보안등급 설정·조정의 통보 등) ① 법 제6조 제3항에 따른 보안등급 설정·조정의 통보는 해양수산부장관이 지방해양수산청장을 거쳐서 국제항해선박소유자 또는 항만시설소유자에게 서면(전자문서를 포함한다)으로 하되, 서면 통보에 추가하여 전화·전자우편·팩스 등을 이용하여 통보하거나 인터넷 홈페이지 등에 게시할 수 있다. 〈개정 2008.3.14., 2013.3.24., 2017.6.2.〉

② 제1항에 따라 보안등급 설정·조정의 통보를 받은 국제항해선박소유자 또는 항만시설소유자는 법 제7조에 따른 총괄보안책임자(이하 "총괄보안책임자"라 한다), 법 제8조에 따른 선박보안책임자(이하 "선박보안책임자"라 한다) 또는 법 제23조에 따른 항만시설보안책임자(이하 "항만시설보안책임자"라 한다)로 하여금 설정·조정된 보안등급을 국제항해선박이나 항만시설에 대한 보안업무의 수행에 반영하도록 하여야 한다.

③ 법 제6조 제5항에 따라 보안등급별로 국제항해선박 또는 항만시설에서 국제항해선박소유자와 항만시설소유자가 지켜야 하는 보안등급별 세부 보안조치 사항은 [별표 1]과 같다.

제2장 국제항해선박의 보안확보를 위한 조치

제4조(총괄보안책임자의 자격요건 등) ① 법 제7조 제1항에 따른 "해양수산부령으로 정하는 전문지식 등 자격요건"은 [별표 2]와 같다. 〈개정 2008.3.14., 2013.3.24.〉

② 법 제7조 제2항에 따른 총괄보안책임자의 지정 또는 변경지정의 통보는 [별표 2]에 따른 총괄보안책임자의 자격요건을 증명하는 서류를 첨부하여 별지 제1호 서식의 총괄보안책임자 지정·변경지정 통보서로 한다.

③ 법 제7조 제3항 제4호에서 "그 밖에 해양수산부령으로 정하는 사무"란 다음 각호의 사무를 말한다. 〈개정 2008.3.14., 2013.3.24.〉

1. 선박에서 발생할 수 있는 보안사건 등 보안상 위협의 종류별 대응방안 등에 대한 정보의 제공
2. 법 제10조 제1항에 따른 선박보안계획서(이하 "선박보안계획서"라 한다)의 시행 및 보완
3. 법 제36조에 따른 내부보안심사(이하 "내부보안심사"라 한다) 시 발견된 보안상 결함의 시정
4. 국제항해선박 소속 회사의 선박보안에 관한 관심 제고 및 선박보안 강화를 위한 조치
5. 보안등급이 설정·조정된 경우의 해당 보안등급과 관련한 정보의 선박보안책임자에 대한 전파
6. 국제항해선박의 선장에 대한 선원 고용, 운항일정 및 용선계약에 관한 정보의 제공
7. 선박보안계획서에 다음 각목에 관한 선장의 권한과 책임의 규정에 관한 사항
   가. 국제항해선박의 안전과 보안에 관한 의사결정 및 대응조치
   나. 국제항해선박의 보안을 유지하기 위하여 필요한 인적·물적 자원의 확보
8. 외국 항만의 보안등급 조정, 보안사건 및 국제항해선박·선원에 대한 보안상 위협 등과 관련한 주요 정보의 해양수산부장관에 대한 보고
9. 그 밖에 국제항해선박과 소속 회사의 보안에 관한 업무

제5조(선박보안책임자의 자격요건 등) ① 법 제8조 제1항에 따른 "해양수산부령으로 정하는 전문지식 등 자격 요건"은 [별표 2]와 같다. 〈개정 2008.3.14., 2013.3.24.〉

② 법 제8조 제2항 제4호에서 "그 밖에 해양수산부령으로 정하는 사무"란 다음 각호의 사무를 말한다. 〈개정 2008.3.14., 2013.3.24.〉

1. 화물이나 선용품의 하역에 관한 항만시설보안책임자와의 협의·조정
2. 선원에 대한 보안교육 등 국제항해선박 내 보안활동의 시행
3. 총괄보안책임자 및 관련 항만시설보안책임자와의 선박보안계획서의 시행에 관한 협의·조정
4. 선박보안계획서의 이행·보완·관리·보안 유지 및 법 제15조 제1항에 따른 선박보안기록부(이하 "선박보안기록부"라 한다)의 작성·관리
5. 보안장비의 운용·관리
6. 선박보안계획서, 국제선박보안증서, 선박이력기록부 등 서류의 비치·관리
7. 입항하려는 외국 항만의 항만당국에 대한 국제항해선박 보안등급 정보의 제공, 국제항해선박과 해당 항만의 보안등급이 다른 경우 이를 일치시키기 위한 보안등급의 조정 및 입항하려는 해당 항만의 보안등급에 관한 정보의 해양수산부장관 또는 총괄보안책임자에 대한 보고
8. 그 밖에 해당 국제항해선박의 보안에 관한 업무

제6조(선박보안평가 등) ① 국제항해선박소유자는 법 제9조 제1항에 따른 선박보안평가(이하 "선박보안평가"라 한다)를 마치면 법 제9조 제2항에 따라 별지 제2호 서식의 선박보안평가 결과서를 작성하여야 한다.

② 제1항의 선박보안평가에는 다음 각호의 항목에 대한 평가가 포함되어야 한다.

1. 출입제한구역의 설정 및 제한구역에 대한 일반인의 출입 통제
2. 국제항해선박에 승선하려는 자에 대한 신원확인 절차 마련 여부
3. 선박의 갑판구역과 선박 주변 육상구역에 대한 감시 대책

4. 국제항해선박에 근무하는 자와 승선하는 자가 휴대하거나 위탁하는 수하물에 대한 통제 방법

5. 화물의 하역절차 및 선용품(船用品)의 인수절차

6. 국제항해선박의 통신·보안장비와 정보의 관리

7. 선박보안계획서에 따른 조치 등 보안활동

8. 국제항해선박에서의 보안상 위협의 확인과 이에 대응하기 위한 절차 및 조치

9. 국제항해선박의 보안시설·장비·인력 및 보안의 취약요인 확인과 대응절차의 수립·시행

③ 법 제9조 제3항에 따라 선박보안평가는 국제항해선박과 관련된 문서를 확인하는 문서보안평가와 국제항해선박에서의 보안활동을 확인하는 현장보안평가로 할 수 있다.

제7조(선박보안계획서의 세부내용) 법 제10조 제2항에 따라 선박보안계획서에는 [별표 1]에 따른 국제항해선박소유자 및 항만시설소유자의 보안등급별 세부 보안조치사항의 이행에 필요한 사항과 다음 각호에 관한 사항 또는 계획이 포함되어야 한다. 〈개정 2021.6.30.〉

1. 다음 각목에 해당하는 구역에 대한 제한구역의 설정, 허가받지 않은 사람의 통제 및 무단출입 금지의 표시 등 제한구역의 관리

   가. 선박의 기관실 중 주기관, 발전기 및 보일러 등 주요 기관설비가 있는 구역과 그 기관설비에 대한 제어시스템이 설치되어 있는 구역

   나. 보안장비와 운항·조명을 제어하기 위한 시스템이 설치되어 있는 구역

   다. 통풍이나 공기조화장치가 설치된 구역

   라. 식수탱크, 펌프 또는 매니폴드(여러 개의 가지관)의 출입구가 있는 구역

   마. 위험물과 유해물질을 보관·관리하는 구역

   바. 화물펌프와 화물펌프 제어장치가 있는 구역(액체 화물을 운반하는 국제항해선박만 해당한다)

   사. 화물과 선용품이 보관된 구역

   아. 승무원이 거주하는 구역

   자. 그 밖에 국제항해선박의 보안을 위하여 총괄보안책임자가 지정한 구역

2. 선박항만연계활동 또는 선박상호활동을 해칠 수 있는 보안상의 위협이나 침해에 대한 대응절차와 대피절차

3. 보안 3등급에서 정부의 지시를 이행하기 위한 절차

4. 내부보안심사 절차

5. 선박보안계획서의 시행을 위한 교육·훈련

6. 선박보안책임자와 총괄보안책임자의 성명과 연락처

7. 법 제17조 제1항에 따른 선박보안경보장치(이하 "선박보안경보장치"라 한다) 작동설비의 위치 및 관리

8. 보안장비의 유지·관리

9. 법 제35조 제1항에 따른 보안합의서(이하 "보안합의서"라 한다)의 작성·시행

10. 그 밖에 국제항해선박의 보안에 관한 법령과 국제협약의 이행

제8조(선박보안계획서 중 중요사항의 변경 등) 법 제10조 제3항에서 "해양수산부령으로 정하는 중요한 사항"이란 제7조 제1호부터 제3호까지, 제7호 및 제9호에 해당하는 사항을 말한다. 〈개정 2008.3.14., 2013.3.24.〉

제9조(선박보안계획서의 승인·변경승인 절차) ① 법 제10조 제3항에 따라 선박보안계획서의 승인 또는 변경 승인을 받으려는 자는 별지 제3호 서식의 선박보안계획서 승인·변경승인 신청서에 다음 각호의 구분에 따른 서류를 첨부하여 지방해양수산청장에게 제출하여야 한다. 〈개정 2008.3.14., 2017.6.2.〉

1. 선박보안계획서 승인 신청의 경우

  가. 선박보안평가 결과서 1부

  나. 선박보안계획서 2부

2. 선박보안계획서 변경승인 신청의 경우

  가. 변경하려는 선박보안계획서 2부

  나. 변경 사실을 증명하는 서류 1부

② 제1항의 선박보안계획서는 그 선박에서 사용하는 언어로 작성하여야 한다. 다만, 그 사용 언어가 영어·불어 또는 스페인어가 아닌 경우에는 영어·불어 또는 스페인어 중 하나의 언어로 병기하여야 한다.

③ 제1항의 선박보안계획서는 전자문서로 작성할 수 있다.

제10조(갱신보안심사 및 중간보안심사의 시기 등) ① 법 제11조 제1항 제2호 및 제3호에 따른 선박보안심사는 다음 각호의 구분에 따른 시기에 받아야 한다.

1. 갱신보안심사 : 국제선박보안증서의 유효기간 만료일 3개월 전부터 유효기간 만료일까지

2. 중간보안심사 : 국제선박보안증서의 유효기간이 시작된 후 2년이 지난 날부터 1년간

② 법 제11조 제2항에서 "해양수산부령으로 정하는 때"란 다음 각호의 어느 하나에 해당하는 때를 말한다. 〈개정 2008.3.14., 2013.3.24.〉

1. 새로 건조된 선박을 국제선박보안증서가 교부되기 전에 국제항해에 이용하려는 때

2. 국제선박보안증서의 유효기간이 지난 국제항해선박을 국제선박보안증서가 교부되기 전에 국제항해에 이용하려는 때

3. 외국 국제항해선박의 국적이 대한민국으로 변경된 때

4. 국제항해선박소유자가 변경된 때

③ 법 제11조 제3항에서 "해양수산부령으로 정하는 사유가 있는 때"란 다음 각호의 어느 하나에 해당하는 사유가 있는 때를 말한다. 〈개정 2008.3.14., 2013.3.24.〉

1. 국제항해선박이 보안사건으로 외국의 항만당국에 의하여 출항정지 또는 입항거부를 당하거나 외국의 항만으로부터 추방된 때

2. 외국의 항만당국이 보안관리체제의 중대한 결함을 지적하여 통보한 때

3. 그 밖에 국제항해선박 보안관리체제의 중대한 결함에 대한 신뢰할 만한 신고가 있는 등 해양수산부장관이 국제항해선박의 보안관리체제에 대하여 보안심사가 필요하다고 인정하는 때

제11조(선박보안심사 및 임시선박보안심사의 세부내용 및 절차 등) ① 법 제11조 제1항에 따른 선박보안심사 (이하 "선박보안심사"라 한다), 같은 조 제2항에 따른 임시선박보안심사(이하 "임시선박보안심사"라 한다) 및 같은 조 제3항에 따른 특별선박보안심사(이하 "특별선박보안심사"라 한다)의 세부내용은 [별표 3]과 같다.

② 선박보안심사 또는 임시선박보안심사를 받으려는 자는 법 제11조 제4항에 따라 다음 각호의 구분에 따른 서류를 첨부하여 별지 제4호 서식의 최초·갱신·중간·임시선박보안심사 신청서를 선적항 또는 선박의 소재지를 관할하는 지방해양수산청장에게 제출하여야 한다. 〈개정 2008.3.14., 2017.6.2.〉

1. 최초보안심사 : 임시국제선박보안증서 사본

2. 갱신보안심사 또는 중간보안심사 : 국제선박보안증서 사본

3. 임시선박보안심사 : 선박보안평가 결과서 사본과 선박보안계획서의 승인을 신청하였음을 증명하는 서류

③ 지방해양수산청장은 특별선박보안심사를 하려면 국제항해선박소유자에게 특별선박보안심사의 사유·방법·일시 등을 적은 문서(전자문서를 포함한다)로 미리 알려야 한다. 다만, 긴급히 필요하거나 미리 알리는 경우 증거인멸 등으로 특별선박보안심사의 목적을 달성할 수 없다고 인정되는 경우에는 미리 알리지 아니할 수 있다. 〈개정 2008.3.14., 2017.6.2.〉

④ 지방해양수산청장은 제2항에 따른 선박보안심사나 임시선박보안심사의 신청을 받더라도 선박수리 등의 사유로 원활한 선박보안심사나 임시선박보안심사를 할 수 없다고 판단되면 심사하지 아니할 수 있다. 〈개정 2008.3.14., 2017.6.2.〉

⑤ 지방해양수산청장은 제2항에 따른 선박보안심사 또는 임시선박보안심사나 제3항에 따른 특별선박보안심사를 하는 경우 선박보안책임자가 선박보안심사 과정에 참여하도록 요청할 수 있으며, 선박보안심사에 참여하는 자가 없거나 국제항해선박소유자가 선박보안심사에 필요한 협조를 하지 아니할 때에는 그 선박보안심사를 중지할 수 있다. 〈개정 2008.3.14., 2017.6.2.〉

제12조(국제선박보안증서의 교부 등) ① 법 제12조 제1항 및 제3항에 따라 교부하는 국제선박보안증서는 별지 제5호 서식에 따르고, 임시국제선박보안증서는 별지 제6호 서식에 따른다.

② 법 제12조 제2항에 따라 중간보안심사 및 특별선박보안심사에 합격한 선박에 대하여는 제1항에 따른 국제선박보안증서에 다음 각호의 사항을 표기하여야 한다.

1. 심사자 서명

2. 심사장소

3. 합격일자

4. 심사기관장의 직인

③ 국제항해선박소유자는 제1항에 따른 국제선박보안증서 또는 임시국제선박보안증서를 분실하거나 훼손된 경우 또는 증서 기재사항이 변경된 경우에는 별지 제7호 서식의 국제선박보안증서·임시국제선박보안증서 재교부 신청서에 다음 각호의 서류를 첨부하여 지방해양수산청장에게 재교부 신청을 하여야 한다. 〈개정 2008.3.14., 2017.6.2.〉

1. 분실하거나 훼손된 경우

  가. 국제선박보안증서 또는 임시국제선박보안증서의 분실 또는 훼손 사유서

  나. 국제선박보안증서가 훼손된 경우 그 훼손된 국제선박보안증서 또는 임시국제선박보안증서의 원본. 다만, 선박이 국외에서 운항 중이어서 원본을 제출할 수 없는 경우에는 사본을 제출하되, 신청일부터 3개월 이내에 원본을 제출하여야 한다.

2. 기재사항이 변경된 경우

  가. 기재사항을 변경하여야 하는 국제선박보안증서 또는 임시국제선박보안증서 원본. 다만, 선박이 국외에서 운항 중이어서 원본을 제출할 수 없는 경우에는 사본을 제출하되, 신청일부터 3개월 이내에 원본을 제출하여야 한다.

  나. 변경 내용을 증명하는 서류

제13조(국제선박보안증서의 유효기간 연장 신청) ① 법 제13조 제2항과 「국제항해선박 및 항만시설의 보안에 관한 법률 시행령」(이하 "영"이라 한다) 제6조 제3항에 따라 국제선박보안증서의 유효기간을 연장받으려는 자는 국제선박보안증서의 원본이나 사본을 첨부하여 별지 제8호 서식의 국제선박보안증서 유효기간 연장 신청서를 지방해양수산청장에게 제출하여야 한다. 〈개정 2008.3.14., 2017.6.2.〉

② 지방해양수산청장은 제1항에 따른 국제선박보안증서의 유효기간 연장 신청에 대하여 유효기간 연장의 필요성이 있다고 인정되면 법 제13조 제2항에 따른 기간의 범위에서 그 국제선박보안증서의 유효기간을 연장할 수 있다. 〈개정 2008.3.14., 2017.6.2.〉

③ 지방해양수산청장은 제2항에 따라 국제선박보안증서의 유효기간을 연장하는 경우에 그 국제선박보안증서에 연장의 뜻을 표기하여 내주어야 한다. 〈개정 2008.3.14., 2018.10.17.〉

제14조(국제선박보안증서 등 미소지 선박의 항해 허용) 법 제14조 단서에서 "해양수산부령으로 정하는 경우"란 다음 각호의 어느 하나에 해당하는 경우를 말한다. 〈개정 2008.3.14., 2013.3.24., 2013.6.24.〉

1. 법 제13조 제1항 및 영 제6조 제1항·제2항에 따른 국제선박보안증서 등의 유효기간이 끝난 경우로서 「선박안전법」 제8조부터 제12조까지에 따른 검사를 받거나 같은 법 제18조 제1항에 따른 형식승인을 받기 위하여 시운전을 하는 경우

2. 국제항해선박에 해당하지 아니하는 선박을 수리하기 위하여 왕복 1회만 항해하는 경우

3. 국제항해선박에 해당하지 아니하는 선박을 외국에서 수입하여 국내로 1회만 항해하는 경우

제15조(선박보안기록부의 기재사항 등) ① 국제항해선박소유자는 법 제15조 제2항에 따라 별지 제9호 서식의 선박보안기록부에 다음 각호의 내용을 기록하도록 하여야 한다.

1. 법 제39조에 따른 보안교육·훈련

2. 국제항해선박을 운항하는 과정에서 발생한 보안사건이나 보안침해

3. 국제항해선박의 보안등급

4. 국제항해선박의 보안과 직접 관련되는 통신기록

5. 내부보안심사 결과와 조치

6. 선박보안평가서와 선박보안계획서의 검토 및 보완

7. 선박보안경보장치 등 보안장비의 유지, 교정 및 시험

② 법 제15조 제2항에 따라 선박보안기록부는 그 선박에서 사용하는 언어로 작성하여야 한다. 다만, 사용언어가 영어·불어 또는 스페인어가 아닌 경우에는 영어·불어 또는 스페인어 중 하나의 언어로 병기하여야 한다.

③ 선박보안기록부는 전자문서로 작성할 수 있다.

④ 법 제15조 제1항에 따라 작성된 선박보안기록부는 무단으로 열람, 변경, 삭제 또는 파손되지 아니하도록 관리하여야 하며, 국제항해선박에는 최근 3년간의 선박보안에 관한 내용이 수록된 선박보안기록부를 갖추어 두어야 한다.

제16조(선박이력기록부의 교부 신청 등) ① 국제항해선박소유자는 법 제16조 제1항에 따른 선박이력기록부(이하 "선박이력기록부"라 한다)를 교부받으려면 별지 제10호 서식의 선박이력기록부 교부 신청서에 다음 각호의 서류를 첨부하여 지방해양수산청장에게 제출하여야 한다. 이 경우 지방해양수산청장은 「전자정부법」 제36조 제1항에 따른 행정정보의 공동이용을 통하여 「선박법」 제8조 제2항에 따른 선박국적증서를 확인하여야 하며, 신청인이 확인에 동의하지 아니하는 경우에는 그 사본을 첨부하도록 하여야 한다. 〈개정 2008.3.14., 2011.4.11., 2012.1.6., 2017.6.2.〉

1. 삭제 〈2011.4.11.〉

2. 「선박법」 제13조 제2항에 따른 국제총톤수증서 사본

3. 「해사안전법」 제49조 제1항에 따른 선박안전관리증서와 안전관리적합증서의 사본 또는 같은 조 제2항에 따른 임시선박안전관리증서와 임시안전관리적합증서의 사본

4. 법 제12조 제1항에 따른 국제선박보안증서의 사본 또는 같은 조 제3항에 따른 임시국제선박보안증서의 사본

5. 과거의 모든 선박이력기록부 사본(국제항해선박소유자가 변경된 경우에만 해당한다)

② 국제항해선박소유자는 제1항에 따라 교부받은 선박이력기록부를 분실하거나 훼손한 경우 또는 해당 선박이력기록부의 기재사항이 변경된 경우에는 별지 제10호 서식의 선박이력기록부 재교부신청서에 다음 각호의 서류를 첨부하여 지방해양수산청장에게 제출하여야 한다. 〈개정 2008.3.14., 2013.6.24., 2017.6.2.〉

1. 분실하거나 훼손한 경우

　가. 선박이력기록부의 분실 또는 훼손 사유서

　나. 훼손된 경우 그 훼손된 선박이력기록부 원본. 다만, 선박이 국외에서 운항 중이어서 원본을 제출할 수 없는 경우에는 사본을 제출하되, 신청일부터 3개월 이내에 원본을 제출하여야 한다.

2. 기재사항이 변경된 경우

　가. 선박이력기록부 사본

　나. 변경 내용을 증명하는 서류

③ 법 제16조 제3항에 따라 국제항해선박소유자로부터 해당 선박의 국적 변경에 관한 통보를 받은 지방해양수산청장은 그 통보를 받은 날부터 7일 이내에 그 국제항해선박의 과거 선박이력기록부 사본을 첨부하여 해당 국가의 해운관청에 국적 변경사실을 통보하여야 한다. 〈개정 2008.3.14., 2017.6.2.〉

④ 법 제16조 제4항에 따른 선박이력기록부는 별지 제11호 서식에 따른다.

제17조(보안경보신호를 수신할 수 있는 시설 또는 장비 등) ① 법 제17조 제2항에 따라 해양수산부장관이 갖추어야 하는 선박보안경보장치에서 발신하는 신호(이하 "보안경보신호"라 한다)를 수신할 수 있는 시설 또는 장비는 다음 각호와 같다. 〈개정 2008.3.14., 2013.3.24.〉

1. 보안신호를 수신하기 위한 전용 인터넷 서버

2. 수신되는 보안경보신호의 종류와 발신자에 따라 경보를 실제경보, 훈련경보 및 오류경보를 구분하여 처리할 수 있는 시스템

3. 실제경보를 수신한 경우 해당 보안경보신호를 국가보안기관에 전달할 수 있는 보안경보신호전파시스템

② 법 제17조 제6항에 따른 선박보안경보장치의 성능요건과 설치장소는 다음 각호와 같다. 〈개정 2008.3.14., 2009.6.26., 2013.3.24., 2013.6.24., 2021.6.30.〉

1. 성능요건

　가. 국제항해선박의 위치를 식별할 수 있을 것

　나. 국제항해선박의 보안의 위험이나 침해 상황을 나타내는 보안경보신호를 발신하여 해양수산부장 관이 설치·운영하는 수신국에 전송할 수 있을 것

　다. 다른 선박에 보안경보신호가 송신되지 아니하도록 하고, 발신한 국제항해선박에서는 경보음이 울리지 아니하도록 할 것

　라. 작동해제 또는 재설정 시까지 선박보안경보장치의 작동이 중지되지 아니할 것

　마. 선박보안경보장치에서 송신되는 보안경보신호는 다음의 정보를 포함하고 있을 것

　　(1) 국제해사기구 선박식별번호

　　(2) 해상이동업무 식별번호

　　(3) 국제항해선박명

　　(4) 보안경보신호 발신 일시

　　(5) 보안경보신호 발신 당시의 국제항해선박의 위치

　　(6) 국제항해선박의 침로(針路 : 선수 방향)

　　(7) 국제항해선박의 속력

　　(8) 보안경보신호의 종류

2. 설치장소

　가. 다른 항해 장비로 성능에 지장을 받지 아니하는 장소에 설치할 것

　나. 작동 위치는 항해 선교(船橋)와 그 밖의 1개 이상의 장소에 설치할 것

③ 삭제 〈2017.12.28.〉

제18조(선박식별번호의 표시방법 등) ① 법 제18조 제1항에 따른 선박식별번호(이하 "선박식별번호"라 한다)의 표시방법은 다음 각호와 같다.

1. 선박식별번호의 표시는 다른 표시와 구별되어 명확하게 보이도록 대비색으로 칠하고, 쉽게 변경되지 아니하도록 음각 또는 양각의 방법으로 표시할 것

2. 제2항 제1호에 따른 선박식별번호 글자의 높이는 200밀리미터 이상이어야 하고, 제2항 제2호에 따른 선박식별번호 글자의 높이는 100밀리미터 이상이어야 하며, 글자의 폭은 높이와 비례하여 균형을 이루도록 할 것

② 법 제18조 제2항에 따라 선박식별번호는 국제항해선박의 외부와 내부에 표시하되, 다음 각호의 구분에 따른 위치에 표시하여야 한다. 〈개정 2009.6.26., 2013.6.24.〉

1. 선박의 외부에 표시하는 경우

　가. 여객선 : 상공에서 볼 수 있는 갑판의 수평면

　나. 여객선 외의 선박 : 다음 위치 중 잘 보이는 어느 한 곳

　　(1) 선미

　　(2) 선체 중앙부의 좌현 및 우현의 만재흘수선 상부

(3) 선루(船樓)의 좌현과 우현

(4) 선루의 전방면

2. 선박의 내부에 표시하는 경우

가. 유조선 등 액체화물운반선 : 화물 펌프실 또는 기관구역의 횡격벽 중 접근이 가능한 곳 중 어느 한 곳

나. 그 밖의 선박 : 기관구역의 횡격벽, 화물구역 안쪽 또는 차량을 전용으로 운반하는 화물구역이 있는 선박의 경우 차량전용 화물구역의 횡격벽 중 접근이 가능한 곳 중 어느 한 곳

제19조(항만국통제의 시행) ① 법 제19조 제2항 단서에서 "해양수산부령으로 정하는 사유가 있는 때"란 다음 각호의 어느 하나에 해당하는 때를 말한다. 〈개정 2008.3.14., 2013.3.24.〉

1. 법 제39조 제1항에 따른 보안책임자(이하 "보안책임자"라 한다) 또는 같은 항에 따른 보안담당자(이하 "보안담당자"라 한다)가 법 제39조 제2항부터 제5항까지의 규정에 따른 교육·훈련을 받지 아니한 것으로 확인되는 등 선박보안관리체제에 중대한 결함이 있다고 인정될 때

2. 국제선박보안증서, 선박이력기록부 및 선박보안계획서 등 보안 관련 서류를 갖추지 아니하였거나 갖추어 둔 서류의 유효기간이 지났을 때

3. 선박보안경보장치를 갖추지 아니하였을 때

4. 국제항해선박 보안관리체제의 중대한 결함에 대한 신뢰할 만한 신고를 받았을 때

5. 법 제19조 제4항에 따른 선박보안정보(이하 "선박보안정보"라 한다)를 통보하지 아니하였을 때, 통보 시한이 지난 후에 통보하였을 때 또는 거짓으로 통보하였을 때

6. 대한민국 항만에 입항 예정인 외국 국적의 국제항해선박 보안관리체제의 중대한 결함에 대하여 해당 국가의 해운관청으로부터 통보가 온 경우

7. 그 밖에 국제항해선박이 보안에 관한 법령이나 국제협약을 위반한 증거가 있는 경우

② 지방해양수산청장은 제1항에 따른 사유가 해소되면 지체 없이 해당 선박에 대한 법 제19조 제1항에 따른 조치(이하 "항만국통제"라 한다)를 해제하여야 한다. 〈개정 2008.3.14., 2017.6.2.〉

제20조(선박보안정보의 통보 등) ① 법 제19조 제4항 본문에 따라 외국 국적의 국제항해선박이 지방해양수산청장에게 통보하여야 하는 선박보안정보의 내용은 다음 각호와 같다. 〈개정 2008.3.14., 2017.6.2.〉

1. 외국 국적 국제항해선박의 선박명, 국적, 선박 종류, 호출부호, 선박식별번호, 총톤수 등에 관한 상세한 정보

2. 입항하려는 항만 및 입항 예정시간

3. 해당 선박의 보안등급 및 유효한 국제선박보안증서의 비치 여부

4. 최근 기항한 10개 항만의 보안정보 및 해당 항만에서의 보안조치

5. 항해 중 발생한 보안사건 및 관련 보안조치

② 법 제19조 제4항 단서에서 "해양수산부령으로 정하는 사유가 있는 경우"란 다음 각호의 어느 하나에 해당하는 경우를 말한다. 〈개정 2008.3.14., 2013.3.24.〉

1. 국제 분쟁이나 해적을 피하기 위하여 기항하는 경우

2. 선박승무원 중 위급한 환자가 발생하여 이를 치료하기 위하여 기항하는 경우

3. 출항 항만부터 입항 항만까지 항해시간이 24시간 미만인 경우

4. 그 밖에 선박의 기관고장으로 인한 수리 등 안전운항을 위하여 긴급히 입항하는 경우

③ 지방해양수산청장은 법 제19조 제5항에 따라 대한민국 항만에 입항하려는 외국 국적 국제항해선박에서 통보하여 온 선박보안정보를 해양경찰청장에게 문서(전자문서를 포함한다), 팩스 또는 전자우편으로 통보하여야 한다. 이 경우 해양수산부장관이 운용하는 선박의 입출항에 관한 정보시스템(이하 "선박입출항정보시스템"이라 한다)을 통하여 해당 국제항해선박의 선박보안정보를 해양경찰청장에게 공유하도록 한 경우에는 본문에 따른 통보를 한 것으로 본다. 〈개정 2008.3.14., 2013.3.24., 2014.11.19., 2017.6.2., 2017.7.28.〉

④ 법 제19조 제8항에 따른 "해양수산부령으로 정하는 사항"이란 다음 각호의 사항을 말한다. 〈개정 2008.3.14., 2013.3.24., 2018.10.17.〉

1. 국제항해선박의 선박명·국적·선박식별번호·호출부호·종류 및 국제항해선박에 실은 화물의 종류

2. 입항거부나 추방의 원인이 된 보안상 결함 및 법 제19조 제3항·제6항에 따른 조치 내용

3. 입항 직전 기항지 및 다음 기항 예정지

4. 해당 항만에서의 출항시간과 다음 기항 항만 도착 예정시간

5. 선박의 보안등급

6. 추가적인 선박보안정보의 확인을 위하여 연락이 가능한 관할 지방해양수산청의 연락처

7. 선원명부

제21조(시정명령 등의 세부내용) 법 제19조 제12항에서 "시정명령 등의 세부내용"이란 다음 각호의 구분에 따라 지방해양수산청장이 해당 외국 국적의 국제항해선박소유자 또는 선장에 대하여 하는 명령을 말한다. 〈개정 2008.3.14., 2017.6.2.〉

1. 출항정지 : 제19조 제1항 제1호부터 제4호까지 또는 제7호에 해당하는 경우에 관할 항만에서 해당 외국 국적의 국제항해선박을 출항하지 못하게 하는 명령

2. 이동제한 : 제19조 제1항 제4호 및 제5호에 해당하는 경우에 해당 외국 국적의 국제항해선박을 관할 해역에서 운항하지 못하도록 하는 명령

3. 시정요구 : 제19조 제1항 제1호부터 제3호까지 또는 제7호에 해당하는 경우에 시정·보완하도록 하는 명령

4. 추방 : 제19조 제1항 제2호 및 제7호에 해당하는 경우에 해당 외국 국적의 국제항해선박을 대한민국 영해 밖으로 내보내는 명령

5. 선박점검 : 제19조 제1항 제2호 및 제4호부터 제7호까지에 해당하는 경우에 해당 외국 국적의 국제항해선박에 대하여 점검·확인하는 명령

6. 입항거부 : 제19조 제1항 제5호 및 제6호에 해당하는 경우에 해당 외국 국적의 국제항해선박에 대하여 관할 항만에 입항하지 못하도록 하는 명령

제22조(선박보안정보의 통보절차) 외국 국적의 국제항해선박은 법 제19조 제12항에 따라 선박보안정보를 한글이나 영문으로 작성하여 팩스나 선박입출항정보시스템으로 통보하여야 한다.

제23조(항만국통제 조치에 대한 이의신청 등) ① 외국 국적의 국제항해선박소유자 또는 선장은 법 제19조 제9항에 따라 시정명령 등에 대하여 이의신청을 하려면 별지 제12호 서식의 이의신청서에 다음 각호의 서류를 첨부하여 관할 지방해양수산청장에게 제출하여야 한다. 이 경우 지방해양수산청장은「전자정부법」제36조 제1항에 따른 행정정보의 공동이용을 통하여「선박법」제8조 제2항에 따른 선박국적증서를 확인하여야 하며, 신청인이 확인에 동의하지 아니하는 경우에는 그 사본을 첨부하도록 하여야 한다. 〈개정 2008.3.14., 2011.4.11., 2017.6.2.〉

1. 삭제 〈2011.4.11.〉
2. 국제선박보안증서 사본 1부

② 제1항에 따른 이의신청에 대한 조사 결과의 통보는 별지 제13호 서식의 이의신청 조사결과 통보서로 한다.

제24조(국제항해선박에 대한 특별점검) ① 법 제20조 제2항에 따라 해양수산부장관이 국제항해선박의 보안관리체제에 대하여 특별점검을 할 수 있는 경우는 다음 각호와 같다. 〈개정 2008.3.14., 2013.3.24., 2014.12.31.〉

1. 국제항해선박이 최근 1년 이내에 보안사건이나 외국 항만당국의 항만국통제로 출항정지·입항거부 또는 추방의 조치를 받은 사실이 있는 경우
2. 외국 항만당국으로부터 국제항해선박의 보안관리체제에 대한 중대한 보안상 결함이 지적되어 통보받은 경우
3. 국제항해선박의 보안관리체제에 대한 중대한 결함의 신고를 받는 등 해양수산부장관이 국제항해선박의 보안관리체제에 대하여 특별점검이 필요하다고 인정한 경우

② 해양수산부장관은 법 제20조 제2항에 따라 특별점검을 하고자 하는 경우에는 그 점검대상, 점검시기 및 방법 등을 미리 선박소유자에게 문서(전자문서를 포함한다)로 알려야 한다. 〈신설 2014.12.31.〉

제25조(재심사 신청 등) ① 법 제21조 제1항에 따른 재심사의 신청은 별지 제14호 서식의 재심사 신청서로 한다.

② 법 제21조 제2항에 따른 재심사 결과의 통보는 별지 제15호 서식의 재심사결과 통보서로 한다.

제26조 삭제 〈2017.6.2.〉

제3장 항만시설의 보안확보를 위한 조치

제27조(항만시설보안책임자의 자격요건 등) ① 법 제23조 제1항에서 "해양수산부령으로 정하는 전문지식 등 자격요건"은 [별표 2]와 같다. 〈개정 2008.3.14., 2013.3.24.〉

② 법 제23조 제2항 전단 및 후단에 따른 항만시설보안책임자의 지정 또는 변경지정의 통보는 [별표 2]에 따른 항만시설보안책임자의 자격요건을 증명하는 서류를 첨부하여 별지 제16호 서식의 항만시설보안책임자 지정·변경지정 통보서로 한다.

③ 법 제23조 제3항 제4호에서 "그 밖에 해양수산부령으로 정하는 사무"란 다음 각호의 사무를 말한다. 〈개정 2008.3.14., 2013.3.24.〉

1. 법 제24조에 따른 항만시설보안평가(이하 "항만시설보안평가"라 한다)의 준비
2. 국제항해선박소유자, 총괄보안책임자 및 선박보안책임자와 법 제25조에 따른 항만시설보안계획서(이하 "항만시설보안계획서"라 한다) 시행에 관하여 협의·조정하는 일
3. 항만시설보안계획서의 이행·보완·관리 및 보안유지
4. 법 제27조 제1항에 따른 항만시설적합확인서(이하 "항만시설적합확인서"라 한다)의 비치·관리
5. 법 제30조에 따른 항만시설보안기록부(이하 "항만시설보안기록부"라 한다)의 작성·관리
6. 법 제31조에 따른 경비·검색인력과 보안시설·장비의 운용·관리
7. 법 제32조에 따른 항만시설보안정보의 보고 및 제공
8. 법 제39조 제2항에 따른 항만시설의 종사자에 대한 보안교육 및 훈련의 실시
9. 선박보안책임자가 요청하는 승선 요구자 신원확인에 대한 지원
10. 보안등급 설정·조정내용의 항만시설 이용 선박 또는 이용예정 선박에 대한 통보
11. 그 밖에 해당 항만시설의 보안에 관한 업무

제28조(항만시설보안평가) ① 법 제24조 제4항에 따라 항만시설보안평가의 평가항목에는 각호의 항목이 포함되어야 한다.
1. 보안사건 또는 보안상의 위협으로부터 보호되어야 하는 사람·시설 및 장비의 확인과 보안상의 위협에 대한 분석
2. 보안상 위협 또는 결함을 줄이기 위하여 필요한 보안조치 및 그 우선순위 결정, 보안조치의 실효성
3. 항만시설의 보안상 결함의 보완과 수립된 보안절차의 검증
② 지방해양수산청장은 법 제24조 제4항에 따라 해당 항만시설운영자를 포함하여 평가반을 구성하거나 전문가에게 자문하는 등의 방법으로 항만시설보안평가를 할 수 있다. 〈개정 2008.3.14., 2017.6.2.〉
③ 지방해양수산청장은 항만시설보안평가를 마치면 다음 각호의 사항이 포함된 항만시설보안평가 결과보고서를 작성하여 대외비로 관리하고, 해당 항만시설소유자에게 송부하여 항만시설보안계획서에 반영하도록 하여야 한다. 〈개정 2008.3.14., 2017.6.2.〉
1. 항만시설보안평가의 수행방법
2. 항만시설보안평가 결과 발견된 보안상 결함의 분석
3. 보안상 결함을 보완할 수 있는 보안조치

제29조(항만시설보안계획서의 작성) ① 법 제25조 제2항에 따라 항만시설보안계획서에는 [별표 1]의 국제항해선박소유자 및 항만시설소유자의 보안등급별 세부 보안조치사항의 이행에 필요한 사항과 다음 각호의 사항 또는 계획이 포함되어야 한다. 〈개정 2017.6.2.〉
1. 폭발물 또는 무기류 등 허용되지 아니한 물품이나 장비를 항만시설 또는 선박으로 반입하거나, 항만시설 또는 선박에서 반출하는 것을 막기 위하여 필요한 조치
2. 항만시설에 계류 중인 국제항해선박이나 항만시설 내 법 제33조 제1항 제3호에 따른 지역을 정당한 출입절차 없이 무단으로 출입하는 것을 방지하기 위한 조치
3. 항만시설과 선박항만연계활동에 대한 보안상의 위협 또는 보안상의 침해에 대한 대응절차
4. 보안 3등급에서 정부의 지시를 이행하기 위한 절차

5. 항만시설보안책임자와 보안담당자의 임무

6. 항만시설보안계획서의 보완절차

7. 법 제32조에 따른 보안사건의 보고절차

8. 내부보안심사 절차

9. 항만시설보안책임자의 성명과 연락처

10. 항만시설에 있는 국제항선박에서 선박보안경보장치가 작동되는 경우의 조치

11. 항만시설과 국제항해선박에 대한 선원 및 방문자의 출입 절차

12. 보안합의서의 작성·시행에 관한 사항

13. 항만시설 내 폐쇄회로 텔레비전(CCTV)의 설치 간격, 기종, 감시방향 등을 나타내는 평면도

14. 그 밖에 항만시설의 보안에 관한 법령과 국제협약의 이행에 필요한 사항

② 항만시설보안계획서는 항만시설 단위별로 작성하되, 2개 이상 항만시설의 항만시설소유자가 같고, 항만시설의 구조, 위치, 운영방법 및 장비 등이 유사하면 하나의 항만시설보안계획서에 통합하여 작성하도록 할 수 있다.

③ 제1항 및 제2항의 항만시설보안계획서는 전자문서로 작성할 수 있다.

제30조(항만시설보안계획서의 중요한 변경) 법 제25조 제3항에서 "해양수산부령으로 정하는 중요한 사항을 변경하는 때"란 다음 각호의 어느 하나에 해당하는 때를 말한다. 〈개정 2013.3.24., 2017.6.2.〉

1. 대상 항만시설의 규모를 변경하는 때

2. 해당 항만시설에서 중대한 보안사건이 발생하여 항만시설의 보안관리체제 등 보안조치사항을 변경하는 때

3. 해당 항만시설의 경비·검색인력 및 보안시설·장비를 변경하는 때

[전문개정 2009.6.26.]

제31조(항만시설보안계획서의 승인) ① 법 제25조 제3항에 따라 항만시설보안계획서의 승인 또는 변경승인을 받으려는 자는 별지 제17호 서식의 항만시설보안계획서 승인·변경승인 신청서에 다음 각호의 구분에 따른 서류를 첨부하여 지방해양수산청장에게 제출하여야 한다. 〈개정 2008.3.14., 2017.6.2.〉

1. 승인 또는 변경승인을 받으려는 항만시설보안계획서 2부

2. 변경사유서 1부(변경승인신청의 경우만 해당한다)

② 지방해양수산청장은 제1항의 항만시설보안계획서를 승인하거나 변경승인하였을 때에는 해당 항만시설보안계획서 1부는 항만시설소유자에게 내주고, 나머지 1부는 대외비로 관리하여야 하며, 승인한 사실을 해양수산부장관에게 보고하여야 한다. 〈개정 2008.3.14., 2013.3.24., 2017.6.2.〉

제32조(항만시설보안심사의 시기 등) ① 법 제26조 제1항 제1호에서 제3호까지의 항만시설보안심사(이하 "항만시설보안심사"라 한다)는 다음의 각호의 구분에 따른 시기에 시행한다.

1. 최초보안심사 : 항만시설 운영개시일 3개월 전부터 운영개시일 전날까지

2. 갱신보안심사 : 항만시설적합확인서의 유효기간 만료일 3개월 전부터 유효기간 만료일까지

3. 중간보안심사 : 항만시설적합확인서 유효기간 개시일부터 매 1년이 되는 날을 기준일로 하여 그 기준일 3개월 전부터 그 기준일 이후 3개월이 되는 날까지

② 법 제26조 제2항에서 "해양수산부령으로 정하는 때"란 항만시설에 국제항해선박을 접안시켜 하역장비 등 항만운영에 필요한 시설·장비 및 폐쇄회로텔레비전 등 항만보안에 필요한 시설·장비·인력을 시험 운영하려는 때를 말한다. 〈신설 2020.8.19.〉

③ 법 제26조 제3항에서 "해양수산부령으로 정하는 사유가 있는 때"란 다음 각호의 어느 하나에 해당하는 사유가 있는 때를 말한다. 〈개정 2008.3.14., 2013.3.24., 2017.6.2., 2020.8.19.〉

1. 항만시설에서 보안사건이 발생하였을 때
2. 항만시설 보안관리체제의 중대한 결함에 대한 신뢰할 만한 신고가 있는 등 관할 지방해양수산청장이 항만시설의 보안관리체제에 대하여 보안심사가 필요하다고 인정할 때
3. 법 제25조 제3항 후단에 따라 항만시설보안계획서의 중요한 사항을 변경한 경우 관련된 항만시설에 대하여 변경된 항만시설보안계획서의 이행 여부에 관한 보안심사를 하려는 때

제33조(항만시설보안심사 등의 세부내용 및 절차) ① 법 제26조 제1항 또는 제2항에 따라 항만시설보안심사 또는 임시항만시설보안심사를 받으려는 자는 별지 제18호 서식의 항만시설 최초·갱신·중간·임시 보안심사 신청서를 관할 지방해양수산청장에게 제출해야 한다. 〈개정 2008.3.14., 2017.6.2., 2020.8.19.〉

② 지방해양수산청장은 항만시설보안심사를 하려면 항만시설 현장조사 등을 통하여 다음 각호의 사항을 확인하여야 한다. 〈개정 2008.3.14., 2017.6.2.〉

1. 승인받은 항만시설보안계획서의 비치 여부
2. 항만시설보안계획서에 따른 항만시설 보안활동의 기록 여부
3. 항만시설의 보안관리체제와 보안시설·장비의 정상운용 여부

③ 지방해양수산청장은 법 제26조 제2항에 따라 임시항만시설보안심사를 하는 경우 현장조사 등을 통해 다음 각호의 사항을 확인해야 한다. 〈신설 2020.8.19.〉

1. 승인받은 항만시설보안계획서의 비치 및 시행 여부
2. 임시운영 기간 동안의 항만시설의 출입통제를 위한 경비·검색인력의 확보 여부
3. 주된 출입구와 그 밖에 차량이 상시 출입하는 출입구의 금속탐지기 및 차단기 설치 여부
4. 울타리, 울타리의 상단 장애물 및 조명등(보안등)의 설치 여부

④ 지방해양수산청장은 법 제26조 제3항에 따른 특별항만시설보안심사(이하 "특별항만시설보안심사"라 한다)를 하려면 항만시설소유자에게 특별항만시설보안심사의 사유·방법·일시 등을 기재한 문서(전자문서를 포함한다)로 미리 통보해야 한다. 다만, 긴급히 심사해야 하거나 사전에 통지하면 증거인멸 등으로 특별항만시설보안심사의 목적을 달성할 수 없다고 인정되는 경우에는 사후에 통보할 수 있다. 〈개정 2008.3.14., 2017.6.2., 2020.8.19.〉

⑤ 지방해양수산청장이 제4항에 따라 특별항만시설보안심사를 하는 경우 제32조 제3항에 따른 특별항만시설보안심사의 사유를 고려하여 제2항 각호의 사항을 확인해야 한다. 〈신설 2017.6.2., 2020.8.19.〉

[제목개정 2020.8.19.]

제34조(항만시설적합확인서 또는 임시항만시설적합확인서의 교부 등) ① 법 제27조 제1항에 따른 항만시설적합확인서는 별지 제19호 서식과 같고, 같은 조 제3항에 따른 임시항만시설적합확인서는 별지 제19호의2 서식과 같다. 〈개정 2020.8.19.〉

② 지방해양수산청장은 법 제27조 제2항에 따라 중간보안심사 또는 특별항만시설보안심사에 합격한 항만시설에 대하여 제1항에 따른 항만시설적합확인서에 다음 각호의 사항을 표기해야 한다. 〈개정 2008.3.14., 2017.6.2., 2020.8.19.〉

1. 심사자 서명
2. 심사장소
3. 합격일자
4. 지방해양수산청장의 관인

③ 항만시설소유자는 제1항에 따른 항만시설적합확인서 또는 임시항만시설적합확인서가 분실되거나 훼손된 경우 또는 그 기재사항을 변경하려는 경우에는 별지 제19호의3 서식의 항만시설적합확인서·임시항만시설적합확인서 재교부 신청서에 다음 각호의 구분에 따른 서류를 첨부하여 지방해양수산청장에게 재교부 신청을 해야 한다. 〈신설 2017.6.2., 2020.8.19.〉

1. 분실되거나 훼손된 경우
   가. 항만시설적합확인서·임시항만시설적합확인서의 분실 또는 훼손 사유서
   나. 항만시설적합확인서·임시항만시설적합확인서가 훼손된 경우 그 훼손된 항만시설적합확인서·임시항만시설적합확인서의 원본
2. 기재사항을 변경하려는 경우
   가. 기재사항을 변경해야 하는 항만시설적합확인서·임시항만시설적합확인서의 원본
   나. 변경 내용을 증명하는 서류

[제목개정 2020.8.19.]

제35조(항만시설적합확인서의 유효기간 연장) ① 항만시설소유자는 영 제10조 제3항에 따라 항만시설적합확인서의 유효기간 연장을 신청하려면 항만시설적합확인서 원본을 첨부하여 별지 제20호 서식의 항만시설적합확인서 유효기간 연장 신청서를 지방해양수산청장에게 제출하여야 한다. 〈개정 2008.3.14., 2017.6.2., 2020.8.19.〉

② 지방해양수산청장은 제1항에 따른 항만시설적합확인서의 유효기간 연장 신청을 받은 경우 유효기간을 연장할 필요성이 인정되면 법 제28조 제2항에 따른 기간의 범위에서 그 증서의 유효기간을 연장할 수 있다. 〈개정 2008.3.14., 2017.6.2.〉

③ 지방해양수산청장은 제2항에 따라 유효기간을 연장하는 경우에 항만시설적합확인서에 연장한다는 내용을 표기하여 내주어야 한다. 〈개정 2008.3.14., 2017.6.2.〉

제36조(항만시설의 운영 금지의 예외) 법 제29조 단서에서 "해양수산부령으로 정하는 경우"란 다음 각호의 어느 하나에 해당하는 경우를 말한다. 〈개정 2008.3.14., 2013.3.24.〉

1. 태풍이나 해일 등으로 해당 항만시설에 긴급피난을 하는 경우
2. 삭제 〈2020.8.19.〉
3. 국가보안기관이 국가 안보와 관련된 업무의 수행을 위하여 항만시설을 이용하는 경우

[제목개정 2020.8.19.]

제37조(항만시설보안기록부의 기재사항 등) ① 항만시설소유자는 법 제30조 제2항에 따라 별지 제21호 서식의 항만시설보안기록부에 다음 각호의 사항을 기록하도록 하여야 한다.

1. 법 제39조에 따른 보안교육·훈련의 내용
2. 항만시설을 운영하는 과정에서 발생한 보안사건이나 보안침해의 내용
3. 항만시설의 보안등급
4. 내부보안심사 결과와 조치 내용
5. 항만시설보안평가서와 항만시설보안계획서의 검토 및 보완에 관한 사항

② 항만시설보안기록부는 전자문서로 작성할 수 있다.

③ 법 제30조 제1항 및 제2항에 따라 작성된 항만시설보안기록부는 무단으로 열람, 변경, 삭제 또는 파손되지 아니하도록 관리하여야 하고, 항만시설에는 최근 3년간의 항만시설보안에 관한 내용이 수록된 항만시설보안기록부를 갖추어 두어야 한다.

제37조의2(국제항해여객선 승객 등의 보안검색의 실시방법과 절차 등) ① 국제여객터미널을 운영하는 항만시설소유자는 법 제30조의2 제1항에 따라 여객선으로 사용되는 대한민국 국적 또는 외국 국적의 국제항해선박(이하 "국제항해여객선"이라 한다)에 승선하는 자의 신체·휴대물품 및 위탁수하물에 대하여 법 제30조의3 제1항에 따라 성능 인증을 받은 보안검색장비(이하 이 조에서 "보안검색장비"라 한다)를 사용하여 보안검색을 하여야 한다. 〈개정 2021.12.9.〉

② 제1항의 항만시설소유자는 보안검색을 거부하거나 폭발물이나 무기류 등을 휴대한 자가 보안검색이 완료된 지역으로 진입할 수 없도록 필요한 조치를 하여야 한다.

③ 제1항의 항만시설소유자는 다음 각호의 어느 하나에 해당하는 경우에 승선하는 자의 동의를 받아 직접 신체의 검색을 하거나 휴대물품의 개봉검색을 하여야 한다. 〈개정 2021.12.9.〉

1. 보안검색장비가 정상적으로 작동되지 않는 경우
2. 보안검색장비의 경보음이 울리는 경우
3. 폭발물이나 무기류 등을 휴대하거나 은닉하고 있다고 의심되는 경우
4. 보안검색장비를 통한 검색결과, 그 내용물을 판독할 수 없는 경우
5. 항만시설의 보안등급이 상향되거나 보안상 위협에 관한 정보의 입수 등에 따라 개봉검색이 필요하다고 인정되는 경우

④ 제1항의 항만시설소유자는 제1항부터 제3항까지에 따른 보안검색 결과 승선하는 자가 휴대한 폭발물이나 무기류 등이 선박보안을 침해하지 아니한다고 인정하는 경우에는 위탁수하물로 싣게 할 수 있다.

[본조신설 2017.6.2.]

제37조의3(보안검색장비의 종류) 법 제30조의3 제1항에 따른 성능 인증의 대상이 되는 보안검색장비의 종류는 다음 각호와 같다.

1. 위해물품을 검색하기 위한 장비 : 엑스선 검색장비, 신발검색장비, 원형(原形)검색장비 등
2. 위해물품을 탐지하기 위한 장비 : 금속탐지장비(문형 금속탐지장비와 휴대용 금속탐지장비를 말한다), 폭발물 탐지장비, 폭발물 흔적탐지장비, 액체폭발물탐지장비 등

[본조신설 2021.12.9.]

제37조의4(보안검색장비의 성능 인증 기준) 법 제30조의3 제1항에 따른 보안검색장비의 성능 인증 기준은 다음 각호와 같다.

    1. 해양수산부장관이 정하여 고시하는 성능 기준을 갖출 것

    2. 그 밖에 보안검색장비의 활용 편의성, 안전성 및 내구성 등을 갖출 것

[본조신설 2021.12.9.]

제37조의5(보안검색장비의 성능 인증 신청 및 절차 등) ① 법 제30조의3 제1항에 따라 보안검색장비의 성능 인증을 받으려는 자는 별지 제21호의2 서식의 보안검색장비 성능 인증 신청서에 다음 각호의 서류를 첨부하여 「선박안전법」 제60조 제2항 전단에 따른 선급법인(이하 "인증기관"이라 한다)에 제출해야 한다. 이 경우 인증기관은 「전자정부법」 제36조 제1항에 따른 행정정보의 공동이용을 통해서 법인 등기사항증명서(신청인이 법인인 경우만 해당한다)를 확인해야 한다.

    1. 사업자등록증 사본

    2. 대리인임을 증명하는 서류(대리인이 신청하는 경우에 한정한다)

    3. 보안검색장비의 성능 제원표 및 시험용 물품(테스트 키트)에 관한 서류

    4. 보안검색장비의 구조 및 외관도

    5. 보안검색장비의 사용·운영방법 및 유지관리 등에 대한 설명서

    6. 보안검색장비의 사후관리를 위한 시설 및 기술인력을 확보하고 있는 사실을 증명하는 서류

    7. 제37조의4에 따른 성능 인증 기준을 갖추었음을 증명하는 서류

② 인증기관은 제1항에 따라 신청을 받으면 법 제30조의6 제1항에 따른 시험기관(이하 "시험기관"이라 한다)에 보안검색장비의 성능을 평가하는 시험(이하 "성능시험"이라 한다)을 요청해야 한다. 다만, 제1항 제7호에 따른 서류로 성능 인증 기준을 갖추었다고 인정하는 경우에는 해당 부분에 대한 성능시험을 요청하지 않을 수 있다.

③ 시험기관은 평가 내용 및 방법 등이 포함된 심사계획서를 작성하여 그 심사계획에 따라 성능시험을 실시하고, 별지 제21호의3 서식의 보안검색장비 성능시험 결과서를 인증기관에 제출해야 한다.

④ 인증기관은 제1항에 따라 신청인이 제출한 서류와 제3항에 따른 성능시험 결과 등이 제37조의4에 따른 성능 인증 기준에 적합하다고 인정하는 경우에는 별지 제21호의4 서식의 보안검색장비 성능 인증서를 신청인에게 발급해야 하며, 적합하지 않은 경우에는 그 결과를 신청인에게 통지해야 한다.

⑤ 제1항부터 제4항까지에서 규정한 사항 외에 성능 인증 신청 및 절차 등에 필요한 사항은 해양수산부장관이 정하여 고시한다.

[본조신설 2021.12.9.]

제37조의6(보안검색장비의 성능 점검) ① 인증기관은 법 제30조의3 제4항에 따라 보안검색장비가 운영 중에 계속하여 성능을 유지하고 있는지를 확인하기 위해 다음 각호의 구분에 따른 점검을 실시해야 한다.

    1. 정기점검 : 보안검색장비가 성능 인증 기준에 맞게 제작되었는지 여부, 보안검색장비에 대한 품질관리체계를 적절하게 유지하고 있는지 여부 등을 매년 점검

    2. 수시점검 : 해양수산부장관의 요청이나 특별 점검계획에 따라 실시하는 점검

② 해양수산부장관은 제1항에 따른 정기점검이나 수시점검을 실시하기 위해 필요하다고 인정하는 경우에는 인증기관으로 하여금 관계 전문가 등과 함께 점검하게 할 수 있다.

③ 제1항 및 제2항에서 규정한 사항 외에 성능 점검의 방법 및 절차 등에 필요한 사항은 해양수산부장관이 정하여 고시한다.

[본조신설 2021.12.9.]

제37조의7(시험기관의 지정 등) ① 법 제30조의6 제2항에서 "해양수산부령으로 정하는 지정기준"이란 [별표 3의2]에 따른 기준을 말한다.

② 법 제30조의6 제2항에 따라 시험기관으로 지정받으려는 자는 별지 제21호의5 서식의 보안검색장비 시험기관 지정 신청서에 다음 각호의 서류를 첨부하여 해양수산부장관에게 제출해야 한다. 이 경우 해양수산부장관은 「전자정부법」 제36조 제1항에 따른 행정정보의 공동이용을 통해서 법인 등기사항증명서(신청인이 법인인 경우만 해당한다)를 확인해야 한다.

1. 사업자등록증(신청인이 법인인 경우에 한정한다)
2. 법인의 정관 또는 단체의 규약
3. 성능시험을 수행하기 위한 조직·인력, 시험설비 등을 작성한 사업계획서
4. 국제표준화기구(ISO) 또는 국제전기기술위원회(IEC)에서 정한 국제기준에 적합한 품질관리규정
5. 제1항에 따른 시험기관 지정기준을 갖추었음을 증명하는 서류

③ 해양수산부장관은 제2항에 따라 시험기관 지정신청을 받으면 현장평가 등이 포함된 심사계획서를 작성하여 신청인에게 통지하고 그 심사계획에 따라 심사해야 한다.

④ 해양수산부장관은 제3항에 따라 심사한 결과 제1항에 따른 지정기준을 갖추었다고 인정하는 경우에는 제2항의 신청서를 접수한 날부터 2개월 이내에 별지 제21호의6 서식의 보안검색장비 시험기관 지정서를 발급하고 다음 각호의 사항을 관보에 게재하거나 해양수산부 인터넷 홈페이지에 게시해야 한다.

1. 시험기관의 명칭
2. 시험기관의 소재지
3. 시험기관 지정일자 및 지정번호
4. 시험기관의 업무수행 범위

⑤ 제4항에 따라 시험기관으로 지정된 기관은 다음 각호의 사항이 포함된 시험기관 운영규정을 해양수산부장관에게 제출해야 한다.

1. 시험기관의 조직·인력 및 시험설비
2. 시험접수·수행 절차 및 방법
3. 성능시험을 수행하는 직원의 임무 및 교육훈련
4. 성능시험을 수행하는 직원 및 시험과정 등의 보안 관리

⑥ 해양수산부장관은 제3항에 따른 심사를 위해 필요한 경우 시험기관지정심사위원회를 구성·운영할 수 있다.

[본조신설 2021.12.9.]

제37조의8(시험기관의 지정취소 등) ① 법 제30조의7 제1항에 따른 시험기관의 지정취소 및 업무정지의 기준은 [별표 3의3]과 같다.

② 해양수산부장관은 제1항에 따라 시험기관의 지정을 취소하거나 업무의 정지를 명한 경우에는 그 사실을 해당 시험기관에 통지하고 지체 없이 관보에 게재하거나 해양수산부 인터넷 홈페이지에 게시해야 한다.

③ 제2항에 따라 시험기관의 지정취소 또는 업무정지 통지를 받은 시험기관은 그 통지를 받은 날부터 15일 이내에 보안검색장비 시험기관 지정서를 해양수산부장관에게 반납해야 한다.

[본조신설 2021.12.9.]

제37조의9(수수료) ① 법 제30조의8에 따라 보안검색장비 성능 인증 등을 받으려는 자는 [별표 3의4]의 기준에 따라 산정한 수수료를 내야 한다.

② 인증기관 또는 시험기관은 제1항에 따른 수수료 외에 별도의 부과금을 받을 수 없다.

③ 제1항 및 제2항에서 규정한 사항 외에 수수료 금액, 납부기간, 납부방법 등에 필요한 세부 사항은 인증기관 또는 시험기관이 따로 정하여 공고해야 한다.

[본조신설 2021.12.9.]

제38조(경비·검색업무 수탁업체 지정 요건) 법 제31조 제3항에서 "자본금 등 해양수산부령으로 정하는 지정 요건"이란 다음 각호의 요건을 말한다. 〈개정 2021.2.19.〉

1. 「경비업법」 제2조 제1호 마목에 따른 특수경비업무의 허가를 받은 경비업자일 것
2. 다음 각목의 구분에 따른 자본금을 갖출 것
   가. 부산항의 경우 : 10억원 이상일 것
   나. 그 밖의 「항만법」 제3조 제1항 제1호에 따른 무역항의 경우 : 5억원 이상일 것
3. 다음 각목의 구분에 따른 인력을 갖출 것
   가. 부산항 및 인천항의 경우 : 「경비업법 시행규칙」 제15조 제2항에 따른 특수경비원 신임교육이수 증(이하 "특수경비원 신임교육이수증"이라 한다)을 교부받은 특수경비원이 100명 이상일 것
   나. 울산항, 광양항, 포항항, 평택·당진항 및 대산항의 경우 : 특수경비원 신임교육이수증을 교부받은 특수경비원이 50명 이상일 것
   다. 그 밖의 「항만법」 제3조 제1항 제1호에 따른 무역항의 경우 : 특수경비원 신임교육이수증을 교부받은 특수경비원이 20명 이상일 것

[전문개정 2017.6.2.]

제38조의2(경비·검색업무 수탁업체 지정 절차 등) ① 법 제31조 제3항에 따라 항만시설소유자가 경비·검색 업무 수탁업체를 추천하려는 경우에는 별지 제21호의7 서식의 경비·검색업무 수탁업체 지정신청서에 지정 대상 업체에 관한 다음 각호의 서류를 첨부하여 지방해양수산청장에게 제출하여야 한다. 〈개정 2021.12.9.〉

1. 「경비업법」에 따른 경비업 허가증
2. 특수경비원의 명단 및 해당 인력의 특수경비원 신임교육이수증
3. 경비·검색업무 수탁업체 추천서

② 제1항에 따라 지정신청서를 제출받은 지방해양수산청장은 「전자정부법」 제36조 제1항에 따른 행정정보의 공동이용을 통하여 지정 대상 경비·검색업무 수탁업체의 법인 등기사항증명서 및 사업자등록증명을 확인하여야 한다. 다만, 해당 업체가 사업자등록증명의 확인에 동의하지 아니하는 경우에는 해당 서류를 첨부하게 하여야 한다.

③ 제1항에 따라 지정신청서를 제출받은 지방해양수산청장은 해당 경비·검색업무 수탁업체가 제38조에 따른 지정 요건에 적합하다고 인정하는 경우에는 지정신청서를 접수한 날부터 30일 이내에 항만시설소유자에게 별지 제21호의8 서식의 경비·검색업무 수탁업체 지정서를 발급하여야 한다. 〈개정 2021.12.9.〉

[본조신설 2017.6.2.]

제38조의3(경비·검색인력 및 보안시설·장비의 세부기준) 법 제31조 제6항에 따른 경비·검색인력 및 보안시설·장비의 세부기준은 [별표 4]와 같다.

[본조신설 2017.6.2.]

제38조의4(폐쇄회로 텔레비전의 설치·운영) ① 법 제31조의2 제1항에 따른 폐쇄회로 텔레비전의 설치·관리 기준 및 해상도 기준은 [별표 4]와 같다.

② 항만시설소유자는 법 제31조의2 제2항에 따라 다음 각호의 사항을 포함하는 폐쇄회로 텔레비전의 운영·관리 지침을 마련하여야 한다. 〈개정 2021.12.9.〉

1. 폐쇄회로 텔레비전의 설치 근거 및 목적
2. 폐쇄회로 텔레비전의 설치 수, 촬영범위, 촬영시간 및 촬영방법
3. 폐쇄회로 텔레비전 운영으로 얻은 영상기록의 보관기간, 보관장소 및 보관방법
4. 폐쇄회로 텔레비전의 설치 및 작동 상태에 대한 주기적 점검 및 관련 기록 유지를 위한 별지 제21호의9 서식에 따른 점검기록부의 작성
5. 폐쇄회로 텔레비전의 관리부서, 관리책임자 및 그 권한, 관리책임자가 영상기록을 확인하는 방법과 비밀 유지에 관한 사항
6. 영상기록의 열람·제공·이용·파기에 관한 사항 및 관련 기록 유지를 위한 별지 제21호의10 서식에 따른 영상기록 관리대장의 작성
7. 영상기록의 수집 목적 외의 열람·제공·이용의 제한
8. 영상기록의 분실·도난·유출·변조 또는 훼손을 방지하기 위한 조치

[본조신설 2018.10.17.]

제39조(항만시설보안정보의 제공 등) ① 법 제32조 제1항 및 제3항에 따라 항만시설소유자가 보고하여야 하는 사항은 다음 각호와 같다.

1. 해당 항만시설에서 발생한 보안사건
2. 보안사건에 대한 조치결과 또는 대응계획

② 법 제32조 제2항 및 제3항에 따라 항만시설소유자가 제공하여야 하는 정보의 내용은 다음 각호와 같다.

1. 항만시설을 이용하는 선박으로부터 입수된 보안상 위협에 관한 정보
2. 항만시설보다 높은 보안등급으로 입항하는 선박과 그 선박의 여객 또는 화물 등에 대한 정보
3. 그 밖의 입수된 보안상 위협에 관한 정보

③ 제1항 또는 제2항에 따른 보안사건 발생사실의 보고 또는 정보의 제공은 별지 제22호 서식의 항만시설보안사건발생보고서·보안정보제공서로 한다. 다만, 보고 또는 정보의 내용이 시급한 경우에는 전화 또는 팩스로 먼저 보고하거나 제공하고 사후에 해당 서식으로 보고하거나 제공할 수 있다.

제40조(항만시설 이용자의 출입제한 등) ① 법 제33조 제1항 제3호에서 "해양수산부령으로 정하는 지역"이란 울타리·담 또는 장벽으로 보호된 다음 각호의 지역을 말한다. 〈개정 2008.3.14., 2013.3.24., 2020.7.30., 2021.6.30.〉

1. 안벽(부두 벽), 소형선 부두, 잔교(棧橋 : 선박이 부두에 닿도록 구름다리 형태로 만든 구조물), 돌핀, 선착장 및 램프(경사식 진출입로) 등 선박계류지역

2. 갑문, 도로, 교량, 궤도 및 운하

3. 창고, 화물장치장, 컨테이너 조작장, 화물터미널, 사일로 및 저유시설

4. 선박의 입항과 출항을 위한 항로표지, 신호, 조명, 항만관제시설 등 항행보조시설이 설치된 지역

5. 고정식 또는 이동식 하역장비, 화물이송시설 및 배관시설 등 하역시설이 설치된 지역

6. 국제여객터미널 내 출입국심사장·세관검사장·방송실·경비보안상황실 및 보안검색을 마친 여객 또는 화물이 대기하는 지역·통로

7. 항만운영 상황실, 경비보안 상황실, 발전실, 변전실, 통신실, 기계실, 전산장비실, 공기조화장치실 및 인화성·폭발성 화물 저장지역

8. 비밀보관소, 무기고 및 탄약고

9. 제1호부터 제8호까지의 규정에 따른 지역의 부대지역

② 법 제33조 제1항 제4호에 따른 "해양수산부령으로 정하는 구역"이란 다음 각호의 어느 하나에 해당하는 구역을 말한다. 다만, 별도로 항만시설보안책임자의 촬영허가를 받은 경우에는 그렇지 않다. 〈개정 2008.3.14., 2013.3.24., 2020.8.19.〉

1. 제1항 제6호부터 제8호까지의 지역

2. 제1항의 지역을 보호하는 울타리·담 또는 장벽이 설치된 구역, 접근로, 출입구 및 보안검색이 이루어 지는 구역

제40조의2(무기 반입·소지 허가의 절차) ① 법 제33조 제2항에 따른 허가를 받으려는 사람은 무기 반입 3일 전까지 다음 각호의 사항을 적어 관할 지방해양수산청장에게 무기 반입·소지 허가를 신청해야 한다. 다만, 긴급한 경호 업무 수행 등의 사유로 사전에 허가를 신청할 수 없는 경우에는 반입 전까지 그 사실을 미리 유선 등으로 통보하고, 반입 후 3일 이내에 서면을 제출해야 한다.

1. 무기를 반입·소지하려는 사람의 성명, 생년월일 및 전화번호

2. 무기를 반입·소지하려는 사람의 여권번호(외국인만 해당한다)

3. 출입하려는 항만시설·선박의 명칭 및 출입 일시

4. 무기의 반입·소지 사유

5. 무기(탄약을 포함한다)의 종류 및 수량

② 지방해양수산청장은 제1항에 따른 신청을 받은 경우 무기의 반입·소지 목적 및 종류가 각각 영 제11조의 2 및 제11조의3에 부합하면 그 반입·소지를 허가해야 한다.

③ 지방해양수산청장은 무기의 반입·소지를 허가한 경우 이를 해당 시설의 항만시설보안책임자, 해당 선박의 선박보안책임자 및 관할 구역 국가보안기관의 장에게 통보해야 한다.

[본조신설 2020.8.19.]

제4장 보칙

제41조(보안위원회 심의사항) 법 제34조 제2항 제5호에 따른 "해양수산부령으로 정하는 사항"이란 다음 각호의 사항을 말한다. 〈개정 2008.3.14., 2013.3.24., 2013.6.24.〉

1. 국가안보와 관련된 보안사건 또는 보안상 위협에 대응하기 위하여 국가보안기관 간 협의가 필요한 사항
2. 국제항해선박 및 항만시설의 보안등급별 세부 조치사항의 일시조정에 관한 사항
3. 그 밖에 국가보안기관이나 보안위원회 위원의 3분의 1 이상이 심의를 요청하는 사항

제42조(보안합의서 작성 등) 법 제35조 제2항에서 "해양수산부령으로 정하는 사유"란 다음 각호의 어느 하나의 사유를 말한다. 〈개정 2008.3.14., 2013.3.24.〉

1. 국제항해선박과 국제항해선박 간 또는 국제항해선박과 그 선박이이용하는 항만시설 간의 보안등급이 다른 경우
2. 대한민국과 다른 특정 국가 간을 운항하는 국제항해선박에 대하여 당사국 간 협정이 있는 경우
3. 국제항해선박이나 항만시설에 보안사건이 발생하거나 보안상의 위협이 있는 경우

제43조(보안합의서의 작성방법 및 절차) ① 법 제35조 제3항에 따라 보안합의서는 별지 제23호 서식에 따라 작성하고, 해당 선박보안책임자또는 항만시설보안책임자가 각각 서명한 후 교환한다.

② 제1항에 따라 교환한 보안합의서는 해당 국제항해선박과 항만시설에 각각 5년 이상 보관한다.

제44조(내부보안심사의 내용·절차 등) ① 법 제36조 제2항에 따라 내부보안심사는 다음 각호의 내용을 포함하여야 한다.

1. 선박보안계획서나 항만시설보안계획서에 따른 보안활동 이행상태
2. 선박보안계획서나 항만시설보안계획서에 따른 보안시설·장비의 운용상태
3. 보안교육·훈련의 이행상태
4. 보안책임자와 보안담당자의 선박보안계획서나 항만시설보안계획서의 숙지상태 등

② 내부보안심사는 선박보안계획서나 항만시설보안계획서에 따라 시행하고, 각각의 계획서에 따라 보안활동이 이루어졌는지를 확인하고 이를 해당 보안계획서에 반영하도록 하며, 해당 내부보안심사 결과에 관한 보고서는 다음 선박보안심사나 항만시설보안심사를 받을 때까지 보관하여야 한다.

③ 내부보안심사자의 자격요건은 국제항해선박의 경우 [별표 2]에 따른 총괄보안책임자의 자격요건을, 항만시설의 경우 같은 표에 따른 항만시설보안책임자의 자격요건을 각각 준용한다.

④ 국제항해선박소유자 및 항만시설소유자는 해당 내부보안심사 업무와 이해관계가 없는 자를 내부보안심사자로 지정하여야 한다. 다만, 소속 회사나 해당 선박 또는 항만시설의 규모·특성에 비추어 부득이하다고 인정되는 경우에는 그러하지 아니하다. 〈개정 2017.6.2.〉

⑤ 국제항해선박소유자 및 항만시설소유자가 제3항 및 제4항에 따라 내부보안심사자를 지정한 경우에는 지정한 날부터 7일 이내에 별지 제23호의2 서식의 내부보안심사자 지정 통보서로 지방해양수산청장에게 알려야 한다. 〈신설 2017.6.2.〉

제45조(보안심사관의 자격기준 등) 법 제37조에 따른 보안심사관의 자격기준은 [별표 5]와 같다.

제46조(대행기관의 지정기준) 법 제38조 제1항에 따른 대행기관(이하 "대행기관"이라 한다)으로 지정받으려는 자는 다음 각호의 기준을 모두 갖춰야 한다. 〈개정 2013.6.24., 2017.6.2., 2020.8.19.〉

1. 선박보안심사 또는 항만시설보안심사 업무를 수행하는 전담조직을 갖출 것
2. 선박보안심사 업무를 대행하려는 경우에는 [별표 5]에 따른 선박보안심사관의 자격을 갖춘 기술인력을, 항만시설보안심사 업무를 대행하려는 경우에는 [별표 5]에 따른 항만시설보안심사관의 자격을 갖춘 기술인력을 각각 7명 이상 보유할 것
3. 11개 이상의 지방사무소를 둘 것. 이 경우 7곳 이상의 특별시, 광역시, 특별자치시, 도 또는 특별자치도에 각각 1개 이상의 지방사무소를 둘 것
4. 국제항해선박과 항만시설의 보안에 관한 법령과 국제협약에 따른 보안심사업무를 수행하기 위한 보안심사에 관한 규정을 갖출 것
5. 4개 이상의 해외사무소를 둘 것(외국에서 국제항해선박의 보안에 관한 보안심사관의 업무를 대행하려는 경우만 해당한다)

제47조(대행기관의 지정신청 등) ① 대행기관으로 지정받으려는 자는 다음 각호의 서류를 첨부하여 별지 제24호 서식의 보안심사대행기관 지정 신청서를 해양수산부장관에게 제출하여야 한다. 이 경우 해양수산부장관은 「전자정부법」 제36조 제1항에 따른 행정정보의 공동이용을 통하여 법인 등기사항증명서(법인인 경우만 해당한다)를 확인하여야 한다 〈개정 2008.3.14., 2011.4.11., 2013.3.24.〉

1. 정관 또는 이에 준하는 서류
2. 보안심사업무의 범위 등을 적은 사업계획서
3. 보안심사업무 수행에 필요한 보안심사에 관한 내부규정
4. 그 밖에 제46조의 지정기준을 갖추었음을 증명하는 서류

② 제1항 제3호에 따른 보안심사에 관한 규정에는 다음 각호의 사항이 포함되어야 한다.

1. 보안심사 절차와 방법에 관한 사항
2. 보안심사 기준의 체계적인 수립·유지 및 준수에 관한 사항
3. 보안심사업무에 종사하는 자의 책임·권한 및 교육에 관한 사항
4. 보안심사업무의 기록유지에 관한 사항
5. 대행기관 내부 감사 체계에 관한 사항

③ 해양수산부장관은 제1항에 따라 보안심사대행기관 지정 신청서를 제출한 기관을 대행기관으로 지정하는 경우에는 별지 제25호 서식의 보안심사대행기관 지정서를 내주어야 한다. 〈개정 2008.3.14., 2013.3.24.〉

제48조(대행기관에 대한 행정처분의 세부기준 등) ① 법 제38조 제2항에 따른 대행기관에 대한 행정처분의 세부기준은 [별표 6]과 같다. 〈개정 2020.8.19.〉

② 해양수산부장관은 제1항에 따라 대행기관 지정을 취소하거나 업무를 정지한 경우에는 이를 공고하여야 한다. 〈개정 2008.3.14., 2013.3.24.〉

제49조(대행기관의 지도·감독) 제47조 제3항에 따라 지정을 받은 대행기관은 매반기 종료일부터 10일까지 보안심사업무를 대행한 실적을 해양수산부장관에게 보고하여야 한다. 〈개정 2008.3.14., 2013.3.24.〉

제50조(보안교육 및 훈련 등) ① 법 제39조 제3항에 따른 합동보안훈련에는 다음 각호의 어느 하나에 해당하는 훈련을 포함하여야 한다.

1. 파괴행위로부터 항만시설이나 국제항해선박을 보호하기 위한 훈련
2. 국제항해선박 또는 승선자의 납치 또는 강탈을 방지하기 위한 훈련
3. 국제항해선박과 국제항해선박의 설비, 화물 또는 선용품을 이용한 보안사건에 대응하기 위한 훈련
4. 대량살상무기를 포함한 폭발물 또는 무기류의 밀수나 밀항을 방지하기 위한 훈련
5. 항만 출입구, 갑문 또는 진입수로 등의 봉쇄에 관한 훈련
6. 핵무기나 생화학 공격에 대비한 훈련

② 제1항에 따른 합동보안훈련은 다음 각호의 어느 하나에 해당하는 방법으로 실시할 수 있다. 〈개정 2008.3.14., 2017.6.2.〉

1. 모의훈련 또는 세미나
2. 그 밖의 지방해양수산청장이 실시하는 다른 훈련·연습과의 병행

③ 제2항 제1호에 따른 모의훈련은 선박보안경보 수신 및 전파 훈련을 병행하여 할 수 있다. 이 경우 국제항해선박소유자는 유선·무선·위성통신이나 팩스로 해양수산부장관에게 미리 통보하여야 한다. 〈개정 2008.3.14., 2013.3.24., 2017.6.2.〉

④ 국제항해선박소유자는 법 제39조 제4항에 따른 국제적인 합동보안훈련에 참여한 경우에 다음 각호의 사항을 팩스, 전자우편 또는 서면으로 해양수산부장관에게 보고하여야 한다. 〈개정 2008.3.14., 2013.3.24.〉

1. 합동훈련의 일시, 장소, 개요 및 참여 선박
2. 합동훈련의 결과

⑤ 선박보안책임자는 법 제39조 제5항에 따라 해당 국제항해선박 승선인원의 4분의 1 이상이 교체된 경우에는 선원이 교체된 날부터 일주일 이내에 그 선원에 대한 보안훈련·교육을 하여야 한다. 이 경우 최근 3개월 이내에 보안교육·훈련에 참여하지 아니한 선원이 있으면 그 선원도 함께 보안훈련·교육을 하여야 한다.

⑥ 국제항해선박소유자 및 항만시설소유자는 법 제39조 제5항에 따라 보안책임자 및 보안담당자에 대한 보안교육·훈련계획을 수립·시행할 때는 다음 각호의 사항이 포함되어야 한다.

1. 국제항해선박과 항만시설의 보안에 관하여 국제적으로 발효된 국제협약에 관한 사항
2. 국제항해선박과 항만시설의 보안에 관한 국가보안기관의 책임과 기능에 관한 사항
3. 선박보안평가 및 항만시설보안평가에 관한 사항
4. 선박보안계획서 또는 항만시설보안계획서에 관한 사항
5. 보안장비의 종류 및 기능에 관한 사항
6. 국제항해선박 또는 항만시설에 대한 보안상 위협의 유형, 대응방법 및 보안조치에 관한 사항
7. 보안사건에 대한 준비 및 대응계획에 관한 사항
8. 보안 관련 정보의 취급 및 통신 요령에 관한 사항
9. 보안 행정 및 훈련에 관한 사항
10. 무기 등 위험물질의 탐지에 관한 사항

⑦ 항만시설소유자는 항만시설보안책임자 및 보안담당자가 매년 제6항 각호의 사항이 포함된 보안교육·훈련을 6시간 이상 받을 수 있도록 계획을 수립·시행하여야 한다. 이 경우 제3호, 제4호 및 제6호는 항만시설에 관련된 내용만 해당한다.

제51조(보안교육기관의 지정신청) ① 법 제40조 제1항에 따라 보안교육기관으로 지정받으려는 자는 별지 제26호 서식의 보안교육기관 지정 신청서에 다음 각호의 서류를 첨부하여 해양수산부장관에게 제출하여야 한다. 이 경우 해양수산부장관은 「전자정부법」 제36조 제1항에 따른 행정정보의 공동이용을 통하여 법인 등기사항증명서(법인인 경우만 해당한다)를 확인하여야 한다. 〈개정 2008.3.14., 2011.4.11., 2013.3.24.〉

1. 보안교육기관의 시설 등의 소유에 관한 증명서류(전세 또는 임대인 경우 계약서 사본)
2. 영 제14조의 보안교육기관의 지정요건을 갖추었음을 증명하는 서류
3. 보안교육 시행계획서

② 해양수산부장관은 제1항에 따라 보안교육기관 지정 신청서를 제출한 기관을 보안교육기관으로 지정하는 경우에는 별지 제27호 서식의 보안교육기관 지정서를 내주어야 한다. 〈개정 2008.3.14., 2013.3.24.〉

제52조(보안교육기관에 대한 행정처분의 세부기준) 법 제40조 제5항에 따른 보안교육기관에 대한 행정처분의 세부기준은 [별표 6]과 같다.

제53조(보안교육기관에 대한 지도·감독) 제51조 제2항에 따라 지정을 받은 보안교육기관은 매반기 종료일부터 10일까지 보안교육 실적을 해양수산부장관에게 보고하여야 한다. 〈개정 2008.3.14., 2013.3.24.〉

제54조(보안감독관의 지정·운영 등) ① 해양수산부장관은 법 제41조 제1항에 따른 보안감독관(이하 "보안감독관"이라 한다)을 선박보안감독관과 항만시설보안감독관으로 구분하여 지정한다. 〈신설 2021.2.19.〉

② 보안감독관의 자격기준은 [별표 6의2]와 같다. 〈신설 2021.2.19.〉

③ 보안감독관은 법 제41조에 따른 점검 결과, 법 또는 법에 따른 명령을 위반한 사실을 발견한 때에는 지체 없이 관할 지방해양수산청장에게 보고해야 한다. 〈신설 2021.2.19.〉

④ 해양수산부장관은 법 제41조 제7항에 따라 관계 국가보안기관과 합동으로 점검을 하려면 다음 각호의 내용을 포함한 합동점검 계획을 수립하여 미리 관계 국가보안기관에 통지하여야 한다. 〈개정 2008.3.14., 2013.3.24., 2021.2.19.〉

1. 합동점검 목적, 대상 및 점검사항
2. 합동점검 일정
3. 합동점검자 인적사항

⑤ 제1항부터 제4항까지에서 규정한 사항 외에 보안감독관의 지정·운영 및 점검 활동 등에 필요한 사항은 해양수산부장관이 정하여 고시한다. 〈신설 2021.2.19.〉

[제목개정 2021.2.19.]

제54조의2(항만시설보안료의 징수요율 승인신청 등) ① 항만시설소유자는 법 제42조 제3항에 따라 같은 조 제1항에 따른 항만시설보안료(이하 "항만시설보안료"라 한다)의 징수요율을 승인받거나 변경승인받으려는 경우에는 매년 1월 1일부터 4월 30일까지 별지 제28호 서식에 따른 항만시설보안료 징수요율 승인(변경승인)신청서에 다음 각호의 서류를 첨부하여 관할 지방해양수산청장에게 제출해야 한다. 〈개정 2017.6.2., 2020.8.19.〉

1. 세금계산서(보안시설 및 장비를 구입한 경우만 해당한다)
2. 계약서 사본(보안시설 및 장비를 구입하거나 경비인력 확보를 위하여 경비업체와 위탁계약을 체결한 경우만 해당한다)

3. 보수명세서 사본(경비인력을 직원으로 채용한 경우만 해당한다)

4. 항만시설보안료의 수지계산서

5. 항만시설보안료의 징수요율변경 전·후 대비표(징수요율을 변경하는 경우만 해당한다)

6. 항만시설보안료 사용계획

② 지방해양수산청장은 제1항에 따른 항만시설보안료 징수요율 승인(변경승인)신청서를 접수한 때에는 법 제42조 제4항에 따라 관계 중앙행정기관의 장과의 사전협의를 거쳐 30일 이내에 그 승인여부를 항만시설 소유자에게 통보해야 한다. 〈개정 2017.6.2., 2020.8.19.〉

③ 법 제42조 제3항에 따라 승인받은 항만시설보안료의 징수요율은 승인받은 연도의 7월 1일부터 다음 연도의 6월 30일까지 적용한다. 〈신설 2020.8.19.〉

④ 항만시설소유자는 법 제42조 제5항에 따른 해상화물운송사업자 등(이하 "해상화물운송사업자 등"이라 한다)이 같은 조 제6항에 따라 항만시설보안료를 한꺼번에 대신하여 납부한 경우에는 다음 각호의 구분에 따라 대납업무에 드는 경비를 지급한다. 〈신설 2020.8.19.〉

1. 항만시설소유자가 국가 또는 시·도인 경우 : 납부한 항만시설보안료 총액의 100분의 3에 해당하는 금액

2. 항만시설소유자가 제1호 외의 자인 경우 : 항만시설소유자와 해상화물운송사업자 등이 협의하여 정하는 금액

⑤ 제4항 제1호에 따라 대납업무에 드는 경비를 지급받으려는 자는 「항만법」 제26조에 따른 항만물류통합 정보체계를 이용하여 매월 지방해양수산청장 또는 시·도지사에게 경비를 청구해야 한다. 〈신설 2020.8.19.〉

[본조신설 2010.10.22.]

제55조(수수료) 법 제43조 제1항에 따른 선박보안계획서 승인·변경승인, 선박보안심사, 임시선박보안심사, 특별선박보안심사, 항만시설보안계획서 승인·변경승인, 항만시설보안심사, 임시항만시설보안심사 및 특별항만시설보안심사를 받으려는 자는 [별표 7]에 따른 수수료를 내야 한다. 〈개정 2020.8.19.〉

제56조 삭제 〈2023.3.10.〉

부칙 〈해양수산부령 제463호, 2021.2.19.〉

이 규칙은 2021년 2월 19일부터 시행한다. 다만, 제38조 제2호 및 [별표 4]의 개정규정은 2022년 2월 19일부터 시행한다.

부칙 〈해양수산부령 제486호, 2021.6.30.〉(어려운 법령용어 정비를 위한 56개 법령의 일부개정에 관한 해양수산부령)

이 규칙은 공포한 날부터 시행한다.

부칙 〈해양수산부령 제511호, 2021.12.9.〉

　제1조(시행일) 이 규칙은 2021년 12월 9일부터 시행한다.

　제2조(보안검색장비 성능 인증에 관한 특례) 항만시설소유자는 법률 제17615호 국제항해선박 및 항만시설의 보안에 관한 법률 일부개정법률 부칙 제2조 제1항에 따라 2021년 12월 9일 이전부터 사용하고 있는 보안검색장비 중 제작국가 등의 보안검색장비 인증 공인기관으로부터 성능을 인증받은 보안검색장비에 대해서는 해양수산부장관이 정하여 고시하는 내용연수(「물품관리법」 제16조의2 제1항에 따라 조달청장이 정한 경제적 사용연수를 말한다)를 다할 때까지 사용할 수 있다.

부칙 〈해양수산부령 제592호, 2023.3.10.〉 (규제 재검토기한 설정 해제를 위한 12개 법령의 일부개정에 관한 해양수산부령)

　이 규칙은 공포한 날부터 시행한다.

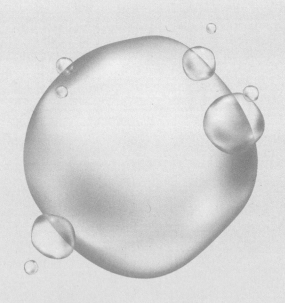

나는 삶을 변화시키는 아이디어를
항상 책에서 얻었다.

- 벨 훅스 -

2023 해양수산부(해수부) 청원경찰 한권으로 끝내기

개정4판1쇄 **발행**	2023년 05월 20일(인쇄 2023년 05월 11일)	
초 판 발 행	2019년 05월 15일(인쇄 2019년 05월 03일)	
발 행 인	박영일	
책 임 편 집	이해욱	
편 저	청원경찰교육연구회	
편 집 진 행	정호정 · 이재성 · 백승은	
표 지 디 자 인	조혜령	
편 집 디 자 인	김민설 · 윤준호	
발 행 처	(주)시대고시기획	
출 판 등 록	제10-1521호	
주 소	서울시 마포구 큰우물로 75 [도화동 538 성지 B/D] 9F	
전 화	1600-3600	
팩 스	02-701-8823	
홈 페 이 지	www.sdedu.co.kr	
I S B N	979-11-383-5310-6 (13320)	
정 가	25,000원	

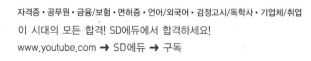

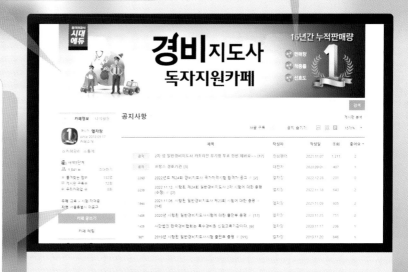

경비지도사

합격을 꿈꾸는 수험생들에게...

이론 파악으로
기본 다지기

기출문제 정복으로
실력 다지기

1단계

기본서 + 종합본

시험의 중요개념과
핵심이론을 파악하고
기초를 잡고 싶은 수험생!

2단계

기출문제집

최신 기출문제와 상세한
해설을 통해 학습내용을
확인하고 실전감각을
키우고 싶은 수험생!

정성을 다해 만든 경비지도사 도서들을
꿈을 향해 도전하는 수험생 여러분들께 드립니다.

**조문별로
관계법령 완벽 공략**

**꼼꼼하게
실전 마무리**

**고난도 문제로
완전 정복**

경비지도사 합격

3단계

관계법령집
+ 핵지총

관계법령과 기출지문을
달달달 외우면서 완벽히
공략하고 싶은 수험생!

4단계

최종점검 FINAL
모의고사

모의고사를 통해 기출문제를
보완하고 시험 전 완벽한
마무리를 원하는 수험생!

5단계

고득점 심화
모의고사

고난도의 심화 모의고사를 통해
실력을 최종 점검하고 확실하게
합격하고 싶은 수험생!

※ 본 도서의 세부 구성 및 이미지는 변동될 수 있습니다.

SD에듀 최강교수진!

합격에 최적화된 수험서와 최고의 교수진의 名品 강의를 확인하세요!

SD에듀만의 경비지도사 수강혜택

| 1:1 맞춤 | 모바일강의 | 기출문제 |
| 학습 제공 | 서비스 제공 | 특강 제공 |

한눈에 보이는 경비지도사 동영상 합격 커리큘럼

1차	
기본이론	과목별 필수개념 수립
문제풀이	예상문제를 통한 실력 강화
모의고사	동형 모의고사로 실력 점검
기출특강	기출문제를 통한 유형 파악

2차	
기본이론	과목별 필수개념 수립
문제풀이	예상문제를 통한 실력 강화
모의고사	동형 모의고사로 실력 점검
기출특강	기출문제를 통한 유형 파악

※ 과정별 커리큘럼 및 강사진은 내부사정에 따라 변경될 수 있습니다.